Biblischer Commentar Über Das Alte Testament, Volumes 1-2

Carl Friedrich Keil, Franz Delitzsch

BIBLISCHER COMMENTAR

ÜBER

DAS ALTE TESTAMENT.

HERAUSGEGEBEN

VON

Carl Friedr. Keil und Franz Delitzsch.

ZWEITER THEIL: PROPHETISCHE GESCHICHTSBÜCHER.

ERSTER BAND:

JOSUA, RICHTER UND RUTH.

LEIPZIG,

DÖRFFLING und FRANKE.

1863.

BIBLISCHER COMMENTAR

ÜBER DIE

PROPHETISCHEN GESCHICHTSBÜCHER

DES ALTEN TESTAMENTS

VON

CARL FRIEDRICH KEIL

DR. UND PROF. DER THEOL.

ERSTER BAND:

JOSUA, RICHTER UND RUTH.

LEIPZIG,

DÖRFFLING UND FRANKE.

1863.

EINLEITUNG

in die prophetischen Geschichtsbücher des A. Testaments.

Auf die in fünf Bücher getheilte *Thora* Mose's, welche die Gründung und die Gesetzgebung des alttestamentlichen Gottesreiches enthält, folgen im hebräischen Kanon des A. T. die Schriften der vorderen Propheten, נביאים ראשונים *prophetae priores*. Unter diesen Sammelnamen sind die vier historischen Bücher *Josua's*, der *Richter*, *Samuels* und der *Könige* zusammengefasst, welche die Geschichte der Entwicklung dieses Gottesreiches vom Tode Mose's, des Mittlers des A. Bundes, oder von der Einführung des Volkes Israel in das seinen Vätern verheissene Land Canaan an bis zur Auflösung des Reiches Juda und der Verstossung des Bundesvolkes unter die Heiden im babylonischen Exile im Lichte der fortschreitenden göttlichen Offenbarung und Heilsentfaltung zusammenhängend beschreiben und einen Zeitraum von fast 900 Jahren umfassen. Die Einzelnamen dieser Bücher sind von den Männern hergenommen, welche der Gottkönig Israels zu Führern, Leitern und Regenten seines Volkes und Reiches im Laufe dieser Zeiten berufen und verordnet hatte, und bezeichnen im Ganzen zutreffend die geschichtlichen Perioden, die sie umfassen.

Das Buch *Josua* berichtet die Einführung des Volkes Israel in das verheissene Land Canaan durch die von Josua vollbrachte Eroberung und Vertheilung dieses Landes an die Stämme Israels. Wie Josua damit nur ausführte was Mose begonnen hatte und nur wegen seiner Versündigung bei dem Haderwasser (Num. 20, 12) nicht zu Ende führen durfte, und wie er zur Vollbringung dieses Werkes nicht nur vom Herrn berufen und durch die Handauflegung Mose's geweiht wurde, sondern auch bei der Ausführung desselben sich unmittelbarer göttlicher Offenbarungen und wunderbaren göttlichen Beistandes erfreute: so schliesst sich auch das nach ihm benannte Buch, welches die Geschichte seines Wirkens in der Kraft des Herrn beschreibt, nach Inhalt und Form so eng wie kein anderes Buch des A. T. an den Pentateuch an, dass man es in dieser Beziehung für einen Anhang zu demselben halten kann, obwol es zu keiner Zeit mit dem Pentateuche einheitlich verbunden war, sondern von Anfang an eine besondere Schrift gebildet hat, die nur in demselben abhängigen Verhältnisse zu dem Schriftwerke Mose's steht, wie Josua selbst zu Mose als dessen Diener und Nachfolger gestanden hat.

Das Buch der *Richter* umfasst den 350jährigen Zeitraum vom Tode Josua's bis zum Auftreten Samuels als Prophet des Herrn d. i. die Zeit, in welcher das Volk Israel sich durch die Bekämpfung und Ausrottung der im Lande übriggebliebenen Cananiter in den vollständigen und alleinigen Besitz des ihm zum Erbe verliehenen Landes setzen und in diesem seinem Erbtheile als Gemeinde des Herrn den am Sinai mit Gott geschlossenen Bund aufrichten und das Gottesreich nach den im Gesetze Mose's vorgezeichneten Grundlagen und Ordnungen, Gesetzen und Rechten herstellen und anbauen sollte. Für den Kampf mit den übriggebliebenen Cananitern hatte der Herr dem Bundesvolke seinen Beistand zugesagt unter der Bedingung treuen Festhaltens an seinem Bunde und williger Befolgung seiner Gebote. Aber dieser nicht blos von Mose, sondern auch von Josua vor seinem Tode noch dem Volke dringend ans Herz gelegten Bedingung entsprachen die Stämme Israels nur sehr unvollkommen. Gar bald schon wurden sie lässig in der Bekämpfung und Ausrottung der Cananiter und begnügten sich damit, sich dieselben nur frohnpflichtig zu machen, ja sie fingen an mit denselben Freundschaft zu schliessen und ihren Göttern zu dienen. Dafür gab sie der Herr zur Strafe in die Gewalt ihrer Feinde dahin, dass sie von den Cananitern und den rings um Canaan wohnenden Völkern wiederholt unterdrückt und tief gedemüthigt wurden. So oft sie aber in ihrer Noth bussfertig sich zum Herrn ihren Gott bekehrten, so erweckte er ihnen Helfer und Retter in den Richtern, die er mit der Kraft seines Geistes erfüllte, dass sie die Feinde schlugen und Volk und Land von ihrem Drucke befreiten. Da jedoch das Volk nach jeder Rettung, wenn der Richter gestorben war, von Neuem in Abgötterei und Götzendienst zurückfiel, so gerieth es immer tiefer in die Knechtschaft der Heiden, und die theokratische Staatsverfassung sammt dem religiösen Gemeindeleben immer mehr in Verfall. Dieser stete Wechsel vom Abfall des Volks vom Herrn in den Dienst der cananitischen Baale und Astharten mit der darauf folgenden Strafe der Hingabe Israels in die Gewalt seiner Feinde und von zeitweiliger Umkehr zum Herrn und Rettung aus der Knechtschaft durch die Richter, welchen die nachmosaische Periode der israelitischen Geschichte aufweist, wird im Buche der Richter klar dargelegt und in einzelnen in sich abgerundeten und chronologisch geordneten Schilderungen der verschiedenen Bedrückkungen und Errettungen Israels lichtvoll vor Augen gestellt. Wenn das B. Josua zeigt, wie der Herr mit mächtigem Arme seine Verheissung an Israel erfüllt und sein Volk in das den Vätern gelobte Land eingeführt hat, so zeigt das B. der Richter, wie Israel in dem Lande, welches sein Gott ihm zum Erbe gegeben, fort und fort den Bund seines Gottes übertreten hat und dadurch in die Knechtschaft seiner Feinde gerathen ist, aus der es die Richter nicht dauernd zu befreien vermochten, so dass der Herr ein Neues in Israel schaffen musste, wenn er seinen Heilsrathschluss ausführen und durch die Söhne Israels sein Reich in Canaan gründen und aufrichten wollte. Dieses Neue bestand in der Einsetzung oder eigentlich nur in der Einführung des schon durch Mose verheissenen Prophetenthums in das Staats- und Volksleben als eine dasselbe durchdringende,

leitende und beherrschende geistige Macht, da weder die Richter noch
die Priester als Pfleger des Heiligthums im Stande waren, die Autorität
des göttlichen Gesetzes im Volke aufrecht zu halten und das götzendie-
nerische Volk zum Herrn zu bekehren. Einzelne Propheten finden wir
zwar schon in den Zeiten der Richter, aber der eigentliche Begründer des
alttestamentlichen Prophetenthums ist Samuel, mit dem erst eine durch-
greifende und zusammenhängende Wirksamkeit der Propheten beginnt
und das Prophetenthum zu einer Macht ausgebildet wird, welche auf die
Fortentwicklung des israelitischen Gottesstaates einen eben so mächtigen
als heilsamen Einfluss ausgeübt hat.

Die Bücher *Samuels* erzählen die Geschichte Israels von Samuels Auftreten als Prophet bis zu Ende der Regierung Davids und umfassen die
Zeit der Erneuerung der Theokratie durch das reformatorische Wirken
Samuels und der Gründung des irdischen Königthums durch Saul und
David. Als gegen Ende der Richterperiode nicht nur die Bundeslade in
die Hände der Philister gefallen war und mit der Entfernung dieses sichtbaren Symbols und Substrates der göttlichen Gnadengegenwart aus der
Stiftshütte das Centralheiligthum der Gemeinde die Bedeutung einer göttlichen Offenbarungsstätte verloren hatte, sondern auch mit dem Tode Eli's
und seiner nichtswürdigen Söhne das Gericht über die dermaligen Träger des Hohepriesterthums hereingebrochen und das Wort Jehova's theuer
geworden und wenig Weissagung zu finden war (1 Sam. 3, 1), da erweckte
der Herr den Sohn der frommen Hanna, den von ihm erbetenen und von
Mutterleibe an ihm geweihten Samuel zu seinem Propheten, und erschien
demselben fort und fort zu Silo, dass ganz Israel ihn als den vom Herrn
bestätigten Propheten erkannte und durch sein prophetisches Wirken
sich von den todten Götzen zu dem lebendigen Gotte bekehren liess. In
Folge dieser Bekehrung verlieh der Herr den Israeliten auf Samuels Gebet einen vollständigen und wunderbaren Sieg über die Philister, wodurch sie von dem 40jährigen schweren Drucke dieser Feinde befreit
wurden. Von dieser Zeit an richtete Samuel ganz Israel. Als er aber alt
geworden war und seine von ihm zu Richtern eingesetzten Söhne nicht in
seinen Wegen wandelten, verlangte das Volk einen König, der es richte
und vor ihm herziehe und seine Streite führe, worauf Samuel zufolge göttlichen Befehles den Benjaminiten Saul zum König wählte und sein Richteramt niederlegte, jedoch als Prophet in den von ihm ins Leben gerufenen Prophetenvereinen und durch dieselben noch bis an sein Lebensende
für die Stärkung und Befestigung Israels in der Treue gegen den Herrn
wirkte und nicht nur dem Könige Saul, nachdem derselbe sich wiederholt
gegen die durch den Propheten ihm eröffneten göttlichen Befehle aufgelehnt hatte, die Verwerfung vonseiten Gottes ankündigte, sondern auch
David als seinen Nachfolger zum Könige über Israel salbte und erst gegen Ende der Saulischen Regierung starb, ohne die Zeit der Regierung
Davids, von welcher das zweite Buch Samuels handelt, erlebt zu haben.
Die Benennung der beiden nach Form und Inhalt ein untrennbares Ganzes bildenden Bücher nach Samuel erklärt sich also daraus, dass Samuel
nicht blos durch die Salbung Sauls und Davids das Königthum in Israel

inaugurirt, sondern durch seine prophetische Thätigkeit zugleich auf den Geist der Regierung Sauls wie Davids so bestimmend eingewirkt hat, dass auch die letztere gewissermassen als die Fortsetzung und Durchführung der von dem Propheten angebahnten Reformation des israelitischen Gottesstaates betrachtet werden konnte. In David erstand der echte König des Reiches Gottes im A. Testamente; ein mächtiger Kriegsheld im Streite wider die Feinde Israels und zugleich ein frommer Knecht des Herrn von wahrer Demuth und treuem Gehorsam gegen Gottes Wort und Gebot, der nicht nur den Staat durch die Kraft und Gerechtigkeit seines Regiments zu hoher irdischer Macht und Herrlichkeit erhob, sondern auch durch Ordnung und Neubelebung des öffentlichen Gottesdienstes und durch Erzeugung und Beförderung lebendigen Glaubens und wahrer Gottesfurcht vermittelst der Pflege des heiligen Gesanges das Reich Gottes baute. Als ihm Gott Ruhe von allen seinen Feinden ringsum geschafft hatte, wollte er dem Herrn einen Tempel bauen. Diesen Wunsch seines Herzens versagte ihm der Herr, gab ihm aber dafür die Verheissung, dass er, der Herr, ihm, dem David, ein Haus bauen und den Thron seines Königthums auf ewig befestigen werde, und dass er seinen Samen nach ihm erheben wolle, welcher dem Namen des Herrn ein Haus bauen werde (2 Sam. 7). Diese Verheissung bildet nicht nur den Höhepunkt im Leben und in der Herrschaft Davids, sondern auch den unerschütterlichen Grund und Boden für die weitere Entwicklung des israelitischen Staates und Reiches, nicht nur das sichere Unterpfand für den Fortbestand des Davidischen Königthums, sondern auch den festen Hoffnungsanker für alle Zukunft des Bundesvolkes.

Die Bücher der *Könige* endlich führen die Geschichte des alttestamentlichen Gottesreiches vom Regierungsantritte Salomo's bis zum babylonischen Exile durch einen Zeitraum von 450 Jahren, und liefern den historischen Nachweis dafür, dass der Herr die seinem Knechte David gegebene Verheissung unwandelbar erfüllt hat. Trotz der von Adonia versuchten Thronusurpation erhielt er dem zum Thronfolger erkorenen Salomo das ganze Reich seines Vaters David und bestätigte demselben gleich im Anfange seiner Regierung seine Verheissung, so dass Salomo das Werk der Erbauung des Tempels ausführen und unter seiner weisen und friedevollen Regierung in Juda und Israel ein jeglicher in Sicherheit unter seinem Weinstocke und seinem Feigenbaume sitzen konnte. Als aber Salomo in seinem Alter durch seine ausländischen Weiber sich zum Abfalle vom Herrn und zum Götzendienst verleiten liess, züchtigte ihn der Herr zwar mit Menschen-Ruthen und Schlägen der Menschenkinder, liess aber seine Gnade nicht ganz von ihm weichen, wie er David 2 Sam. 7, 14 f. zugesagt hatte. Nach Salomo's Tode fielen zwar zehn Stämme vom Hause Davids ab und gründeten unter Jerobeam ein eigenes Königreich, aber ein Stamm — Juda nebst Benjamin — blieb mit der Hauptstadt Jerusalem und dem Tempel seinem Sohne Rehabeam. Auch in der ganzen Zeit der Spaltung des einen Brudervolkes in zwei einander oft feindlich gegenüberstehende Reiche erhielt der Herr dem Samen Davids das Königthum; und das Reich Juda überdauerte das Reich der zehn Stämme Israels um

134 Jahre, weil es in der ununterbrochenen Thronfolge des Davidischen Königsgeschlechts eine eben so feste politische als in der Hauptstadt Jerusalem mit dem vom Herrn zur Wohnstätte seines Namens geheiligten Tempel eine starke geistliche Grundlage hatte. Im Zehnstämmereich hingegen legte schon Jerobeam durch Aufrichtung des widergesetzlichen Bilderdienstes der goldenen Kälber als Staatsreligion den Keim zu seinem Untergange. Um dieser Sünde willen wurde ihm bereits die Ausrottung seines Hauses angekündigt (1 Kg. 14, 7 ff.) und diese Drohung auch schon an seinem Sohne vollzogen (1 Kg. 15, 28 ff.). Da nun auch die folgenden Könige Israels von dieser Sünde Jerobeams nicht liessen, die Dynastie aus dem Hause Omri dazu noch den Baalsdienst zur herrschenden Reichsreligion zu machen versuchte und König und Volk nicht auf die Stimme der Propheten achteten, dass sie sich aufrichtig zum Herrn bekehrten, so gab der Herr das sündige Reich und Volk in die Folgen seiner Sünden dahin, dass eine Dynastie die andere stürzte und das durch die häufig wiederkehrenden Bürgerkriege zerrüttete Reich schon nach 250 Jahren den Assyrern zur Beute wurde, welche das ganze Land eroberten und seine Bewohner ins Exil wegführten. Von dieser gewaltigen Weltmacht wurde zwar auch das Reich Juda hart bedrängt und an den Rand des Unterganges gebracht, aber auf das Gebet des frommen Königs Hiskia vom Herrn um seinetwillen und um seines Knechtes David willen (2 Kg. 19, 34) noch gerettet und erhalten, bis endlich der gottlose König Manasse das Mass der Sünden vollmachte, so dass auch der fromme König Josia den Untergang nur noch eine Zeitlang aufhalten, aber nicht mehr ganz abwenden konnte. Kurze Zeit nach seinem Tode brach das Gericht um der Sünden Manasse's willen (2 Kg. 23, 26 f. 24, 3) über Juda und Jerusalem herein, indem der König Nebucadnezar von Babel heranzog, das Land einnahm und verwüstete, Jerusalem eroberte und den König Jojachin mit einem grossen Theile des Volks nach Babel wegführte. Und als hernach auch der von ihm auf den Thron erhobene Zedekia sich gegen ihn empörte, kehrten die Chaldäer zurück und machten mit der Zerstörung Jerusalems und der Verbrennung des Tempels dem Reiche Juda ein Ende, wobei Zedekia geblendet und mit vielen Gefangenen ins Exil abgeführt wurde. Doch liess der Herr auch mit der Verstossung Juda's und seines Königs unter die Heiden seinem Knechte David seine Leuchte nicht erlöschen, sondern Jojachin wurde, nachdem er 37 Jahre lang im Kerker seine und seiner Väter Sünden gebüsst hatte, von dem babylonischen Könige Evilmerodach aus seinem Gefängnisse befreit und sein Stuhl über den Stuhl der mit ihm zu Babel befindlichen Könige gesetzt (2 Kg. 25, 27—30). Diese erfreuliche Wendung des Schicksales Jojachins, mit welcher die BB. der Könige schliessen, wirft in die finstere Nacht des Exils den ersten Lichtstrahl einer besseren Zukunft, welche für den Samen Davids und durch denselben zugleich dem Volke Israel mit seiner einstigen Erlösung aus Babel anbrechen sollte.

Diese vier historischen Schriften werden mit Recht *prophetische Geschichtsbücher* genannt, nicht aber deshalb, weil sie und zwar hauptsächlich die BB. Samuels und der Könige sehr viel von dem Wirken der Pro-

pheten in Israel berichten, auch nicht blos aus dem Grunde, weil sie nach
altjüdischer Ueberlieferung von Propheten verfasst worden, sondern vielmehr noch darum, weil sie die Geschichte des alttestamentlichen Bundesvolkes und Gottesreiches im Lichte des göttlichen Heilsplanes beschreiben, die in der geschichtlichen Entwicklung Israels sich vollziehende göttliche Offenbarung darstellen, oder nachweisen, wie der allmächtige Gott
und Herr der ganzen Erde als König Israels seinen mit den Vätern geschlossenen und am Sinai aufgerichteten Gnadenbund fort und fort ver-
wirklicht und sein Reich gebaut, das zu seinem Eigenthum erwählte Volk
trotz alles Widerstrebens seiner sündigen Natur doch immer mehr dem
Ziele seiner Erwählung entgegengeführt und dadurch das Heil der ganzen Welt vorbereitet hat. Diese Bücher liefern also keine allgemeine Geschichte der israelitischen Nation in ihrer natürlichen staatlichen und
bürgerlichen Entwicklung, sondern die Geschichte des Volkes Gottes oder
Israels in seiner theokratischen Entwicklung als Bundesvolk und Träger
des Heils, das von dem Samen Abrahams aus in der Fülle der Zeiten allen
Völkern offenbart werden sollte. Demgemäss haben ihre Verfasser vermöge prophetischer Erleuchtung aus der reichen und bunten Mannigfal-
tigkeit der durch die schriftliche und mündliche Ueberlieferung dargebo-
tenen Familien-, Stammes- und Volksgeschichte nur diejenigen Thatsachen und Begebenheiten ausgewählt und beschrieben, welche für die Geschichte des Reiches Gottes von Bedeutung waren, nämlich ausser den
Offenbarungen Gottes in Thaten und Worten, den göttlichen Wunderwer-
ken und prophetischen Bezeugungen des göttlichen Rathes und Willens,
hauptsächlich die Momente im Leben, Thun und Lassen des Volks und
seiner hervorragenden Glieder, welche fördernd oder hemmend auf den
Entwicklungsgang des Gottesstaates eingewirkt haben. Was mit diesem
höhern Zwecke und eigenthümlichen Berufe Israels in keinem inneren Zusammenhange stand, das ist in der Regel ganz übergangen oder höchstens
nur soweit berührt und erwähnt, als es dazu diente, die Stellung des ganzen Volkes oder seiner Führer und Leiter zum Herrn und seinem Reiche
deutlich zu machen. Hieraus erklärt sich nicht nur die scheinbare Ungleichmässigkeit in der Behandlung der Geschichte, dass hie und da längere Zeiträume nur mit einigen allgemeinen Bemerkungen charakterisirt,
dagegen die Schicksale und Thaten einzelner Personen mit fast biogra-
phischer Ausführlichkeit geschildert sind, sondern auch die formelle Eigenthümlichkeit, dass die natürlichen Ursachen der Ereignisse und die
subjectiven Motive, welche das Handeln der geschichtlichen Personen bestimmten, meistentheils unerwähnt bleiben oder nur nebenbei kurz angedeutet sind, dafür aber die göttlichen Einwirkungen und Einflüsse stets
hervorgehoben und, sofern dieselben sich in ausserordentlicher Weise ma-
nifestirten, sorgfältig und umständlich berichtet sind.

In allen diesen Beziehungen schliesst sich die prophetische Geschichtschreibung so innig an die Geschichtserzählung in den Büchern Mose's
an, dass sie als einfache Fortsetzung derselben angesehen werden kann.
Dies gilt nicht blos von dem Buche Josua, sondern auch von den übrigen
prophetischen Geschichtsbüchern. Wie das Buch Josua an den Tod Mose's,

so knüpft das Buch der Richter an den Tod Josua's an, und die Bücher der Könige beginnen mit dem Ende der Regierung Davids, bis wohin die Bücher Samuels die Geschichte Davids geführt hatten. Eben so eng schliessen sich die Bücher Samuels an das Buch der Richter an, indem sie nach der das Wirken Samuels vorbereitenden Erzählung von dem Hohepriesterthume Eli's und Samuels Geburt und Jugend die Fortsetzung und Beendigung der Philisterherrschaft über Israel erzählen, deren Anfang und Dauer im letzten Abschnitte des Buchs der Richter berichtet ist, obgleich hier die Anknüpfung durch die Anhänge am Buche der Richter (c. 17—21) und durch die Einleitung zur Geschichte Samuels (1 Sam. 1—3) etwas verdeckt ist. Dieser enge Zusammenhang aller dieser Schriften, der durch ihre Uebereinstimmung in der Auswahl und Auffassung des geschichtlichen Stoffes noch verstärkt wird, hat aber seinen Grund nicht etwa darin, dass ihre letzte Bearbeitung und schliessliche Redaction das Werk *eines* Mannes wäre, welcher diesen Einklang und den ihnen gemeinsamen sogenannten theokratischen Pragmatismus der Geschichte aufgeprägt hätte, sondern ist in der Beschaffenheit der geschichtlichen Thatsachen begründet, d. h. darin dass die Geschichte Israels nicht ein Produkt der natürlichen Volksentwicklung, sondern die Frucht und das Resultat der göttlichen Pädagogie des alttestamentlichen Bundesvolkes ist. Der prophetische Charakter aber, wodurch diese Geschichtswerke sich von der übrigen heiligen Geschichtschreibung der Israeliten unterscheiden, besteht darin, dass sie die theokratische Geschichte nicht nach individuellen Gesichtspunkten, sondern nach ihrem thatsächlichen Verlaufe, der successiven Entfaltung des göttlichen Heilsrathes entsprechend, beschreiben, wie es nur Propheten vermochten, welchen der Geist des Herrn den Geistesblick in den göttlichen Reichsplan erschlossen hatte.

Ueber die *Entstehung* und *Abfassungszeit* der prophetischen Geschichtsbücher lässt sich nur so viel als gewiss bestimmen, dass sie alle erst einige Zeit nach dem letzten Ereignisse, das sie berichten, verfasst, aber nach schriftlichen Aufzeichnungen von Zeitgenossen der Begebenheiten gearbeitet worden sind. Obgleich in den Büchern Josua's, der Richter und Samuels ausser dem סֵפֶר הַיָּשָׁר Jos. 10, 13 u. 2 Sam. 1, 18, woraus die in den angeführten Stellen mitgetheilten poëtischen Stücke genommen sind, keine Quellen citirt werden, so unterliegt es doch keinem begründeten Zweifel, dass der historische Stoff auch dieser Bücher seinen wesentlichen Bestandtheilen nach aus schriftlichen Urkunden, theils öffentlichen Documenten, theils privaten Aufzeichnungen geschöpft ist. Erst in den Büchern der Könige sind regelmässig am Ende der Regierung jedes Königs Quellenschriften citirt, und zwar nach den Titeln: סֵפֶר דִּבְרֵי שׁ׳ „Buch der Thaten Salomo's" (1 Kg. 11, 41) und סֵפֶר דִּבְרֵי הַיָּמִים לְמַלְכֵי „Buch der Tagesbegebenheiten (oder Zeitgeschichte) der Könige von Israel und Juda" (1 Kg. 14, 19. 29 u. ö.) zu urtheilen, umfassendere Reichsjahrbücher, auf die als Schriften, in welchen mehr über die Thaten und Unternehmungen der einzelnen Könige zu finden, verwiesen wird. Ein ähnliches Werk finden wir in den Büchern der Chronik unter verschiedenen Titeln citirt, daneben aber für die Geschichte mehrerer Könige noch einzelne

prophetische Werke, als: Reden (דִּבְרֵי) des Sehers Samuel, des Propheten Nathan und des Schauers Gad (1 Chr. 29, 29), des Propheten Semaja
und des Sehers Iddo (2 Chr. 12, 15) u. a., ferner Weissagungen (חָזוֹן) des
Jesaja (2 Chr. 32, 32) und Reden des Propheten Jehu (2 Chr. 20, 34), von
welchen beiden ausdrücklich bemerkt ist, dass sie in das Buch der Könige Israels (oder Juda's und Israels) aufgenommen waren. Aus diesen
Angaben erhellt nicht nur, dass den umfassenderen Reichsannalen prophetische Schriften und Orakelsammlungen einverleibt waren, sondern
auch dass die Propheten sich vielfach mit der Geschichtschreibung Israels
beschäftigt haben. Der Grund zu dieser Beschäftigung ist ohne Zweifel
in den durch Samuel ins Leben gerufenen Prophetenvereinen oder Pro-
phetenschulen gelegt worden, in welchen neben der heiligen Musik und
dem heiligen Gesange sicherlich auch die heilige Literatur und namentlich die theokratische Geschichte gepflegt wurde, so dass, wie *Oehler*
(Prophetenthum des A. T. in *Herzogs* Realencykl. XII S. 216) vermuthet,
wol schon in den Cönobium zu Rama (1 Sam. 19, 19 ff.) „der Grund gelegt
worden zu dem durch die folgenden Jahrhunderte herab von Propheten
verfassten grossen Geschichtswerke, das in den Büchern der Könige so
häufig als Quelle citirt wird und, wenn auch überarbeitet, noch dem Chro-
nisten vorlag." Die theokratische Geschichtschreibung hing ja aufs engste
mit dem prophetischen Berufe zusammen. Zu Wächtern (צֹפִים oder מְצַפִּים
vgl. Mich. 7, 4. Jer. 6, 17. Ez. 3, 17. 33, 7) der Theokratie vom Herrn berufen lag den Propheten überhaupt ob, die Wege des Volks und seiner
Leiter nach dem Massstabe des göttlichen Gesetzes zu prüfen und zu richten, nicht nur in jeder Weise auf die Anerkennung der Majestät und
Alleinherrlichkeit Jehova's hinzuwirken, wider jeden Abfall von ihm, wider jede Auflehnung gegen seine Ordnungen und Rechte vor Hohen und
Niedrigen zu zeugen, den gegen das göttliche Wort sich Verstockenden
das Gericht und den Bussfertigen und Verzagten Heil und Rettung zu'
verkündigen, sondern auch „die bisherige Führung Israels im Lichte des
göttlichen Heilsrathes und der unverbrüchlichen göttlichen Vergeltungs-
ordnung darzustellen, nach dem Massstabe des Gesetzes die vergangenen
Zustände des Volkes, namentlich das Leben und Wirken seiner Könige
zu beurtheilen, in ihrem Geschicke die Realität der göttlichen Verheissungen und Drohungen nachzuweisen, und durch alles dies den kommenden Geschlechtern zur Warnung und zum Troste in der Geschichte ihrer
Väter einen Spiegel vorzuhalten" (*Oehl.* S. 217). Bei dieser Lage der
Dinge sind wir vollkommen berechtigt, auch schon bei den Büchern Samuels prophetische Geschichtswerke als Quellen anzunehmen. Nur für
die Zeiten der Richter hat diese Annahme keine Wahrscheinlichkeit, da
vor Samuel keine sichern Spuren von einer geordneten und tiefer in das
Volksleben eingreifenden prophetischen Thätigkeit zu finden sind, obschon ausser der Prophetin Debora (Jud. 4, 4) noch in Jud. 6, 7 ff. und
1 Sam. 2, 27 eines Propheten Erwähnung geschieht. Wenn aber auch der
Verfasser unsers Richterbuches keine prophetischen Aufzeichnungen benutzen konnte, so dürfen wir ihm doch den Gebrauch von anderweitigen
schriftlichen Aufsätzen und Berichten von Zeitgenossen der Ereignisse

nicht absprechen. Bei dem Buche Josua endlich wird fast allgemein anerkannt, dass wenigstens die geographischen Parthieen aus öffentlichen Documenten geschöpft sind. — Mehr hierüber s. in den Einleitungen zu den einzelnen Büchern.

Die Benutzung schriftlicher Quellen von Augen- und Ohrenzeugen der Begebenheiten in sämmtlichen prophetischen Geschichtsbüchern ergibt sich im Allgemeinen schon aus dem Inhalte dieser Bücher, aus der Fülle von echt geschichtlichen Nachrichten, die sie enthalten, obwol mehrere derselben sehr lange Zeiträume umfassen, aus der Genauigkeit der geographischen Beschreibungen der verschiedenen Ereignisse und den zahlreichen genealogischen und chronologischen Angaben, und überhaupt aus der Klarheit und Sicherheit der Darstellung der oft sehr verwickelten Verhältnisse und Thatsachen. Noch deutlicher ergibt sich dies aus dem sprachlichen Charakter der einzelnen Bücher, worin die allmälige Fortbildung und Veränderung der Sprache im Verlaufe der Zeiten auf unverkennbare Weise hervortritt. Während die aus der Zeit des Exiles stammenden Bücher der Könige mancherlei Worte, Wortformen und Ausdrucksweisen enthalten, welche von der mit den Invasionen der Assyrer und Chaldäer in Israel und Juda beginnenden Depravation des Hebräischen durch das eindringende aramäische Sprachidiom Zeugniss geben, findet sich in den Büchern Samuels und der Richter noch keine sichere Spur von der späteren Ausartung der Sprache, sondern durchweg noch die reine Schriftsprache des Davidisch-Salomonischen Zeitalters, und im Buche Josua noch im Ganzen die alterthümliche Sprachgestalt der Mosaischen Zeit, obwol die Archaismen des Pentateuchs hier schon verschwunden sind. Diese sprachliche Verschiedenheit der einzelnen Bücher lässt sich daraus, dass die in denselben benutzten und excerpirten Quellenschriften aus verschiedenen Zeitaltern stammen, nicht befriedigend erklären. Dies zeigt, um hier nur eines anzuführen, da die weitere Erörterung dieses Punktes in die Einleitung zu den einzelnen Büchern gehört, ganz klar schon der Gebrauch des Wortes פֶּחוֹת von den Statthaltern Salomo's 1 Kg. 10, 15, welches der Verf. unserer Bücher der Könige nicht aus seiner Quelle für die Regierungsgeschichte Salomo's genommen haben kann, weil dieses Fremdwort erst mit der chaldäischen und persischen Herrschaft in die hebräische Sprache eingedrungen ist.

Der eigenthümliche Sprachcharakter der einzelnen prophetischen Geschichtsbücher liefert aber zugleich ein ganz entscheidendes Zeugniss gegen die von *Spinoza* aufgestellte und jüngst von *Staehelin* (krit. Untersuchungen über den Pent., die BB. Josua, Richter u. s. w. 1843 S. 1, womit zu vgl. desselben Spezielle Einl. in d. A. Test. S. 93 ff. 125 ff.) und *Bertheau* (d. B. der Richter S. XXVII) erneuerte Hypothese, dass wir in den geschichtlichen Büchern von Gen. 1 bis 2 Kg. 25 in der Form und Verknüpfung, in welchen sie uns vorliegen, nicht einzelne unabhängig von einander entstandene geschichtliche Werke haben, sondern vielmehr nur eine zusammenhängende Bearbeitung der Geschichte vom Anfange der Welt an bis auf die Zeit des Exils (*Berth.*), oder „*ein* Werk, das seine gegenwärtige Gestalt *einem* Manne oder doch *einer* Zeit verdanke" (*Staeh.*).

Denn die Gründe, welche für diese Behauptung geltend gemacht werden, sind überaus schwach. „Der genaue Zusammenhang, in welchem diese Schriften unter einander stehen, so dass jedes folgende Buch sich genau an das vorige anschliesst und seinen Inhalt voraussetzt, keins in eine frühere Zeit als das Ende des vorigen zurückgeht" (*Stäh.*), beweist zwar, dass sie nicht unabhängig von einander entstanden sind; aber durchaus nicht, dass sie von *einem* Verfasser oder auch nur aus *einer* Zeit herstammen. Eben so wenig folgt die einheitliche Abfassung oder die schliessliche Bearbeitung derselben durch *einen* Mann daraus, „dass sich oft in *einer* Schrift, wie wir sie jetzt besitzen, nicht nur ein zwiefacher Stil und eine ganz verschiedene Manier der Darstellung findet, so dass aus dieser Wahrnehmung auf zwei der Schrift zu Grunde liegende Quellen mit Sicherheit geschlossen werden kann, sondern auch dass sich dieselben Quellen durch mehrere, jetzt von einander getrennte und häufig einem ganz andern Zeitalter zugeschriebene Schriften hindurchziehen." Denn der Umstand, dass einer Schrift zwei Quellen zu Grunde liegen, beweist nicht entfernt, dass diese Schrift nur einen Theil eines grösseren Werkes bilde, und für die Behauptung, dass sich dieselbe Quelle durch mehrere der in Rede stehenden Werke hindurchziehe, ist der von *Stäh.* geführte Beweis viel zu schwach und haltlos ausgefallen, als dass sie für begründet erachtet werden könnte, ganz abgesehen davon, dass nach den ersten Regeln der Logik das was von *Mehreren* gilt nicht von *Allen* prädicirt werden darf. Ihre eigentliche Wurzel hat übrigens diese Hypothese in der naturalistischen Voraussetzung der modernen Kritik, dass der allen prophetischen Geschichtsbüchern gemeinsame theokratische Geist nicht den geschichtlichen Thatsachen innewohne, sondern nur „theokratischer Pragmatismus" der Geschichtschreiber sei, dem höchstens eine gewisse subjective Wahrheit, aber keine objective Realität zukomme. Von dieser Voraussetzung aus lässt sich weder der Inhalt noch der Ursprung der prophetischen Geschichtsbücher des A. Test. richtig erkennen und beurtheilen.

Berichtigungen.

DAS BUCH JOSUA.

———————

EINLEITUNG.

___

Inhalt, Ursprung und Charakter des Buches Josua.

Das Buch Josua trägt seinen Namen יהושע, *Ἰησοῦς Ναυή* oder *υἱὸς Ναυή* (LXX), nicht von seinem Verfasser, sondern nach seinem Inhalte, der Geschichte der Führung Israels durch Josua, den Sohn Nuns, in das den Vätern verheissene Land Canaan. Es beginnt nach dem Tode Mose's mit der an Josua ergangenen Aufforderung des Herrn, die Söhne Israels über den Jordan nach Canaan zu führen und dieses Land nicht nur einzunehmen, sondern auch an die Stämme Israels zu vertheilen (I, 1—9), und schliesst mit dem Tode und Begräbnisse Josua's und des ihm gleichzeitigen Hohepriesters Eleasar (XXIV, 29—33). Sein *Inhalt* zerfällt hienach in zwei Theile von ziemlich gleichem Umfange: die Einnahme Canaans c. I—XII und seine Vertheilung an die Stämme Israels c. XII—XXIV, wozu c. I, 1—9 den Eingang und c. XXIV, 29—33 den Schluss bilden. Nach der einleitenden Angabe, dass der Herr nach dem Tode Mose's den an seiner Statt zum Führer Israels berufenen Josua zur Ausführung des ihm aufgetragenen Werkes aufgefordert und durch die Verheissung seines allmächtigen Beistandes für die Vollbringung desselben ermuthigt hat (I, 1—9), beginnt im *ersten* Theile die Erzählung 1) mit den von Josua zum Einrücken in Canaan getroffenen Anstalten: a. dem Befehle Josua's an das Volk, sich für den Uebergang über den Jordan bereit zu machen, der Aufforderung an die dritthalb ostjordanischen Stämme, ihren Brüdern Canaan erobern zu helfen (I, 10—18) und der Sendung von Kundschaftern nach Jericho (c. II); b. dem Uebergange über den durch ein Wunder Gottes trocken gelegten Jordan (c. III u. IV) und c. der Vorbereitung Israels für die Eroberung des Landes durch die Beschneidung und Paschafeier zu Gilgal (c. V, 1—12). Dann folgt 2) die Eroberung und Unterwerfung Canaans: a. der Anfang derselben durch den wunderbaren Fall der festen Stadt Jericho (V, 13 — VI, 27), der Angriff auf Ai und nach Sühnung der durch Achans Vergehen an dem Bann auf die Gemeinde gebrachten Schuld die Eroberung dieser Stadt (VII—VIII, 29) und die feierliche Aufrichtung des Gesetzes im Lande am Ebal und Garizim (VIII, 30—35); b. die weitere Eroberung des Landes durch die Unterwerfung der Gibeoniter, die durch List ein sie vor der Ausrottung bewahrendes Bündniss mit Israel sich erschlichen hatten (c. IX) und die beiden grossen Siege über die verbündeten Könige Canaans im Süden (c. X) und Norden (c. XI) mit der Einnahme der festen Städte des Landes, endlich zum Abschlusse des ersten Theils das Verzeichniss der besiegten Könige Canaans (c. XII). — Der *zweite* Theil hebt an mit der göttlichen Aufforderung an Josua, das ganze Land, obwol noch mehrere Districte desselben unerobert seien, an die 9½ Stämme zur Besitzung zu vertheilen, da 2½ Stämme ihr Gebiet schon durch Mose auf der Ostseite des Jordan empfangen haben, welches hiebei nach seinen Grenzen und Städten beschrieben wird (c. XIII). Demzufolge nahm Josua mit den zu diesem Geschäfte verordneten Volkshäuptern 1. die Vertheilung des diesseitigen Landes vor: a. im Lager zu Gilgal, wo zuvörderst Caleb sein Erbtheil erhielt (c. XIV), sodann durchs Loos die Stämme Juda (c. XV) und Joseph d. i. Ephraim und (Halb-) Manasse (c. XVI u. XVII); hierauf b. zu Silo, nachdem die Stiftshütte daselbst aufgerichtet worden und das zu vertheilende Land vorher schriftlich aufgenommen war (XVIII, 1—10), wo die übrigen Stämme: Benjamin (XVIII, 11—28), Simeon, Sebulon, Isaschar, Aser, Naphtali und Dan (c. XIX) ihre Erbtheile empfingen, sodann noch die Zufluchtsstädte bestimmt (c. XX) und den Leviten von den 12 Stämmen 48 Städte zum Wohnen eingeräumt (c. XXI), und c. schlüsslich die transjordanischen Krieger von Josua in ihre Erbtheile entlassen wurden (c. XXII). Hieran reiht sich 2. der Bericht an von dem, was Josua gegen Ende seines Lebens zur festen Gründung der Stämme Israels in ihren Erbtheilen gethan hat: a. die Ermahnung der um sich versammelten Volkshäupter zur treuen Ausrichtung ihres Berufes (c. XXIII), b. die Bundeserneuerung auf dem Landtage zu Sichem (XXIV, 1—28), mit dem Lebensende Josua's und Schlusse des Buches (XXIV, 29—33). — Die beiden Theile oder Hälften des Buches entsprechen also einander nach Form und Inhalt vollkommen. Wie die I, 10 — V, 12 erzählten Begebenheiten auf die Eroberung Canaans vorbereiten, so haben die nach der Verloosung des Landes von Josua gehaltenen Landtage (XXIII—XXIV, 28) keinen andern Zweck als den, das Bundesvolk durch Ermahnung zur Treue gegen den Herrn in dem von Gott ihm verliehenen Erbtheile recht fest zu gründen. Und wie c. XII als ein die Geschichte der Eroberung des Landes vervollständigender Anhang den ersten Theil abrundet, so gibt sich c. XXII deutlich als ein die Entlassung des Volks in seine Erbtheile abschliessender Anhang zu der Vertheilung des Landes an die Stämme zu erkennen.

Das Buch Josua will nicht blos die Geschichte Israels vom Tode Mose's bis zum Tode Josua's fortführen, noch weniger nur die Thaten Josua's schildern; es bezweckt vielmehr zu zeigen, wie der Herr, der treue Bundesgott nach dem Tode Mose's den durch den Mittlerdienst dieses seines Knechtes zu seinem Eigenthumsvolke angenommenen Söhnen Israels durch seinen Diener Josua, welchen Mose durch Handauflegung und Mittheilung von seiner Hoheit (Num. 27, 18 ff.) zum Führer des Volks geweiht hatte, seine den Erzvätern gegebene Verheissung erfüllt, die Cananiter ausgerottet und ihr Land den Stämmen Israels zum erbeigenthümlichen Besitze verliehen hat. Als Diener Mose's in seinen Fussstapfen

wandelnd vollführte Josua das Werk, welches Mose wegen seiner Versündigung beim Haderwasser nicht zu Ende führen durfte, die Pflanzung
und Gründung Israels in Canaan dem Lande seines Erbtheiles, welches
der Herr zu seiner Wohnung erkoren (Ex. 15, 17), zur Pflanzstätte seines
Reiches erwählt hatte. Da Josua in dieser Hinsicht nur fortsetzt, aus-
führt und vollbringt, was Mose begonnen, angeordnet und ins Werk gesetzt hat, so schliesst sich natürlicher Weise auch das Buch Josua eng an
die Bücher Mose's an, ohne jedoch einen Bestandtheil oder den letzten
Theil derselben zu bilden und von Josua selbst verfasst zu sein.

Der *Ursprung* des B. Josua liegt im Dunkeln, indem sich weder sein
Verfasser ermitteln, noch die Zeit seiner Abfassung genau bestimmen
lässt. Während einerseits sowol die Geschichtserzählung in allen ihren
Theilen das Gepräge der Autopsie und Theilnahme des Verfassers an den
Ereignissen unverkennbar trägt, als auch die Beschreibung der Stammgebiete nach ihren Grenzen und mit ihren Städten sich unzweifelbaft auf
gleichzeitige Aufzeichnungen gründet, ja der Erzähler sich in dem עַד־עָבְרֵנוּ
„bis wir hinübergingen" (5, 1) zu denen rechnet, welche unter Josua
durch den Jordan nach Canaan hinüberzogen, finden wir andrerseits doch
in dem Buche eine Reihe von geschichtlichen Angaben, welche über den
Tod Josua's hinausführen und der Abfassung desselben durch Josua entgegenstehen. Dahin sind freilich weder die Schlussnachrichten vom Tode
Josua's und Eleasars (24, 29. 33), noch auch die Verweisung auf das
„Buch der Frommen" (10, 13) zu rechnen. Denn jene Nachrichten könnten, wie beim Pentateuche, von späterer Hand zur Schrift Josua's hinzugefügt sein, und das Buch der Frommen ist keine erst nach Josua entstandene Schrift, sondern eine successive angelegte Sammlung von Liedern zum Preise der Thaten des Herrn in Israel, welche fromme Sänger
während der Eroberung des Landes dichteten. Auch die oft wiederholte
Bemerkung, dass dies oder jenes „bis auf diesen Tag" bestanden oder
sich erhalten habe, liefert bei der ganz relativen Bedeutung dieser Formel, die auch von Dingen gebraucht wird, welche nur einige Jahre
bestanden, keinen sicheren Beweis gegen die Abfassung unseres Buches in den letzten Lebensjahren Josua's. Ausser den Stellen 22, 3. 17
u. 23, 8. 9, worin noch niemand Hindeutungen auf die Zeit nach Josua
gefunden hat, treffen wir die Formel: bis auf diesen Tag noch 4, 9. 5, 9.
6, 25. 7, 26. 8, 28 f. 9, 27. 13, 13. 14, 14. 15, 63 u. 16, 10. Aber wenn die
Bemerkung 6, 25, dass Rahab bis auf diesen Tag in Israel wohnte, jedenfalls noch zu ihren Lebzeiten gemacht ist, so lassen sich auch die Angaben, dass die erste Lagerstätte Israels in Canaan wegen der dort vorgenommenen Beschneidung des Volks Gilgal, und das Thal, in welchem
Achan gesteinigt worden, Achor genannt wurde bis auf diesen Tag (5, 9.
7, 26), ferner dass bis auf diesen Tag die im Jordanbette aufgerichteten
Denksteine (4, 9) und die auf den Leichnamen Achans und des getödteten
Königs von Ai aufgeworfenen Steinhaufen vorhanden waren (7, 26. 8, 29)
und Ai ein Schutthügel blieb (8, 28), die Gibeoniten Holzhacker und Wasserträger der Gemeinde waren (9, 27), Hebron dem Caleb als Erbtheil
verblieb (14, 14), die Gesuriten und Maachatiten von den Israeliten nicht

aus ihrem Besitze (13, 13), die Cananiter nicht aus Jerusalem und Geser
(15, 63. 16, 10) vertrieben wurden, sondern noch unter und neben Israel
wohnten, eben so leicht begreifen, wenn sie 10 bis 15, als wenn sie 50
bis 100 Jahre nach der Eroberung und Vertheilung Canaans gemacht
wurden. Denn selbst bei Namengebungen erscheint die Bemerkung, dass
der neue Name sich bis auf diesen Tag erhalten habe, nach einem Jahr-
zehent wichtiger als nach einem Jahrhunderte, da der Fortbestand oder
die Erhaltung desselben für die Folgezeit schon ganz gesichert ist, wenn
er in den ersten zehn Jahren sich Bahn gebrochen hat und zur Anerkennung gelangt ist. Die Formel: bis auf diesen Tag beweist nichts weiter,
als dass die schriftliche Aufzeichnung den Begebenheiten nicht ganz
gleichzeitig ist, berechtigt aber nicht zu der Folgerung, dass unser Buch
mehrere Menschenalter oder gar Jahrhunderte nach der Niederlassung
Israels in Canaan geschrieben worden.

Anders verhält es sich mit den Berichten von der Eroberung Hebrons
durch Caleb, Debirs durch Othniel (15, 13—19) und Lesems durch die
Daniten (19, 47). An sich betrachtet könnten zwar auch diese Eroberungen noch vor Josua's Tode geschehen sein, da Josua nach der Vertheilung des Landes und der Niederlassung der einzelnen Stämme in den ihnen zugetheilten Gebieten noch geraume Zeit lebte (vgl. 19, 50 u. 23, 1
mit 22, 4 u. 21, 43 f.). Vergleichen wir aber diese Berichte unsers Buches
mit der parallelen Relation über diese Eroberungen in Jud. 1, 10—15 u.
c. 18, so kann es nicht zweifelhaft sein, dass die genannten Städte erst
nach Josua's Tode den Cananitern dauernd entrissen wurden und in den
wirklichen, bleibenden Besitz der Israeliten kamen. Denn nach Jud. 1,
1—15 fragten die Israeliten nach Josua's Tode den Herrn, wer den Krieg
gegen die Cananiter d. h. die noch nicht ausgerotteten Cananiter beginnen
solle, und erhielten die Antwort: Juda, denn der Herr habe das Land in
seine Hand gegeben; worauf Juda und Simeon die Cananiter zu Besek
schlugen, alsdann gegen Jerusalem stritten und diese Stadt einnahmen
und in Brand steckten, hernach (וְאַחַר v. 9) wider die Cananiter auf dem
Gebirge und im Süden zogen und Hebron und Debir einnahmen. Aus dieser Erzählung erhellt zugleich, dass auch die Eroberung Jerusalems erst
nach Josua's Tode erfolgte und selbst dann die Jebusiter nicht aus Jerusalem vertrieben wurden, sondern neben den Benjaminiten dort wohnen
blieben (Jud. 1, 21), so dass also die gleiche Notiz Jos. 15, 63 ebenfalls
über den Tod Josua's hinausführt. Nicht minder deutlich ergibt sich aus
Jud. 18, dass die Daniten von Zorea und Esthaol den Kriegszug gegen
Lesem oder Lais im Norden Canaans erst nach Josua's Tode unternommen haben. Dies wird nun auch von den übrigen Notizen über Nichtvertreibung der Cananiter aus verschiedenen Gegenden und Städten, welche
unser Buch mit dem Buche der Richter gemeinsam hat (vgl. 13, 2—5. 16,
10 u. 17, 11 f. mit Jud. 3, 3. 1, 29 u. 1, 27 u. 28) gelten, so dass wir aus allen
diesen Stellen schliessen dürfen, dass unser Buch erst nach Josua's Tode
verfasst worden, also auch die Schlussnachrichten über Josua's Tod u. s. w.
(24, 29—33) einen ursprünglichen Bestandtheil desselben bilden.

Versuchen wir nun die Abfassungszeit desselben näher zu bestimmen, so haben wir zunächst ins Auge zu fassen, dass die eben erwähnten Kriege und Eroberungen nicht lange nach Josua's Tod fallen. Einmal lag es in der Natur der Verhältnisse, dass die einzelnen Stämme Israels, als sie in ihre Erbtheile einrückten, wenn nicht sofort so jedenfalls sehr bald den Kampf gegen die noch übrigen Cananiter werden begonnen haben, um in den vollständigen und unbestrittenen Besitz des Landes zu kommen. Sodann aber war der beim Beginne der Verloosung Canaans schon 85 Jahr alte Caleb ja bei der Eroberung von Hebron und Debir noch am Leben und persönlich dabei thätig, indem er dem Eroberer von Debir seine Tochter zum Weibe versprach und dann auch gab (15, 13—19. Jud. 1, 11 ff.). Bald nach diesen Kriegen aber, bei welchen Juda wol das Gebirge in Besitz nahm, aber die im Thale wohnenden Cananiter nicht ausrotten konnte, weil diese eiserne Wagen hatten (Jud. 1, 19), werden gewiss auch die Daniten sich genöthigt gesehen haben, weil das durchs Loos ihnen zwischen Juda und Ephraim zugefallene Erbe eben wegen Nichtvertreibung der Cananiter zu klein für sie war, nach Norden zu ziehen und durch Eroberung von Lesem sich ein Besitzthum zu erwerben. — Wenn somit alle diese in unserm Buche erwähnten Ereignisse nicht über die nächsten Zeiten nach Josua's Tode hinausführen, so finden wir in ihm zugleich bestimmte Zeugnisse dafür, dass es nicht nach sondern wol noch vor der Gründung des Königthums in Israel verfasst worden ist. Nach 16, 10 wohnten die Cananiter noch in Geser, die doch der ägyptische König Pharao bei der Eroberung dieser Stadt zu Anfang der Regierung Salomo's oder in den letzten Regierungsjahren Davids ausrottete (1 Kg. 9, 16). Nach 15, 63 waren die Jebusiter noch nicht aus Jerusalem vertrieben, was durch David im Anfange seiner Regierung über alle Stämme Israels geschah (2 Sam. 5, 3. 6—9). Nach 9, 27 war die Stätte für den Tempel noch nicht bestimmt, was bereits unter David geschah (2 Sam. 24, 18 ff. 1 Chr. 21, 16 ff.), und die Gibeoniter waren noch Holzhacker und Wasserträger der Gemeinde für den Altar in Kraft des von Josua und den Aeltesten mit ihnen geschlossenen Vertrages, während schon Saul diesen Vertrag gebrochen und die Gibeoniter auszurotten versucht hatte (2 Sam. 21, 1 ff.). Erwägen wir hiezu noch, dass unser Buch in sprachlicher und sachlicher Beziehung nirgends Spuren späterer Zeiten und Verhältnisse aufweist, sondern in der Sprache wie in den Anschauungen sich eng an den Pentateuch anschliesst, z. B. als Phönizier nur die Sidonier nennt und diese auch zu den von Israel auszurottenden Cananitern zählt (13, 4—6), was schon unter David ganz anders geworden (2 Sam. 5, 11. 1 Kg. 5, 15. 1 Chr. 14, 1), ferner Sidon mit dem Prädicate „die Grosse" als Hauptstadt von Phönizien bezeichnet (11, 8. 19, 28), während schon unter David Tyrus Sidon überflügelt hatte: so gewinnt die Ansicht hohe Wahrscheinlichkeit, dass dasselbe nicht später als 20 bis 25 Jahre nach dem Tode Josua's abgefasst worden, vielleicht von einem der Aeltesten, der mit Josua durch den Jordan gezogen war, an der Eroberung Canaans theilgenommen hatte (vgl. 5, 1. u. 6) und Josua geraume Zeit überlebt hat (24, 31. Jud. 2, 7).

Wenn aber auch das B. Josua erst einige Zeit nach den in ihm be-

richteten Begebenheiten verfasst und sein Verfasser nicht genauer zu ermitteln ist, so thut dies doch seinem *historisch-prophetischen Charakter*
keinen Abbruch; denn das Buch gibt sich nach Inhalt und Form als ein
selbständiges, einheitliches und mit geschichtlicher Treue verfasstes Werk
zu erkennen, welches nicht weniger als der Pentateuch vom Geiste der
alttestamentlichen Heilsoffenbarung durchhaucht ist. — So eng dasselbe
auch in Sachen und Sprache sich an den Pentateuch anschliesst, so
hat doch die von der neuern Kritik in mannigfacher Form aufgestellte
Hypothese, dass es eben so successive wie der Pentateuch aus einer Verschmelzung von zwei oder drei älteren Schriftwerken entstanden und von
dem sogenannten „Deuteronomiker" verfasst sei, keinen haltbaren Grund
und Boden. Sehen wir ganz davon ab, dass diese Hypothese auch beim
Pentateuche unbegründet und unerweislich ist, so wird die vermeintliche
Einheit der Abfassung unsers Buchs mit der des Deuteronomium und
des Pentateuchs in seiner uns überlieferten Redaction hauptsächlich auf
die Meinung gegründet, dass der Tod Mose's, mit welchem der Pentateuch schliesst, keinen passenden Abschluss oder „geeigneten Endpunkt
für ein Werk abgebe, welches mit der Schöpfung begann und die frühere
Geschichte, wie im Pentateuche geschehen ist, behandelt hatte", weil es
„sich nicht wohl denken lasse, dass ein jedenfalls erst geraume Zeit nach
der Einnahme des Landes Canaan durch die Israeliten geschriebenes geschichtliches Werk hier, nachdem es alle Vorbereitungen, die zur Eroberung dieses Landes getroffen waren, berichtet hatte, sollte abgebrochen
haben, ohne diese Besitznahme selbst und die Vertheilung des Landes
unter die übrigen Stämme in seine Erzählung mit aufzunehmen" (*Bleek*
Einleit. in d. A. Test. S. 311 f. *Stähelin* spez. Einl. S. 47 u. A.). Dagegen
ist aber zunächst zu bemerken, dass der Pentateuch weder erst geraume
Zeit nach der Besitznahme Canaans durch die Israeliten geschrieben,
noch auch nur für ein geschichtliches Werk, wie diese Kritik meint, zu
halten ist, sondern das Gesetzbuch des A. Bundes ist, für welches das
Deuteronomium, wie selbst *Bleek* zugesteht, einen ganz angemessenen
Schluss bildet. Sodann gibt sich das Buch Josua, obwol es sich an den
Pentateuch anschliesst und die Geschichte bis zur Einnahme des verheissenen Landes durch die Israeliten fortführt, doch schon dadurch als ein
selbständiges Buch zu erkennen, dass es sowol die schon unter Mose ausgeführte Eroberung und Vertheilung des ostjordanischen Landes an die
2½ Stämme, als auch die von Mose schon getroffene Bestimmung der ostjordanischen Freistädte vollständig aufgenommen hat, um eine in sich ab-
gerundete Darstellung von der Erfüllung der den Erzvätern ertheilten
göttlichen Verheissung, dass ihr Same das Land Canaan zum Besitz erhalten solle, zu geben, und noch mehr durch sprachliche Eigenthümlichkeiten, wodurch es sich deutlich von den Büchern Mose's unterscheidet.
Im B. Josua fehlen nicht nur die durch alle Bücher des Pentateuchs gleich-
mässig hindurchgehenden Archaismen הוּא für הִיא, נַעַר für נַעֲרָה, הָאֵל für
הָאֵלֶּה und andere dem Pentateuch eigenthümliche Worte mehr, sondern
wir finden darin auch Wörter und Ausdrucksweisen, die dem Pentateuche
fremd sind, so z. B. die constante Schreibung יְרִיחוֹ (2, 1—3 u. ö., im Gan-

zen 26 mal) statt der im Pentateuche eben so constanten Form יְרִיחוֹ
(Num. 22, 1. 26, 3 u. ö., im Ganzen 11 mal), ferner מַמְלְכוּת vom Königreiche
Sihons und Ogs (13, 12. 21. 27. 30. 31) statt מַמְלָכָה Num. 32, 33. Deut. 3,
4. 10 u. a., זֻוּא (24, 19) statt קִנֵּא (Ex. 20, 5. 34, 14. Deut. 4, 24. 5, 9 u. ö.),
שֹׁמַע fama (6, 27. 9, 9) für שֵׁמַע (Gen. 29, 13 u. ö.), יִרָא (22, 25) für יִרְאָה
(Deut. 4, 10. 5, 26 u. ö.), endlich גִּבּוֹרֵי הַחַיִל (1, 14. 6, 2. 8, 3. 10, 7) für
בְּנֵי־הַחַיִל (Deut. 3, 18), נֹאד Schlauch (9, 4. 13) für חֵמַת (Gen. 21, 14. 15. 19),
הִצִּית anzünden, verbrennen 8, 8. 19, צָנַח herabspringen 15, 18, קָצִין Fürst,
Anführer 10, 24, שָׁקַט ruhen 11, 23. 14, 15 und andere Worte mehr, die
man im Pentateuche vergeblich sucht, während sie in den folgenden Büchern oft wiederkehren. [1]

Wenn hiedurch die Selbständigkeit des Buches Josua ausser Zweifel
gesetzt wird, so erhellt seine innere Einheit oder einheitliche Abfassung
im Allgemeinen schon aus der oben dargelegten Anordnung und Gliederung seines Inhalts, im Besondern aber noch daraus, dass in den verschiedenen Theilen desselben weder sachliche Differenzen oder Widersprüche
vorkommen, noch zweierlei Sprachweise wahrzunehmen ist. Sachliche
Widersprüche in den verschiedenen Theilen nachzuweisen, wie es früher
de Wette, Hauff u. A. versucht haben, darauf haben *Bleek* und *Stähelin*
in ihren Einleitungen fast ganz verzichtet. Was *Bleek* in dieser Beziehung noch in c. 3 u. 4. 8, 1—29 und andern Stellen andeutet, das wird
sammt den *Knobel*schen Einwürfen gegen die Einheit bei der Auslegung
der betreffenden Capp. seine Erledigung finden. *Stähelin* aber hat von
den vielen Spuren verschiedener Denkweise, die er in seinen krit. Untersuchungen über den Pent. u. s. w. 1843 aufgeführt, in seiner spez. Einleitung in das A. Test. 1862 S. 54 nur noch die Verschiedenheit geltend gemacht, dass die Art und Weise, wie Josua c. 18, 1—10 handelt, von
c. 14 ff. sehr verschieden sei und dass Josua überhaupt in den historischen
Abschnitten anders handle, als nach Num. 27, 21 erwartet werde, nämlich
sich ganz selbständig betrage, nie den Hohepriester frage, dass dieser ihm
durch das Urim und Thummim Antwort gebe. An dieser Bemerkung ist
so viel richtig, dass im ganzen Buche, nicht blos in den historischen Abschnitten, Josua nirgends den Willen des Herrn durch Vermittlung des
hohepriesterlichen Urim und Thummim erfrägt, und in den geschichtlichen Theilen Eleasar nirgends erwähnt ist. Aber eine auf verschiedene
Verfasser hindeutende Verschiedenheit der Denkweise folgt aus diesen
Umständen durchaus nicht. Denn einerseits wird es c. 9, 14 gerügt, dass

---

1) Wie an diesen sprachlichen Verschiedenheiten die Hypothese von der Abfassung unsers Buches durch den Deuteronomiker Schiffbruch leidet, das zeigen schon
die Versuche, sie zu beseitigen. Wenn nämlich *Stähelin* (spez. Einl. S. 56) darüber bemerkt, dass der Ergänzer im Pentateuche die Form יְרִיחוֹ aus der Grundschrift beibehalten, im B. Josua dagegen die Grundschrift nach der ihm geläufigen Form des
Wortes geändert habe, so ist diese Annahme eben so unglaublich als die bisher ganz
unerhörte Behauptung, dass der archaistische Gebrauch des הוּא als *foem.* statt הִיא
im Pentateuche von späterer Conformirung herrühre. Was mag denn aber den Ergänzer bewogen haben, das im Deuteronomium ihm so geläufige מַמְלָכָה im Buche
Josua in מַמְלְכוּת zu ändern? Der „zuverlässige" *Bleek* hat es daher vorgezogen, von
diesen Verschiedenheiten keine Notiz zu nehmen oder wenigstens sich darüber gar
nicht auszusprechen.

Josua mit den Gibeonitern ein Bündniss schloss, ohne den Mund Jehova's zu fragen, worin sich eine leise Hindeutung auf Num. 27, 21 kaum verkennen lässt. Sodann aber lehrt auch Num. 27, 21 in keiner Weise, dass Gott dem Josua seinen Willen einzig durch das Urim und Thummim kundthun wollte, so dass durch die in jener Stelle enthaltene Verweisung Josua's an den Hohepriester die unmittelbaren Offenbarungen, welche der Herr ihm für die Ausführung des ihm aufgetragenen Werkes der Einnahme und Vertheilung Canaans zutheilwerden liess, ausgeschlossen würden. Wenn nun der Herr ihm, was er in dieser Hinsicht thun sollte, theils durch unmittelbare Eröffnung seines Willens, theils durch seinen Engel (5, 13 ff.) eröffnete, so war in den historischen Theilen des Buchs gar keine Veranlassung zur Erwähnung Eleasars, da die Anführung des Heeres, um Schlachten zu schlagen und Städte zu erobern, nicht zu den hohepriesterlichen Amtsfunctionen gehörte, selbst wenn er den Feldzügen Josua's beigewohnt haben sollte. Aber auch in dem geographischen Theile wird Eleasar nur erwähnt bei Nennung des nach dem Gesetze Num. 34, 17 ff. zur Vertheilung des Landes bestimmten Collegiums der Volkshäupter (14, 1. 19, 51 c. 21, 1), ohne dass er übrigens hiebei besonders hervortritt, weil auch bei diesem Geschäfte Josua an der Spitze des ganzen Volkes stand (13, 1. 7). Daher wandte sich nicht nur Caleb mit der Bitte um Verleihung des vom Herrn ihm zugesagten Erbtheiles an Josua (14, 6 ff.), sondern es wird auch in andern Fällen, wo es nicht darauf ankam, die einzelnen Glieder der Theilungscommission aufzuzählen, Josua genannt als der, welcher die Verloosung des Landes veranstaltete und leitete (18, 3—10. 20, 1). — Nicht minder schwach sind die Beweise für die „doppelte Sprachweise" des Buches. Diese soll besonders daraus folgen, dass in den histor. Abschnitten für Stamm vorherrschend שֵׁבֶט, in den geographischen dagegen מַטֶּה stehe und in den letzteren auch das Wort מַחְלְקָת (11, 23. 12, 7) fehle. Allein der Wechsel von שֵׁבֶט und מַטֶּה erklärt sich vollständig aus der verschiedenen Bedeutung dieser beiden Wörter, nämlich daraus, dass שֵׁבֶט den Stamm als politische Corporation, welcher Selbständigkeit und Macht zusteht, מַטֶּה hingegen den Volksstamm nur nach seiner genealogischen Verzweigung bezeichnet. Ein Unterschied, der durch die Versicherung, „dass 7, 14. 16. 18. 22, 1 vgl. mit 13, 29 und 3, 12 vgl. mit Num. 34, 18 der Wechsel doch gewiss ganz unwillkührlich stattfinde", nicht aufgehoben wird. Aus diesem Wechsel, sei er unwillkührlich oder wohlbedacht, auf zwei Schriftsteller zu schliessen, geht schon deshalb nicht an, weil beide Wörter sowol in den historischen als in den geographischen Abschnitten vorkommen, hie und da sogar in einem und demselben Verse, wie 13, 29 u. Num. 18, 2, wo an Verschmelzung verschiedener Urkunden nicht zu denken ist. Mehr hierüber s. zu 7, 1. Das Wort מַחְלְקָת aber ist nicht, wie *Stäh.* meint, gleichbedeutend mit מִשְׁפָּחָה, sondern bezeichnet die verschiedenen Abtheilungen der Stämme in Geschlechter, Vaterhäuser und Familien, und kommt auch nicht blos in 11, 23 u. 12, 7, sondern auch c. 18, 10 im geograph. Theile vor. Auch die weitere Bemerkung, „dass statt der רָאשֵׁי אָבוֹת der geogr. Abschnitte in den historischen die Aeltesten, Richter, Häupter רָאשִׁים und

שֹׁטְרִים handelnd auftreten, oder nur die שֹׁטְרִים 1,10. 3,2 8,33 (?). 23,2.
24,1 oder nur die Aeltesten", ist weder ganz richtig noch irgendwie be-
weiskräftig. Unrichtig ist sie insofern, als auch im geographischen Theile,
nämlich 17,4, die נְשִׂיאִים statt der רָאשֵׁי אָבוֹת neben Eleasar und Josua
genannt sind. Noch unrichtiger aber ist die diesem Argumente zu Grunde
liegende Meinung, dass „die שֹׁטְרִים, זְקֵנִים, רָאשֵׁי אָבוֹת, נְשִׂיאִים und שֹׁפְטִים
ganz dasselbe seien, wie aus Deut. 1,15 erhelle." Denn aus dieser Stelle,
der zufolge die Richter und Schoterim aus den Aeltesten des Volks gewählt wurden, folgt durchaus nicht die Identität der Begriffe: Aeltesten
und Häupter mit dem Begriffe der Richter und Amtleute (Schoterim).
Auch רָאשֵׁי אָבוֹת die Häupter der Vaterhäuser (s. zu Ex. 6,14) sind nur
eine Abtheilung der Fürsten und Häupter des Volks, und die in unserm
Buche erwähnten nur die in den Theilungsausschuss Gewählten, von welchen natürlich auch nur bei der Verlosung des Landes die Rede ist, wogegen die Richter und Schoterim mit der Verlosung der Stammgebiete
nichts zu schaffen hatten und aus diesem Grunde auch in den geogr. Abschnitten nicht erwähnt werden. — In dieser Weise erklären sich, wenn
man auf die Sache eingeht und sich nicht bloss an die Vocabeln hält, alle
sachlichen und sprachlichen Eigenthümlichkeiten der verschiedenen Theile des Buches, und die scheinbaren Differenzen lösen sich in Harmonie
auf. In einer Schrift, die zwei so verschiedene Gegenstände, wie die kriegerische Eroberung und die friedliche Verlosung des Landes Canaan
enthält, können natürlich nicht überall dieselben Ideen und Ausdrucksweisen wiederkehren, wenn die Darstellung dem sachlichen Inhalte con-
form sein soll. Ueber die Composition des Buches lässt sich aus solchen
Verschiedenheiten nicht das Mindeste folgern, noch weniger damit seine
einheitliche Abfassung bestreiten. Diese wird übrigens auch dann nicht
aufgehoben, wenn sich etwa nachweisen oder wahrscheinlich machen lässt,
dass der Verfasser für einzelne Abschnitte schriftliche Documente, nämlich in der Beschreibung der einzelnen Stammgebiete die bei der Verlosung angefertigten officiellen Urkunden benutzt habe.

Endlich auch die geschichtliche Treue des B. Josua lässt sich nicht
mit Grund in Zweifel ziehen, und wird bei allen Erzählungen und Berichten, deren Inhalt innerhalb des Gebietes der gewöhnlichen Naturord-
nung liegt, allgemein anerkannt. Dies gilt nicht nur von der Beschreibung der einzelnen Stammgebiete nach ihren Grenzen und Städten, bei
der fast allgemein zugestanden wird, dass sie aus authentischen Urkunden geflossen ist, sondern auch von den verschiedenen geschichtlichen
Berichten, z. B. der Rede Calebs (14,6ff.), der Rede des Pinehas und der
Antwort der dritthalb Stämme (c. 22), der Klage Josephs über die Kleinheit des ihm zugefallenen Gebiets und der Antwort Josua's (17,14ff.),
die durchaus originell und so ganz den Personen und Umständen ange-
messen sind, dass ihre Geschichtlichkeit sich gar nicht verkennen lässt.[1]

---

    1) So bemerkt z. B. auch *Eichhorn*, Einl. in d. A. T. III S. 866: „Die Rede Ca-
lebs (14,1 ff.), in der er das ihm versprochene besondere Erbtheil fordert, hat zu
starke Züge einer Rede aus dem Munde eines 85jährigen Greisen, und athmet in
jedem Worte, in der Umständlichkeit und in dem Selbstgefühl zu sehr seinen Geist

Nur an den wunderbaren Thatsachen haben die Gegner der biblischen Offenbarung Anstoss genommen und theils um dieser Wunder willen, theils aber besonders deshalb, weil die Darstellung, dass Gott die Ausrottung der Cananiter befohlen, sich mit den richtigen (?) Begriffen von der Gottheit nicht vereinigen lasse, dem ganzen Buche den geschichtlichen Charakter absprechen wollen. Aber die in unserm Buche berichteten Wunder stehen nicht vereinzelt da, sondern stehen in engstem Zusammenhange mit der grossen Thatsache der göttlichen Heilsoffenbarung der Erlösung des Menschengeschlechts, so dass sie nur von unbiblischen Voraussetzungen über Gottes Wesen und Wirken in der Natur und Menschenwelt aus für unwirklich erklärt oder geleugnet werden können. Auch der Einwurf, dass die Ausrottung der Cananiter als von Gott befohlen sich nicht einmal „mit nur halbrichtigen Begriffen von der Gottheit vereinigen lasse," wie *Eichhorn* Einl. III S. 403 sagt, beruht auf ganz unbiblischen und vernunftwidrigen Vorstellungen von Gott und göttlicher Weltregierung, nach welchen der „Gottheit" alle lebendige Einwirkung auf die Erde und ihre Bewohner *a priori* abgesprochen wird. Aber der wahre Gott ist nicht eine Gottheit, die den Menschen weder helfen, noch Schaden thun kann (Jer. 10, 5), sondern ist der allmächtige Schöpfer, Erhalter und Regierer der Welt. Dieser Gott ist Jehova, der Israel zu seinem Volke erwählt hat, „ein lebendiger Gott, ein ewiger König" (Jer. 10, 10), welcher den Völkern nicht nur die Grenzen ihres Wohnens, sondern auch bestimmte Zeiten gesetzt hat, dass sie ihn suchen sollten, ob sie doch ihn fühlen und finden möchten (Deut. 32, 8. Actor. 17, 26 f.); welcher, weil er jedem Volke auf Erden Leben und Dasein, Gut und Land zum rechten, durch Verherrlichung des göttlichen Namens die eigene Glückseligkeit fördernden Gebrauch gegeben hat, auch die Macht und das Recht besitzt, ihm allen seinen Besitz zu entziehen und seine Spur von dem Erdboden auszutilgen, wenn es durch beharrlichen Missbrauch der ihm verliehenen Güter und Gaben den Namen Gottes entehrt und schändet. Dieser allein wahre Gott, der in ewig unveränderlicher Weisheit und Gerechtigkeit den Erdkreis richtet, und nicht weniger in grossen Strafgerichten seinen Zorn als in zahllosen Segnungen seine Gnade allen Menschenkindern offenbart, hatte Abraham für seinen Samen, die Söhne Israels, das Land Canaan zum Eigenthume zu geben verheissen, wenn die Missethat der Amoriter, seiner damaligen Besitzer, vollendet sein, ihr Vollmaass erreicht haben würde (Gen. 12, 7. 15, 13—16). Hienach ist die Vertreibung der Cananiter aus ihrem, an sich zwar rechtmässigen aber durch Missbrauch zum Unrecht gewordenen, Besitze eben so bestimmt als Act der göttlichen Strafgerechtigkeit, wie die Schenkung dieses Landes an Israel als Act der freien göttlichen Gnade anzusehen; und die Ausrottung der Cananiter sowie die Einnahme ihres durch Missethat und Frevel verwirkten Besitzthumes (vgl. Lev. 18, 24—28. Deut. 12, 29—31) vonseiten der Israeliten ist ganz gerechtfertigt, wenn Israel nur, wie unser Buch bezeugt, dabei sich ganz als Werkzeug in der Hand des Herrn bewiesen hat. Zwar

und sein Alter und seine Lage, als dass sie ihm blos von einem späteren Schriftsteller, der sich in seine Lage geworfen hätte, könnte in den Mund gelegt sein."

wurden die Israeliten durch die göttliche Schenkung allein noch nicht dazu berechtigt einen Vertilgungskrieg gegen die Cananiter auszuführen, wie z. B. auch David durch die im Auftrage des Herrn von Samuel ihm ertheilte Verheissung des Königreiches und Salbung zum Könige über Israel sich noch nicht für berechtigt erachtete, den König Saul, obschon derselbe vom Herrn verworfen war, zu tödten oder das ihm verheissene Königreich eigenmächtig an sich zu reissen, — aber die Israeliten zogen auch nicht eigenwillig und eigenmächtig aus Aegypten nach Canaan, sondern sie wurden von dem Gotte ihrer Väter mit mächtigem Arme aus diesem Lande der Knechtschaft heraus, durch die Wüste hindurch und in das gelobte Land hinein geführt. — Wie Mose, so handelte auch Josua in unmittelbarem Auftrage Gottes; und dass dieser Auftrag nicht blos eingebildet, sondern wirklich und vollkommen begründet war, das beweisen die wunderbaren Zeichen, durch welche Gott die Heerschaaren Israels als die in seinem Namen und Auftrage streitenden Diener seiner richtenden Gerechtigkeit legitimirte, die Wunder, durch welche der Herr der ganzen Erde die Fluten des Jordan vor ihnen her theilte, die Mauern Jericho's umstürzte, die Cananiter mit Furcht und Zagen erfüllte, bei Gibeon sie durch Hagelsteine tödtete und alle ihre Anschläge und Anstrengungen gegen Israel zunichte machte, so dass Josua grosse und starke Völker schlug und vertilgte, und niemand vor ihm zu bestehen vermochte. Daher konnte der Psalmist sprechen: „Du hast mit deiner Hand die Heiden vertrieben und sie (die Israeliten) gepflanzt, du hast Völker verderbt und sie ausgebreitet. Denn nicht durch ihr Schwert nahmen sie das Land ein, und ihr Arm half ihnen nicht, sondern deine Rechte und dein Arm und das Licht deines Angesichts; denn du warst ihnen hold" (Ps. 44, 3. 4). — Wenn nun Israel schon hiedurch als Vollstrecker der Strafgerichte Gottes erwiesen wird, so bethätigte es auch diesen seinen Beruf vollkommen durch sein ganzes Benehmen bei der Ausführung des ihm aufgetragenen Gerichts. Willig und gehorsam unterzog es sich allen Anordnungen Josua's; es heiligte sich durch die Beschneidung aller in der Wüste unbeschnitten Gebliebenen und durch die Paschafeier zu Gilgal, richtete das Gesetz des Herrn auf am Ebal und Garizim, vollzog den Bann an den Cananitern, wie der Herr geboten hatte, und bestrafte die Uebertretung dieses Bannes an Achan und seinem Hause, um die Sünde aus seiner Mitte zu tilgen, gelobte, nachdem es schon in den ruhigen Besitz des verheissenen Erbes gekommen war, aufs feierlichste, allem Götzendienste zu entsagen, Jehova seinem Gotte allein dienen und auf seine Stimme hören zu wollen, um den Bund mit dem Herrn zu erneuern, und dienete auch dem Herrn, so lange Josua lebte und die Aeltesten nach ihm, welche alle Werke des Herrn kannten, die er an Israel gethan. — Hiezu vgl. noch die ausführlichen Abhandlungen von *Hengstenberg:* „über die Rechte der Israeliten an Palästina", in s. Beitrr. zur Einl. in d. A. Test. III S. 471—507, und von *Laur. Reinke* über das Recht der Israeliten an Canaan, in s. Beitrr. zur Erkl. des A. Test. I S. 269 ff.

So findet der ganze Inhalt unsers Buches seine höhere Einheit und seine Wahrheit in der Idee der göttlichen Gerechtigkeit, Heiligkeit und

Gnade, wie sich dieselbe in dem grossen weltgeschichtlichen Ereignisse, das seinen Inhalt bildet, aufs herrlichste manifestirt hat. Während die Gerechtigkeit an den Cananitern und die Gnade an den Israeliten offenbar wird, offenbart sich an beiden zugleich die Heiligkeit des allmächtigen Gottes; an den dem Gericht verfallenen Cananitern zur Vernichtung, an den zur Gemeinschaft mit dem Herrn erwählten Israeliten zur Heiligung des Lebens in treuer Erfüllung seines Berufes; beides zur Ehre Gottes, zur Verherrlichung seines Namens.

Die verschiedenen Ansichten über die Abfassungszeit unseres Buches sind genauer besprochen in meinem früheren Commentare über das B. Josua, Erlangen 1847, wo auch die exegetischen Hülfsmittel angeführt sind.

AUSLEGUNG.

Cap. I, 1—9. Eingang.

Nach dem Tode Mose's fordert der Herr Josua, den Diener Mose's, welchen er zum Führer Israels nach Canaan berufen hatte, auf, nun mit dem ganzen Volke über den Jordan zu ziehen und das den Vätern eidlich zugesagte Land Canaan einzunehmen, wozu er ihm seinen mächtigen Beistand unter der Bedingung treuer Befolgung des mosaischen Gesetzes verheisst. Diese göttliche Aufforderung und Verheissung bildet die Einleitung zu dem ganzen Buche, welches durch die Eingangsworte: „und es geschah nach dem Tode Mose's, des Knechtes des Herrn", an den Schluss des Pentateuchs angeknüpft, jedoch nicht so eng angeschlossen wird, dass man hieraus die Einheit der Verfasser beider Werke folgern dürfte. V. 1. Das Imperf. וַיְהִי c. ו consec., die stehende Form für die Darstellung fortschreitender Handlung oder Gedankenentwicklung, schliesst mit seinem *und* nur „an einen schon erwähnten oder doch als bekannt angenommenen Kreis des Vollendeten an" (*Ew.* §. 231ᵇ). „Nach dem Tode Mose's" d. i. nach Ablauf der 30tägigen Trauer des Volks über denselben, vgl. Deut. 34, 8. „Knecht Jehova's" ist eine stehende ehrenvolle Bezeichnung Mose's, nach Num. 12, 7 f., vgl. Deut. 34, 5. 1 Kg. 8, 56. 2 Kg. 18, 12. Ps. 105, 26 u. a. Ueber *Josua*, den Diener Mose's s. zu Ex. 17, 9 u. Num. 13, 16. מְשָׁרֵת wie Ex. 24, 13 u. a. Obwol Josua bereits zum Nachfolger Mose's für die Einführung des Volks in Canaan durch den Mund des Herrn berufen (Num. 27, 15 ff.), und nicht nur von Mose als solcher dem Volke vorgestellt, sondern auch vom Herrn durch die Zusage seines Beistandes zu diesem Amte verordnet worden war (Deut. 31, 3—7 u. 23), so erging doch nach dem Tode Mose's nochmals das Wort des Herrn an ihn, mit dem Befehle, das ihm übertragene Amt nun anzutreten, und mit der Verheissung, dass er ihm in der Führung desselben ebenso wie seinem Knecht

Mose beistehen werde. *Quia fortissimi etiam quique, licet probe compa-*
rati, ubi ad rem ventum est, vel subsistunt vel vacillant: minime supervacua
fuit haec exhortatio, ut Josue mox ad expeditionem se accingeret. Quam-
quam non tantum ejus causa iterum sancitur ejus vocatio: sed ut populus
collectis animis eum sequi ducem non dubitet, quem videt pedem non mo-
vere nisi praeeunte Deo. Calv. — Dieses Wort des Herrn empfing Josua
durch unmittelbare göttliche Einsprache, nicht durch Vermittlung des
hohepriesterlichen Urim und Thummim; denn dieses Medium göttlicher
Willensoffenbarung, an welches er bei seiner Berufung für schwierige
Fälle seiner Amtsführung gewiesen worden (Num. 27, 21), war für die Erneuerung und Bestätigung seiner göttlichen Berufung nicht ausreichend,
weil es hiebei nicht blos galt, den göttlichen Willen ihm kundzuthun, sondern auch ihm Muth und Kraft zur Vollziehung desselben d. h. zur Führung seines Amtes einzuflössen, gleichwie später angesichts der zu ero-
bernden festen Stadt Jericho, wo ihm der Engel des Herrn erschien und
ihren Fall zusagte (5, 13). Auch gehörte die Einnahme Canaans zu dem
Werke, welches der Herr seinem Knechte Mose aufgetragen, bei dem also
Josua nur Fortsetzer Mose's war. Darum wollte auch der Herr mit ihm
sein, wie er mit Mose gewesen (v. 5), und darum offenbarte er ihm auch
seinen Willen unmittelbar wie Mosen, ohne jedoch mit ihm Mund zu
Mund zu reden (Num. 12, 8). — V. 2. Da Mose gestorben, ohne die Israeliten nach Canaan gebracht zu haben, so soll nun Josua sich aufmachen
und mit dem ganzen Volke über diesen (d. h. den vor ihm befindlichen)
Jordan ziehen in das Land, das der Herr ihnen geben werde. לָהֶם weist
auf הָעָם zurück und wird durch das folgende לִבְנֵי יִשְׂרָאֵל verdeutlicht. —
V. 3. „Nämlich jeden Ort, auf den eure Fusssohle treten wird" d. h. das
ganze Land, keinen Fuss breit ausgenommen, hab ich euch gegeben. Das
perf. נָתַתִּי steht vom göttlichen Rathschlusse, der längst gefasst ist und
jetzt ausgeführt werden soll. Diese der Form nach an Deut. 11, 24 sich
anschliessenden Worte ruhen auf der göttlichen Verheissung Ex. 23, 30 f.,
auf welche die W. „wie ich zu Mose geredet" zurückweisen. V. 4. Die
Grenzen des Landes wie Deut. 11, 24, nur mit dem formellen Unterschiede, dass die Grenzlinie von der Wüste (Arabiens) und dem Libanon d. i.
vom Süd- und Nordende aus zuerst nach Osten bis an den grossen Strom,
den Euphrat, sodann nach Westen hin bis an das grosse Meer gen Sonnenuntergang d. i. das mittelländische Meer gezogen und zwischen diese
beiden *termini ad quem* die nähere Bestimmung: „das ganze Land der
Hethiter" eingeschoben ist, während im Deut. die Süd- Nord- und Ost-
grenzen der Westgrenze gegenübergestellt sind und die nähere Begrenzung des einzunehmenden Gebietes durch Aufzählung der Völker, die
vor Israel ausgerottet werden sollen (v. 23), angedeutet ist. Ueber den
oratorischen Charakter dieser Bestimmungen s. zu Gen. 15, 18. Das Demonstrative הַזֶּה bei Libanon erklärt sich daraus, dass vom israel. Lager
aus der Libanon, wenigstens der Antilibanus sichtbar war. *Hethiter* (s. zu
Gen. 10, 15) steht hier *sensu latiori* für Cananiter insgemein, wie 1 Kg. 10,
29. 2 Kg. 7, 6. Ez. 16, 3. — Die Verheissung v. 5ᵃ ist aus Deut. 11, 25, wo
sie dem ganzen Volke gegeben war, speziell auf Josua übertragen, und

v. 5ᵇ aus Deut. 31, 8 vgl. mit v. 6 wiederholt. — V. 6—9. An die Verheissung reiht sich die Bedingung an, unter welcher der Herr sein Wort erfüllen werde. Josua soll fest und stark d. h. getrost, muthig, unerschrok-
ken sein (vgl. Deut. 31, 6); erstlich (v. 6) soll er fest auf den Herrn und
seine Verheissung vertrauen, wie ihm Mose und der Herr schon Deut. 31,
7 u. 23 gesagt hatten und wie hier wiederholt wird, aber so, dass die
Worte אַתָּה תַּנְחִיל וגו zugleich an Deut. 1, 38. 3, 28 erinnern; sodann
(v. 7 f.) soll er diese Festigkeit durch genaue Befolgung des Gesetzes zu
gewinnen und zu bewahren trachten. שְׁמֹר לַעֲשׂוֹת וגו wie Mose Deut. 5, 29
dem ganzen Volke ans Herz gelegt hat, vgl. Deut. 28, 14 u. 2, 27. Das
Suffix an מִמֶּנּוּ erklärt sich daraus, dass dem Redenden das Gesetzbuch
(סֵפֶר) vorschwebt. Die weitere Ausführung in v. 8 schliesst sich nicht blos
an die Ermahnungen an, mit welchen Mose Deut. 6, 6 f. u. 11, 18 f. dem
ganzen Volke die unablässige Erwägung und Beherzigung der Gebote
Gottes einschärft, sondern noch mehr an die Vorschrift für den König:
alle Tage im Gesetze zu lesen, Deut. 17, 19. — Nicht vom Munde weichen
ist s. v. a. beständig im Munde sein. Im Munde ist aber das Gesetz nicht
blos dann, wenn wir es unablässig predigen, sondern auch wenn wir es
für uns verständlich lesen und mit uns und andern davon reden. Dazu
soll noch die Meditation, das Nachsinnen darüber (הָגָה) bei Tag und
Nacht kommen, vgl. Ps. 1, 2. הָגָה bezeichnet nicht theoretisches Grübeln
über das Gesetz, wie es die Pharisäer trieben, sondern das praktische
Erwägen des Gesetzes, um dasselbe im Denken, Thun und Lassen zu beo-
bachten oder mit Herz, Mund und Hand zu befolgen. Solche Beschäftigung mit ihm bringt Segen. Dann wirst du deine Wege gelingen machen
d. h. in allen Unternehmungen glücklichen Erfolg haben (vgl. Deut. 28, 29)
und weise handeln. תַּשְׂכִּיל wie Deut. 29, 8. — Zum Schlusse v. 9 wiederholt der Herr nicht nur seine Aufforderung zur Festigkeit, sondern auch
seine Verheissung v. 5 u. 6. הֲלֹא *nonne* rhetorische Wendung für הִנֵּה, indem die Versicherung in die Form einer zweifellos bejahenden Frage gekleidet wird. Wegen des אַל־תַּעֲרֹץ וגו vgl. Deut. 31, 6 u. 8.

I. Die Einnahme und Eroberung Canaans.
Cap. I—XII.

Cap. I, 10 — II, 24. Vorbereitungen zur Einnahme Canaans.

In Folge der göttlichen Aufforderung (I, 2—9) trifft Josua ungesäumt
die zur Ausrichtung des ihm befohlenen Werkes erforderlichen Vorbe-
reitungen, indem er 1. den Befehl an das Volk ergehen lässt, sich für den
Uebergang über den Jordan bereit zu machen (1, 10 u. 11), 2. die Stämme
Ruben, Gad und Halb-Manasse an die Erfüllung ihrer Zusage, den übri-
gen Stämmen Canaan erobern zu helfen, erinnert (v. 12—18), 3. zwei
Kundschafter nach Jericho sendet, um das Land zu erspähen und die
Stimmung seiner Bewohner zu erforschen (c. 2).

Cap. I, 10—18. Vorbereitungen für den Uebergang über den Jordan. V. 10 u. 11. Um dem Befehle des Herrn nachzukommen, liess Josua zunächst durch die Amtleute (שֹׁטְרִים s. zu Ex. 5, 6), die als Führer der Geschlechtsregister nicht nur die Aushebung der kriegspflichtigen Mannschaft (Deut. 20, 5), sondern auch die Publication der Befehle des Heerführers zu besorgen hatten, den Befehl an das Volk im Lager ergehen, sich mit Wegzehrung zu versehen, um binnen 3 Tagen über den Jordan zu ziehen und das von Gott ihnen verheissene Land einzunehmen. Bei צֵדָה Reisekost (Gen. 42, 25 u. a.) darf man nicht an das Manna denken, dessen Spendung damals schon aufgehört hatte (s. zu 5, 12), sondern nur an die natürlichen Lebensmittel, welche das bewohnte Land darbot. Die Bestimmung: „in noch 3 Tagen" d. h., wie sich aus der Vergleichung von Gen. 40, 13 u. 19 mit v. 20 ergibt, von dem Tage der Bekanntmachung des Befehls an gerechnet am folgenden dritten Tage, „werdet ihr über den Jordan gehen", ist nicht als Vorausverkündigung der Zeit des wirklich erfolgten Uebergangs zu fassen, sondern mit *Vatabl.* u. *J. J. Hess* als der Termin, bis zu welchem das Volk für den Uebergang bereitet sein soll, in dem Sinne: Bereitet euch Wegzehrung, um binnen 3 Tagen über den Jordan gehen d. h. um alsdann von Sittim aufbrechen, über den Jordan ziehen und die Einnahme Canaans beginnen zu können. So gefasst stimmt diese Angabe mit c. 2 u. 3 überein. Nach c. 2 nämlich sandte Josua von Sittim aus Kundschafter nach Jericho, welche nach ihrer Flucht aus dieser Stadt sich 3 Tage im Gebirge verbergen mussten (2, 22), bis sie in das israelitische Lager zurückkehren konnten, die also jedenfalls 3 oder 4 Tage abwesend waren oder frühestens am vierten Tage Abends oder Nachts nach ihrer Aussendung zurückkamen. Dann erst brachen die Israeliten am Morgen von Sittim auf und zogen bis an den Jordan, wo sie noch verweilten und dann nach 3 Tagen über den Fluss gingen (3, 1 u. 2), so dass mindestens 4+1+3, also 8 volle Tage zwischen dem Tage der Aussendung der Kundschafter und dem Tage des Uebergangs des Volks über den Jordan verstrichen sind. Ohne Zweifel beabsichtigte Josua innerhalb dreier Tage nach Absendung der Kundschafter schon an den Jordan aufzubrechen und über denselben zu gehen, und hatte daher gleichzeitig mit dem Erlasse des Befehls an das Volk, sich für den Uebergang binnen 3 Tagen zu rüsten, die Kundschafter nach Jericho gesandt, so dass er hoffen konnte, dass sie in 2 bis 3 Tagen ihren Auftrag ausgerichtet haben und zurückgekehrt sein würden. Da diese aber in Folge der unvorhergesehenen Entdeckung ihrer Ankunft in Jericho und der Nachsendung von Verfolgern genöthigt wurden, sich 3 Tage im Gebirge versteckt zu halten, so konnte auch Josua mit dem Volke nicht früher als am Tage nach ihrer Rückkehr von Sittim aufbrechen und an den Jordan vorrücken, und auch hier nicht sofort den Fluss überschreiten, sondern erst 3 Tage nach der Ankunft an seinem Ufer den Durchgang ausführen (vgl. 3, 1 ff.).[1]

---

1) Auf diese Weise stimmen die verschiedenen Angaben in den 3 Capp. gut zusammen. Aber die Mehrzahl der Ausll. hat die Aufeinanderfolge der Begebenheiten anders und willkührlich geordnet, weil sie von der durch nichts gerechtfertigten

V. 12—18. Die Aufforderung Josua's an die 2½ Stämme, der Bedingung, unter der Mose ihnen das eroberte Ostjordanland zum Erbe gegeben Num. 32, 17 f. 25—27, eingedenk zu sein und sie zu erfüllen, fand
bereitwillige Zustimmung, so dass diese Stämme ihm nicht nur versprechen, in allen Stücken seinen Befehlen nachkommen zu wollen, sondern
auch jeden, der seinem Befehle sich widersetzen würde, mit dem Tode
bedrohen. Bei dieser Erinnerung der genannten Stämme an jene Bedingung schliesst sich Josua im Ausdrucke mehr an Deut. 3, 18—20, wo
Mose selbst sein früheres Gebot recapitulirt, als an die Grundstelle Num.
32 an. Der *infin. abs.* זָכוֹר statt des *imper.* wie Ex. 13, 3. 20, 8 u. ö. מֵנִיחַ
(v. 13) wie יָנִיחַ Deut. 3, 20. Der Ausdruck: „dieses Land" zeigt, dass der
Redende sich noch jenseits des Jordan befand. חֲמֻשִׁים *lumbibus accincti*
i. e. ad bellum parati, synonym mit חֲלֻצִים Deut. 3, 18. Num. 32, 32; s. zu
Ex. 13, 18. כָּל־גִּבּוֹרֵי חַיִל alle kräftigen Helden d. h. tapfern Streiter, wie
6, 2. 8, 3. 10, 7 und häufig in den folgenden Büchern, ist nicht, wie *Kn.*
irrig behauptet, dem Deuteronomium mit unserm Buche eigen, sondern
dem Pentateuche überhaupt fremd, s. S. 9. Das כֹּל *alle* (v. 14 nach Num.
32, 21 u. 27) ist nicht zu pressen. Nach c. 4, 13 zogen nur *circa* 40,000
Mann von den 2½ Stämmen über den Jordan mit in den Krieg, während
diese Stämme nach Num. 26, 7. 18. 34 an 110,000 waffenfähige Männer
zählten, so dass an 70,000 Männer zum Schutze der Weiber, Kinder und
Heerden und zur Vertheidigung des in Besitz genommenen Landes zurückblieben. Zu v. 15 vgl. Deut. 3, 18; über die Form יְרִשְׁתֶּם (wie Deut.
19, 1. 31, 3) *Ew.* §. 199[b]; und über die nähere Bestimmung des עֵבֶר הַיַּרְדֵּן
durch מִזְרַח הַשָּׁמֶשׁ die Bem. zu Num. 32, 19. — Die Antwort der 2½ Stämme, in der sie nicht blos ihre Mithülfe bei der Eroberung Canaans bereit-
willigst zusagen, sondern auch Josua den Beistand des Herrn wünschen
(v. 17 vgl. v. 5), den Widerstrebenden den Tod drohen und mit dem göttlichen Zuspruche: fest und stark zu sein (v. 18 vgl. v. 6) schliessen, gibt
Zeugniss von dem sie beseelenden Wunsche, ihren Brüdern beizustehen,
damit alle Stämme bald in den ruhigen Besitz des verheissenen Erbes
gelangen möchten. הִמְרָה - - אֶת־פֶּה in Deut. 1, 26. 43. 9, 23. 1 Sam. 12, 14
vom Widerstreben gegen die Gebote des Herrn, hier von der Widersetzlichkeit gegen seinen Stellvertreter, den vom Herrn erwählten Heerführer,
die nach dem Gesetze Deut. 17, 12 mit dem Tode zu bestrafen war.

Cap. II. **Aussendung zweier Kundschafter nach Jericho. V. 1.** Obgleich Josua vom Herrn die Zusage seines allmächtigen Beistandes bei der
Einnahme Canaans empfangen hatte, so hielt er es doch für nöthig, auch
seinerseits das Erforderliche zum Gelingen des ihm aufgetragenen Werkes

---

Voraussetzung ausgehen, dass die Zeitbestimmung unsers V.: „in noch 3 Tagen" mit
der Angabe: „nach Verlauf (מִקְצֵה) von 3 Tagen" (3, 2) identisch sei. S. die verschiedenen Ausgleichungsversuche in m. fr. Comment. ü. d. B. Jos. S. 13 Note. — Auf
diese grundlose Voraussetzung hat dann *Kn.* zu Jos. S. 359 f. die Behauptungen gegründet, dass in c. 1—3 grosse Unordnung in der Aufeinanderfolge der einzelnen
Vorgänge herrsche, dass 1, 11 mit 3, 1—6 in unvereinbarem Widerspruche stehe und
dass in diesen Capp. Berichte von 3 verschiedenen Verfassern in einander gescho-
ben seien.

zu thun, da der göttliche Beistand die menschliche Thätigkeit nicht aus-
schliesst, sondern vielmehr voraussetzt. Daher sandte er von Sittim, der
Lagerstätte des Volks (s. zu Num. 25, 1), zwei Männer als Kundschafter
heimlich aus, um das Land und namentlich Jericho, die sehr feste Grenzstadt Canaans (6, 1), zu besehen d. h. zu erforschen, vgl. Gen. 42, 9. חֶרֶשׁ
adv. in der Stille, heimlich, ist durch die Accente mit לֵאמֹר verbunden,
also den Auftrag ihnen heimlich ertheilend, womit freilich *implicite* auch
die heimliche Aussendung angedeutet ist. Die Beauftragung geschah
heimlich, damit theils die Cananiter nichts davon erführen, theils auch
die Israeliten selbst nicht, wie einst unter Mose Num. 14, 1, durch den
Bericht ihrer Mission, falls derselbe ungünstig lautete, entmuthigt würden. Die Kundschafter zogen nach Jericho und kehrten dort gegen Abend
in das Haus einer Hure, Namens Rahab, ein und יִשְׁכְּבוּ שָׁמָּה wörtl. legten
sich dort nieder d. h. wollten die Nacht dort bleiben oder schlafen. *Jericho* lag 2 Stunden westlich vom Jordan entfernt in einer ehemals sehr
fruchtbaren, durch ihre Palmen und Balsamstauden berühmten, jetzt aber
verödeten und unfruchtbaren Ebene, die gegen Westen von einem nackten, unfruchtbaren Gebirge, das sich nordwärts bis Beisan, südwärts bis
zum todten Meere hinzieht, amphitheatralisch umgeben ist, und ist längst
spurlos untergegangen, aber in der Nähe und zwar an der nördlichen Seite
des heutigen armseligen und schmutzigen Dorfes *Riha* am Wady Kelt zu
suchen; vgl. *Robins.* Pal. II S. 523 ff. 544 ff., *v. Raumer* Pal. S. 206 ff. u.
Gadow in d. Ztschr. d. deutsch. morgenl. Gesellsch. II S. 52 ff. — Die *Rahab* wird זוֹנָה genannt d. i. Hure, nicht: Gastwirthin, wie *Joseph. Chald.
Rabb.* u. A. das Wort deuten. Die Einkehr im Hause einer solchen Person mochte am wenigsten Verdacht erregen. Dazu kam die Lage ihres
Hauses an oder auf der Stadtmauer, die das Entkommen erleichterte.
Gott der Herr aber leitete die Kundschafter so, dass sie in dieser Sünderin die für ihre Zwecke geeignetste Person fanden, auf deren Herz die
Kunde von den Wundern des lebendigen Gottes an und für Israel einen
tiefen Eindruck gemacht hatte, so dass sie die Kundschafter nicht nur
von der Entmuthigung der Cananiter in Kenntniss setzte, sondern auch
im gläubigen Vertrauen auf die Macht des Gottes Israels mit eigener Gefahr vor den Nachforschungen ihrer Landsleute verbarg.

V. 2—6. Da nämlich der Eintritt der fremden Männer in das Haus
der Rahab dem Könige von Jericho angezeigt wurde und dieser, die Absicht ihres Kommens durchschauend, ihre Auslieferung von der Rahab
forderte, so versteckte sie dieselben (תִּצְפְּנוֹ verbarg ihn, d. h. jeden der beiden Kundschafter, vgl. für diesen Uebergang der Rede von der Mehrheit
auf den Einzelnen *Ew.* §. 219) und erklärte den Boten des Königs: כֵּן
recte, „ganz richtig. Gekommen sind zu mir die Männer, aber ich weiss
nicht, woher sie waren, und als in der Dunkelheit das Thor zum Schliessen war d. h. geschlossen werden sollte (vgl. für diese Construction Gen.
15, 12), sind sie wieder hinausgegangen, ich weiss nicht wohin. Jaget ihnen schnell nach, gewiss (כִּי) werdet ihr sie ergreifen.“ Dazu bemerkt der
Erzähler v. 6 erläuternd: sie hatte sie auf dem Dache ihres Hauses unter
Flachsstengeln verborgen. הַלַּיְלָה *die* (diese) Nacht (v. 2) wird v. 5 näher

2 *

dahin bestimmt: bei eintretender Nacht, noch vor dem Schlusse des Stadt-thores, bei dem sie angeblich die Stadt schon wieder verlassen haben soll-ten. פִּשְׁתֵּי עֵץ bed. nicht Baumwollenkapseln (*Arab. J. D. Mich.* u. A.) oder Baumflachs = Baumwolle (*Then.*), sondern Flachsstengel oder Stengel-flachs, im Unterschiede von gebrechtem und gehecheltem Flachse, der kein Holz mehr hat, λινοκαλάμη, *stipula lini* (LXX *Vulg.*). Flachsstengel, die in Aegypten, und wol auch in der Ebene von Jericho, deren Klima dem ägyptischen gleichkommt, eine Höhe von 3—4 Fuss und die Dicke des Schilfrohrs erreichen (vgl. *Hasselquist* Reise S. 501), konnten, wenn auf dem platten Dach zum Rösten in der Sonnenhitze aufgeschichtet (הָעֲרֻכוֹת), ganz bequem zu einem Verstecke für die Kundschafter dienen. — Die Unwahrheit, wodurch Rahab nicht nur jeden Verdacht des Einver-ständnisses mit den bei ihr eingekehrten israelitischen Männern von sich abzuwenden, sondern auch die weitere Nachforschung nach denselben von ihrem Hause abzulenken und das Festnehmen der Kundschafter zu vereiteln weiss, lässt sich weder als Nothlüge um eines guten Zweckes willen, noch mit *Grotius* durch die unbegründete Behauptung: *ante Evan-gelium mendacium viris bonis salutare culpae non ducebatur*, entschuldi-gen. Auch wird sie weder dadurch „für erlaubt" oder gar „für löblich" erklärt, dass der Erzähler ohne subjective Beurtheilung das Factum ein-fach berichtet, noch dadurch dass, wie aus dem Folgenden (v. 9 ff.) er-hellt, Rahab von der Allmacht Jehova's und von der Wahrheit der für sein Volk gewirkten Wunder Gottes überzeugt in dem guten Glauben han-delte, dass der wahre Gott den Israeliten das Land Canaan geben und jeder Widerstand gegen dieselben vergeblich und ein Widerstreben gegen den allmächtigen Gott selber sein würde. Denn Lüge ist und bleibt eine Sünde. Mochte also immerhin Rahab sich dabei auch gar nicht von der Absicht, ihre Person und Familie vor dem Verderben zu retten, mit be-stimmen lassen und die Gesinnung, aus welcher ihr Thun floss, im Glau-ben an den lebendigen Gott (πίστει Hebr. 11,31) wurzeln, so dass was sie in dieser Gesinnung für die Kundschafter und damit zugleich für die Sache des Herrn gethan, ihr zur Gerechtigkeit angerechnet wird (ἐξ ἔρ-γων ἐδικαιώθη Jak. 2,25): so war dennoch das von ihr eingeschlagene Verfahren eine Schwachheitssünde, die ihr um ihres Glaubens willen in Gnade vergeben wurde, eine *infirmitas, quae ipsi ob fidem gratiose con-donata est. Calov.* [1]

V. 7—14. Auf die Aussage des Weibes hin verfolgten die Boten des Königs (הָאֲנָשִׁים) die Kundschafter des Wegs zum Jordan der über die Furten führt. Die Worte דֶּרֶךְ חִיר v. 7 so zu fassen fordern Sprachge-brauch und Sache. עַל הַמַּעְבְּרוֹת kann sprachlich nicht bedeuten: bis auf

---

1) Richtig und wahr urtheilt hierüber auch *Calvin: Saepe contigit, dum sancti rectam viam tenere student, in obliquos tamen circuitus divertere. — Perpe-ram quoque Rahab, dum nuncios abiisse mentitur; praecipua tamen actio Deo grata, quia vitium virtuti admistum non imputatur. Interea sicuti voluit Deus liberari speculatores, ita mendacio protegi eorum vitam non probavit.* Und schon *Augustin* fällt über die Rahab das nämliche Urtheil wie über die hebräischen Wehe-mütter Ex. 1, 21, das wir zu jener Stelle mitgetheilt haben.

die Furten zu, bis an die Furten, und dass die Häscher über die Furten hinübergegangen sein sollten, ist ganz unwahrscheinlich. Gelang es ihnen nicht, die Kundschafter bis an die Jordanfurten zu erreichen oder zu fangen, so konnten sie dies noch weniger jenseits des Flusses, in der Nähe des israelitischen Lagers hoffen. הַמַּעְבְּרוֹת mit dem Artikel bezeichnet die damals gewöhnliche Furt des Jordan bei Jericho (Jud. 3,22. 2 Sam. 19, 16 ff.); ob diese aber die jetzt gewöhnliche bei der Mündung des Wady *Schaib,* beinahe östlich gegenüber Jericho, oder die südlichere *el Helu* oberhalb der Mündung des Wady Hesban (*Rob. Pal.* II S. 497), südwärts von dem Badeplatze der christlichen Pilgrime, oder *el Meschra* (*Lynch* Bericht S. 155) oder *el Mocktua* bei *Seetzen* II S. 320 gewesen, lässt sich nicht bestimmen. Ueber diese und andere Jordanfurten, bei Beisan und weiter hinauf bis zum galiläischen Meere hin vgl. *Rob.* II S. 500 u. *Ritter* Erdk. 15 S. 549 ff. — Nachdem die Boten des Königs aus der Stadt gezogen waren, verschloss man das Thor, um die Kundschafter, falls sie noch in der Stadt wären, nicht entkommen zu lassen. אַחֲרֵי כַּאֲשֶׁר für אַחֲרֵי אֲשֶׁר ist ungewöhnlich, aber analog dem אַחֲרֵי־כֵן אֲשֶׁר Gen. 6, 4. — V. 8 ff. Trotz dieser Vorsichtsmassregel entkamen die israel. Männer. Sobald nämlich die ausgesandten Häscher das Haus der Rahab verlassen hatten, begab Rahab sich zu den auf ihrem Dach versteckten Kundschaftern, bevor diese sich schlafen gelegt hatten, was wol, wie im Morgenlande des Sommers häufig, auf dem Dache geschehen sollte, und bekannte ihnen, was sie glaubte und wusste, dass nämlich Gott den Israeliten das Land gegeben habe und dass der Schrecken vor ihnen auf die Cananiter (עָלֵינוּ im Gegensatze zu לָכֶם den Israeliten sind die Cananiter insgemein, nicht blos die Einwohner Jericho's) gefallen sei und Verzagtheit alle Bewohner des Landes ergriffen habe. Die Beschreibung der Entmuthigung der Cananiter (v. 9) schliesst sich im Ausdrucke (vgl. besonders אֵימָה u. נָמֹגוּ) an Ex. 15, 15 u. 16 an, um anzudeuten, dass in Erfüllung gegangen war, was Mose mit Israel nach dem Durchgange durchs rothe Meer gesungen, dass der Herr seine Zusage Ex. 23, 27 vgl. Deut. 2, 25 u. 11, 25 erfüllt und Furcht und Grauen vor Israel auf die Cananiter gelegt hatte. V. 10. Diesen Eindruck hatte die Kunde von dem Wunder der Trockenlegung des rothen Meeres Ex. 14, 15 ff. und von der Besiegung der gewaltigen Amoriterkönige sammt der Einnahme ihrer Reiche (Num. 21, 24—35 vgl. Deut. 2, 31 — 3, 10) auf die Cananiter hervorgebracht. Auch in dem letztgenannten Ereignisse muss sich die göttliche Allmacht in sichtbarer Weise kundgethan haben, so dass es, wie der Herr selbst Mosen verkündigt hatte Deut. 2, 25, alle umliegenden Völker mit Furcht und Schrecken vor Israel erfüllte und den Cananitern Herz und Muth entsank. V. 11. Da wir dies hörten — fährt Rahab fort, die Empfindung ihres Herzens auf alle ihre Landsleute übertragend — zerfloss unser Herz (נָמַס vom gänzlichen Verzagen des Herzens, das der Hebräer als ein Zerfliessen wie Wasser darstellt, 7, 5), und nicht bestand in Jemandem noch Geist d. h. Geisteskraft zum Handeln vor Angst und Schrecken, vgl. 5, 1, wogegen 1 Kg. 10, 5 diese Phrase das Aussersichgerathen vor Staunen bezeichnet. „Denn Jehova euer Gott ist Gott im Himmel droben und auf Erden unten." Zu dieser Erkenntniss des Glaubens, zu welcher Israel durch die wunderbare Hülfe des Herrn kommen sollte (Deut. 4, 39), gelangte auch die Rahab, obschon ihre Glaubenserkenntniss doch in sofern hinter dem Glauben, welchen Mose dort von Israel forderte, zurückblieb, als sie in Jehova nur eine Gottheit (אֱלֹהִים) im Himmel und auf Erden erkannte, aber noch nicht den alleinigen Gott (אֵין עוֹד — הָאֱלֹהִים Deut. 4, 39) im Himmel und auf Erden, somit den Polytheismus noch nicht völlig überwunden hatte, so nahe sie auch dem wahren und vollen Bekenntnisse des Herrn schon stand. Aber diese Wunder der göttlichen Allmacht, welche das für religiöse Wahrheit empfängliche Herz dieser Sünderin zum Glauben führten und ihr ein Geruch zum Leben wurden, brachten in den ungläubigen Herzen der übrigen Cananiter nur Verstockung zuwege, dass sie dem Gericht des Todes anheim fielen. — V. 12—14. Nach diesem Bekenntnisse bat Rahab die Kundschafter um Schonung ihrer Familie (בֵּית־אָב) und liess sich von ihnen eidlich zusagen zum Zeichen der Treue: bei der Einnahme von Jericho, die stillschweigend weil nach dem Voraufgegangenen selbstverständlich vorausgesetzt wird, ihre Eltern und Geschwister und alle ihre Angehörigen (כָּל־אֲשֶׁר לָהֶם das sind nach v. 6, 23 die Kinder und Familien ihrer Brüder und Schwestern) leben zu lassen und nicht zu tödten — was diese ihr auch eidlich verbürgten. אוֹת אֱמֶת Zeichen der Wahrheit, d. h. durch welches sie die Wahrheit der von ihr verlangten חֶסֶד Gnadenerweisung verbürgen. Dieses Zeichen bestand in nichts anderem als in dem feierlichen Schwure, mit welchem sie ihre Zusage bekräftigen sollten und nach v. 14 wirklich bekräftigt haben. Diesen Schwur leisten sie mit den Worten: „unsere Seele soll für euch sterben", womit sie ihr Leben für das Leben der Rahab und deren Familie verpfänden, in dem Sinne: Gott soll uns mit dem Tode strafen, wenn wir treulos sind, deines Lebens und der Deinigen nicht schonen. Wenn auch der Name Gottes dabei nicht ausgesprochen ward, so lag dies doch darin, dass die Worte als Schwur bei Jehova bezeichnet sind. Aber die Kundschafter knüpfen ihre Zusage an die Bedingung: „wenn ihr unsere Sache (דְּבָרֵנוּ זֶה) nicht anzeigt, unsere Angelegenheit nicht verrathet, sc. so dass wir vor unserer Rückkehr verfolgt werden und in Lebensgefahr gerathen, dann wollen wir diese Gnade und Wahrheit dir erweisen. Zu עָשֹׂה חֶסֶד וֶאֱמֶת vgl. Gen. 24, 27.

V. 15—24. Hierauf liess Rahab dieselben an einem Seile durchs Fenster hinab, nämlich ins Freie, denn ihr Haus lag an oder auf der Stadtmauer, so dass sie auf der Mauer wohnte, und gab ihnen noch den Rath (v. 16), ins Gebirge sich zu begeben, um nicht auf die ausgesandten Verfolger zu stossen, und dort 3 Tage sich zu verstecken, bis die Verfolger zurückgekehrt sein würden. V. 17—20. Die Kundschafter aber beugen schliesslich noch jeder willkührlichen Deutung und Anwendung ihres Schwures vor durch drei Bedingungen, bei deren Nichterfüllung sie des ihr geleisteten Eides quitt sein würden. חַיָּה für חֻגֵּאת ist in v. 17 daraus zu erklären, dass das Pronomen überhaupt öfter die Unterscheidung des Geschlechts aufgibt (s. *Ew.* §. 183ᵃ), in v. 18 aber daraus, dass sich das Genus nach dem *nomen rectum* gerichtet hat (s. *Ew.* §. 317ᵈ). V. 18. Die *erste*

Bedingung ist: Rahab soll bei der Einnahme der Stadt ihr Haus den Israeliten kenntlich machen, sie soll „die Schnur dieses Carmesinfadens" d. h. diese aus Carmesinfäden gedrehte Schnur an das Fenster, an dem sie sie herabgelassen, binden. Das demonstrative הַזֶּה führt darauf, diese Schnur mit *Luther* u. A. für das v. 15 erwähnte Seil (חבל) zu halten, da sonst keine andere Schnur erwähnt ist, auf die hingewiesen sein könnte, und gegen die Annahme, dass die Kundschafter der Rahab diese Schnur als Zeichen gegeben hätten, der Umstand spricht, dass von einem Geben und Empfangen eines solchen Zeichens nichts berichtet wird. Uebrigens wurde diese Schnur durch ihre karmesin- oder scharlachrothe Farbe (שָׁנִי = שְׁנִי תּוֹלַעַת s. zu Ex. 25, 4), die Farbe des kräftigen Lebens (s. Bd. I,1 S. 510), zu einem bedeutsamen Zeichen der Lebenserhaltung für Rahab und die Ihrigen. Ueber die Form הוֹרַדְתֵּנוּ vgl. *Ew.* §. 249ᵈ. — Die *andere* Bedingung ist die, dass Rahab bei der Eroberung der Stadt ihre Eltern und Geschwister zu sich in ihr Haus versammle. V. 19. Wer aus der Hausthür hinausgehe, dessen Blut sei auf seinem Haupte d. h. der trage, wenn er draussen von den israelitischen Kriegern erschlagen werde, den Tod als seine Schuld. Jeden aber, der bei ihr im Hause ist, anlangend, dessen Blut soll auf ihr (der Kundschafter) Haupt fallen, wenn eine Hand gegen ihn ist d. h. ihn antastet, ihm ein Leid zufügt (vgl. Ex. 9, 3). Die Formel דָּמוֹ בְרֹאשׁוֹ ist gleichbedeutend mit der Gesetzesformel דָּמוֹ בּוֹ Lev. 20, 9. — Die *dritte* Bedingung v. 20 ist nur eine Wiederholung der gleich anfangs (v. 14) gestellten Hauptbedingung. — V. 21. Nachdem Rahab alle diese Bedingungen angenommen, entliess sie die Männer und band die rothe Schnur an das Fenster. Letzteres that sie natürlich nicht sogleich, sondern erst als es nöthig wurde. Es wird hier nur gleich berichtet, um diesen Gegenstand abzuschliessen. — V. 22. Die Kundschafter aber blieben 3 Tage im Gebirge, bis die Häscher, nachdem sie auf dem ganzen Wege vergebens nach ihnen geforscht hatten, in die Stadt zurückgekehrt waren. Gemeint ist wahrscheinlich das Gebirge auf der nördlichen Seite von Jericho, welches später den Namen *Quarantana* (arab. *Kuruntul*) erhielt, eine Felswand, die sich fast senkrecht an 12—1500 Fuss über die Ebene erhebt und an der Ostseite voller Grotten und Höhlen ist (*Rob.* Pal. II S. 552), also passende Schlupfwinkel zum sich Verbergen bot, dazu noch Jericho am nächsten lag, da südlich vom Wady Kelt die westlichen Berge sich bedeutend zurückziehen (vgl. *Rob.* II S. 534 f.). — V. 23 f. Darauf kehrten sie über den Jordan ins Lager zurück und berichteten Josua alles was ihnen begegnet war und was sie vernommen hatten. מָצָא finden, treffen, wie Ex. 18, 8. Num. 20, 14 von Begegnissen, wie קָרָה Gen. 42, 29. — Zu v. 24 vgl. v. 9.

Cap. III und IV. Durchgang durch den Jordan.

Am Morgen nach der Rückkehr der Kundschafter ins Lager brach Josua mit dem Volke von Sittim auf nach dem Ufer des Jordan, um nach den hiezu noch erforderlichen Vorbereitungen durch denselben zu ziehen und in Canaan einzurücken (3,1). — Der Uebergang über diesen Grenz-

fluss Canaans oder eigentlich der Durchzug durch das an der Uebergangs-
stelle durch ein Wunder der göttlichen Allmacht trockengelegte Flussbette wird in diesen 2 Capp. so beschrieben, dass 3,1ᵇ—6 die letzten Vorbereitungen für den Uebergang, sodann in 3 Absätzen der Durchzug durch
das Flussbette nebst dem zur bleibenden Erinnerung an dieses Wunder
errichteten Denkzeichen v. 7—17 nach seinem Beginne, c. 4,1—14 nach
seinem weiteren Verlaufe und 4,15—24 nach seinem Abschlusse geschildert wird, und zwar in der Weise, dass in jedem dieser 3 Abschnitte zuerst
der göttliche Befehl an Josua (vgl. 3, 7 u. 8; 4, 2 u. 3 und 15 u. 16), darauf
die Eröffnung desselben durch Josua an das Volk und seine Ausführung
(vgl. 3, 9—17; 4, 4—13 und 4, 17—20) angegeben ist. Diese sachliche
Gliederung wählte der Schriftsteller, um nicht blos das Wunder, sondern
auch das Mittel, an welches Gott seine Vollziehung knüpfte, recht an-
schaulich darzustellen und diese Gottesthat sammt ihrem Zwecke dem Gedächtnisse des Volks recht tief einzuprägen. Dabei waren aber einzelne
Wiederholungen unvermeidlich, welche mit dem der hebräischen Geschichtschreibung eigenthümlichen Streben, die einzelnen Momente der
Begebenheiten durch zusammenfassende, dem wirklichen Verlaufe vor-
greifende Angaben zu markiren und abzurunden, eng zusammenhängen.
Zu dieser sachlichen Ordnung und Gliederung der einzelnen Momente dieser Begebenheit gehört aber auch die Vertheilung der göttlichen Offenbarung und Befehle an Josua auf die einzelnen Absätze, so dass wir nicht
glauben dürfen, Gott habe erst während des Durchganges Josua das Einzelne, was er thun sollte, jedesmal kundgethan, sondern annehmen müssen,
dass Gott ihm alles Erforderliche auf einmal und zwar schon am Tage vor
dem wunderbaren Durchgange eröffnet und geboten habe. [1]

Cap. III. V. 1—6. *Die Anstalten für den Durchgang durch den Jordan.*
Am Jordan angekommen rasteten die Israeliten bis sie hinüberzogen. לוּן
übernachten, dann in weiterer Bed. verweilen Prov. 15,31 u. ö., hier also:
Rast halten. Nach v. 2 weilten sie dort 3 Tage. מִקְצֵה שְׁלֹשֶׁת יָמִים „am
Ende (nach Verlauf) von 3 Tagen" kann schon wegen des Fehlens des
Artikels sich nicht auf die 1,11 erwähnten drei Tage zurückbeziehen,
ganz abgesehen von den zu 1,11 angeführten Gründen, welche gegen die
Identificirung dieser Zeitangabe mit der in c. 1, 11 sprechen. Die Gründe
weshalb die Israeliten nach dem Aufbruche von Sittim noch am Jordan-
ufer 3 Tage verweilten, sind nicht bemerkt, aber nicht schwer zu vermuthen. Einmal mochten für das Einrücken in Feindesland nicht blos mit
einem Kriegsheere sondern mit dem ganzen Volke sammt Weibern und
Kindern und ihrer ganzen Habe, besonders aber für den Uebergang über
den Fluss noch mancherlei Vorbereitungen zu treffen sein, mit welchen
leicht ein paar Tage vergehen konnten. Hiezu kam aber noch, dass der

---

1) Die Behauptung von *Paulus, Eichhorn, Bleek, Knob.* u. A., dass der Bericht
aus zwei verschiedenen Urkunden componirt sei, gründet sich auf nichts anderes als
auf Verkennung der oben entwickelten sachlichen Gliederung desselben und auf den
dogmatischen Anstoss an seinem wunderbaren Inhalte. Die angeblichen Widersprüche, welche als Beweise angeführt werden, sind in den Text hineingetragen, wie
dies selbst von *Hauff*, Offenbrgsgl. S. 209 f. anerkannt wird.

Jordan, damals bis über seine Ufer angeschwollen, den Durchgang durch die Furten unmöglich machte, so dass man warten musste, bis dieses Hinderniss beseitigt war. Sobald nun Josua die Gewissheit erlangt hatte, dass der Herr seinem Volke den Weg bahnen werde, liess er durch die Amtleute (s. zu 1,10) dem Volke im Lager gebieten v.3: „So wie ihr die Bundeslade des Herrn eures Gottes sehet und die levitischen Priester sie tragen (sehet), so brechet auch ihr auf von eurer Stelle und zieht hinter ihr nach", jedoch nur in einer Entfernung von gegen 2000 Ellen zwischen ihr und euch, ohne ihr zu nahen, „damit ihr den Weg erkennet auf dem ihr gehet; denn ihr seid auf dem Wege nicht gestern und ehegestern gezogen." In Betreff der levitischen Priester vgl. zu Deut. 31,25 vgl. mit v. 9 u. 17,9. בֵּינֵי hier und 8,11 ist wahrscheinlich בֵּינוֹ zu punktiren, vgl. *Ew.* §. 266ᵃ. Dieser Befehl bezieht sich nur auf den Zug von der letzten Raststätte am Jordan bis in den Fluss hinein, nicht auf den Durchzug durch den Fluss, bei welchem die Priester mit der Bundeslade im Flusse stehen blieben, während das Volk hindurchzog (v. 8 u. 17).[1] Gegen 2000 Schritt soll sich das Volk von der Bundeslade fern halten, nicht etwa deshalb, um sich auf dem unbekannten Wege nicht zu verirren und die Furt nicht zu verfehlen. Denn dies war unter diesen Umständen gar nicht möglich. Vielmehr wurde die Bundeslade vor dem Volke her getragen, nicht sowol um den Weg zu zeigen, als um ihn zu bahnen durch Theilung der Fluten des Jordan; und das Volk sollte ihr nicht zu nahe kommen, um die Lade nicht aus dem Gesicht zu verlieren, um sie im Auge zu behalten, damit es beim Blick auf die Bundeslade den von ihr gebahnten Weg erkenne d. h. erkenne und beachte, wie der Herr durch dieselbe sie einen Weg führe, auf dem sie früher noch nicht gezogen sind d. h. auf einem Wunderwege nach Canaan hineinführe. — V. 5f. Hierauf gebot Josua a) dem Volke, sich zu heiligen, weil der Herr morgen in ihrer Mitte Wunder thun werde, b) den Priestern, die Bundeslade vor dem Volke herzutragen. Das Erlassen dieser Befehle mit der Vorausverkündigung des Wunders setzt voraus, dass der Herr seinen Willen Josua bereits kundgethan hatte, und dient zur Bestätigung unserer Annahme von der sachlichen Ordnung des Stoffs. Die Heiligung des Volks bestand nicht im Waschen der Kleider, welches Ex. 19,10 u. 14 neben dem קַדֵּשׁ genannt wird, denn dazu war keine Zeit, auch nicht blos im Wechseln der Kleider, welches nach Gen. 35,2 das Waschen ersetzen konnte, und in der Enthaltung vom ehelichen Umgange (Ex. 19,15) — dies war nur die äussere Seite der Heiligung; sondern zugleich in der geistlichen Reinigung d. h. in der Zukehr des Herzens zu Gott im Glauben und Vertrauen auf seine Verheissung und in willigem Gehorsam gegen seine Gebote, um das Gna-

---

1) Wenn dagegen *Kn.* behauptet, dass diese Angabe, nach welcher Israel noch mehr als 2000 Ellen vom Durchgangsorte entfernt ist, sich mit v. 1, wonach es schon am Jordan stand, nicht vertrage, so kann er diesen vermeintlichen Widerspruch nur dadurch in den Text hineintragen, dass er die Worte: sie kamen an den Jordan so presst, als ob sie aussagten, das ganze Volk habe sich so nahe am Uferrande des Flusses gelagert, dass es bei den ersten Schritten, die es that, seine Füsse hätte ins Wasser tauchen müssen.

denwunder, das der Herr am nächsten Tage in ihrer Mitte und für sie wirken wollte, in der rechten Weise zu Herzen zu nehmen. נִפְלָאוֹת die wunderbaren Erweisungen der göttlichen Allmacht zur Realisirung seines Gnadenbundes, wie sie Ex. 34, 10 für die Einnahme Canaans zugesagt waren. In v. 6 wird bei dem Befehle an die Priester sogleich die Erfüllung angemerkt und damit dem Gange der Ereignisse vorgegriffen.

V. 7—17. *Der Anfang des Durchganges*; zuerst v. 7 u. 8 die Offenbarung Gottes an Josua, dass er diesen Tag anfangen werde ihn gross zu machen d. h. zu verherrlichen vor Israel, und der Befehl für die die Bundeslade tragenden Priester, wenn sie in das Wasser des Jordan kämen, im Flusse stehen zu bleiben; darauf v. 9—13 die Eröffnung dieser göttlichen Zusage und dieses Befehles an das Volk, endlich v. 14—17 die Ausführung der Sache. — אָחֵל ich will *anfangen* dich gross zu machen. Die wunderbare Führung durch den Jordan war nur der Anfang der ganzen Reihe von Wundern, durch welche der Herr sein Volk in den Besitz des verheissenen Landes setzte und Josua in der Führung seines Amtes ebenso wie Mose vor Israel verherrlichte. Wie Mose durch die wunderbare Theilung der Fluten des Schilfmeeres vor dem Volke als der Knecht des Herrn, auf den es trauen könne, bezeugt wurde (Ex 14, 31), so wurde Josua durch das ähnliche Wunder der Zertheilung der Jordanfluten als der Führer Israels erwiesen, zu welchem der allmächtige Gott sich eben so bekenne wie zu Mose. — Von dem göttlichen Befehle für die Priester wird v. 8 nur das Wichtigste kurz angedeutet; vollständiger theilt ihn Josua erst v. 13 dem Volke mit. Wenn sie mit der Bundeslade „an das Ende der Wasser des Jordan kommen" d. h. nicht an die jenseitige Ufergrenze, sondern an das diesseitige Ende d. h. wenn sie das Wasser im Strombette erreichen, sollen sie stehen bleiben (vgl. v. 15 u. 4, 11), um, wie aus dem Folgenden erhellt, mit der Bundeslade gleichsam einen Damm gegen den Andrang der in ihrem Laufe wunderbar aufgehaltenen und aufgestauten Wassermassen zu bilden. Mose theilte mit seinem Stabe die Wasser des Schilfmeeres, Josua soll das Gleiche beim Jordan durch die Bundeslade als dem seit Schliessung des Bundes angeordneten Symbole und Träger der Gegenwart des allmächtigen Gottes bewirken. Wo die ordentlichen Gnadenmittel vorhanden sind, da bindet Gott seine Gnadenwirkungen an sie; denn er ist ein Gott der Ordnung, der auch in der Wahl seiner Mittel nicht willkührlich waltet. — V. 9 f. Die Aufforderung an die Söhne Israels d. h. an das ganze Volk in seinen Vertretern, herzuzunahen (גֹשׁוּ statt גְּשׁוּ wie 1 Sam. 14, 38. Rut. 2, 14 vgl. *Ew.* §. 227ᵇ), um die Worte ihres Gottes zu vernehmen, deutet auf die Wichtigkeit der folgenden Eröffnung hin, an der Israel erkennen soll, dass ein lebendiger Gott in seiner Mitte ist, der sein Wort zu erfüllen die Kraft hat. אֵל חַי heisst Jehova im Gegensatz gegen die todten Götter der Heiden, als der lebendig sich bezeugende in Hinsicht auf die *operationes divinas, quibus se Deus vivum et vigilantem pro populo suo demonstrat. Sicut et esse in medio populi non notat nudam praesentiam, sed insignem gradum praesentiae ad operationes extraordinarias aut singularem curam Dei. Seb. Schmidt.* Als solcher wird sich der Gott Israels nun erweisen durch Ausrottung der Camaniter, von welchen (v. 10) 7 Stämme aufgezählt sind wie Deut. 7, 1 (vgl. die Bem. z. j. St.). Die Ausrottung dieser Völker erwähnt Josua als die Absicht, welche Gott bei der wunderbaren Führung Israels durch den Jordan im Auge habe, um Israel mit Zuversicht für den Einzug in das feindliche Land zu erfüllen.[1] — V. 11—13. Nach dieser ermunternden Verheissung theilt Josua dem Volke erst mit, was der Herr zunächst zu thun vorhabe: „Siehe die Bundeslade des Herrn der ganzen Erde wird vor euch her in den Jordan gehen." אֲרוֹן כָּל־הָאָרֶץ ist ein von אֲרוֹן הַבְּרִית abhängiger Genitiv, wobei die strengere Unterordnung der Form des *stat. constr.* durch den Artikel vor dem *nomen regens* gelockert ist (vgl. *Ew.* §. 291ᵃ). Die Punktatoren haben es daher durch Sakefkaton davon getrennt, ohne es damit für eine Apposition desselben zu erklären und der Missdeutung von *Buxt.* u. *Drus.*, dass die Bundeslade Herrscher der ganzen Erde genannt würde, Vorschub zu leisten. Die Bezeichnung Jehova's: „Herr der ganzen Erde", die sich v. 13 wiederholt, ist sehr passend gewählt zur Stärkung des Vertrauens auf die Allmacht des Herrn. Dieses Epitheton erhebt *Dei imperium supra omnia mundi elementa, ne dubitent Israelitae, quum sub ejus ditione sint maria et fluvii, aquas licet natura sint fluidae solo ejus nutu fore stabiles.* Calv. עֹבֵר לִפְנֵיכֶם בַּיַּרְדֵּן wird im Verlaufe der Erzählung näher dahin bestimmt, dass die Bundeslade nur bis in den Fluss hinein vor dem Volke voranzog (getragen wurde), dann als Schutzwehr des Volkes stehen blieb, bis der Uebergang ausgeführt war, so dass in dem לִפְנֵי zugleich der Schutz, den sie gewähren werde, angedeutet ist. — V. 12. „Und nehmt euch (d. h. stellt) 12 Männer aus den Stämmen Israels, je einen für den Stamm." Wozu? wird hier noch nicht angegeben, sondern erhellt erst aus dem Folgenden (4, 2 ff.). Die Wahl oder Stellung dieser Männer musste Josua vor dem Beginne des Durchganges anordnen, da dieselben in seiner Nähe oder in der Nähe der Träger der Bundeslade bleiben sollten, um für den ihnen zu ertheilenden Auftrag zur Hand zu sein (4, 3 ff.). Endlich v. 13 kündigt Josua das Wunder selbst an. „Es wird geschehen, wenn die Fusssohlen der die Lade des Herrn tragenden Priester ins Wasser des Jordan sich niederlassen, werden die Wasser des Jordan abgeschnitten werden, nämlich die von oben herabfliessenden Wasser, und werden als *ein* Haufe stehen bleiben." רַגְלֵי אֲרוֹן הַבְּרִית mit dem Artikel am *nomen regens*, wie 8, 11; vgl. *Ew.* §. 290ᵉ. יִכָּרְתוּ abgeschnitten werden, so dass sie verschwinden, nämlich da wo die Priester mit der Bundeslade stehen. Dies geschah so, dass das Wasser oberhalb des Standortes in ziemlicher Entfernung davon als ein Haufe stehen blieb, sich aufstaute. נֵד אֶחָד ist *accus* der nähern Bestimmung. Der Aus-

---

1) *Miraculi vim* — sagt treffend *Calvin* — *longius extendit quam ad terrae ingressum; et merito; quia illis tantum patefieri iter in terram hostilem, unde nullus deinde esset regressus, nihil aliud erat quam in mortem exponi. Nam aut deprehensi in angustiis et regione incognita facile concidissent, vel periissent confecti inedia et rerum omnium egestate. Praedicit ergo Josue, quum Deus flumen retro aget, perinde fore acsi manum porrigeret ad profligandos omnes terrae incolas, et quod in transitu Jordanis specimen edet suae potentiae, simul obtinendae contra omnes populos victoriae certum fore praesagium.*

druck ist aus dem Liede Mose's Ex.15,8 genommen und יִּמ nicht nach
Symmach. Syr. u. A. mit נֹאר zu identificiren.

Wie verkündet, so geschah es. V.14—16. Als das Volk von seinen
Zelten aufbrach, um über den Jordan zu gehen, und die Priester mit der
Bundeslade voranziehend ihre Füsse ins Wasser tauchten (בִּקְצֵה הַמַּיִם
v.15 wie v.8), während der Jordan bis über seine Ufer gefüllt war die
ganze Zeit der Ernte hindurch, da blieben die Wasser stehen (וַיַּעַמְדוּ), die
von oben herabfliessenden Wasser standen als ein Haufe sehr ferne, bei
der Stadt Adam zur Seite von Zarthan, und die nach dem Salzmeere ab-
fliessenden wurden ganz abgeschnitten, so dass das Volk gegenüber Jericho durch das trockengelegte Flussbett ging. Die Vv.14—16 bilden *eine*
grössere Periode, bestehend aus 3 Vordersätzen (v.14 u.15), von welchen der erste und dritte durch je einen Umstandssatz genauer bestimmt
sind, und aus 3 Nachsätzen (v.16). In den Vordersätzen geht die Con-
struction aus dem *infin.* (בִּנְסֹעַ u. כְּבוֹא) ins *verb. fin.* (וַיִּטָּבְלוּ) über, wie häufig
(vgl. *Ew.* §.350). Der Umstandssatz v.15ᵇ: „und der Jordan war gefüllt
über alle seine Ufer alle Tage der Ernte hindurch", dient dazu, das Wunder der Hemmung der Fluten durch die göttliche Allmacht ins volle Licht
zu setzen. Dadurch wird jeder Versuch, das Wunder natürlich zu deuten,
abgeschnitten, so dass *Eichh.* diesen Satz als Glosse gewaltsam beseitigen
wollte. עַל־כָּל־גְּדוֹתָיו könnte an und für sich wol bedeuten: voll an allen
seinen Ufern, mit vollen Ufern fliessend oder „voll bis an den Rand" (*Rob.*
Pal. II S.503 nach der LXX u. *Vulg.*); vergleichen wir aber 4,18: „die
Wasser des Jordan kehrten zurück an ihren Ort und gingen wie zuvor
über alle seine Ufer" mit der Parallelstelle Jes.8,7: „der Strom steigt
über alle seine Betten und geht über alle seine Ufer", so unterliegt es
keinem Zweifel, dass die Worte eine Ueberschwemmung der Ufer, ein
Ueberströmen über den Rand des Flussbettes, nicht blos das Füllen der
Uferränder aussagen, also הָלַךְ עַל־גַּד über die Ufer gehen bedeutet. Nur
darf man sich darunter nicht eine Ueberschwemmung des ganzen Ghor
denken. Der Jordan fliesst in dem, bei Beisan 2 Stunden, südlich davon
noch breiteren Ghor (s. zu Deut. 1,1) in einem um 40—50 Fuss tiefer liegenden, etwa ¼ Stunde breiten Thale, das mit Bäumen und Rohrgewäch-
sen besetzt ist und mit den sandigen Abhängen, die es an beiden Seiten
begrenzen, auffallend contrastirt. An manchen Stellen nimmt dieser Strei-
fen von Vegetation einen noch niedrigeren Theil des untern Thales ein,
der von flachen, 2—3 Fuss hohen Ufern eingefasst ist, so dass man hier
streng genommen dreierlei Ufer des Flusses unterscheiden kann, nämlich
die oberen oder äusseren, welche den ersten Abhang von dem grossen
Thale ausmachen, die niedrigeren oder mittleren, welche den bewachse-
nen Strich Landes in sich begreifen und die eigentlichen Ufer des Was-
serbettes (vgl. *Burckh.* Syr. S.593 ff. u. *Rob.* Pal. II S.494ff. u. neue bibl.
Forsch. S.438 ff.) — Ueber den niedrigeren, mit Vegetation bedeckten
Strich des Ghor gehen die Ueberschwemmungen nicht hinaus, aber dieser
Strich wird auch in neuerer Zeit noch zuweilen überschwemmt, wie denn
Rob. (Pal. II S.495 vgl. mit S.504) selbst im J.1838 bei seinem Besuche
des Jordan den Strom so angeschwollen fand, dass er seine Ufer bis an

den Rand mit Wasser füllte und an einigen Stellen noch etwas darüber hinausfloss und den Boden des Gebüsches bedeckte. Und dieses Anschwellen des Stromes erfolgt noch jetzt zur Zeit der Ernte während des April und im Beginne des Mai (s. zu Lev. 23, 9 ff.), also eigentlich am Schlusse der Regenzeit und nachdem der Schnee auf dem Hermon längst geschmolzen ist, indem erst dann in Folge der Regenzeit und der Schneeschmelze der See von Tiberias seinen höchsten Wasserstand erreicht, so dass nun erst der Jordan mit seinem vollen Wasserstrome dem todten Meere zufliesst (vgl. *Rob.* II S. 504 ff.). In dieser Jahreszeit kann natürlich der Fluss auch an den seichtesten Furten nicht durchwatet werden, was zur Sommerzeit bei niedrigem Wasserstande möglich ist, sondern da kann man nur durch Schwimmen und selbst so nicht ohne grosse Gefahr über denselben kommen, indem er dann bei Jericho 10—12 Fuss tief ist und eine sehr starke Strömung hat (vgl. *Seetzen* R. II S. 301. 320 f. *Rob.* II S. 496). Zu dieser Zeit über ihn setzen galt schon im Alterthume als etwas Ausserordentliches, so dass es 1 Chr. 12, 15 als eine Heldenthat der tapfern Gaditen erwähnt wird. Auf diese Weise mögen auch die Kundschafter etliche Tage vorher über den Fluss hin und zurückgekommen sein. Dies war aber für das Volk Israel mit Weibern und Kindern nicht möglich. Ihm musste der Herr der ganzen Erde den Weg bahnen durch ein Wunder seiner Allmacht, die den Lauf des herabkommenden Wassers hemmte, so dass es wie ein Haufe stille stand „sehr ferne" *sc.* von dem Orte des Ueberganges הַרְחֵק wie Gen. 21, 16 u. ö.) „bei der Stadt *Adam* (בְּאָדָם ist nicht nach dem *Kri* in מֵאָדָם zu ändern) die zur Seite von Zarthan." Die sonst nirgends erwähnte Stadt *Adam* (von *Luther* nach dem *Araber* irrthümlich als Appellativum: „Leute der Stadt" gedeutet) ist nicht mit Adama im St. Naphtali 19, 36 zu verwechseln. Auch die Stadt *Zarthan*, an deren Seite Adam gelegen ist, hat sich nicht erhalten. Den Namen *Zarthan* vermuthen *van de Velde* (*Memoir p. 354*) u. *Kn.* in dem heutigen *Kurn* (Horn) *Sartabeh* erhalten, einem langen hochragenden Felsrücken südwestwärts der Furt *Damieh*, auf dem Ruinen eines Castells liegen sollen. Für diese Vermuthung spricht weniger die Namensähnlichkeit, die zwischen צרתן und סרטבה, wie dieses Horn im Talmude *Rosch haschsch.* 2, 4 lautet, nicht gross ist, als vielmehr seine Lage. Einmal fällt nämlich von dem Ende dieses Felsrückens oder von dem höchsten Theile des Horns der Berg in eine breite Schulter ab, von der ein niedriger felsiger Rücken fast bis an den Jordan reicht und nach den östlichen Bergen durchzusetzen scheint, wodurch hier das Jordanthal in seine engsten Grenzen eingeengt und durch den Hügelrücken des Kurn Sartabeh in das obere und untere Ghor getheilt wird (vgl. *Rob.* n. bibl. Forsch. S. 384 f.), so dass diese Stelle als der geeignetste Punkt für die Aufdämmung der Jordanwasser erscheint. Sodann stimmt diese Oertlichkeit zu allen biblischen Angaben über die Lage der Stadt Zarthan oder Zeredetha (1 Kg. 7, 46 vgl. mit 2 Chr. 4, 17), sowol zu 1 Kg. 4, 12, wonach Zarthan zur Seite des Gebietes von Bethsean lag, als auch zu 1 Kg. 7, 46, wo Zarthan und Succoth einander entgegengestellt sind, und zu Jud. 7, 22, wo nach dem Chald. u. Syr. auch צרידתה zu lesen ist. Hienach vermuthet *Kn.* die Lage von *Adam* in der Nähe der jetzigen Furt *Damieh*, bei der sich Ueberreste einer Brücke aus der Römerzeit finden (*Lynch* Bericht S. 150 f.). Die Entfernung des Kurn Sartabeh von Jericho beträgt etwas über 3 deutsche Meilen, was zu מֵרָחֹק מְאֹד passt. Durch diese Aufstauung der von oben kommenden Wasser wurden die ins todte Meer (יָם הָעֲרָבָה s. Deut. 4, 49) hinabfliessenden vollständig abgeschnitten (תַּמּוּ נִכְרְתוּ sind zu verbinden, so dass תַּמּוּ nur den Begriff des Adverb. ganz, völlig ausdrückt), und das Volk ging hinüber, wahrscheinlich in gerader Richtung vom Wady Hesbân nach Jericho. V. 17. Die Priester aber mit der Bundeslade standen בְּתוֹךְ הַיַּרְדֵּן d. h. im Flussbette drinnen, nicht blos am Flusse (vgl. v. 15 und für בְּתוֹךְ in diesem Sinne Ez. 26, 5) auf trockenem Boden הָכֵן eig. *firmando* d. h. festen Fusses, während das ganze Israel auf dem Trockenen hinüberging, bis der Uebergang vollendet war, was in einem halben Tag geschehen konnte, wenn das Volk in einer Breite von 1 Meile und darüber durch das Flussbette den Uebergang bewerkstelligte.

Cap. IV. V. 1—14. *Der Verlauf des Durchganges.* In dem Berichte hievon bildet die Mitnahme von 12 Steinen aus dem Jordanbette ans jenseitige Ufer zu einem Denkmale die Hauptsache. Um die Wichtigkeit dieses Factums als eine göttliche Anordnung ins Licht zu setzen, wird zuerst der göttliche Befehl an Josua (v. 2 u. 3), darauf die Eröffnung desselben durch Josua an die zu diesem Geschäfte bestellten Männer (v. 4 —7), endlich die Ausführung desselben (v. 8) berichtet, wodurch der Schein entsteht, als habe Gott diese Sache dem Josua erst nach dem Uebergange des Volks geboten, während doch die 12 Männer dazu schon früher (3, 12) bestimmt waren. Aber dieser Schein und scheinbare Widerspruch fällt weg, sobald wir die nach der einfachen hebräischen Erzählungsweise durch ו *consec.* an einander gereihten Sätze: da sprach Jehova ... (v. 2 u. 3) und: da rief Josua die 12 Männer u. s. w. (v. 4) nach unserer Denk- und Sprachweise logisch einander unterordnend so ausdrücken: da rief Josua, nachdem (oder: wie) ihm Jehova geboten hatte: Nehmt euch vom Volke 12 Männer u. s. w., die 12 Männer und sprach zu ihnen... [1] — V. 1 ff. So wie das ganze Volk über den Jordan gezogen war, [2] gebot Josua, wie ihm Jehova befohlen, den 12 Männern, die man

---

1) Der Sache nach hatten *Kimchi*, *Calvin*, *Mas.* u. v. a. Ausl. bis auf *Rosenm.* herab volles Recht, die Vv. 1ᵇ—3 als Zwischensatz zu fassen und וַיֹּאמֶר im *plusquamperf.* wiederzugeben, wenngleich grammat. beurtheilt auch hebr. Anschauungsweise das *temp. histor. c.* ו *consec.* nicht unserm *plusquamperf.* entspricht, sondern immer eine Zeit- oder Gedankenfolge ausdrückt. Diese althebr. Anschauungs- u. Erzählungsweise wird aber von *Kn.* völlig verkannt, wenn er v. 1ᵇ—3 für ein Einschiebsel aus einer zweiten Urkunde ausgibt und den Nachsatz zu v. 1ᵃ erst in v. 4 sucht. Der angebliche Widerspruch, dass in v. 5 ff. die Errichtung des Denkmals nicht als göttlicher Befehl dargestellt sei wie in v. 8 u. 10, womit *Kn.* seine Hypothese begründen will, ist selbst nur daraus gefolgert, dass Josua den 12 Männern seinen Befehl nicht ausdrücklich als Gebot Jehova's eröffnet, ist also nichts weiter als eine bedeutungslose Argumentation e *silentio*.

2) Das *Piska* in der Mitte von v. 1 ist die alte vormasorethische und von den Masorethen stehengelassene Bezeichnung eines Zwischenraumes mitten im Verse (*Elias Levita* Masoreth. Hammas. S. 228 der *Semler*schen Ausg.), die den Anfang einer Parasche andeutete, vgl. *Hupfeld* ausführl. hebr. Sprachlehre H. 1 S. 86 u. 89. Anders *Gesenius* im Lehrgebäude S. 124.

von den 12 Stämmen gestellt hatte (רַכִּין) v. 5: „Geht hin vor der Bundeslade Jehova's mitten in den Jordan hinein (אֶל־תּוֹךְ entsprechend dem בְּתוֹךְ 3, 17) und nehmt euch jeder einen Stein auf seine Schulter nach der Zahl der Stämme der Israeliten", nämlich wie es in dem göttlichen Befehle v. 3 vollständiger heisst: „von dem Standorte der Priester die Aufstellung von 12 Steinen (רָכִין ein substantivisch gebrauchter Infinitiv oder als Substantiv רָכִין zu punktiren) und nehmt sie mit euch hinüber und legt sie nieder im Lagerplatze, wo ihr die Nacht übernachten werdet."
V. 6 f. Dieses (רֹאת das Mitnehmen und Aufrichten der 12 Steine) soll ein Zeichen in Israel sein; die Steine sollen zum Gedächtnisse an die wunderbare Führung durch den Jordan den künftigen Geschlechtern dienen. Für die Ausdrucksweise: wenn eure Kinder morgen (in Zukunft) fragen u. s. w. vgl. Ex. 13, 14. 12, 26 f. u. Deut. 6, 20 f. — V. 8. Diesen Befehl führten die Söhne Israels aus. Den „Söhnen Israels" d. i. dem ganzen Volke wird die Ausführung zugeschrieben, weil die aus den 12 Stämmen gewählten Männer im Namen des ganzen Volks handelten, und das Denkmal eine Sache von gleicher Wichtigkeit für Alle war. רַיַּנִּחֵם besagt nicht, dass sie die Steine zum Denkmale aufrichteten, sondern nur dass sie sie an der Lagerstätte niederlegten. Die Aufrichtung (הֵקִים) derselben zu Gilgal wird erst v. 20 berichtet. — V. 9. Ausserdem stellte Josua im Flusse an der Stelle (תַּחַת wie Ex. 16, 29) des Standorts der Füsse der Priester mit der Bundeslade 12 Steine zum Denkmal auf, welche daselbst waren „bis auf diesen Tag" d. h. bis zur Zeit der Abfassung dieses Berichts oder unsers Buches. Diese Angabe in Zweifel zu ziehen oder als vermeintliche Glosse zu beseitigen, dazu berechtigt weder der Umstand, dass von einem göttlichen Befehle zur Aufrichtung dieser Steine nichts bemerkt ist, noch die Meinung, dass dieses Denkmal seinen Zweck verfehlt haben würde, weil es sich unmöglich lange erhalten konnte, sondern bald von den Wellen fortgespült werden musste. Die Nichterwähnung des göttlichen Befehls beweist schon deshalb nichts, weil öfter göttliche Befehle nur kurz angedeutet sind, so dass man ihren Inhalt erst aus dem Berichte von ihrer Ausführung ersehen kann, vgl. 3, 7 u. 8 mit 3, 9—13; 4, 2 u. 3 mit 4, 4—7 — daher dürfen wir denselben mit den ältern Interpreten unbedenklich voraussetzen. Seinen Zweck verfehlte aber dieses Monument auch dann nicht, wenn es sich nicht lange erhielt. Schon die Kunde von seiner Errichtung, die sich durch die Ueberlieferung fortpflanzte, musste zur Erhaltung des Andenkens an die wunderbare Begebenheit beitragen. Auch lässt sich nicht ohne weiteres behaupten, dass diese Steine sofort von den Wellen fortgespült worden wären, so dass man sie nie mehr hätte sehen können. Da die Priester nicht in der Mitte und tiefsten Tiefe des Jordan, sondern nahe an seinem östlichen Ufer im Flussbette standen und die Steine auch an dieser Stelle aufgerichtet wurden, und wir weder ihre Grösse noch die Festigkeit ihrer Aufstellung kennen: so können wir auch kein begründetes Urtheil über die Möglichkeit ihrer Erhaltung fällen. Jahrhunderte lang werden sie freilich kaum sich erhalten haben, aber sie waren auch mehr zu einem Denkmale für das damalige Geschlecht und dessen Kinder bestimmt, als für die späte Nachwelt, der

das zu Gilgal aufgerichtete Monument die wunderbare Durchhülfe Gottes
fort und fort ins Gedächtniss rufen sollte. — V. 10 f. Während Josua alles
ausführte, was ihm Jehova dem Befehle Mose's gemäss geboten hatte
zum Volke zu reden d. h. während das Volk vor der Bundeslade vorüber
durch den Jordan zog, die 12 Männer die Steine aus dem Flusse mit
hinübernahmen in die Raststätte am jenseitigen Ufer und Josua selbst
12 Steine im Jordan als Denkmal aufrichtete — so lange blieben die
Priester mit der Bundeslade im Flussbette stehen; nachdem aber das
ganze Volk, zu welchem auch die 12 Männer, welche die Steine aus dem
Jordan mitnahmen, gehörten, den Uebergang beendigt hatte, da ging
auch die Lade des Herrn hinüber mit den Priestern vor dem Volke d. h.
und setzte sich mit den Priestern wieder an die Spitze des Volks. Die W.:
„nach allem was Mose dem Josua befohlen hatte", beziehen sich nicht
auf spezielle Vorschriften, welche Mose etwa für den Uebergang Josua
ertheilt hatte, dergleichen sich weder im Pentateuche finden, noch aus
Num. 27, 23. Deut. 3. 28 u. 31, 23 folgern lassen, sondern besagen nur,
dass Josua alles ausführte, was der Herr, der bei seiner Berufung ihm
ertheilten Vorschrift Mose's entsprechend, ihm geboten hatte. Mose hatte
ihn zufolge göttlicher Vorschrift dazu berufen und verordnet, das Volk
in das verheissene Land einzuführen, und ihm dabei die Verheissung, dass
Jehova mit ihm sein werde wie er mit Mose gewesen, eröffnet. Darin lag
implic. für Josua die Mahnung, in allen Stücken den Willen des Herrn
zu befolgen, nur das zu thun, was der Herr ihm gebieten würde. Wenn
nun Josua dies that, so war die Ausführung der göttlichen Gebote zugleich eine Befolgung dessen, was Mose ihm befohlen hatte. Die Bemerkung v. 10ᵇ: „und das Volk eilte und ging hinüber" d. h. zog eilig durch
den Jordan hinüber, dient zur Erläuterung des Stehenbleibens der Priester im Flussbette während der ganzen Dauer des Uebergangs. Da die
Priester während des Ueberganges des ganzen Volkes auf einer Stelle
stehen und die Bundeslade halten mussten, so musste sich das Volk be-
eilen hinüberzuziehen, damit nicht die Kraft der Priester erschöpft würde.
Dieses Motiv der Eile schliesst übrigens nicht aus, dass auch schon deshalb nicht zu säumen war, weil der Uebergang an einem Tage vor Anbruch der Nacht beendigt sein musste. Die Angabe v. 11, dass nach be-
endigtem Durchgange des ganzen Volks auch die Bundeslade mit den
Priestern hinüberzog, greift insoweit dem sachlichen Verlaufe vor, als bisher weder der Uebergang der streitbaren Mannschaft aus den 2½ Stämmen (v. 12 f.), noch der göttliche Befehl für den Uebergang der Bundeslade (v. 15 ff.) berichtet ist, beides aber dem Hinüberziehen der Bundeslade der Zeit nach voraufging. Zu beachten ist noch, dass in den W.: „die
Lade des Herrn zog hinüber und die Priester" die Priester der Lade bei-
oder untergeordnet sind, weil die Lade des Herrn es war, die das Wunder
der Trockenlegung des Flusses für den Uebergang vermittelte, nicht die
Priester, sondern Jehova, der allmächtige Gott, der über der Lade un-
sichtbar thronte, den Wasserwogen Halt gebot. לִפְנֵי הָעָם v. 11 wie 3, 6. 14.
— V. 12 f. Die Angabe über das Mithinüberziehen von etwa 40,000 Streitern von den ostjordanischen Stämmen wird nachträglich hinzugefügt,

weil sie sich früher nicht passend einfügen liess und es doch nothwendig war ausdrücklich zu erwähnen, dass und wie jene Stämme ihre 1,16 f. gegebene Zusage erfüllt haben. Aus dem וַיַּעַבְרוּ וגי darf man nicht folgern, dass diese 40,000 Mann erst nach oder hinter den Priestern mit der Bundeslade hinübergezogen seien, was nicht nur mit der so nachdrücklich hervorgehobenen Thatsache, dass die Bundeslade die wunderbare Theilung des Wassers vermittelte, sondern auch mit der bestimmten Angabe v. 18, dass, sowie die Priester mit der Lade ihre Füsse aufs trockene Land setzten, die Wasser wieder den Fluss füllten wie zuvor, in Widerspruch stehen würde. Das Imperfect c. ו consec. drückt hier nur die Gedanken- nicht die Zeitfolge aus. Zur Sache vgl. 1, 12—18. עַרְבוֹת יְרִיחוֹ die Steppen Jericho's sind der die Umgegend von Jericho bildende Theil der Araba oder des Ghor, welches sich hier dadurch, dass das westliche Gebirge sich südlich von der Oeffnung des Wady Kelt sehr bedeutend zurückzieht, zu einer 3½—4 Stunden breiten Thalebene erweitert (*Rob.* Pal. II S. 504 ff.). — In v. 14 weist der Erzähler noch darauf hin, wie der Herr seine Zusage 3, 7 erfüllt und durch dieses Wunder das Ansehen Josua's in den Augen Israels so befestigt habe, dass das Volk ihn sein Leben lang fürchtete, wie es Mose gefürchtet hatte. *Non fuit hic quidem praecipue miraculi finis, ut Josue potentia et auctoritate praestaret: sed quum publicae utilitatis magnopere referret, Josue imperium stabiliri, merito tanquam beneficentiae cumulus id ponitur, fuisse quasi sacris insignibus ornatum, quae venerationem apud populum parerent, ne quis eum contemnere auderet. Calv.*

V. 15—24. *Schluss des wunderbaren Durchgangs durch den Jordan.* Sobald auf den durch Josua ihnen eröffneten göttlichen Befehl die Priester mit der Bundeslade ihren Standort im Flusse verliessen und ihre Fusssohlen „sich losrissen auf das Trockene" (נִתְּקוּ אֶל הֶחָרָבָה prägnant für: sich aus dem weichen Boden des Flusses losrissen und auf das trockene oder feste Land traten), da kehrten die Gewässer des Jordan wieder an ihren Ort und gingen wie zuvor über alle seine Ufer (vgl. 3,15). Damit ist so deutlich als möglich gesagt, dass die Bundeslade den Strom der Wasserwogen aufgehalten hatte. V. 19. Der Uebergang geschah am 10. Tage des ersten Monats, also an demselben Tage, an welchem vor 40 Jahren Israel durch Aussonderung des Paschalammes sich für den Auszug aus Aegypten gerüstet hatte Ex. 12,3. — Nach dem Uebergange lagerte das Volk zu Gilgal an der Ostgrenze des Gebietes von Jericho. Den Namen *Gilgal* führt die Lagerstätte v. 19 u. 20 proleptisch, s. zu 5, 9. — V. 20 ff. Daselbst richtete nun Josua die 12 aus dem Jordan mit hinübergenommenen Steine als Denkmal an die wunderbare Führung Gottes auf, und erklärte dabei dem Volke die Bedeutung desselben für die Nachkommen (v. 21 f.) und den Zweck des von Gott gewirkten Wunders (v. 24). Zu v. 21 f. vgl. v. 6 f. אֲשֶׁר (v. 23) *quod*, da, wie Deut. 2, 22 u. ö. Das Wunder hat wie das ähnliche beim Schilfmeere (Ex. 14, 16 ff.) einen zwiefachen Zweck: Den Völkern des Landes d. i. den Cananitern soll es die starke Hand des Herrn, die Allmacht des Gottes Israels kundthun (vgl. Ex. 14, 4. 18 mit 6, 6 und zu יַד חֲזָקָה Ex. 3, 19. 6, 1 u. a.), den Israeliten ein Antrieb sein, den Herrn ihren Gott allezeit zu fürchten, s. zu Ex. 14, 31.[1]

Cap. V, 1—12. Beschneidung des Volks und Paschafeier zu Gilgal.

Als die Israeliten den Boden Canaans betreten hatten, begann Josua unverzüglich Anstalten zur Eroberung dieses Landes und zur Ausrottung seiner Bewohner zu treffen. Da Gott der Herr ihm für dieses Werk seinen Beistand nur unter der Bedingung treuer Befolgung des durch Mose gegebenen Gesetzes zugesagt hatte (1, 7 ff.), so musste er vor allen Dingen darnach trachten, die Beobachtung aller Gebote dieses Gesetzes, von welchen manche während des Zuges durch die Wüste nicht eingehalten werden konnten, manche auch nur für das Wohnen des Volks in Canaan gegeben waren, nicht nur sich selber, sondern auch dem ganzen seiner Führung anvertrauten Volke zur unabweichlichen Pflicht zu machen. Das Erste also, was ihm in dieser Hinsicht oblag, war die Vollziehung der Beschneidung an dem in der Wüste geborenen und unbeschnitten aufgewachsenen Geschlechte, um die ganze Volksgemeinde in den Bund des Herrn zu setzen, damit sie das in wenigen Tagen bevorstehende Pascha nach dem Gesetze feiern könnte.

V. 1 — 9. **Die Beschneidung des Volks.** V. 1. Wenn einerseits die Nähe des Pascha dazu trieb, die Beschneidung der Unbeschnittengebliebenen ungesäumt vorzunehmen, so war andrerseits auch der damalige Zeitpunkt für die Ausführung dieser Bundespflicht insofern äusserst günstig, als das Wunder beim Durchgange durch den Jordan die Cananiter dermassen in Schreck gesetzt hatte, dass von ihrer Seite kein Angriff auf das israelitische Lager zu besorgen war. Um dies anzudeuten, wird v. 1 von dem Eindruck dieses Wunders berichtet, dass alle cananitische Könige dadurch ganz verzagt und muthlos gemacht worden. Sämmtliche Völkerschaften Canaans sind hier unter die Namen Amoriter und Cananiter zusammengefasst in der Weise, dass die Stämme, welche das Gebirgsland inne hatten, Amoriter, und die am Meere (עַל הַיָּם) d. i. an der Küste des Mittelmeeres (vgl. 1, 4) wohnenden Cananiter heissen. Denn auf dem Gebirge waren damals die Amoriter die mächtigsten von allen cananitischen Stämmen (s. zu Gen. 10, 16), während der Name כְּנַעֲנִי d. i.

---

1) Das *perf.* יְרָאֵם wollen *Ew.*, *Maur.* u. *Kn.* in den *infin.* יְרֹאֲתָם „dass die Heiden fürchten" ändern, weil לְמַעַן sonst immer mit dem Infin. oder Imperf. construirt werde, haben aber dabei nicht bedacht, a) dass die Infinitivform יְרֹאת niemals ein Suffixum hat und wol überhaupt keins annehmen kann, b) dass der Gedanke: „Jehova euern Gott allezeit fürchten" mit dieser Emendation, nach welcher das Suffix ם‍ָ auf die Völker des Landes bezogen werden muss, nicht auf die Heidenvölker passt, sondern stets nur von den Israeliten ausgesagt wird, vgl. Deut. 4, 10. 6, 2 u. a. Diese Gründe wiegen das grammatische Bedenken vollständig auf und rechtfertigen die masorethische Punktation, die auch alle alten Versionen ausdrükken. Das Perfektum drückt aus, dass Josua das Fürchten des Herrn nicht blos als möglichen, sondern als den gewiss eintretenden Erfolg des Wunders setzt (vgl. *Ew.* §. 135c).

der Gebeugte (s. zu Gen. 9,25) sich für die Bewohner der Niederung, die wol mehr dem Handel als dem Kriegshandwerke oblagen, vielleicht auch in Abhängigkeit von den starken und mächtigen Amoritern lebten, besonders eignete. בְּעֵבֶר הַיַּרְדֵּן vom diesseitigen Lande erklärt sich daraus, dass der Geschichtschreiber noch vom Standpunkte des Uebergangs über den Jordan aus erzählt. Um aber dem Missverständnisse vorzubeugen, setzt er יָמָּה „gegen Westen" hinzu, wie oben 1,15 „gegen Sonnenaufgang" bei dem Ostjordanlande. Dass hier ein Augenzeuge berichtet, ersieht man auch aus עָבְרֵנוּ „bis wir hinübergingen", wogegen das *Keri* עָבְרָם, trotzdem dass die alten Versionen ihm folgen und auch etliche Codd. so lesen, doch nichts weiter als eine willkührliche und unnöthige Conjectur ist, welche von *Bleek* u. a. nicht hätte vorgezogen werden sollen. יִמַּס וגו׳ wie 2,11. — V. 2—8. In dieser Zeit *sc.* des Lagerns zu Gilgal und der Entmuthigung der Cananiter liess Josua das Volk wiederum beschneiden. שׁוּב טל — שֵׁנִית beschneide wiederum, zum zweiten Male. שֵׁנִית ist zur Verstärkung oder Verdeutlichung des שׁוּב hinzugesetzt und hier wie Jes. 11,11 nicht so zu premiren, dass es die Wiederholung derselben Sache in jeder Hinsicht d. h. einen früher zu einer Zeit an dem ganzen Volke vorgenommenen Beschneidungsact aussagte. Es drückt nur den Sinn aus: Beschneide das Volk wiederum oder zum zweiten Male, wie es früher schon einmal beschnitten war (nicht: worden ist). Beschnitten war nämlich das ganze Volk beim Auszuge, wie v. 5 klar sagt, aber während des Zuges wurde die Beschneidung unterlassen, so dass nun nicht mehr das ganze Volk beschnitten war, die Beschneidung also wiederum dem ganzen Volke ertheilt werden musste dadurch, dass man die Unbeschnittenen beschnitt. Viel ferner liegt die Beziehung des שֵׁנִית auf die Einführung der Beschneidung bei Abraham, mit dem sein ganzes Haus beschnitten wurde, woran *Mas.* u. *O. v. Gerl.* denken. חַרְבוֹת צֻרִים sind nicht: scharfe Messer (*Chald. Rabb.* u. A.), sondern Steinmesser, die man nach alterthümlicher Sitte gebrauchte (s. zu Ex. 4,25), eig. Messer von Felssteinen (der *plur.* צֻרִים ist durch חַרְבוֹת veranlasst, wie Num. 13,32 u. ö., wofür auch der Singular stehen könnte, vgl. *Ew.* §. 270c). — V. 3. Die Beschneidung liess Josua vornehmen „beim Hügel der Vorhäute", wie die Oertlichkeit nachmals genannt wurde, weil die Vorhäute dort vergraben worden. — V. 4 —7. Der Anlass zur Beschneidung des ganzen Volks war folgender (זֶה הַדָּבָר אֲשֶׁר dies die Sache dass, d. h. so verhält es sich damit, dass ... דָּבָר wie Deut. 15,2. 19,4): Alle aus Aegypten ausgezogenen kriegsfähigen Männer waren unterwegs in der Wüste gestorben; denn beschnitten war das ganze Volk, welches auszog; alle in der Wüste während des Zuges Geborenen aber wurden nicht beschnitten (בְּצֵאתָם מִמִּצְרַיִם bei ihrem Ausziehen aus Aegypten, welches erst mit der Ankunft in Canaan zu Ende war). Vierzig Jahre nämlich zogen sie in der Wüste, bis das ganze Volk, nämlich alle aus Aegypten gezogenen kriegsfähigen Männer, aufgerieben waren, die nicht auf die Stimme des Herrn gehört hatten und vom Herrn zum Sterben in der Wüste verurtheilt worden waren (v. 6 vgl. Num. 14, 26 ff. 26, 64 f. u. Deut. 2, 14—16). Ihre Söhne aber stellte er (Jehova) an ihrer statt auf, d. h. liess er an ihre Stelle treten; diese beschnitt (liess

beschneiden) Josua, denn sie waren vorhäutig, weil man sie unterwegs
nicht beschnitten hatte. Hiemit ist wol die Nothwendigkeit der Vornahme
einer allgemeinen Beschneidung des ganzen Volkes motivirt, aber nicht
der Grund angegeben, weshalb die in der Wüste oder während des Zuges
Geborenen nicht beschnitten worden waren; denn v. 5 u. 7 ist blos gesagt,
dass dieses בַּדֶּרֶךְ „auf dem Wege", unterwegs, nicht geschehen sei. Der
Grund der Unterlassung ergibt sich aus v. 6, wenn man die Aussage dieses
V.: „denn 40 Jahre zogen die Söhne Israels in der Wüste, bis das ganze
Volk der aus Aegypten gezogenen kriegsfähigen Männer — denen der
Herr schwur, dass sie das den Vätern verheissene Land nicht sehen soll-
ten, aufgerieben war", mit der göttlichen Strafsentenz, auf welche diese
Aussage zurückweist, mit Num. 14, 29—34 vergleicht. Dort schwört der
Herr, dass alle Männer von 20 Jahren und darüber, die wider ihn ge-
murrt, in der Wüste umkommen, und ihre Söhne zwar in das verheissene
Land gelangen, aber doch auch 40 Jahre in der Wüste weiden d. h. noma-
disiren und den Abfall ihrer Väter tragen sollen, bis deren Leiber in der
Wüste gefallen sein werden. Hierin ist deutlich ausgesprochen, dass nicht
allein das aus Aegypten ausgezogene Geschlecht wegen seiner Empörung
gegen den Herrn zum Sterben in der Wüste verurtheilt, also von Gott
verworfen war, sondern dass auch die Söhne dieses Geschlechts die Hurerei d. h. den Abfall der Väter vom Herrn 40 Jahre lang bis zu deren gänzlicher Ausrottung tragen d. h. so lange auch die Strafe der Verwerfung
ihrer Väter mit leiden sollen; nur mit dem Unterschiede, dass die Söhne
nicht auch in der Wüste sterben, sondern nach dem Aussterben der Väter in das gelobte Land eingeführt werden sollen. Die Verurtheilung der
Väter zum Fallen ihrer Leiber in der Wüste ist ohne Widerrede eine Verwerfung derselben vonseiten Gottes, eine Aufhebung des Bundes mit
ihnen. Diese Strafe sollen aber ihre Söhne mittragen, und darin liegt der
Grund, weshalb die in der Wüste, auf dem Wege Geborenen nicht beschnitten wurden. Da der Bund des Herrn mit den Vätern aufgehoben
war, so sollten auch die Söhne des verworfenen Geschlechts das Bundeszeichen der Beschneidung nicht erhalten. Diese Aufhebung des Bundes
mit dem verurtheilten Geschlechte war jedoch keine gänzliche Auflösung
des Bundesverhältnisses mit dem ganzen Volke, weil nicht das ganze
Volk, sondern nur das aus Aegypten gezogene Geschlecht der kriegsfähigen Männer verworfen war, die jüngere, in der Wüste aufwachsende
Generation aber nach Ablauf der Strafzeit von dem auf ihr mitliegenden
Banne befreit und nach Canaan eingeführt werden sollte. Darum entzog
der Herr dem Volke auch nicht alle Zeichen seiner Gnade, sondern liess
ihm, um in dem heranwachsenden, jungen Geschlechte das Bewusstsein,
dass nach Ablauf der Strafzeit der Bund mit ihnen wieder aufgerichtet
werden würde, lebendig zu erhalten, nicht nur die Gegenwart der Wol-
ken- und Feuersäule, sondern auch das Manna und andere Zeichen seiner
Gnade, deren Fortdauer also keine Instanz gegen die Auffassung der
Strafzeit als zeitweilige Suspension des Bundes begründen kann. Liegt
aber hierin der Grund für die Unterlassung der Beschneidung,[1] so nahm

_____

1) Dieser Grund ist schon von *Calvin* erkannt, auch von *Mas.* angedeutet,

sie auch erst im zweiten Jahre des Zuges, mit der Verurtheilung des murrenden Volkes zu Kades (Num. 14) ihren Anfang; und unter dem ganzen Volke, das in der Wüste geboren, sind nur die von diesem Zeitpunkte an in den letzten 38 Jahren des Zuges Geborenen zu verstehen, gleichwie unter dem ganzen aus Aegypten gezogenen Volke nur die Männer zu verstehen sind, die beim Auszuge 20 Jahre und darüber alt waren. Die Beschneidung war demnach unterblieben, so lange als das Volk unter dem Banne des zu Kades über dasselbe gesprochenen göttlichen Strafurtheiles war.

Diese göttliche Strafsentenz war aber vollstreckt, als das Volk über den Bach Sared ging und in das Land der Amoriter einrückte (Deut. 2, 14 vgl. mit Num. 21, 12 f.). Warum wurde nun die Beschneidung nicht schon während der Lagerung in den Steppen Moabs vor oder nach der Volkszählung, bei der bereits alle zum Sterben in der Wüste Verurtheilten gestorben waren (Num. 26, 65), vorgenommen? Die verschiedenen Antworten, welche ältere Ausleger auf diese Frage geben, z. B. dass die 40 Jahre

neuerdings von *Hgstb.*, Beitr. III S. 16 ff. weiter begründet worden. Was *Kurtz*, Gesch. II S. 424 f dagegen eingewandt hat, erweist sich bei tieferem Eingehen auf die Sache als irrig und unbegründet. Dass in v. 7 nicht der Grund der Unterlassung angegeben sei, haben wir schon oben bemerkt, und die weitere Bemerkung, dass das B. Josua in v. 5: „das ganze Volk, das geboren war in der Wüste auf dem Wege bei ihrem Auszuge aus Aegypten war nicht beschnitten", die Unterlassung der Beschneidung nicht erst von dem Verwerfungsurtheile an, sondern ausdrücklich und unzweifelhaft (?) von dem Auszuge aus Aegypten an datire, wäre nur dann begründet, wenn man den Ausdruck: *alles* Volk, das in der Wüste geboren, so pressen dürfte, dass er die ausnahmslose Allgemeinheit bezeichnete. Dagegen ist aber schon der Umstand entscheidend, dass man unmöglich annehmen kann, Gott habe am Sinai mit dem Volk seinen Bund aufgerichtet, wenn es durch Nichtbeschneidung der Kinder, die ihm seit dem Auszuge aus Aegypten bis zur Bundschliessung am Sinai geboren waren, das Grundgesetz des Bundes, dessen Uebertretung mit Ausrottung verpönt war (Gen. 17, 14), zu befolgen unterlassen hatte. Ferner ist solches Pressen des Wörtlein כל auch schon darum unstatthaft, weil es dem offen vorliegenden Sinn der Worte widerspricht. In v. 4 u. 5 wird das gesammte Israel in 2 Klassen getheilt: a) alles Volk das aus Aegypten gezogen und beschnitten war, b) alles Volk das in der Wüste geboren und unbeschnitten war. Die erste dieser Klassen starb in der Wüste, die andere kam nach Canaan und wurde von Josua zu Gilgal beschnitten. Wollte man nun das כל *alles* in diesen Sätzen pressen, so würde daraus folgen, dass alle männlichen Kinder, die beim Auszuge vorhanden waren von 1—19 Jahren, entweder in der Wüste auch ausgestorben oder zu Gilgal zum zweiten Male beschnitten worden wären. Endlich folgt auch aus v. 6 nicht, dass die Beschneidung volle 40 Jahre unterblieben war. Denn die 40 Jahre, welche Israel bis zur Ausrottung des murrenden Geschlechts in der Wüste zog, sind nach Num. 14, 33 f. zu beurtheilen und betrugen chronologisch berechnet nur 38 Jahre und etliche Monate, s. die Erkl. zu Num. 24, 28 ff. — Dagegen erscheint die andere, ziemlich verbreitete Ansicht, der *Kurtz* folgt, dass nämlich die Beschneidung auf dem Wege in der Wüste wegen der Beschwerlichkeit der Reise unterblieben sei, weil man beim Aufbrechen und Weiterziehen unmöglich auf die einzelnen Familien, welche wegen ihrer neu beschnittenen und am Wundfieber erkrankten Kinder eine längere Rastung wünschen mussten, Rücksicht nehmen konnte, noch auch sie zurücklassen durfte, schon darum wenig einleuchtend, weil die Voraussetzung, dass das Volk 40 Jahre hindurch beständig umhergezogen sei, nicht begründet ist. Die Israeliten zogen nicht immer umher, sondern verweilten nicht nur am Sinai volle 11 Monate, sondern hielten sich auch später an den einzelnen Lagerplätzen Wochen und Monate lang auf, wo sie ihre Kinder hätten beschneiden können, ohne sie der Gefahr des Wundfiebers auszusetzen.

noch nicht ganz voll gewesen u. dgl., sind theils unrichtig, theils unge-
nügend. Unrichtig ist die Meinung, dass die Strafzeit noch nicht abgelau-
fen war, vgl. dagegen Deut. 2,14. Auch die Ungewissheit darüber, wie
lange sie in den Steppen Moabs lagern würden, lässt sich nicht mit Grund
geltend machen. Veranlassungen zu einem unerwarteten plötzlichen Aufbruche von Sittim waren nicht vorhanden. Der Grund, weshalb Mose
nicht noch vor seinem Lebensende die Beschneidung erneuerte, ist einzig
darin zu suchen, dass er diesen wichtigen Act nicht ohne ausdrücklichen
Befehl des Herrn vornehmen wollte, zumal er selbst dem Urtheile des Todes, ohne in das verheissene Land einzugehen, verfallen war. Der Herr
aber befahl die Erneuerung des Bundeszeichens nicht eher als bis er Israel
in das verheissene Land eingeführt hatte, weil er durch diesen mächtigen
Gnadenbeweis erst die Herzen des Volks für die Vollziehung dieses seines Gebotes geneigt machen wollte. Die göttliche Gnade pflegt erst zu
geben und dann zu fordern. Gleichwie der Herr dem Abraham die Beschneidung erst dann als Bundespflicht auferlegte, nachdem er ihm zuvor
durch die Führung nach Canaan und durch die wiederholte Verheissung
zahlreicher Nachkommenschaft und des künftigen Besitzes des Landes
seine Gnade thatsächlich zugewandt hatte; und wie er den Söhnen Israels
erst am Sinai das Gesetz gab, nachdem er sie mit starkem Arme aus der
Knechtschaft Aegyptens erlöst und auf Adlersfittigen getragen und zu
sich gebracht und dadurch willig gemacht hatte, als sein Eigenthumsvolk
ihm die Erfüllung alles dessen, was er reden würde, freudig zu geloben:
so forderte er auch jetzt nicht eher wieder die Annahme der Beschneidung, welche als Bundeszeichen die Befolgung des ganzen Gesetzes in
sich schloss, als bis er dem Volke durch seinen mächtigen Beistand bei
Besiegung der Amoriterkönige Sihon und Og und durch die wunderbare
Theilung der Jordanfluten thatsächlich bewiesen hatte, dass er alle Hin-
dernisse, welche der Erfüllung seiner Verheissungen im Wege stehen
könnten, zu beseitigen vermöge und ihnen das verheissene Land, wie er
ihren Vätern geschworen hatte, zum Erbe geben werde.

V. 8. So wie die Beschneidung an allen vollzogen war, blieb das Volk
bis zur Genesung der Beschnittenen ruhig im Lager. יֵשְׁבוּ תַחְתָּם sie sas-
sen an ihrer Stelle, ohne was zu unternehmen. תַּחַת wie Ex. 10, 23. 16, 29.
חָיָה aufleben (Gen. 45,27. Hi. 14,14), genesen 2 Kg. 1; 2. 8, 8 u. a. Die
Beschneidung des Volks konnte nicht früher als am Tage nach dem Uebergange über den Jordan d. i. nach 4,19 nicht früher als am 11. Tage
des ersten Monats vorgenommen werden. Da nun 3 Tage später d. i. am
14ten das Pascha gefeiert werden sollte und gefeiert wurde (v. 10), so hat
man die Berichte von beiden Begebenheiten für unvereinbar erklärt und
die Erzählung von der Beschneidung für eine spätere unhistorische Sage
ausgeben wollen. Allein die gegen die geschichtliche Wahrheit dieser
Erzählung vorgebrachten Einwände, dass nämlich die Schmerzen in Folge
der Beschneidung mehrere Tage krank machen und nach Gen. 34,25 am
dritten Tage am grössten seien, so dass an diesem Tage das Volk nicht
hätte das Paschamahl halten können, und dass man überhaupt die Beschneidung des ganzen unbeschnittenen Volks unmöglich an einem Tage

hätte ausführen können — diese beiden Einwände beruhen auf falschen Voraussetzungen. So wird bei dem letzteren die Zahl der zu Beschneidenden unverständiger Weise auf eine Million angeschlagen, während doch nach den allgemeinen Populationsgesetzen die gesammte männliche Volkszahl Israels, welches bei der kurz vorher in den Steppen Moabs veranstalteten Zählung nur 601,730 Männer von 20 Jahren und darüber und 23000 Leviten von einem Monate an berechnet zählte, nur im Ganzen eine Million Köpfe betragen konnte, von welchen 280 bis 330 Tausend in dem Alter von 38 Jahren und darüber standen, und, weil vor der Verurtheilung des Volks zu Kades, und grösstentheils noch vor dem Auszuge aus Aegypten geboren, schon beschnitten waren, so dass nur 670,000 höchstens 720,000 zu beschneiden waren. Hienach stellte sich die Zahl der Unbeschnittenen zu den Beschnittenen wie 3 oder 3½ zu 1, und die Operation konnte unschwer im Laufe eines Tages ausgeführt werden. [1] Was aber die Folgen dieser Operation betrifft, so beweist Gen. 34, 25 mit nichten, dass am 3. Tage die Schmerzen am empfindlichsten seien, und wenn auch dies wirklich der Fall war, so hinderte dieser Umstand doch die Feier des Pascha's nicht, weil die 280 bis 330,000 beschnittenen Männer das Paschalamm schlachten und zubereiten, und selbst die Kranken an der Mahlzeit theilnehmen konnten, da nur levitische Unreinheit, nicht aber Krankheit oder Schmerz (Num. 9, 10ff.) ein gesetzliches Hinderniss dieser Feier begründete. Wenn aber gegen 300,000 Männer im Alter von 40 Jahren und darüber vorhanden waren, die nicht nur die Beschneidung an ihren Söhnen und jüngern Brüdern vollziehen, sondern nöthigenfalls auch jeden Augenblick das Schwert ziehen konnten, so lag auch kein Grund zur Besorgniss vor einem Angriffe von Seiten der Cananiter vor, selbst wenn diese nicht durch das Wunder des Uebergangs über den Jordan ganz entmuthigt gewesen wären. — V. 9. Nach Vollziehung der Beschneidung sprach der Herr zu Josua: „Heute habe ich die Schmach Aegyptens von euch abgewälzt." חֶרְפַּת מִצְרַיִם ist die von Aegypten her Israel widerfahrende Schmach, wie Zeph. 2, 8 Schmach Moabs die von Moab über Israel gebrachte Schmach ist, vgl. Jes. 51, 7. Ez. 16, 57 u. a. Darunter ist aber nicht die ägyptische Knechtschaft zu verstehen oder das von Aegypten her den Israeliten noch anhängende Elend nebst dem weiteren Elende, das die Israeliten während des Zuges unter Jehova's Unwillen litten (Kn.), sondern die Schmach, welche in der Meinung und dem Gerede der Aegypter lag, dass Jehova die Israeliten aus Aegypten ausgeführt habe, um sie in der Wüste zu Grunde zu richten (Ex. 32, 12. Num. 14, 13—16. Deut. 9, 28), und die so lange auf Israel ruhte, als es zum unstäten Herumziehen und zum Hinsterben in der Wüste verurtheilt war. Diese Schmach wurde mit der Beschneidung des Volks zu Gilgal von Israel abgewälzt, indem dieser Act eine Realerklärung für die volle Wiederherstellung des Bundes war und eine Bürgschaft dafür, dass der Herr ihm nun Canaan zum Erbe geben werde. — Von dieser Begebenheit erhielt die Stätte, wo die Israeliten lagerten, den Namen *Gilgal*,

---

1) Die Begründung dieser Zahlverhältnisse s. in meinem fr. Comment. zu Josua S. 74.

גִּלְגָּל Abwälzung von גָּלַל wälzen. Diese Erklärung und Herleitung des Namens darf man nicht deshalb für unrichtig und ungeschichtlich ausgeben, weil sie statt des Begriffs: Schandeabwälzung nur den untergeordneten Begriff: abwälzen festhalte. Denn auf eine mit lexicalischer Genauigkeit die Sache erschöpfende Wortbildung war es hiebei gar nicht abgesehen, sondern nur auf einen frappanten Namen, der an die Sache erinnerte, ähnlich der Deutung von *Tomi* bei *Ovid, Trist. III, 9, 33: Inde Tomos dictus locus est quia fertur in illo Membra soror fratris consecuisse sui.* Unrichtig ist auch die Behauptung von *Kn.*, dass der Name anders zu erklären und dieses Gilgal mit גְּלִילוֹת Kreise (18, 17) identisch sei, s. dagegen die Erörterung zu 15, 7. Von גָּלל wälzen, rollen gebildet bed. גִּלְגָּל zunächst Wälzung, dann Rad (Jes. 28, 28); und wenn vielleicht auch *orbis*, Kreis wie גָּלִיל, so ist dies doch weder die ursprüngliche noch die einzige Bedeutung des Wortes. Nach *Joseph. (Ant. V, 1, 4)* lagerte Israel 50 Stadien d. i. 2½ Stunde vom Jordan und 10 Stadien oder ½ Stunde von Jericho, also in der Ebene oder Steppe zwischen Jericho und dem Jordan an einer unbewohnten und unbebauten Stelle, die erst als Lagerplatz der Israeliten den Namen *Gilgal* erhielt. Eine Ortschaft (Dorf oder Stadt) hat hier weder damals noch später bestanden. Ausser Mich. 6, 5 wird dieses Gilgal erweislich nur noch 2 Sam. 19, 16 u. 41 erwähnt; und die Angabe des *Euseb.* im Onom. u. *Galgala*: δείκνυται ὁ τόπος ἔρημος ὡς ἱερὸς θρησκευόμενος, die *Hieron.* also umschreibt: *ostenditur usque hodie locus desertus in secundo Jerichus milliario, ab illius regionis mortalibus miro cultu habitus* beweist durchaus nicht die Existenz einer Ortschaft an dieser Stelle für die Zeiten der Israeliten. Es ist daher auch gar nicht zu verwundern, dass *Robins.* trotz wiederholter Nachforschungen an Ort und Stelle keine Spur von Ueberresten Gilgals östlich von Jericho gefunden hat, noch auch von irgend einem Araber einen solchen Namen in dieser Gegend zu erfragen vermochte (Pal. II S. 532 f. u. 522). Ueber die Lage des 9, 6. 10, 6 u. ö. noch genannten Gilgals s. das Nähere hinter 8, 35.

V. 10—14. **Die Paschafeier zu Gilgal.** Nachdem das ganze Volk durch die Beschneidung wieder in den Bund mit dem Herrn aufgenommen war, hielten sie am 14. des Monats (Nisan) am Abende (nach dem Gesetze Ex. 12, 6. 18. Lev. 23, 5. Num. 28, 16. Deut. 16, 6) das Pascha, das sie ohne Zweifel seit dem Aufbruche vom Sinai (Num. 9, 1ff.) nicht gefeiert hatten. Am Tage darauf d. h. am 16ten oder dem Tage nach dem ersten Festtage assen sie ungesäuerte Brote und Sangen (קָלוּי geröstete Körner s. zu Lev. 2, 14) vom Ertrage des Landes (עֲבוּר nur v. 11 u. 12 vorkommend ist synonym mit תְּבוּאָה v. 12) d. h. dem im Lande Canaan gewachsenen Getraide, da von diesem Tage an das Manna ganz aufhörte. מָחֳרַת הַפֶּסַח ist zwar Num. 33, 3 vom 15. Nisan gebraucht, hier aber vom 16ten zu verstehen, weil unter dem Ertrage des Landes, von welchem sie nicht nur an diesem Tage, sondern nach v. 12 überhaupt in selbigem Jahre (בַּשָּׁנָה הַהִיא) assen, nicht der vorigjährige, sondern nur der diesjährige Ertrag des Landes d. h. das neue Getraide verstanden werden kann, von dem man nicht eher essen durfte, als bis dasselbe durch Darbringung der Webegarbe am zweiten Paschatage dem Herrn geheiligt war (Lev. 23, 11).

Die Darbringung sollte nach Lev. 23, 11 מָמָּחֳרַת הַשַּׁבָּת am Tage nach dem Sabbate d. h. dem als Sabbat gefeierten ersten Tage des Mazzotfestes statt-finden, d. i. am 16. Nisan, da das 7tägige Mazzotfest am 15ten begann Lev. 23, 6. Num. 28, 17. מִמָּחֳרַת הַפֶּסַח ist also gleichbedeutend mit מִמָּחֳרַת הַשַּׁבָּת Lev. 23, 11, indem פֶּסַח hier nicht mehr in seiner ursprünglichen engeren Bedeutung gebraucht ist, in welcher es nur die am vierzehnten des Abends stattfindende Feier des Paschamahles bezeichnet und von dem 7tägigen Mazzotfeste unterschieden wird (Ex. 12, 23. 27. Lev. 23, 5. Num. 28, 16), sondern in der schon Deut. 16, 2 uns entgegentretenden weiteren Bedeutung, in welcher dieser Name allmälig auf das ganze 7tägige Fest ausgedehnt wurde. Der Erzähler setzt die Sache als aus dem mosaischen Gesetze bekannt voraus und hat es darum nicht für nöthig erachtet, sich deutlicher darüber zu erklären; daher man nicht mit *Kurtz* (der mos. Opfercultus S. 309 in der Note) den deutlichen Stellen des Gesetzes einen ihnen fremden Sinn nach dieser unbestimmteren Angabe aufdringen darf. Uebrigens sind die Worte: sie assen vom Ertrage des Landes u. s. w. auch nicht so zu verstehen, als ob sie erst am 16. Nisan angefangen hät-ten Mazzot zu essen (diese wurden schon zum Paschalamme als Zukost gegessen); sondern nur Mazzot von dem Ertrage des Landes, dem frischen Getraide des Jahres fingen sie erst an jenem Tage an zu essen. Dieser Tag wird durch בְּעֶצֶם הַיּוֹם הַזֶּה besonders hervorgehoben, weil an ihm nicht nur das Essen des neuen Getraides begann, sondern von eben die-sem Tage an „den Söhnen Israels nicht ferner Manna zutheilwurde." Diese Angabe steht in deutlicher Beziehung zu Ex. 16, 35 und ist nach derselben (s. Bd. I, 1 S. 424ff.) nur so zu verstehen, dass mit jenem Tage die Mannaspendung ganz und für immer aufhörte.

Cap. V, 13 — VI, 27. Erscheinung des Engels des Herrn und Eroberung Jericho's.

Durch die Paschafeier im Bunde mit dem Herrn gestärkt, wollte Jo-sua zur Ausführung des ihm aufgetragenen Werkes, zur Einnahme des Landes Canaan schreiten. Aber die Stadt Jericho, als Grenzfeste Canaans gegen jeden von Osten her eindringenden Feind mit starken Mauern um-geben, hatte ihre Thore vor den Israeliten verschlossen. Während nun Josua in Gedanken mit ihrer Eroberung sich beschäftigte, erschien ihm der Engel des Herrn, um ihm anzukündigen, dass der Herr Jericho mit ihrem Könige in seine Gewalt gegeben habe und ihre Mauern wunderbar stürzen werde.

Cap. V, 13 — VI, 5. **Die Erscheinung des Engels des Herrn und seine Botschaft.** V. 13—15. Als Josua bei Jericho war, בִּירִיחוֹ eig. in Je-richo (בְּ die unmittelbare Nähe, gleichsam das Eingehen in eine andere Sache ausdrückend, vgl. *Ew.* §. 217 f [2]), also in Gedanken in ihr war, über ihre Eroberung nachsinnend, da sah er, seine Augen erhebend, einen Mann vor sich stehen mit gezücktem Schwerte in der Hand, und näher zu ihm hintretend und ihn fragend: „Gehörst du zu uns oder zu unsern Feinden?" erhielt er die Antwort: לֹא Nein (לֹא ist nicht nach LXX, *Syr.* und etlichen Codd. in לֹו zu ändern), „sondern ich bin der Fürst des Heeres Jehova's, jetzt bin ich gekommen..." Der Erschienene gehörte weder zu den Israeliten noch zu ihren Feinden, sondern war der Fürst des Heeres Jehova's d. h. der Engel. צְבָא יְהוָֹה bed. nicht „das am Beginne seiner Kriegsarbeit stehende Volk Israel" (*v. Hofm.* Schriftbew. I S. 335), denn wenn auch die aus Aegypten ziehenden Heerschaaren Israels צִבְאוֹת יְהוָֹה genannt werden (Ex. 7, 4. 12, 41), so heisst doch niemals Israel das Heer Jehova's (im Singul.). צְבָא יְהוָֹה ist synonym mit צְבָא הַשָּׁמַֹיִם 1 Kg. 22, 19 und bezeichnet die Engel, wie Ps. 148, 2 u. 103, 21. Mit den W.: „jetzt bin ich gekommen" will der Engelfürst den Zweck seines Kommens angeben, wird aber dadurch, dass Josua sofort vor ihm niederfällt und zu ihm spricht: „was redet mein Herr zu seinem Knechte?" in seiner Rede unterbrochen, so dass er nun Josua zuerst gebietet, seine Schuhe auszuziehen, da der Ort auf dem er stehe heilig sei. Aus dem Niederfallen Josua's zur Erde und dem וַיִּשְׁתָּחוּ ergibt sich nicht mit Sicherheit, dass Josua ihn sofort als den Gott gleichen Engel des Herrn erkannte; denn das mit dem Niederfallen verbundene הִשְׁתַּחֲוָה bezeichnet nicht immer die göttliche Anbetung, sondern öfter auch nur die tiefe orientalische Ehrenbezeugung des Unterthanen vor dem Höhern, dem Könige, z. B. 2 Sam. 9, 6. 14, 33, und Josua redet den Erschienenen nicht mit dem Gottesnamen אֲדֹנָי an, sondern nur אֲדֹנִי „mein Herr." Jedenfalls aber hielt ihn Josua sofort für ein höheres Wesen, für einen Engel. Dass derselbe aber mehr als ein geschaffener Engel höherer Ordnung, dass er der mit Gott wesensgleiche Engel Jehova's, der sichtbare Offenbarer des unsichtbaren Gottes war, das musste er alsbald aus seinem Befehle, die Schuhe auszuziehen u. s. w. erkennen, durch den er an die Theophanie, welche Mosen am Horeb im feurigen Busche Ex. 3, 2 ff. zutheilgeworden, erinnert und womit ihm *implicite* gesagt wurde, dass der Erschienene derselbe sei, der sich Mosen als der Gott Abrahams, Isaaks und Jakobs kundgegeben hatte. Ueber die Bed. des Schuhausziehens s. die Erkl. zu Ex. 3, 5. Der Zweck dieser Gotteserscheinung liegt schon darin angedeutet, dass der Erschienene ein Schwert in seiner Hand hatte, wie Num. 22, 31, wodurch er als himmlischer Kriegsheld gekennzeichnet wird, oder wie er sich Josua nennt: als Fürst des Kriegsheeres Jehova's. Darin lag die Realerklärung: *Jam veni cum exercitu meo coelesti, bellum cum Cananaeis aggressurus, te populumque tuum adjuturus. Seb. Schm.* Die Erscheinung ist übrigens Josua nicht blos in einer Vision zutheil geworden sondern war ein in die äussere Sinneswelt fallender realer Vorgang. Denn Josua erblickte den Mann mit dem gezückten Schwerte in einer gewissen Entfernung von sich und trat zu ihm hin, um ihn anzureden, was mit einer nur innerlichen Vision unvereinbar wäre.

Cap. VI, 1—5. Nachdem Josua seine Schuhe ausgezogen, eröffnete ihm der Fürst des Gottesheeres den Zweck seines Kommens v. 2—5. Vor Mittheilung dieser Botschaft aber hat der Geschichtschreiber v. 1 in der Form eines Umstandssatzes eine Bemerkung über die Stadt Jericho eingeschaltet, um die Bedeutung der folgenden Eröffnung ins rechte Licht zu setzen.[1] Diese Bedeutung liegt nämlich nicht blos darin, dass der Herr überhaupt Jericho in die Hand der Israeliten geben, sondern hauptsächlich darin, wie er diese so stark befestigte Stadt in ihre Gewalt geben wollte. — V. 1. Jericho (s. zu 2, 1) war schliessend ihre Thore (vgl. Jud. 9, 51) und wohlverschlossen. Die Participia drücken den dauernden Zustand aus, und die Verbindung des Activs mit dem Passiv in der Steigerungsform מְסֻגֶּרֶת verstärkt den Begriff (LXX: συγκεκλεισμένη καὶ ὠχυρωμένη, Vulg.: clausa erat atque munita), der durch den Zusatz: „Niemand war aus- und eingehend" noch mehr gehoben wird — so fest verschlossen, dass niemand aus- und eingehen konnte. V. 2. Da sprach der Herr zu Josua. Das וַיֹּאמֶר schliesst sich an 5, 15 an, da v. 1 Zwischensatz ist, und יְהֹוָה ist der Fürst des Heeres Jehova's (5, 14), oder der Engel Jehova's, der häufig mit Jehova identificirt wird (s. Bd. I, 1 S. 127). „Siehe gegeben hab ich (נָתַתִּי vom göttlichen Rathschlusse, der schon gefasst ist, wenn auch seine Ausführung noch bevorsteht) in deine Hand Jericho und ihren König, die tapfern Helden (vgl. 1, 14). Letzteres ist Apposition zu Jericho, als civitas gedacht, und ihrem König. V. 3—5 folgt die Eröffnung, wie der Herr Jericho in die Hand Josua's geben wolle. Alle israelitischen Kriegsmänner sollen die Stadt 6 Tage lang umziehen, einmal täglich. — פַּעַם אֶחָת — חַמֵּית „umziehend die Stadt einmal" dient zur näheren Bestimmung des סַבּוֹתֶם. Bei diesen Umzügen sollen 7 Priester 7 Hallposaunen vor der Bundeslade hertragen, worin impl. liegt, dass die Bundeslade selbst in feierlichem Zuge mit um die Stadt getragen werden soll. Am 7. Tage aber sollen sie die Stadt 7 mal umziehen und die Priester dabei in die Posaunen stossen, so werde beim Blasen des Hallhorns, wenn das ganze Volk beim Hören des Posaunenhalles ein grosses Geschrei erhebe, die Mauer der Stadt תַּחְתֶּיהָ d. h. unter sich zusammenstürzen. Die שׁוֹפְרוֹת הַיּוֹבְלִים v. 4 sind mit קֶרֶן הַיּוֹבֵל v. 5 identisch, wofür abgekürzt auch blos הַשּׁוֹפָר (v. 5 vgl. Ex. 19, 16) oder הַיּוֹבֵל (Ex. 19, 13) steht. Es sind nicht die silbernen Trompeten (הַחֲצוֹצְרוֹת) der Priester (Num. 10, 1 ff.), sondern grosse Hörner, hornförmige Instrumente, die einen gewaltigen, weithinhallenden Ton gaben, s. zu Lev. 23, 24. 25, 11. Der Plural הַיּוֹבְלִים bei שׁוֹפְרוֹת wie in 5, 3. Für תָּקַע בְּשׁ׳ in die Posaune stossen (v. 4) steht in v. 5 מָשַׁךְ בַּקֶּרֶן ziehen mit dem Horn d. h. das Horn mit lang gezogenen Tönen blasen (s. zu Ex. 19, 13). וְעָלוּ וגו׳ dann soll das Volk hinaufsteigen d. h. über die zusammengefallene Mauer in die Stadt eindringen, „jeder vor sich hin", Luth. gut deutsch: „stracks vor sich" d. h. jeder ohne rechts

---

1) Wenn irgendwo so ist hier die Kapitelabtheilung unpassend, da die Erscheinung des Engelfürsten mit 5, 15 nicht zu Ende ist, sondern das was er Josua zu verkündigen hat, erst 6, 2—5 folgt, und 6, 1 nur einen dieser Verkündigung vorangestellten Umstandssatz enthält, der zur Verdeutlichung der Situation dient (vgl. Ew. § 341). Wollte man, wie noch Kn. mit mehrern Ausll. thut, den Bericht von der Erscheinung des Engels mit 5, 15 für beendigt ansehen, so müsste man annehmen, dass entweder der Bericht uns nur verstümmelt überliefert worden, oder dass die Erscheinung ohne Auftrag wieder verschwunden wäre. Das Eine so unglaublich wie das Andere. Namentlich die letztere Annahme ohne alle Analogie, denn die Erscheinung Apostgsch. 10, 9 ff, welche O. v. Gerl. als ähnlich anführt, enthält in v. 13—16 eine ganz bestimmte Erklärung

oder links nach seinem Nebenmann sich umzusehen, geradeswegs in die Stadt hinein, vgl. v. 20.

V. 6—27. **Die Eroberung Jericho's.** In dem Berichte hievon wird zuerst die Eröffnung der göttlichen Botschaft durch Josua an die Priester und das Volk kurz mitgetheilt (v. 6 u. 7), darauf die Ausführung des göttlichen Befehles v. 8—20, endlich die Einäscherung Jericho's nebst der Rettung der Rahab v. 21—27 erzählt. V. 6 u. 7. In der Mittheilung des göttlichen Befehls in Betreff der Anstalten zur Einnahme Jericho's erwähnt Josua zunächst nur die Hauptsache. Hiebei ist der Plur. וַיֹּאמְרוּ v. 7 nicht anzutasten, sondern daraus zu erklären, dass Josua die Sache dem Volke nicht in eigener Person, sondern durch die für die Publication seiner Befehle bestimmten Schoterim (s. 1, 10 f. 3, 2 f.) kundmachte. In dieser Publication wird v. 7 die in v. 3—5 unerwähnt gelassene nähere Bestimmung über die Ordnung bei den Umzügen nachgebracht, dass nämlich הֶחָלוּץ vor der Bundeslade herziehen soll. Unter הֶחָלוּץ „der Gerüstete" lässt sich nicht mit *Kn.* u. *A.* das gesammte Kriegsvolk verstehen nach Num. 31, 3 ff., weil in der folgenden Beschreibung der Umzüge das ganze mit der Bundeslade um die Stadt ziehende Kriegsvolk (כָּל־אַנְשֵׁי הַמִּלְחָמָה v. 3) in הֶחָלוּץ und הַמְאַסֵּף getheilt ist (v. 9 u. 13), wonach הֶחָלוּץ nur eine Abtheilung des Kriegsvolks 'sein kann. Da liegt es sehr nahe, mit *Kimchi* u. *Raschi* bei הֶחָלוּץ an die Krieger aus den Stämmen Ruben, Gad und Halbmanasse (חֲלוּצֵי הַצָּבָא 4, 13) und bei הַמְאַסֵּף an das Kriegsvolk der übrigen Stämme zu denken. Ueber die Bed. von מְאַסֵּף s. zu Num. 10, 25. Vergleichen wir nun die Ausführung v. 8—20, so erhellt daraus, dass in der Mittheilung der Engelsbotschaft v. 3—5, um allzuviele Wiederholungen zu vermeiden, noch mehrere Punkte übergangen sind, die wir erst aus dem Berichte über die Ausführung erfahren. Zunächst in v. 8—10 die Bestimmung über die Ordnung des Zuges, dass die Bundeslade mit den ihr voranschreitenden Priestern mit Hallposaunen die Mitte des Zuges bilden, und von dem Kriegsvolke ein Theil vor ihr, der übrige hinter ihr her ziehen soll; dass die Priester bei jedem Umzuge der 7 Tage die Posaunen blasen sollen (v. 8 f. u. 13); endlich dass das Volk erst beim siebenten Umzuge des siebenten Tages auf Josua's Befehl das Feldgeschrei erheben und dann die Stadtmauer fallen soll (v. 10 u. 16). Auch ist ohne Zweifel anzunehmen, dass Josua den dem Volke v. 17 ff. eröffneten Befehl, dass die ganze Stadt mit allen Bewohnern und ihrer ganzen Habe dem Herrn als Bann verfallen solle u. s. w., von dem Engel des Herrn gleichzeitig mit der Ankündigung des Falles der Stadt erhalten habe.

V. 8—20. Die *Ausführung* des göttlichen Befehles. V. 8—11. Der Umzug am ersten Tage, mit der nachträglich mitgetheilten Instruction über das vom Volke zu erhebende Kriegsgeschrei in v. 10. לִפְנֵי יְהוָֹה (v. 8) anstatt לִפְנֵי אֲרוֹן יְהוָֹה, weil die ganze Bedeutung der Bundeslade darauf beruhte, dass Jehova seine Gnadengegenwart durch sie dem Volke vermittelte. In v. 9 ist תָּקְעוּ *perfect.* und das relative אֲשֶׁר zu suppliren, das nicht blos in der Poesie, sondern hie und da auch in der Prosa nach einem bestimmten Nomen im *accus.* fehlt, z. B. Ex. 18, 20 (vgl. *Ew.* §. 332ᵃ). Für die Aenderung der Form nach dem *Kri* תֹּקְעֵי fehlen zureichende

Gründe, da תָּקַע statt mit בְּ auch sonst mit dem *accus.* הַשּׁוֹפָר construirt wird, nicht blos in der Poesie, sondern auch in Prosa, z. B. Jud. 7, 22 vgl. mit v. 18—20. תָלוֹךְ וְתָקוֹעַ „fort und fort posaunend." תָלוֹךְ adverbial gebraucht wie Gen. 8, 3 u. ö. V. 11. וַיַּסֵּב אֲרוֹן יי „und die Lade des Herrn umzog die Stadt", nicht: Josua liess die Lade d. H. die Stadt umziehen. Das Hiph. hat hier wie 2 Sam. 5, 23 u. ö. nur active, nicht causative Bedeutung. — V. 12—14. Der Umzug an den folgenden 5 Tagen glich dem am ersten Tage. „So thaten sie 6 Tage." In v. 13 steht וְתָקְעוּ nicht für וְתָקוֹעַ, sondern correspondirt dem וְתָקְעוּ v. 8; und das *partic.* הוֹלֵךְ wechselt mit dem *infin. abs.* הָלוֹךְ, wie Gen. 26, 13. Jud. 4, 24 u. a., vgl. *Ges.* §. 131, 3ᵇ u. *Ew.* §. 280ᵇ, so dass das *Keri* הָלוֹךְ eine unnöthige Aenderung ist. — V. 15—19. Am 7. Tage begann das Umziehen der Stadt schon früh beim Aufsteigen der Morgenröthe, um 7 mal herumzukommen. כַּמִּשְׁפָּט nach der vorgeschriebenen und an den früheren Tagen befolgten Weise, die durch Vorschrift und Uebung ein Recht geworden war. Beim siebenten Umzuge, als die Priester in die Posaune gestossen hatten, befahl Josua dem Kriegsvolke ein Geschrei zu erheben, wobei er demselben zugleich ankündigte, dass die Stadt mit allem was in ihr sich finde ein Bann dem Herrn sein solle, nur die Rahab mit den in ihrem Hause befindlichen Personen ausgenommen, und es warnte, sich nicht an dem Gebannten zu vergreifen, um nicht einen Bann auf das israel. Lager zu bringen. Die Construction v. 16: „Es geschah beim 7. Male, gestossen hatten die Priester in die Posaunen, da sprach Josua . . ." ist lebendiger als wenn vor תָּקְעוּ die Conjunction כַּאֲשֶׁר stände oder בִּתְקוֹעַ gebraucht wäre. Weil der Herr den Israeliten Jericho in die Hand gegeben hatte, so sollten sie dieselbe als Erstling des Landes Canaan ihm weihen als חֵרֶם Bann d. h. als ein für Menschen unantastbares Heiligthum Jehova's; vgl. über חֵרֶם die Bem. zu Lev. 27, 28 f. Von diesem Bann wurde nur Rahab mit ihren Angehörigen ausgenommen, weil sie die Kundschafter verborgen hatte (c. 2). Wegen der Form הֶחְבֵּאָתָה für הֶחְבִּיאָה s. *Ges.* §. 75 Anm. 21ᵃ u. *Ew.* §. 194ᵇ. — Die Einwohner einer mit dem Banne belegten abgöttischen Stadt sollten, wie Mose Deut. 13, 16 auf Grund des Gesetzes Lev. 27, 29 einschärft, sammt ihrem Viehe getödtet und alle Habe der Stadt verbrannt werden; nur Metall, Gold, Silber und die Geräthe von Erz und Eisen sollten als dem Herrn heilig in den Schatz des Herrn d. i. den Schatz des Heiligthums der Stiftshütte (vgl. Num. 31, 54) kommen (v. 19). Wer von dem gebannten Gute sich etwas zueignete, verfiel selbst dem Banne, nicht blos deshalb, weil er dadurch einen Greuel in sein Haus brachte, wie Mose Deut. 7, 25 in Betreff des Goldes und Silbers der Götzenbilder bemerkt, sondern weil er durch Aneignung des Gebannten freventlich in die Rechte des Herrn eingegriffen, den Bann selbst freventlich verletzt hatte. Darauf weisen die Worte: „hütet euch vor dem Banne, damit ihr nicht bannet und nehmet von dem Banne" (v. 18) hin, wozu *Lud. de Dieu* treffend bemerkt: *Utrumque consistere non poterat, pugnantia erant, Deo omnia devovere et tamen in privatum usum aliquid convertere; aut non erat res devovenda, aut cum devota esset ab ea abstinendum erat.* Ein solches Vergreifen des Einzelnen an dem Gebannten wird das Lager Israels zum Banne machen und es betrüben d.h. ins Unglück bringen (עָכַר *conturbare* wie Gen. 34, 30.). — V. 20. In Folge des Posaunenschalles und des vom Volke erhobenen Feldgeschreies fiel die Mauer der Stadt zusammen, und die Israeliten drangen in die Stadt und nahmen sie ein, wie v. 5 verkündet worden. Die Voraufstellung des וַיָּרִיעַ הָעָם ist nicht so zu verstehen, als ob das Volk vor dem Posaunenstosse das Geschrei erhoben hätte, sondern erklärt sich daraus, dass Josua in seiner Anordnung v. 16 nur das הָרִיעַ erwähnt hatte. Dem Missverständnisse wird übrigens dadurch vorgebeugt, dass gleich darauf ausdrücklich bemerkt wird, dass das Volk erst auf den Posaunenstoss hin ein grosses Geschrei erhob.

Was nun die Sache selbst betrifft, so bedürfen die verschiedenen Versuche, den wunderbaren Einsturz der Mauern Jericho's natürlich zu erklären, sei es durch ein Erdbeben oder durch Unterminirung oder durch plötzliche Erstürmung, welche die durch die mehrere Tage lang wiederholte sonderbare Procession sicher gemachten Einwohner nicht vermutheten, wie noch neuerdings *Ewald*, Gesch. II S. 321 das Wunder wegzudeuten versucht hat, als willkührlich in den Text getragen keiner ernstlichen Widerlegung. Das Wunder lässt sich nur vom Standpunkte des Naturalismus aus leugnen; denn es schliesst sich nicht nur sehr passend an die wunderbare Führung Israels durch den Jordan an, sondern steht auch mit dem Zwecke und Geist der göttlichen Heilsthatsachen in vollkommenem Einklange. „Anschaulicher — bemerkt hierüber schon *J. J. Hess*, Gesch. Josua's S. 110 — hätte es den Israeliten nicht können dargestellt werden, dass Jehova ihnen die Stadt gebe. Dort musste der Fluss weichen, um ihnen den Eingang ins Land, hier die Stadtmauer einstürzen, um den Eingang in den ersten befestigten Ort zu öffnen. Zwei so entscheidende Proben des Mitwirkens Jehova's, sobald nach Mose's Hinschied, mussten auch dem Sinnlichsten ein Pfand sein, der Gott halte es noch mit ihnen, welcher ihre Väter eben so mächtig und wunderbar über den Meerbusen geführt hatte." Dass diese Absicht bei diesem Wunder mit obwaltete, erfahren wir aus dem Schlusse der Erzählung v. 27. Damit ist aber der eigentliche Zweck dieses Wunders oder der Grund, weshalb Gott den Israeliten diese Stadt ohne irgend welchen Kampf von ihrer Seite durch den wunderbaren Einsturz ihrer Mauer preisgab, noch nicht erkannt. Diesen haben wir darin zu suchen, dass Jericho einerseits die erste, andrerseits die festeste Stadt Canaans und als solche der Schlüssel zur Eroberung des ganzen Landes war, durch deren Einnahme ihnen das ganze Land geöffnet und gleichsam in ihre Hand gegeben wurde. Die erste und festeste Stadt Canaans wollte der Herr seinem Volke ohne alle Anstrengung in die Hand geben als Erstling des Landes zum Zeichen, dass er seiner Verheissung gemäss das Land ihnen schenke zum Eigenthum, damit sie die Eroberung desselben nicht als ihr Werk, als die Frucht ihrer Anstrengung ansehen und seinen Besitz nicht als ihr wohlerworbenes Eigenthum, mit dem sie nach Belieben schalten könnten, betrachten möchten, sondern es stets als ein Gnadengut des Herrn gebrauchten, welches Gott ihnen blos zu Lehen gegeben habe und auch wieder entziehen könne, sobald sie durch Abfall von ihm sich seiner Gnade unwürdig machten. Diese göttliche Absicht musste deutlich in die Augen springen bei einer so festen Stadt wie Jericho, deren Mauern einem in der Wüste aufgewachsenen und in der Kunst, Festungen zu belagern und zu erstürmen, ganz unerfahrenen Volke als uneinnehmbar erscheinen und ohne göttliche Beihülfe für lange Zeit wenigstens auch uneinnehmbar bleiben mussten. — War aber dies der Grund, weshalb der Herr Jericho den Israeliten durch ein Wunder preisgab, so ist damit doch noch weder der Zusammenhang des Einsturzes der Mauern mit dem Posaunenschall und dem Feldgeschrei des Volkes erkannt, noch auch die göttliche Absicht, welche der Anordnung des siebentägigen und am siebenten Tage siebenmaligen Umzuges um die Stadt zu Grunde liegt. Auch diese Anordnungen müssen als Anordnungen der göttlichen Weisheit ihre Bedeutung haben.

Die Bedeutung der Umzüge um die Stadt gipfelt unstreitig in der Bundeslade und dem Posaunenschalle der vor der Lade hergehenden Priester. Die Bundeslade wird in dem Berichte constant Lade des Herrn genannt, anzuzeigen dass der Herr, der auf den Cherubim der Lade thronte, inmitten seines Volkes die feindliche Stadt umgab, wie denn v. 8 statt der Lade Jehova's geradezu Jehova genannt ist. Vor der Lade aber schritten 7 Priester einher, Hallposaunen tragend und während des Umzuges blasend. Des Posaunenhalles geschieht zuerst Erwähnung am Sinai, wo der Herr seine Herabkunft auf den Berg dem am Fusse desselben ihm entgegengeführten Volke unter andern furchtbaren Naturphänomenen auch durch fort und fort ertönenden sehr starken Posaunenschall ankündigt, Ex. 19, 16. 19. 20, 14 (18). Sodann finden wir Posaunenschall im israelitischen Cultus bei der Feier des siebenten Neumondstages (Lev. 23, 24) und zur Ankündigung des grossen Halljahres (Lev. 25, 9) gesetzlich vorgeschrieben. Wie bei der Bundschliessung am Sinai der vom Volke vernommene Posaunenton gleichsam der Heroldsruf war, welcher den zum heiligen Gottesvolke erwählten Stämmen Israels die Ankunft des Herrn ihres Gottes zur Vollziehung seines Bundes und zur Errichtung seines Reiches auf Erden ankündigte: so sollte im Festkreise der Posaunenhall theils Jahr für Jahr beim Anbruche des Sabbatmonats das Volk des Bundes ins Gedächtniss vor den Herrn bringen, dass er zu ihm komme und die Sabbatruhe seines Reiches schaffe, theils auch immer nach 7 mal 7 Jahren am grossen Versöhnungstage den Anbruch des grossen Gnaden- und Freijahres ankündigen, welches dem Volke Gottes Erledigung von der Knechtschaft, Rückkehr in sein Eigenthum und Erlösung von der sauern Arbeit dieser Erde bringen und einen Vorschmack geben sollte von der seligen und herrlichen Freiheit, zu welcher die Kinder Gottes bei der Wiederkunft des Herrn zur Vollendung seines Reiches gelangen werden (vgl. Bd. I, 2 S. 155 f.). — Wenn aber der Herr kommt, sein Reich auf Erden zu gründen, zu bauen und zu vollenden, so kommt er zugleich, um die seinem Reiche entgegenstehende Weltmacht zu stürzen und zu vernichten. Der Offenbarung der göttlichen Gnade und Barmherzigkeit gegen die Kinder Gottes geht stets die Offenbarung der Gerechtigkeit und des Gerichts gegen die Feinde Gottes, die Gottlosen, zur Seite. Wenn daher der Posaunenhall der Gemeinde Israels die gnadenreiche Ankunft des Herrn ihres

Gottes zur Vereinigung mit ihr signalisirt, so kündigt er der gottfeindlichen Welt den Anbruch des Gerichts über sie an. — Hieraus wird die Bedeutung des Posaunenschalles bei Jericho klar. Die vor der Bundeslade, dem sichtbaren Throne des unter seinem Volke wohnenden unsichtbaren Gottes, inmitten der Heerschaaren Israels hergehenden Priester sollten durch das Stossen in die Posaunen den Israeliten und den Cananitern die Erscheinung des Herrn der ganzen Erde zum Gericht über Jericho, das feste Bollwerk der cananitischen Macht und Herrschaft ankündigen, und ihnen durch den auf den Posaunenstoss und das Feldgeschrei der Streiter Gottes erfolgenden Sturz der Mauern dieser Festung den Sturz aller starken Bollwerke der gottfeindlichen Welt durch die Allmacht des Herrn Himmels und der Erde kundthun. — Hiedurch wurde der Fall Jericho's zum Bilde und Typus des Sturzes aller Weltmacht vor dem Herrn, wenn er kommt, sein Volk in Canaan einzuführen und sein Reich auf Erden aufzurichten. Auf Grund dieser Thatsache wird das Blasen der Posaunen in den Schriften der Propheten zum Signale und symbolischen Vorzeichen der Offenbarungen des Herrn in grossen Gerichten, durch welche er mit der Vernichtung einer Weltmacht nach der andern sein Reich auf Erden erhält, ausbreitet und der Vollendung entgegenführt, die es erreichen wird, wenn er zur Zeit der letzten Posaune in seiner Herrlichkeit mit einem Feldgeschrei, mit der Stimme des Erzengels und der Posaune Gottes vom Himmel herniederkommen wird, um die Todten aufzuerwecken und die Lebenden zu verwandeln, das Weltgericht zu halten und Teufel, Tod und Hölle in den Feuerpfuhl zu werfen, Himmel und Erde neuzuschaffen und im neuen Jerusalem die Hütte Gottes bei den Menschen für alle Ewigkeit aufzurichten (1 Cor. 15, 51 ff. 1 Thess. 4, 16 f. Apok. 20 u. 21).

Nicht minder bedeutsam ist die Anordnung des 7 Tage lang fortzusetzenden und am 7. Tage 7 mal zu wiederholenden Umzugs um Jericho. Die Siebenzahl ist auf Grund der Schöpfung der Welt in 6 Tagen und der Vollendung der Schöpfungswerke durch die Ruhe Gottes am siebenten Tage in der Schrift Symbol göttlichen Werkes und Thuns und der durch Gott beschafften oder zu schaffenden Vollendung (vgl. *Kliefoth*, theol. Ztschr. v. *Dieckh.* u. *Kl.* III S. 13 ff.). Durch die Anordnung, dass die Mauern Jericho's erst nach 7tägigem Umzuge und am 7. Tage erst nach 7maliger Wiederholung des Umzuges unter dem Schall der Hallposaunen und dem Feldgeschrei der Streiter des Volkes Gottes fallen, will Gott die Zerstörung dieser Stadt, des Schlüssels von Canaan, zu einem Vorbilde der schliesslichen Vernichtung der dem Reiche Gottes feindlich gegenüber stehenden Weltmacht in der letzten Zeit machen (vgl. *Klief.* S. 47 f.). Hiedurch will er nicht blos seiner Gemeinde kundthun, dass nicht sofort, sondern nur nach anhaltendem und ausdauerndem Kampfe erst am Ende der Weltzeit die ihr feindlich gegenüberstehende Weltmacht erliegen wird, sondern auch den Feinden seines Reiches andeuten, dass ihre Macht, so lange sie auch dem Reiche Gottes gegenüber sich halten möge, doch zuletzt in einem Augenblicke vernichtet werden wird.

V. 21—27. Nach der Einnahme Jericho's wurden Menschen und Vieh gebannt d. h. schonungslos getödtet (v. 21 vgl. v. 17), nur die Rahab mit ihren Angehörigen ausgenommen. Diese hatte Josua durch die beiden Kundschafter aus ihrem Hause holen und fürs erste ausserhalb des israelitischen Lagers in Sicherheit bringen lassen v. 22 f. — אָמַר v. 22 ist *plusquamperf.* in nachträglicher Bemerkung. Aus gleichem Grunde sind die Verba v. 23 als *plusq.* zu fassen. הַנְּעָרִים v. 23 bed. *famuli* = הָאֲנָשִׁים v. 22; אַחְיָהּ sind ihre Geschwister nach 2, 13, nicht blos ihre Brüder. כָּל־אֲשֶׁר־לָהּ bed. nicht: alle ihre Habe, sondern: alle ihre Angehörigen d. h. alle zu ihrem Hause gehörigen Personen, und כָּל־מִשְׁפְּחוֹתֶיהָ sind alle ihr verschwisterten und verschwägerten Verwandten, ihre leiblichen Geschwister mit deren Angehörigen, vgl. 2, 13. Zur Sache machte schon *Cler.* die richtige Bemerkung, dass, da das Haus der Rahab an der Stadtmauer erbaut war und zum Theil auf derselben lag (2, 15), beim Einsturze der Mauer jener Theil, an und auf dem dies Haus stand, nicht mit umgestürzt sein kann, *alioquin corruente muro nemo ausus fuisset domi remanere.* Nur darf man daraus nicht folgern, dass auch bei Verbrennung der Stadt das Haus der Rahab verschont geblieben wäre. [1] וַיַּנִּיחוּם מִחוּץ וגו' (v. 23 vgl. Gen. 19, 16) sie liessen sie ruhen d. h. brachten sie in Sicherheit ausserhalb des Lagers Israels sc. bis sie alles gethan hatten, was zur förmlichen Aufnahme in die Gemeinde des Herrn erforderlich war, nämlich das Aufgeben der Abgötterei und des heidnischen Aberglaubens und Bekehrung zu dem Gotte Israels als dem allein wahren Gotte, wozu bei den Männern noch die Beschneidung hinzukommen musste, und was sonst noch von Lustrationen und Reinigungen für den Eintritt in den Bund mit Jehova damals schon üblich sein mochte, worüber nähere Nachrichten fehlen. — V. 24 f. Nachdem Menschen und Vieh in Jericho getödtet waren und die Rahab mit ihren Angehörigen in Sicherheit gebracht war, steckten die Israeliten die Stadt mit allem was in ihr war in Brand, nur das Metall wurde, wie v. 19 befohlen war, in den Schatz der Stiftshütte gebracht. Bei der Eroberung der übrigen Städte Canaans wurde, wie bei der Eroberung des Landes und der Städte Sihons und Ogs, nur die Bevölkerung schonungslos getödtet, während das Vieh mit der übrigen Habe den Siegern als Beute zufiel (vgl. 8, 26 f. 10, 28 mit Deut. 2, 34 f. 3, 6 f.), da der Herr nur geboten hatte, die Bewohner Canaans mit dem Banne zu schlagen Deut. 7, 2. 20, 16 f. Bei Jericho hingegen sollten Menschen, Vieh und Beute dem Banne verfallen und die Stadt selbst eingeäschert werden. Dies geschah, weil diese Stadt die erste Stadt Canaans war, welche der Herr seinem Volke preisgegeben hatte. Diese sollte Israel als Erstling des Landes dem Herrn opfern und zwar als Gebanntes ihm heiligen, zum Zeichen, dass es das ganze Land aus seiner Hand zu Lehen empfange und was dem Herrn verfallen sei nicht als einen Raub an sich reissen wolle. V. 25. Nur die aus der Stadt gerettete Rahab mit den Ihrigen liess Josua leben, so dass sie bis auf diesen Tag unter Israel wohnte. Aus dieser Bemerkung erhellt, dass der Bericht von diesem Ereignisse nicht lange nach demselben verfasst worden ist. [2]

---

1) Die Angaben mittelaltriger Reisender, dass sie dieses Haus noch gesehen hätten (*Rob.* Pal. II S. 543), gehören zu den Täuschungen frommen Aberglaubens.

2) Die Rahab ist ohne Zweifel eine Person mit der Ῥαχάβ in der Genealogie

V. 26 f. Um aber den über Jericho verhängten Bann ganz dem göttlichen Gebote Deut. 13, 17 entsprechend zu vollziehen und ihre Zerstörung zu einem Denkmale der an den Gottlosen durch Gericht sich heiligenden göttlichen Gerechtigkeit für die Nachwelt zu machen, vollendete Josua ihre Verbannung mit einem Schwure: „Verflucht sei vor dem Herrn der aufstehen und bauen wird diese Stadt Jericho; um den Preis seines Erstgeborenen wird er sie gründen, um den Preis seines jüngsten Sohnes ihre Thore setzen." (בְּ vom Preise einer Sache). In diesem Fluche ist der rhythmische Parallelismus der Glieder nicht zu verkennen. Die beiden letzten Satzglieder drücken den Gedanken aus, dass der Erbauer der Stadt ihre Wiederherstellung mit dem Verluste aller seiner Söhne vom erstgeborenen bis zum jüngsten herab büssen werde. בָּנָה bed. hier nicht blos den Aufbau von Häusern auf dem Boden der niedergebrannten Stadt, sondern den Wiederaufbau der Stadt als Festung, wie בָּנָה öfter von Befestigung einer Stadt gebraucht ist, z. B. 1 Kg. 15, 17. 2 Chr. 11, 6. 14, 5 f., im Hebr. wie im Syrischen, vgl. *Gesen. thes. I p. 215.* Dies erhellt schon im Allgemeinen daraus, dass eine Stadt nicht durch Erbauung einer Anzahl von Häusern an einer Stelle, sondern erst durch Vereinigung dieser Häuser zu einem geschlossenen Ganzen mittelst einer Ringmauer gegründet wird, im Besondern aber noch deutlicher aus den letzten Worten des Fluches, in welchem בָּנָה durch יְיַסְּדֶנָּה und יַצִּיב דְּלָתֶיהָ wiedergegeben ist. Thore einer Stadt setzen heisst nicht Hausthüren in die Häuser setzen, sondern Stadtthore errichten, was nur dann geschieht, wenn eine Stadtmauer gebaut ist. Bezeichnet aber das Setzen der Thore die Vollendung des Baues der Stadtmauer, wodurch die Stadt als Festung wiederhergestellt wird, so kann das „Gründen" in dem parallelen Gliede auch nur von der Grundsteinlegung der Stadtmauer verstanden werden. Diese sprach-

---

Jesu, welche den judäischen Stammfürsten Salmon geheirathet und ihm den Boas, einen Vorfahren Davids, geboren hatte (Matth. 1, 5). Die Zweifel an der Identität, welche schon *Theophylact* äusserte und später *J. Outhov* in der *Biblioth. Brem. cl. III p. 439 sq.* zu begründen suchte, sind hauptsächlich aus dem dogmatischen Bedenken hervorgegangen, welches schon den Chaldäer bewog, diese Frau zu einer Gastwirthin zu machen, weil man an ihrem unehrlichen Gewerbe Anstoss nahm. Hierüber urtheilt indess schon *Hieron. in Matth.* treffend: In *genealogia Salvatoris nulla sanctarum assumitur mulierum, sed eae quas Scriptura reprehendit, ut qui propter peccatores venerat, de peccatoribus nascens peccata deleret.* Die verschiedene Schreibung des Namens, bei Matth. ἡ 'Ραχάβ, während die Hure Rahab sowol in den LXX als in Hebr. 11, 31 u. Jak. 2, 25 'Ραάβ geschrieben ist, kann schon deshalb die Identität nicht zweifelhaft machen, weil *Josephus* die Hure Rahab stets ἡ 'Ραχάβη nennt. Die chronologische Schwierigkeit aber, dass Boas in gar zu hohem Alter dem Salmon und der Rahab geboren sein müsste, wonach noch *Kn.* die Zeitrechnung gegen die Identität der Mutter des Boas mit der Hure Rahab geltend macht, würde nur dann Gewicht haben, wenn sich erweisen liesse, dass in der Genealogie Davids Rut 4, 21 f. 1 Chr. 2, 11 u. Matth. 1, 5 *alle* Geschlechtsglieder aufgezählt seien und Boas wirklich der Urgrossvater Davids wäre, während das Gegentheil, nämlich die Weglassung unberühmter Vorfahren in den Geschlechtsverzeichnissen, durch viele Fälle ausser Zweifel gesetzt ist. — Mehr ist übrigens von der Rahab nicht bekannt. Die Angaben der spätern Rabbinen, die sie von Josua geheirathet sein lassen oder sie zur Mutter von 8 Propheten machen u. dgl. mehr bei *Lightf. hor. hebr. et talm. in Matth. 1, 5, Wetstein Nov. Test. ad Matth. 1, 5 u. Meuschen N. Test. ex talmude illustr. p 40 sqq* sind Fabeleien ohne historischen Gehalt.

lich und sachlich wohlbegründete Auffassung des Fluches wird auch durch
die Geschichte bestätigt. Josua selbst theilt Jericho den Benjaminiten neben andern Städten zu (18, 21), worin schon liegt, dass sie von denselben
bewohnt werden soll; und so finden wir auch in der Folge die Palmenstadt
d. i. Jericho als einen bewohnten Ort (Jud. 3, 13. 2 Sam. 10, 5), und doch
geht Josua's Fluch erst unter dem Könige Ahab in Erfüllung, als der Be-
thelite Hiel es unternahm, den Ort zu einer festen Stadt auszubauen (1 Kg.
16, 34).[1] — V. 27. So war der Herr mit Josua, seine Verheissung 1, 5 ff.
ihm erfüllend, so dass sein Ruf sich über das ganze Land verbreitete.

Cap. VII. Achans Diebstahl und Bestrafung.

V. 1. Bei Jericho hat der Herr den Cananitern seinen grossen und heiligen Namen kundgethan, vor Achai sollen die Israeliten erfahren, dass er
auch an ihnen, wenn sie seinen Bund übertreten, sich heiligt, und dass die
Gemeinde des Herrn nur so lange die Weltmacht überwinden kann, als
sie den Bund des Herrn treu bewahrt. — Trotz des von Josua (6, 18) dem
Volke eingeschärften Verbotes hatte sich der Judäer Achan an dem gebannten Gute Jericho's vergriffen und dadurch den Bann auf die Söhne
Israels, das ganze Volk, gebracht. Seine Veruntreuung wird v. 1 als eine
Untreue der Söhne Israels am Banne bezeichnet, in Folge welcher der
Zorn des Herrn über das ganze Volk entbrannte. מָעַל מַעַל eine Veruntreuung begehen (s. zu Lev. 5, 15), meist gegen Jehova durch Entwendung
oder Vorenthaltung dessen, was ihm geheiligt ist, hier am Banne durch
Zueignung des dem Herrn Gebannten. Diese Verschuldung wird dem ganzen Volke als Schuld zugerechnet, nicht als *imputatio moralis* d. h. in dem
Sinne, als ob das ganze Volk Achans Gesinnung getheilt und im Herzen
dieselbe sündliche Begierde gehegt hätte, welche Achan durch seinen Diebstahl bethätigte, sondern als *imputatio civilis*, wonach Achan als Glied des
Volks durch seine Sünde dem ganzen Volke die Reinheit und Heiligkeit,
die es vor Gott haben sollte, raubte, gleichwie die Sünde eines Gliedes den
ganzen Körper inficirt.[2] עָכָן hier und 22, 20 lautet 1 Chr. 2, 7 עָכָר mit Ver-

---

1) Die Annahme *Knobels*, dass das in der Zeit zwischen Josua und Ahab erwähnte Jericho wahrscheinlich nicht auf dem alten Platze gelegen, den erst Hiel
wieder bebaut habe, steht mit 1 Kg. 16, 34 in Widerspruch, da dort nicht berichtet
wird, dass er den alten Platz von Jericho wieder bebaute, sondern dass er die Stadt
Jericho, die nach 2 Sam. 10, 5 u. Jud. 3, 13 schon zu Davids und der Richter Zeiten
existirte, zu bauen d. h. als Festung herzustellen anfing, und lässt sich auch durch
Berufung auf die Aussagen des *Strabo* (XIII p 601), *Appian* u. A., dass Griechen
und Römer nicht Bauplätze wählten, auf welchen ein Fluch ruhte, nicht zur Wahrheit erheben.

2) Zur Begründung dieses Satzes kann ich nur das Wichtigste von dem wiederholen, was ich hierüber in meinem fr. Comment. ü. Jos. S. 110 bemerkt habe: „So
sehr die ganze Schrift den Einzelnen als Object der göttlichen Gnade und Gerechtigkeit betrachtet, eben so sehr lehrt sie auch die Gesammtheit eines Volks als organi-
sche Einheit erkennen, in der die Individuen nur Glieder eines Körpers sind, die
nicht atomistisch vom Ganzen losgelöst werden dürfen, weil der Staat als ein göttliches Institut auf dem Grunde der Familien erbaut ist, um die Gemeinschaft der Liebe
Aller zu einander und zu dem einen unsichtbaren Oberhaupte Aller zu fördern. Als
Gliedern einer von Gott geordneten Gemeinschaft gereicht die gute oder böse That

tauschung der Liquida *n* und *r*, um auf עָכַר (v. 25) anzuspielen. Hienach lautet der Name bei *Joseph.* Ἄχαρος, im *Cod. Vatic.* der LXX: Ἄχαρ, während *Cod. Al.* Ἀχάν hat. Für זַבְדִי steht 1 Chr. 2, 6 זִמְרִי, ein offenbarer Schreibfehler, durch Buchstabenverwechslung entstanden. *Serah* ist der Zwillingsbruder des *Perez*, Gen. 38, 29 f. מַטֶּה von נָטָה sich ausbreiten bezeichnet den Volksstamm nach seiner genealogischen Verzweigung, dagegen שֵׁבֶט von der *rad.* سبط *aequabilis, non crispa, sed in longum porrecta fuit res, sine flexura in rectum et longum protensa fuit*, bezeichnet den geraden Stock des Obern, des Herrn und Regenten, das Scepter (nie den Stock oder Stecken, auf den man sich stützt) und unterscheidet sich dadurch bestimmt von מַטֶּה, nicht nur in der eigentlichen, sondern auch in der übertragenen Bedeutung Stamm, in der es den Volksstamm nicht nach seiner genealogischen Verzweigung und Ausbreitung bezeichnet, sondern als Corporation, die Macht und Herrschaft hat und ausübt. Aus diesem begrifflichen Unterschiede erklärt sich der Wechsel im Gebrauche beider Wörter, מַטֶּה hier v. 1. 18. 22, 1 — 14 und vorherrschend in den geograph. Abschnitten, שֵׁבֶט in v. 14. 16 wie 3, 12. 4, 2 u. ö. in den geschichtlichen Erzählungen, in welchen die Stämme Israels als kriegerische Mächte auftreten.

V. 2—5. Den Zorn Gottes, welchen Achan über Israel gebracht hatte, erfuhr die Gemeinde bei ihrem Unternehmen gegen *Ai*. Diese Stadt lag bei Bethaven östlich von Bethel. *Bethel*, ehedem *Lus* genannt (s. zu Gen. 28, 19), auf der Grenze von Ephraim und Benjamin (16, 2. 18, 13), oftmals erwähnt, später als Stätte des Kälberdienstes Jerobeams bekannt und auch nach dem Exile wieder bewohnt (vgl. *v. Raumer* Pal. S. 178 f.), hat sich aller Wahrscheinlichkeit nach in der sehr bedeutenden Ruinenstelle *Beitin* erhalten (vgl. *Rob.* Pal. II S. 339 ff. u. *Strauss* Sinai u. Golg. S. 329 ff.), gegen 4 Stunden zu Pferde nördlich von Jerusalem entfernt, östlich von der Strasse, die von Jerusalem nach Sichem (Nablus) führt.[1] Von *Bethaven* ist noch keine Spur aufgefunden. Nach 18, 12 f. lief die Nordgrenze des St. Benjamin, die von Jericho auf das Gebirge gegen Westen aufstieg, in die Wüste von Bethaven aus und zog sich von da weiter hinüber nach Lus (Bethel). Vergleichen wir damit die Angabe 1 Sam. 13, 5, dass die gegen Israel heranziehenden Philister sich zu Michmas vor (auf der Vorder-

---

des Einzelnen auch der ganzen Gemeinde zum Segen oder zum Verderben. Ist aber der Staat eine göttliche Ordnung, keine blos civile Einrichtung, keine von Menschen nur vertragsmässig getroffene menschliche Institution, so verliert auch die aus der moralischen Einheit des Organismus nothwendig fliessende Folge, dass die gute oder böse That des einen Gliedes dem ganzen Körper zugerechnet wird, den Schein der Willkühr und Ungerechtigkeit, den sie hat, so lange man ohne Einsicht in ihren Grundzusammenhang einseitig nur die Zurechnung der Folgen der Sünde ins Auge fasst" u. s. w.

1) Damit stimmen auch die Angaben des *Onomastic.* des *Euseb.* unter Ἀγγαί: κεῖται Βαιθὴλ ἀπιόντων εἰς Αἰλίαν ἀπὸ Νέας πόλεως ἐν λαιοῖς τῆς ὁδοῦ ἀμφὶ τὸ δωδέκατον ἀπ᾽ Αἰλίας σημεῖον, und unter Βαιθήλ: καὶ νῦν ἐστι κώμη, Αἰλίας ἄποθεν σημείοις ιβ᾽. (12 röm. Meilen d. i. 4—5 Stunden). Vgl. *Eusebii Pamph. Onomasticon* ed. *Larsow* et *Parthey* p. 10 u. 92.

seite von) Bethaven lagerten, wonach also Bethaven östlich oder nordöstlich von Michmas (Mukhmas) lag, so kann die Wüste von Bethaven wol
nur die Hochebene sein, die sich zwischen dem Wady Mutyah im Norden
und den Wady's Fuwar und Suweinit (bei *Rob.*) oder W. Tuwâr (auf *v. de
Velde's* Karte) im Süden, von dem Felsgebirge Kuruntel an westwärts
bis nach Abu Sebah (Subbah) hinüberzieht. Bethaven ist dann südlich
oder südöstlich von Abu Sebah zu suchen. Hienach lässt sich aber *Ai* הָעַי
LXX: Γαι oder Ἀγγαι Gen. 12,8) weder mit *Rob.* Pal. II S. 562 ff. in den
unbedeutenden Ruinen südlich vom Dorfe Deir Diwan vermuthen, noch
mit *v. de Velde, Memoir p. 118* u. *Kn.* an der Stelle des heutigen Tell el Had-
schar d. i. Steinhügel 45 Minuten südostwärts von Beitin an der Südseite
des tiefen und steil abfallenden W. Mutyah suchen, sondern wir müssen mit
C. Ritter, Erdk. 16 S. 526 f. dafür halten, dass *Ai* von *Krafft* (Topograph.
v. Jerus. S. IX) und *Strauss* (Sinai u. Golg. S. 326 f.) in den Ruinen von *Me-
dinet Chai* oder *Gai* aufgefunden sei, die auf der Flachhöhe eines Bergzu-
ges, der sich 40 Minuten ostwärts von Geba (Dscheba) nach Osten abdacht,
liegen — „eine bedeutende Anzahl von Trümmern mit einer kreisförmi-
gen Ringmauer, während südlich das Thal Farah, nördlich das Thal es Suweinit mit steilen abschüssigen Felswänden den Ort schützen" (*Str.*). —
Auf den Rath der zur Erkundung der Landschaft ausgesandten Männer,
die nach ihrer Rückkehr die Bevölkerung als gering (מְעַט הֵמָּה) schilder-
ten, liess Josua nicht das ganze Kriegsvolk, sondern nur an 3000 Mann gegen *Ai* ausziehen. Da *Ai* nur 12,000 Einwohner hatte (8,25), so konnte
es kaum 3000 streitbare Männer zählen, welche von 3000 isr. Streitern
hätten geschlagen werden können. Aber die Israeliten müssen bei dem Angriffe auf diese Stadt vor deren Bewohnern fliehen, welche ihnen gegen
36 Mann tödteten und sie vor dem Thore d. h. ausserhalb der Stadt bis zu
den Steinbrüchen verfolgten und noch am Abhange schlugen. הַשְּׁבָרִים von
שָׁבַר Bruch sind wahrscheinlich Steinbrüche, die sich in der Nähe des Ab-
hanges (מוֹרָד) befanden östlich von der Stadt. Genaueres lässt sich darüber
nicht bestimmen, weil die Gegend von Reisenden noch nicht näher er-
forscht ist. Ob dieser Niederlage entfiel dem Volke aller Muth. יִמַּס wie
2,11, hier durch den Zusatz: das Herz „wurde zu Wasser" noch verstärkt.

V. 6—9. Auch Josua und die Aeltesten des Volks wurden tief erschüttert, nicht sowol über den Verlust von 36 Mann, als vielmehr darüber, dass das mit dem Herrn unbesiegbare Israel geschlagen worden war,
also der Herr ihnen seinen Beistand entzogen hatte. In tiefster Trauer —
mit zerrissenen Kleidern (s. zu Lev. 10,6) und das Haupt mit Asche be-
streut — fallen sie vor der Lade des Herrn nieder (vgl. Num. 20, 6) bis
zum Abende, um ihren Kummer vor dem Herrn auszuschütten. Das Gebet Josua's enthält eine Klage (v. 7) und eine Frage an Gott (v. 8 u. 9). Die
Klage: „Ach Herr, Jehova, warum hast du dieses Volk den Jordan überschreiten lassen, um sie in die Hand der Amoriter zu geben, sie zu vernichten!" wird fast zum Murren, klingt beinahe wie die Klage, welche
das murrende Volk in der Wüste wider Mose und Aaron erhob Num. 14,
2 f., ist aber doch sehr verschieden von jenem Murren wider Gottes Führung, denn sie fliesst nicht aus dem Unglauben und ist nur die kühne Spra-

che des im Gebete mit Gott ringenden Glaubens, welcher die Wege des Herrn nicht zu begreifen vermag, und schliesst die dringendste Aufforderung an den Herrn in sich, sein so glorreich begonnenes Werk doch eben so herrlich zu Ende zu führen, in der festen Ueberzeugung, dass Gott seinen Gnadenrath weder aufgeben noch ändern könne. Die folgenden Worte: „O hätte es uns doch gefallen (הוֹאַלְנוּ s. zu Deut. 1, 5), jenseits des Jordan zu bleiben" setzen einerseits voraus, dass Israel vor dem Uebergange über den Jordan Sehnsucht nach dem Besitze Canaans gehegt hatte, andrerseits, dass diese Sehnsucht möglicherweise die Ursache des jetzt über das Volk gekommenen Unglücks sein möchte, und drücken daher den Wunsch aus, dass doch weder Israel je solche Sehnsucht gehegt, noch auch der Herr dem Volke dieselbe erfüllt haben möchte. Ueber die seltene Form הֶעֱבַרְתָּ für הֶעֱבִירְתָּ vgl. *Ges.* §. 63 Anm. 4 u. *Ew.* §. 41 [b]. Der *infin. abs.* הַעֲבִיר (mit dem ungewöhnlichen *i* der letzten Silbe) ist mit Nachdruck dem *verbo fin.* nachgestellt, wie Gen. 46, 4 u. a. — Amoriter sind wie 5, 1 die Gebirgsbewohner Canaans. — V. 8 f. Die Frage an Gott leitet Josua mit der Wendung ein: „Bitte (בִּי contrahirt aus בְּעִי) Herr, was soll ich sagen", um die Kühnheit der folgenden Frage zu mildern. Nicht weil er nicht wusste, was er sagen sollte, denn er spricht ja sofort die Gedanken seiner Seele aus, sondern weil er fühlt, dass der Gedanke, den er aussprechen will, den Vorwurf involviren könne, als ob Gott bei der Verhängung jenes Unfalles seine eigene Ehre nicht bedacht hätte, was er unmöglich glauben kann, darum führt er seine Worte mit einer bittenden Frage ein. Was er dann v. 8 u. 9 sagt, enthält nicht zwei coordinirte Sätze, sondern nur den einen Gedanken: wie Gott der Herr seinen grossen Namen vor der Welt aufrecht erhalten wollte, wenn die Cananiter auf die Nachricht hin, dass Israel vor ihnen den Rücken gekehrt, nun kommen, die Israeliten umringen und spurlos von der Erde vertilgen würden[1]. In den W.: „die Cananiter und alle Bewohner des Landes" für: und überhaupt alle Landesbewohner, liegt, dass ausser den Cananitern noch andere Völkerschaften in Canaan wohnten, z. B. die Philister. Die Frage: „was wirst du hinsichtlich deines grossen Namens thun?" hat nach den Parallelstellen Ex. 32, 11 ff. Num. 14, 13 ff. Deut. 9, 28 den Sinn: wie wirst du dann deinen grossen Namen, den du dir durch die bisherige wunderbare Führung Israels vor allen Völkern erworben hast, vor Verkennung und Verlästerung unter den Heiden sichern? (תַּעֲשֶׂה wie Gen. 26, 29).

V. 10—15. Die Antwort des Herrn — nicht durch den Hohepriester, sondern unmittelbar Josua ertheilt — athmet Zorn über die Versündigung Israels. Die Frage: „Warum doch liegst du auf deinem Angesichte?" (נֹפֵל wie Deut. 21, 1) involvirt den Vorwurf, dass Josua nicht Ursache habe an der Treue des Herrn zu zweifeln. Statt bei Gott soll er die Ursache des Unglücks in der Versündigung des Volks suchen. V. 11. Ge-

---

1) So hat schon *Calov* den Sinn richtig angegeben: *Cum deleturi sint nomen nostrum, quos assumsisti tibi in populum tuum et tantis prodigiis huc eveoisti, quid fiet nomini tuo? Exigui momenti est nomen nostrum, sed num consuletur ita honori nominis tui, si nos deleveris: Nam promisisti nobis hanc terram, et a quo populo nomen tuum coletur, si nomen nostrum jam deleveris?*

sündigt hat Israel, und zwar sehr schwer. Dies besagen die folgenden durch das emphatisch wiederholte גַּם zum Ausdrucke des Unwillens gesteigerten Sätze. Die Sünde des Einen fällt dem ganzen Volke zur Last, in der zu v. 1 entwickelten Beziehung. Diese Sünde ist ein Bundesbruch, als Uebertretung der im Bunde mit dem Herrn eingegangenen Verpflichtung, seine Gebote zu halten (Ex. 19, 8. 24, 7), ja ein Sichvergreifen am Banne und ein Diebstahl und eine Verheimlichung (כִּחֵשׁ) und Verwendung des Gestohlenen zu eigenem Gebrauche. Die ersten 3 Sätze beschreiben die Sünde nach ihrem Verhältnisse zu Gott als schwere Verschuldung, die 3 folgenden nach ihrer innern Beschaffenheit, als ein grobes, hartnäckiges und ruchloses Verbrechen. שָׂמוּ בִכְלֵיהֶם unter ihre Geräthe (כֵּלִים Hausgeräthe) bringen, um es als Eigenthum zu gebrauchen und zu verwenden. Da das Gestohlene ein dem Herrn geweihtes Gut war, so bildete die Verwendung desselben zu eigenem Gebrauche die Spitze des Frevels. — V. 12. Um dieser Versündigung willen können die Israeliten nicht vor ihren Feinden bestehen, weil sie dem Banne anheimgefallen sind (vgl. 6, 18). Bevor dieser Bann nicht aus ihrer Mitte getilgt ist, wird der Herr ihnen nicht ferner beistehen. — V. 13—15. Diesen Bann soll Josua aus dem Volke wegschaffen. Um den, der sich am Gebannten vergriffen, zu ermitteln, soll er das Volk für den folgenden Tag sich heiligen lassen (vgl. zu 3, 5), alsdann dasselbe nach seinen Stämmen, Geschlechtern, Familien und Männern vor Gott treten lassen, damit der Schuldige durchs Los ermittelt werde, und den als schuldig erfundenen Frevler mit allem was ihm gehört verbrennen. נִקְרַב sich nahen *sc.* dem Jehova d. h. vor sein Heiligthum treten. Die Stämme, Geschlechter, Häuser (Familien) und Männer (גְּבָרִים) bilden die 4 natürlichen Ordnungen, in welche das Volk gegliedert war. Wie die Stämme sich in Geschlechter theilten, so zerfielen die Geschlechter weiter in בָּתִּים Häuser, gewöhnlicher בֵּית־אָבוֹת Vaterhäuser genannt, und die Vaterhäuser noch in Männer d. h. Hausväter, vgl. die Bem. zu Ex. 18, 25 f. u. m. bibl. Archäol. §. 140. Jede dieser Abtheilungen wurde durch ihr natürliches Haupt vertreten, wonach wir uns den Vorgang hier nicht anders als so vorzustellen haben, dass zur Ermittlung des Stammes nur die 12 Stammfürsten, zur Ermittlung des Geschlechts nur die Geschlechtshäupter des ermittelten Stammes und so fort vor den Herrn traten, um sich dem Lose zu unterziehen. Denn dass der Schuldige durchs Los ermittelt werden sollte und ermittelt wurde, das ergibt sich, obwol mit ausdrücklichen Worten vom Lose nicht die Rede ist, doch unzweifelhaft aus den אֲשֶׁר־יִלְכְּדֶנָּה, da נִלְכַּד nach 1 Sam. 14, 42 der technische Ausdruck für das Getroffenwerden durchs Los ist, vgl. auch 1 Sam. 10, 20. Ueberhaupt wurde in Fällen, wo ein Verbrechen nicht durch Zeugenaussagen constatirt werden konnte, das Los oft zur Ermittlung des Schuldigen angewandt (vgl. 1 Sam. 14, 41 f. Jon. 1, 7. Prov. 18, 18), weil man fest glaubte, dass der Ausfall des Loses vom Herrn komme (Prov. 16, 33). Das Verfahren beim Losen ist uns nicht näher bekannt. Wahrscheinlich bediente man sich dazu kleiner Täfelchen oder Scherben, die mit den Namen beschrieben waren und aus einer Urne gezogen wurden. Dies lässt sich aus der Vergleichung von 18, 11. 19, 1 u. a.

mit 18,6 u. 10 folgern, wonach das Werfen des Loses so geschah, dass
das Los aufstieg (עָלָה 18,11. 19,10. Lev.16,9) oder hervorging, herauskam (יָצָא 19,1.17.24. Num.33,54). הַנִּלְכָּד בַּחֵרֶם der im (mit dem) Bann
Getroffene d.h. der durchs Los als mit dem Banne behaftet getroffen wird,
den soll man mit Feuer verbrennen, natürlich nicht lebendig, sondern
nachdem er zu Tode gesteinigt worden (v. 25). Das Verbrennen der Leiche des Verbrechers galt als Verschärfung der Todesstrafe, vgl. Lev. 20,
14. יִשָּׂרֵף niph. c. אֵת constr. wie Gen. 4,18 u. ö. Diese Strafe soll ihn
treffen, weil er a. den Bund Jehova's gebrochen, b. eine Thorheit an Israel
begangen hat, also sich sowol gegen den Bundesgott als auch gegen das
Bundesvolk schwer versündigt hat. עָשָׂה נְבָלָה wie Gen. 34,7 von Verbrechen, die mit der Würde Israels als Volk Gottes unverträglich sind.

V. 16—26. Die Vollziehung des göttlichen Befehles. V.16—18. Die
Ermittlung des Schuldigen durchs Los. In v. 17 sollte man statt אֶת־מִשְׁפַּחַת
יְהוּדָה entweder אֶת־שֵׁבֶט יה oder אֶת־מִשְׁפְּחֹת יה erwarten. Der Plural
מִשְׁפָּחוֹת wird zwar von der LXX u. Vulg ausgedrückt und in 7 Codd. gefunden, aber schwerlich nach ursprünglicher Lesart, sondern nur nach
Conjectur. מִשְׁפָּחָה ist also ungenau oder in collectivem Sinne von sämmtlichen Geschlechtern Juda's gebraucht. Gar kein Grund liegt aber zur
Aenderung des לַגְּבָרִים in לְבָתִּים nach einigen Codd. vor; גְּבָרִים steht, weil
nicht nur bei den Vaterhäusern, sondern auch bei den Geschlechtern die
sie vertretenden Männer es waren, die zum Losen herzutraten. V. 19. Als
Achan durchs Los als Thäter ermittelt war, ermahnte ihn Josua, Gott
dem Herrn Ehre und Preis zu geben und seine That unverholen einzuge-
stehen. בְּנִי mein Sohn redet ihn Josua an weder *ironice*, noch *simulate*,
sondern *sincero paterno erga eum amore.*[1] „Gib dem Herrn die Ehre"
ist eine feierliche Beschwörungsformel, wodurch jemand vor Gottes Angesicht zum Bekenntniss der Wahrheit aufgefordert wird, vgl. Joh. 9,24.
„Und gib ihm Preis." תּוֹדָה nicht *confessio*, sondern, wie Esr. 10,11 zeigt,
Lob, Preis. Durch das Geständniss der Wahrheit soll Achan Gott als
dem Allwissenden, vor dem kein Unrecht verborgen bleibt, die Ehre und
den Preis, die ihm gebühren, geben. — V. 20f. Da bekannte Achan seine
Sünde und gestand, dass er von der Beute einen schönen babylonischen
Mantel, 200 Sekel Silber und eine 50 Sekel schwere goldene Zunge sich
zugeeignet hatte. Die Form וָאֶרְאֶה ist nicht nach dem *Kri* in וָאֵרֶא zu verkürzen, da bei ל״ה die unverkürzte Form gar nicht selten ist, vgl. *Ew.*
§. 224c. אַדֶּרֶת שִׁנְעָר ein Mantel von Sinear d. i. Babylonien (Gen. 10,10.
11,2) ist ein kostbarer, kunstreich gewirkter Mantel, wie sie in Babylon
gefertigt und durch den Handel weithin verführt wurden.[2] 200 Sekel

---

1) So *Calvin* mit der weiteren treffenden Bemerkung: *Quo exemplo docentur
judices, dum scelera puniunt, sic temperare suum rigorem, ne exuant humanitatis
affectum et rursum ita misericordes esse, ne dissoluti sint ac remissi.*
2) *Plinius h.n. VIII,48: colores diversos picturae vestium intexere Babylon maxime celebravit et nomen imposuit.* Vgl. *Heeren* Ideen I, 2 S. 205 ff. u. *Movers*, Phönizier II, 3 S. 258 ff. Die LXX übersetzten: ψιλὴ ποικίλη h. e. *pallium aut
peristroma Babylonicum atque adeo picturis variegatum. Hoc enim ψιλὴ dicitur,
quia erat tonsum neque villosum et asperum, sed ποικίλη, quia intextas sive insu-
tas acu ostentabat variis coloribus hominum et belluarum species et figuras. Fi-
scher proluss. de versionibus graec. libr. V. Test. p. 87 sq.*

Silber ist circa 165 Thaler, vgl. m. Archäol. §. 127, 4. Eine goldene Zunge
(לָשׁוֹן), nach *Luther* in der Randgl. „Spangen, wie eine Zungen gestalt",
war jedenfalls ein goldenes Kleinod in Form einer Zunge, dessen Bestimmung und Gebrauch unbekannt ist, aber von beträchtlicher Grösse, weil
50 Sekel d. i. 13700 Gran, circa 1½ feine Mark schwer; nicht nothwendig ein goldener Degen, wie Manche meinen, weil die alten Römer *gladio-
lum oblongum in speciem linguae factum* nach *Gellius X, 25, 3 lingulam*
nannten. — Versteckt hatte Achan diese Sachen in der Erde inmitten seines Zeltes und das Silber תַּחְתֶּיהָ unter diesen Sachen (das Suffix ist *neutr.*
und auf die Sachen ausser dem Silber zu beziehen). Der babylonische
Mantel und die goldene Zunge lagen vielleicht in einer Kiste oder waren
jedenfalls sorgfältig eingepackt und darunter war das Silber gelegt. Der
Artikel in הָאַצֽלִי, wodurch das *nomen* zwiefach bestimmt wird, wie 8, 33.
Lev. 27, 23. Mich. 2, 12 ist wol mit *Hgstb.* Christol. zu Mich. 2, 12 daraus
zu erklären, dass der Artikel mit dem *nomen* zusammenschmolz und dadurch zuweilen seine Kraft verlor. Anders *Ew.* §. 290ᵈ. — V. 22 f. Sofort
liess Josua die Sachen durch zwei Boten aus Achans Zelte holen und, als
sie gebracht wurden, vor Jehova d. i. vor der Stiftshütte, wo die Verhandlung statthatte, hinlegen. יַצִּק hier und 2 Sam. 15, 24 niederlegen, synon.
mit הִצִּיג, wogegen für die Bed. ausgiessen die Hiphilform הוֹצִיק gebraucht
wird. — V. 24 f. Darauf nahmen Josua und ganz Israel d. h. das ganze
Volk in seinen Häuptern und Vertretern Achan sammt den entwendeten
Sachen, und seine Söhne und Töchter, sein Vieh, sein Zelt mit allen Ge-
räthen, und führten sie hinauf ins Thal Achor, wo sie gesteinigt und
dann verbrannt wurden, nachdem Josua auf der Richtstätte ihm noch das
Urtheil gesprochen hatte: „wie hast du uns betrübt (עָכַר wie 6, 18 ins Unglück gebracht)! so wird dich der Herr an diesem Tage betrüben." Aus
dem יִרְגְּמוּ אֹתוֹ (v. 25) folgt nicht, dass Achan allein gesteinigt worden;
das Suffix Singul. bezeichnet Achan nur als die Hauptperson. Denn dass
auch seine Kinder und sein Vieh mit gesteinigt wurden, ergibt sich klar
aus dem folgenden: „sie verbrannten s i e (אֹתָם die zu Tode gesteinigten
Personen und deren Sachen) mit Feuer und überschütteten sie mit Steinen." Zwar gebietet das mos. Gesetz Deut. 24, 16 ausdrücklich, dass die
Söhne nicht wegen der Sünden der Väter getödtet werden sollen. Daher
meinten Viele (z. B. *Hess*, Gesch. Jos. I S. 120): die Söhne und Töchter
Achans seien mit ins Thal hinaufgeführt worden, nur um Zuschauer der
am Vater vollstreckten Strafe zu sein und ein Exempel daran zu nehmen.
Aber wozu wurde denn das Vieh (Rind, Esel, Schafe) Achans mit hinaufgeführt? Doch zu keinem andern Zwecke, als um mit gesteinigt zu werden. Das angeführte Gesetz galt blos für die ordentliche Criminaljustiz
und leidet auf diesen Fall, wo der Herr selbst die Strafe befiehlt, keine
Anwendung. Achan war durch Vergreifung an dem Gebannten dem Banne
verfallen und damit der Strafe, welche nach Deut. 13, 16 f. eine in Götzendienst gefallene Stadt treffen sollte. Dem Gesetze des Bannes liegt die
Voraussetzung zu Grunde, dass das zu bestrafende Vergehen nicht ein
Verbrechen ist, dessen sich nur der Einzelne schuldig gemacht, sondern
ein Verbrechen, an dem die Umgebung oder Familie des Hauptsünders

sich mit betheiligt. So hatte auch im vorliegenden Falle wol Achan allein
die genannten Sachen von der Beute entwendet, aber er hatte sie in seinem Zelte verborgen, in die Erde vergraben, was schwerlich so heimlich
geschehen konnte, dass seine Söhne und Töchter es nicht sahen und merk-
ten. Dadurch hatte er seine Familie zu Theilnehmern seines Diebstahls
gemacht, so dass sie mit ihm dem Banne verfiel, sammt dem Zelte und
dem Viehe und seinem übrigen Eigenthume, welches alles mit in die Folgen desselben hineingezogen wurde. Der Satz: וַיִּסְקְלוּ אֹתָם בָּאֲבָנִים bezieht sich nicht auf die Steinigung als Todesstrafe, sondern auf das Be-
werfen der schon getödteten und verbrannten Leichen mit Steinen, um
einen Steinhaufen über ihnen aufzurichten, als ein Denkmal der Schande,
vgl. 8, 29. 2 Sam. 18, 17.[1] — In v. 26 schliesst der Bericht von dieser Begebenheit mit der zwiefachen Bemerkung: 1) dass nach Bestrafung des
Missethäters der Zorn des Herrn sich von Israel wandte (vgl. v. 1), 2) dass
das Thal, in welchem Achan seine Strafe erlitt, mit Rücksicht darauf,
dass Josua seine Bestrafung wie seine That ein עָכַר trüben genannt hatte
(v. 25), den Namen *Achor* Trübung erhalten und bis auf die Zeit des Be-
richterstatters behalten habe. Ueber die Lage dieses Thales ergibt sich
aus וַיַּעֲלוּ v. 24, dass es höher als Gilgal und Jericho gelegen, wahrscheinlich in einer der die Ebene von Jericho durchziehenden Hügelreihen, und
aus 15, 7, wonach die Nordgrenze des Stammgebietes von Juda durch
dieses Thal lief, dass es südlich von Jericho zu suchen ist. Ausser dieser
Stelle wird es nur noch Hos. 2, 17 u. Jes. 65, 10 in Anspielungen auf unsere Begebenheit erwähnt.

Cap. VIII. Eroberung von Ai. Segen und Fluch auf Garizim und Ebal.

V. 1—29. Eroberung und Einäscherung Ai's. V. 1 u. 2. Nach der
Tilgung des auf dem Volke lastenden Bannes ermuthigte der Herr Josua
zur Bekriegung Ai's, indem er ihm die Einnahme dieser Stadt zusagte
und das Verfahren für das Gelingen dieser Unternehmung angab. Mit
Rücksicht auf das Verzagen Josua's nach dem Misslingen des ersten Angriffs hebt der Herr mit den Worten an: „fürchte dich nicht und verzage
nicht" wie Deut. 1, 21. 31, 8, und befiehlt ihm dann, mit dem gesammten
Kriegsvolke gegen Ai zu ziehen. כָּל־עַם הַמִּלְחָמָה sind natürlich nicht alle
waffenfähigen Männer des ganzen Volks, sondern wie von den 2½ ostjord.
Stämmen nur der dritte Theil der waffenfähigen Mannschaft mit nach Canaan hinüber in den Krieg zog (s. S. 18), so werden auch die übrigen Stämme schwerlich über ein Drittel ihrer waffenfähigen Mannschaft, etwa

---

[1] Dass וַיִּסְקְלוּ וגו׳ „ein Zusatz des Deuteronomikers sei, welcher einem Missverständnisse des אֹתוֹ begegnen wollte", ist eine unrichtige Behauptung von *Kn.*,
unrichtig nicht nur deshalb, weil וַיִּסְקְלוּ וגו׳ nicht dasselbe besagt wie וַיִּרְגְּמוּ, sondern auch schon deshalb, weil die Behauptung, auf welche die Bemerkung sich gründet, dass nämlich nur der Deuteronomiker סָקַל בָּאֲבָנִים sage, und die erste Urkunde
des Jehovisten nur סָקַל habe, die zweite dagegen niemals סָקַל, sondern nur רָגַם,
irrig, dem Thatbestande nicht entsprechend ist. Denn auch der Deuteronomiker
braucht רָגַם Deut. 21, 21 und die zweite Urkunde des Jehovisten auch סָקֵל Ex. 8, 22.

160,000 Mann zum Kriegsheere gestellt haben, was eine Gesammtkriegs-
macht von c. 200,000 Mann ergeben haben würde. Das Aufbieten eines
so grossen Heeres gegen Ai scheint aber zur Grösse dieser Stadt mit
12,000 Einwohnern (v. 25) in gar keinem Verhältnisse zu stehen. Allein
dagegen ist zu bedenken einmal, dass der Ausdruck: „*alles* Kriegsvolk"
nur im Gegensatze zu dem Rathe der Kundschafter: gegen Ai nur einen
kleinen Theil des Heeres zu entsenden (7, 3), die ganze Kriegsmacht bezeichnet, ohne dass man das כל allzusehr pressen darf[1], sodann dass dieser göttliche Befehl auch nicht für die Eroberung Ai's allein gegeben wird,
sondern zugleich für die Eroberung des ganzen Landes gilt, die Josua
nicht mit Entsendung einzelner Heeresabtheilungen, sondern mit der ganzen Kriegsmacht unternehmen soll. עָלָה vom Anrücken eines Heeres gegen eine feindliche Stadt, unabhängig davon ob dieselbe hoch oder niedrig
lag, weil man sich jede zu erobernde Stadt als eine zu ersteigende Höhe
dachte, wiewol hier das Heer aus der Ebene von Jericho nach dem im
Gebirge gelegenen Ai wirklich bergauf ziehen musste. Zu v. 1ᵇ vgl. 6, 2.
אֶת־אַרְצוֹ ist die zur Stadt gehörige und unter ihrem Könige stehende
Landschaft. V. 2. Mit Ai und ihrem Könige soll Josua verfahren wie mit
Jericho und deren Könige (6, 21), nur die Beute und das Vieh dürfen die
Sieger sich zueignen. Um die Stadt zu erobern, soll er einen Hinterhalt
hinter dieselbe legen.[2] אֹרֵב coll. die im Hinterhalte Versteckten, מַאְרָב
(v. 9) der Ort des Hinterhalts. מֵאַחֲרֶיהָ hinter derselben d. h. im Westen
der Stadt.

V. 3—13. Demzufolge brach Josua mit allem Kriegsvolke gegen Ai
auf und wählte 30,000 Mann, tapfere Leute, aus und sandte sie des
Nachts aus mit dem Befehl, sich als Hinterhalt hinter der Stadt nicht sehr
weit von ihr entfernt aufzustellen. Da die Entfernung von Gilgal bis Ai
ohngefähr 3 deutsche Meilen betrug und der Weg nordwestwärts von Jericho durch den Wady Farar ziemlich gerade nach Ai hinübergeht, so
konnte das entsendete Corps in einer Nacht diese Strecke zurücklegen
und vor Tagesanbruch auf der Westseite von Ai angelangt sein. Dort sollten sie sich zum Kampfe bereit (נְכֹנִים) halten. Er selbst (Josua) nämlich
würde sich mit dem Kriegsvolke bei ihm der Stadt nähern und, wenn die
Bewohner Ai's wie früher gegen ihn ausrücken würden, vor denselben
fliehen, bis sie sie von ihrer Stadt losgerissen hätten (v. 5). Dies sei zu
erwarten; „denn sie (die Bewohner Ai's) werden sagen: sie (die Israeliten) fliehen vor uns wie früher; und wir werden vor ihnen fliehen" (v. 6).
Wenn nun dies geschehen wäre, dann sollten die Krieger aus dem Hin-

---

1) In dieser Hinsicht bemerkt treffend *Calvin: Quia ante vidimus, liquefacta
eorum corda, eorum infirmitati consuluit Deus, ne plus injungeret one-
ris quam essent ferendo, donec a nimio pavore recreati mandata ejus alacrius ca-
pesserent.*

2) Die vielfach besprochene und verschieden beantwortete Frage über die Got-
teswürdigkeit der Anwendung von Kriegslisten beantwortet *Calvin* richtig dahin:
*Certum est non feriendo solum geri bella, sed eos censeri optimos duces, qui arte et
consilio pollent magis quam impetu. — Ergo si legitimum sit bellum, extra contro-
versiam est, consuetis vincendi artibus patefactam esse viam: modo ne vel pactis
induciis vel alio modo fidem datam fallamus.*

terhalte in die Stadt einfallen und sie in Brand stecken (v. 7 u. 8). **Mit**
dieser Instruction entsandt zogen sie (die 30,000 M. v. 3) in den Hinterhalt und liessen sich nieder (רַיֵשְׁבוּ) d. h. postirten sich „zwischen Bethel
und Ai, westwärts von Ai" (v. 9) d. i. nach *Strauss* (Sinai S. 327) im Wady
es Suweinit, im Norwesten von Ai, wo derselbe eine fast senkrechte Steil-
wand bildet, in deren Nähe die Ruinen von *Chai* liegen, doch „nicht so
nahe am genannten felsigen Wady, um von ihnen zu seiner fast senkrechten Thalwand hinabschauen zu können" (*Ritter* Erdk. 16 S. 528). Josua
blieb während dieser Nacht inmitten des Volks d. h. im Lager des mit
ihm nach Ai aufgebrochenen Kriegsvolks, nicht: in Gilgal, wie *Kn.* irrig
meint. V. 10. Am nächsten Morgen musterte er in aller Frühe (וַיַּשְׁכֵּם)
das Volk und zog dann mit den Aeltesten Israels „vor das Volk von Ai."
Die Aeltesten Israels sind nicht *tribuni militum, qui* S e n i o r e s *ob pru-*
dentiae in rei militari praestantiam vocantur (*Mas.*), sondern wie immer
die Häupter des Volks, welche Josua als Räthe zur Seite standen. V. 11.
Mit ihm zog das gesammte Kriegsvolk heran vor die Stadt und lagerte
sich nördlich von Ai, so dass das Thal zwischen ihm (בֵּינוֹ wie 3, 4) und
zwischen Ai war. Dieses Thal ist wahrscheinlich ein von der östlichen
Fortsetzung des W. es Suweinit sich nach Süden zu abzweigendes Neben-
thal. — In v. 12 u. 13 wird der Bericht von den Vorbereitungen für den
Angriff durch nochmalige Angabe und theilweise genauere Bestimmung
der Aufstellungen der ganzen Streitmacht abgerundet. Josua — heisst es
v. 12 — nahm gegen 5000 Mann und stellte sie als Hinterhalt zwischen
Bethel und zwischen Ai westwärts von der Stadt auf. Da der Ort, wo dieser Hinterhalt postirt wurde, ganz genau so beschrieben wird wie der,
welchen nach v. 9 die in der Nacht vor dem Vorrücken des Hauptheeres
gegen Ai zur Bildung eines Hinterhalts ausgesandten 30,000 Mann eingenommen (denn die Vertauschung des לָעִיר mit לָעַי kann doch unmöglich
eine Verschiedenheit des Orts andeuten): so erscheint die Ansicht der
Mehrzahl der Ausleger, dass v. 12 von einem zweiten Hinterhalte handle,
welchen Josua ausser und neben dem früher ausgesandten aufgestellt
habe, mehr als bedenklich, und lässt sich auch durch das אֶת־עֲקֵבוֹ (v. 13)
nicht zur Wahrscheinlichkeit erheben. Schon die hinzugesetzte Ortsbe-
stimmung מִיָּם לָעִיר lässt keinen Zweifel darüber, dass עֲקֵבוֹ nur der v. 12
erwähnte, vom ganzen Heere entsandte אֹרֵב ist d. h. der westlich von der
Stadt postirte Hinterhalt. עָקֵב bed. eigentlich den Hinterlister (Ps. 49, 6)
von עָקַב *insidiari*, und ist synonym mit אֹרֵב. Die von *Ges.* u. A. dem W.
עָקֵב beigelegte Bedeutung: Hintertreffen oder der hintere Theil des Heeres lässt sich aus Gen. 49, 19 nicht erhärten. Nehmen wir noch hinzu,
dass v. 13ᵃ ganz unverkennbar nur eine Wiederholung der schon v. 11 angegebenen Stellung des Hauptheeres bildet und als solche den Charakter
einer die vorhergehende Beschreibung abschliessenden Angabe trägt, so
können wir auch v. 12 nur als Wiederholung der Angaben v. 3 u. 9 fassen
und den Widerspruch in der Zahl der als Hinterhalt aufgestellten Mannschaft nicht anders als aus einem alten Schreibfehler erklären, welcher
durch falsche Auflösung der ursprünglich in Buchstaben ausgedrückten
Zahlangaben entstanden ist, diesen Fehler aber nicht in den 5000 (v. 12),

sondern in den 30,000 (v. 3 wo ה mit ל verwechselt worden) suchen.
Denn für einen Hinterhalt, der in die von ihrer zur Verfolgung der Israeliten ausgerückten Kriegsmannschaft entblösste Stadt eindringen und sie
anzünden sollte, genügte ein Corps von gegen 5000 Mann, wogegen für
30,000 M. die Aufstellung in einem Hinterhalte nahe bei der Stadt kaum
ausführbar erscheint, [1] — In v. 13ʸ ist mit dem Chald. u. A. הָעָם als Subject des Satzes zu nehmen: das Volk stellte das ganze Lager, das nördlich
bei der Stadt war, auf und seinen Hinterhalt westlich von der Stadt. In
der Nacht, nämlich vor der Ankunft des Heeres im Norden der Stadt,
ging Josua mitten durch das Thal (הָעֵמֶק = חַיּ v. 11), welches die Israeliten von der Stadt schied, so dass er am Morgen mit dem ganzen Kriegsheer dicht vor der Stadt stand.

V. 14—23. So wie der König von Ai die Israeliten gewahr wurde,
rückte er am Morgen eilig aus ihnen entgegen zum Kampfe an den (vorher) bestimmten Ort (לַמּוֹעֵד *in locum condictum*, wie 1 Sam. 20, 35) vor der
Steppe (הָעֲרָבָה) nicht das Jordanthal, sondern die Steppe oder Wüste
(מִדְבָּר v. 15) von Bethaven, s. zu 7, 2), da er nichts von dem Hinterhalte
hinter der Stadt wusste. V. 15. Die Israeliten aber liessen sich von ihnen
schlagen und flohen längs der Wüste (von Bethaven). V. 16 f. Und alles
Volk in der Stadt liess sich rufen (וַיִּזָּעֲקוּ), die Israeliten zu verfolgen, und
sich so von der Stadt losreissen (trennen), indem nicht ein Mann, d. h.
kein Krieger der an der Verfolgung theilnehmen konnte, in Ai und dem
benachbarten Bethel zurückblieb, und die Stadt hinter ihnen offen stand.
Aus dem וּבֵית־אֵל v. 17 ergibt sich, dass die Bewohner von Bethel, das
etwa 3 Stunden von Ai entfernt war, an dem Kampfe theilgenommen, vermuthlich in Folge eines Bündnisses, das der König von Ai in der Erwartung eines wiederholten und stärkeren Angriffes der Israeliten mit ihnen
geschlossen hatte. Genaueres ist hierüber nicht bekannt und auch aus
der Aufzählung des Königs von Bethel unter den von Josua geschlagenen

---

1) Einen Fehler in der Zahlangabe v. 3 anzunehmen, wie selbst *König*, Alttest.
Studien I S. 34 anerkennt, kann gar kein Bedenken haben, da das Vorkommen von
Fehlern in den Zahlangaben in den histor. Büchern durch die Parallelstellen der
BB. Samuels und der Könige einer- und der BB. der Chronik andrerseits eine aus-
gemachte Sache ist, die von allen Auslegern anerkannt wird. Belege hiefür s. in m.
apolog. Vers. über die Chron. S. 321 ff. und *Morers* krit. Unters. üb. d. Chron. S. 54 ff.
— In meinem fr. Comment. über Jos. suchte ich mit *Calv.* u. *Mas.* die Schwierigkeit
durch die zwiefache Annahme zu lösen: 1. dass v. 12 eine nachträgliche Bemerkung
enthalte, in welcher erst die Zahl der als Hinterhalt aufgestellten Mannschaft angegeben wäre, 2. dass der Geschichtsschreiber vergessen habe zu bemerken, dass von
den 30,000 Mann, welche Josua zum Kriege gegen Ai aufgeboten, 5000 für den Hinterhalt ausgesondert worden wären. Allein bei wiederholter Erwägung des Textes
habe ich die zweite Annahme als mit den klaren Worten v. 3 unvereinbar erkannt
und sie fallen lassen müssen. Dagegen muss ich noch immer bei der in jenem Comm.
ausgesprochenen Ueberzeugung beharren, dass nicht nur für die Annahme, dass v. 12
u. 13 eine in den Text gekommene Randglosse seien, noch auch für die Hypothese
von *Eichh.*, *Ew.* u. *Kn.*, dass diese Vv. von dem letzten Verf. unsers Buches aus einer
andern Urkunde eingeschoben seien, zureichende Gründe fehlen. Die letzte Hypothese namentlich bürdet dem letzten Bearbeiter eine Gedankenlosigkeit auf, die sich
mit dem sonst an ihm gerühmten Bestreben, die Widersprüche der verschiedenen Urkunden auszugleichen, nicht zusammenreimen lässt.

Königen (12,16) nicht zu entnehmen; daher lässt sich auch nicht entscheiden, ob die Betheliten erst am Tage des Kampfes den Aiten zu
Hülfe kamen oder — was wahrscheinlicher ist — schon vorher Mannschaft nach Ai gesandt hatten, um dieser Stadt den erwarteten Angriff der
Israeliten zurückschlagen zu helfen. — V. 18 f. Auf göttliches Geheiss
reckte nun Josua den Wurfspiess in seiner Hand empor gegen die Stadt
hin. Auf dieses Zeichen machte sich der Hinterhalt eilig aus seinem Verstecke auf, drang in die Stadt ein und steckte sie in Brand. נְטֵה בַכִּידוֹן bed.
die Hand mit dem Wurfspiesse ausrecken, emporheben. Das fehlende Object יָד (vgl. v. 19 u. 26) ergänzt sich leicht aus der Apposition אֲשֶׁר בְּיָדְךָ
(בְּיָדוֹ) zu כִּידוֹן. Das Erheben des Wurfspiesses mochte ziemlich weit sichtbar sein, wenn derselbe auch nicht, wie ältere und neuere Ausl. annehmen, mit einem Fähnchen versehen war, da Josua schwerlich mitten unter den fliehenden Israeliten sich befand, sondern als Feldherr wol eine
Stellung zur Seite auf einer Anhöhe eingenommen hatte. Ohne Zweifel
hatte auch der Hinterhalt Posten ausgestellt, die auf das sicherlich vorher
verabredete Zeichen Acht gaben und es dann weiter signalisirten. —
V. 20 f. Da wandten sich die Männer von Ai um hinter sich, offenbar
durch die Israeliten dazu veranlasst, welche auf das von Josua gegebene
Zeichen hin sich öfter nach der Stadt Ai umsehen mochten, um zu erfahren, ob der Hinterhalt sie schon eingenommen und angezündet habe, und,
sobald sie dies bemerkten, anfingen den Verfolgern mehr Widerstand zu
leisten und sich lebhafter gegen sie zu vertheidigen. Beim Zurückschauen
nach ihrer Stadt sahen nun die Aiten den Rauch der Stadt gen Himmel
aufsteigen, „und nicht waren bei ihnen Hände zu fliehen hierhin und
dorthin" d. h. sie waren ausser Stande zu fliehen. יָדַיִם Hände als Organe
des Handelns und Unternehmens in der Bed. Kräfte, nicht in der Bed.
Raum, wegen des בָּהֶם, wofür bei der letzteren Auffassung לָהֶם zu erwarten wäre. Analog ist Ps. 76,6: sie fanden nicht Hände. Denn das nach
der Wüste fliehende Volk (das isr. Heer) wandte sich gegen den Verfolger (die Krieger von Ai), indem — wie v. 21 erläuternd hinzugefügt wird
— Josua und das ganze Israel, als sie die Stadt von dem Hinterhalte genommen und den Rauch aufsteigen sahen, sich umwandten und das Volk
von Ai schlugen, und (v. 22) diese d. h. die Israeliten, welche den Hinterhalt gebildet hatten, aus der Stadt her ihnen entgegenzogen (יָצְאוּ im Gegensatz zu חָם חַם v. 20 bezieht sich auf הָאוֹרֵב v. 19 zurück). Dadurch
geriethen die Aiten dem Volke Israel in die Mitte, das von hier und von
dort kam und sie bis auf den letzten Mann erschlug. עַד־בִּלְתִּי הִשְׁ' wie
Num. 21,35. Deut. 3,3 nur hier noch durch וּפָלִיט „auch kein Entronne-
ner", durch die Flucht Entkommener, verstärkt. Der inf. הִשְׁאִיר wie Lev.
14,43 u. a., vgl. Ew. §. 238ᵈ. — V. 23. Der König von Ai ward lebendig
gefangen genommen und vor Josua gebracht.

V. 24—29. Nachdem alle zur Verfolgung der Israeliten ausgezogenen
Männer Ai's auf dem Felde (nämlich) in der Wüste erschlagen waren,
kehrte ganz Israel nach Ai zurück und schlug sie אֹתָה die Stadt d. h. die
Einwohnerschaft, so dass an diesem Tage an Männern und Weibern
12000, alle Leute von Ai, fielen; denn Josua zog seine ausgereckte Hand

mit dem Wurfspiesse nicht zurück, bis alle Einwohner Ai's mit dem Banne geschlagen d. h. getödtet waren — nach allgemeiner Kriegsregel, der zufolge der Feldherr das Kriegzeichen nicht eher senkte, als bis der Kampf aufhören sollte, s. *Suidas* in Σημεία u. *Lipsius de militia Rom. IV dial. 12.* — V. 27. Nur das Vieh und die übrige Beute behielten die Sieger für sich, gemäss dem Worte des Herrn v. 2. — V. 28. Die Stadt liess Josua niederbrennen und zu einem ewigen Schutthaufen machen. — V. 29. Den König von Ai liess er ans Holz hängen d. h. tödten und dann an einem Pfahle aufhängen (s. Num. 25, 4) bis zum Abende, gegen Sonnenuntergang aber vom Holze abnehmen (nach Deut. 21, 22 f.) und in den Eingang des Stadtthores werfen und einen Steinhaufen darüber aufschütten (wie bei Achan 7, 26).

V. 30—35. **Segen und Fluch auf Garizim und Ebal.** Nach der Einnahme Ai's hatte Israel im Lande Canaan schon so festen Fuss gefasst, dass Josua die Verordnung Mose's Deut. 27: nach dem Uebergange über den Jordan auf dem Berge Ebal einen Altar für die Bundesaufrichtung zu erbauen u. s. w., zur Ausführung bringen konnte. Die Vollziehung dieser Verordnung war nach der schon zu Deut. 27 besprochenen Bedeutung dieses feierlichen Actes, als symbolischer Aufrichtung des Gesetzes des Herrn zur unabweichlichen Lebensnorm Israels im Lande Canaan, nicht nur ein thatsächlicher Dank des Bundesvolkes für die Einführung in dieses Land durch den allmächtigen Beistand seines Gottes, sondern zugleich ein thatsächliches Bekenntniss desselben, dass es in der bisherigen Unterwerfung eines Theils der Cananiter ein festes Unterpfand für die Besiegung der noch übrigen Feinde und für die Einnahme des ganzen verheissenen Landes empfangen habe, wenn es nur seinerseits in der Bundestreue gegen den Herrn seinen Gott verharre. — Der Bericht von diesem Acte wird durch den Eingang: „damals (alsdann) baute Josua u. s. w." (v. 30) zwar an die Eroberung von Ai angereiht, aber als eine Begebenheit, die mit der Eroberung Canaans und der Besiegung seiner Könige in keinem logischen Zusammenhange steht. Die Partikel אָז *sequ. imperf.* wird nämlich da gebraucht, wo der Erzähler gleichzeitige, den historischen Verlauf der Hauptbegebenheit nicht weiterführende Thatsachen mittheilen will oder überhaupt von der streng geschichtlichen Aufeinanderfolge absieht, nur das einfache Geschehen oder Werden einer Thatsache ins Auge fasst, vgl. *Ew. §. 136ʰ.* — Die noch von *Kn.* wiederholte Behauptung der modernen Kritik, dass dieser Bericht nicht in die Reihenfolge der Begebenheiten, wie sie die Erzählung c. 6—12 vorführt, passe, ist insoweit richtig, als die Promulgation des Gesetzes und die Bundeserneuerung auf dem Ebal keinen integrirenden Bestandtheil der Erzählungen von der Eroberung Canaans bildet, beweist aber durchaus nicht, dass dieser Bericht eine Einschaltung des Jehovisten aus seiner ersten Urkunde oder des letzten Verfassers unsers Buches aus einer andern Quelle sei, und dass das Berichtete damals nicht ausgeführt worden sei. Aus dem Umstande, dass nach c. 6 — 8, 29 Josua bisher von Gilgal aus erst Jericho im Süden des Landes erobert und auch c. 9 u. 10 noch im Süden zu thun hatte, folgt mit nichten die Unmöglichkeit oder auch nur die Unwahrscheinlich-

keit eines Zuges nach dem nördlicher gelegenen *Sichem*, wo er die Cananiter noch nicht geschlagen und noch keine Eroberungen gemacht hatte.
Die Entfernung von Ai bis Sichem zwischen dem Garizim und Ebal beträgt in gerader Richtung 6 deutsche Meilen.   Die Reise von Bireh (Beeroth) bis Sichem hat *Robins.* mit Maulthieren in 11½ Stunden nicht auf
dem geradesten Wege zurückgelegt (Pal. III S. 826 f.), und Ai lag höchstens 1 Stunde südlicher als Beeroth, so dass Josua mit dem Volke ohne
allzugrosse Anstrengung in 2 Tagen von Ai bis zum Garizim und Ebal gelangen konnte.   Mochten nun auch die Eroberungen der Israeliten sich
damals gen Norden noch nicht über Ai hinaus erstreckt haben, so brauchte Josua sich doch durch die Furcht vor einem möglichen Angriffe vonseiten der Cananiter von dem weiteren Vordringen im Lande nicht abhal-
ten zu lassen, da ja das mit ihm ziehende Kriegsvolk jeden feindlichen
Angriff zurückschlagen konnte, und nach Verbreitung der Kunde von dem
Schicksale Ai's und Jericho's ein einzelner cananitischer König es auch
nicht leicht gewagt haben würde, einen Kampf gegen die Israeliten allein
zu unternehmen.   Dazu kommt, dass Sichem nicht einmal einen König
hatte, wie aus dem Verzeichnisse der 31 von Josua geschlagenen Könige
zu schliessen. Wenn aber *Kn.* weiter bemerkt: „die Feierlichkeit hatte
ja keine Eile und konnte auch erst später in ungestörter Sicherheit ab-
gehalten werden", so ist darauf zu erwidern, dass dem Knechte des Herrn
Josua die Befolgung des Gesetzes seines Gottes keine so gleichgültige
Sache war, wie *Kn.* wähnt. — Ein triftiger Grund, die von Mose befoh-
lene feierliche Aufrichtung des Gesetzes Jehova's nach der Einnahme von
Ai noch weiter hinauszuschieben, liegt nicht vor; und fassen wir die
schon besprochene Bedeutung dieser Feierlichkeit ins Auge, so kann es
auch keinem Zweifel unterliegen, dass Josua nicht gesäumt haben wird,
sobald als möglich, noch vor der Unterwerfung des ganzen Landes, das
Gesetz des Herrn in Canaan aufzurichten und sich dadurch den Beistand
Gottes für die weiteren Kämpfe und Unternehmungen zuzusichern.

Der Bericht über diese religiöse Feier ist sehr kurz gehalten.   Die
Bekanntschaft mit der mos. Verordnung Deut. 27 voraussetzend, deutet
er nur die Hauptpunkte kurz an, um zu zeigen, dass Josua jene Vorschrift
genau ausgeführt habe.   Von den drei Momenten, in welchen die Handlung bestand, ist im Deut. zuerst (v. 2—4) die Aufrichtung der mit dem
Gesetze beschriebenen Steine, sodann (v. 5—7) die Erbauung des Altars
mit der Opferhandlung erwähnt, hier umgekehrt zuerst (v. 30 f.) die Erbauung des Altars und die Opferhandlung, sodann (v. 32) das Schreiben des
Gesetzes auf die Steine, vermuthlich der Ausführung der Sache entsprechend.   In v. 30 wird Jehova „der Gott Israels" genannt, anzudeuten, dass
fortan kein anderer als der Gott Israels in Canaan verehrt werden soll.
Ueber den Berg *Ebal* s. zu Deut. 11, 29 u. 27, 4. — V. 31. „Wie Mose geboten" nämlich Deut. 27, 5, „Wie geschrieben im Gesetzbuche Mose's",
nämlich Ex. 20, 22 (25). Ueber die Darbringung der Brand- und Schlachtopfer s. zu Deut. 27, 6 f. — In v. 32 ist nur das Schreiben des Gesetzes
auf die Steine erwähnt, alles Uebrige aus Deut. 27, 2 ff., worauf schon der
Artikel: *die* Steine zurückweist, vorausgesetzt. מִשְׁנֵה הַתּוֹרָה Copie, Ab-

schrift des Gesetzes, wie Deut. 17, 18. Zur Sache vgl. die Erkl. zu Deut. 27, 3. — Von dem dritten Momente der ganzen Feierlichkeit, der Promulgation des Gesetzes mit dem Segen und Fluche, wird v. 33 der Bericht über die mos. Verordnung Deut. 27, 11 ff. vervollständigt durch die Angabe, dass „ganz Israel und seine Aeltesten d. h. mit seinen Aeltesten, Schoterim und Richtern" zu beiden Seiten der Bundeslade vor den levitischen Priestern sich aufstellte, Fremdling wie Eingeborener, also Niemand ausgenommen, die eine Hälfte d. h. 6 Stämme gegen den Berg Ebal hin (אֶל־מוּל gegen hin) und die andere Hälfte gegen den Berg Garizim hin. Das Weitere s. zu Deut. 27, 11 ff. „Wie Mose geboten das Volk zu segnen ehedem" d. h. wie er vorhin (*Luther*) oder früher geboten. Denn בָּרִאשֹׁנָה mit vielen Ausl. zu בָּרֵךְ zu ziehen in dem Sinne, dass mit dem Segen der Anfang gemacht werden sollte (*Kn.*), ist aus dem Grunde unstatthaft, weil dieser Gedanke nicht in den Zusammenhang passt. Bezieht man dagegen mit *Luth.* u. A. בָּרִאשֹׁנָה auf das Hauptverbum des Satzes צִוָּה, so liegt darin die Andeutung, dass Mose nicht erst bei jener Verordnung Deut. 27, sondern schon früher, von Anfang an, nämlich schon Deut. 11, 29 geboten hatte, Segen und Fluch dem Volke zu verkünden. V. 34. „Und darnach (אַחֲרֵי כֵן nachdem das Volk die angegebene Stellung eingenommen) las er alle Worte des Gesetzes vor" d. h. liess er durch die mit der Verkündigung des Gesetzes beauftragten Personen, die levit. Priester, das Gesetz laut verkündigen. קָרָא eig. ausrufen, verkünden, dann in abgeleiteter Bed. lesen, sofern das laute Lesen ein Verkündigen ist, wie z. B. Ex. 24, 7. Die W.: „den Segen und den Fluch" sind eine den Inhalt des Gesetzes näher andeutende Apposition zu כָּל־דִּבְרֵי הַתּוֹרָה, und nicht von den Segenssprüchen Deut. 28, 1—14 und den Flüchen Deut. 27, 15—26 u. 28, 15—68 zu verstehen. Das ganze Gesetz wird nach seinem Inhalte „Segen und Fluch" genannt, sofern seine Erfüllung *eo ipso* Segen, seine Uebertretung *eo ipso* Fluch bringt. Aehnlich wie Mose in Deut. 11, 26 die Darlegung des ganzen Gesetzes in den Steppen Moabs ein Vorlegen des Segens und Fluches genannt hat. Dass nämlich Josua das ganze Gesetz dem Volke vortragen liess, das wird v. 35 aufs deutlichste gesagt und dabei zugleich „das ganze Israel" (v. 33) genauer dahin bestimmt, dass nicht blos die Gemeinde in ihren Vertretern oder ihren Männern, sondern die ganze Versammlung Israels mit Weibern und Kindern und den Fremdlingen in seiner Mitte anwesend war.

Ueber den Zug Josua's mit dem gesammten Israel zum Garizim und Ebal ist nichts berichtet. Aus v. 35[b] erhellt nur so viel klar, dass er nicht blos mit dem Kriegsvolke und den Aeltesten oder Häuptern der Stämme dorthin gezogen war, sondern mit dem ganzen Volke. Daraus folgt aber, dass das ganze Volk das Lager zu Gilgal im Jordanthale verlassen und geräumt hatte. Denn wenn ganz Israel mit Weibern und Kindern zu den in der Mitte des Landes gelegenen Bergen Garizim und Ebal zog, so wird man doch wol schwerlich das Vieh und die sonstige Habe in Gilgal zurückgelassen und der Gefahr, unterdessen von den Cananitern des südlichen Gebirges geplündert zu werden, ausgesetzt haben. Eben so wenig wird im Folgenden (c. 9 ff.) berichtet, wohin Josua mit dem Volke sich

nach jener Feierlichkeit am Ebal und Garizim gewandt hat, oder dass er
wieder nach Gilgal ins Jordanthal zurückgezogen sei und an der alten
Lagerstätte wiederum das Lager aufgeschlagen habe. Zwar finden wir
nicht nur c. 9, 6. 10, 6. 9. 15. 43, sondern auch nach Besiegung und Unterwerfung der Cananiter im Süden und Norden des Landes im Anfange
der Vertheilung des Landes c. 14, 6 noch Gilgal als Lager Israels genannt.
Ob aber dieses Gilgal jene östlich von Jericho gelegene Lagerstätte gewesen, die ihren Namen von der dort vorgenommenen Beschneidung des
ganzen Volks erhalten, oder die schon Deut. 11, 30 genannte Stadt Gilgal
zur Seite der Terebinten More's, nach welcher Mose dort die Lage der
Berge Garizim und Ebal bestimmt, diese Frage lässt sich nicht in herge-
brachter Weise ohne Weiteres zu Gunsten jener Lagerstätte im Jordanthale bejahen. Denn nachdem nicht nur das Kriegsheer sondern das ganze
Volk mit Weibern und Kindern aus dem Jordanthale fort zu den Bergen
Garizim und Ebal hingezogen war, lässt sich gar kein rechter Grund
denken, warum Josua sich wieder bis in den äussersten östlichen Winkel
von Canaan, in die Jerichoebene, zurückgezogen haben sollte, um von
dort aus die weiteren Operationen zur Bekriegung und Ausrottung der Cananiter zu unternehmen. Eben so wenig Wahrscheinlichkeit hat die Annahme, dass Josua, nachdem er nicht nur die mit Adonizedek von Jerusalem verbündeten Könige des südlichen Canaan bei Gibeon (c. 10), sondern
auch die mit Jabin von Hazor verbündeten Könige des nördlichen Canaan am Wasser Merom oberhalb des galiläischen Meeres (c. 11) geschlagen hatte, wiederum sollte nach Gilgal ins Jordanthal zurückgezogen sein,
um hier mit dem ganzen Volke ruhig zu lagern und die Austheilung des
Landes vorzunehmen. Zu solchen höchst unwahrscheinlichen Annahmen
würden wir uns nur dann verstehen dürfen, wenn ausser jener Lagerstätte
östlich von Jericho, die erst von den Israeliten den Namen Gilgal erhielt,
in ganz Canaan ein anderes Gilgal nicht existirt hätte. Da aber jenes
Gilgal zur Seite der Terebinten More's d. i. das hochgelegene *Dschildschilia* südwestlich von Silo, fast gleichweit von Jerusalem wie von Sichem
entfernt, schon zu Mose's Zeiten ein wohlbekannter Ort war (Deut. 11, 30),
der nach seiner Lage auf einem hohen Bergrücken, von dem aus man
nach Westen hin die grosse Niederung und das Meer, nach Osten hin das
Gebirge Gilead und im fernen Nordosten den Hermon sehen kann (*Rob.*
Pal. III S. 299), sich besonders gut für einen Lagerplatz eignete, von dem
aus Josua die Eroberung des Landes im Süden und Norden unternehmen konnte: so müssen wir dieses Gilgal oder Dschildschilia für das 9, 6.
10, 6. 9. 15. 43 u. 14, 6 als Lagerstätte der Israeliten genannte Gilgal halten und annehmen, dass Josua nach Aufrichtung des Gesetzes am Garizim und Ebal das Volk mit Weibern und Kindern nicht wieder hinter Jericho zurück in die verlassene Lagerstätte im Jordanthale geführt, sondern jenes nur 7 Stunden südwärts von Sichem gelegene Gilgal auf
dem Gebirge zur Lagerstätte gewählt und zum Mittelpunkte der weitern
kriegerischen Operationen im Lande gemacht hat, wohin er dann nach
dem letzten Feldzuge im Norden zurückkehrte, um die Austheilung des
eroberten Landes an die Stämme Israels vorzunehmen (14, 6), bis die

Stiftshütte in Silo bleibend aufgerichtet, und dann dort die Vertheilung des Landes beendigt wurde (18, 1 ff.). — Für diese auch von *van de Velde, Memoir p. 316* als wahrscheinlich adoptirte Ansicht spricht noch der Umstand, dass dieses Gilgal oder Dschildschilia, noch gegenwärtig ein grosses Dorf, in der folgenden Geschichte Israels oftmals erwähnt wird, nämlich nicht blos, wie selbst *v. Raumer* in der neusten Aufl. seines Palästina S. 155 anerkennt, in 2 Kg. 2, 1 u. 4, 38 zur Zeit des Elia und Elisa als Sitz einer Prophetenschule, und unter Jerobeam II als eine vielbesuchte Stätte abgöttischen Cultus (Hos. 4, 15. 9, 15. 12, 12. Am. 4, 4. 5, 5), sondern auch, wie freilich noch von den meisten Ausl. verkannt wird, schon früher unter Samuel neben Bethel und Mizpa als ein Ort, wo Samuel das Volk richtete (1 Sam. 7, 16) und opferte (1 Sam. 10, 8 vgl. 13, 7—9) und das Königthum Sauls vom Volke erneuern liess (1 Sam. 11, 14 f.), zu einer Zeit, wo die Stiftshütte zu Silo, durch die Trennung der Bundeslade von ihr, aufgehört hatte, das ausschliessliche Nationalheiligthum Israels zu sein. Diese Bedeutung hatte Gilgal neben dem von Jakobs Zeiten her heiligen Bethel ohne Zweifel nur dadurch erlangt, dass Josua während der Eroberung des Landes hier das Lager Israels mit der Stiftshütte aufgeschlagen hatte, bis bei der Vertheilung des Landes Silo zum Sitze des Nationalheiligthums bestimmt wurde.

Cap. IX. Der Gibeoniten List und Rettung.

Das siegreiche Vordringen der Israeliten im Lande bewog die Könige Canaans, sich zu gemeinsamer Bekriegung derselben zu verbünden. Aber wie oft in ähnlichen Fällen der Geschichte fehlte auch bei den vielen Königen und Herren der Städte und Gebiete Canaans Einmüthigkeit zu gemeinschaftlichem kräftigen Handeln. Ehe noch ein Bündniss zu Stande kam, suchten die Bewohner Gibeons, einer der grössten Städte im mittlern Theile Canaans, mit den von ihr abhängigen kleineren Nachbarstädten der ihnen drohenden Gefahr der Ausrottung durch eine List zu begegnen und ein Freundschaftsbündniss mit den Israeliten zu erschleichen; was ihnen auch gelang, indem Josua und die Aeltesten der Gemeinde Israels sich von den nach Gilgal ins Lager gekommenen Abgesandten der Gibeoniten hintergehen liessen und, ohne den Herrn zu fragen, das begehrte Bündniss abschlossen. Diese Geschichte „warnt die Gemeinde des Herrn zu allen Zeiten vor der List und Verstellung der Welt, welche oftmals, wo es ihr Vortheil ist, eine friedliche Anerkennung und Aufnahme sucht im Reiche Gottes." *O. v. Gerlach.*

V. 1 u. 2 bilden die Einleitung zu c. 9 — 11 und correspondiren der Einleitung c. 5, 1. Die Kunde von dem wunderbaren Durchgange der Israeliten durch den Jordan hatte alle Könige Canaans so verzagt gemacht, dass sie nichts gegen Israel zu unternehmen wagten. Allmählig aber erholten sie sich von der ersten Bestürzung, wozu ohne Zweifel das Misslingen des ersten Angriffs der Israeliten auf Ai nicht wenig beitrug, und beschlossen nun einen gemeinsamen Krieg gegen die fremden Eindringlinge. Dies thaten die Könige Canaans, als sie hörten *sc.* was Israel

bisher gethan und unternommen hatte, nicht blos: „was Josua Jericho
und Ai gethan" (*Kn.*), und zwar alle Könige jenseits des Jordan d. h. im
Westjordanlande (עֵבֶר הַיַּרְדֵּן wie 5,1), nämlich „auf dem Gebirge" (הָהָר
nicht blos das nachmalige Gebirge Juda wie 10,40. 11,16 u. a., sondern
das ganze, Canaan der Länge nach durchziehende Gebirge, wie Deut. 1,7
u. Num. 13,17, s. die Erkl. z. letzten St.), „in der Niederung" (שְׁפֵלָה der
niedrige, nur von kleinen Hügelreihen durchsetzte Landstrich zwischen
dem Gebirge und der Meeresküste, s. zu Deut. 1,7), „und auf der ganzen
Küste des grossen Meeres gegen den Libanon hin" d. i. der schmalen
Küste des Mittelmeeres von Joppe an bis zur Tyrischen Leiter hinauf,
s. zu Deut. 1,7). Dazu werden noch die einzelnen Stämme der Cananiter
besonders genannt, wie 3,10, nur mit Auslassung der Girgasiter. Diese
thaten sich zusammen, um mit Josua und Israel zu kriegen פֶּה אֶחָד ein-
stimmig, einhellig (1 Kg. 22,13).

V. 3—5. Anders handelten die Bewohner eines Freistaates, zu welchem ausser Gibeon, der Hauptstadt, noch die Städte Chephira, Beeroth
und Kirjat-Jearim gehörten. *Gibeon* (Γαβάων, *Gabaon* LXX, *Vulg.*), grösser als Ai, wie eine der Königsstädte (10,2), und von Hevitern, einem
tapfern Volke bewohnt (10,7 u. 11,19), dem St. Benjamin zugetheilt und
zur Levitenstadt gemacht (18,25. 21,17), wohin nach der Zerstörung
Nobs durch Saul die Stiftshütte versetzt wurde und dort bis zur Erbauung des Salomon. Tempels blieb (1 Chr. 16,39. 21,29. 1 Kg. 3,4 f.
2 Chr. 1,3 ff.), nach *Joseph.* 40 oder 50 Stadien von Jerusalem, schon nach
ihrem Namen zu urtheilen auf einem Hügel erbaut, ist das heutige *Dschib*,
2 gute Stunden nordwestlich von Jerusalem, ein Dorf von mässiger Grösse, auf einem länglichen Bergrücken von Kalksteinfelsen, der sich über
einer sehr fruchtbaren, gut angebauten Ebene, oder vielmehr auf einem
aus breiten Thälern und Ebenen bestehenden Becken „terrassenförmig
gleich einem Gartenhügel (*Strauss* Sinai S. 332) erhebt, mit Ueberresten
von grossen massiven Gebäuden aus dem Alterthume, und mit Quellen
und zwei grossen unterirdischen Wasserbehältern, vgl. *Rob.* Pal. II S. 351
ff. *Tobler* Topogr. von Jerus. II S. 545 f. — Als die Gibeoniten das Schicksal von Jericho und Ai erfuhren, thaten auch sie (etwas) mit List. In
dem גַּם הֵמָּה liegt nur eine Beziehung auf das Thun Josua's an Jericho
und Ai, jedoch keine Beziehung auf die bei Ai angewandte Kriegslist,
weil diese Beziehung nicht auf Jericho passt. Sie machten sich als Abge-
sandte auf den Weg. יִצְטַיָּרוּ von צִיר, das im Hebr. sonst nur als *nomen* in
der Bed. *nuncius* Prov. 13,17 u. a. vorkommt, arab. صار *ivit, pervenit*, im
hitp. sich zum Boten machen, als Bote reisen. Statt dessen haben die
alten Verss. יִצְטַיָּדוּ sie versahen sich mit Wegzehrung ausgedrückt, nach
blosser, aus v. 12 geschöpfter Vermuthung, ohne kritischen Werth. Dazu
nahmen sie „alte Säcke auf ihre Esel und alte geflickte Weinschläuche"
(מְצֹרָרִים von צָרַר eig. zusammengebunden, ist sehr charakteristisch, von
den beiden Arten, wie die Orientalen, nach *Chardin* in *Rosenm.* A. u. N.
Morgenl., zerrissene Schläuche ausbessern, entweder so, dass sie ein Stück
einsetzen oder einfach so, dass sie die zerrissene Stelle wie einen Beutel
zusammenbinden, die letztere Art bezeichnend, die zu dem Vorgeben,

dass die Schläuche auf der langen Reise schadhaft geworden, am besten
passte), ferner „alte, geflickte Sandalen an ihren Füssen und alte Kleider
auf sich (auf dem Leibe), und all ihr Zehrungsbrot war vertrocknet, ganz
schimmlicht geworden." נִקֻּדִים eig. mit Punkten versehen, נָקֹד punktirt,
gesprenkelt (Gen. 30, 32 ff.). Hienach LXX: εὐρωτιῶν, Theod. βεβρωμέ-
νοι u. Luth. schimmlicht; dagegen Aq. ἐψαϑυρωμένος, Symm. κάπορος
i. e. adustus, torridus, Vulg. in frusta comminuti, zu Krumen geworden.

V. 6—15. So ausgerüstet zogen sie ins israelitische Lager nach Gilgal
d. i. Dschildschilia (s. S. 66), kündigten sich dort den Männern Israels
(אִישׁ in collect. Bed. weil der Plural wenig im Gebrauche, nur Prov. 8, 4.
Jes. 53, 3 u. Ps. 141, 4 vorkommt) als aus fernem Lande gekommen an
und baten sie, ein Bündniss ihnen zu schliessen d. h. zu gewähren. Aber
die Israeliten äusserten das Bedenken gegen die Heviter d. h. die Gibeoniten, welche Heviter waren: sie möchten vielleicht in ihrer (der Israeliten) Mitte wohnen d. h. im Lande Canaan, welches die Israeliten schon
als ihr Eigenthum ansahen; wie könnten sie dann ein Bündniss mit ihnen
schliessen? Dieses Bedenken gründete sich auf das ausdrückliche Gebot
Gottes, mit den Völkerschaften Canaans kein Bündniss zu schliessen Ex.
23, 32. 34, 12. Num. 33, 55. Deut. 7, 2 u. a. Darauf antworteten die Gibeoniten v. 8 Josua zunächst: „wir sind deine Knechte" d. h. stehen dir zu
Dienst, was in der submissen Sprache des Orients nichts weiter als eine
Phrase war, mit welcher sie Josua's Gunst gewinnen wollten, worin man
also nicht mit Ros. Kn. u. A. die Erklärung, sich den Israeliten unterwerfen und ihnen Tribut zahlen zu wollen, suchen darf. Denn sie begehrten
nach der richtigen Bemerkung von Grotius ein foedus sociale, quo terra
et plena libertas ipsis reliqueretur. Das Keri וַיֹּאמֶר (v. 7) ist nichts weiter als eine kritische Conjectur, veranlasst weniger durch den Singul. אִישׁ,
der in den histor. Schriften häufig in collectiver Bed. mit dem Plural construirt wird, als vielmehr durch das Singularsuffix an בְּקִרְבִּי, das sich
daraus erklärt, dass von den Israeliten nur Einer (Josua) als Wortführer
redete, und mit der collect. Bedeutung des אִישׁ יִשְׂרָאֵל eben so wenig streitet als der Sing. לָךְ nach אֶכְרֹות mit der collect. Bedeutung von נַחְתִּי. Der
Plur. וַיֹּאמְרוּ steht mit Rücksicht darauf, dass Josua im Namen des Volks
redete. V. 8. Auf die weitere Frage Josua's nach ihrer Herkunft (מֵאַיִן
תָּבֹאוּ woher mögt ihr kommen?) antworteten die Gibeoniten: „aus sehr
fernem Lande sind deine Knechte gekommen wegen des Namens Jehova's
deines Gottes" d. h. wie sie gleich selbst weiter erklären: „denn wir haben seinen Ruf (fama) vernommen und alles was er in Aegypten und den
beiden Amoriterkönigen Sihon und Og gethan hat." Klüglich schweigen
sie von den Wundern beim Durchgange durch den Jordan und bei Jericho — quasi longinquae regionis incolae nihil istarum rerum nuper ge-
starum vel per famam audierint. Mas. — V. 11 ff. Auf diese Kunde hin
seien sie von den Aeltesten (den Häuptern der Republik) und den Bewohnern ihres Landes Israel entgegengesandt, um demselben ihre Dienste
anzubieten und ein Bündniss mit ihm zu schliessen. Zur Beglaubigung
dieser Angaben wiesen sie dann auf ihr vertrocknetes Reisebrot und die
zerrissenen und geflickten Schläuche und Kleider hin. — V. 14 f. Durch

dieses Vorgeben liessen sich die Israeliten hintergehen. „Die Männer (die Aeltesten Israels) nahmen von ihrer Reisezehrung; aber den Mund des Herrn fragten sie nicht." Statt durch das Urim und Thummim des Hohepriesters (Num. 27, 21) den Willen des Herrn über diese Angelegenheit zu erfragen, begnügten sie sich damit, von dem ihnen vorgezeigten Brote zu nehmen und zu kosten, als ob das ganz vertrocknete, schimmlichte Brot einen sicheren Beweis für die Wahrheit der Worte dieser fremden Gesandten lieferte. Mehrere Ausl. wollen das Nehmen von der Reisezehrung als Zeichen gegenseitiger Freundschaft oder *foederis initi* fassen; allein dann hätte mindestens das Essen mit ihnen erwähnt werden müssen. Denn nur das Essen von Brot und Salz mit seinem Gaste gilt bei den Arabern als Zeichen des Friedens und der Freundschaft (vgl. *Volney* Reise I S. 314. *Tischend.* R. I S. 267 und *v. de Velde* Reise I S. 95). — V. 15. So machte (gewährte) Josua ihnen Frieden (vgl. Jes. 27, 5) und schloss ihnen (לָהֶם zu ihren Gunsten) einen Bund: sie leben zu lassen, welchen die Fürsten der Gemeinde beschworen. Als Inhalt des Bundes ist nur לְחַיּוֹתָם erwähnt als die Hauptsache, mit Rücksicht darauf, dass die Gibeoniten als Cananiter hätten ausgerottet werden sollen. Josua und die Fürsten der Gemeinde hatten hiebei zwar nicht gegen ein ausdrückliches göttliches Gebot gehandelt, denn im Gesetze war nur das Schliessen von Bündnissen mit den *Cananitern* verboten, wofür sie ja die Gibeoniten in Folge ihrer Aussagen nicht hielten, während für die Kriege mit auswärtigen (nicht cananitischen) Völkern Deut. 20, 11 gestattet wird, Frieden mit denselben zu schliessen, so dass nicht jedes Bündniss mit fremden Völkern an sich verboten war; aber sie hatten darin gefehlt, dass sie den Heuchelworten der Gibeoniten und dem äussern Schein trauend ihre Stellung zum Herrn ihrem Gotte vergessen hatten, welcher seiner Gemeinde für alle wichtigen Angelegenheiten die Offenbarung seines Willens verheissen hatte.

V. 16—27. Drei Tage nach Abschluss des Bündnisses erfuhren die Israeliten, dass sie hintergangen worden waren, dass die Verbündeten in ihrer Nähe wohnten (בְּקִרְבּוֹ wie v. 7). Sie brachen daher auf, um mit den Betrügern zu verfahren, und kamen am 3. Tage zu ihren Städten Gibeon (s. v. 3), Chephira, Beeroth und Kirjat-Jearim. *Chephira*, nachmals mit Gibeon und Beeroth dem St. Benjamin zugetheilt und noch nach dem Exile bewohnt (18, 25 f. Esr. 2, 25. Neh. 7, 29), hat sich in der Ruinenstelle *Kefir*, 1 Stunde ostwärts von Jalo im Gebirge und 3 St. westwärts von Gibeon, erhalten, nach *Rob.* u. bibl. Forsch. S. 190 u. *van de Velde Memoir p. 303 f.* — *Beeroth* Βηρώθ nach *Euseb.* im *Onom. s. v.* ein Flecken nahe bei Jerusalem 7 r. Meilen auf dem Wege nach *Nicopolis* (soll heissen: *Neapolis* nach einigen Codd. des *Hieron.*), im St. Benjamin (2 Sam. 4, 2), existirt noch in dem grossen Dorfe *Bireh*, das 3 Stunden oder 9 r. M. nördlich von Jerusalem auf einem Berge in einer steinichten und unfruchtbaren Gegend liegt, mehrere Quellen und einen guten Quellbrunnen hat und Ueberreste einer schönen alten Kirche aus den Zeiten der Kreuzzüge, s. *Rob.* Pal. II S. 345 ff. *Seetzen* R. II S. 195 f. *Tobler* Top. v. Jerus. II S. 495 ff. — *Kirjat-Jearim*, auch *Kirjat-Baal* (15, 60), *Baala* (15, 9) und *Baal-*

Jehuda (2 Sam. 6, 2) genaunt, dem St. Juda zugetheilt, auf der Grenze zwischen Juda und Benjamin (15, 60. 18, 15), wo die von den Philistern zurückgesandte Bundeslade bis zu Davids Zeiten stand (1 Sam. 7, 2. 2 Sam. 6, 2. 1 Chr. 13, 5 f.), nach dem *Onom.* u. Κυριαθιαρειμ u. Βααλ 9 oder 10 r. M. von Jerusalem auf dem Wege nach Diospolis (Lydda), ist wahrscheinlich das heutige *Kuryet el Enab*, ein ansehnliches Dorf mit vielen Oel-, Feigen- und Granatäpfelbäumen und Weinbergen, von welchen letzteren die alte „Stadt der Wälder" den neueren Namen „Stadt des Weines" erhalten hat, vgl. *Rob.* II S. 588 f. u. bibl. Forsch. S. 205 f. *Seetzen* II S. 65. *Tobl.* Top. v. Jer. II S. 742 ff. — Diese Städte, welche mit Gibeon einen Städtebund bildeten und von Aeltesten regiert wurden, lagen in so geringer Entfernung von Gilgal (Dschildschilia), dass die Israeliten von da aus sie in 1 bis 2 Tagen erreichen konnten. Damit streitet auch die Angabe: „am dritten Tage" nicht; denn diese besagt nicht, dass Israel für den Marsch dorthin 3 Tage gebraucht habe, sondern nur dass es am dritten Tage nach erhaltener Kunde von der Herkunft der Gesandten dort anlangte. *V. 18.* Die Israeliten schlugen sie aber nicht *sc.* mit der Schärfe des Schwerts, weil ihnen die Fürsten der Gemeinde geschworen hatten *sc.* sie leben zu lassen (v. 15), und erklärten trotz des Murrens der Gemeinde darüber, sie wegen ihres Eidschwurs nicht antasten zu dürfen. „Dies (*sc.* was wir geschworen haben) werden wir ihnen thun (halten) und sie leben lassen (הַחֲיֵה *infin. abs.* mit besonderem Nachdruck statt des *verb. fin.*), damit nicht über uns Zorn komme wegen des Schwures." קֶצֶף Zorn Gottes, ein Strafgericht, wie es Israel zu Davids Zeiten dafür traf, dass Saul dieses Schwures nicht achtend die Gibeoniten hatte ausrotten wollen 2 Sam. 21, 1 ff.

Wie konnten aber die Aeltesten Israels sich durch ihren Eid für gebunden erachten, den Gibeoniten die durch das mit ihnen geschlossene Bündniss ihnen zugesicherte Erhaltung am Leben zu gewähren, als die Voraussetzung, unter welcher doch das Bündniss geschlossen war, dass die Gibeoniten nicht zu den Völkerschaften Canaans gehörten, sich als falsch erwies und die Gibeoniten durch ihr Vorgeben aus sehr fernem Lande zu sein sie geflissentlich hintergangen hatten? Da Bündnisse mit den Cananitern zu schliessen unbedingt verboten war, so sollte man meinen, die israelitischen Obern wären nach Entdeckung des ihnen gespielten Betruges nicht verpflichtet gewesen, den Gibeoniten den Vertrag zu halten, welchen sie in gutem Glauben an die Wahrheit ihrer Aussage ihnen gewährt hatten. *Nec obscure poterat jus jurandum* — meint daher mit vielen Andern noch *Buddeus* — *quippe quod tum demum obligat, si foedus ipsum subsistere queat.* Vom Standpunkte des strengen Rechts aus geurtheilt scheint diese Ansicht begründet. Aber die Fürsten Israels scheuten sich doch, den Eid, den sie, wie v. 19 mit Emphase bemerkt wird, bei Jehova dem Gotte Israels geschworen hatten, zu brechen, nicht etwa weil sie von der Ansicht ausgingen, „dass der Eid als äussere Handlung, als heilige Handlung unbedingt bindende Kraft habe", wie *Hauff* S. 268 wähnt, sondern weil sie fürchteten, den Namen des Gottes Israels bei den Cananitern in Verachtung und Schmach zu bringen; was geschehen wäre, wenn sie den bei diesem Gott geschworenen Eid gebrochen und die Gibeoniten ausgerottet hätten. Zum Halten des einmal geschworenen Eides waren sie verpflichtet, wenn die Wahrhaftigkeit des Gottes, bei dem sie geschworen hatten, in den Augen der Gibeoniten nicht erschüttert werden sollte; aber zum Schwören des Eides waren sie nicht berechtigt gewesen. Dies hatten sie gethan, ohne den Mund Jehova's zu fragen (v. 14), und damit gegen den Herrn ihren Gott sich versündigt. Diese Versündigung konnten sie nicht durch den Bruch des unvorsichtiger Weise geschworenen Eides d. i. durch eine neue Sünde gutmachen. Denn Eidbruch ist und bleibt Sünde, auch dann wenn der Eid unbedachter Weise geschworen worden und es sich hinterdrein herausstellt, dass was man geschworen hat dem göttlichen Willen nicht entsprechend war und das Halten des Schwures Schaden und Nachtheil bringt (vgl. Ps. 15, 4).[1] Indem die Fürsten Israels den Gesandten schwuren, die Gibeoniten leben zu lassen, hatten sie unbewusst wider das göttliche Gebot: die Cananiter auszurotten, gehandelt. Sobald sie daher ihren Irrthum oder ihr Versehen erkannten, waren sie verpflichtet, alles was in ihrer Macht stand zu thun, um die Folgen möglicher Verführung Israels zum Götzendienst, welcher der Herr durch jenes Gebot vorbeugen wollte, von der Gemeinde abzuwenden. War dies ohne den Eid zu brechen möglich, so mussten sie um des Namens des Herrn willen, bei dem sie geschworen, diesen Ausweg ergreifen; also die Gibeoniten leben lassen, aber in eine Lage versetzen, in welcher sie ihnen die Verleitung Israels zum Götzendienst unmöglich machten. Diesen Weg schlugen die Fürsten Israels ein, indem sie den Gibeoniten die ihnen eidlich verbürgte Lebenserhaltung gewährten, aber sie zu Sklaven des Heiligthums machten. Und dass sie hierin recht gehandelt, das ergibt sich schon aus dem Umstande, dass ihr Verfahren weder von dem Geschichtschreiber noch durch die Geschichte getadelt wird, insofern nirgends berichtet ist, dass die zu Tempelsklaven gemachten Gibeoniten jemals den Israeliten Anlass zu Götzendienst gegeben haben, und noch mehr aus der Thatsache, dass in der Folgezeit Gott der Herr die in falschem Eifer für die Söhne Israels von Saul versuchte Ausrottung der Gibeoniten dem Volke Israel als Blutschuld anrechnet, welche gesühnt werden musste (2 Sam. 21, 1 ff.), mithin die Aufrechthaltung des denselben geleisteten Schwures billigt, ohne damit freilich den Abschluss des Bündnisses gutzuheissen. — V. 21. Die Fürsten erklärten nochmals entschieden: „sie sollen leben. So wurden die Gibeoniten Holzhacker und Wasserschöpfer der Gemeinde, wie die Fürsten ihnen geredet" d. h. über sie beschlossen hatten. Diesen Beschluss hatten sie der Gemeinde zugleich mit dem יְהִיוּ mitgetheilt; der Erzähler hat dies aber

---

1) *Jurisjurandi religio eousque sancta apud nos esse debet, ne erroris praetextu a pactis discedamus, etiam in quibus fuimus decepti: quando sacrum Dei nomen totius mundi opibus pretiosius est. Quamvis itaque parum considerate juraverit quispiam, nulla jactura vel dispendium fidem ejus solvet* — so urtheilt richtig *Calvin* unter Hinweisung auf Ps. 15, 4; dennoch rechnet er das Halten des Eides den Fürsten Israels zur Sünde an, weil er diese goldene Regel — willkührlich — auf Privatangelegenheiten einschränkt und so der Meinung ist, dass die Israeliten jene *dolosa pactio* nicht zu halten brauchten.

v.21ᵃ übergangen und statt des Beschlusses sofort seine Ausführung berichtet. — V. 22f. Hierauf berief Josua die Gibeoniten, hielt ihnen ihren Betrug vor und sprach den Fluch ewiger Knechtschaft über sie aus: „Nicht soll ausgerottet werden von euch Knecht" d. h. nie sollt ihr aufhören Knechte zu sein, ihr sollt ewig Knechte bleiben (vgl. 2 Sam. 3, 29. 1 Kg. 2, 4), „und zwar als Holzhacker und Wasserschöpfer für unser Gotteshaus." Durch לְבֵית אֱלֹהָי wird das לְכָל־הָעֵדָה v. 21 näher bestimmt. Für die Gemeinde sollen die Gibeoniten den Knechtsdienst des Holzhackens und Wassertragens für den Bedarf des Cultus beim Heiligthum leisten, was nach Deut. 29, 10 Geschäft der niedrigsten Klasse des Volks war. In dieser Weise ging an den Hevitern des gibeonitischen Städtebundes der Fluch Noahs über Canaan Gen. 9, 25 buchstäblich in Erfüllung. — V. 24f. Die Gibeoniten entschuldigen ihr Verfahren damit dass sie, von dem durch Mose erlassenen Befehl Gottes alle Cananiter auszurotten (Deut. 7, 1. 20, 16 f.) benachrichtigt, sehr für ihr Leben gefürchtet hätten und ergeben sich in den von Josua ihnen eröffneten Beschluss. Ueber die Form יֻגַּד vgl. Ew. §. 240ᵇ, und נַעֲשֶׂה wie 7, 9. — V. 26f. Also that Josua ihnen und rettete sie dadurch aus der Hand der Israeliten, dass diese sie nicht tödteten. Er machte sie zu Holzhackern und Wasserschöpfern „für die Gemeinde und zwar für den Altar des Herrn" — an den Ort, den Gott für den Altar erwählen würde sc. sie hingebend. אֶל־הַמָּקוֹם hängt grammatisch noch von וַיִּתְּנֵם ab. Damit ist jedoch nicht gesagt, dass Josua sie damals schon an diesen Ort hingesetzt habe, sondern nur, dass er sie für den Dienst beim Altare an dem zu erwählenden Orte des Heiligthums bestimmte. Aus den W.: „bis auf diesen Tag" folgt zwar einerseits, dass diese Erzählung erst nach der Begebenheit abgefasst ist, andrerseits aber folgt aus dem *fut.* יִבְחַר die Abfassung derselben vor der festen Bestimmung der Stätte des Heiligthums, vor Erbauung des Salomonischen Tempels.

Cap. X. Sieg bei Gibeon und Eroberung des südlichen Canaan.

V. 1—5. Die Nachrichten, dass Josua Ai genommen und wie Jericho gebannt hatte und dass die Gibeoniten mit Israel ein Friedensbündniss geschlossen, setzten den König Adonizedek von Jerusalem sehr in Furcht, da Gibeon eine grosse Stadt wie eine von den Königsstädten und grösser als Ai war und ihre Bewohner tapfere Leute. Er verband sich daher mit den Königen von Hebron, Jarmuth, Lachis und Eglon zu gemeinsamer Bekriegung Gibeons, um diese Stadt wegen ihres Bündnisses mit den Israeliten zu züchtigen und zugleich den weiteren Eroberungen Israels Schranken zu setzen. *Adonizedek* d. i. Herr der Gerechtigkeit ist gleichbedeutend mit *Melchizedek* (Melchisedek d. i. König der Gerechtigkeit), und Titel der Jebusiterkönige, wie Pharao der ägyptischen. *Jerusalem* d. i. Gründung oder Besitz des Friedens, zu Abrahams Zeit *Salem* genannt (Gen. 14, 18), ist der eigentliche Name der Stadt, welche bis zu ihrer völligen und bleibenden Eroberung durch David öfter nach ihren cananitischen Bewohnern *Jebus* (Jud. 19, 10 f. 1 Chr. 11, 4) oder *Jebusiter - Stadt* (עִיר יְבוּסִי Jud. 19, 11) und abgekürzt חַיְבוּסִי (18, 16. 28. 15, 8. 2 Sam. 5, 8) heisst. Bei der Verlosung des Landes dem St. Benjamin zugetheilt (18, 28), aber auf der Grenze von Juda gelegen (15, 8), wurde sie nach Josua's Tode wol von den Söhnen Juda's erobert und angezündet (Jud. 1, 8), aber bald von den Jebusitern, welche die Judäer nicht auszurotten vermochten (15, 63), wieder eingenommen und hergestellt (Jud. 19, 12), so dass neben denselben Benjaminiten (Jud. 1, 21) und Judäer (15, 63) darin wohnten und namentlich die Oberstadt auf dem Berge Zion als eine feste Burg im Besitze der Jebusiter blieb, bis David sie eroberte (2 Sam. 5, 6 ff.) und die Stadt zur Residenz seines Reiches erhob und nach seinem Namen „Stadt Davids" nannte, wodurch der alte Name Jebus ausser Gebrauch kam. — *Hebron* die Stadt des Enakiten *Arba* (14, 15 u. a., s. zu Gen. 23, 2) liegt 22 r. Meilen (c. 7 Stunden) südlich von Jerusalem in einem tiefen und engen Hochthale des Gebirges Juda, eine uralte Stadt (Num. 13, 22), jetzt *el Khalil* d. i. Freund (Gottes) genannt mit Bezug auf Abrahams Aufenthalt daselbst, mit Ruinen eines alten heidnischen Tempels und dem aus kolossalen fugengeränderten Quadern erbauten Haram, der nach muhammed. Tradition die Grabstätte der Patriarchen enthält, s. zu Gen. 23, 17. *Jarmuth* in der Niederung Juda's (15, 35. Neh. 11, 29), nach dem *Onom.* u. *Jermus* ein Flecken *Jermucha* ('Ιερμοχῶς) 10 r. M. von Eleutheropolis auf dem Wege nach Jerusalem, ist das heutige *Jarmůk*, ein Dorf auf einem hohen Hügel mit Mauerresten aus alter Zeit und Cisternen, dessen Name von den Arabern auch *Tell 'Armuth* gesprochen wird nach *v. de Velde Mem. p. 115 f.*, vgl. Rob. II S. 599 f. — *Lachis* in der Niederung Juda's (15, 39), von Rehabeam befestigt (2 Chr. 11, 9), von Sanherib und Nebucadnezar belagert (2 Kg. 18, 14. 19, 8. Jer. 34, 7), nach dem Exil von Juden bewohnt (Neh. 11, 30), hat sich wahrscheinlich in *Um Lakis* (ام لاقص) erhalten, einer alten Ortslage auf einer niedrigen runden Anhöhe, mit Haufen kleiner runder durcheinander geworfener Steine, darunter Bruckstücke von Marmorsäulen, bedeckt, ⅗ Stunden westwärts von Adschlun und 7 St. westlich von Eleutheropolis.[1] — *Eglon* auch in der Niederung Juda's (15, 39), gegenwärtig عجلان *Adschlån*, eine Ruinenstelle ¾ St. ostwärts von Um Lakis, s. *Rob.* Pal. II S. 657, *v. de Velde Mem. p. 308*. Im *Onom.* u. *Eglon* irrthümlich mit *Odollam* identificirt, während die Lage von *Agla* unter Βηϑαλαΐμ u. *Bethagla*: *euntibus Gazam de Eleutheropoli in decimo lapide* auf Eglon passt. — V. 5. Diese 5 Könige zogen gegen Gibeon und belagerten diese Sadt (עָלֶה s. zu 8, 1). An der Spitze dieses Unternehmens stand der König von Jerusa-

---

1) Die Identität von *Um Lakis* mit dem alten *Lachis* bezweifelt zwar *Robinson* (Pal. II S. 653 f.), aber *not on any reasonable ground* (*v. de Velde Mem. p. 320*). Die Angabe des *Onom.* u. *Lochis*, dass es 7 r. M. von Eleutheropolis nach dem Süden hin gelegen, kann nicht viel beweisen, da sie leicht einen Zahlenfehler enthalten kann, und *Rob.* erkennt selbst bei Eglon diese Autorität nicht an (Pal. II S 657). Noch weniger lässt sich mit *Kn.* Lachis in der alten Ortslage *Sukkariǰeh* 2 ½ St. südwestlich von Beit Dschibrin (Eleutheropolis) finden, weil *Sukk.* östlich von Adschlun liegt, Lachis aber nach v. 31—36 westlich von Eglon zu suchen ist.

lem, weil bei der geringen Entfernung seiner Hauptstadt von Gibeon er zuerst einen Angriff der Israeliten befürchtete.

V. 6—11. Da schickten die Gibeoniten zu Josua ins Lager nach Gilgal und baten um schleunige Sendung von Hülfe. אַל־תֶּרֶף וגו lass nicht ab deine Hand von deinen Knechten d. h. entzieh uns jetzt deinen Beistand nicht. Der Zusatz zu Königen der Amoriter: die das Gebirg bewohnen ist *a potiori* zu verstehen und berechtigt nicht zu der Folgerung, dass alle in v. 3 genannten Städte auf dem Gebirge Juda lagen. Die auf dem Gebirge wohnenden Amoriter waren die mächtigsten unter den Cananitern. — V. 7. Dieser Bitte entsprechend zog Josua von Gilgal heran (וַיַּעַל nicht: zog hinauf) mit allem Kriegsvolke, und zwar (ו *expl.*) allen tapfern Streitern. — V. 8. Dabei erneute der Herr ihm die Zusage seines Beistandes (vgl. 1, 5. 9 f.) für diesen Krieg, in welchem er zum ersten Male gegen mehrere verbündete Könige Canaans zu streiten hatte (vgl. 2, 24. 6, 2. 8, 1. 18). — V. 9. Josua kam plötzlich über sie (die Feinde), da er die ganze Nacht von Gilgal herangezogen war, den Weg in einer Nacht zurückgelegt hatte. Dschildschilia ist von el Dschib reichliche 3 Meilen entfernt. V. 10. „Jehova brachte sie in Verwirrung", wie er Ex. 23, 27 zugesagt hatte, und zwar in diesem Falle, nach v. 11 zu urtheilen, wahrscheinlich durch furchtbare Blitze und Donner, vgl. 1 Sam. 7, 10. Ps. 18, 15. 144, 6, anders Ex. 14, 24. — „Israel schlug sie in einer grossen Schlacht zu Gibeon und verfolgte sie den Weg des Aufstiegs von Bethhoron" d. i. Ober-Bethhoron (*Beit Ur* عِر *el Foka*), welches Gibeon zunächst lag, nur 4 St. nordwestwärts von ihm entfernt, auf einem hohen Vorsprunge zwischen zwei Thälern im Norden und Süden, und durch einen langen steilen Pass von dem westlicher gelegenen Nieder-Bethhoron getrennt ist, aus welchem der Aufgang nach Ober-Bethhoron sehr felsig und rauh, jetzt aber der Felsen an vielen Stellen weggehauen und ein Pfad mit Stufen angelegt ist (s. *Rob.* III S. 273 ff.). Dieser Pass zwischen beiden Orten führt von Gibeon nach der westlichen Ebene hinab und wurde sowol מַעֲלֵה Aufstieg, Hinaufgang nach als מוֹרִד (v. 11) Hinabgang von Bethhoron genannt, ἀνάβασις καὶ κατάβασις Βαιθωρῶν 1 Makk. 3, 16. 24. Weiter schlug Israel die Feinde „bis Aseka und Makkeda." So weit wurden sie nach der Schlacht verfolgt und geschlagen, vgl. v. 16 u. 21. Vergleichen wir hiemit v. 11, wonach die Feinde von Bethhoron an bis Aseka von einem gewaltigen Hagel geschlagen wurden, so ergibt sich hieraus klar, dass beide Orte westlich von Bethhoron lagen. Damit steht im Einklange, dass beide Orte in der Niederung lagen, und zwar Aseka in der Hügelregion zwischen dem Gebirge und der Ebene (15, 35), Makkeda in der Ebene selbst (15, 41). *Aseka*, von Rehabeam befestigt (2 Chr. 11, 9), von Nebucadnezar belagert (Jer. 34, 7) und noch nach dem Exile bewohnt (Neh. 11, 30), lag nach 15, 35 nicht weit von Socho und zwischen beiden seitwärts lag nach 1 Sam. 17, 1 *Ephes - Dammim*. Dies letztere hat *v. de Velde* in der Ruinenstätte *Damûm* gegen 1 Stunde Ost zum Süd von Beit Nettif nachgewiesen (*Mem. p. 290*) und hienach *Aseka* in dem auf hoher Bergkuppe gelegenen Dorfe *Ahbek* 1½ engl. Meilen nördlich von Damûm und gegen 4 bis 5 M. NON. von Schuweikeh vermuthet, wenn dies nicht etwa *Aphek* ist. Damit stimmt die Angabe des *Onom.* u. Ἀζηχά: ἀνάμεσον Ἐλευϑεροπόλεως καὶ Αἰλίας überein. *Makkeda* wird im *Onom.* 8 r. M. östlich von Eleutheropolis angesetzt und hienach von *Kn.* in der Gegend von *Terkumieh* oder *Morak* vermuthet; aber irrig; denn dann müsste es in der Hügelregion oder auf dem Gebirge gelegen haben, während es zu den Städten der Ebene gehörte (15,41). Richtiger sucht es *v. de Velde Mem. p. 332* in *Summeil*, einem bedeutenden Dorfe auf einer Anhöhe in der Ebene, mit einem grossen öffentlichen Brunnen von 110 Fuss Tiefe, der 11 Fuss im Durchmesser und runde, aus gehauenen Steinen gut gearbeitete Mauern hat, und mit einem Stücke von einer alten Mauer, dem Anscheine nach einst zu einem grossen viereckigen aus ungekitteten Steinen erbauten Kastelle gehörend, einigermassen der ältesten Grundmauer zu Beit Dschibrin ähnlich (*Rob. Pal.* II S. 628 f.), 2½ St. nordwestlich von Beit Dschibrin, woselbst *v. de Velde* auch die von *Rob.* nicht bemerkte grosse Höhle (s. zu v. 16) gefunden hat (Reise durch Syr. u. Paläst. Aus dem Niederdeutsch. übers. v. *Göbel.* Gotha 1861. II S. 175). — V. 11. Die grossen Steine, welche der Herr bei dem Abhange von Bethhoron auf die fliehenden Feinde warf, waren Hagelsteine (אַבְנֵי בָרָד s. Jes. 30, 30), nicht ein Steinhagel oder Steinregen, sondern ein furchtbares Hagelwetter, bei welchem Schlossen in der Grösse von Steinen auf die Feinde geworfen wurden (s. Sir. 46, 6) und ihrer mehr tödteten als das Schwert der Israeliten. Dieses Naturphänomen, ähnlich dem furchtbaren Hagel in Aegypten Ex. 9, 24, wurde dadurch zu einer wunderbaren Wirkung der göttlichen Allmacht, dass die Hagelsteine die Feinde erschlugen, ohne den sie verfolgenden Israeliten zu schaden. Daran sollten diese erkennen, dass nicht eigene Kraft, sondern der übernatürliche Beistand ihres Gottes ihnen den Sieg verliehen, und jene, dass nicht blos das Volk Israel, sondern vielmehr der Gott Israels sie dem Untergange geweiht habe.

V. 12—15. In fester Glaubenszuversicht auf die göttliche Zusage v. 8 richtete Josua während dieser Schlacht an den Herrn die Bitte, die Sonne nicht untergehen zu lassen, bis Israel sich an seinen Feinden gerächt habe; und der Herr erhörte das Gebet seines Knechtes: die Sonne eilte nicht unterzugehen, bis die Niederlage der Amoriter vollendet war. Diesen wunderbaren Sieg verherrlichte Israel in einem Kriegsgesange, welcher in dem „Buch der Frommen" aufbewahrt wurde. Aus diesem Buche hat der Verf. des B. Josua hier die Stelle eingeschaltet, welche die Grossthat des Herrn zur Verherrlichung seines Namens an Israel und an seinen Feinden, den Amoritern, pries. Dass wir nämlich in v. 12—15 eine Einschaltung aus dem v. 13 citirten סֵפֶר הַיָּשָׁר haben, wird allgemein anerkannt. Diese Einschaltung und die Verweisung auf diese Schrift ist analog der Anführung des Buchs der Kriege des Herrn Num. 21, 14 und den dort in die Geschichtserzählung eingewebten Liederstrophen; deren Zweck nicht ist: den geschichtlichen Bericht durch Verweisung auf eine ältere Quelle zu beglaubigen, sondern nur: den mächtigen Eindruck, welchen jene Grossthaten des Herrn auf die Gemeinde machten, den künftigen Geschlechtern zu vergegenwärtigen. סֵפֶר הַיָּשָׁר Buch des Geraden, Gerechten d. i. der wahren Theokraten oder Frommen. יָשָׁר in demselben

Sinne von den echten Israeliten gebraucht wie Num. 23, 10, wo Bileam die Israeliten יְשָׁרִים nennt, insofern als Jehova, der Gerechte und Gerade (Deut. 32, 4), sie zu seinem Volke und zum Wandel in seiner Gerechtigkeit berufen hat. Der סֵפֶר הַיָּשָׁר wird ausser hier noch 2 Sam. 1, 18 erwähnt als Schrift, in welcher Davids Elegie auf Saul und Jonathan geschrieben stand. Daraus hat man richtig geschlossen, dass das Buch eine successive entstandene Sammlung von Liedern zum Preise theokratischer Helden mit eingewebten geschichtlichen Notizen über ihre Thaten gewesen sei, so dass die Anführung dieser Schrift weder auf eine Einschaltung von *späterer* Hand noch auf sehr späte Abfassung unsres Buches hindeutet. Die aus demselben angeführte Stelle gibt sich schon durch die poetische Form der Sprache und den Parallelismus der Glieder als einem Liede entnommen zu erkennen. Das Citat beginnt aber nicht erst mit וַיֹּאמֶר v. 12ᵇ, sondern schon mit בְּיוֹם תֵּת v. 12ᵃ und ihm gehören auch noch v. 13 u. 14 an, so dass die Verweisung auf das citirte Buch mitten in das Citat eingeschoben ist. Solche Citirformeln finden sich zwar sonst entweder zu Anfang des Citats wie Num. 21, 14. 27. 2 Sam. 1, 18, oder am Schlusse der Erzählung, wie häufig in den BB. der Könige und der Chronik; allein daraus folgt durchaus nicht, dass diese Stellungen ausnahmlose Sitte gewesen, zumal die Anführung von Quellenschriften in den BB. der Könige eine ganz andere Bedeutung hat, die Citate nicht einfache Quellenbelege für die vorher berichteten Begebenheiten sind, sondern Hinweisungen auf Schriften, in welchen ausführlichere Nachrichten über die nur auszugsweise mitgetheilten Thatsachen zu finden. Auch lässt bei v. 13 schon die dichterische Form der Rede keinen Zweifel darüber, dass v. 13 u. 14 noch Worte des alten Dichters enthalten, nicht einen prosaischen Commentar des Geschichtschreibers zu den angeführten Dichterworten liefern. Nur v. 15 enthält eine schlichthistorische Angabe, welche v. 43 am Schlusse der Erzählung von diesem Siege und Kriege sich wiederholt. Schon diese wörtliche Wiederholung von v. 15 in v. 43, noch mehr aber der Umstand, dass die Angabe: Josua sei mit dem ganzen Volke ins Lager nach Gilgal zurückgekehrt, dem geschichtlichen Verlaufe der Ereignisse vorgreift und zwar in sehr auffälliger Weise vorgreift, machen es höchst wahrscheinlich, wenn nicht ganz gewiss, dass auch v. 15 aus dem Buche der Frommen genommen ist.

An dem Tage da Jehova die Amoriter den Söhnen Israels preisgab (תֵּת לִפְנֵי wie Deut. 2, 31. 33 u. a.) sprach Josua vor den Augen d. h. in Gegenwart Israels, so dass dasselbe Zeuge seiner Worte war (vgl. Deut. 31, 7): „Sonne steh still (warte) zu Gibeon, und Mond im Thale Ajalon." דָּמַם schweigen, sich ruhig, still verhalten, warten bis . . (1 Sam. 14, 9). Die Anrede an Sonne und Mond setzt voraus, dass beide am Himmel standen (sichtbar waren), und involvirt, als zum Herrn (לַיהוָֹה) geredet, die Bitte: der Herr und Schöpfer der Welt möge Sonne und Mond nicht untergehen lassen, bis Israel sich an seinen Feinden gerächt habe. Diese Begrenzung der Bitte folgt zwar erst bei der Angabe, dass Sonne und Mond auf Josua's Wort hin standen, ist aber schon bei der Bitte hinzuzudenken. גוֹי ohne Artikel vom Volke Israel ist dichterisch. In der weitern Ausführung v. 13ᵇ ist von der Sonne allein die Rede: „und es stand die Sonne an der Mitte des Himmels und eilte nicht unterzugehen beinahe einen ganzen Tag." Dem poetischen אוץ sich drängen, eilen liegt die Vorstellung zu Grunde, dass die Sonne rüstig und unaufhaltsam, wie ein Held, ihre Bahn durchläuft (Ps. 19, 6 f.). Daraus folgt, dass Josua nur um Verlängerung des Tages d. h. Verzögerung des Sonnenuntergangs gebeten, und den Mond in v. 12 nur mitgenannt habe, weil derselbe mit am Himmel stand. Wenn aber dies, so dürfen wir auch nicht (mit *C. a Lap. Cler.* u. A.) annehmen, dass Josua diese Worte erst am Nachmittage gesprochen habe, als die Sonne sich zu neigen begann und der Mond bereits aufgegangen war. Dieser Ansicht steht schon das בַּחֲצִי הַשָּׁמַיִם „von der Hälfte d. i. Mitte des Himmels" entgegen, und noch mehr die angegebene gegenseitige Stellung der beiden Lichtträger am Himmel — die Sonne zu Gibeon und der Mond im Thale Ajalon d. i. in dem 4 Stunden westlich von Gibeon gelegenen schönen und weiten Thalbecken an der nördlichen Seite von *Jalo* (s. zu 19, 42), dem heutigen *Merdsch Ibn Omeir* (*Rob.* III S. 278 f.). — Da Josua die Feinde bei Gibeon schlug und diese südwestwärts flohen, so befand er sich, als er der Sonne und dem Monde stillzustehen zurief, zweifelsohne westlich von Gibeon, wo von seinem Standpunkte aus die über Gibeon stehende Sonne gegen Osten und der über dem Thale Ajalon stehende Mond im fernen Westen zu sehen war. Dies war aber nur möglich vor Mittag, mehrere Stunden nach Sonnenaufgang, wo der Mond am westlichen Himmel noch nicht untergegangen war. Die Schlacht hatte wahrscheinlich am frühen Morgen begonnen, da Josua die Nacht über von Gilgal herangezogen war und die Feinde plötzlich überfallen hatte (v. 9). Nachdem nun der Kampf einige Stunden gewährt hatte und Josua besorgen mochte, die Feinde vor dem Anbruche der Nacht nicht bewältigen zu können, da hat er wol die Bitte um Verlängerung des Tages an den Herrn gerichtet und sie auch bald darauf so weit erfüllt gesehen, dass die Sonne noch am hohen Himmel stand, als die Feinde schon in die Flucht geschlagen waren. Wir setzen dabei voraus, dass Josua jenes Wort vor dem furchtbaren Hagelwetter, das die Feinde auf der Flucht bei dem gegen 2 Stunden von Gibeon entfernten Bethhoron traf und bis Aseka hin schlug, gesprochen habe. Dieser Voraussetzung steht kein triftiger Grund entgegen. Der Umstand, dass in dem Berichte der Hagel früher erwähnt ist als Josua's Wunsch und dessen Erfüllung, erklärt sich einfach daraus, dass der Erzähler sachgemäss zuerst das Hauptergebniss der Schlacht berichtet, bevor er das aus dem Buche der Frommen anzuführende spezielle Moment mittheilt. כְּיוֹם תָּמִים „gegen (ohngefähr, etwa) einen ganzen Tag" enthält weder den Sinn: *cum exactus dies esset* (*Cler.*), noch: *sicut solet die perfecto et absoluto* (*Ros.*), sondern den Wortsinn: die Sonne drängte sich nicht unterzugehen, verzog mit dem Untergehen fast einen ganzen Tag (יוֹם die Zeit von Sonnenaufgang bis Sonnenuntergang).

Wie sollen wir uns nun diesen wunderbaren Vorgang denken? Ein wirkliches Stillstehen der Sonne an einem Orte des Himmels, etwa im Zenith, ist in den Worten nicht deutlich ausgesprochen. Will man das zur Erläuterung von וַיִּדֹּם hinzugefügte וַיַּעֲמֹד „die Sonne stand (hielt Stand) an der Mitte des Himmels" so pressen, dass es eine wunderbare Hemmung des Sonnenlaufs aussagt, so lässt sich damit das לֹא אָץ לָבוֹא „sie drängte sich, eilte nicht unterzugehen" kaum vereinigen, da diese letzten Worte streng genommen, wie schon mehrere Rabbinen bemerkten, nur eine langsamere Fortbewegung der Sonne ausdrücken. Deutlich ausgesagt ist in v. 12 u. 13 nur so viel, dass auf Josua's Wort die Sonne fast einen ganzen Tag länger am Himmel stehen blieb. Dazu wird v. 14 hinzugefügt: „nicht war ein solcher Tag vorher und nachher, dass Jehova auf die Stimme eines Mannes hörte; denn Jehova stritt für Israel." Auch diese Ausdrucksweise darf nicht allzusehr gepresst werden, wie die analogen Stellen: nicht war seines gleichen u. s. w. 2 Kg. 18,5 u. 23,25 zeigen. Sie drücken nur den Gedanken aus: Einen Tag wie diesen, den Gott so wunderbar verlängert hätte, hat es weder vorher noch nachher gegeben. So viel liegt also unzweideutig in den Worten, dass der Sänger des alten Liedes und nach ihm auch der Verf. unsers Buches Josua, welcher diese Worte in seine Erzählung eingeschaltet, von einer wunderbaren Verlängerung jenes Tages überzeugt war. Dabei ist aber doch sehr zu beachten, dass nicht gesagt ist: Gott habe auf Josua's Bitte jenen Tag um fast einen ganzen Tag verlängert oder habe die Sonne fast einen ganzen Tag lang stillstehen lassen, sondern nur, dass Gott auf die Stimme Josua's gehört d. h. die Sonne nicht habe eher untergehen lassen als bis Israel sich an seinen Feinden gerächt hatte. Diese Unterscheidung ist nicht unwichtig. Denn eine wunderbare Verlängerung jenes Tages fand nicht nur in dem Falle statt, wenn durch eine Wirkung der göttlichen Allmacht der Sonnenlauf oder Sonnenuntergang um mehrere Stunden verzögert, oder der Tag von 12 etwa auf 18 bis 20 Stunden verlängert wurde, sondern auch in dem Falle, wenn der Tag Josua und dem ganzen Israel wunderbar verlängert erschien, indem das an jenem Tage ausgeführte oder vollbrachte Werk so gross war, dass sie ohne übernatürliche Hülfe dazu fast zwei Tage nöthig gehabt hätten. Zwischen diesen beiden Ansichten zu entscheiden ist nicht leicht, ja wenn man der Sache auf den Grund geht, geradezu unmöglich. Wenn man die Tageslänge nicht nach der Uhr messen kann, so kann man sich, besonders im Drange der Geschäfte oder Arbeiten, ausserordentlich leicht über ihre wirkliche Länge täuschen. Sonnenuhren oder andere Uhren hatten aber die Israeliten damals noch nicht, und während des Schlachtgetümmels wird schwerlich auch Josua oder ein anderer Theilnehmer am Kampfe den Sonnenschatten und seine Veränderung an einem Baume oder irgendwelchem anderen Gegenstande fort und fort beobachtet haben, um daran, dass etwa der Schatten sich stundenlang nicht verändert oder gewendet hätte, zu erkennen, dass die Sonne wirklich stille gestanden sei. Unter diesen Verhältnissen war es den Israeliten ganz unmöglich darüber zu entscheiden, ob jener Tag in Wirklichkeit oder nur in ihrer Vorstellung länger als die andern Tage war. — Hiezu kommt aber noch der poetische Charakter unserer Verse. Wenn David die ihm widerfahrene wunderbare Durchhülfe des Herrn mit den Worten preist: In meiner Noth rief ich zum

Herrn — und er hörte aus seinem Himmel meine Stimme und er neigte den Himmel und fuhr herab — er sandte aus der Höhe seine Hand, nahm mich und zog mich aus vielen Wassern (Ps. 18, 7—17), wem kommt es dabei in den Sinn, diese Worte buchstäblich von einem wirklichen Herabfahren Gottes aus dem Himmel und einem Ausstrecken seiner Hand, um David aus dem Wasser herauszuziehen, zu verstehen? Oder wer wird die Worte der Debora: „Vom Himmel wurde gestritten, die Sterne aus ihren Bahnen stritten wider Sisera" (Jud. 5, 20), in buchstäblichem Sinne fassen wollen? Die Wahrheit solcher Aussprüche liegt auf dem subjectiven Gebiete der religiösen Anschauung, nicht in dem buchstäblichen Wortverstande. Aehnlich kann es sich mit unsern Versen verhalten, ohne dass dadurch ihr realer Gehalt beeinträchtigt wird, wenn jener Tag blos subjectiv, in der religiösen Ueberzeugung Israels verlängert worden war. Sollten die Worte aber auch eine objectivthatsächliche wunderbare Verlängerung jenes Tages aussagen, so hätten wir doch auch keinen triftigen Grund, an der Wahrheit dieser Thatsache zu zweifeln. Alle Einwürfe, die gegen die Wirklichkeit oder Möglichkeit eines solchen Wunders erhoben worden, zeigen sich bei näherem Eingehen auf die Sache als nichtig. So verliert der Einwand, dass die Annalen der übrigen Völker der Erde von einem solchen Wunder, das sich über den ganzen Erdkreis erstreckt haben müsste, gar nichts melden, schon dadurch alle Bedeutung, dass Annalen anderer Völker aus jener Zeit gar nicht existiren, und dass es überhaupt zweifelhaft ist, ob das Wunder sich weit über Palästina hinaus erstreckt haben würde. Auch die Berufung auf die Unwandelbarkeit der Bewegung der Gestirne nach ewig unwandelbaren Gesetzen ist nicht geeignet, die Unmöglichkeit eines solchen Wunders zu erweisen. Die ewigen Naturgesetze sind nichts weiter als Erscheinungsformen oder Phänomene göttlicher Schöpferkräfte, deren eigentliches Wesen noch kein Sterblicher ergründet hat. Sollte denn der allmächtige Schöpfer und Erhalter der Natur und aller ihrer Kräfte nicht auch die Macht besitzen, das Wirken der Naturkräfte nach seinem Willen so zu leiten und zu regieren, dass dieselben zur Realisirung seiner Heilszwecke mitwirken müssen? Endlich auch der Einwand, dass durch eine plötzliche Hemmung des Umschwunges der Erde um ihre Axe alle auf derselben befindlichen Werke der Menschenhände hätten zusammenbrechen und die Erde selbst mit ihrem Trabanten, dem Monde, aus ihren Bahnen hätte herausstürzen müssen, kann schon deshalb nichts beweisen, weil man dabei vergessen hat, dass die allmächtige Hand Gottes, welche die Sterne nicht nur geschaffen hat sondern ihnen und allen Weltkörpern auch die Kraft verliehen, ihre Bahn regelmässig zu laufen so lange diese Welt steht, dass diese Hand, die alle Dinge im Himmel und auf Erden trägt, erhält und regiert, nicht zu kurz ist, um dergleichen verderblichen Folgen vorzubeugen. — Hiezu kommt noch, dass auch die strengste Fassung der Worte nicht dazu nöthigt, mit den Kchv. und ältern Theologen einen wunderbar bewirkten Stillstand der Sonne anzunehmen, sondern nur einen optischen Sonnenstillstand voraussetzt d. h. eine wunderbare Hemmung des Umschwungs der Erde um ihre Axe, die dem Auge der Beobachter als Stillstand der Sonne erschienen wäre. Ganz mit Unrecht erklärt *Kn.* diese Auffassung der Sache für eine textwidrige Annahme. Denn die Schrift redet von den Dingen der sichtbaren Welt nach dem Augenscheine, ebenso wie auch wir noch von Sonnen-Aufgang und -Untergang reden, obwol wir an dem Umlaufe der Erde um die Sonne nicht zweifeln. Einen solchen optischen Sonnenstillstand aber oder vielmehr nur ein längeres Stehen- und Sichtbarbleiben der Sonne am Horizonte konnte die *göttliche Allmacht* auch durch eine uns unbekannte und der Naturforschung überhaupt unbegreifliche Himmelserscheinung bewirken, ohne die allgemeinen Rotationsgesetze der Himmelskörper aufzuheben. Nur dürfen wir freilich diese Wirkung der göttlichen Allmacht nicht zu einer blos ungewöhnlichen Refractation des Lichts oder zu einem die ganze Nacht hindurch dauernden Wetterleuchten abschwächen, wie es mehrfach versucht worden ist.

V. 16—27. Die fliehenden 5 Könige verbargen sich in der bei Makkeda befindlichen Höhle. Als sie hier entdeckt wurden, befahl Josua grosse Steine vor die Oeffnung der Höhle zu wälzen und Männer zur Bewachung bei ihr zu bestellen, zugleich aber ohne Aufenthalt die Feinde weiter zu verfolgen, ihre Nachhut zu schlagen (זָנַב vgl. Deut. 25, 18) und sie nicht in ihre Städte kommen zu lassen, während er selbst (nach v. 21) bei Makkeda blieb. נֶחְבָּאִים für נֶחְבָּאִים nach Art der ל״ה von einem Sing. נֶחְבָּא, s. *Ges.* §. 75 Anm. 21. *Ew.* §. 142ᶜ. — V. 20f. Nach Beendigung der grossen Schlacht und Verfolgung der Feinde, als die Uebriggebliebenen in die festen Städte entkommen waren, kehrte das Volk ins Lager zu Josua bei Makkeda zurück מְשֻׁלֹּם in Frieden d. h. ohne irgendwie angegriffen zu werden. לֹא חָרַץ וגו ‚‚nicht spitzte gegen die Söhne Israels, gegen jemand (ein Hund) seine Zunge", vgl. zu Ex. 11, 7. לְאִישׁ ist Apposition und nähere Bestimmung zu לִבְנֵי יש׳. Doch ist möglicherweise das ל vor אִישׁ auch mit *Houbig.* u. *Maur.* für einen Schreibfehler zu halten, aus dem vorhergegangen ל entstanden, und dann אִישׁ Subject des Satzes. — V. 22—27. Hierauf liess Josua die 5 Könige aus der Höhle hervorholen und die Anführer der Kriegsleute ihre Füsse auf die Hälse dieser Könige setzen und, nachdem dies geschehen war, die Könige tödten, bis zum Abende an Bäumen aufhängen und dann ihre Leichen in die Höhle, in der sie sich versteckt hatten, werfen. Dies geschah natürlich erst am Tage nach der Schlacht, da das Kriegsvolk frühestens in der Nacht nach dem Schlachttage von der Verfolgung der Feinde ins Lager nach Makkeda zurückkehren konnte, vielleicht auch erst am zweiten Tage, wenn die Verfolgung länger gedauert hatte. In v. 24 sind כָּל־אִישׁ יִשְׂרָאֵל alle Krieger im Lager. קְצִינִים die Anführer des Kriegsvolks. הֶהָלְכוּא mit הָ *artic.* statt des *pron. relat.* (vgl. *Ges.* §. 109. *Ew.* §. 331ᵇ) und der Endung אוּ für וּ oder יוּ, wie Jes. 28, 12, vgl. *Ew.* §. 190ᵇ. Dass die Kriegshauptleute auf Josua's Befehl ihre Füsse auf die Hälse der besiegten Könige setzen, ist kein Zeichen von Barbarei, das mit grösseren Barbareien der Cananiter wie Jud. 1, 7 entschuldigt zu werden braucht, sondern eine symbolische Handlung, *extremae et perfectae subjugationis signum* — als solches selbst bei den griechischen Kaisern üblich, vgl. *Bynaeus, de calceis p. 318* u.

Constant. Porphyrogen. de cerimon. aulae Byzant. II, 19 — wodurch die Israeliten zu fernerem Kampf gegen die Cananiter ermuthigt werden sollten. Dies besagen die Worte Josua's v. 25: „Fürchtet euch nicht und zaget nicht (vgl. 1, 9. 8, 1); denn also wird der Herr allen euren Feinden thun." Ueber das Tödten und Aufhängen vgl. 8, 29 u. Deut. 21, 22 f. — Die Worte וַיָּשִׂימוּ וגו׳ v. 27ᵇ verstehen die Ausl. insgemein so, dass die Israeliten, nachdem die Leichen der getödteten Könige in die Höhle geworfen waren, vor den Eingang derselben grosse Steine legten, wie man sonst Steinhaufen über den Gräbern hingerichteter Verbrecher aufwarf (vgl. 7, 25), und dass diese Steine bis zur Abfassung unserer Erzählung dort geblieben wären. Aber bei dieser Auffassung der Worte bleibt das עַד־עֶצֶם unbeachtet und unbegriffen, da עֶצֶם bei der Formel: „bis auf diesen Tag", wenn dieselbe blos andeuten soll, dass sich etwas bis auf die Gegenwart erhalten habe, sonst nicht vorkommt. עֶצֶם הַיּוֹם הַזֶּה drückt aus, dass der genannte Tag eben derselbe und kein anderer als der in Rede stehende ist, vgl. 5, 11. Gen. 7, 13. 17, 23. Ex. 12, 17 u. a. Soll עַד־עֶצֶם הַיּוֹם הַזֶּה einen Sinn haben, so müssen wir den ganzen Satz mit dem voraufgehenden Nebensatz verbinden und auch als Relativsatz fassen: „woselbst die Könige sich versteckt hatten und sie (die Israeliten) grosse Steine an der Mündung der Höhle bis auf diesen selbigen Tag (an welchem die Könige herausgeholt und gerichtet wurden) gelegt hatten."

V. 28—39. Weitere Verfolgung des Sieges durch Eroberung der festen Städte des Südens, in welche die dem Schwerte der Israeliten entronnenen Feinde sich geworfen hatten. — V. 28. An demselben Tage, an welchem die 5 Könige an Pfählen hingen, nahm Josua Makkeda (s. zu v. 10) ein, schlug die Stadt und ihren König mit der Schärfe des Schwerts, die Stadt mit allen Personen in ihr bannend d. h. alle Einwohner tödtend (für אֹתָם ist nach vielen Codd. und einigen Ausgaben אֹתָהּ zu lesen wie v. 37), das Vieh sammt der todten Habe als Beute für sich nehmend, wie bei Ai (8, 27 f.) und mit ihrem Könige wie mit dem von Jericho verfahrend, der nach 8, 2 u. 29 zu schliessen am Pfahle aufgehängt worden war, obgleich dies c. 6 nicht berichtet ist. — V. 29 f. Von Makkeda zog er mit ganz Israel d. h. allem Kriegsvolke gegen *Libna* und verfuhr nach ihrer Eroberung mit ihr ebenso wie mit Makkeda. *Libna*, zu den Städten der Niederung oder der Hügelregion Juda's gehörend (15, 42) und den Priestern zugetheilt (21, 13), unter Joram von Juda abgefallen (2 Kg. 8, 22), von Sanherib belagert (Jes. 37, 8), ist nordwestlich von Lachis zu suchen, nicht südlich davon, wie *Kn.* irrig aus Jes. 37, 8 folgert; nach dem *Onom.* u. *Lebna* damals *villa in regione Eleutheropolitana, quae appellatur Lobna*, noch nicht wieder aufgefunden, aber nach der sehr wahrscheinlichen Vermuthung *v. de Velde's (Mem. p. 330)* an der Ruinenstelle auf dem Hügel *Arâk el Menshîyeh*, c. 2 Stunden westl. von Beit Dschibrin zu suchen. [1]

---

[1] Entschieden irrig ist die Vermuthung *Knobels*, dass *Libna* die ansehnliche Ruinenstelle *Hora* in der Ebene, bei *Seetzen* III S. 31 u. *v. de Velde Narrat. II p. 141 sq.* sein möchte, bei *Rob.* III S. 862 *Hawara* genannt, welches *weiss* bedeute und die arabische Uebersetzung des hebräischen Namens sei. Denn *Hora* ist nur 2½ Stunden nördlich von Beerseba entfernt und liegt nicht mehr in der Ebene, sondern schon im Negeb.

— V. 31 f. Gleiches Schicksal hatte *Lachis* d. i. *Um Lakis* (s. zu v. 3). —
V. 33. Auch den König von *Geser*, welcher Lachis zu Hülfe gekommen
war mit seinem Volke, schlug Josua, ohne jemand übrig zu lassen. Von
der Einnahme der Stadt Geser ist nicht die Rede. Nach 16, 10. Jud. 1, 29
war sie bei der Vertheilung des Landes noch im Besitze der Cananiter,
woraus allein freilich nicht folgt, dass Josua sie nicht erobert habe, da so
manche eroberte Stadt nach dem Abzuge der Israeliten von den Cananitern wieder besetzt wurde. Dagegen macht aber ihre Lage es wahrscheinlich, dass Josua sie damals nicht eroberte, weil sie zu weit von seinem Wege ab und von Lachis zu entfernt war. *Geser* (LXX Γάζερ nur
1 Chr. 14, 16 Γαζηρά == גֶזְרָה, im 1. B. der Makk. Γαζήρα oder Γάζαρα
(*plur.*) und bei *Joseph.* Γάζαρα [*Ant. VII, 4, 1. VIII, 6, 1*] auch Γάδαρα
[*V, 1, 22. XII, 7, 4*] genannt), an der Südgrenze Ephraims (16, 3) und von
diesem Stamme den Leviten eingeräumt (16, 9 f. 21, 20 f.), wird oft erwähnt. Bis dahin verfolgte David die bei Gibeon oder Geba geschlagenen Philister (2 Sam. 5, 25. 1 Chr. 14, 16). Später wurde sie einmal von
Pharao erobert und seiner mit Salomo vermählten Tochter geschenkt und
von Salomo gebaut (befestigt 1 Kg. 9, 16 f.); in den Kriegen der Makka-
bäer eine wichtige Festung (1 Makk. 9, 52. 2 Makk. 10, 32 vgl. 1 Makk.
4, 15. 7, 45. 13, 53. 14, 34. 15, 28. 35). Nach dem *Onom.* u. *Gazer* lag sie
4 r. M. nördlich von Nikopolis d. i. Anwas und hiess Γαζάρα. Diese Bestimmung harmonirt nicht nur mit 16, 3, wonach die Südgrenze Ephraims
von Nieder-Bethhoron bis Geser und von da weiter bis ans Meer hinauslief, sondern auch mit allen übrigen Stellen, wo Geser erwähnt wird,[1]
und passt sehr gut zu der Lage von *el Kubáb*, einem Dorfe von beträchtlicher Grösse auf einem steilen Hügel am äussersten nördlichen End-

---

1) Auch die Angabe 1 Makk. 7, 45, wonach Judas Makk. das bei Adasa geschla-
gene Heer Nikanors eine Tagereise weit bis Gazera verfolgte (ὁδὸν ἡμέρας μιᾶς
ἀπὸ Ἀδασὰ ἕως τοῦ ἐλθεῖν εἰς Γάζηρα), lässt sich mit der Lage von *el Kubab* vereinigen; denn Adasa war nach *Joseph.* (*Ant. XII, 10, 5*) 30 Stadien (⅟₁ M.) von Bethhoron entfernt, Bethhoron aber liegt (nach der Karte) in gerader Linie 2 deutsche
Meilen westlich von Kubab, wonach Judas die Feinde 3 Meilen oder 6 Std. weit verfolgt hat, eine Strecke, die leicht ὁδὸν ἡμέρας μιᾶς genannt werden konnte, wenn
man erwägt, dass die fliehenden Feinde nicht überall den geradesten Weg werden
eingeschlagen und hie und da wol auch durch Widerstand ihre Verfolger aufgehalten
haben. Noch weniger berechtigen die Angabe 1 Makk 14, 34, dass Simon Joppe am
Meere und Gazara an der Grenze von Asdod befestigte, und die Zusammenstellung
von Joppe, Gazara und der Burg von Jerusalem 1 Makk. 15, 28. 35, so wie die Erwähnung der Landschaft Gadaris mit der Stadt Gadara zwischen Joppe und Jamnia
bei *Strabo XVI, 759* dazu, mit *Grimm* zu 1 Makk. 4, 15 Gazara (Geser) von dem im
Onomast. erwähnten zu unterscheiden und mit dem 1½ Stunden von Jaffa entfernten
Dorfe *Jazûr* zu identificiren, obgleich *Arrieur* (merkw. Nachr. II S. 83) dieses Dorf
Gesser nennt. — Auch die Einwände *v. de Velde's l. c.* gegen die Identität von Kubab mit Geser sind ohne Beweiskraft. Aus dem וַיַּעַל folgt nicht nothwendig, dass
Lachis höher gelegen als Geser, da עָלָה öfter nur das feindliche Anrücken gegen eine
Festung bezeichnet. Und auf die Vermuthung, dass man bei der weiten Entfernung
Kubabs von Um Lakis erwarten sollte, der König von Geser würde schon den näher
gelegenen und vor Lachis angegriffenen Königen von Makkeda und Libna zu Hilfe gekommen sein, lässt sich schon deshalb kein Gewicht legen, weil uns die näheren hiebei obwaltenden Verhältnisse ganz unbekannt sind, um darüber mit Bestimmtheit
urtheilen zu können.

punkte der nordwestlich von Zorea auslaufenden Bergkette, welche gegen Norden in die weite Ebene Merdsch el Omeir abfällt, fast in der Mitte des Wegs von Ramleh nach Jalo. Denn dieses Dorf, mit welchem *van Senden* in *v. de Velde's Mem. p. 315* Geser identificirt, liegt nach *Robs.* Karte genau 4 r. Meilen N. zum W. von Anwas und nicht volle 4 Stunden von Akir (Ekron), der nördlichsten Philisterstadt, so dass *Josephus* (*Ant. VII, 4, 1*) Gazara füglich als Grenze des Philistergebietes bezeichnen konnte. Merkmale des Alterthums hat freilich *Robins.* (bibl. Forsch. S. 187) auf seiner Reise durch Kubab dort nicht wahrgenommen, aber wol auch nicht gesucht, da er in diesem Dorfe keine altgeschichtliche Oertlichkeit vermuthete.

V. 34 f. Von Lachis zog Josua ostwärts gegen *Eglon* (Adschlan s. v. 3), nahm diese Stadt ein und verfuhr mit ihr wie mit Lachis. V. 36 f. Von Eglon zog er aus der Niederung hinauf (וַיַּעַל) ins Gebirge gegen *Hebron* (s. zu v. 3) und schlug auch diese Stadt mit ihrem Könige und den zu ihr gehörenden Städten, ähnlich wie die vorigen. Der König von Hebron ist selbstverständlich nicht der in der Höhle von Makkeda ergriffene und dort getödtete (v. 26), sondern sein Nachfolger, welcher die Regierung angetreten hatte, während Josua mit der Eroberung der v. 28—35 genannten Städte beschäftigt war, wozu vielleicht mehr als ein Jahr Zeit erforderlich war. אֶת־כָּל־עָרֶיהָ sind die von Hebron als der Hauptstadt des Königreichs abhängigen Städte. — V. 38 f. Darauf wandte sich (וַיָּשָׁב) Josua mit dem ganzen Israel (dem Kriegsvolke) südwärts gegen *Debir* und nahm diese Stadt mit den von ihr abhängigen Städten ein, in derselben Weise wie die vorher genannten. *Debir*, ehedem *Kirjat-Sepher* d. i. Buch- oder Bücherstadt, πόλις γραμμάτων (LXX. 15, 15. Jud. 1, 11) und *Kirjat-Sanna* d. i. wahrscheinlich Stadt der Palmzweige (15, 49) genannt, von Juda den Priestern eingeräumt (21, 15), lag auf dem Gebirge Juda (15, 49) südlich von Hebron, ist aber noch nicht sicher nachgewiesen, vielleicht mit *v. de Velde Mem. p. 307* in der Ruine *Dilbeh* auf der Spitze eines Hügels nördlich vom Wady Dilbeh und auf dem Wege von Dhoberiyeh nach Hebron, etwa 2 Stunden S. W. von letzterem Orte. Denn *Dilbeh* hat nach *Dr. Stewart* einen Springquell, dessen Wasser durch einen Aquaduct in den Birket ed Dilbeh am Fusse des genannten Hügels herabgeleitet wird, was gut zu dem Ober- und Unterquell bei Debir passen würde, wenn nur Debir nach 15, 49 so weit nördlich gesucht werden darf.[1] Hebron und Debir wurden übrigens nicht lange darauf, wahr-

---

1) *Knobel* vermuthet Debir in dem heutigen Dorfe *Dhoberiyeh* (*Dhabarije*) 5 St. südwestlich von Hebron, am südwestlichen Rande des Gebirges Juda, auf dem Gipfel eines Berges, weil ausser der mit 15, 49 wohlvereinbaren Lage dieses Dorfes sich dort Ueberreste eines viereckigen Thurmes, nach *Krafft* eines alten Römerthurmes finden, die auf eine alte Festung hindeuten (vgl. Rob. Pal. I. S. 347 ff. *Ritter* Erdk. 16 S. 202 ff.), und weil der Name ظَهِير *post tergum posita* mit דְּבִיר Hintertheil, Hinterseite (?) und קִרְיַת סֵפֶר nach شَفَر und شَفِير *extremitas, margo, ora* erklärt stimme. Aber beide Gründe beweisen nicht viel. Die sprachlichen Deutungen von דְּבִיר und קִרְיַת סֵפֶר sind unwahrscheinlich und willkührlich. Sodann

scheinlich in der Zeit, da die Israeliten mit der Bekriegung und Unterwerfung des nördlichen Canaan beschäftigt waren, von den Cananitern, namentlich den' Enakiten, wieder in Besitz genommen, da Josua diese zwar aus dem Gebirge Juda ausgerottet, aber nicht ganz vertilgt, sondern in den Philisterstädten übrig gelassen hatte (11, 21 f.). Daher wohnten bei der Vertheilung des Landes wiederum Enakiten in Hebron und Debir, so dass Caleb diese Städte, als sie ihm zum Erbtheile gegeben worden, erst wieder erobern und die Enakiten ausrotten musste (14, 12. 15, 13 —17 vgl. Jud. 1, 10—13).[1]

V. 40—43. Summarische Zusammenfassung der Eroberung des ganzen südlichen Canaan. In der weiteren Verfolgung seines Sieges über die verbündeten 5 Könige schlug Josua das ganze Land d. h. den ganzen Süden Canaans von Gibeon an, in allen seinen Distrikten, nämlich das Gebirge (15, 48), den Negeb (das Südland 15, 21), die Niederung (15, 33) und die Abhänge d. h. die Hügelregion (12, 8 s. zu Num. 21, 15), und alle Könige dieser Gegenden, alles Lebendige bannend (כָּל־נְשָׁמָה = כָּל־נֶפֶשׁ v. 28. 30 d. i. alle Menschen, vgl. Deut. 20, 16), wie Jehova geboten, nämlich Num. 33, 51 ff. Deut. 7, 1 f. 20, 16. Er schlug sie von Kades Barnea an der Südgrenze Canaans (15, 3 s. über die Lage zu Num. 12, 16) bis Gaza (s. zu Gen. 10, 19) und die ganze Landschaft *Gosen*, die, von dem ägyptischen Gosen (Gen. 46, 28) verschieden, ihren Namen wahrscheinlich von der Stadt *Gosen* auf dem südlichen Theile des Gebirges (15, 51) führte. Wie die Bestimmung: „von Kades Barnea bis Gaza" die Ausdehnung des eroberten Landes von Süden nach Norden an der Westseite, so gibt die parallele Bestimmung: „das ganze Land Gosen bis Gibeon" die Ausdeh- '

---

sind Wasserquellen, die in der Nähe von Debir waren (15, 19 ff.), bei Dhoberiyeh noch nicht nachgewiesen. — Ganz unhaltbar ist ferner die von *Bunsen* adoptirte Ansicht von *Rosen* über die Lage des alten Debir, in d. deutsch. morgenl. Ztschr. XI S. 50 ff., dass Debir mit dem heutigen *Idwirbân* oder *Dewirbân*, ⅗ Stunden westlich von Hebron, eins sei, weil sich hier eine grosse Wasserquelle mit reichlichem schönem Wasser, *Ain Nunkûr* genannt, findet, die bei Nunkûr auf einer Hochebene entspringt und sich dem Abhange zuwendet. Denn diese Ansicht steht mit c. 15, 49, wonach Debir nicht westlich von Hebron, sondern südlich davon auf dem Gebirge lag, in Widerspruch und stützt sich nur auf die haltlose Voraussetzung, dass Josua nach v. 38 (וַיָּשָׁב er kehrte um) von Eglon herkommend zuerst Hebron erobert habe und nach Eroberung dieser Stadt nach Debir zurückgekehrt sei, um auch sie einzunehmen. Allein שׁוּב bed. nicht blos um- oder zurückkehren, sondern überhaupt sich wenden, und dass es v. 38 in dieser letzten Bed. zu nehmen sei, erhellt aus 15, 49, wonach Debir südlich von Hebron lag.

1) Durch diese einfache Annahme lösen sich die angeblichen Widersprüche, welche die neologische Kritik zwischen 10, 36—39 einer- und 11, 21 f. u. 14, 12. 15, 13—17 andrerseits hat finden wollen, wonach noch *Kn.* die letztgenannten Stellen einer andern Urkunde zutheilen will. — Ueber die erste Eroberung des Landes durch Josua hat schon *Masius* die einsichtsvolle und richtige Bemerkung gemacht: *Josuam hac expeditione transcurrisse potius raptim armata manu australem istam regionem, quam eam prorsus atque omnino populasse. Satis enim habebat eatenus terrorem sua victoria omnibus incussisse ut ne sibi populoque Dei quisquam deinde ultro molestiam exhiberet. Itaque quos assequebatur, eos pro Dei jussis perimebat neminique parcebat, ceteroqui non omnes omnium locorum latebras extrema diligentia peragrabat. Hoc enim veluti spicilegium cujusque tribus propriae virtuti relinquebatur, in sua hereditate cernenda.*

nung desselben von S. nach N. auf der Ostseite an. Jedes haltbaren Grundes ermangelt die auf ganz unsichere etymologische Combinationen sich stützende Behauptung von *Kn.*, dass das Land Gosen die Hügelregion zwischen dem Gebirge und der Ebene bezeichne und mit אֲשֵׁדוֹת gleichbedeutend sei. — V. 42. Alle diese Könige und ihr Land nahm Josua פַּעַם אֶחָת „einmal" d. h. in einem Feldzuge ein, der übrigens längere Zeit gedauert hat, vgl. 11, 18. Dies vermochte er, weil Jehova der Gott Israels für Israel stritt (s. v. 14). Darauf kehrte er mit dem Kriegsvolke ins Lager nach Gilgal (Dschildschilia s. S. 66 f.) zurück (vgl. v. 15).

Cap. XI. Besiegung der Könige des nördlichen Canaan. Unterwerfung des ganzen Landes.

V. 1—15. Der Krieg im nördlichen Canaan. V. 1—3. Auf die Nachricht von den Ereignissen im Süden verband sich der König von Hazor mit den Königen von Madon, Simron und Acsaph und andern Königen des Nordens zu gemeinschaftlicher Bekriegung der Israeliten. Dieses Bündniss ging von Jabin dem Könige Hazors aus, weil Hazor ehedem das Haupt aller Königreiche Nordcanaans war (v. 10). *Hazor*, nach der Eroberung und Niederbrennung durch Josua (v. 10 f.) wiederhergestellt und von neuem Königssitz (Jud. 4, 2. 1 Sam. 12, 9), von Salomo befestigt (1 Kg. 9, 15), von Tiglatpilesar erobert (2 Kg. 15, 29), gehörte zum Stamme Naphtali (19, 36), ist aber noch nicht wieder aufgefunden. Nach *Joseph. Ant. V, 5, 1* lag es über dem Samochonitis-See, dem heutigen Bahr el Huleh. *Robinson* (bibl. Forsch. S. 479) vermuthet es in den Ruinen auf dem Tell *Khuraibeh* gegenüber der Nordwestecke des Huleh-See's, deren Lage recht gut für Hazor passen würde, da es 19, 35 f. zwischen Rameh und Kedes aufgeführt wird. Dagegen kann die heutige Ruinenstelle *Huzzur* oder *Hazireh* mit ansehnlichen Bauresten aus dem höchsten Alterthume (s. *Rob.* bibl. Forsch. S. 80), mit der *Kn.* unser Hazor identificirt, deshalb nicht in Betracht kommen, weil diese etwa ³/₄ Stunden südwestwärts von Yathir gelegene Ruine dem Rama Asers (19, 29) so nahe liegt, dass Huzzur nicht zu Naphtali, sondern nur zum Gebiete Asers gehören konnte. Eher liesse sich an den Tell *Hazûr* oder *Khirbet Hazûr* südwestlich von Szafed denken (s. *Rob.* bibl. Forsch. S. 103 f.); aber diese Ruinen stammen nicht aus dem Alterthume, und gehören keiner Stadt sondern nur einem gewöhnlichen Dorfe an. *Madon*, nur noch 12, 19 erwähnt, ist seiner Lage nach ganz unbekannt. *Simron* שִׁמְרוֹן in 12, 19 שִׁמְרוֹן מְראֹן genannt, dem St. Sebulon zugetheilt (19, 15), ist gleichfalls unbekannt. Denn *Meron* lässt sich nicht mit *Kn.* in dem Dorfe *Marôn* mit Ruinen unweit Kedes, südwestlich davon (s. *Rob.* Pal. III S. 642 u. *v. de Velde Mem. p. 146*) suchen und dann *Simron* in der Ruinenstelle *Khuraibeh* 1 Stunde südlich von Kedes vermuthen, weil das Gebiet von Sebulon, zu welchem Simron gehörte, sich nicht so weit nach Norden erstreckt hat, und zur Annahme zweier Simron oder zur Unterscheidung des hier genannten Königssitzes von dem sebulonitischen Simron nicht der geringste Grund vorliegt. Auch die Vermuthung *Kn.*'s, dass das letztgenannte *Simron* mit dem kleinen Dorfe

Semunieh, wahrscheinlich dem *Simonias* des *Joseph. vita §. 24,* westwärts von Nazaret (s. *Rob.* Pal. III S. 439 f.) eins sei, hat keine Wahrscheinlichkeit. — *Acsaph* (אַכְשָׁף), Grenzstadt Asers (19, 25), ist auch noch unbekannt, und weder mit *Rob.* (bibl. Forsch. S. 70) in den Trümmern von *Kesáf* zu suchen, weil diese viel zu weit im Norden, noch nördlicher als *Abel* (*Abil*) des St. Naphtali, liegen, um die Grenze Asers bilden zu können; noch lässt es sich mit *Akko* (*Ptolemais*) identificiren, wie *Hamelsveld* u. *Kn.* wollen, weil עַכּוֹ mit אַכְשָׁף ausser dem Buchstaben כ nichts gemein hat. S. noch zu 19, 25. — V. 2. Ausserdem verband sich Jabin mit den Königen im Norden „auf dem Gebirge" d. i. dem Gebirge Naphtali (20, 7) und „in der Araba südlich von Kinnereth (19, 35)" d. h. im Ghore südwärts vom galiläischen Meere und „in der Niederung" d. i. dem nördlichen Strich derselben etwa bis Joppe hinab und „auf den Höhen von Dor." Die Stadt *Dor,* von Phöniziern die sich wegen der vielen Purpurmuscheln daselbst niederliessen erbaut (*Steph. Byz.* u. Δῶρος), den Manassiten im Gebiete Asers zugetheilt (17, 11 vgl. 19, 26) und von den Josephiten in Besitz genommen (1 Chr. 7, 29), lag am mittelländischen Meere unterhalb des Vorgebirges Carmel, 9 r. Meilen nördlich von Cäsarea, gegenwärtig ein Flecken Namens *Tantura* oder *Tortura* mit beträchtlichen Ruinen (*Wilson the holy Land II p. 249* u. *v. de Velde* Reise I S. 251). Die alte Stadt lag ¼ Meile nördlicher auf einem geringen Höhenzuge, der mit Trümmern bedeckt ist (*Ritter* Erdk. 16 S. 608 f. *v. de Velde Mem. p. 307*), woran sich nordwärts Felsenreihen mit vielen Grotten und ausgehauenen Wohnungen anschliessen (*Buckingh.* Syrien I S. 101 f.). Dies sind die נָפוֹת דּוֹר „die Höhen von Dor" oder נָפַת דּוֹר „der Höhenzug von Dor" 12, 23. 1 Kg. 4, 11. — V. 3. Nämlich mit den Cananitern im Osten und Westen, den Amoritern und andern auf dem Gebirge wohnenden Stämmen (vgl. 3, 10) und „den Hevitern unter dem Hermon im Lande Mizpa" d. i. die Landschaft unterhalb *Hasbeya* zwischen dem *Nahr Hasbany* im O. und der *Merdsch Ayûn* im W. mit dem von Drusen bewohnten Dorfe *Mutulleh* oder *Mtelleh,* welches auf einem mehr als 200 Fuss hohen Hügel liegt und einen herrlichen Blick über das Becken Huleh gewährt und davon seinen Namen hat: مطلّع d. i. Aussicht, *specula,* dem hebr. מִצְפָּה entsprechend, welches *Saad.* zu Gen. 31, 49 auch durch مطلع übersetzt, vgl. *Rob.* bibl. Forsch. S. 489 u. Pal. III S. 888.

V. 4—9. Diese Völkerschaften zogen mit ihren Heeren aus, ein Kriegsvolk zahlreich wie der Sand am Meere (vgl. Gen. 22, 17 u. a.), und sehr vielen Rossen und Wagen. Alle diese Könige kamen nämlich mit einander überein (יִוָּעֲדוּ) *sc.* über den Krieg und Kampfplatz und lagerten sich am Wasser *Merom,* mit Israel zu kriegen. Dem Namen מֵרוֹם, in der arab. Version ميروم *Meirûm,* entspricht ميرون *Meirôn,* ein Dorf, dessen Name auch *Meirûm* gesprochen wird, ein berühmter Wallfahrtsort der Juden, weil dort die Gräber Hillels, Schammai's, Simeons ben Jochai und anderer berühmter Rabbinen sein sollen (vgl. *Rob.* Pal. III S. 597 f.), 2 Stunden W. zu N. von Szafed, auf einem felsigen Berge, an dessen Fusse eine Quelle entspringt, welche einen kleinen Bach bildet und im Thale unterhalb Szafed hinfliesst (*Seetzen* R. II S. 127 f. *Rob.* bibl. Forsch. S. 93 ff.). Dieses Wasser, das in der Regenzeit den See von Tiberias in der Gegend von Bethsaida erreichen soll, ist aller Wahrscheinlichkeit nach (mit *Kn.*) für das „Wasser von Merom" zu halten, da nach *Joseph.* (*Ant. V, 1, 18*) diese Könige sich πρὸς Βηρώθῃ (*de bell. jud. II, 20, 6* u. *vit. 37* Μηρώθ genannt), πόλει τῆς Γαλιλαίας τῆς ἄνω, Κηδίσης οὐ πόῤῥω lagerten.[1] — V. 6 ff. Ob dieser ungeheuern Anzahl und der durch die Menge ihrer Rosse und Wagen furchtbaren Macht der Feinde ermuthigte der Herr wieder, wie 8, 1, Josua zum Kampfe[2] durch die Verheissung, dass er morgen sie alle geschlagen Israel preisgeben werde; nur solle Josua ihre Rosse lähmen (עָקַר Gen. 49, 6) und die Wagen verbrennen. אָנֹכִי vor נֹתֵן steht mit Emphase: *Ego istam rem providebo, mea potentia quae immensa est, quam tibi toties patefeci, meoque nutu, quo coelum terraque concutiuntur, ista gerentur. Mas.* — V. 7 f. Also ermuthigt überfielen die Israeliten die Feinde (נָפַל בּ wie Hi. 1, 15), schlugen sie nordwestwärts bis Sidon, westwärts bis Misrephoth-Majim und in die östlich gelegene Ebene von Mizpa. *Sidon*, mit dem Beinamen רַבָּה die Grosse (wie 19, 28) als damalige Metropole von Phönizien, während sie schon zu Davids Zeit ihren alten Glanz verloren hatte und von ihrer Tochterstadt Tyrus überflügelt war, jetzt *Saida*, eine Stadt von 5 bis 6000 Einwohnern mit vielen grossen und wohlgebauten Häusern, vgl. *Rob.* Pal. III S. 696 u. *Movers* Phönizier II, 1 S. 86 ff. — *Misrephoth Majim* (hier und 13, 6) schon von den griech. Uebersetzern als *nom. propr.* gefasst, von den Rabbinen und christlichen Auslegern durch Salinen, oder Schmelzhütten oder Glashütten gedeutet (s. *Gesen. thes. p. 1341*), ist eine Sammlung von Quellen, *Ain Mesherfi* genannt, am Fusse des Vorgebirges, das mit seinem Steilpasse *Ras el Nakhùra* heisst, die *Scala Tyriorum* oder *Passepoulain* der Kreuzfahrer, s. v. *de Velde* Mem. p. 335 u. *Ritter* Erdk. 16 S. 807. — בִּקְעַת מִצְפָּה ist wahrscheinlich das Becken des *Huleh*-See's und des Nahr *Hasbany*, an dessen Westseite das Land *Mizpa* lag (v. 3). — V. 9. Mit den erbeuteten Wagen und Rossen verfuhr Josua nach dem Gebote des Herrn v. 6.

V. 10—15. Nach Vernichtung der fliehenden Feinde von ihrer Verfolgung zurückgekehrt, nahm Josua Hazor ein, schlug ihren König sammt allen Einwohnern mit der Schärfe des Schwerts und verbrannte die Stadt, die ehemalige Hauptstadt aller jener Königreiche. Gleicherweise verfuhr

---

1) Die herkömmliche Meinung, dass „Wasser Merom" der alttestamentliche Name des Samochonitis- oder Huleb-See's sei, gründet sich auf kein geschichtliches Zeugniss, sondern ist von *Hadr. Reland* (*Palaest. ill. p. 262*) nur gefolgert a) aus der Notiz des *Joseph.* (*Ant. V, 5, 1*) dass Hazor über dem See Samochonitis liege, wobei man ohne weiteres voraussetzte, dass die Schlacht bei Hazor stattgefunden habe, b) aus der vermeintlichen Gleichheit der Bedeutung der Namen, dass nämlich Σαμοχωνῖτις, von سمخل hoch sein kommend, dasselbe bedeute wie מָרוֹם Höhe, wobei aber מֵרוֹם willkührlich, mit Ausserachtlassung des *Zere*, mit מָרֹם identificirt worden.

2) *Quo plus negotii et difficultatis erat in delendo tam populoso et tam bene instructo exercitu, eo magis necessaria fuit nova fiduciae accessio. Itaque Deus servo suo Josue apparet ac promittit eundem quem prius aliquoties dederat successum. Calvin.*

er mit den übrigen Städten, nur dass er diese nicht niederbrennen, sondern auf ihren Hügeln stehen liess. In הֶעֹמְדוֹת עַל־תִּלָּם (v. 13) liegt weder
eine Hindeutung auf besondere Festigkeit der Städte, noch ein Gegensatz
zu den in Thälern und Ebenen erbauten Städten, sondern nur der Gedanke, dass diese Städte noch auf ihrem Hügel d. h. auf ihrem alten
Flecke stehen, vgl. Jer. 30, 18 (das Partic. עֹמְדוֹת drückt nicht das Präteritum, sondern das Präsens aus). Zugleich liegt darin, dass die Städte
gewöhnlich auf Hügeln erbaut waren. Die Punctation in תִּלָּם ist nicht
(mit *Kn.*) anzutasten. Der Singular: „auf ihrem Hügel" ist distributiv zu
fassen: die, jede auf ihrem Hügel, nach wie vor stehen. Der *inf.* הַשְׂמִיר
wie 8, 22. — Mit v. 15: „So wie Jehova seinem Knechte Mose geboten
u. s. w. (vgl. Num. 33, 52 ff. Deut. 7, 1 ff. 20, 16) wird die Erzählung von
den Kriegen Josua's geschlossen und der Uebergang zu den Schlussbemerkungen über die Einnahme des ganzen Landes v. 16—23 gemacht.
לֹא הֵסִיר דָּבָר er that nicht ab (weg) ein Wort d. h. liess keins unausgeführt.

V. 16—23. **Rückblick auf die Eroberung des ganzen Landes.**
V. 16 f. Josua nahm dieses ganze Land ein, nämlich die schon 10, 40 f.
genannten Theile des südlichen Canaan, ferner die Araba und das Gebirge Israel und dessen Niederung (s. v. 2) d. i. den nördlichen Theil des
Landes (in dem v. 1—15 beschriebenen Feldzuge), also Canaan nach seiner ganzen Ausdehnung „von dem glatten Gebirge das gen Seir aufsteigt"
im Süden „bis Baal-Gad im Thale des Libanon unter dem Hermon."
הָהָר הֶחָלָק וגו hier und 12, 7 als Südgrenze Canaans genannt, ist wol nicht
die Reihe weisslicher Klippen, die sich 8 engl. Meilen unterhalb des todten Meeres schräg über die Araba hinüberzieht und die Scheidungslinie
in der Araba bildet, durch welche dieses Thal gegenwärtig in *el Ghor* und
el Araba getheilt wird (*Rob.* Pal. III S. 32 f. 37 f.), wie ich früher meinte,
auch nicht der heutige *Madara*, ein vereinzelter, merkwürdig aussehen-
der Kreideberg südwestlich vom Passe Sufah (*Rob.* III S. 147 f.), ein steil-
seitiger völlig nackter Berg in einer unfruchtbaren Ebene, dessen Wände
aus mürbem Gestein und Erde von blei- und aschgrauer Farbe bestehen
(*Seetzen* R. III S. 14 f.), wie *Kn.* meint, sondern wahrscheinlich der Nord-
rand des Azazimehgebirges mit seinen weissglänzenden Kreidemassen
(*Fries* in d. theol. Studien 1854 S. 76). — *Baal-Gad* d. i. Ort oder Stadt
des als Gad (Jes. 65, 11) verehrten Baal (hier u. 12, 7. 13, 5), auch *Baal-
Hermon* genannt (Jud. 3, 3. 1 Chr. 5, 23), ist nicht Baalbek, sondern das
spätere *Paneas* oder *Caesarea Philippi*, das heutige *Banjas*, s. zu Num.
34, 8 f. So v. *Raumer* u. *Robins.*, während v. *de Velde* Mem. p. 300 geneig-
ter ist, Baal-Gad in den Ruinen von *Kalat* (Kastell) *Bostra* oder von *Kalat
Aisafa*, jene 1½ Stunden, diese 3 St. nördlich von Banjas, zu suchen, deren Lage auch zu den bibl. Angaben über Baal-Gad passen würde. Das
„Thal des Libanon" ist nicht *Coelesyria*, die heutige *Bekâa* zwischen dem
Libanon und Antilibanus, sondern die Thalebene an der südlichen Ab-
dachung des Dschebel Scheik (Hermon). — V. 18 ff. Mit den Königen Canaans führte Josua lange Zeit (יָמִים רַבִּים) Krieg, nach 14, 7 u. 10 zu
schliessen gegen 7 Jahre, wogegen *Josephus (Ant. V, 1, 19)* nach ungenauer
Berechnung 5 Jahre angibt, s. zu 14, 10. Keine Stadt ergab sich den

Israeliten friedlich ausser Gibeon; Alles haben sie in Krieg genommen.
„Denn vom Herrn geschah es" (v. 20) d. h. Gott fügte es so, dass sie (die
Cananiter) ihr Herz verhärteten zum Krieg gegen Israel, damit sie dem
Banne verfielen und ohne Gnade vertilgt würden. Ueber die Verhärtung
des Herzens als göttliche Fügung vgl. die Erörterungen über die Verstockung Pharao's zu Ex. 4, 21. Man darf hieraus nicht folgern, dass wenn
die Cananiter den Israeliten friedlich entgegengekommen wären, Gott seinen Befehl sie auszurotten zurückgenommen und den Israeliten erlaubt
haben würde, mit ihnen Frieden zu schliessen. Denn bei dem Friedens-
schlusse mit den Gibeoniten hatten die Israeliten den Willen des Herrn
nicht gefragt und sich gegen denselben vergangen (s. zu 9,14); sondern
diese Bemerkung ist eben mit Rücksicht auf jenes Verfahren mit den Gibeoniten gemacht und schon von *Augustin qu. 8 in Jos.* richtig so erklärt
worden: *Quoniam quibusdam ultro praebuerunt Israelitae misericordiam,
quamvis contra Dei mandatum; ad hoc dictum esse intelligendum est, istos
ita bellasse ut non eis parceretur, nec ab eis Israelitae neglecto Dei man-
dato ad misericordiam flecterentur.*

In v. 21 u. 22 wird nachträglich noch die Ausrottung der Enakiten
auf dem Gebirge Juda und Israel berichtet und dadurch die Geschichte
der Unterwerfung und Ausrottung der Cananiter im Süden des Landes
(c. 10) vervollständigt. Dieser Nachtrag ist weder für ein von anderer
Hand eingeschaltetes Fragment, noch für eine Entlehnung aus einer andern Quelle zu halten. Vielmehr erachtete der Verf. unsers Buches mit
Rücksicht auf Num. 13, 28 u. 31 ff. für nöthig, noch ausdrücklich zu erwähnen, dass Josua auch die von den Kundschaftern unter Mose als
furchtbare Riesen geschilderten Enakssöhne aus ihren Wohnsitzen ausgerottet und in die philistäischen Städte Gaza, Gath und Asdod zurückgedrängt hatte. בָּעֵת הַהִיא weist auf die יָמִים רַבִּים v. 18 zurück: zu jener
Zeit, da Josua mit den Cananitern Krieg führte. וַיַּכְרֵת וגו erklärt *Cler.*
richtig: *eos qui inciderunt in manus suas occidit, ceteros fugavit, sed qui
paullo post redierunt ut docemur c. XV, 14.* Ueber die עֲנָקִים s. zu Num.
13, 22. Ihren Hauptsitz auf dem Gebirge hatten sie in Hebron (el Khulil
s. 10, 3), Debir (s. zu 10, 38) und Anab. Dieser Ort עֲנָב auf dem Gebirge
Juda (15, 50) hat sich mit dem alten Namen in dem Dorfe *'Anáb* erhalten,
4—5 Stunden südlich von Hebron, an der östlichen Seite des grossen
Wady *el Khulil*, der sich von Hebron bis Beerseba hinabzieht (*Rob.* Pal. II
S. 421 f.). „Und vom ganzen (übrigen) Gebirge Juda und dem ganzen Gebirge Israel", letzteres in 17, 15 Gebirge Ephraim genannt. Beide zusammen bilden den Grundstock des Landes Canaan und scheinen durch
den grossen Wady *Beit Hanina* gegen einander begrenzt worden zu sein,
s. *Rob.* Pal. II S. 587. Ihre Namen haben sie daher erhalten, dass der südliche Theil des Berglandes von Canaan dem Stamme Juda, der nördliche
dem St. Ephraim und andern Stämmen Israels als Erbtheil zufiel. [1] —

---

1) Diese Unterscheidung erklärt sich vollkommen aus den Verhältnissen der Zeit
Josua's. Juda und der Doppelstamm Joseph (Ephraim und Manasse) erhielten durchs
Los zuerst ihre Erbtheile. „Während Juda in seinen südlichen Besitz einrückt —
bemerkt hierüber treffend *König* alttestl. Stud. I S. 85 — sind alle Stämme noch in

Gaza, Gath und *Asdod* waren Philisterstädte, von welchen Gaza und Asdod zwar dem Stamme Juda zugetheilt (15, 47), aber von den Israeliten
niemals in Besitz genommen wurden, obschon die Philister zu Zeiten den
Israeliten unterworfen waren, s. zu 13, 3. — Mit v. 23ᵃ: „So nahm Josua
das ganze Land ein u. s. w." wird die Geschichte der Eroberung Canaans
durch Josua abgeschlossen und mit v. 23ᵇ: „und Josua gab es Israel zum
Erbe" der Uebergang zum zweiten Theile des Buches vorbereitet. Das
Verzeichniss der besiegten Könige c. 12 bildet nur einen Anhang zum
ersten Theile.

Die Einnahme des *ganzen* Landes setzt nicht die Eroberung aller
Städte und Ortschaften bis auf die letzten und die Ausrottung sämmtlicher Cananiter aus allen Winkeln des Landes voraus, sondern nur eine
Eroberung, durch welche die Macht der Cananiter gebrochen, ihre Herrschaft vernichtet und ihr ganzes Land dermassen in die Hand der Israeliten gebracht war, dass die hie und da noch übrig gebliebenen zu macht-
losen Flüchtlingen herabgedrückt waren, welche gegen Israel nichts mehr
ausrichten, ihm den Besitz des Landes nicht mehr streitig machen konnten, wenn nur Israel den Geboten seines Gottes nachstrebend fortfuhr die
zerstreuten Ueberreste nach und nach zu vertilgen. Zudem hatte Israel
in dem mächtigen Beistande des Herrn, den es bei der bisherigen Eroberung erfahren, das sicherste Unterpfand, dass der treue Bundesgott ihm
auch bei den noch übrigen Kämpfen beistehen und zum vollständigen Sieg
und zum gänzlichen Besitz des gelobten Landes verhelfen werde. Von
diesem Gesichtspunkte die Lage der Dinge betrachtet, hatte Josua das
ganze Land eingenommen und konnte nun, um das vom Herrn ihm aufgetragene Werk zu vollenden, zur Austheilung desselben an die Stämme
Israels schreiten. Josua hatte in Wahrheit alles gethan, was der Herr zu
Mose geredet hatte. Denn der Herr hatte nicht blos die Ausrottung der
Cananiter Mosen zugesagt, sondern hatte auch zugleich gesagt, dass er
die Cananiter nicht auf einmal, nicht „in einem Jahre" vertreiben werde,
sondern nach und nach bis Israel sich vermehre und das Land einnehme,
Ex. 23, 28 — 30 vgl. Deut. 7, 22. Im Hinblicke auf diese Verheissung
konnte der Verf. unsers Buches mit vollem Rechte sagen: „Josua hat das
ganze Land eingenommen gemäss allem was (ganz so wie) der Herr zu
Mose geredet hatte." Damit war aber nicht ausgeschlossen, dass zur gänzlichen Ausrottung sämmtlicher Cananiter aus allen einzelnen Theilen des

---

Gilgal; später als Ephraim und Manasse in dem ihrigen sind, lagert ganz Israel ausser Juda in Silo; und zwar werden beide Theile durch das noch herrenlose, später
dem St. Benjamin zugefallene Gebiet von einander getrennt; ausserdem befindet sich
Altar, Stiftshütte und Bundeslade inmitten Josephs und der übrigen im Lager zu Silo
noch versammelten Stämme. Musste nicht die Vorstellung eines Gegensatzes zwischen Juda einerseits und dem übrigen Israel andrerseits, in dem der Doppelstamm
Joseph und hier wieder Ephraim so mächtig hervortrat, sich immer mehr festsetzen,
musste der im Keime früher schon vorhandene nicht hier seine Reife erhalten? Und was
war natürlicher, als dass das Gebirge, wo die בְּנֵי יְהוּדָה ihre Sitze hatten, Gebirge
Juda, und dasjenige, wo das ganze übrige Israel lagerte, wo die übrigen בְּנֵי יִשְׂרָאֵל
bei einander waren, Gebirge *Israel* und zugleich, weil die Gegend Eigenthum des
St. Ephraim war, Gebirge *Ephraim* (19, 50. 20, 7; auch 24, 30) genannt wurde?"

Landes noch viel zu thun übrig blieb. Daher begründet die Aufzählung von nicht eroberten Städten und Gegenden und von noch übrig gebliebenen Cananitern c. 13, 1—6. 17, 14 ff. 18, 3. 23, 5. 12 durchaus keinen Widerspruch mit den Aussagen unserer Verse, welcher zu kritischen Hypothesen und Folgerungen über Verschiedenheit der Verfasser berechtigte. Die zur Zeit noch unerobert gebliebenen Landestheile hätte Israel ohne schwere und langwierige Kämpfe noch einnehmen und die noch übrigen Cananiter ausrotten können, wenn es nur nicht lässig in der Treue gegen seinen Gott und in der Erfüllung seiner Gebote geworden wäre. Wenn also die völlige Eroberung des ganzen Landes in der nächsten Folgezeit nicht ausgeführt wurde, sondern im Gegentheile die Cananiter wiederholt die Oberhand über die Israeliten gewannen, so haben wir den Grund hievon nicht darin zu suchen, dass Josua das Land nicht vollständig eingenommen und unterworfen hatte, sondern einzig darin, dass der Herr seinem Volke wegen seines Abfalles von ihm seinen Beistand entzog und es zur Züchtigung für seine Sünden in die Gewalt seiner Feinde dahingab. — Die Austheilung des Landes zum Erbtheile für die Israeliten geschah „gemäss ihren Abtheilungen nach ihren Stämmen." מַחְלְקוֹת bezeichnet die Abtheilung der 12 Stämme Israels in Geschlechter, Vaterhäuser und Familien; so hier und 12, 7. 18, 10. Damit vgl. 1 Chr. 23, 6. 24, 1 u. a., wo es von den verschiedenen Abtheilungen der Priester und Leviten steht. „Und das Land ruhte vom Kriege" d. h. der Krieg war beendigt, so dass das friedliche Geschäft der Verlosung des Landes vorgenommen werden konnte, vgl. 14, 15. Jud. 3, 11. 30. 5, 31 u. a.

Cap. XII. Verzeichniss der von Israel geschlagenen Könige Canaans.

In den geschichtlichen Berichten über die Kriege Josua's im Süden und Norden Canaans ist nur die Besiegung und Tödtung der Könige, die sich zum Kriege wider Israel verbündet hatten, einzeln erwähnt, und schliesslich summarisch angegeben, dass Josua alle Könige im Süden und Norden geschlagen und ihre Städte eingenommen habe (10, 40. 11, 17). Zur Vervollständigung der Geschichte dieser Eroberungen liefert daher unser Cap. noch ein namentliches Verzeichniss aller geschlagenen Könige, und zwar nicht allein der von Josua im diesseitigen Lande überwundenen, sondern auch der beiden schon unter Mose besiegten Amoriterkönige des Ostjordanlandes, um alle Siege, welche Israel unter dem allmächtigen Beistande seines Gottes gewonnen, zu einem Gesammtbilde zu vereinigen.

V. 1—6. Verzeichniss der *Könige*, welche die Israeliten schlugen und deren Land sie einnehmen *jenseits des Jordan*, nämlich das Land am Bache Arnon (Modscheb s. Num. 21, 13) bis zum Hermon (Dschebel es Scheikh, Deut. 3, 8) und die ganze östliche Araba (das Jordanthal auf der Ostseite des Flusses). Wegen des ה *loc.* in מִזְרְחָה הַשֶּׁמֶשׁ vgl. *Ew.* §. 216ᵇ. — V. 2 u. 3. Ueber Sihon und sein Reich s. Num. 21, 24. Deut. 2, 36. 3, 16 f. — „*Aroër* am Arnon" d. i. die Ruinenstätte *Araayr* am nördlichen

Rande des Modscheb s. Num. 32, 34. וְתוֹךְ הַנַּחַל „und (von) der Mitte des Thales an" d. i. nach den Parallelstellen 13, 9. 16 u. Deut. 2, 36 von der Stadt im Arnonthale, der Num. 22, 36 erwähnten Stadt Moabs, *Ar* oder *Areopolis* (s. zu Num. 21, 15) in der Nähe von Aroër, welche als exclusiver *terminus a quo* des von den Israeliten eingenommenen Landes neben dem inclusiven *terminus* Aroër genannt ist. „Das halbe Gilead" d. i. die Berglandschaft auf der Südseite des Jabbok (s. zu Deut. 3, 10) „bis zum Flusse Jabbok" d. i. dem obern Jabbok, dem heutigen Nahr Ammân (s. zu Num. 21, 24). — V. 3. „Und (über) die Araba u. s. w. herrschte Sihon d. h. über die Ostseite des Ghor zwischen dem galiläischen und dem todten Meere, s. zu Deut. 3, 17. „Des Wegs nach Beth-Jesimoth und gen Süden unter den Abhängen des Pisga" (s. zu Num. 21, 15 u. 27, 12) d. h. bis zu dem nordöstlichen Wüstensaume am todten Meere herab, s. zu Num. 22, 1. — V. 4 u. 5. „Und das Gebiet des Og" *sc.* nahmen sie in Besitz (יָרְשׁוּ v. 1). Ueber Og vgl. Deut. 3, 11 und über seine Residenzen *Astharot*, wahrsch. im Tell *Aschtereh* erhalten, s. zu Gen. 14, 5 und *Edrei*, jetzt *Draa* oder *Dêra* s. zu Num. 21, 33. Ueber sein Gebiet s. Deut. 3, 10. 13. 14. — V. 6. Diese beiden Könige schlug Mose u. s. w., vgl. Num. 21, 21 ff. u. 32, 33 ff.

V. 7—24. Verzeichniss der von Josua geschlagenen 31 *Könige Canaans* auf der Westseite des Jordan „von Baalgad im Thale des Libanon bis zu dem glatten Gebirge, das gen Seir aufsteigt (s. 11, 17). Dies Land gab Josua den übrigen Stämmen Israels; über die verschiedenen Theile desselben s. zu 9, 1. 10, 40 u. 11, 2. — V. 9 ff. Die einzelnen Könige sind der Reihe nach, wie sie besiegt worden, aufgeführt: Jericho (6, 1), Ai (7, 2), Jerusalem, Hebron, Jarmuth, Lachis und Eglon (10, 3), Geser (10, 33), Debir (10, 38). Die v. 13ᵇ u. 14 aufgezählten sind in c. 10 nicht namentlich aufgeführt. *Geder* vielleicht eins mit *Gedor* auf dem Gebirge Juda (15, 58), unter dem alten Namen *Dschedur* erhalten (*Rob.* Pal. II S. 412 u. bibl. Forsch. S. 370). *Horma* d. i. Verbannung im Süden Juda's (15, 30) und den Simeoniten zugetheilt (19, 4) hiess bei den Cananitern *Zephat* (Jud. 1, 17, vgl. die Erkl. zu Num. 21, 3), am südlichen Abhange des Gebirges der Amalekiter oder Amoriter, die jetzige Trümmerstätte *Sepâta* am Westabhange der Hochebene *Rakhma*, 2½ Stunden südwärts von Khalasa (Elusa), s. *Ritter* Erdk. 14 S. 1085. — *Arad* auch im Negeb, hat sich in Tell *Arad* erhalten s. zu Num. 21, 1. *Libna* s. zu 10, 29. *Adullam*, in 15, 35 unter den Städten der Niederung zwischen Jarmuth und Socho aufgeführt, in der Nähe einer grossen Höhle, in welche David vor Saul flüchtete (1 Sam. 22, 1. 2 Sam. 23, 13), von Rehabeam befestigt (2 Chr. 11, 7), als πόλις Ὀδολλὰμ noch 2 Makk. 12, 38 erwähnt, wird im *Onomast.* irrthümlich 10 röm. M. östlich von Eleutheropolis gesetzt; ist noch unentdeckt. Der Lage nach könnte *Deir Dubbân* passen, 2 St. nördlich von Beit Dschibrin mit vielen in weissem Kalkstein befindlichen, eine Art von Labyrinth bildenden Höhlen und gewölbten Grotten in seiner Nähe, vgl. *Rob.* Pal. II S. 610 f. u. *v. de Velde* Reise II S. 162 f. — *Makkeda* vielleicht *Summeil* s. zu 10, 10. *Bethel* d. i. *Beitin* s. 8, 17. — Die Lage der folgenden, in v. 17 u. 18 genannten Städte lässt sich nicht mit Sicherheit bestimmen, weil die Namen *Tappuach*, *Aphek* und *Hefer* in verschiedenen

Gegenden Canaans wiederkehren und *Lassaron* gar nicht weiter vorkommt. Achten wir aber darauf, dass wie von v. 10 an zuerst die Königsstädte aufgezählt sind, deren Einnahme in c. 10 einzeln berichtet ist, woran v. 15 u. 16 Städte sich anreihen, die im Kriege mit den südlichen Cananitern eingenommen wurden, so gleicherweise in v. 19 u. 20 die Hauptstädte der verbündeten Könige Nordcanaans in erster Reihe vorkommen
und darauf die übrigen in jenem Kriege eroberten und in c. 11 nicht namentlich aufgeführten Städte folgen, so kann es nicht zweifelhaft sein,
dass die 4 Städte v. 17 u. 18 zu den im Kriege mit dem Könige von Jerusalem und seinen Verbündeten eingenommenen Königssitzen zu zählen
und im südlichen Canaan, nicht im Norden, zu suchen sind. Hienach dürfen wir *Tappuach* nicht mit *v. de Velde* u. *Kn.* für einerlei mit *En-Tap-
puach* 17,7 halten und in *Atûf* nordöstlich von Nablus in der Nähe des
Jordanthales suchen, sondern wir müssen an das *Tappuach* in der Niederung Juda's (15,34) denken, dessen Lage freilich noch nicht ermittelt ist.
Auch *Hefer* (חֵפֶר) ist weder mit Gath-Hefer im St. Sebulon (19,13), noch
— wie *Kn.* will — vielleicht mit *Chafarajim* im St. Isaschar (19,19) zu
identificiren, sondern ist höchst wahrscheinlich die Hauptstadt des Landes
Hefer (1 Kg. 4,10) und in der Nähe von Socho in der Ebene Juda zu suchen. *Aphek* ist vermuthlich die Stadt dieses Namens unfern Ebenezer
(1 Sam. 4,1), wo die Israeliten die Bundeslade an die Philister verloren,
und wol auch in der Ebene Juda, nicht aber in dem Dorfe *Ahbek* (*Rob.*
Pal. II S. 598) zu suchen, sondern noch nicht wieder aufgefunden. *Kn.*
denkt an Aphek nicht ferne von Iesreel (1 Sam. 29,1), welches nach dem
Onom. nicht weit von Endor lag (1 Sam. 29,1. 1 Kg. 20,26.30), aber dieses
Aphek liegt zu weit nach Norden. *Lassaron* nur hier vorkommend und
bis jetzt ganz unbestimmbar. *Kn.* denkt an den Ort *Saruneh* westwärts
vom See Tiberias (*Rob.* III S. 887) und vermuthet, dass dieser Name durch
Aphäresis der Liquida aus Lassaron verstümmelt sei. Möglich, wenn nur
Lassaron so weit nördlich zu suchen wäre. *Bachienne* u. *Rosenm.* vermuthen Lassaron in dem Dorfe *Saron* in der berühmten Ebene dieses Namens zwischen Lydda und Arsuf. — V. 19 f. *Madon, Hazor, Simron-Meron*
und *Acsaph* s. zu 11,1. — V. 21. *Taanach*, den Manassiten im Gebiete
Isaschars zugetheilt und den Leviten eingeräumt (17,11. 21,25), aber
den Cananitern nicht ganz entrissen (Jud. 1,27), ist der heutige Tell *Taë-
nak*, ⅜ Stunden südöstlich von Ledschun, ein mit Korn besäter flacher
Hügel, während das Dörfchen *Taänak* am südöstlichen Fusse des Tell den
alten Namen erhalten hat, s. *v. de Velde* Reise I S. 269 u. *Rob.* III S. 387.
— *Megiddo* gleichfalls den Manassiten im St. Isaschar zugetheilt, ohne
dass die Cananiter daraus ganz vertrieben wurden (17,11. Jud. 1,27),
von Salomo befestigt (1 Kg. 9,15) und noch dadurch bekannt, dass Ahasja
hier gestorben (2 Kg. 9,27) und Josia von Pharao Necho hier geschlagen
und getödtet worden (2 Kg. 23,29 f. 2 Chr. 35,20 ff.), ist von *Rob.* (III
S. 412 ff.) in dem späteren *Legio*, dem heutigen *Ledschun* nachgewiesen
worden, vgl. *Rob.* bibl. Forsch. S. 153 f. u. *v. de Velde* Reise I S. 265 ff. —
V. 22. *Kedes* Leviten- und Freistadt auf dem Gebirge Naphtali (19,37.
20,7. 21,32), die Heimath des Barak (Jud. 4,6), von Tiglat-Pilesar er-

obert und entvölkert (2 Kg. 15, 29) und nach dem Exile noch genannt
(1 Makk. 11, 61 ff.), jetzt ein unbedeutendes Dorf mit dem alten Namen,
nordwestwärts vom Huleh-See, nach *van de Velde* (Reise II S. 355) nichts
als ein elendes Gehöfte auf einem Tell am S. W. Ende einer wohlbebauten
Bergebene, mit einer Menge von Alterthümern, behauenen Steinen, Säu-
lentrümmern, Sarkophagen und zwei Ruinen von grossen Gebäuden, mit
weiter und freier Aussicht nach allen Seiten. Vgl. auch *Rob.* bibl. Forsch.
S. 482 ff. — *Jokneam* beim *Carmel*, Levitenstadt im Gebiete Sebulon's
(19, 11. 21, 34), vermuthen *van de Velde* (R. I S. 248 f.) und *Robins.* (bibl.
Forsch. S. 148 f.) in dem Tell *Kaimôn* auf der Ostseite des Wady *el Milh*,
am nordwestlichen Ende einer südostwärts hinstreichenden Hügelkette,
welcher 200 Fuss hoch ist und eine sehr dominirende Lage hat, so dass
er den Hauptpass an dem westlichen Theile Esdreloms nach der südlichen
Ebene beherrscht. *Kaimôn* ist die arab. Namensform des alten *Καμμωνά,*
Cimana, welches *Euseb. u. Hieron.* im *Onom.* 6 r. M. nördlich von *Legio*
auf dem Wege nach Ptolemais nennen. — V. 23. *Dor* s. 11, 2. *Gilgal*
Sitz des Königs der *Gojim* (גוים *nom. propr.* wie Gen. 14, 1), aller Wahrscheinlichkeit nach einerlei mit der im *Onom. u. Gelgel* genannten *villa*
nomine Galgulis 6 r. M. nordwärts von Antipatris, die noch in dem mus-
limischen Dorfe *Dschildschule* (jetzt fast eine Ruine, s. *Rob.* bibl. Forsch.
S. 179) existirt, obgleich dieses Dorf nur 2 Meilen OSO. von Kefr Sâba,
dem alten Antipatris liegt, s. *Ritter* Erdk. 16 S. 568 f. — *Thirza*, Residenz
der Könige von Israel bis auf Omri (1 Kg. 14, 17. 15, 21. 33. 16, 6 ff.) ist
wahrscheinlich das heutige *Talluza* (طلّوزا), ein hoch und schön gelegener, von mächtigen Olivenhainen umringter Flecken von ansehnlicher
Grösse, 2 Stunden nördlich von Sichem, nach *Rob.* bibl. Forsch. S. 396 f.
u. *van de Velde* Reise II S. 294.

II. Die Vertheilung des Landes Canaan an die Stämme Israels. Cap. XIII—XXIV.

Die Vertheilung des gelobten Landes unter die Israeliten wird eingeleitet durch den Befehl des Herrn an Josua: nun da er alt geworden dieses Werk vorzunehmen, obgleich verschiedene Strecken Landes noch unerobert seien (13, 1—7), woran sich die Beschreibung des schon von Mose
eroberten und an 2½ Stämme vertheilten Ostjordanlandes anschliesst
(13, 8—33). Alsdann wird c. 14—21 die Vertheilung des diesseitigen
Landes an die übrigen 9½ Stämme durch Josua nach ihrem geschichtlichen Verlaufe so berichtet, dass nicht blos die den einzelnen Stämmen
durchs Los zugefallenen Erbtheile nach ihren Grenzen und Städten der
Reihe nach beschrieben, sondern in diese Beschreibung zugleich die geschichtlichen Umstände bei der Verlosung und Vertheilung des Landes aufgenommen sind. Diese geschichtlichen Nachrichten hängen mit

den geographischen Beschreibungen der Stammgebiete so eng zusammen, dass aus denselben erst der geschichtliche Hergang bei der Landesvertheilung (vgl. hierüber besonders die Bemerkk. zu c. 14, 1) und die Verschiedenheit der Anlage und Ausführung in der Beschreibung der einzelnen Stammgebiete verständlich und klar wird. Während nämlich bei den Landestheilen, welche die Stämme Juda und Benjamin erhielten, nicht nur die Grenzen ringsum genau verzeichnet, sondern auch die Städte darinnen einzeln aufgezählt sind (c. 15 u. 18, 11—28), fehlt beim Stamme Joseph (Ephraim und Halbmanasse) das Verzeichniss der Städte gänzlich (c. 16 u. 17), und bei den Besitzungen der übrigen Stämme sind entweder nur Städte genannt, wie bei Simeon und Dan (19, 1—9 u. 40—48) oder Grenzen und Städte zusammen, beide aber unvollständig aufgeführt, so bei Sebulon, Isaschar, Aser und Naphtali (19, 10—16. 17—23. 24 —31 u. 32—39). Diese Unvollständigkeit namentlich bei den letztgenannten Stammgebieten erklärt sich daraus, dass im nördlichen Canaan noch sehr viele Strecken Landes in den Händen der Cananiter waren und die Israeliten weder durch den Feldzug Josua's im Norden, noch durch die vor Vertheilung des nördlichen Landes zur Aufnahme desselben ausgesandten Männer (18, 4—9) eine genaue und vollständige Kenntniss des Landes erlangt hatten, um gleich anfangs vollständige Grenz- und Städteverzeichnisse anfertigen zu können. Aus demselben Grunde, nämlich weil ein grosser Theil des dem St. Joseph zutheil gewordenen Gebiets noch von den Cananitern besetzt war (vgl. 17, 14—18), erklärt sich wol auch das Fehlen des Städteverzeichnisses bei den Stämmen Ephraim und Halbmanasse, wogegen das Fehlen der Grenzen bei Simeon und Dan seinen Grund darin hat, dass dem ersteren sein Erbtheil innerhalb des St. Juda, dem andern das seinige zwischen Juda und Ephraim fiel und hier der freigebliebene Raum für die Daniten zu klein war, so dass Ephraim und Juda denselben einige Städte von ihren Gebieten abtreten mussten. — So spricht gerade die Ungleichmässigkeit und Unvollständigkeit in den geographischen Verzeichnissen der Stammgebiete entschieden dafür, dass uns in denselben die Verzeichnisse vorliegen, welche bei der Vertheilung des Landes durch Josua angefertigt worden waren. Damit streitet auch der Umstand nicht, dass mehrere Städte mit verschiedenen Namen vorkommen, wie *Bethsemes* und *Irsemes* (15, 10. 19, 41. 21, 16), *Madmanna* und *Beth Marcaboth*, *Sansanna* und *Hazar-Susa* (15, 31. 19, 5), *Schilchim* und *Scharuchen* (15, 32. 19, 6), *Remeth* und *Jarmuth* (19, 21. 21, 29) u. a. geringere Verschiedenheiten. Denn diese Verschiedenheit erklärt sich zur Genüge daraus, dass solche Orte zwei verschiedene Namen führten, die *promiscue* gebraucht werden konnten, während bei andern die Namensverschiedenheit sich auf verschiedene Aussprache oder Schreibung desselben Namens beschränkt, z. B. in קַמָּה und קַרְתָּה (19, 15. 21, 34), אֶשְׁתְּמֹה und אֶשְׁתְּמֹעַ (15, 50. 21, 14), בְּצֶלָה und בָּלָה (15, 29. 19, 3), אֶלְתְּקֵה und אֶלְתְּקֵא (19, 44. 21, 23), oder nur in Verkürzung eines zusammengesetzten Namens besteht, wie *Ramoth* in Gilead für *Ramath Mizpe* (21, 36. 13, 26), *Bealoth* und *Baalath-Beer* (15, 24. 19, 8), *Lebaoth* und *Beth-Lebaoth* (15, 32. 19, 6), *Hammath* und *Hammoth Dor* (19, 35. 21, 32). — Hätte dagegen der Verf. unseres Buches aus späteren Quellen geschöpft, oder, wie *Kn.* wähnt, nur die Ergebnisse späterer Landesaufnahmen gegeben, so würde in den Verzeichnissen ohne Zweifel grössere Gleichförmigkeit herrschen. [1]

Cap. XIII. Der göttliche Befehl zur Vertheilung des Landes Canaan. Beschreibung des Gebiets der 2½ Stämme auf der Ostseite des Jordan.

V. 1—14 bilden die **Einleitung zur Vertheilung des Landes** an die 12 Stämme Israels. V. 1—7. Der *Befehl des Herrn* an Josua, das Land Canaan an die 9½ Stämme durchs Los auszutheilen. V. 1 enthält nur den Anfang des göttlichen Befehles, der Schluss folgt erst in v. 7 nach. V. 2 —6 sind ein, den Inhalt des letzten Satzes von v. 1 näher bestimmender,

---

1) Die Gründe, welche *Kn.* für seine Behauptung anführt, sind einestheils aus unbeweiskräftigen und unrichtigen Annahmen formirt, anderntheils auf willkührliche Voraussetzungen gegründet. 1. Für die Behauptung: „dass die Verzeichnisse eine Menge Städte nicht enthalten, welche innerhalb der angegebenen Grenzen lagen und bereits in ältester Zeit vorhanden waren, z. B. im Süden Tamar (Gen. 14, 7), Arad (Num. 21, 1), Atbach, Rachal, Aroer und Siphamoth (1 Sam. 30, 28 ff.), Gerar (Gen. 20, 26), in der Sephela Gaza, Askalon, Gath, Asdod, Jabne und Joppe (s. 15, 45 ff.), in Benjamin Michmas und Nob (1 Sam. 13, 2 ff. 22, 19), im Norden des Landes Aphek, Lassaron, Madon, Simron Meron und Merom (11, 5 12, 18 — 20), sowie Meros und Ajjalon (Jud. 5, 23. 12, 12) -- diese und andere Orte würden hier nicht fehlen, wenn Josua und seine Genossen wie das Land so auch die Städte vertheilt und die Verzeichnisse davon dem Verf. vorgelegen hätten" — für diese Behauptung möchte der Beweis schwer zu führen sein, da *Kn.* ja selbst zugesteht, dass die uns überlieferten Verzeichnisse Lücken haben, die zum Theil erweislich erst auf Rechnung der Abschreiber kommen, wie das Fehlen eines ganzen Abschnitts hinter 15, 19 und hinter 21, 35 Dazu kommt aber noch, dass die Philisterstädte Asdod und Gaza in 15, 46 wirklich genannt und die übrigen wenigstens angedeutet sind, und *Kn.* c. 15, 45—47 erst willkührlich aus dem Texte herauswirft, um sie dann als nicht erwähnt aufführen zu können, dass ferner bei mehrern der als fehlend aufgezählten Orte, wie Atbach, Rachal, Siphamoth u. a. es noch sehr fraglich ist, ob sie zu Josua's Zeiten schon Städte waren, deren Nennung man zu erwarten berechtigt wäre, dass endlich nicht blos von Ephraim und Manasse gar keine, sondern auch von Sebulon, Aser und Naphtali nur unvollständige Städtekataloge gegeben sind und diese Lückenhaftigkeit und Unvollständigkeit sich wie schon oben bemerkt worden aus den geschichtlichen Verhältnissen, unter welchen die Verlosung des Landes erfolgte, genügend erklärt. 2. Die andere Behauptung: „Josua's Eroberungen reichten nicht bis auf den Libanon (13, 4 f.) und doch führt der Verf. dort Städte der Aseriten an (19, 28. 30); Bethel ward erst nach Josua eingenommen (Jud. 1, 22 ff.) und Jerusalem ebenfalls (Jud. 1, 8) und hatte noch in der ersten Zeit der Richter keine hebräischen Einwohner (Jud. 19, 12), gleichwol nennt der Verf. beide Orte als Städte der Benjaminiten (18, 22. 28); Jericho und Ai lagen zu Josua's Zeit in Trümmern (6, 24. 8, 28), erscheinen aber hier als wieder aufgebaute benjaminitische Städte (18, 21. 23); eben so verhält es sich mit Hazor in Naphtali (11, 13. 19, 36), und nach Jud. 1, 1. 10 ff. sollen auch Hebron und Debir erst in der Zeit nach Josua erobert worden sein", stützt sich *a.* auf die falsche Voraussetzung, dass Josua nur diejenigen Städte durch's Los an die Stämme Israels vertheilt habe, die er dauernd erobert hatte, während er nach dem göttlichen Befehle das ganze Land, das nicht eroberte eben so gut wie das schon eroberte, den Israeliten vertheilte, *b.* auf die irrige Meinung, dass die zerstörten Städte, wie Jericho, Ai und Hazor, als bereits „wieder aufgebaute" den Israeliten zugetheilt worden wären, wovon im biblischen Texte kein Wort steht. — Nicht anders

aus mehrern Gliedern bestehender Zwischensatz. Als Josua alt geworden, befahl ihm der Herr, weil er in Jahren vorgerückt und noch viel
Land einzunehmen sei, „dieses Land" d. h. das ganze Land Canaan den
9½ Stämmen als Erbe zu vertheilen, und verhiess ihm zugleich die Vertreibung der Cananiter aus den noch nicht eroberten Theilen des Landes
(v. 6). Die W.: „alt geworden und in die Jahre gekommen" (vgl. Gen. 24,
1. 18, 11 u. a.) bezeichnen das vorgerückte Lebensalter in seinen verschiedenen Stufen bis zur Nähe des Todes, wie z. B. 23, 1. Josua mochte damals 90—100 Jahr alt sein. Die Hinweisung auf das hohe Lebensalter
Josua's dient nur zur Motivirung des göttlichen Befehls. Weil er schon
alt geworden und doch noch viel Land einzunehmen war, sollte er zur
Vertheilung Canaans schreiten, um vor seinem Tode noch dieses Werk,
zu dem er auch berufen war, auszuführen, während Josua selbst vielleicht
meinen mochte, dass unter den obwaltenden Umständen die Zeit zur Verlosung des Landes noch nicht gekommen wäre. — In v. 2—6 werden die
noch uneroberten Landstriche einzeln aufgezählt. Zu הַנִּשְׁאֶרֶת ist aus v. 1
לְרִשְׁתָּהּ zu suppliren. V. 2 u. 3. Alle *Kreise der Philister* (גְּלִילוֹת Kreise von
abgegrenzten, um die Hauptstadt herumliegenden Landschaften). Gemeint
sind die 5 philistäischen Staaten, deren Fürsten v. 3 genannt werden.
„Und das ganze *Gesuri*" d. i. nicht die Landschaft Gesur in Peräa (v. 11.
13. 12, 5. Deut. 3, 14), sondern das Gebiet der Gesuriten, einer kleinen
Völkerschaft im Süden Philistäa's am Saume des an Aegypten grenzen-
den nordwestlichen Theiles der arabischen Wüste, die nur noch 1 Sam.
27, 8 erwähnt wird. Das Land der Philister und Gesuriten erstreckte sich
vom Sichor Aegyptens (im Süden) bis zum Gebiete von Ekron (im Norden). שִׁחוֹר eig. der schwarze Fluss ist nicht der Nil, weil dieser in der
schlichten Prosa stets יְאֹר heisst (Gen. 41, 1. 3. Ex. 1, 22) und auch nicht
עַל־פְּנֵי angesichts d. h. östlich von Aegypten, sondern mitten durch Aegypten fliesst. Der „Sichor vor Aegypten" ist der Bach (נַחַל) Aegyptens,
der Ῥινοκορούρα, der heutige Wady *el Arisch*, der 15, 4. 47 u. ö. als Südwestgrenze Canaans gegen Aegypten hin genannt ist, s. zu Num. 34, 5.
Ekron (Ἀκκαρών LXX) die nördlichste der 5 Hauptstädte der Philister,
zuerst dem St. Juda zugetheilt (15, 11. 45), bei der weiteren Theilung aber
zum St. Dan geschlagen (19, 43) und nach Josua's Tode von Juda erobert (Jud. 1, 18), aber nicht auf die Dauer, jetzt *Akir* (عاقر), ein ansehnliches Dorf in der Ebene, 2 Stunden südwestlich von Ramla und ostwärts
von Jamnia, ohne Ruinen aus alter Zeit ausser zwei alten ummauerten
Brunnen, vielleicht aus den Zeiten der Kreuzfahrer, vgl. *Rob.* Pal. III
S. 229. v. *de Velde Mem. p. 308 f.* u. Reise II S. 172 f. — „Zu den Cananitern werde gerechnet (das Gebiet der) fünf Philisterfürsten" d. h. dem
Lande Canaan gleich geachtet und wie dieses an Israel vertheilt. Diese

verhält es sich mit den Argumenten, welche *Kn.* für die Zusammensetzung von c. 13
—21 aus 3 verschiedenen Urkunden geltend macht. Die sachlichen Widersprüche
sind in den Text hineingetragen, wie sich bei der Erklärung der betreffenden Stellen
zeigen wird, und die sprachlichen Unterschiede beweisen nichts weiter, als dass in
der geographischen Aufzählung der Grenzen und Städte von Priesterthum, Opferdienst und andern Dingen, die niemand hier erwartet, nichts vorkommt.

Bemerkung war nöthig, weil die Philister nicht von Canaan abstammten
(s. zu Gen. 10, 14) und doch gleich diesen vertrieben werden sollten als
Eindringlinge in cananitisches Gebiet, vgl. Deut. 2, 23. סַרְנֵי von סְרָן die
stehende Bezeichnung der Philisterfürsten (vgl. Jud. 3, 3. 16, 5 ff. 1 Sam.
5, 8 u. a.) bed. nicht: Könige, sondern Fürsten und wechselt mit שָׂרִים (vgl.
1 Sam. 29 v. 6 mit v. 4 u. 9); jedenfalls die einheimische oder philistäische
Benennung der Philisterfürsten, aber nicht von derselben Wurzel wie שׂר,
sondern mit סָרָן axis rotae zusammenhängend in der tropischen Bed.
princeps, wofür das Arabische mehrere Analogien bietet, vgl. Gesen. thes.
p. 972. — Die Hauptstädte dieser 5 Fürsten waren: עַזָּה d. i. die feste,
Γάζα, Gaza, dem St. Juda zugetheilt und von den Judäern eingenommen
(15, 47. Jud. 1, 18), aber nicht lange behauptet, noch jetzt eine bedeutende Stadt von c. 15000 Einwohnern mit dem alten Namen Ghazzeh,
1 Stunde vom Meere entfernt, mit der Hafenstadt Majuma am Meere, die
südwestlichste Stadt Palästina's, vgl. Rob. Pal. II S. 636 ff. Ritter Erdk. 16
S. 35 ff. Stark Gaza u. die philist. Küste (1852) S. 45 ff. — Asdod, Ἄζωτος,
auch dem St. Juda zugetheilt (15, 46 f.), Sitz des Dagoncultus, wohin die
Philister die erbeutete Bundeslade brachten (1 Sam. 5, 1 ff.), von Usia erobert (2 Chr. 26, 6), später von Tartan, dem Feldherrn Sargons eingenommen (Jes. 20, 1) und von Psammetich 29 Jahre lang belagert (Herod. 2,
157), jetzt Esdud, ein muhammedanisches Dorf mit 100 bis 150 elenden
Hütten, auf einer niedrigen und bewaldeten runden Anhöhe auf dem
Wege von Jamnia nach Gaza, 2 Meilen südlich von Jamnia, gegen
½ Stunde vom Meere entfernt, vgl. Rob. II S. 629. Mehr bei v. Raum. Pal.
S. 174, Ritter Erdk. 16 S. 94 ff. u. Tobler dritte Wanderung S. 26 ff. —
Askalon nach Josua's Tode von den Judäern erobert (Jud. 1, 18) bald aber
wieder unabhängig (vgl. Jud. 14, 19. 1 Sam. 6, 17 u. a.), jetzt 'Askulán am
Meere zwischen Gaza und Asdod, 5 Stunden nördlich von Gaza, mit weiten und beträchtlichen Ruinen, vgl. v. Raum. S. 173 f. Ritter 16 S. 69 ff. u.
Tobl. S. 32 ff. — Gath (Γέθ LXX), lange Zeit Sitz der Rephaiten, Heimath Goliaths (11, 22. 1 Sam. 17, 4. 23. 2 Sam. 21, 19 ff. 1 Chr. 20, 5 ff.),
wohin die Philister von Asdod die Bundeslade und dann weiter nach
Ekron schafften (1 Sam. 5, 7—10), erst von David den Philistern entrissen (1 Chron. 18, 1), unter Salomo philistäischer Königssitz, ohne Zweifel
unter israelitischer Hoheit (1 Kg. 2, 39. 5, 1), von Rehabeam befestigt
(2 Chr. 11, 8), unter Joas von den Syrern eingenommen (2 Kg. 12, 18), von
Usia wieder erobert (2 Chr. 26, 6. Am. 6, 2), seitdem heruntergekommen
und nicht weiter erwähnt und noch nicht wieder aufgefunden,[1] vgl. Rob. II

---

[1] Nach dem Onom. u. Γέθ (Geth) war es ein Ort 5 r. M. von Eleutheropolis
nach Diospolis zu, wogegen Hieronym. zu Mich. 1 sagt: Gath vicina Judaeae con-
finio et de Eleutheropoli euntibus Gazam nunc usque vicus vel maximus, dagegen
zu Jer. 25: Geth vicina atque confinis est Azoto, woraus klar genug erhellt, dass
dem Kchv. die Lage des philistäischen Gath unbekannt war. — Hitzig (Urgeschichte
der Philister S. 154) und Kn. halten Βαιτογάβρα des Ptolem. V, 16, 6, Betogabri in
Tabul. Peuting. IX, e, das Eleutheropolis der Kchv., das heutige Beit Dschibrin, eine
sehr bedeutende Ruinenstelle, für das alte Gath, aber nur nach sehr fraglichen ety-
mologischen Combinationen, während Thenius in Käuffer's Studien II S. 152 es an
der Stelle des heutigen Deir Dubban sucht, auch nicht mit stichhaltigen Gründen.

S. 690 f. *v. Raum.* Pal. S. 191 f. — „Und die Avviter (Avväer) gen Süden."
Die עַוִּים scheinen, nach Deut. 2, 23 zu schliessen, zu den von den Cananitern bereits vorgefundenen Stämmen des Landes gehört zu haben, welche die Philister bei ihrer Einwanderung unterjochten und ausrotteten.
Unter den canaitischen Stämmen Gen. 10, 15—19 werden sie nicht genannt. Doch fehlen zureichende Gründe dafür, sie nach *Ew.* (Gesch. I
S. 310 f.) mit den Gesuriten (v. 2) oder nach *Bertheau* mit den Enakiten
zu identificiren. Auch lässt sich nicht entscheiden, ob sie hamitischer
oder semitischer Abkunft waren, vgl. *Stark* Gaza S. 32 ff. Das מִתֵּימָן v. 4
zu Anfang ist nach LXX, *Syr.* u. *Vulg.* zu v. 3 zu ziehen und mit הָעַוִּים zu
verbinden. Die Avväer wohnten südlich von den Philistern, südwestwärts
von Gaza. Die Verbindung mit dem Folgenden: „Gegen Süden das ganze
Land der Cananiter" gibt keinen irgendwie passenden Gedanken. Denn
was südlich von Gaza oder dem Philistergebiete etwa noch von Cananitern bewohnt war, kann nicht „das ganze Land der Cananiter" genannt
sein. Wollte man aber mit *Mas.* u. *Rosenm.* diese Worte von den südlichen
Grenzgegenden Canaans verstehen, von den *regis Arad et vicinorum regu-*
lorum ditiones, qui in Judaeae extremitate dominabantur ad deserta Pha-
ran, Zin, Kades cet., so spricht dagegen entscheidend, dass Arad und die
angrenzenden Districte constant zum Negeb gerechnet werden, vgl. 15,
21 ff. mit 10, 40. 11, 16, wie schon Num. 21, 1. Hiezu kommt, dass Josua
nach 10, 40 f. u. 11, 16 f. den ganzen Süden Canaans von Kades Barnea
bis nach Gaza geschlagen und eingenommen hat, hier also nichts unerobert geblieben war, was in unserer Stelle als nicht von den Israeliten eingenommen hätte genannt werden können. Denn dass die Gegenden, welche Josua siegreich durchzog und einnahm, nicht alle sogleich dauernd
von den Israeliten behauptet wurden, das kommt hier gar nicht in Betracht. Hätte der Verfasser alle diese Orte aufzählen wollen, so hätte er
noch viele andere Districte nennen müssen.

Ausser dem philistäischen Gebiete im Südwesten war uneingenommen geblieben v. 4 f. im Norden a) „das ganze Land der Cananiter" d. i.
der an der Küste wohnenden Phönizier und „die Höhle welche den Sidoniern gehörte bis Aphek." מְעָרָה Höhle ist der heutige *Mugr Dschezzin*
d. i. Höhle von *Dschezzin* ostwärts von Sidon in einer steilen Felsenwand
des Libanon, jetzt ein Schlupfwinkel der Drusen, s. zu Num. 34, 8 (I, 2
S. 370) u. *O. Fr. v. Richter* Wallfahrten im Morgenl. S. 133. — *Aphek* oder
Aphik, dem St. Aser zugetheilt (19, 30. Jud. 1, 31), bei den Griechen Ἄφα-
κα mit einem Venustempel, welchen Constantin des unzüchtigen Cultus
wegen zerstören liess (*Euseb. vita Const.* 3, 55), heute *Afka,* ein unbedeu-
tendes Dorf, aber ein Ort von seltener, tief ergreifender Schönheit, auf
einer Terrasse des Libanon, bei der Hauptquelle des *Adonis*-Flusses
(*Nahr Ibrahim*) mit Ruinen des alten Tempels in der Nähe, umgeben von
Hainen der herrlichsten Wallnussbäume, nordostwärts von Beirut, vgl.
O. Fr. v. Richter S. 106 f. *Robins.* bibl. Forsch. S. 791 ff. u. *v. de Velde* Reise
II S. 398. — „Bis zum Gebiete der Amoriter." Diese Angabe ist dunkel.
An das ehemals von Amoritern bewohnte Gebiet des Og von Basan lässt
sich nicht denken, weil dieses nicht so weit nach Norden hinaufreichte,

und die Deutung von *Kn.*, dass weiter nordwärts nicht mehr Cananiter,
sondern Amoriter welche Semiten waren wohnten, stützt sich auf geschichtlich unerweisbare Hypothesen. — V.5. Uneingenommen war b)
auch „das Land der Gibliter" d. i. das Territorium der Bevölkerung von
Gebal (1 Kg. 5, 32. Ez. 27, 9), dem *Byblos* der Klassiker, am Mittelmeere
nordwärts von Beirut, von den Arabern *Dschebail* genannt, nach *Edrisi*
ed. *Jaubert I p. 356*: *jolie ville sur le bord de la mer, entourée de bonnes
murailles et de dependances vastes plantées d'arbres fruitiers et de vigno-
bles*, vgl. auch *Abulfed. Tab. Syr. p. 94*; noch jetzt eine Stadt mit einer
alten Mauer, von der einige Theile aus den Zeiten der Kreuzzüge herzu-
rühren scheinen, umgeben, vgl. *Burckh.* Syr. S. 296 u. *Ritter* Erdk. 17
S. 60 ff. [1] — „Und der ganze Libanon gegen Sonnenaufgang" d. i. nicht
der Antilibanus (*Kn.*), sondern der östlich von dem Gebiete von Gebal
liegende Libanon „von Baalgad unter dem Berge Hermon" d. i. *Paneas,
Banjas* am Fusse des Hermon (s. zu 11, 17) „bis zum Kommen nach Hamat" d. h. bis hinauf an das Gebiet des Reiches Hamat mit der Hauptstadt gleiches Namens am Orontes, s. zu Num. 34, 8. — V. 6. Endlich c)
„alle Bewohner des Gebirges vom Libanon bis zu Misrephot-Majim" d. i.
dem Vorgebirge *Nakura* (s. zu 11, 8), nämlich „alle Sidonier" d. h. alle
Phönizier, welche vom Libanon südwärts von der Grenze des Gebietes
von Hamat an bis hinab zum Vorgebirge Nakura wohnen. Die Sidonier
sind nach alter Sitte für Phönizier genannt wie bei Homer, weil Sidon die
älteste Hauptstadt Phöniziens war, vgl. *Gesen.* zu Jes. 1 S. 724 ff. — Alle
diese Völkerschaften will der Herr vor Israel ausrotten, daher soll Josua
das ganze nördliche Canaan, welches Phönizier bewohnten, an Israel verlosen. „Nur verlose es zum Erbe u. s. w." רַק nur d. h. obgleich du es noch
nicht eingenommen hast. הַפִּיל fallen lassen, hier vom Lose, d. h. verlosen.
*Quod tui officii est praesta in distributione terrae, nec a sorte eximatur
quod adhuc secure possident hostes: quia mihi curae erit, quod promisi im-
plere. Hinc discamus in suscipiendis negotiis sic pendere ab ore Dei, ne
qua dubitatio nos moretur. C a l v.*

V. 8—14. An den göttlichen Befehl, das diesseitige Canaan an die
9½ Stämme Israels zu vertheilen (v. 7), knüpft der Geschichtschreiber die
Bemerkung, dass die andern 2½ Stämme ihr Erbe schon durch Mose jenseits des Jordan empfangen hatten (v. 8), welches er dann nach seinem
Umfange beschreibt (v. 9—13) und dazu noch bemerkt, dass nur der St.
Levi dem Worte des Herrn gemäss kein Landgebiet zum Erbe empfangen habe (v. 14); worauf dann v. 15—33 die Beschreibung des jedem dieser 2½ Stämme von Mose zugetheilten Landes folgt.[2] Die Bemerkung
in v. 8 ist durch עִמּוֹ so eng an das Vorhergehende angeknüpft, dass die

---

1) Die Gründe, mit welchen *Movers*, Phönizier II, 1 S. 103 beweisen wollte,
dass die Gibliter nicht zu den Cananitern gehören, haben mehr Schein als Wahrheit.
2) Der Behauptung *Knobels*, dass v. 8—14 dem folgenden Abschnitte v. 15—33
unpassend vorgreifen, liegt reines Missverständniss zu Grunde. Denn der Bericht
über die Vertheilung des Ostjordanlandes an die 2½ Stämme (v. 15—33) konnte nicht
passender eingeleitet werden als durch die Beschreibung des Umfanges und der Haupttheile des zu vertheilenden Landes (v. 9—13).

Ausdrucksweise etwas ungenau geworden, indem עִמּוֹ mit ihm *sc.* mit Halb-Manasse gesagt ist statt: mit der andern Hälfte von Manasse haben die Rubeniten und Gaditen ihr Erbe empfangen u. s. w. Zur Sache vgl. Num. 32 u. Deut. 3, 8—17. Die letzten Worte von v. 8: „so wie es ihnen Mose, der Knecht Jehova's gegeben" sind nach dem Voraufgegangenen: „welches ihnen Mose gegeben" nicht tautologisch, sondern besagen, dass diese Stämme das von Mose ihnen gegebene Land, so wie Mose es bestimmt hatte, ohne irgend eine Veränderung seiner Festsetzungen erhielten. Die Grenzen dieses Landes v. 9—13 stimmen sachlich ganz mit c. 12, 2—5 u. Deut. 3, 8 ff. überein, obwol der Ausdruck theilweise variirt. בְּתוֹךְ הַנַּחַל חָעִיר אֲשֶׁר (v. 9) die Stadt im Thale d. i. *Ar* ist deutlicher als וְתוֹךְ הַנַּחַל 12, 2. „Die ganze Fläche" (הַמִּישׁוֹר) ist die amoritische, zum grössern Theile baumlose Hochebene, die sich vom Arnon bis Hesbon und nordostwärts bis Rabbat-Ammân ausbreitet (s. zu Deut. 3, 10) und Num. 21, 20 das Feld Moabs heisst. *Medeba* jetzt *Medaba* s. zu Num. 21, 30. *Dibon* jetzt eine Ruine *Dibân*, nordwärts von Arnon, s. zu Num. 21, 20. — V. 10 wie 12, 2. — V. 11. *Gilead* ist die ganze Landschaft dieses Namens zu beiden Seiten des Jabbok (s. zu 12, 2 u. Deut. 3, 10), das heutige Belka und Dschebel Adschlun, über deren Beschaffenheit vgl. die Bem. zu Num. 32, 1. — „Das Gebiet der Gesuriten und Maachatiten" ist c. 12, 5 als Grenze des Königreiches des Og und Deut. 3, 14 als Grenze des von dem Manassiten Jair eingenommenen Landes genannt; hier wird es mit zu dem Gebiete der transjordanischen Stämme gerechnet, ist aber von den Israeliten niemals wirklich in Besitz genommen worden, und (nach v. 13) wol auch dem Könige Og nicht wirklich unterthan gewesen. Die übrigen Angaben v. 11 u. 12 sind wie 12, 4 u. 5. — V. 14. Der Stamm Levi soll kein Land erhalten, sondern die Feuerungen Jehova's d. h. die Opfer mit Einschluss der Zehnten und Erstlinge (Lev. 27, 30—32 vgl. mit Num. 18, 21—32) sollen sein Erbe sein, so dass der Gott Israels selber Levi's Erbtheil genannt wird v. 33 wie Num. 18, 20, worauf die W.: „wie er ihm geredet" zurückweisen. Zur Sache vgl. die Erkl. zu Num. 18, 20.

V. 15—33. **Die Erbtheile der 2½ ostjordanischen Stämme.** V. 15—23. Der St. *Ruben* erhielt seinen Besitz im Süden, nämlich das Gebiet von Aroër im Arnonthale und von Ar in diesem Thale an, und die Fläche (Hochebene) bei Medeba (s. v. 9) mit Hesbon, der Hauptstadt und ihren d. h. den von ihr abhängigen Städten in der Ebene. *Hesbon* fast in der Mitte zwischen dem Arnon und Jabbok, lag auf der Grenze des Rubenitischen Erbes und wurde den Gaditen überlassen, welche sie den Leviten einräumten (21, 39. 1 Chr. 6, 66); s. zu Num. 32, 37. *Dibon* in Num. 33, 45 Dibon Gads genannt, weil die Gaditen sie gebaut d. h. befestigt hatten, südlich von Hesbon, nur 1 Stunde von Aroër am Arnon entfernt (v. 9). *Bamoth-Baal*, auch blos Bamoth genannt (Num. 21, 20. Jes. 15, 2), auf dem Dschebel Attarus zu suchen, s. zu Num. 21, 20. Dort sah Bileam das Ende des israelitischen Lagers (Num. 22, 41). *Beth-Baal-Meon* die jetzige Ruine *Myun* ¾ Stunde SO. von Hesbon, s. zu Num. 32, 38. *Jahza*, wo Sihon geschlagen wurde, lag nach dem *Onom.* ostwärts von Medeba und Dibon am Saume der Wüste, s. zu Num. 21, 23. *Kedemoth* an der Grenze der Wüste, nordwestlich von Kalaat Balua, an der nördlichen Seite des Balua oder obern Arnon zu suchen, s. zu Num. 21, 13. *Mephaat,* wo nach dem *Onom.* eine Besatzung zum Schutze gegen die Wüstenbewohner lag, ist in der Nähe von Jahza zu suchen, mit dem es immer zusammen genannt wird (Jer. 48, 21). Kedemoth und Mephaat wurden den Leviten überlassen (21, 37. 1 Chr. 6, 64). — V. 19 f. *Kirjathaim,* wo Kedor Laomer die Emim schlug, ist wahrscheinlich in der Ruinenstätte *et Teym,* ½ Stunde westlich von Medaba zu suchen, s. zu Gen. 14, 5. *Sibma* (Num. 32, 38), nach *Hieron.* zu Jes. 16, 8 nur 500 Schritt von Hesbon entfernt, scheint spurlos verschwunden zu sein. *Zereth haschachar* d. h. *splendor aurorae,* nur hier erwähnt „auf einem Berge des Thales" gelegen. Das Thal (הָעֵמֶק) ist nach v. 27 das Jordanthal oder vielmehr nach Gen. 14, 3. 8 das Thal Siddim, ein zur Ostseite des todten Meeres sich hinabziehendes Thal. *Seetzen* (R. II S. 369) vermuthet diese Stadt in der Ruine *Sará* südwärts vom Zerka Maein. *Beth-Peor* gegenüber Jericho, 6 r. M. höher (östlich) als *Libias,* s. zu Num. 23, 28. Die „Abhänge des *Pisga*" (12, 3. Deut. 3, 17) südlich davon am Nordostrande des todten Meeres, s. zu Num. 27, 12. *Beth-Jesimoth* (12, 3) im Ghor el Seisabân auf der Nordostseite des todten Meeres, s. zu Num. 22, 1. — In v. 21ᵃ sind die Ortschaften, welche Ruben ausser den namentlich aufgeführten erhielt, zusammengefasst in die W.: „und alle (übrigen) Städte der Ebene und das ganze Königreich Sihons" sc. so weit es sich über die Ebene erstreckte. Diese Beschränkungen der Worte ergeben sich aus dem Contexte; die erste daraus, dass in v. 17 schon Städte der Ebene genannt sind, die zweite daraus, dass nach v. 27 das „übrige Königreich Sihons" d. i. der nördliche Theil desselben den Gaditen zutheil wurde. — Die Erwähnung Sihons veranlasst den Erzähler, nochmals seiner Besiegung zu gedenken, s. zu Num. 31, wo in v. 8 auch die mit Sihon erschlagenen 5 midianitischen Vasallenfürsten genannt sind und zugleich die Tödtung Bileams erwähnt ist. נְסִיכֵי סִיחוֹן Vasallen Sihons. נְסִיכִים bed. aber nicht *uncti,* sondern eig. Gegossene, Gebildete, Belehnte. Das Wort weist hin auf die *productio principis per communicationem influxumque potentiae. G u s s e t. s. v.* — V. 23. „Und (so) war die Grenze der Söhne Rubens der Jordan und sein Gebiet" d. h. der Jordan und zwar das ihn begrenzende Gebiet oder Land. וּגְבוּל wie Num. 34, 6. Deut. 3, 16 f. u. ö. Sinn: Das Gebiet Rubens reichte, nämlich mit den zuletzt (v. 20) genannten Ortschaften, bis an das Gebiet des Jordan; denn seinem Haupttheile nach lag es östlich vom todten Meere, da es vom Arnon nur bis Hesbon d. i. bis zur Breite der Nordspitze des todten Meeres hinauf reichte. „Die Städte und ihre Dörfer." חַצְרֵי Gehöfte, wie Lev. 25, 31 von den Ortschaften ohne Ringmauern.

Das Erbtheil des St. *Gad* v. 24—28. Dieser erhielt *Jaëser* (wahrsch. es *Szyr* s. zu Num. 21, 32) und „alle Städte Gileads" d. h. der südlichen Hälfte Gileads, die zum Reiche Sihons gehörte; denn die nördliche, zum Reiche Ogs gehörige, Hälfte wurde den Manassiten gegeben (v. 31), „und die Hälfte des Landes der Söhne Ammons bis Aroër vor Rabba" d. i. derjenige Theil des Landes der Ammoniter zwischen dem Arnon und dem Jabbok, welchen die Amoriter unter Sihon den Ammonitern entrissen

hatten, nämlich das Land im Osten von Gilead, an der Westseite des obern
Jabbok (Nahr Ammân) Deut. 2, 37. 3, 16 vgl. Jud. 11, 13. Denn das Land
der Ammoniter d. h. das Land, welches dieselben zu Mose's Zeit noch inne
hatten, auf der Ostseite des Nahr Ammân, durften die Israeliten nicht angreifen (Deut. 2, 19). *Aroër* vor (עַל־פְּנֵי) Rabba d. i. Ammân (s. Deut. 3, 11)
ist Aroër Gads und von Aroër Rubens am Arnon (v. 16) zu unterscheiden,
ausser hier nur noch Jud. 11, 33. 2 Sam. 24, 5 erwähnt; es lag nach 2 Sam.
im Thale Gad (בְּתוֹךְ הַנַּחַל הַגָּד), also in einem Wady oder Thalbache, welchen *Gesen.* (*thes. p. 1074*) für einen Arm des Jabbok, *Then.* zu 2 Sam. für
den Jabbok selbst hält, beides ohne zureichende Gründe, und ist nicht in
der Ruine *Ayra* SW. von Szalt zu suchen, weil diese in keinem נַחַל Wady
liegt, sondern wahrscheinlich nordostwärts von Rabba im Wady Nahr
Ammân, an der Stelle des Kalat *Zerka Gadda,* welche Lage zu unserm
Verse und zu 2 Sam. 24, 5 passt und auch mit Jud. 11, 33 sich leicht vereinigen lässt.— In v. 26 wird die Ausdehnung des Gebietes von Gad beschrieben a) von Norden gen Süden: „von Hesbon (s. v. 17) bis *Ramat
Mizpe*" oder *Ramoth* in Gilead (20, 8), wahrscheinlich an der Stelle des
heutigen *Szalt* (s. zu Deut. 4, 43) „und *Betonim*", wahrscheinlich in der
Ruine *Batneh* auf dem östlichen Randgebirge des Ghor zwischen den Wady Schaib und W. Adschlun, in gleicher Breite mit Szalt zu suchen (nach
v. de Velde Mem. p. 298); b) die Nordgrenze von Westen nach Osten:
„von Mahanajim bis zum Gebiete Lidbirs." *Mahanajim* (Doppellager,
Gen. 32, 2), von Gad den Leviten eingeräumt (21, 30), wo Isboseth zum
Könige ausgerufen wurde (2 Sam. 2, 8 f.) und wohin David vor Absalom
floh (2 Sam. 17, 24. 27. 1 Kg. 2, 8), ist nicht mit *Kn.* in der Ruine von *Mey-
sera* südlich vom Jabbok, 4½ Stunden von Szalt zu suchen, sondern lag
im Norden des Jabbok, da Jakob erst nach der Engelerscheinung zu Mahanajim über die Furt des Jabbok ging (Gen. 32, 3 u. 23), im oder am Jordanthale (nach 2 Sam. 18, 23 f.), wahrscheinlich in der ihrer Lage nach
unbekannten Ruinenstätte *Mahne* (مَحنه *Rob.* III S. 920) erhalten, s. zu
Gen. 32, 3. לִדְבִיר ist ganz unbekannt, aber ל nicht für Präfix zu halten,
sondern zum Worte gehörig. *J. D. Michaelis* u. *Kn.* identificiren es mit
לוֹדְבָר oder לְאֹדְבָר 2 Sam. 9, 4 f. 17, 27, einem Orte, von welchem David auf
seiner Flucht vor Absalom zu Mahanajim Zufuhr erhielt und der östlich
von Mahanajim zu suchen ist. — V. 27. Gegen Norden scheint das
Stammgebiet von Gad bis an den Jabbok gereicht und nur bei Mahanajim, welches nach v. 30 die Grenze von Halb-Manasse bildete, über den
Jabbok hinauf sich erstreckt zu haben. Dagegen im Jordanthale zog sich
die Grenze bis zum galiläischen Meere hinauf. הַיָּם ist das Jordanthal
oder die Araba vom Wady Hesbân oberhalb des todten Meeres bis zum
galiläischen Meere hinauf, auf der Ostseite des Jordan, die zum Reiche
Sihons gehörte (12, 3. Deut. 3, 17). Die Nordgrenze des St. Ruben muss in
der Gegend des Wady Hesbân an den Jordan ausgelaufen sein. Im Jordanthale lagen *Beth-Haram*, das spätere *Libias* (*Λιβιάς*) das heutige *er
Rameh*, s. zu Num. 32, 36; *Beth-Nimra,* nach dem *Onom.* 5 r. M. nordwärts,
die heutige Ruine *Nimrein*, s. zu Num. 32, 36; *Succoth* nach dem *Onom.*
trans Jordanem in parte Scythopoleos, s. zu Gen. 33, 17; *Zaphon* (d. i. Nor-

den) vermuthlich nicht fern von der Südspitze des galiläischen Meeres. יֶתֶר מַמְלְכוּת ס der übrige Theil des Königreiches Sihon; denn der eine Theil desselben wurde den Rubeniten gegeben (v. 21). הַיַּרְדֵּן וּגְבֻל v. 27 wie v. 23.

Das Gebiet des *halben Stammes Manasse* v. 29—31 umfasste von Mahanajim (s. v. 26) an ganz Basan mit den 60 Jair-Städten und die (nördliche) Hälfte von Gilead, s. die Erkl. zu Deut. 3, 13—15. — V. 32 ist Schlussformel. Zur Sache vgl. Num. 34, 14 f. — V. 33 ist Wiederholung von v. 14.

Cap. XIV. Anfang der Vertheilung des Landes Canaan. Erbtheil Calebs.

V. 1—5 bilden die Ueberschrift und Einleitung zur Geschichte der Vertheilung Canaans an die 9½ Stämme, welche bis c. 19 reicht und mit der Schlussformel 19, 51 abgeschlossen wird. Die Vertheilung des Landes Canaan nach den Num. 34, 2—12 vorgezeichneten Grenzen wurde der Verordnung Num. 34, 16 — 29 zufolge ausgeführt durch den Hohepriester Eleasar, Josua und zehn Häupter von Vaterhäusern der 9½ Stämme, deren Namen Num. 34, 18—28 aufgezählt sind, mittelst des Loses (בְּגוֹרָל נַחֲלָתָם von אֲשֶׁר נִחֲלוּ v. 1 abhängig: durchs Los ihres Erbtheiles d. h. durch Auslosung desselben), wie der Herr durch Mose geboten (Num. 26, 52 —56. 33, 54 u. 34, 13), an die 9½ Stämme (לְתִשְׁעַת וגו hängt noch von נִחֲלוּ v. 1 ab). — V. 3. u. 4. So viel Stämme sollten Erbtheile erhalten; denn 2½ Stämme hatten ihre Erbe schon von Mose jenseits des Jordan empfangen und der Stamm Levi sollte kein Land zum Erbe erhalten. Hienach schienen nur noch 8½ Stämme zu versorgen zu sein (2½ + 1 + 8½ = 12), aber es waren doch noch 9½, denn die Söhne Josephs bildeten 2 Stämme, in Folge der Adoption von Ephraim und Manasse durch den Patriarchen Jakob Gen. 48, 5. Die Leviten aber sollen zwar keinen Antheil am Lande, aber doch Städte zum Wohnen mit dazu gehörigen Weidefluren für ihr Vieh erhalten, welche die übrigen Stämme denselben von ihren Erbtheilen überlassen sollen, nach der Verordnung Num. 35, 1—8. S. die Erkl. dieser Stelle.

Was nun die Vertheilung des Landes selbst betrifft, so sollte dieselbe (nach Num. 26, 52 ff.) zwar durch das Los, zugleich aber mit Rücksicht auf die verschiedene Grösse der Stämme so vollzogen werden, dass der zahlreichere Stamm einen grösseren Theil Landes erhielte als der minder zahlreiche. Dies liess sich nur dann erzielen, wenn man das Los nur zur Bestimmung der Lage der einzelnen Stammgebiete im Lande anwandte und dann die Grösse und den Umfang derselben nach der Familienzahl oder Stärke der einzelnen Stämme abgrenzte.[1] — Das Losen geschah ver-

---

1) *Atqui* — bemerkt hierüber schon *Calvin* richtig — *sors Judaeos velut in capite constituit, tribum vero Zabulon relegavit ad littus maris (?), tribum Ephraim longius submovit. Denique haec fuit sortis potestas, ut ab Aegypto Syriam versus a plaga septentrionali ad mare mediterraneum caderent sortes decem, ut alii finitimi essent Aegyptiis, alii maritima loca incolerent, alii tenerent partem altiorem,*

muthlich, wie schon die Rabbinen annahmen, mit zwei Urnen, die eine mit den Namenzetteln der 10 Stämme, die andere mit Zetteln von 10 Landestheilen gefüllt, aus welchen dann gleichzeitig ein Zettel mit dem Namen eines Stammes und einer mit dem Namen eines Landestheiles gezogen wurden. Der Ausfall des Loses galt als unmittelbare Entscheidung Gottes. *Neque enim hominum sententia vel arbitrio vel auctoritate sortitio regitur. Calv.* Vgl. noch die Bem. zu Num. 26, 56. -- In dem Berichte von der Vornahme der Verlosung fällt es auf, dass, nachdem die Stämme Juda und Joseph ihre Erbtheile erhalten haben, dieses Geschäft eine Unterbrechung erleidet, indem das Lager von Gilgal nach Silo verlegt und dort die Stiftshütte aufgerichtet wird (18, 1. 9), dann aber die noch übrigen Stämme so wenig Verlangen nach dem Empfange ihrer Erbtheile zeigen, dass Josua ihre Lässigkeit tadelt (18, 3) und sie auffordert, aus ihrer Mitte einen Ausschuss von 21 Männern, 3 von jedem Stamme, zu ernennen, die er aussendet, um das Land aufzuschreiben und in 7 Theile zu theilen, und dass erst, nachdem dies geschehen, die Verlosung fortgesetzt und jedem dieser 7 Stämme sein Erbtheil durchs Los zugetheilt wird. Die Ursache dieser Unterbrechung ist nicht angegeben, daher die Ausl. verschiedene Vermuthungen darüber aufgestellt haben, s. m. fr. Comment. z. B. Jos. S. 265 ff. Die meiste Wahrscheinlichkeit möchte folgende Vermuthung haben: Als Josua vom Herrn die Aufforderung empfangen, das Land an die Stämme durchs Los zu vertheilen, hatte man nach der bei der Eroberung und kriegerischen Durchstreifung desselben gewonnenen allgemeinen Kenntniss seines Umfangs und seiner Hauptparthieen eine ungefähre Eintheilung in 9 oder 10 Theile gemacht und ohne genauere Aufnahme und Vermessung mit der Verlosung begonnen, und die durchs Los zuerst herausgekommenen Districte nach der Grösse der Stämme, denen sie zugefallen waren, näher bestimmt. Sobald dies geschehen war, fingen die Stämme, denen das Los gefallen und bestimmt war, an in das ihnen zutheilgewordene Gebiet einzurücken und es in Besitz zu nehmen. Die genauere Feststellung der Grenzen liess sich aber nicht sofort bewerkstelligen, sondern erforderte längere Zeit und wurde wol überhaupt erst mit dem Einrücken des Stammes in sein Gebiet ganz regulirt. Auf diese Weise hatten die Stämme Juda, Ephraim und Halb-Manasse ihre Erbtheile nach einander empfangen. Während sie nun noch damit beschäftigt waren, dieselben in Besitz zu nehmen, wurde, ohne Zweifel zufolge göttlicher Bestimmung, für die Stiftshütte *Silo* als der Ort, an dem sie dauernd aufgerichtet werden sollte, erwählt und das Heiligthum dort aufgerichtet, womit sich natürlich das ganze Lager dorthin zog. Als nun aber hier die Verlosung für die übrigen Stämme fortgesetzt werden sollte, zeigten diese kein grosses Verlangen nach festen Wohnsitzen, da

---

alii in mediis vallibus subsiderent. Hoc constituto restabant praefectis populi suae partes, ut pro jure analogico fines undique circumscriberent. Fuit ergo in eorum arbitrio supputare quot millia capitum essent in unaquaque tribu et secundum paucitatem vel copiam hominum singulis adjudicare vel plus vel minus spatii. — Kürzer bemerkt hierüber Cleric. ad Num. 26,52: videtur sors spectasse tantum plagam coeli et viciniam, non vero extensionem agrorum.

sie, in der Wüste aufgewachsen, sich an das Nomadenleben so gewöhnt hatten, dass sie dasselbe lieber noch länger fortsetzen wollten, als festbegrenzte Erbtheile in Besitz nehmen, wozu wegen der im Lande noch übriggebliebenen Cananiter mehr Muth und Anstrengung erforderlich war, als ein Leben unter Zelten, bei dem sie wie einst Abraham, Isaak und Jakob mit ihren Horden neben den Cananitern im Lande herumziehen und von seinen Erzeugnissen sich nähren konnten, zu erfordern schien, da die noch übrigen Cananiter durch den Krieg so gebeugt waren, dass sie den Israeliten keine ernste Besorgniss einflössen konnten, so lange diese nur nicht darauf ausgingen sie ganz zu vertreiben und auszurotten. Aber Josua durfte es hiebei nicht bewenden lassen, wenn er dem vom Herrn erhaltenen Auftrage nicht untreu werden wollte. Daher tadelt er die Saumseligkeit dieser Stämme und befiehlt ihnen Anstalten zur weiteren Verlosung des Landes zu treffen. Da nun schon der Stamm Joseph nach Bestimmung seines Erbtheiles Unzufriedenheit über die Kleinheit desselben geäussert und dabei seine Feigheit zur Bekämpfung der Cananiter, welche in dem ihm zugefallenen Gebiete noch übrig waren, kundgethan hatte: so mochte Josua zugleich die Einsicht gewonnen haben, dass wenn die Verlosung in der angefangenen Weise nach nur ohngefährer Bestimmung der verschiedenen Landestheile fortgesetzt und zu Ende geführt würde, unter den übrigen Stämmen leicht noch grössere Unzufriedenheit entstehen könnte, indem dann wenigstens einige von ihnen Landestheile erhalten mussten, wo die Cananiter noch zahlreicher und mächtiger waren als im Gebiete Ephraims. Darum ordnet er, bevor zur weiteren Verlosung geschritten wurde, an, das übrige Land erst genau aufzunehmen, in sieben Districte zu theilen und die Beschreibung desselben ihm vorzulegen, damit erst hienach die einzelnen Gegenden unter die 7 Stämme verlost würden. Bei dieser Aufnahme des Landes hat sich ohne Zweifel herausgestellt, dass das nach Abzug der Gebiete von Juda und Joseph übriggebliebene Land in Verhältniss zu dem bereits vertheilten für die übrigen 7 Stämme zu klein war. Ausserdem hatte man gefunden, dass Juda's Antheil grösser war, als dieser Stamm ihn brauchte (19, 9). Dadurch wurden theilweise Abänderungen der bei der anfänglichen Theilung getroffenen Festsetzungen nothwendig gemacht. Das einmal gefallene Los aber konnte, weil sein Ausfall als göttliche Entscheidung galt, nicht für ungültig erklärt, darum keine neue Vertheilung des *ganzen* Landes an sämmtliche Stämme vorgenommen werden. So blieb denn nur die Auskunft, beide Stämme in den Gegenden, die ihnen durchs Los zugefallen waren, zu lassen (18, 5), aber von ihren Gebieten einzelne Theile für die übrigen Stämme abzunehmen, wodurch das Los, das ja den Umfang und die Grenzen nicht näher bestimmt hatte, in seinem Rechte unangetastet blieb. — Auf diese Weise erklärt sich sowol die Unterbrechung der zu Gilgal angefangenen Verlosung, als auch das eigenthümliche Verfahren bei der Fortsetzung dieses Geschäfts zu Silo.

V. 6—15. **Calebs Erbtheil.** V. 6 ff. Ehe die Verlosung ihren Anfang nahm, trat Caleb mit den Söhnen Juda's zu Josua und forderte für sich das Gebirge Hebron zum Eigenthum, unter Berufung darauf, dass vor

45 Jahren Mose ihm dasselbe eidlich zugesagt habe dafür, dass er nicht
mit den übrigen von Kades nach Canaan gesandten Kundschaftern das
Volk entmuthigt und zur Empörung gereizt habe, sondern dem Herrn
treu nachgefolgt sei.[1] Dies geschah zu Gilgal (s. S. 66), wo die Verlosung
vorgenommen werden sollte. *Caleb* war nicht „das Haupt der Judäer"
(*Kn.*), sondern nur das Haupt eines בֵּית־אָב von Juda, und zwar, wie aus
dem Zunamen: der Kenissite (הַקְּנִזִּי hier u. Num. 32, 12 = בֶּן קְנַז 15, 17.
Jud. 1, 13), Nachkomme des Kenas zu schliessen, Haupt des von *Kenas* abstammenden Vaterhauses d. i. einer Unterabtheilung des judäischen Geschlechts Hezron. Denn Caleb, nach 1 Chr. 2, 42 Bruder des Jerachmeel
und Vater der Achsa (1 Chr. 2, 49), ist eine Person mit dem 1 Chr. 2, 18
erwähnten Caleb, einem Nachkommen Hezrons. Durch den Zunamen:
„der Kenissite" wird Caleb oder vielmehr sein Vater Jephunne natürlich nicht für einen Abkömmling des cananitischen Zweiges der Kenissi-
ten (Gen. 15, 19) erklärt, sondern *Kenas* ist ein nicht weiter bekannter
Nachkomme Hezrons, des Sohnes Perez, des Enkels Juda's (1 Chr. 2, 5.
18 u. 25), also nicht Volks- sondern Person-Name, der wie aus 1 Chr. 4,
15, wonach einer von Calebs Söhnen wieder Kenas hiess, zu ersehen, in
diesem Geschlechte sich wiederholte. Die Söhne Juda's, die mit Caleb
vor Josua traten, sind demnach nicht Judäer insgemein oder Repräsentanten aller Geschlechter Juda's, sondern nur Glieder oder Repräsentanten des nach Kenas benannten Vaterhauses von Juda, dessen damaliges
Haupt Caleb war. Caleb erinnert Josua an das Wort, welches der Herr
in Kades Barnea ihretwegen geredet habe, d. h. auf die göttliche Zusage
Num. 14, 24 u. 30, dass sie beide (Caleb und Josua) in das Land Canaan
kommen sollten, und bemerkt v. 7 weiter: Als ich 40 Jahr alt von Mose
als Kundschafter nach Canaan gesandt wurde, brachte ich Antwort so wie
es mir ums Herz war d. h. nach bester Ueberzeugung, ohne Menschen-
furcht und Rücksicht auf Volksgunst. V. 8. Während die andern Kundschafter durch übertriebene Berichte von den Bewohnern Canaans das
Herz des Volks entmuthigten (vgl. Num. 13, 31—33), sei er dem Herrn
mit voller Treue nachgefolgt. Caleb liess sich nämlich weder durch das
böse Gerücht, das die andern Kundschafter von dem Lande ausbrachten,
noch auch durch das Murren und die Drohungen der aufgeregten Volks-
menge in der Treue gegen den Herrn und seine Zusage wankend machen,
vgl. Num. 14, 6—10. אַחַי „meine Brüder" (v. 8) sind die übrigen Kundschafter, natürlich mit Ausschluss Josua's, zu welchem Caleb redet.[2] הִמְסִיו

---

1) Die Gründe, mit welchen nach dem Vorgange *Maurers* u. A. noch *Knobel*
diese Erzählung dem sogen. Elohisten abspricht und für ein Bruchstück aus der ersten
Urkunde des Jehovisten erklärt, sind theils aus Missdeutungen einzelner Verse, theils
aus nichtigen Voraussetzungen formirt. Zur ersten Art gehören die Behauptungen,
dass Josua nach v. 8 u. 12 sich nicht unter den Kundschaftern befunden haben (vgl.
dageg. die Anmerk. zu v. 8), zur andern die Behauptung, dass der Elohist das Land
nicht durch Josua verleihen lasse und Caleb nicht so viel bekommen lasse (vgl. dageg.
die Erkl. zu v. 13), so wie die Aufzählung von allerlei Worten, die der Elohimurkunde
fremd sein sollen.

2) Die Ausschliessung Josua's ergab sich aus diesem Umstande von selbst, daher
es ganz verkehrt ist, wenn *Kn.* aus der Allgemeinheit des Ausdrucks d. h. aus der

für יִמְסוּ s. Ges. §. 75 Anm. 17 u. Ew. §. 142ª von מָסָה = מָסַס vgl. 2, 11.
— מִלֵּא אַחֲרֵי יְהוָֹה wie Num. 14, 24. — V. 9. Damals schwur Jehova, dass
das Land, welches sein (Calebs) Fuss betreten habe, ihm und seinen Söhnen auf ewig zum Erbe werden solle. Dieser Schwur ist weder in Num.
14, 20 ff. erwähnt, noch in Deut. 1, 35 f., wo Mose diese Sache vor dem
Volke wiederholt. Denn der Schwur Jehova's Num. 14, 21. 24, dass keiner von dem murrenden Volke das Land Canaan sehen, sondern allein
Caleb dorthin kommen und sein Same es besitzen solle, kann nicht gemeint sein, weil die in diesem Schwur Caleb gegebene Verheissung sich
nicht speziell auf den Besitz Hebrons bezieht, sondern auf das Land Canaan im Allgemeinen, auf „das Land, welches Jehova ihren Vätern geschworen." Wir müssen also annehmen, dass Gott damals ausser dem
Num. 14, 24 Mitgetheilten noch Caleb eine besondere, dort übergangene,
Zusage in Bezug auf den Besitz Hebrons gegeben habe, welche Caleb hier
vor Josua, der sie mit gehört hatte, in Erinnerung bringt. Diese besondere göttliche Zusage stand in bestimmter Beziehung zu den Worten, mit
welchen Caleb das gegen Mose tobende Volk zu beschwichtigen suchte
(Num. 13, 30), indem er sagte: „wir können das Land bewältigen" trotz
der Enakiten, die in Hebron wohnten und durch ihre riesige Grösse den
andern Kundschaftern so gewaltige Furcht eingeflösst hatten. Mit Rücksicht hierauf hatte der Herr Caleb gerade diese Gegend zum Erbtheile
verheissen. Auf diese Verheissung gründet Caleb v. 10—12 seine Bitte,
ihm, der jetzt nach 45 Jahren, da Gott dieses geredet, zwar 85 Jahr alt
aber noch eben so rüstig wie damals sei, dieses Gebirge zu geben, von
dem Josua damals gehört habe, dass dort Enakiten seien und grosse feste
Städte. Aus den W.: „nun hat mich Jehova leben lassen 45 Jahre u. s. w."
schloss schon *Theodoret* richtig, dass die Eroberung Canaans durch Josua
in 7 Jahren beendigt worden sei, da Gott jenes Wort gegen Ende des
zweiten Jahres nach dem Auszuge aus Aegypten, also 38 Jahre vor dem
Einzuge in Canaan geredet hatte. Der Satz אֲשֶׁר חָלַךְ וגו (v. 10) hängt
noch von זֶח אַרְבָּעִים וגו ab: diese 45 Jahre, dass (da) Israel in der Wüste
ging, vgl. über diesen Gebrauch von אֲשֶׁר Ew. §. 331ᶜ. In ungenauer Rede sind hiebei die Jahre der Eroberung Canaans, während welcher Israel
noch nicht in den ruhigen Besitz des verheissenen Landes gekommen war,
mit zu den Jahren des Ziehens in der Wüste gerechnet. — Um seine Bitte
weiter zu begründen, setzt Caleb v. 11 hinzu: „Noch heute bin ich kräftig
wie zu jener Zeit; wie meine Kraft damals war, so ist sie noch jetzt zum
Kriege und zum Aus- und Eingehen." צֵאת וָבוֹא s. Num. 27, 17. — V. 12.
הָהָר ist nach dem Contexte die Gebirgsgegend von Hebron, wo die Kundschafter die Enakiten gesehen hatten (Num. 13, 22. 28). Die beiden mit
כִּי anfangenden Sätze in v. 12 sind einander nicht unterzuordnen, sondern
coordinirt, zwei Motive zur Unterstützung seiner Bitte enthaltend: „denn
du hasts an jenem Tage gehört" *sc.* was Jehova mir damals geredet hat,

---

nicht namentlichen Ausschliessung Josua's folgert, dass derselbe sich nicht unter den
Kundschaftern befunden habe, ganz abgesehen davon, dass Caleb in dem וְעַל־אֲדוֹתֶיךָ
v. 6 für jeden mit der Geschichte Num. 13 u. 14 Bekannten Josua deutlich genug als
solchen bezeichnet.

und: „denn dort sind die Enakiten" — „vielleicht ist Jehova mit mir (אוֹתִי
für אִתִּי s. *Ges.*§.103,1 Anm.1 u. *Ew.*§.264ᵇ) und ich rotte sie aus",
vgl. 15,14. Das „vielleicht" drückt nicht Zweifel aus, sondern Hoffnung
und Wunsch, oder *spem cum difficultate mistam, et difficultas quidem aesti-
mationem minuit, spes vero donandi voluntatem provocat. Mas.* — V. 13.
Da segnete Josua den Caleb d. h. wünschte ihm Gottes Segen zur Ausführung seines Unternehmens und gab ihm Hebron zum Erbe. Hebron ist
als Hauptstadt genannt, zu welcher die Umgegend gehörte; denn Caleb
hatte (v.9) das Gebirge verlangt d. i. das Bergland mit und um Hebron,
wozu namentlich auch die feste Stadt Debir gehörte (15,15). V.14. Dieses Erbe, setzt der Geschichtschreiber hinzu, wurde Caleb zutheil, weil
er dem Gotte Israels so treu nachgefolgt war. — In v.15 folgt noch eine
Notiz über den frühern Namen Hebrons, s. zu Gen. 23,2. Das לְפָנִים gilt
eben so wie das: „bis auf diesen Tag" von der Zeit der Abfassung unsers
Buches, in welcher der Name *Kirjat-Arba* längst ausser Gebrauch gekommen war, so dass hieraus keineswegs folgt, dass der Name Hebron jünger
gewesen als der Name Kirjat-Arba, welchen Hebron erst erhielt, als Arba
„der grosse Mensch unter den Enakiten" d. h. der gewaltigste, berühm-
teste der Enakiten sie einnahm (vgl. 15,13). Zum Schlusse ist noch die
Bemerkung: „und das Land ruhte vom Kriege" nach 11,23 wiederholt,
anzudeuten, dass obwol in Hebron noch Enakiten wohnten, die Caleb
auszurotten hoffte, doch dadurch das Geschäft der Verlosung keine Verzögerung erlitt, sondern in Frieden von statten ging.

Cap. XV. Erbtheil des Stammes Juda.

Nach göttlicher Fügung fiel dem Stamme Juda sein Erbtheil durch
das Los in den südlichen Theil Canaans, wo Caleb sein Erbe bereits empfangen hatte, so dass er nicht von seinen Stammgenossen getrennt wurde. Das Erbtheil Juda's wird zuerst nach seinen Grenzen ringsum beschrieben (v.1—12), hierauf der Vollständigkeit halber nochmals von
Caleb berichtet, dass er Kirjat-Arba zum Erbe empfangen und durch Vertreibung der Enakiten und durch Eroberung von Debir auch in Besitz
genommen habe (v.13—20) und dann erst ein Verzeichniss der Städte in
den verschiedenen Theilen desselben gegeben v. 21—63.

V.1—12. *Die Grenzen des Erbtheiles des St. Juda.* V.1. Die Lage
desselben im Lande. „Und es war (d. h. fiel, kam heraus vgl. 16,1. 19,1)
das Los dem St. Juda nach seinen Geschlechtern zur Grenze Edoms hin
(s. zu Num. 34,3), zur Wüste Zin nach Süden, gegen den äussersten Süden" (מִקְצֵה תֵימָן eig. *ab extremitate austri*) d. h. sein Erbtheil fiel ihm so,
dass es an das Gebiet von Edom, an die Wüste Zin, in welcher Kades lag
(s. zu Num. 13,21), im äussersten Süden Canaans reichte. — V.2—4. Die
Südgrenze, die zugleich die Südgrenze des israelitischen Landes überhaupt war und mit der Num. 34,3—5 verzeichneten Südgrenze Canaans
zusammenfiel. Sie ging aus „vom Ende des Salzmeeres, nämlich von der
Zunge die sich nach Süden wendet" d. h. von der Südspitze des todten
Meeres, die jetzt ein Salzsumpf ist. V.3f. Von da ging sie „zur Südgrenze

des Aufstieges *Akrabbim*" d. i. der etwa 8 engl. Meilen unterhalb des todten Meeres die Araba durchsetzenden Reihe hoher weisslicher Klippen
(s. zu Num. 34, 4), „und zog sich hinüber nach *Zin*" d. i. dem Wady *Murreh*
(s. zu Num. 13, 21) „und stieg hinauf südlich von Kades Barnea" d. i. bei
Ain Kudēs s. (zu Num. 20, 16) „und ging hinüber nach *Hezron* und zog sich
hinauf nach *Adar* und wandte sich nach *Karkaa* und ging hinüber nach
Azmon und ging aus in den Bach Aegyptens" d. i. den Wady *el Arisch*.
Ueber die muthmassliche Lage von *Hezron, Adar, Karkaa* und *Azmon* s.
zu Num. 34, 4 f. „Und die Ausgänge der Grenze waren יָמָּה nach dem Mittelmeere", in welches der in seinem zuerst nördlichen, sodann nordwestlichen Laufe eine Länderscheide bildende W. el Arisch mündet (s. Bd. I, 2
S. 217). חָיָה im Singul. vor dem Subjecte im Plur. ist nicht anzutasten,
vgl. *Ew.* §. 316ᵃ. — Die W.: „dies wird euch Südgrenze sein" weisen auf
die Num. 34, 2 ff. festgesetzte Südgrenze Canaans zurück und deuten an,
dass die Südgrenze des Stammgebietes Juda zugleich die Südgrenze des
von Israel einzunehmenden Landes war. — V. 5ᵃ. „Die *Ostgrenze* war das
Salzmeer bis zum Ende des Jordan" d. h. das todte Meer seiner ganzen
Länge nach bis zur Mündung des Jordan in dasselbe.

In v. 5ᵇ—11 wird die *Nordgrenze* beschrieben, die in 18, 15—19
nochmals, nämlich als Südgrenze Benjamins, nur in umgekehrter Richtung von West nach Ost angegeben wird. Sie hob an „von der Zunge des
(Salz-) Meeres, dem Ende (d. i. der Mündung) des Jordan und stieg auf
nach *Beth-Hagla*", ein Grenzort zwischen Juda und Benjamin, letzterem
zugetheilt (18, 19. 21), das heutige *Ain Hadschla*, ⅝ Stunden südostwärts
von *Riha* (Jericho) und ¾ St. vom Jordan entfernt (s. zu Gen. 50, 11 Note),
„und ging hinüber nach der Nordseite von *Beth Araba*", ein Ort in der
Wüste Juda (v. 61), später zu Benjamin geschlagen (18, 22) und in 18, 18
הָעֲרָבָה genannt, nach *Kn.* wahrscheinlich an der Stelle des heutigen *Kasr
Hadschla*, 20 bis 30 Minuten südwestwärts von *Ain Hadschla* in einer
„ebenen unfruchtbaren Steppe" (*Seetzen* R. II S. 302), womit der Name
übereinstimmt; vgl. auch *Rob.* Pal. II S. 511 ff. — „Und die Grenze stieg
hinauf zum Steine *Bohans*, des Sohnes Ruben." Der Stein *Bohans* muss
wegen des עָלָה höher d. i. dem westlichen Gebirge nahe, und wegen des
יָרַד 18, 17 am Rande des Gebirges, nicht auf demselben gelegen haben.
Nach 18, 18 f. zog sich die Grenze vom Steine Bohans ostwärts hinüber
„zur Schulter gegenüber (Beth-) Araba nordwärts und stieg nach (Beth-)
Araba hinab und ging von da hinüber zur Schulter von Beth-Hagla nordwärts" d. h. zur Nordseite des Bergrückens von Beth-Araba und Beth-
Hagla. Dieser Bergrücken ist „die dünenartige Hügelkette, welche sich
von *Kasr Hadschla* südlich an die Nordseite des todten Meeres herabzieht
und *Kătăr Hhadidsche* d. i. eine Reihe an einander gehalfteter Kameele
heisst" (*Gadow*, in d. deutsch. morgenl. Ztschr. II S. 59). — V. 7. Weiter
zog sich die Grenze hinauf nach *Debir* vom Thale *Achor* her. *Debir* ist
zweifelsohne am Wady *Daber* zu suchen, der südlich von *Kasr Hadschla*
sich vom Gebirge herab zum todten Meere hinzieht, vielleicht nicht fern
von der Felsengrotte *Choret ed Daber*, zwischen dem Wady *es Sidr* und
dem Khan *Chadrûr*, am Wege von Jerusalem nach Jericho, ungefähr auf

der Hälfte dieses Weges (s. *Tobler* Denkblätter aus Jerus. S. 698 vgl.
S. 721). Ueber das Thal *Achor* s. zu 7, 24. Dann „wandte sie sich nord-
wärts nach *Gilgal* gegenüber dem Aufstiege *Adummim* südlich vom Bache.“
Gilgal, das nicht, wie von *Kn.* geschieht, mit der ersten Lagerstätte der
Israeliten in Canaan, dem zwischen Jericho und dem Jordan gelegenen
Gilgal (4, 19) zu confundiren, heisst 18, 17 *Geliloth*. Die Lage dieses Orts,
der nur noch Jud. 3, 19 erwähnt ist und jedenfalls keine Stadt, kaum ein
Dorf, vielleicht nur ein Vorwerk war, wird durch den Zusatz: „gegenüber
dem Aufstiege *Adummim* näher bestimmt. מַעֲלֵה אֲדֻמִּים im *Onom.* u. *Adom-*
mim richtig durch ἀνάβασις πυῤῥῶν, *ascensus rufforum* erklärt, *quondam
villula, nunc ruinae, qui locus usque hodie vocatur Maledomim* — *de-
scendentibus ab Aelia Jerichun, ubi et castellum militum situm est ob auxilia
viatorum*, von den ältern Reisenden als Herberge *a terra ruffa* d. i. „zum
roten Erdtreich“, *terra russo* oder „zum roten Haus“ erwähnt (*Reyss-
buch* S. 63ᵃ. 145ᵇ. 359ᵇ), von späteren als Ort *Adomim*, heutiges Tags das
„rothe Feld“ genannt, „weil das Erdreich solche Farbe hat, wo ein grosses vierecktes Gebäude steht wie ein Kloster, anjetzo wüste, ehemals ein
befestigtes Kloster“ (*Arvieux* merkw. Nachr. II S. 154), d. i. die Burgruine
Kalaat el Dem nordwärts der Strasse von Jerusalem nach Jericho, oder
Kalaat ed-Domm in der Nähe des Khan *Chadrûr* (*Schultz* bei *Ritter*, Erdk.
15 S. 493). *Gilgal* oder *Geliloth* (Umkreis) hiess vielleicht das „kleine
runde Thal“ oder „Feld *Adommim*“, von welchem *Pococke* (Reise ins Morgenl. II S. 46) am Fusse des Hügels, auf welchem die verwüstete Herberge
(*ed Domm*) lag, berichtet. Das Thal (נַחַל) südlich von welchem Gilgal oder
der Aufstieg Adummim lag, das also nördlich von diesen Orten sich befand, kann möglicher Weise der Wady *Kelt*, der Bach von Jericho in seinem oberen Laufe sein, da sich ¼ oder ½ Stunde östlich vom Khan Cha-
drur eine weite und herrliche Aussicht gegen Mitternacht über den Wady
Kelt hinweg bis nach *Tajibeh* eröffnet (*Tobl.* Denkbl. S. 698) und nach
v. de Velde's Karte sich nordöstlich von Kalaat *ed-Dem* ein Bachthal nordwärts zum Wady Kelt hinzieht. Wahrscheinlich aber ist ein anderes Thal
in der Nähe gemeint, deren es dort mehrere gibt (vgl. *Gadow* a. a. O.
S. 53). Von da ging die Grenze hinüber zum Wasser von *En Semes* (Son-
nenquelle) d. i. dem heutigen Apostelbrunnen, *Ain el Hodh* oder *Bir el
Khôt*, unterhalb Bethanien auf dem Wege nach Jericho (*Tobler* Topogr.
v. Jerus. II S. 398. 400. *v. de Velde Mem. p. 310*), und lief dann hinaus zur
Quelle *Rogel* (Kundschafterquelle), dem heutigen tiefen und wasserrei-
chen Brunnen *Hiobs* oder *Nehemia's* an der Südostecke von Jerusalem,
unterhalb der Vereinigung des Thales *Hinnom* mit dem Thale *Josaphat*
oder *Kidron*thale, vgl. *Rob.* Pal. II S. 138 ff. u. *Tobler* Topogr. v. Jerus. II
S. 50 ff. — V. 8. Dann zog sie sich hinauf in das höher liegende Thal *Ben-
hinnom*, an der Südseite der Jebusiter-Stadt d. i. Jerusalem (s. zu 10, 1)
und weiter hinauf zum Gipfel des Berges, der westlich vom Thale *Ben-
hinnom* und am Ende der Ebene *Rephaim* gen Norden liegt. Das Thal
Ben- oder *Bne Hinnom* des Sohnes oder der Söhne Hinnom auf der Südseite des Berges Zion, seit den Zeiten Ahas' als Stätte des Molochscultus
berüchtigt (2 Kg. 23, 10. 2 Chr. 28, 3. 33, 6. Jer. 7, 31 u. a.), führte diesen

Namen vermuthlich von einem nicht weiter bekannten Manne *Hinnom*, welcher dort Besitzungen hatte; vgl. über dasselbe *Rob.* Pal. II S. 38 ff. — Die Ebene *Rephaim* (LXX: γῆ ʽΡαφαείν, in 2 Sam. 5, 18. 22. 23, 13 κοιλὰς τῶν Τιτάνων), wahrscheinlich nach dem Riesenvolke der *Rephaim* benannt und in 2 Sam. mehrmals als Kampfplatz erwähnt, im Westen von Jerusalem und durch einen unbedeutenden Felsrücken vom Rande des Thales *Ben-Hinnom* geschieden, zieht sich südwärts bis *Mar Elias* hinab, und ist 1 Stunde lang, ½ St. breit und sehr fruchtbar (Jes. 17, 5) und auch jetzt noch gut angebaut, s. *Rob.* Pal. I S. 365. *Tobler* Topogr. v. Jerus. II S. 401 ff. Im Norden wird sie von dem genannten Bergrücken begrenzt, der an der linken Seite der *Jaffa*strasse westwärts abbiegt. Dieser Bergrücken oder eine Höhe desselben ist „der Berg westlich vom Thale Hinnom", am nördlichen Ende der genannten Ebene. — V. 9. Von dieser Gebirgshöhe bog sich (תָאַר) die Grenze hin zu der Quelle der Wasser *Nephtoahs*, d. i. nach *v. de Velde's* Mem. *p. 336* das heutige Dorf *Liftah* (nach bekanntem Wechsel von נ und ל), 1 Stunde nordwestlich von Jerusalem, mit einer reichlichen Quelle, die nach dem Namen Samuels benannt wird und nicht nur grosse Wasserbassins speist, sondern auch einen Strich blühender Gärten bewässert (*Dieterici* Reisebilder II S. 221 f. u. *Tobler* Topogr. v. Jerus. II S. 758 ff.); und „ging hinaus zu den Städten des Berges *Ephron*", der sonst nicht weiter erwähnt ist, wahrscheinlich nach *Kn.* der hohe und steile Bergrücken an der Westseite des Wady *Beit-Hanina* (Terebinthenthales), auf welchem die Orte *Kulonia*, an dem die Strasse nach Jaffa vorbeigeht, *Kastal* auf einer hohen Bergspitze, die Festung *Milane, Soba* u. a. liegen (*Seetzen* R. II S. 64 f. *Rob.* bibl. Forsch. S. 206 f.). Weiter zog sich die Grenze hin nach *Baala* d. i. *Kirjat-Jearim*, das heutige *Kureyet el Enab*, 3 Stunden nordwestlich von Jerusalem (s. zu 9, 17). — V. 10. Von da „wandte sich die Grenze (die bis dahin nordwestwärts gegangen war) westwärts zum Berge *Seir* und ging hinaus zur Schulter nordwärts d. h. zur nördlichen Seite von *Har-Jearim* d. i. *Chesalon* und stieg hinab nach *Beth-Semes* und ging hinüber nach *Timna*." Das Gebirge *Seir* (שֵׂעִיר) verschieden von dem Idumäischen, ist der hohe, aus schroffen Felsspitzen zusammengesetzte, wild und wüste aussehende Felsrücken im Südwest von *Kureyet el Enab*, auf welchem *Saris* und *Mischir* liegen (*Rob.* bibl. Forsch. S. 202 f.). *Chesalon* ist das heutige *Kesla* auf einer Bergkuppe, einer erhobenen Stelle des hohen Rückens zwischen Wady *Ghuráb* und *Ismail*, südwestlich von Kureyet el Enab (*Rob.* bibl. Forsch. S. 201 u. *Tobler* dritte Wanderung S. 167). *Beth-Semes* (d. i. Sonnenhaus), Priesterstadt im Gebiete Juda's (21, 16. 1 Chr. 6, 44), einerlei mit *Ir-Semes* (19, 41) auf der Grenze von Dan, wo die Bundeslade von den Philistern abgesetzt (1 Sam. 6, 9 ff.) und Amazja von Joas geschlagen wurde (2 Kg. 14, 11 f. 2 Chr. 25, 21), unter Ahas von den Philistern erobert (2 Chr. 28, 18), nach dem *Onom.* 10 r. M. d. i. 4 Stunden von Eleutheropolis nach Nikopolis zu, heute *Ain Shems* auf einem Plateau in herrlicher Lage, 2½ Stunden südwestlich von Kesla (*Rob.* Pal. III S. 224 ff. bibl. Forsch. S. 200). *Timna* oder *Timnata*, zu Dan gehörig (19, 43) von wo Simson sich sein Weib holte (Jud. 14, 1 ff.), heute *Tibneh* ¾ Stunden westwärts von Ain-Shems (*Rob.* Pal. II S. 599). — V. 11. Von dort „ging die Grenze hinaus nordwestwärts zur Schulter von *Ekron* (*Akir* s. zu 13,3), bog sich dann nach *Schichron*, ging hinüber nach dem Berge von *Baala* und ging aus nach *Jabneel*." *Schichron* ist vielleicht سُغَير *Sugheir* 1 Stunde südwärts von Jebna, bei *Tobler*, dritte Wand. S. 25 (*Kn.*). Wenn dies richtig, so kann der Berg von *Baala* (הַר הַבַּעֲלָה) nicht die westwärts von Akir beinahe mit der Küste parallel laufende kurze Hügelreihe bei *Rob.* Pal. III S. 229 sein, wie *Kn.* meint, sondern nur ein Berg an der Südseite des Wady Surar, über den die Grenze schon zwischen Ekron und Schichron hinübergegangen war. *Jabneel* ist die Philisterstadt *Jabne*, deren Mauern Usia schleifte (2 Chr. 26,6), in den BB. der Makk. und bei Joseph. öfter erwähnt und *Jamnia* genannt (s. *Reland Palaest. ill. p. 822 sqq.* u. *v. Raumer* Pal. S. 203 f.), gegenwärtig *Jebnah*, ein ansehnliches Dorf auf einer kleinen Anhöhe an der Westseite des Nahr Rubin, 4 Stunden südlich von Joppe und 1½ St. vom Meere entfernt (*Rob.* Pal. III S. 230 u. *Tobl.* dritte Wand. S. 20 f.). — Von Jabne lief die Grenze יָמָּה an das Mittelmeer aus, wahrscheinlich dem Laufe des grossen Thales d. i. des *Nahr Rubin* entlang, wie *Rob.* II S. 592 annimmt. — V. 12. Die *Westgrenze* war das grosse d. i. das mittelländische Meer. Ueber וּגְבוּל s. zu 13,23.

V. 13—19. Der Bericht über die Besitznahme des Erbtheiles, welches Caleb auf sein Verlangen vor Beginn der Verlosung des Landes erhielt (14,6—15), durch Ausrottung der Enakiten aus Hebron und Eroberung der festen Stadt Debir wird mit unbedeutenden Abweichungen in Jud. 1, 10—15 wiederholt bei Aufzählung der Kämpfe, durch welche nach Josua's Tode die einzelnen Stämme sich in den wirklichen Besitz der durchs Los ihnen zugefallenen Erbtheile zu setzen unternahmen, und ist weder von dem Verf. unsers Buches aus dem B. der Richter, noch von dem Verf. des Richterbuches aus unserem Josua, sondern von beiden aus einer gemeinsamen Quelle geschöpft, die überhaupt den Berichten unsers Buches über die Eroberung Canaans zu Grunde liegt.[1] — V. 13. Um den Bericht von der Besitznahme Hebrons und Debirs einzuleiten, wird zunächst aus 14,13 wiederholt, dass man Caleb seinen Antheil unter den Söhnen Juda's, nämlich Hebron, gegeben habe. נָתַן *impers.* man gab d. i. Josua (14,13). Die Worte: „nach dem Befehle Jehova's an Josua" erklären sich aus 14,9—12, wonach Jehova, wie Josua selbst vernommen (14,12) zu Kades Caleb den Besitz des Gebirges Hebron eidlich zugesagt hatte. אֲבִי הָעֲנָק oder אֲבִי הָעֲנֹק (21,11) ist der Stammvater des Enakitengeschlechts in Hebron, von welchem diese Stadt den Namen *Kirjat Arba* erhalten hat, s. zu Num. 13,22 u. Gen. 23,2. — V. 14. Von dort d. h. aus Hebron vertrieb (וַיֹּרֶשׁ d. h. rottete aus, vgl. יְכּוּ Jud. 1,10) Caleb die drei בְּנֵי הָעֲנָק d. h. Enakitengeschlechter, welche die von Kades ausgesandten

---

1) Die Hypothese *Knobels*, dass v. 13 der Grundschrift angehöre, v. 14—19 aber vom Jehovisten aus seiner ersten Urkunde eingeschaltet seien, stützt sich blos auf Missdeutung des אֶרֶץ הַנֶּגֶב v. 16 und auf den vermeintlichen Widerspruch, der zwischen unserm Abschnitte und 11,21 bestehen soll — zwei Argumente, die bei richtiger Erklärung (s. zu den angeff. Versen) sich als ganz unbegründet herausstellen.

Kundschafter schon daselbst angetroffen hatten (Num. 13, 22). Statt des Caleb sind Jud. 1, 10 im Allgemeinen die Söhne Juda's (Judäer) genannt als die, welche die Enakiten vertrieben, nach dem Plane jenes Berichts, die Kämpfe der einzelnen Stämme mit den Cananitern zu beschreiben. Das Eine schliesst aber das Andere nicht aus. Caleb hat ja nicht als einzelner Mann Hebron eingenommen, sondern als Haupt eines Geschlechtes von Judäern und mit ihrer Hülfe. Auch damit, dass nach 11, 21 f. bereits Josua Hebron, Debir und andere Städte jener Gegend erobert und die Enakiten aus dem ganzen Gebirge Juda vertrieben und in die Philisterstädte zurückgedrängt hatte, steht unsere Erzählung nicht im Widerspruch, wie *Kn.* wähnt. Denn jene Vertreibung schliesst nicht aus, dass nach dem Abzuge des israelitischen Heeres von dort, während des Krieges mit den nördlichen Cananitern, die Enakiten und Cananiter in ihre früheren Wohnorte zurückkehrten und die Städte von neuem in Besitz nahmen, so dass die einzelnen Stämme Israels, als sie sich in den ihnen durchs Los zugefallenen Städten und Gegenden niederlassen wollten, genöthigt waren, die wieder eingedrungenen Enakiten und Cananiter nochmals zu vertreiben oder auszurotten. Vgl. die Bemerkk. zu 10, 38 f. S. 85 Note 1. — V. 15 f. Von Hebron zog Caleb gegen die Bewohner von *Debir*, südlich von Hebron. Diese Stadt, die noch nicht wieder aufgefunden ist (s. zu 10, 38), muss sehr fest und schwer zu erobern gewesen sein. Denn Caleb setzt für den Eroberer einen Preis aus; er bestimmt dem, welcher sie einnehme, seine Tochter Achsa zum Weibe, ähnlich wie Saul dem Besieger Goliaths seine Tochter zu geben verspricht 1 Sam. 17, 25 u. 18, 17. — V. 17. Da nahm Othniel die Stadt ein und erhielt den versprochenen Preis. *Othniel*, nach Jud. 3, 9 der erste Richter der Israeliten nach Josua's Tode, heisst בֶּן קְנַז אֲחִי כָלֵב d. i. entweder *filius Kenasi, frater Calebi* oder *filius Kenasi fratris Calebi*. Auch diese zweite Fassung ist zulässig, vgl. 2 Sam. 13, 3. 32 mit 1 Chr. 2, 13, die erstere aber die gewöhnlichere, für die sich schon die Masorethen, indem sie אֲחִי כלב durch Tiphcha von בֶּן־קְנַז trennten, entschieden haben, und die richtige, da בֶּן־קְנַז s. v. a. הַקְּנִזִּי 14, 6 ist. Nach Jud. 1, 13 u. 3, 9 war Othniel Calebs jüngerer Bruder. Ihm gab Caleb seine Tochter zum Weibe, denn die Ehe mit der Bruderstochter (Nichte) war im Gesetze nicht verboten, vgl. m. bibl. Archäol. II §. 107 Note 14. — V. 18 f. Als Achsa sein Weib geworden (בְּבוֹאָהּ bei ihrem Kommen zu Othniel, um als Weib mit ihm zu leben) trieb sie ihn an (חַסִּיח *stimulavit*), von ihrem Vater ein Feld zu fordern. שָׂדֶה in Jud. 1, 14 הַשָּׂדֶה mit dem Artikel, weil der Erzähler schon das bestimmte Feld das sie erhielt im Auge hatte (vgl. *Ges.* §. 109, 3 Anm. 1. *Ew.* §. 277), ist nicht „das zur Stadt Debir gehörende Feld" (*Kn.*); denn um dieses brauchte Othniel nicht besonders zu bitten, da es ihm mit der Stadt von selbst zufiel, sondern ein Stück anbaufähiges Land, das — wie aus dem Folgenden erhellt — nicht Mangel an Wasserquellen hatte. Was Othniel hierauf gethan, ist nicht berichtet, sondern nur was Achsa weiter zur Erreichung ihres Wunsches that, vermuthlich weil ihr Mann sich nicht dazu entschlossen, die Bitte ihrem Vater vorzutragen. Sie sprang vom Esel, auf dem reitend sie von ihrem Vater dem Othniel zugeführt wurde. תִּצְנַח ausser hier und der Parallele Jud. 1, 14 nur noch Jud. 4, 21 vorkommend, hängt schwerlich mit צָנַע niedrig, demüthig sein (*Ges.*) zusammen, sondern die Grundbedeutung ist nach *Fürst*: sich drängen, weg-, weiter drängen, wonach es hier das rasche Herabspringen vom Reitthiere ausdrückt, ähnlich wie נָפַל Gen. 24, 64. Das Herabspringen vom Reitthiere war ein besonderer Ehrfurchtsbeweis gegen den Höheren, woraus Caleb schloss, dass seine Tochter ein besonderes Anliegen an ihn habe, und sie daher fragte was sie wünsche. מַה־לָּךְ was ist dir? was willst du? Darauf bittet sie von ihm eine בְּרָכָה Segensspende, wie 2 Kg. 5, 15. Denn — setzt sie hinzu — „du hast mich ins dürre Land gegeben.“ אֶרֶץ הַנֶּגֶב ist *accus. loci* und נֶגֶב hier nicht *nom. propr.* des südlichsten Districtes von Canaan, wie v. 21 u. ö., sondern *appell.* das trockene, dürre Land, wie Ps. 126, 4. „Gib mir גֻּלֹּת מַיִם Wassersprudel, Wasserquellen d. h. ein Landstück, wo Wasserquellen sprudeln. Da gab ihr Caleb die „Oberquellen und Niederquellen.“ גֻּלֹּת עִלִּיֹּת וְגֻלֹּת תַּחְתִּיֹּות sind Benennungen eines Landstriches, der mit höher und niedriger gelegenen Quellen versorgt war, und in der Nähe von Debir zu suchen, aber wie die Stadt selber bis jetzt noch nicht aufgefunden ist. — V. 20 enthält die Schlussformel zu v. 1—19, zur Beschreibung des Stammgebietes von Juda nach seinen Grenzen, vgl. 18, 20.

In v. 21—63 folgt das *Verzeichniss der Städte* des Stammes Juda nach den 4 Districten geordnet, in welche die Landschaft nach der Beschaffenheit ihres Bodens zerfiel, nämlich in das Südland (נֶגֶב), die Niederung (שְׁפֵלָה) am Mittelmeere, das Gebirge (חָהָר) und die Wüste (מִדְבָּר) Juda's.

V. 21—32. Die Städte im *Südlande. Negeb* (Südland) hiess der südlichste Landstrich Canaans nach seiner ganzen Breite von der Araba am Südende des todten Meeres an bis hinüber zur Küste des mittelländischen Meeres, von der v. 2—4 beschriebenen südlichen Grenze Canaans an nordwärts etwa bis zum Wady *Sheriah* unterhalb Gaza auf der westlichen Seite und bis an das Gebirge und die Wüste Juda im Osten, etwas über die Wady's *es Seba, Milh* und *Ehdeib* hinauf sich erstreckend, oberhalb welcher die an Regen reichere Landschaft Palästina's beginnt, zu welcher, wie schon zu Num. 13, 17 bemerkt worden, der Negeb den Uebergang bildet als Steppenlandschaft, in welcher zwar auch einzelne für Ackerbau geeignete Stellen vorkommen, im Ganzen aber Haidestrecken mit Gras und Sträuchern vorherrschen, wo nur Viehzucht mit Erfolg getrieben werden kann. Für נֶגֶב gebrauchen *Eusebius* und *Hieronymus* im *Onom. Δαρωμᾶς,* lassen denselben aber nordwärts weiter als den *Negeb* des A. Test. reichen, vgl. *Reland Pal. ill. p. 185 sqq.* — Die vielen Städte, die v. 21—32 im Negeb genannt werden, mögen sämmtlich nicht gross und bedeutend gewesen sein. In dem Verzeichnisse sind regelmässig mehrere Namen durch die Copula *Vav* enger mit einander verbunden, so dass hienach 4 Gruppen von Städten sich unterscheiden lassen.

V. 21—23. Die *erste* Gruppe von 9 Orten. V. 21. Die Städte „vom d. i. am Ende (מִקְצֵה) des Stammgebietes Juda zum Gebiete von Edom hin“ waren: *Kabzeel,* die Heimat des Helden Benaja (2 Sam. 23, 20), wol identisch mit *Jekabzeel,* in Neh. 11, 25 neben Dibon genannt, noch nicht aufgefunden. Dasselbe gilt von *Eder* und *Jagur*, welche nur hier vorkommen. V. 22. *Kina* gleichfalls unbekannt. *Kn.* denkt an die Stadt der *Keniter*, die sich im Bereiche von Arad niederliessen; schwerlich richtig; denn ausser Jud. 1, 16 wonach sich die Keniter südlich von Arad niederliessen, aber erst nach der Vertheilung des Landes, finden wir sonst die Keniter nur im westlichen Theile des Negeb (1 Sam. 15, 6. 27, 10. 30, 29), während *Kina* unstreitig im Osten zu suchen ist. *Dimona* wahrscheinlich einerlei mit *Dibon* (Neh. 11, 25), vielleicht die Ruinenstelle *ed Dheib* an der Südseite des Wady gleiches Namens, nordöstlich von Arad (*v. de Velde Mem. p. 252*), obschon *Robinson* (Pal. III S. 13 u. 862) diesen Namen *Ehdeib* (اهديب) schreibt. *'Adada* ganz unbekannt.[1] V. 23. *Kedes* vielleicht *Kades Barnea* (v. 3). *Hazor* könnte dann *Hezron* in der Nähe von Kades Barnea (v. 3) sein. *Jithnan* unbekannt.

V. 24 u. 25. Die *zweite* Gruppe von 5 oder 6 Orten. Von diesen kommen *Siph* und *Telem* nicht weiter vor, falls nicht etwa טֶלֶם einerlei ist mit טְלָאִים, wo Saul sein Heer gegen die Amalekiter musterte (1 Sam. 15, 4). Ihre Lage ist unbekannt. Ein anderes *Siph* auf dem Gebirge s. v. 55. Das unsrige vermuthet *Kn.* in den Ruinen *Kuseifeh* südwestlich von Arad bei *Robins.* III S. 184. 188. זִיף wäre dann aus כְּזִיף verkürzt, wofür aber die Verstümmlung des אַכְזִיב 19, 29 in Zib keine entsprechende Analogie bietet, weil da die verkürzte Form die spätere ist, bei Siph aber eine Verlängerung des Namens durch Vorsetzung eines *K* eingetreten sein müsste, wofür Analogien fehlen. *Bealoth* vermuthlich einerlei mit dem Simeonitischen *Baalat-Beer* (19, 8), in 1 Chr. 4, 33 einfach *Baal* (בַּעַל) genannt, welches auch *Ramat Negeb* (19, 8) und *Ramot Negeb* (1 Sam. 30, 27) hiess, aber nicht mit *Baalat* c. 19, 45. 1 Kg. 9, 18 zu identificiren ist, wie von *v. de Velde* (Reise II S. 151 f.) geschieht. *Kn.* vergleicht den Landrücken und Ort *Kubbet el Baul* (البول) zwischen Milh und Kurnub bei *Rob.* III S. 179. 862; aber بول und בעל sind doch sehr verschieden. *Chazor Chadatha* d. i. Neu-Hazor könnte die Ruinenstelle *el Hudhaira* (الحصيرة) im Süden des Dschebel Khulil bei *Rob.* III S. 862 sein. *Kerijot* vermuthet schon *Rob.* III S. 11 f. u. 862 in der Ruinenstelle *el Kuryetein* (القريتين) nordöstlich von Arad am Fusse des Gebirges, womit *v. de Velde* Reise II S. 110 übereinstimmt. Das folgende *Chezron* wollte schon *'Reland Pal. p. 708* mit *Kerijot* verbinden, *Kerijot Chezron* d. i. Hezrons-Städte, auch *Hazor* genannt. Dafür spricht ausser LXX, *Syr.* und wahrscheinlich auch *Chald.*, die beide Worte zu einem Namen verbunden haben, das Fehlen der Copula ו vor חֶצְרוֹן, die in diesem Abschnitte nur zu Anfang der einzelnen Gruppen von Städten fehlt, wie vor Siph (v. 24) und Amam (v. 26), und vor חֶצְרוֹן stehen sollte, wenn es eine Stadt für sich wäre; die masorethische Interpunction kann dagegen nicht als entscheidend gelten.

V. 26—28. Die *dritte* Gruppe von 9 Städten. V. 26. *Amam* nicht wei-

---

1) Nach *Kn.* „vielleicht Ἀσαδδά, *Azadada* 20 Millien d. i. 8 Stunden südwärts von Hebron (*Onom. s. h. v.*), die heutige Ruinenstelle *Sudeid* bei *Rob.* III S. 14". — Woher stammt doch diese Notiz über Ἀσαδδά? In dem *Onomast. ed. Larsow et Parthey* finde ich weder Ἀσαδδά noch *Azadada*, sondern nur p. 68 sq. Ἀσαραδδά

ter erwähnt und unbekannt. *Sema* (שֶׁמַע) in 19,2 *Seba* (שֶׁבַע) unter den Städten der Simeoniten zwischen Beerseba und Molada genannt, von *Kn.* in der Ruine *Saáwe* (*Sâweh*) zwischen Milh und Beerseba vermuthet, vgl. *v. de Velde* Reise II S. 148. *Molada*, den Simeoniten gegeben (19,2. 1 Chr. 4, 28), nach dem Exile von Juden bewohnt (Neh. 11, 26), ist das spätere *Μάλαϑα*, eine idumäische Burg *(Joseph. Ant. XVIII, 6, 2)*, *Moleatha* in der *notit. dignitt. I p. 80*, *Μαλααϑί*, *Malathis* bei *Euseb.* u. *Hieron.* im *Onom.* u. *Arad*, *Ether*, *Jether* erwähnt, 20 r. M. d. i. 8 Stunden südwärts von Hebron an der Strasse nach Aila (Elath), von *Rob.* III S. 184 f. in der Ruine *el Milh* (ملح) nachgewiesen, am Wady *Malath* oder *Malahh* (*v. Schubert* II S. 454). V. 27. *Hazar-Gadda*, *Hesmon* und *Beth-Palet* lassen sich noch nicht bestimmen. Der letztgenannte Ort wird noch Neh. 11, 26 neben Molada als von Judäern bewohnt erwähnt. V. 28. *Hazar-Sual* d. i. Fuchshof, den Simeoniten zugetheilt (19, 3) und noch nach dem Exile bewohnt (Neh. 11, 27), entspricht dem Namen nach der Ruinenstelle *Thály* (ثعلي) bei *Rob.* III S. 862. *Beerseba*, schon aus den Zeiten der Erzväter bekannt (Gen. 21, 14 ff. 22, 19 u. a.), später oft als südlicher Grenzort des Landes Israel genannt (Jud. 20, 1. 2 Sam 17, 11 u. ö.), auch den Simeoniten abgetreten (19, 2) und nach dem Exile noch bewohnt (Neh. 11, 27), jetzt *Bir es Seba* am Wady es Seba, s. zu Gen. 21, 31. *Bisjothia* unbekannt.

V. 29—32. Die *vierte* Gruppe von 13 Städten, im westlichen Theile des Negeb. V. 29. *Baala* (בַּעֲלָה), den Simeoniten gegeben, wird 19, 3 בָּלָה und 1 Chr. 4, 29 בִּלְהָה geschrieben und von *Kn.* mit dem heutigen *Deir Belah* (بلح) einige Stunden südwestlich von Gaza (*Rob.* III S. 866. *Ritter* Erdk. 16 S. 41 f.) identificirt, kann aber nicht so weit im Westen, hart an der Meeresküste gelegen haben. *Ijjim* (עִיִּים oder עִיִּים nach dem *Ἀνείμ* der LXX) ist vielleicht die Ruinenstelle *Beit-Auwa* (عوا) bei *Rob.* III S. 864. *Ezem*, gleichfalls den Simeoniten zugetheilt (19, 3. 1 Chr. 4, 29), hält *Kn.* für *Eboda*, jetzt *Abdeh* 8 Stunden südlich von *Elusa*, ein bedeutender Ruinenort auf einem Felsrücken (*Rob.* I S. 319 ff. vgl. *Seetzen* III S. 43 f.), weil der Name Festigkeit, Stärke bedeute, was auch عَبَكَة besage — ein ziemlich precärer Grund. V. 30. *Eltolad*, den Simeoniten gegeben (19, 4) und 1 Chr. 4, 29 *Tolad* (ohne den arab. Artikel) genannt, ist noch nicht aufgefunden. *Chesil* (כְּסִיל), wofür die LXX: *Βαιϑήλ* haben, ist wol nach *Reland Pal. p. 152* nur ein anderer Name, oder wie *Kn.* meint nur verderbte Lesart für בְּתוּל oder בְּתוּאֵל, welches 19, 4 u. 1 Chr. 4, 30 als Stadt der Simeoniten zwischen *Eltolad* und *Horma* genannt ist, und derselbe Ort mit בֵּית־אֵל 1 Sam. 30, 27. Da dieser Name auf den Sitz eines alten Heiligthums hindeutet und bei den Arabern vorislamitischer Zeit ein Götzenbild *Khalasa* (خَلَصَة oder خَلَصَة) vorkommt, endlich *Hieronym.*

Asadada mit der Bemerkung: *confinium Judae respiciens ad Aquilonem*, welche die Herausgeber auf צְדָדָה Num. 34, 8 beziehen.

vita Hilar. c. 25 bemerkt, dass zu *Elusa* ein Tempel der Venus sich befunden, in welchem die Saracenen den Lucifer verehrten (vgl. *Tuch,* deutsch. morgenl. Ztschr. III S. 194 ff.), so hält *Kn. Bethul (Chesil)* für *Elusa,* eine umfangreiche Ruinenstätte 5½ Stunden südwärts von Beerseba (vgl. *Rob.* I S. 333 f. *Russegger* R. III S. 70), indem er voraussetzt, 1) dass der Name *el Khulasa,* wie die Araber diese Stätte *Robinson* nannten, von jenem vormuhammedanischen Götzen stamme, 2) dass der von *Hieron.* erwähnte saracenische Lucifer eben jener Götze sei, dessen Bild und Tempel *Dschauhari* und *Kamus el Khalasa* nennen. *Horma* d. i. *Zephat,* das heutige *Sepata,* s. zu 12, 14. — *Ziklag,* den Simeoniten zugetheilt (19, 5. 1 Chr. 4, 30), von den Amalekitern niedergebrannt (1 Sam. 30, 1 ff.), noch nach dem Exil bewohnt (Neh. 11, 28), wird von *Rowland* bei *Ritter,* Erdk. 14 S. 1085, in der alten Ortslage *Asludsch* oder *Kasludsch,* wenige Stunden im Osten von Zepata vermuthet, womit aber *Kn.* wundersamer Weise den über 7 deutsche Meilen davon entfernten Ort *Asludsch* (عسلوج) südwestl. von Milh auf dem Wege nach Abdeh (bei *Rob.* III S. 184) identificirt. — Beide Orte liegen übrigens zu weit im Süden und Osten, um auf Ziklag zu passen, das viel weiter im Westen zu suchen ist. Der Lage nach würden die Ruinen Tell *Scheriah* oder Tell *Mellala,* in deren einer *v. de Velde* R. II S. 155 Ziklag vermuthet, eher passen, möglicher Weise auch, wie *Ritter* Erdk. 16 S. 132 f. u. *v. Raum.* Pal. S. 225 vermuthen, der Tell *el Hasy* ½ St. südwestlich von Adschlan, wo *Felix Fabri* noch Ruinen eines Kastells und einer alten Stadt, und zwar des alten Ziklag fand, *Robinson* (II S. 654 ff.) aber nichts entdecken konnte, was nur auf die Existenz einer früheren Stadt oder eines Gebäudes hinwies. *Madmanna* und *Sansanna* lassen sich noch nicht sicher bestimmen. *Madmanna* im *Onom.* u. *Medemena* (Μηδεβηνά) irrthümlich mit *Madmena* Jes. 10, 31 nördlich von Jerusalem verwechselt, sonst aber wol richtig bezeichnet als *Menois* (Μενοίς) *oppidum juxta civitatem Gazam,* ist vielleicht in dem heutigen *Miniay* oder *Minieh* (منياى oder منيه) südwärts von Gaza bei *Rob.* I S. 440 u. *Seetzen* III S. 44 erhalten. *Sansanna* vergleicht *Kn.* mit dem bei *Rob.* I S. 335 erwähnten Wady *Suni* (صني) südwärts von Gaza, der vielleicht von einem gleichnamigen Orte seinen Namen habe. Statt beider sind 19, 5 u. 1 Chr. 4, 31 unter den Städten der Simeoniten *Beth-Marcabot* d. i. Wagenhausen und *Hazar-Susa* d. i. Rosshof genannt, welche schon *Reland Pal. p. 152* mit Recht für identisch mit Madmanna und Sansanna hielt, da jene Namen nach ihrer Bedeutung als Stationen von Wagen und Pferden sich als blosse Beinamen zu erkennen geben. — V. 32. *Lebaot,* in 19, 6 unter den Simeonitischen Städten *Beth-Lebaot* d. i. Löwenhausen, und 1 Chr. 4, 31 *Beth-Birei* genannt, ist noch unentdeckt. *Schilchim* in 19, 6 *Scharuchen* u. 1 Chr. 4, 31 *Schaarajim* genannt, könnte in Tell *Scheriah* (شريعة) fast in der Mitte zwischen Gaza und Beerseba (*v. de Velde* R. II S. 154) erhalten sein. *Ajin* und *Rimmon,* in 19, 7 u. 1 Chr. 4, 32 als Simeon. Städte ohne die Copula *Vav* wie ein Ort behandelt, obwol 19, 7 als zwei Orte gezählt, endlich nach dem Exile (Neh. 11, 29) עֵין רִמּוֹן als ein Ort

erwähnt, lagen vermuthlich so nahe bei einander, dass sie im Laufe der
Zeit zu einem Orte verbunden wurden. *Rimmon* in Zach. 14, 10 als südlicher Grenzort von Juda erwähnt, wol das *Eremmon* des *Onom.*, ein *vicus
Judaeorum praegrandis, 16 m. p. ab Eleutheropoli contra meridiem in Daroma*, ist wahrscheinlich die heutige Ruinenstelle *Um er Rummanim*,
4 Stunden nördlich von Beerseba (*Rob.* III S. 213 u. *v. de Velde Mem.
p. 344*). Nur 30 bis 35 Minuten davon sieht man zwischen dem Tell *Khuweilifeh* (*Rob.* III S. 213) oder *Chewelfeh* (*v. de Velde*) und dem Tell *Hhora*
„einen grossen alten, aber halbeingestürzten Brunnen, dessen grosse Bau-
steine in eine sehr frühe Zeit der israelitischen Geschichte hinaufzurei-
chen scheinen" (*v. de Velde* R. II S. 153), als eine wichtige Tränkstelle
schon im Leben Saladins erwähnt, wo noch heute die Tiyâlah-Araber ihre
Heerden tränken (vgl. *Rob.* III S. 213). Dies scheint *Ajin* zu sein (s. *v. de
Velde Mem. p. 344*). — „Aller Städte waren 29 und ihre Dörfer." Diese
Angabe stimmt nicht, da nicht 29, sondern 36 Städte namentlich aufgeführt sind, so dass in der Zahl 29 wahrscheinlich ein durch Verwechslung
von ähnlichen Zahlbuchstaben entstandener alter Textfehler vorliegt.[1]

V. 33—47. Die Städte in der *Niederung* oder *Sephela*. Die Niederung
(הַשְּׁפֵלָה), in den LXX gewöhnlich ἡ πεδινή, selten τὸ πεδίον wie Deut.
1, 7 und nur Obad. 19. Jer. 32, 44. 33, 13 als *nom. propr.* ἡ Σεφηλά wiedergegeben, wie auch 1 Makk. 12, 38, wo selbst Luther *Sephela* hat, während er sonst das Wort appellativisch „Gründe" übersetzt, heisst der
Landstrich zwischen dem Gebirge Juda und dem Mittelmeere, eine weite,
von Anschwellungen und niedrigen Hügelreihen durchzogene Ebene von
wellenförmigem Ansehen mit fruchtbarem Boden, auf welchem Ackerfel-
der mit Wiesen, Gärten und ausgedehnten Olivenhainen abwechseln, noch
jetzt ziemlich angebaut und mit vielen, meist auf Hügeln liegenden Dör-

---

1) Mehrere Ausll. und Kritiker wollen diese Differenz daraus erklären, dass das
Verzeichniss ursprünglich weniger (nur 29) Namen enthalten habe, später aber von
anderer Hand durch Hinzufügung noch mehrerer Orte ergänzt worden sei, ohne dass
der Ergänzer die Summa nach diesen Zusätzen geändert habe. Allein diese Vermuthung setzt bei dem Ergänzer eine Gedankenlosigkeit voraus, die wir dem Verf. unsers Buchs nicht zutrauen dürfen. Wenn, wie *Hävern.* Einl. II, 1 S. 55 meint, der
Verf. unsers Buchs diese Zusätze zu seinen Quellen gemacht hätte, oder wie *Kn.* will,
der Jehovist das Verzeichniss des Verf.'s aus dessen zweiter Urkunde vervollständigt
hätte, so würde dieser wie jener sicherlich auch die Summa geändert haben, da er
sonst nirgends so gedankenlos verfahren ist. Die fragliche Vermuthung würde sich
allenfalls nur so begreifen lassen, dass, wie *J. D. Mich.*, *Eichh.* u. A. meinten, die hin-
zugefügten Namen ursprünglich nur am Rande angemerkt waren, später aber diese
Randglossen durch irgend einen gedankenlosen Abschreiber in den Text eingeschoben wurden. Aber auch dagegen spricht der Umstand, dass in den Städteverzeich-
nissen unsers Buches nicht blos noch einige Differenzen dieser Art vorkommen, wie
in v. 36, wo statt 15 nur 14, und c. 19, 6, wo statt 14 nur 13 Städte in der Summa
angegeben sind, sondern auch solche, wo die Summa grösser ist als die Zahl der einzeln genannten Städte, wie 19, 15 wo von 12 nur 5, und c. 39, 38 wo von 19 nur
16 Städte aufgeführt sind, und wo erweislich Lücken im Texte vorliegen, indem
Städte fehlen, welche die Stämme erhalten und den Leviten überlassen haben. Erwägen wir ausserdem noch, dass unser masor. Text in c. 15, 59 u. 60 und c. 21, 35 zwei
grössere Lücken hat, die von Abschreibern herrühren, so wie dass überhaupt in den
Zahlangaben der alttestl. Geschichtsbücher mehrfach Fehler vorkommen, so werden
wir auch die in Frage stehenden Differenzen nur von Textfehlern herleiten dürfen.

fern bedeckt. Im Süden grenzte die Sephela an den Negeb (v. 21), im
Norden reichte sie bis Ramleh und Lydda oder Diospolis, wo die durch
die Schönheit ihres Blumenschmuckes berühmte Ebene Saron begann,
welche sich bis zum Carmel hinauf zog.[1] Nach Osten hin mehren sich die
Hügel und gestalten sich zu einer Hügellandschaft, welche den Uebergang von der Ebene zum Gebirge vermittelt und in 10,40. 12,8 unter
dem Namen אֲשֵׁדוֹת *Abhänge* von der Sephela unterschieden ist, hier aber
noch mit zu derselben gerechnet wird, und die noch mehr als die eigentliche Ebene mit Dörfern wie besäet ist. Vgl. *Rob.* Pal. II S. 621 ff. III
S. 237 f. *Tobler* dritte Wand. S. 20 ff. Die Städte in der Sephela sind in
4 Gruppen getheilt.

V. 33—36. Die *erste* Gruppe enthält die Städte im nördlichen Theile
der zur Niederung gerechneten Hügelregion oder Abhänge, im Ganzen
14 Städte. Der nördlichste Theil dieses Districtes wurde bei der zweiten
Theilung an den Stamm Dan abgetreten (19,41 ff.). *Esthaol* und *Zorea*,
zum St. Dan geschlagen (19,41) und theils von Daniten bewohnt (Jud.
13,25. 18,2. 8. 11), theils von Geschlechtern Juda's, die von Kirjat-Jearim ausgezogen waren (1 Chr. 2,53. 4,2) wahrscheinlich nach Uebersiedlung der 600 Daniten nach Lais-Dan (19,47. Jud. 18), lagen nach dem
Onom. u. *Esthaul* u. *Saara* 10 r. M. (4 Stunden) nordwärts von Eleutheropolis nach Nikopolis zu. *Zorea*, die Heimat Simsons, der auch zwischen
Zorea und Esthaol begraben wurde (Jud. 13,2. 16,31), von Rehabeam befestigt und noch nach dem Exile von Judäern bewohnt (2 Chr. 11,10.
Neh. 11,29), hat sich erhalten in der Ruine *Sur'a* (صرعه) auf dem südwestlichen Ende des Bergrückens, der den Wady es Surar im Norden einfasst (*Rob.* II S. 595 u. bibl. Forsch. S. 199. *Tobler* dritte Wand. S. 150 f.).
Esthaol vielleicht südwestlich davon in *Um Eschteiyeh* (أم اشتيه) bei *Rob.*
II S. 598. *Asna* (אַשְׁנָה) „vielleicht אֲשִׁירָה zu lesen nach Ἄσσα der LXX *Cod.*
Vat. Dann verglichen sich أُشُوع östlich von Zorea bei *Tobler* S. 180.
Rob. III, 868" (*Kn.*). V. 34. *Sanoa*, noch nach dem Exil von Judäern bewohnt (Neh. 11,30. 3,13), jetzt *Zanua* (زانوع) nicht weit von Zorea gegen Osten, s. *Rob.* II S. 599. *Engannim* und *Tappuach* sind noch unbekannt. *Enam* (וְעֵינָם) eins mit עֵינַיִם Gen. 38,14 auf dem Wege von Adullam nach Timna auf dem Gebirge (v. 57), noch nicht aufgefunden. V. 35.
Jarmuth d. i. *Jarmûk*, s. 10.3. *Adullam* noch nicht sicher nachgewiesen,
s. zu 12,15. *Socho*, von Rehabeam befestigt, unter Ahas von den Philistern genommen (2 Chr. 11,7. 28,18), ist das heutige *Schuweikeh* am Wady Sumt, ½ Stunde südwestlich von *Jarmûk*, 3½ Stunden südwestlich von
Jerusalem, s. *Rob.* II S. 598 f. 606 u. *Tobler* dritte Wand. S. 122. Das
Onom. u. *Socho* kennt 2 *viculi* Namens *Sochoth*, eins auf dem Berge, das
andere in der Ebene, 9 r. M. von Eleutheropolis nach Jerusalem hin. Ueber Aseka vgl. 10,10. — V. 36. *Saarajim* nach 1 Sam. 17,52 westlich von

---

1) *Eusebius* bemerkt im *Onom.* unter Σεφηλά· Ἀκύλας πεδινή· Σύμμαχος
κοιλάς· καὶ εἰς ἔτι νῦν Σεφηλὰ καλεῖται. αὕτη ἐστὶν πᾶσα ἡ περὶ τὴν Ἐλευ
θερόπολιν πεδινὴ χώρα πρὸς βοῤῥᾶν καὶ δυσμάς.

Socho und Aseka gelegen, bei den LXX: Σακαρίμ oder Σαργαρείμ, vermuthlich in dem heutigen Tell *Zakarija* und dem gegenüber liegenden
Dorfe *Kefr Zakarija*, zwischen welchen das nur 20 Minuten breite Tief-
thal Wady Sumt durchgeht (*Rob.* II S. 608 *v. de Velde* Reise II S. 188 f.),
zu suchen, da der hebr. Name ein Dual ist. *Adithajim* unbekannt. *Gedera*
vielleicht einerlei mit dem *Gederot*, welches die Philister unter Ahas weg-
nahmen (2 Chr. 28, 18) und mit dem *Gedrus* des *Onom.* u. *Gaedur* oder
Gahedur, 10 r. M. südlich von Diospolis nach Eleutheropolis zu, da das
Gederot v. 41 in der eigentlichen Ebene, also nicht in der Richtung zwischen Diospolis und Eleutheropolis lag. *Gederothajim* wird von *Winer*,
Kn. u. A. für ein altes Glossem gehalten; was zwar möglich, aber nicht gewiss ist, da weder das Fehlen dieses Namens in den LXX hiefür entscheidend ist, noch der Umstand, dass die Summa der Städte auf 14 angegeben ist, welche Zahl nur herauskommt, wenn Gederothajim nicht mitzählt,
da diese Differenz eben so wie die ähnliche v. 32 entstanden sein kann.

V. 37 - 41. Die *zweite* Gruppe, die Städte der eigentlichen Ebene
nach ihrer ganzen Ausdehnung von Nord nach Süd zwischen der Hügelregion und dem philistäischen Küstenstrich umfassend, im Ganzen 16
Städte. V. 37. *Zenan*, wol einerlei mit *Zaënan* Mich. 1, 11, wird von *Kn.*
in der Ruinenstelle *Chirbet es-Senat*, eine kleine Strecke nördlich von
Beit-Dschibrin bei *Tobler*, dritte Wand. S. 124, vermuthet. *Hadasa*
(חֲדָשָׁה), nach *Mischn. Erub.* V, 6 der kleinste Ort in Juda mit nur 50 Häusern, ist unbekannt und verschieden von dem *Adasa* 1 Makk. 7, 40. 45 u.
Joseph. Ant. XII, 10, 5, da dieses nach dem *Onom.* nördlich von Jerusalem
lag. *Migdal-Gad* unbekannt, von *Kn.* in dem hohen Hügel *Dschedeideh*
mit Ruinen nördlich von Beit-Dschibrin (*v. de Velde* R. II S. 162. 188) vermuthet. — V. 38. *Dil'an* unbekannt; denn *Bet Dula*, 3 reichliche Stunden
östlich von Beit-Dschibrin, mit einigen Ueberbleibseln aus dem Alterthum
(bei *Tobler* S. 150 f.), an welches *Kn.* denkt, liegt auf dem Gebirge, nicht
in der Ebene. *Mizpe* d. i. *specula*, zu unterscheiden von *Mizpe* Benjamins
(18, 26), lag nach dem *Onom.* u. *Maspha* nördlich von Eleutheropolis, ist
also vielleicht das Kastell *Alba Specula*, *Alba Custodia* des Mittelalters,
der heutige Tell *es Saphieh* mitten in der Ebene auf einem hohen Hügel,
von dem man eine weite Aussicht nach allen Richtungen hat, s. *Rob.* II
S. 622 ff. *v. de Velde* R. II S. 164 f. — *Jokteel* vielleicht in der Ruine *Kei-
tulaneh* bei *Rob.* III S. 868 erhalten, die in jener Gegend liegen soll. —
V. 39. *Lachis* d. i. *Um Lakis* s. zu 10, 3. *Bozkat* unbekannt, nach *Kn.* „vielleicht die Ruine *Tubakah* südlich von Um Lakis und Adschlan bei *Rob.* II
S. 536. 756." *Eglon* d. i. *Adschlan* s. zu 10, 3. — V. 40. *Kabbon* wahrscheinlich der Ruinenhügel *Kubeibeh* oder *Kebeibeh*, „der einst als starke
Festung den Schlüssel des mittleren Gebirgs Juda gebildet haben muss"
(*v. de Velde* R. II S. 156), südwärts von Beit-Dschibrin, 2½ Stunden östlich von Adschlan (*Rob.* II S 660. *Tobler* dritte Wand. S. 129). *Lachmas*
(לַחְמָם) nach *Kn.* verderbt aus לַחְמָם, welches zahlreiche Codd. und Editio-
nen darbieten. *Vulg.* hat *Leheman*, *Luth.* *Lahmam*) vergleicht *Kn.* mit der
Ruinenstelle *el Lahem* südwärts von Beit-Dschibrin bei *Tobler* a. a. O. —
Kitlis (*Chitlis*) unbekannt, wenn nicht etwa in Tell *Chilchis* südsüdöstlich

von Beit-Dschibrin (*v. de Velde* R. II S. 157) zu suchen. — V. 41. *Gederoth, Beth-Dagon* und *Naama* sind noch unbestimmbar. Der im *Onom.* u. *Beth-Dagon* erwähnte *grandis vicus Capher Dagon* zwischen Diospolis und *Jamnia*, das heutige *Beit Dedschan* (bei *Rob.* III S. 238 f.), liegt weit über die Nordgrenze des St. Juda hinaus. *Makkeda* s. zu 10, 10.

V. 42—44. Die *dritte* Gruppe, die Städte in der südlichen Hälfte der Hügelregion umfassend, 9 Städte. V. 42. *Libna* s. zu 10, 29. *Ether* und *Aschan*, hernach den Simeoniten gegeben (19, 7) und wol an der Grenze des Negeb zu suchen, sind noch nicht aufgefunden. Die Vergleichung von עָתֶר mit der Ruine *Attârah* (عطارة) bei *Rob.* III S. 865 in der Provinz Gaza, ist unsicher. *Aschan* wahrscheinlich einerlei mit *Kor-Aschan* 1 Sam. 30, 30 wurde Priesterstadt 1 Chr. 6, 44. S. zu 21, 16. — V. 43. *Jiphtah, Asna* und *Nezib* sind noch nicht ermittelt. Das *Beit Nesib* östlich von Beit-Dschibrin am Wady Sur (*Rob.* II S. 600 u. III S. 218 f.), das *Neesib* des *Onom.* 7 r. M. östlich von Eleutheropolis passt seiner Lage wegen nicht in diese Gruppe, da es im Bereiche der ersten Gruppe liegt. — V. 44. *Kegila* (קְעִילָה), in der Geschichte Davids 1 Sam. 23 und noch nach dem Exile Neh. 3, 17 erwähnt, ist weder das *Κεειλά, Ceila* des *Onom.* ostwärts von Eleutheropolis, das heutige *Kila* bei *Tobler*, dritte Wand. S. 151, weil dieses auf dem Gebirge Juda liegt, noch auch mit *Kn.* in der Ruinenstelle *Dschugaleh* bei *Rob.* III S. 862 zu suchen, weil diese südlich vom Gebirge Hebron liegt, *Kegila* dagegen in der Sephela, jedenfalls im Westen oder Südwesten des Gebirges Hebron zu suchen ist. *Achsib* (Mich. 1, 14) = *Chesib* Gen. 38, 5 hat sich erhalten in den Ruinen bei *Kussâbeh*, einem Orte mit einer Quelle (*Rob.* II S. 656 f.) d. i. der Quelle *Kesâba* (*v. de Velde* R. II S. 155) gegen 5 Stunden Süd zum West von Beit-Dschibrin. *Maresa*, von Rehabeam befestigt (2 Chr. 11, 8 vgl. Mich. 1, 15), wo Asa den Aethiopier Serah schlug (2 Chr. 14, 9), Heimat des Eliëser (2 Chr. 20, 37), die später sehr bedeutende Stadt *Marissa* (vgl. *v. Raumer* Pal. S. 211 f.), zwischen Hebron und Asdod gelegen, da Judas Makkabäus noch 1 Makk. 5, 65—68 (wo v. 66 Μαρίσσαν statt Σαμάρειαν zu lesen nach *Joseph. Ant. XII, 8, 6*) von Hebron ins Philisterland durch *Marissa* zog und sich nach Asdod wandte, war nach dem *Onom.* u. *Maresa* zur Zeit des *Euseb.* schon verödet und lag gegen 2 r. M. von Eleutheropolis entfernt; eine Angabe, die auf die Ruine *Marasch* 24 Minuten südlich von Beit-Dschibrin passt, in welcher daher *Rob.* (II S. 692 f.) Maresa vermuthet, wogegen *Kn.* Maresa in *Beit-Mirsim* (*Rob.* II S. 24) 4 Stunden südlich von Beit-Dschibrin findet.[1]

---

1) *Kn.* gründet seine Ansicht theils auf 2 Chr. 14, 9 wonach *Maresa* beim Thale *Zephata* lag, welches die beckenartige Ebene bei *Mirsim* sei, theils darauf, dass auch das *Onom. Morasti* östlich (südöstlich) von Eleutheropolis setze und *Hieron. ad Mich. 1, 1 Morasthi* als *haud grandem viculum juxta Eleutheropolin* bezeichne und als *sepulcrum quondam Micheae prophetae, nunc ecclesiam* (*ep. 108 ad Eustoch. §. 14*), diese *ecclesia* aber wol die Kirchenruine *Santa Hanneh* 20 Minuten südöstlich von Beit-Dschibrin und nur 10 Minuten östlich von *Marasch* sei, wonach die Annahme nahe liege, dass das *Maresa* und *Morasthi* der Kchv. nur Theile desselben Ortes waren, nämlich von *Moreseth-Gath*, der Heimat Micha's (Mich. 1, 1. 14.

V. 45—47. Die *vierte* Gruppe besteht aus den Städten des philistäischen Küstenstriches, dessen nördlichster Theil später zum Stamme Dan geschlagen wurde (19, 43), der aber fast ganz im Besitze der Philister blieb, s. zu 13, 3.[1] — V. 45. *Ekron* d. i. *Akir* s. 13, 3. בְּנוֹתֶיהָ sind die übrigen, von der Hauptstadt abhängigen Städte des Fürstenthums Ekron, und חֲצֵרִים die Dörfer und Meiereien desselben. V. 46. Ausserdem sollte Juda erhalten „von Ekron an und zwar westwärts alles was zur Seite Asdods und ihren (d. h. Ekrons und Asdods) Dörfern" lag. Die einzelnen Ortschaften dieses Districtes sind nicht genannt, weil sie nicht in den wirklichen Besitz Juda's kamen. V. 47. *Asdod* jetzt *Esdûd* und *Gaza* jetzt *Ghuzzeh* s. zu 13, 3. Dazu die Töchterstädte und Dörfer „bis zum Bache Aegyptens (Wady *el Arisch* s. v. 4) und das grosse Meer mit seinem Gebiete" d. h. den zwischen Gaza und dem Ufer des Mittelmeeres liegenden Landstrich (הַגְּבוּל ist Schreibfehler für הַגָּדוֹל, welches über 50 Codd. haben). Nicht erwähnt sind Gath und Askalon, weil beide in den genannten Grenzen mit inbegriffen sind. Askalon lag zwischen Asdod und Gaza am Meere s. zu 13, 3 und Gath östlich von Ekron und Asdod (s. 13, 3), so dass ihre Zutheilung an Juda sich von selbst verstand.

V. 48—60. Die Städte auf dem *Gebirge* sind in 5, richtiger 6 Gruppen getheilt. Das Gebirge Juda, das sich zwischen der zur Sephela gerechneten Hügelregion im Westen und der an das todte Meer im Osten stossenden Wüste Juda (v. 61) vom Negeb aus steil erhebt, in der Gegend von Hebron die Höhe von 3000 Fuss über dem Meeresspiegel erreicht und nordwärts bis zum grossen Wady Beit Hanina oberhalb Jerusalem sich erstreckt, ist ein mächtiges rauhes Kalksteingebirge mit vielen kahlen und nackten Bergspitzen, dessen Seiten meist bis an die Berggipfel mit Gras, Sträuchern, Gebüsch und Bäumen bedeckt sind und das von vielen sehr fruchtbaren Hochthälern durchsetzt ist. Es wird daher schon von *Jose-*

Jer. 26, 18). Indess keiner von diesen Gründen ist entscheidend. Das Thal *Zephata* kann auch die grosse offene Thalebene sein, die *Robins.* II S. 613 bei Beit-Dschibrin erwähnt; und die Vermuthung, dass *Morasthi*, welches *Euseb.* u. *Hieron.* πρὸς ἀνατολὰς, *contra orientem Eleutheropoleos* setzen, in der in gerader *südlicher* Richtung von Beit-Dschibrin liegenden Ruine *Marasch* erhalten sei, hat doch nur sehr geringe Wahrscheinlichkeit

1) Ohne Beweiskraft sind die Gründe, aus welchen *Ew., Bertheau* u. *Kn.* diese Verse für nicht ursprünglich oder für eine spätere Einschaltung aus einer andern Quelle halten wollen. Denn dass der „Elohist" blos die Städte aufführe, welche die Hebräer in Besitz genommen hatten und zu seiner Zeit ganz oder theilweise besassen, und dass sein Verzeichniss der judäischen Orte in der Sephela nirgends bis in die Nähe des Meeres reiche, das sind rein aus der Luft gegriffene Behauptungen, die schon dadurch als irrig widerlegt werden, dass nach der ausdrücklichen Angabe v. 12 das mittelländische Meer die Westgrenze des Stammgebietes von Juda bilden und nach 13, 6 Josua auch die noch nicht eroberten Theile Canaans unter die Stämme Israels verlosen soll. Der Unterschied aber, der zwischen unsern Versen und den übrigen Städtegruppen obwaltet, dass nämlich hier nicht blos חֲצֵרִים sondern auch noch בְּנוֹתֶיהָ genannt und die Städte am Ende nicht summirt sind, erklärt sich genügend aus der Sache, d. h. daraus dass die genannten philistäischen Städte Hauptstädte von kleinen Fürstenthümern waren, zu welchen nicht blos Dörfer, sondern auch kleinere Landstädte gehörten, und als solche nicht zusammengehörige Gruppen wie die Städte der übrigen Districte bildeten.

phus als reich an Getraide, Obst und Wein geschildert, und enthält auch noch gegenwärtig viele Obst- Oel- und Weinpflanzungen, die terassenförmig an den Bergen sich hinaufziehen, während die Thäler und Gründe reiche Ernten an Waizen, Hirse und anderem Getraide liefern. Daher diese Gegend im Alterthume reich mit Städten besetzt war. Vgl. *Rob.* I S. 345 f. 352 ff. II S. 13 ff. 410 f. 418 f. u. *C. v. Raumer* Pal. S. 45 ff. —

V. 48—51. Die *erste* Gruppe umfasst 11 Städte im Südwesten des Gebirges. V. 48. *Samir* vielleicht erhalten in der Ruine *Um Schaumerah* bei *Rob.* III S. 862, deren Lage noch nicht näher bestimmt ist. *Jattir* den Priestern eingeräumt (21, 14) und noch 1 Sam. 30, 27 erwähnt, nach dem *Onom.* u. *Jether* damals ein grosser, von Christen bewohnter Flecken, 20 r. M. von Eleutheropolis *in interiori Daroma juxta Malathan*, was auf die Ruine *Attir* (عتّير) im südlichen Theile des Gebirgs passt, vgl. *Rob.* II S. 422 f., bei *Seetzen*, R. III S. 6 *Ater* genannt. *Socha* 2 Stunden N. gen West davon, jetzt *Schuweikeh* (*Rob.* II S. 422), bei *Seetzen* III S. 29 *Suche*, ein Dorf etwa 4 Stunden von Hebron. V. 49. *Danna* (LXX, *Syr. Renna*) unbekannt. *Kn.* vermuthet דַּנָּה für דַּנָּה und jenes für דְּעָנָה im Plur. דְּעָנוֹת, wie בָּלָה für בַּעֲלָה und בְּעָלוֹת, mit dem sich *Zanute* (زعنوطة) der letzte bewohnte Ort auf dem Gebirge, 5 Stunden von Hebron, zwischen Schuweikeh und Attir (s. *Rob.* III S. 190. *Seetzen* III S. 27. 29) vergliche. *Kirjat-Sanna* oder *Debir*, noch nicht aufgefunden, s. zu 10, 38. — V. 50. *Anab* nordöstlich von Socho, s. zu 11, 21. *Estemo* oder *Estemoa*, den Priestern überlassen (21, 14. 1 Chr. 6, 42) und noch 1 Sam. 30, 28. 1 Chr. 4, 17. 19 erwähnt, gegenwärtig *Semua*, ein bewohntes Dorf mit Mauerüberresten und einem Kastelle aus alter Zeit, östlich von Socho (*Rob.* II S. 422. III S. 191 f. *Seetzen* III S. 28 u. *v. Schubert* R. II S. 458). *Anim* (עָנִים) nach der wahrscheinlichen Vermuthung von *Wilson* aus עֲיָנִים Quellen contrahirt und in den Ruinen des Dorfes *el Ghuwein*, südlich von *Semua* erhalten, vgl. *Ritter* Erdk. 16 S. 196 f, von *Rob.* III S. 189 irrig für *Ain* (v. 32) gehalten — V. 51. *Gosen*, *Holon* und *Gilo* sind noch unbekannt. Ueber *Gosen* vgl. zu 10, 41. *Holon* wurde den Priestern eingeräumt (21, 15. 1 Chr. 6, 43) und *Gilo* wird 2 Sam. 15, 12 als Geburtsort Ahitophels genannt.

V. 52—54. Die *zweite* Gruppe von 9 Städten, nördlich von der vorigen, im Umkreise von Hebron. V. 52. *Arab* noch unbekannt; denn an die Ruine *Husn el Ghurab* in der Nähe von Semua (*Rob.* I S. 351) ist nicht (mit *Kn.*) zu denken, weil diese innerhalb der vorigen Gruppe von Städten liegt. *Duma*, nach *Euseb.* im *Onom.* zu seiner Zeit der grösste Flecken im Daromas, 17 r. M. von Eleutheropolis, ist wol nach *v. de Velde* Mem. p. 308 das zerstörte Dorf *Daumeh* am Wady Dilbeh (*Rob.* I S. 353), nach der Karte in gerader Richtung 14 r. Meilen S. O. von Eleutheropolis entfernt. *Es'an* (עֶשְׁעָן) lässt sich nicht nach *v. de Velde* Mem. p. 310 mit Asan (עָשָׁן) 1 Chr. 4, 32 (s. zu v. 42) identificiren, sondern eher mit *Kor-Asan* 1 Sam. 30, 30. Dann könnte man an die Ruine *Khursah* (خرصة) nordwestlich von Daumeh, 2½ Stunden südwestlich von Hebron (*Rob.* III S. 210) denken. Da die LXX statt dessen Σομά haben, so vermuthet *Kn.*

in צְשָׁן eine verderbte Lesart für שָׁמָע 1 Chr. 2, 43 und denkt an die Ruinenstelle *Simia* südlich von *Daumeh* bei *Seetzen* III S. 28 u. *Rob.* III S. 864. — V. 53. *Janum* bis jetzt unbekannt. *Beth-Tappuach* erhalten in dem Dorfe *Teffuh* (تفوح) gegen 2 Stunden westlich von Hebron (*Rob.* II S. 700. *Tobler* dritte Wand. S. 149). *Apheka* noch nicht aufgefunden. — V. 54. *Humta* auch noch unbekannt. *Kirjat-Arba* oder *Hebron* s zu 10, 3. *Zior* auch nicht ermittelt, könnte aber „dem Namen צִיּר nach sich in dem Höhenzuge طوغر *Tugra* nahe bei Hebron (s. *Rosen* in d. deutsch. morgenl. Ztschr. XI S. 56) erhalten haben" (*Kn.*).

V. 55—57. Die *dritte* Gruppe von 10 Städten, östlich von beiden vorigen, nach der Wüste zu gelegen. V. 55. *Maon*, die Heimat Nabals (1 Sam. 25, 2), an der Grenze der Wüste Juda's, die hier Wüste Maon hiess (1 Sam. 23, 25), im Tell *Main* (معين) auf einem kegelförmigen Berge mit weiter Aussicht erhalten, Ost zum Nord von Semua, 3¾ Stunden südsüdöstlich von Hebron (*Rob.* II S. 421 ff.). *Carmel* Ortschaft und Berg, in Davids Geschichte und noch unter Usia erwähnt (1 Sam. 15, 12. 25, 2 ff. 2 Chr. 26, 10), in der römischen Zeit ein grosser Flecken mit römischer Besatzung (*Onomast.*), jetzt *Kurmul* mit umfangreichen Ruinen aus dem Alterthume (*Seetzen* III S. 78 f. *Rob.* II S. 424 ff. u. *v. de Velde* R. II S. 106 f.), nordwestlich von Maon. *Siph* bei der Wüste dieses Namens, in welche David vor Saul flüchtete (1 Sam. 23, 14 ff. 26, 2 f.), von Rehabeam befestigt (2 Chr. 11, 8), erhalten in Ruinen auf dem Hügel *Zif* (زيف), 1¾ Stunden südöstlich von Hebron (*Rob.* II S. 417 f. *v. de Velde* R. II S. 106 ff.). *Juta*, den Priestern zugetheilt (21, 16), zur Zeit der Kchv. (*Onom.* u. Ἰετταν, *Jethan*) *vicus praegrandis Judaeorum* 18 r. M. südwärts (S. O.) von Eleutheropolis, jetzt *Jutta* oder *Jitta*, ein grosser muhammedanischer Flecken mit Ruinen, 1¾ Stunde südlich von Hebron (*Seetzen* III S. 8. *Rob.* II S. 417. III S. 193). — V. 56. *Jisreel*, Heimat des Ahinoam (1 Sam. 25, 43. 27, 3 u. ö.), von *Jisreel* in der Ebene Esdrelom verschieden, und noch nicht aufgefunden. Das Letztere gilt auch von *Jokdeam* und *Sanoah*, die nur hier vorkommen. V. 57. *Hakkain* (הַקַּיִן) vielleicht nach *Kn.* einerlei mit *Jukin* südöstlich von Hebron bei *Rob.* III S. 417 und *Jagin* in *Berggren's* Reisen III S. 129. — *Gibea* kann nicht das in *Onom.* u. Gabathon erwähnte *Gabatha juxta Bethlehem* oder das von *Rob.* II S. 580 u. *Tobler* dritte Wand. S. 157 f. erwähnte *Gibea* d. i. das Dorf *Dscheba* auf einem Hügel im Wady el Musurr sein, weil dieses nicht im Bereiche dieser Gruppe liegt, sondern nur einer der als *viculi contra orientalem plagam Daromae* angeführten *Gebaa* und *Gabatha*, deren Lage noch nicht nachgewiesen ist. *Thimna*, wahrscheinlich schon Gen. 38, 12 ff. erwähnt, noch nicht aufgefunden.

V. 58 u. 59. Die *vierte* Gruppe von 6 Städten, nördlich von Hebron oder von den beiden vorigen Gruppen. *Chalchul* nach dem *Onom.* u. E'lul: *villa nomine A l u l a juxta Chebron*, erhalten in den Ruinen *Halhûl* 1½ Stunden nördlich von Hebron, bei *Seetzen* II S. 46. *Rob.* I S. 359 f. II S. 412 u. bibl. Forsch. S. 368. *Bethzur*, von Rehabeam befestigt 2 Chr. 11, 7, in der

Makkabäerzeit öfter als Grenzfestung gegen die Idumäer erwähnt (1 Makk. 4, 29. 61 u. a.), nach dem *Onom.* u. *Bethsur* 20 (? 15) r. M. von Jerusalem nach Hebron zu gelegen, die heutige Ruinenstelle *Beit Zur* (صور) nordwestwärts von Halhûl (*Rob.* bibl. Forsch. S 362 f. *Ritter* Erdk. 16 S. 236. 267 f.). *Gedor* in der Ruine *Dschedûr* 1½ Stunden nordwestwärts davon erhalten (*Rob.* II S. 592 f. bibl. Forsch. S. 370). — V. 59. *Maarath* und *El-thekon* sind noch nicht anfgefunden. *Beth-Anoth* wahrscheinlich aus בֵּירֹת עֲנֹת zusammengezogen und von *Wolcott* bei *Rob.* (bibl. Forsch. S. 368 vgl. Pal. II S. 412) in den Ruinen *Beit Ainun* (بيت عينون) östlich von Hal-hûl entdeckt.

Zwischen v. 59 und v. 60 fehlt im masorethischen Texte die in den LXX erhaltene *fünfte* Gruppe von Städten, nördlich von der vierten bis nach Jerusalem hinauf, ein ganzer District, in welchem jetzt mindestens 15 Ortschaften und Ruinen liegen, so dass wir hier nicht einen willkührlichen Zusatz der LXX, wie nach dem Vorgange von *Hieron.* noch *Heng-stenberg,* Christol. I S. 556 der 2. Aufl. meint, sondern vielmehr eine Lücke im hebräischen Texte haben, daraus entstanden, dass ein alter Abschreiber von dem וְחַצְרֵיהֶן v. 59 auf das יְחַצְרֵיהֶן, mit dem der ausgefallene Abschnitt schloss, abirrte. In der Alex. Version lautet der Abschnitt nach *Cod. Al.* u. *Vat.* also: Θεκὼ καὶ Ἐφραϑά, αὕτη ἐστὶ Βαιϑλέμ, καὶ Φαγὼρ καὶ Αἰτὰν καὶ Κουλὸν καὶ Τατὰμ καὶ Θωβὴς (nach *Cod. Al.* Σωρὴς) καὶ Καρὲμ καὶ Γαλὲμ καὶ Θιϑὴρ (nach *Cod. Al.* Βαιϑὴρ) καὶ Μανοχώ, πόλεις ἕνδεκα καὶ αἱ κῶμαι αὐτῶν. *Theko* das bekannte The-koa, die Heimat des klugen Weibes und des Propheten Amos (2 Sam. 14, 2. Am. 1, 1), von Rehabeam befestigt und noch nach dem Exile be-wohnt (2 Chr. 11, 6. Neh. 3, 5. 27), heute *Tekua* (تقوع) auf dem Gipfel ei-nes mit Ruinen aus dem Alterthume bedeckten Berges, 2 Stunden südlich von Bethlehem, s. *Rob.* II S. 406 ff. *Tobler* Denkbl. aus Jerus. S. 682 ff. — *Ephratha* d. i. *Bethlehem,* Stammsitz des Hauses David (Rut 1, 1. 4, 11. 1 Sam. 16, 4. 17, 12 ff. Mich. 5, 2), von Rehabeam befestigt (2 Chr. 11, 6) und öfter erwähnt, der Geburtsort Christi (Matth. 2, 1 ff. Luc. 2, 4), existirt noch unter dem alten Namen *Beit-Lahm,* 2 Stunden südlich von Jerusalem (*Seet-zen* II S. 37 ff. *Rob.* II S. 375 ff. *Tobler* Topogr. v. Jerus. II S. 464 ff. vgl. v. *Raum.* Pal. S. 313 ff.). Den Namen *Ephratha* hat Bethlehem nicht erst von dem Calebitischen Geschlechte der Ephrathiten 1 Chr. 2, 19. 50. 4, 4 erhal-ten, sondern schon zu Jakobs Zeiten geführt Gen. 35, 19. 48, 7. — *Phagor,* nach dem *Onom.* u. *Fogor* nahe bei Bethlehem, und *Phaora* genannt, ist die Ruinenstelle *Faghur* (فاعور) südwestwärts von Bethlehem, bei *Rob.* bibl. Forsch. S. 259 f. u. *Tobler* dritte Wand. S. 91 f. *Aitan,* von Rehabeam be-festigt (2 Chr. 11, 6), in dem Wady und Ain *Attan* zwischen Bethlehem und Faghur erhalten, bei *Tobler* dritte Wand. S. 88 f. — *Kulon* das heutige Dorf *Kulonieh* 1½ Stunden West zum Nord von Jerusalem an der Strasse nach Ramleh, s. *Rob.* II S. 364. bibl. Forsch. S. 207. *Tobler* Topogr. II S. 721 (bei *Seetzen* II S. 64 *Kolony* genannt). *Tatam* unbestimmbar. *Sores* (denn *Thobes* scheint nur Schreibfehler) ist wahrscheinlich *Saris,* ein kleines Dorf 4 Stunden ostwärts von Jerusalem auf einem Bergrücken südlich vom Wady Aly, bei *Rob.* bibl. Forsch. S. 203 f. *Tobler* Denkbl. S. 596 u. dritte Wand. S. 178. *Karem* jetzt *Ain Karim,* ein grosses blühendes Dorf, mit einem Franziscanerkloster Johannis des Täufers in der Mitte und einer Quelle, 2 Stunden westlich von Jerusalem, bei *Rob.* II S. 364 u. bibl. Forsch. S. 355, vgl. *Seetzen* II S. 389 ff. u. *Tobler* Topogr. II S. 344 ff. *Galem* verschieden von dem *Gallim* nördlich von Jerusalem Jes. 10, 30, ist noch nicht aufgefunden. *Baither* jetzt ein kleines schmutziges Dorf *Bettir* oder *Bittir* mit einer schönen Quelle und terrassenförmig angelegten Gärten auf der westlichen Bergwand des Wady Bittîr, südwestlich von Jerusalem s. *Rob.* bibl. Forsch. S. 347 f. u. *Tobler* dritte Wand. S. 101 f. *Manocho* vielleicht einerlei mit *Manachat* 1 Chr. 8, 6, noch nicht aufgefunden.

V. 60. Die *sechste* Gruppe von nur 2 Städten, westlich von Jerusalem, an der Nordgrenze des Stammes Juda. *Kirjat-Baal* oder *Kirjat-Jearim* das heutige *Kureyet el Enab* s. zu v. 9 u. 9, 17. *Rabba* (הָרַבָּה die grosse) ist ganz unbekannt.

V. 61 u. 62. Die Städte in der *Wüste* Juda, welche sich von der Nordgrenze Juda's (v. 6 f.) dem todten Meere entlang bis an den Wady Fikreh im Süden erstreckt und gegen Westen bis an die Gebiete von Maon, Siph, Thekoa und Bethlehem reicht. Dieser Landstrich ist zum grösseren Theile eine schreckliche Wüste mit Kreide-, Mergel- und Kalkstein-Boden und kahlen mit Feuerstein und Hornstein bedeckten Bergen, und nach dem todten Meere zu ohne alle Spur von Vegetation, vgl. *v. Schubert* R. III S. 94. 96. *Seetzen* II S. 272 f. *Rob.* II S. 431. III S. 15. 17. Nur wo Quellen sind, da zeigt auch diese Wüste üppigen Pflanzenwuchs, so weit das Wasser wirkt (*Seetzen* II S. 249. 258), und selbst in den Theilen, wo jetzt alles öde ist, finden sich überall Spuren menschlicher Thätigkeit aus früheren Zeiten (*Rob.* II S. 413). In unsern Versen sind 6 Städte aufgeführt: *Beth-Araba* s. zu v. 6. *Middin* und *Secaca* unbekannt. Nach *Kn.* ist *Middin* vielleicht die Ruinenstelle *Mird* oder *Mardeh* westwärts vom Nordende des todten Meeres bei *Rob.* II S. 512. — V. 62. *Nibsan* gleichfalls unbekannt. Die *Salzstadt* (עִיר הַמֶּלַח), bei welcher die Edomiter wiederholte Niederlagen erlitten (2 Sam. 8, 13. Ps 60, 2. 2 Kg. 14, 7. 1 Chr. 18, 12. 2 Chr. 25, 11), lag ohne Zweifel am Südende des todten Meeres im Salzthale (*Rob.* III S. 25). *Engedi,* am todten Meere Ez. 47, 10, wohin David vor Saul auch flüchtete (1 Sam. 24, 1 ff.), nach dem *Onom.* u. *Engaddi* ein *vicus praegrandis,* jetzt *Ain-Dschidi,* eine Quelle auf einem Absatze an der westlichen hohen Felsenküste des todten Meeres mit Ruinen verschiedener alter Gebäude, vgl. *Seetzen* II S. 227 f. *Rob.* II S. 439 ff. u. *Lynch* Bericht S. 178 f. 199 f. — In v. 63 folgt noch die Notiz, dass die Judäer die Jebusiter aus Jerusalem nicht vertreiben konnten, welche auf die Zeit nach Josua hinweist, als die Judäer Jerusalem erobert und angezündet hatten (Jud. 1, 8), aber nicht behaupten konnten. Diese Notiz steht weder mit 18, 28 noch mit Jud. 1, 21 in Widerspruch, da sie weder besagt, dass Jerusalem zum Stamme Juda gehörte, noch dass die Judäer allein, mit Ausschluss der Benjaminiten, auf den Besitz dieser Stadt Anspruch machten. Vgl. die Erkl. zu Jud. 1, 8.

Cap. XVI u. XVII. Erbtheil des Stammes Joseph.

Die Nachkommen Josephs zogen ein Los, um das Erbtheil des halben Stammes Manasse vom St. Ephraim nicht zu trennen. Doch wurde das Gebiet sogleich an die beiden Stämme der Josephiden getheilt, und zwar so, dass Ephraim den südlichen, Halb-Manasse den nördlichen Theil des durch das Los ihnen zugefallenen Landes empfing. Hienach wird zuerst 16, 1—4 die Südgrenze des ganzen Gebietes, mit der es an die Stammgebiete von Benjamin (18, 11 ff.) und Dan (19, 40 ff.) grenzte, beschrieben, hierauf 16, 5—10 das Gebiet von Ephraim mit genauer Verzeichnung seiner Nordgrenze, und c. 17, 1—13 das den Geschlechtern Manasse zutheil gewordene Gebiet, ohne genaue Angabe seiner Grenzen gegen Norden, worüber 17, 10 f. nur bemerkt ist, dass die Manassiten an Aser und Isaschar stiessen und in deren Stammgebieten noch abgesonderte Städte mit ihren Dörfern erhielten. Hieran schliesst sich v. 14—18 noch die Klage der Josephiden über das ihnen zugefallene Erbe.

Cap. XVI. V. 1—4. *Das Gebiet des Stammes Joseph.* V. 1. „Und es kam heraus das Los den Söhnen Josephs vom Jordan bei Jericho." יָצָא הַגּוֹרָל *exivit sors ex urna vel casside* (*Cler.*); vgl. 19, 1. 17. 24. In derselben Bedeutung steht עָלָה 18, 11. Die Verbindung dieser Worte mit מִיַּרְדֵּן וגו׳ erklärt sich daraus, dass das aus der Urne gekommene Los das Erbtheil angab, welches ihnen zufiel, so dass wir den Sinn also umschreiben können: Es kam heraus das Los den Söhnen Josephs, nämlich das Erbtheil, welches ausgeht oder dessen Grenze anfängt vom Jordan bei Jericho d. h. dem Jericho gegenüber liegenden Theile des Jordan, der durch den Zusatz: „bei dem Wasser Jericho's östlich" näher bestimmt wird. Das Wasser von Jericho ist die heutige Quelle *es Sultan*, ½ Stunde nordwestlich von *Riha*, die einzige grosse Quelle in der Nähe von Jericho, deren Wasser sich über die Ebene ausbreiten und einen kleinen Bach bilden, welcher in der Regenzeit ohne Zweifel durch den Wady Kelt in den Jordan fliesst, vgl. *Rob.* II S. 528 f. u. *Tobler* Topogr. von Jerus. II S. 558 f. הַמִּדְבָּר ist Apposition zu הַגּוֹרָל „nämlich die Wüste aufsteigend von Jericho aufs Gebirge nach Bethel." Gemeint ist nach 18, 12 die Wüste von Bethaven, das östlich von Bethel lag zwischen dem Wady *Suwar* (*Tuwar*) und Mutyah (s. zu 7, 2). Diese Wüste fällt gegen Osten mit dem Dschebel Kuruntul (Quarantana) im Nordwesten von Jericho steil ins Jordanthal ab oder steigt von dort aus demselben auf. Nach 18, 12 stieg die nämliche Grenze auf an der Schulter von Jericho gegen Norden d. h. an dem nördlichen Bergrücken bei Jericho, der kein anderer sein kann als die „ansehnliche doppelte Anhöhe oder vielmehr Gruppe von Erhöhungen" vor dem Berge Quarantana, an deren östlichem Fusse die Quelle Ain es Sultan liegt (*Rob.* II S. 529). Demnach zog sich die Grenze wahrscheinlich von der Sultanquelle nordwestwärts bis Ain Duk hinauf und von da westwärts hinüber nach Abu Seba (auf welchem Wege *Robins.* II S. 560 f. zur rechten Seite eine furchtbare Wüste hatte) und weiter nordwestwärts nach Beitin (Bethel), und zwar nach 18, 13 an der südlichen Schulter (Seite) von Lus d. i. Bethel. V. 2. „Und sie ging hinaus von Bethel nach

Lus." Bethel wird hier von Lus unterschieden, weil nicht die Stadt Bethel, die bei den Cananitern Lus hiess (vgl. Gen. 28, 19), sondern der südliche Bergrücken von Bethel gemeint ist, von dem die Grenze zur Stadt
Lus hinauslief, so dass diese auf der Grenze liegende Stadt dem St. Benjamin zufiel (18, 22). Von da zog sich die Grenze hinüber „zum Gebiete
des Arkiten nach Ataroth." Von dem „Arkiten" wissen wir weiter nichts,.
als dass Davids Freund Husai diesem Geschlechte angehörte (2 Sam. 15,
32. 16, 16. 1 Chr. 27, 33). *Ataroth*, in 18, 13 *Atroth-Addar* genannt, ist
nicht (wie ich früher annahm) das heutige Dorf Atâra 1½ Stunden südlich
von Dschildschilia (bei *Rob.* III S. 297 f.), sondern die Ruine *Atdra* ¾ St.
südlich von Bireh (Beeroth) bei *Rob.* II S. 566, womit das יָרַד 18, 13 harmonirt. Die Grenze zog sich demnach von Beitin erst südwestwärts nach
Bireh (18, 25) und von da südwärts nach Atâra. — V. 3. Von da „stieg
sie westwärts hinab zum Gebiete des Japhletiten bis zum Gebiete von
Nieder-Bethchoron", oder wie es 18, 13 heisst, „zu dem Berge (Gebirge),
der südlich bei Nieder-Bethchoron." Der *Japhletit* ist ganz unbekannt,
da an den Aseriten dieses Namens (1 Chr. 7, 32 f.) nicht zu denken ist.
Nieder-Bethchoron ist das heutige *Beit-Ur Tachta*, ein Dorf auf einem
niedrigen Rücken, welches von dem östlicher gelegenen Ober-Bethchoron
durch einen tiefen Wady getrennt wird, s. zu 10, 10 u. *Rob.* III S. 273 f. —
„Und bis *Geser*", wahrscheinlich bei dem Dorfe *el Kubâb* gelegen s. zu
10, 33. „Und ihre Ausgänge waren יָמָּה nach dem Mittelmeere hin", vermuthlich gen Nordwest dem Wady Muzeireh (auf *v. de Velde's* Karte) folgend nördlich von Jafo, welches nach 19, 46 den Daniten zutheil wurde.
— V. 4. Das Gebiet von den angegebenen Grenzlinien an erhielten
Ephraim und Manasse zum Erbe.

V. 5—10. *Das Gebiet des Stammes Ephraim* nach seinen Geschlechtern. V. 5. „Das Gebiet ihres Erbtheils war von Osten her Atroth-Addar
und (weiter die Linie) bis Ober-Bethchoron" d. i. eine kurze Zusammenfassung der v. 1—3 näher verzeichneten Südgrenze. Statt Nieder-Bethchoron (v. 3) ist hier Ober-Bethchoron genannt, was keine Verschiedenheit begründet, da beide Orte ganz nahe bei einander lagen (s. zu 10, 10).
In v. 6—8 wird die Nordgrenze Ephraims verzeichnet, und zwar von der
Mitte oder einem „mittlern Punkte auf der Wasserscheide" (*Kn.*) aus zuerst nach Osten (v. 6 u. 7), sodann nach Westen (v. 8). Die östliche Hälfte
der Nordgrenze ging יָמָּה westlich d. h. vom Westen her betrachtet oder
auf den Westen hin gesehen, aus nach der Nordseite von *Michmeta*. Dieser Ort lag nach 17, 7 vor (עַל-פְּנֵי) Sichem, also jedenfalls nicht fern davon, ist aber noch nicht aufgefunden. *Kn.* sucht ihn an der Stelle des
heutigen *Kabate* bei *Seetzen* II S. 166, *Kubatiyeh* 1½ Stunden südlich von
Dschenin bei *Rob.* III S. 384 f., meinend, dass man für מִכְמְתָה auch wol
כְּמָתָה gesagt und dann *m* mit *b* gewechselt habe. Allein *Kabate* liegt
6 Stunden nördlich von Sichem, also durchaus nicht עַל-פְּנֵי שְׁכֶם 17, 7. —
Dann wandte sie sich „östlich nach *Thaanath Silo*" (Τηναθ Σηλω LXX),
nach dem *Onom.* u. *Thenath* 10 r. M. von Neapolis (Sichem) nach dem
Jordan zu, also östlich von Sichem, höchst wahrscheinlich das Θῆνα des
Ptol. V, 16, 5, jetzt *Tana, Ain Tana,* eine Ruinenstelle südöstlich von Na-

bulus, wo grosse Cistcrnen, vgl. *Rob.* bibl. Forsch. S. 388 *Ritter* Erdk. 15 S. 471. *v. de Velde* Mem. *p. 121. 351.* Und „ging dann vorbei östlich nach *Janoah*" d. i. *Jano* in *Acrabittena regione*, 12 r. M. von Neapolis (*Onom.*), die heutige Ruine *Janûn*, ein elendes Dorf mit ausgedehnten Ruinen aus alter Zeit, über 3 Stunden südöstlich von Nabulus, ¾ St. nordöstlich von Akrabeh, nach *Rob.* bibl. Forsch. S. 390. *v. de Velde* R. II S. 268 u. *Mem. p. 120. 239.* — V. 7. Von Janoah stieg die Grenze hinab „nach *Ataroth* und *Naarath*." *Ataroth* verschieden von Ataroth = Atroth - Addar (v. 3. 5), ist nach dem יָרַד zu schliessen am östlichen Abfalle des Gebirges in das Ghor zu suchen, aber noch nicht aufgefunden. *Naarath* wol einerlei mit *Naaran* im östlichen Ephraim 1 Chr. 7, 28, nach dem *Onom.* u. *Naaratha* ein *viculus Judaeorum Naorath* 5 r. M. (d. i. 2 Stunden) von Jericho, vermuthlich nordöstlich davon. Von da stiess die Grenze auf Jericho d. h. das Gebiet von Jericho, und zwar an die Nordseite dieses Gebietes, da Jericho dem St. Benjamin zutheilwurde (18, 21). Hier traf sie also mit der Südgrenze des Gebiets des Stammes Joseph (v. 1) und der Nordgrenze von Benjamin (18, 12) zusammen. — V. 8. Die westliche Hälfte der Nordgrenze ging von *Tappuach* westwärts zum Rohrbache und lief bis zum Meere aus. *Tappuach* in 17, 7 *En Tappuach* genannt, denn die dort verzeichnete Südgrenze Manasse's, die von Michmeta nach En Tappuach ging, fällt mit der hier beschriebenen Nordgrenze Ephraims zusammen, ist nicht mit dem cananitischen Königssitze dieses Namens (12, 17) zu identificiren und in *Kefr Kud* (*Capercota*) westlich von Dschenin (*Ginäa*) zu suchen. Dieser Ort liegt so weit im Norden, 7 Stunden nördlich von Nabulus, dass die Grenze von Michmeta in der Nähe von Sichem (Nabulus) sich statt nach Westen von Süden nach Norden hinauf gezogen haben müsste. Noch weniger lässt sich *En Tappuach* mit *v. de Velde* R. II S. 286 in dem alten Brunnen des verlassenen Dorfes *Atûf*, 5 Stunden ostwärts von Nabulus, suchen; es kann nur westlich von Sichem gelegen haben, ist aber noch nicht aufgefunden, da die Gegend westlich von Nabulus und Sebastieh zur Zeit noch *not examined* (*v. de Velde*) ist. Der *Rohrbach* ist ohne Zweifel der von *Bohad. vita Salad. p. 191. 193* erwähnte نهر القصب Rohrbach; nur ist nicht ganz klar, „ob damit der *Abu Zabura* gemeint ist oder ein Bach etwas weiter nach Süden, wo es noch jetzt einen *Nahr el Kassab* gibt. *Prokesch* R. ins heil. Land S. 35 u. *Berggren* Reisen III S. 166" (*Kn.*). Vgl. zu 17, 9. — V. 9. Ausserdem erhielt der St. Ephraim noch abgesonderte Städte im Bereiche des St. Manasse, und zwar alle diese Städte, zu welchen nach 17, 8 Tappuach gehörte, mit den dazu gehörigen Dörfern. הַמִּבְדָּלוֹת abgetheilte Ortschaften oder Districte, ist Substantiv und Apposition zu הֶעָרִים und die Aenderung הַמֻּבְדָּלוֹת unnöthig.[1] — V. 10. In Geser (s. v. 3) konnten sie aber die Cananiter nicht

---

1) Den Grund, weshalb die Ephraimiten im Stammgebiete Manasse's abgetheilte Städte mit Dörfern erhielten, finden *Calv.*, *Mas.* u. A. darin, dass nach Festtellung der beiderseitigen Grenzen sich bei der Vergleichung des Jedem zugetheilten Gebietes mit der Stärke der beiden Stämme für Ephraim ein verhältnissmässig zu kleiner Landestheil herausgestellt habe. Dies ist möglich; doch können auch andere, nicht näher zu ermittelnde Gründe obgewaltet haben, da bei Manasse 17, 11 derselbe Fall vorkommt.

ausrotten, so dass diese unter Ephraim wohnen blieben, aber zu Frohnsklaven gemacht wurden. Eine Notiz ähnlich der 15,63 und gleicher
Weise zu beurtheilen. מַס־עֹבֵד wie Gen. 49,15.

Cap. XVII. V. 1—13. *Das Erbtheil Manasse's diesseits des Jordan*
kam nördlich von Ephraim zu liegen. V. 1ᵇ—6. Vor der nähern Angabe
desselben hält der Geschichtschreiber für nöthig zu bemerken, dass die
Manassiten ein zweifaches Erbtheil empfingen. Diese Bemerkung wird mit
den Worten: „denn er war der Erstgeborene Josephs" eingeleitet. Deshalb empfing er ausser dem in Gilead und Basan erhaltenen Gebiete (s. zu
13,30 f.) noch ein Gebiet im eigentlichen Canaan. Mit לְמָכִיר beginnt die
nähere Angabe über die Theilung der Manassiten. לְמָכִיר וגו steht absolut
vorauf und wird durch וַיְהִי לֹו wieder aufgenommen: dem Machir, dem
Erstgebornen Manasse's . . . ihm wurde Gilead und Basan zutheil, weil er
אִישׁ מִלְחָמָה d. h. kriegerisch war, sich durch die bei Eroberung Gileads
und Basans bewiesene Tapferkeit Anspruch auf den Besitz dieser Landschaften erworben hatte. *Machir* ist übrigens nicht der einzelne Sohn
Manasse's, sondern sein Geschlecht, und אֲבִי הַגִּלְעָד bed. nicht: Vater Gileads, sondern: Herr (Besitzer) von Gilead; denn Machirs Sohn Gilead
heisst constant גִּלְעָד ohne Artikel, vgl. 17,3. Num. 26,29 f. 27,1. 36,1.
1 Chr. 7,17, während die Landschaft dieses Namens eben so constant
הַגִּלְעָד heisst, vgl. v. 1 (letzten Satz) v. 5 c. 13,11. 31. Num. 32,40. Deut. 3,
10 ff. — „Und es ward d. h. fiel das Los (zu וַיְהִי ist aus v. 1 הַגּוֹרָל zu wiederholen) den übrigen Nachkommen Manasse's nach ihren Geschlechtern", die dann ebenso wie Num. 26,30—32 aufgezählt werden. „Dies
sind die männlichen Nachkommen Manasse's." הַזְּכָרִים ist trotz des voraufgegangenen und nachfolgenden הַנּוֹתָרִים nicht anzutasten, sondern wohlbedacht gebraucht als Gegensatz zu den v. 3 aufgeführten weiblichen
Nachkommen Manasse's. — V. 3 ff. Von den 6 Geschlechtern Manasse's
(v. 2) hatte *Hefer's* Nachkomme *Zelofchad* keinen Sohn, sondern nur 5
Töchter hinterlassen (ihre Namen v. 3 wie Num. 26,33. 27,1. 36,10).
Diese hatten sich von Mose einen eigenen Antheil am verheissenen Lande
erbeten und ihre Bitte zugesagt erhalten (Num. 27,2 ff. vgl. mit c. 36).
Diese Zusage machten sie nun bei der Verlosung des Landes vor dem Thei-
lungsausschusse geltend, von dem sie ihnen auch erfüllt ward. Mithin hatten 10 Geschlechter Manasse's, 5 männliche und 5 weibliche, Erbtheile
neben Ephraim zu empfangen. Demgemäss (v. 5) „fielen die Messschnu-
ren Manasse's (als) zehn" d. h. den (westjordanischen) Manassiten wurden
10 Theile zugemessen, ausser dem Lande Gilead, weil — wie v. 6 nochmals bemerkt wird — die Töchter Manasse's d. h. des Manassiten Zelofchad Erbtheile unter seinen Söhnen (d. h. den übrigen Manassiten)
empfingen.

V. 7—13. *Grenzen und Umfang des Erbtheils* der zehn Geschlechter
Manasse's, und zwar v. 7—10ᵃ die Südgrenze, die mit der 16,6—8 beschriebenen Nordgrenze Ephraims zusammenfällt und hier nur in einigen
Punkten genauer verzeichnet wird. Sie ging „von *Aser* nach *Michmeta*
vor *Sichem*." *Aser* (אָשֵׁר) ist nicht das Stammgebiet Aser, sondern eine

Ortschaft, nach dem *Onom.* u. *Aser* und dem *Itiner. Hieros. p. 587 (p. 276 ed. Parthey)* ein Flecken an der öffentlichen Strasse von Neapolis nach Skythopolis, 15 r. M. von der erstgenannten Stadt entfernt. Das ist aber nicht (nach *Kn.*) die Ruinenstelle *Tell Um el Aschera* in *v. de Velde's Mem. p. 132* u. *237*, oder *Tell Um el Adschra* in *Rob.* bibl. Forsch. S. 407 u. 432, 1 Stunde südwärts von Beisan, sondern das Dorf *Yasir* mit grossartigen Ruinen, 5 Stunden 10 Minuten von Nabulus entfernt am Wege nach Beisan (s. *v. de Velde Mem. p. 237* u. *289.* R. II S. 295, wo der Name deutsch unrichtig *Dschasir* geschrieben ist). *Michmeta* vor Sichem, noch unbekannt, s. 16, 6. *Sichem* von dem Heviterfürsten Sichem gegründet (Gen. 33, 18) und öfter in der Genesis erwähnt, zwischen dem Ebal und Garizim gelegen, von Ephraim den Leviten überlassen und zur Freistadt erklärt (21, 21. 20, 7), wo die zehn Stämme von Juda abfielen (1 Kg. 12, 1 ff.) und Jerobeam residirte (1 Kg. 12, 25), später Hauptstadt der Landschaft Samaria und Hauptsitz der Samariter (Joh. 4, 5), dem Vespasian zu Ehren *Neapolis* oder *Flavia Neapolis* genannt, woraus das heutige *Nabulus* oder *Nablus* geworden, s. *v. Raumer* Pal. S. 161 ff. — Von da ging die Grenze אֶל־הַיָּמִין d. h. entweder nach der rechten Seite (Südseite) oder nach *Jamin* zu den Bewohnern von *En Tappuach*. Ob הַיָּמִין Appellativum oder Nomen propr. ist, bleibt zweifelhaft. Sollte es aber *nom. pr.* eines Ortes sein, so ist so viel gewiss, dass man nicht mit *Kn.* an das Dorf *Jamôn*, 1 Stunde südöstlich von Taanuk (bei *Rob.* III S. 392. 399 u. a.) denken kann, weil dieses viel zu weit im Norden liegt und nach v. 11 zu schliessen zum Gebiete von Aser gehörte. Bei *En Tappuach* sind die Bewohner genannt statt der Landschaft, weil die Landschaft Manasse, die Stadt aber an der Grenze Manasse's den Ephraimiten zutheil wurde. Die Lage dieser Stadt ist noch nicht aufgefunden, s. zu 16, 8. — V. 9. Von da lief die Grenze zum Rohrbache (s. 16, 8) hinab und zwar zur Südseite des Baches. „Diese Städte wurden Ephraim zutheil inmitten der Städte Manasse's und (aber) das Gebiet Manasse's war nördlich vom Bache." Diese Angabe kann nur folgenden Sinn haben: Von Tappuach an zog sich die Grenze hinab zum Rohrbache und überschritt denselben, so dass die Südseite des Baches eigentlich zum Gebiete Manasse's gehörte, jedoch so, dass die Städte auf dieser Südseite Ephraim zutheil wurden und nur das Gebiet nördlich vom Bache den Manassiten zufiel. Dies wird v. 10ª unzweideutig gesagt: „südwärts (vom Bache kam das Land) an Ephraim und nordwärts an Manasse." — In v. 10ᵇ ist die Nord- und Ostgrenze nur kurz angedeutet: „Und an Aser stiessen sie (die Manassiten) gegen Norden und an Isaschar gegen Osten." Genauer wird diese Grenze nicht verzeichnet, vermuthlich weil sie keine festbestimmte war. Denn (v. 11) Manasse erhielt auch Städte und Districte in (innerhalb der Gebiete von) Isaschar und Aser, nämlich Bethsean u. s. w. *Bethsean*, wo Sauls Leichnam an die Mauer geschlagen wurde (1 Sam. 31, 10 ff. 2 Sam. 21, 12), später Σκυθόπολις genannt, im Jordanthale, wo die Ebene Jesreel in dasselbe abfällt, jetzt *Beisan*, 2 Stunden vom Jordan, mit beträchtlichen Ruinen aus alter Zeit, vgl. *Seetzen* II S. 162 ff. *Rob.* III S. 407 ff. bibl. Forsch. S. 429 u. *v. Raumer* Pal. S. 150 f. Diese Stadt mit ihren Tochterstädten lag im Stammgebiete Isaschars, das sich ostwärts von Manasse im Jordanthale wol ziemlich weit nach Süden hinabziehen mochte, da die Gebiete von Manasse und Ephraim östlich nicht bis ins Jordanthal reichten, von Manasse nur Aser (Yasir) als der östliche Ort genannt ist (v. 7) und Ephraims Ostgrenze nach 16, 6 f. auch am östlichen Rande des Gebirgs bis Jericho hinablief, ohne das Jordanthal mit zu umfassen. Uebrigens hatte das Ghor auf der Westseite des Jordan unterhalb Beisan bis zur Ebene von Jericho herab für keinen Stamm besonderen Werth, da dieser District nach *Joseph. de bell. jud. IV, 8, 2* u. *III, 10, 7* seiner Unfruchtbarkeit wegen unbewohnt war. Die übrigen Städte: *Jibleam* u. s. w. lagen, vielleicht mit Ausnahme Endors, im Gebiete Asers, fast sämmtlich am Südwestrande der Ebene Esdrelom. *Jibleam*, 1 Chr. 6, 55 *Bileam* genannt, Levitenstadt (s. zu 21, 25), lag nicht sehr fern von Megiddo (2 Kg. 9, 27) und ist vermuthlich in der Ruine *Khirbet-Belameh*, ½ Stunde südlich von Dschenin erhalten, und mit Βελαμών, Βελμέν, Βελ-θέμ (Judith 4, 4. 7, 3. 8, 3) identisch, nach *Schultz* in d. deutsch. morgenl. Ztschr. III S. 49. Mit וְאֶת־יֹשְׁבֵי דֹאר ändert sich die Construction, so dass eine Anakoluthie stattfindet, die sich daraus erklären lässt, dass הָיָה לְ nicht blos: zutheil werden, sondern auch: erhalten, haben, bedeuten kann. In dieser letzten Bedeutung schliesst sich וְאֶת־ an. Statt der Städte sind die Bewohner genannt, weil dem Geschichtschreiber bereits der Gedanke, dass die Manassiten die Cananiter aus den ihnen zugetheilten Städten nicht ausrotten konnten, vorschwebte. *Dor* ist das heutige *Tortura* s. zu 11, 2. *Endor*, die Heimat der Zauberin (1 Sam. 28, 7), 4 r. M. südlich vom Thabor (*Onom.*), jetzt ein Dorf *Endôr* (اندور) auf der nördlichen Schulter des Duhy oder kleinen Hermon, s. *Rob.* III S. 468. bibl. Forsch. S. 446. *v. de Velde* R. II S. 330 (In der Parallelstelle Jud. 1, 27 sind die W. וִישְׁבֵי עֵין־דֹּר durch ein Versehen ausgefallen). *Thaanach* und *Megiddo* heute *Taanuk* und *Ledschun* s. zu 12, 21. Die 3 letztgenannten Städte mit den von ihnen abhängigen Orten werden durch שְׁלֹשֶׁת הַנָּפֶת die Dreihügellandschaft enger mit einander verbunden; vermuthlich bildeten sie einen Städtebund. — V. 12 f. Aus den genannten 6 Städten mit ihren Bezirken vermochten die Manassiten die Cananiter nicht auszurotten, sondern als sie stärker wurden, dieselben nur zu Frohnsklaven zu machen. Vgl. 16, 10. Zu וַיּוֹאֶל vgl. Deut. 1, 5. Ex. 2, 21.

V. 14—18. *Die Klage der Nachkommen Josephs über das ihnen zugefallene Erbtheil.*[1] V. 14. Da Josephs Nachkommen zwei Stämme (Ephraim und Manasse) bildeten, so äussern sie ihre Unzufriedenheit gegen Josua darüber, dass er ihnen (לִי mir, dem Hause Joseph v. 17) nur *ein* Los,

---

[1] Kaum der Erwähnung werth sind die Gründe, mit welchen *Kn.* beweisen will, dass in diesen Versen nicht der Elohist erzähle. Denn von den Behauptungen: der Elohist hat schon vorher die Josephiden untergebracht, lässt das Land nicht durch Josua vergeben und berichtet sonst nichts von der Vertreibung der Cananiter, ist die letzte, so oft sie auch wiederholt wird, doch unbewiesen und unerweislich, die zweite entschieden irrig und die erste völlig nichts sagend, da die Klage der Josephiden ja voraussetzt, dass Josua sie untergebracht habe, aber nicht so wie sie es wünschen.

nur ein Landgebiet (חֶבֶל Messschnur, dann das zugemessene Land) zum Erbe gegeben habe, da sie doch ein starkes und zahlreiches Volk seien. עַד־אֲשֶׁר וגו׳ „so weit hat mich bis jetzt Jehova gesegnet. עַד־אֲשֶׁר bis zu diesem *sc.* zahlreichen Volke ist *de gradu,* עַד־מֹה *de tempore* zu verstehen" (*Maur.*). Zu dieser Beschwerde lag keine begründete Ursache vor. Da Ephraim bei der zweiten Volkszählung unter Mose (Num. 26) nur 32,500 und Manasse 52,700, folglich Ephraim und Halb-Manasse zusammen nur 58 bis 59000 Männer zählten, so waren diese 1½ Stämme noch nicht so stark als Juda mit 76,500, sogar etwas schwächer als Dan mit 64,400 oder Isaschar mit 64,300 Mann, und konnten mit Recht nicht mehr als ein Stammgebiet beanspruchen. Hiezu kam, dass das ihnen zugefallene Land zu den fruchtbarsten Theilen Palästina's gehört. Denn das Gebirge Ephraim (s. zu v. 15) trägt zwar im Allgemeinen den Charakter des Gebirges Juda, aber die Berge sind im Ganzen weniger schroff und hoch, indem nur einige die Höhe von 2500 Fuss über dem Meere erreichen (vgl. *Ritter* Erdk. 15 S. 475 ff. *v. de Velde Mem. p. 177 ff.*), und sind von viel ausgedehnteren Thälern und fruchtbaren Plateaus durchzogen, die mit fruchtbaren Feldern und herrlichen Pflanzungen von Oliven, Weinstöcken und Feigenbäumen bedeckt sind; vgl. *Rob.* III S. 294 ff. bibl. Forsch. S. 381 ff. *Seetzen* II S. 165 ff. 190 ff. *v. Schub.* III S. 123 ff. Gegen Westen fällt das Gebirge in die Hügellandschaft ab, an die sich die überaus fruchtbare Ebene Saron anschliesst. „Der Boden ist hier ein unergründlicher schwarzer Lehmboden, fast überall angebaut und von so ungemeiner Fruchtbarkeit, dass hier eine Culturebene wie wenige, eine wahre Kornkammer für das Land sein konnte. Unübersehbare Felder voll Waizen und Gerste in wogenden Aehren, der Reife sehr nahe, gaben den herrlichsten Anblick, dazwischen hie und da ein Hirsenfeld, das von den Bauern schon emsig geschnitten wurde u. s. w." (*Eli Smith* bei *Ritter,* Erdk. 16 S. 567 f.). — V. 15. Josua weist sie daher mit ihrem Begehren ab: „Wenn du ein starkes Volk bist, so zieh hinauf in den Wald und haue ihn aus" d. h. schaff dir durch Lichtung der Wälder Raum für Wohnsitze, Aecker und Wiesen, im Lande der Pheresiter und Rephaiten, wenn dir das Gebirg Ephraim zu eng ist. Der Name הַר־אֶפְרַיִם steht hier gewissermassen proleptisch von dem Gebirge, welches von dem St. Ephraim, dem es eben erst zugetheilt worden war, seinen Namen erhielt. Dieses Gebirge, auch Gebirge Israel genannt (11, 16. 21), ist ebenfalls ein Kalksteingebirge, das von Kirjat-Jearim an, wo das Gebirge Juda endet (s. zu 11, 21), bis zur Ebene Jesreel hinaufreicht, also zugleich den grösseren Theil des Stammgebietes von Benjamin mit umfasst. Der Wald (הַיַּעַר), der vom Gebirge Ephraim unterschieden und v. 18 auch als Gebirgsland (הַר) bezeichnet wird, ist entweder die noch nicht genauer erforschte Berggegend nordwärts von Yasir bis zum Gebirge Gilboa hinauf, westwärts von Beisan, oder, wie *Kn.* meint, „die breite Reihe waldiger Anhöhen oder niedriger Waldhügel, durch welche die Berge Samariens nordwestwärts mit dem Carmel zusammenhängen (*Rob.* III S. 427. *v. Prokesch* Reise S. 128) zwischen Thaanath und Megiddo im Ost und Cäsarea und Dor im West." Vielleicht sind auch beide Gegenden gemeint, da die Josephiden sich nach

v. 16 vor den Cananitern bei Beisan und in der Ebene Jesreel fürchten. Dort wohnten Rephaiten, ein Volksstamm von riesiger Grösse, s. zu Gen. 14,5, und Pheresiter, s. zu Gen. 13,7. — V.16. Die Kinder Josephs entgegnen: das (ihnen zugetheilte) Gebirge würde für sie nicht ausreichen (מָצָא wie Num.11,22. Zach.10,10); alle Cananiter aber, die im Lande der Ebene wohnten, hätten eiserne Wagen, sowol die in Bethsean und deren Tochterstädten, als auch die im Thale Jesreel. אֶרֶץ־הָעֵמֶק das Land der Ebene, das Thalland begreift sowol das Jordanthal bei Beisan als die Ebene Jesreel in sich, die sich übrigens bei Beisan in das Jordanthal öffnet (*Rob.* III S. 408). Die *Ebene Jesreel*, nach der Stadt dieses Namens so bezeichnet, in Judith 1,4 das „grosse Feld Esdrelom", bei *Joseph.* schlechthin τὸ μέγα πεδίον genannt, gegenwärtig *Merdsch* (d. i. Weide) *Ibn Aamer,* erstreckt sich beinah vom Mittelmeere an oberhalb des Carmel in südwestlicher Richtung bis zum Jordan hinüber, wird gen Süden vom Gebirge Carmel, dem Berglande Ephraim und dem beide verbindenden Hügelzuge, im Norden von den Bergen Galiläa's, gegen Westen von den südlichen Ausläufern des galiläischen Hochlandes und gegen Osten von dem Gebirge Gilboa und dem kleinen Hermon (Dschebel Duhy) begrenzt, und ist innerhalb dieser Grenze 8 Stunden lang von O. nach W. und 5 St. breit; überaus fruchtbar, jetzt aber sehr verödet, vgl. *v. Raum.* Pal. S. 39 ff. רֶכֶב בַּרְזֶל eiserne Wagen sind nicht Sichelwagen, die erst von Cyrus eingeführt wurden, und den Medern, Persern und Arabern, also den Vorderasiaten vor Cyrus unbekannt waren *(Xenoph. Cyrop. VI, 1, 27. 30)*, ebenso bei den alten Ägyptern (s. *Wilkinson manners I p.* 350), sondern mit Eisen beschlagene Wagen, wie die ägyptischen Kriegswagen aus Holz verfertigt und mit metallenen Nägeln und Ecken versehen (*Wilk. p. 342. 348*). — V. 17 f. Da die Antwort der Josephiden Feigheit und Mangel an Vertrauen auf den göttlichen Beistand verrieth, so begnügte sich Josua, seinen früheren Bescheid nur ausführlicher und in motivirter Weise zu wiederholen. „Du bist ein starkes Volk und hast grosse Kraft; nicht wird dir ein Los werden" d.h. weil du ein zahlreiches und mit Kraft begabtes Volk bist, so soll dir nicht ein Los bleiben, d.h. so kannst und wirst du dein Erbtheil erweitern. „Denn das Gebirge wird dir werden, denn es ist Wald, und du wirst ihn aushauen und seine Ausgänge werden dir zutheil werden." Das Gebirge ist nicht das den Ephraimiten durchs Los zugetheilte Gebirge Ephraim, sondern das v. 15 erwähnte Waldgebirge, welches die Josephiden aushauen und dadurch sich Ausgänge verschaffen sollen. תֹּצְאֹתָיו seine Ausgänge sind die an den Wald anstossenden Gefilde und Ebenen. Denn die Cananiter, die dort wohnen v. 15, werde das Haus Josephs vertreiben, eben weil (כִּי) sie eiserne Wagen haben und stark sind, daher nur ein so starker Stamm wie Joseph dieser Aufgabe gewachsen ist. *Nulla ex tribubus (Israeliticis) sufficiens est ut contra illum (Chananaeum) pugnet, quoniam ille fortis est, tibi autem suppetunt vires, ut illum expellere possis. Raschi.*

Cap. XVIII. Aufrichtung der Stiftshütte zu Silo. Aufschreibung des noch zu vertheilenden Landes. Erbtheil des Stammes Benjamin.

V. 1. Aufrichtung der Stiftshütte zu Silo. Sobald der Stamm Ephraim sein Erbtheil empfangen hatte, liess Josua die ganze Gemeinde sich in Silo versammeln und daselbst die Stiftshütte aufrichten, damit fortan, da das Land unterworfen war, der gesetzliche Jehovadienst regelmässig verwaltet würde. Die Wahl Silo's als Stätte des Heiligthums hat ihren Grund weniger in der für diesen Zweck geeigneten Lage dieses Ortes mitten im Lande auf einem Berge, denn in dieser Hinsicht würden manche andere Orte sich dafür eben so gut geeignet haben, als vielmehr in dem Namen des Ortes *Silo* d. i. Ruhe, der an den verheissenen Schilo (Gen. 49, 10) erinnernd vor andern geeignet schien zur Ruhestätte für das Heiligthum des Herrn, in welchem sein Name in Israel wohnen sollte, bis der kommen würde, der als Friedefürst seinem Volke die wahre Ruhe schaffen sollte. Jedenfalls hat aber Josua Silo nicht nach eigenem Ermessen für diesen Zweck gewählt, sondern nur infolge göttlicher Weisung, da der Herr ja die Wahl des Ortes, wo sein Name in einem der Stämme wohnen sollte, seiner Bestimmung vorbehalten hatte (Deut. 12, 11). *Silo* lag nach dem *Onom.* 12 r. M. (5 Stunden) südlich von Neapolis (Nablus) und gegen 8 Stunden nördlich von Jerusalem, und ist jetzt ein Ruinenhügel unter dem Namen *Seilun*, vgl. *Rob.* III S. 303 ff. u. *v. de Velde* R. II S. 257. Zu Silo stand die Stiftshütte während der Richterzeit, bis unter Eli die Bundeslade den Philistern in die Hände fiel, worauf das heilige Zelt, seiner Seele beraubt, zum Schatten eines Heiligthums herabgekommen, nach Nob (1 Sam. 21, 2), sodann infolge des von Saul über diesen Ort verhängten Blutbades (1 Sam. 22, 19) nach Gibeon gebracht wurde (1 Kg. 3, 4); vgl. m. bibl. Archäol. I §. 22. Von jener Zeit an verfiel Silo, weil der Herr diesen Ort verworfen hatte (Ps. 78, 60. Jer. 7, 12. 26, 6). Dass derselbe, wie *Kn.* angibt, von den Assyrern zerstört worden sei, wird von der Geschichte nicht berichtet.

V. 2—10. Aufschreibung des noch zu vertheilenden Landes. V. 2. Nach Aufrichtung der Stiftshütte zu Silo sollte die Verlosung und Vertheilung des Landes an die übrigen 7 Stämme, denen das Los noch nicht gefallen war, fortgesetzt werden, und zwar zu Silo, wohin die Gemeinde mit dem Heiligthume gezogen war. V. 3 f. Aber diese Stämme zeigten sich — aus den zu 14, 1 entwickelten Gründen — lässig (מִתְרַפִּים) „zu kommen um das Land, welches der Herr ihnen gegeben, in Besitz zu nehmen" d. h. nicht erst zu erobern, sondern durch das Los sich austheilen zu lassen und durch Einziehen in dasselbe davon Besitz zu ergreifen. Dies hielt ihnen Josua vor und gebot ihnen, drei Männer für jeden der 7 Stämme zu stellen, um sie auszusenden, dass sie das Land durchzögen und nach Massgabe ihres Erbtheils aufschrieben. לְפִי נַחֲלָתָם d. h. mit Rücksicht darauf, dass 7 Stämme es zum Erbe erhalten sollen. Das Aufschreiben (פָתַב) ist kein förmliches Vermessen, obschon die Feldmesskunst seit

alten Zeiten in Aegypten gekannt und nach den jährlichen Nilüber-
schwemmungen geübt wurde (*Herod. 2, 109. Strab. XVII, 787. Diod. Sic.
1, 69*), so dass die Israeliten sie dort hatten erlernen können. Denn כָּתַב
bed. nicht vermessen; dazu war auch für den Zweck der Theilung des
noch zu verlosenden Landes in 7 Districte eine förmliche Vermessung
nicht erforderlich, indem bei der verschiedenen Stärke der einzelnen
Stämme der Umfang der durch das Los ihnen zugewiesenen Gebiete erst
nach dem Ausfalle des Loses festgestellt werden konnte. כָּתַב bed. beschreiben, wobei es nach v. 9 hauptsächlich auf die Städte abgesehen war,
so dass die von Josua verlangte Aufschreibung wol nur in der Anfertigung von Verzeichnissen der Städte in den verschiedenen Landestheilen
bestand, mit Notizen über deren Umfang und Beschaffenheit, sowie über
die *qualitates et conditiones, quarumne rerum quaeque terra ferax esset,
qua ubertate et copia, montosa aut plana esset, irrigua aut destituta fonti-
bus et quae sint alia, quae ad terrae bonitatem indicandam et diversarum
inter se partium comparationem ineundam faciunt.* R o s e n m. — Die Gründe, welche Josua veranlassten, nun erst eine Beschreibung des Landes
vornehmen zu lassen, sind zu 14, 1 angedeutet worden. Dieses Geschäft
konnten übrigens die dazu erwählten Männer ausführen, ohne von den
Cananitern daran verhindert zu werden. Denn theils waren diese durch
die Siege der Israeliten, wo nicht ausgerottet, doch sehr zurückgedrängt
und machtlos geworden, theils hatten auch die 21 israelitischen Männer
zur Vollziehung ihres Auftrages nicht nöthig, in jeden Winkel des Landes und in jede von den Cananitern noch bewohnte Stadt einzudringen.
— V. 5 f. „Und theilet es euch in 7 Theile", nämlich zum Behufe der Verlosung. Dabei soll aber Juda auf seinem Terrain im Süden und Ephraim
auf dem seinigen im Norden verbleiben. Diese durch die Aufschreibung
gewonnenen 7 Theile sollen sie zu Josua bringen, damit er dann den 7
Stämmen das Los werfe „vor dem Herrn" d. h. vor der Stiftshütte (19,51).
— V. 7. Nur 7 Stämme hatten noch Erbtheile zu empfangen, denn der
Stamm Levi sollte keinen Theil am Lande erhalten (vgl. 13, 14) und Gad,
Ruben und Halb-Manasse hatten ihr Erbe schon jenseits des Jordan be-
kommen. — V. 8 u. 9. Die Ausführung dieses Befehles, worauf (v. 10)
Josua die Verlosung zu Silo fortsetzte und beendigte.

V. 11—28. **Erbtheil des Stammes Benjamin.** V. 11—20. Die *Grenzen* desselben. V. 11. Das Gebiet ihres Loses (das den Benjaminiten
durchs Los bestimmte Gebiet) kam heraus (durch den Ausfall des Loses)
zwischen den Söhnen Juda's und den Söhnen Josephs. V. 12 u. 13. Die
Nordgrenze (הַגְּבוּל לִפְאַת צָפוֹנָה die Grenze nach der Nordseite hin) fiel hienach zusammen mit der Südgrenze Ephraims bis Nieder-Bethchoron 16,
1—3 und ist zu jener Stelle schon erläutert worden. In v. 14 folgt die
Westgrenze. Bei Bethchoron bog sich die Grenze und wandte sich nach
der Westseite südwärts, nämlich von dem Berge vor (angesichts von) Bethchoron gen Süden, und ihre Ausgänge waren nach *Kirjat-Baal* d. i. *Kirjat-
Jearim,* die 15, 60 aufgeführte Stadt der Judäer, das heutige *Kureyet el
Enab,* s. zu 9, 17. — V. 15—19. Die „*Südgrenze* vom Ende von Kirjat-
Jearim an betreffend, ging aus die (Süd-) Grenze יָמָּה westlich (d. h. von

Westen her nahm sie ihren Anfang) und ging hinaus zur Quelle des Wassers *Nephtoah*." Sie fiel also mit der Nordgrenze von Juda 15,5—9 zusammen, nur dass dort die Grenzlinie von Osten nach Westen beschrieben ist, hier dagegen von West nach Ost, und dabei an der Südostecke genauer als dort bestimmt wird. S. die Erkl. zu 15,5—9. In der Verbindung תּוֹצְאֹתָיו הַגְּבוּל ist הַגְּבוּל Apposition zu dem Suffix: ihre nämlich der Grenze Ausgänge, vgl. *Ew.* §. 291ᵇ. — V. 20. Die *Ostgrenze* bildete der Jordan.

V. 21—28. Die *Städte* Benjamins sind in 2 Gruppen getheilt. Zur *ersten* Gruppe (v. 21—24) gehören 12 Städte im östlichen Gebiete Benjamins. *Jericho* bei dem heutigen *Riha* s. zu 2,1. *Bethhagla* jetzt *Ain Hadschla* s. 15,6. *Emek-Keziz* dem Namen nach erhalten in dem Wady *el Kaziz* am Wege von Jerusalem nach Jericho, südöstlich vom Apostelbrunnen, s. *v. de Velde Mem.* p. 328. — V. 22. *Betharaba* s. zu 15,6. *Zemarajim* vermuthlich die Ruinenstelle *es Sumrah* am Wege von Jerusalem nach Jericho, östlich vom Khan Hadhur, auf *v. de Velde's* Karte. *Bethel* jetzt *Beitin* s. 7,2. — V. 23. *Avvim* (עַוִּים d. i. *ruinae*) ist unbekannt. *Phara* erhalten in der Ruinenstelle *Fara* am Wady Fara (auf *v. de Velde's* Karte) 3 Stunden nordöstlich von Jerusalem und eben so weit westlich von Jericho. *Ophra* noch 1 Sam. 13,17 erwähnt, aber verschieden von dem *Ophra* Gideons in Manasse (Jud. 6,11.24. 8,27), nach dem *Onom.* u. *Aphra* zu *Eusebius'* Zeiten eine κώμη Ἀφρήλ (bei *Hieron.*: *vicus Effrem*) 5 r. M. östlich von Bethel, nach *v. de Velde Mem.* p. 338, *v. Raum.* u. A. vielleicht einerlei mit *Ephron* oder *Ephrajin*, welches nebst *Jesana* und *Bethel* Abia dem Jerobeam wegnahm 2 Chr. 13,19, und mit Ἐφραίμ, wohin Christus sich in die Wüste zurückzog Joh. 11,54, da das *Onom.* u. *Ephron* eine *villa praegrandis Ephraea nomine* (bei *Euseb.* Ἐφραίμ) anführt, obgleich die dort angegebene Entfernung 20 r. Meilen nördlich von Jerusalem weit über die Grenzen Benjamins hinausweist. — V. 24. *Kephar-Ammoni* und *Ophni* nur hier erwähnt und noch unbekannt. *Geba*, oder *Geba* Benjamins (1 Sam. 13,16. 1 Kg. 15,22) den Leviten eingeräumt (21, 17. 1 Chr. 6,45), in der Nähe von *Rama* (1 Kg. 15,22. 2 Chr. 16,6) und 2 Kg. 23,8. Zach. 14,10 als Nordgrenze des Reiches Juda genannt, auch nach dem Exile noch bewohnt (Neh. 7,30) und von *Gibea* zu unterscheiden, ist nicht — wie ich früher annahm — in dem muslemitischen Dorfe *Dschibia* am Wady el Dschib zwischen Beitin und Sindschil (*Rob.* III S. 298) erhalten, sondern in dem kleinen, halb in Trümmern liegenden Dorfe *Dscheba* mit Ruinen aus dem Alterthume, ¾ Stunden nordöstlich von er Râm (Rama), gegen 3 St. nördlich von Jerusalem, auf einer Anhöhe mit weiter Aussicht, vgl. *Rob.* II S. 324 ff. u. *Valentiner* in d. deutsch morgenl. Ztschr. XII S. 161 ff. — Zu dieser östlichen Gruppe gehören noch die beiden andern von Benjamin den Leviten überlassenen Städte *Anathot* und *Almon* (21,18). *Anathot*, die Heimat des Propheten Jeremia Jer. 1,1. 11, 21 ff.), nach dem Exile noch von Benjaminiten bewohnt (Neh. 11,32), ist das heutige Dorf *Anâta* mit Ruinen aus alter Zeit, ⁵⁄₄ Stunden nördlich von Jerusalem (*Rob.* II S. 319 ff). *Almon*, in 1 Chr. 6,45 *Allemeth*, erhalten in der Ruinenstelle *Almit* (*Rob.* bibl. Forsch. S. 376 ff.) oder *El-Mid* (*Tobler*

Denkbl. S. 631) südöstlich von Anâta.— V. 25—28. Die *zweite* Gruppe
von 14 Städten im westlichen Benjamin. V. 25. *Gibeon* das heutige *Dschib*,
s. zu 9, 3. *Rama* (הָרָמָה) in der Nähe von Gibea und Geba (Jud. 19, 13. Jes.
10, 29. 1 Kg. 15, 17. Esr. 2, 26) höchst wahrscheinlich das *Rama* Samuels
(1 Sam. 1, 19. 2, 11. 25, 1. 28, 3 u. a.) ist das heutige Dorf *er Râm* auf einem
Berge mit Ruinen, zwischen Gibeon und Geba, ½ Stunde westlich von letzterem, 2 St. nördlich von Jerusalem, s. *Rob.* II S. 566 f. *Tobler* Denkbl.
S. 733 u. *Valentiner* a. a. O. S. 165 ff.— *Beeroth* das heutige *Bireh* s. zu 9, 17.
— V. 26. *Mizpe,* gewöhnlich *Mizpa,* wo der Krieg gegen Benjamin beschlossen wurde (Jud. 20 u. 21) und Samuel das Volk richtete und Saul zum Könige wählte (1 Sam. 7, 5 ff. 10, 17), später Sitz des chaldäischen Statthal-
ters Gedalja (2 Kg. 25, 23. Jer. 40, 6 ff.), nach dem *Onom.* u. *Massepha* in
der Nähe von Kirjat-Jearim, ist nach *Rob.* II S. 361 ff. ohne Zweifel das
heutige *Neby Samvil* (d. h. Prophet Samuel), ¾ Stunden östlich von Ku-
reyet-Enab (Kirjat-Jearim), 2 St. nordwestl. von Jerusalem, ½ St. südl.
von Gibeon, auf der höchsten Bergspitze der ganzen Gegend wie eine
Warte מִצְפֶּה gelegen, mit einer Moschee, einer ehemals lateinischen Kirche, die nach dem Glauben der Juden, Christen und Muhammedaner das
Grab des Propheten Samuel deckt, s. *Rob.* II S. 356 ff. u. *Tobler* Topogr.
v. Jerus. II S. 874 ff. — *Chephira* d. i. *Kefir* s. zu 9, 17. *Moza* nur hier vorkommend und noch unbekannt. V. 27. Ebenso *Rekem, Jirpheel* und *Thar-*
ala. — V. 28. *Zela* der Begräbnissort Sauls und seiner Familie (2 Sam.
21, 14), sonst unbekannt. *Gibeath* oder *Gibea* d. i. Gibea Benjamins (גִּבְעַת
בִּנְיָמִין), welches in der Richterzeit wegen der dort verübten Schandthat
von den übrigen Stämmen Israels zerstört wurde (Jud. 19 u. 20), als Heimat und Residenz Sauls auch *Gibea Sauls* genannt (1 Sam. 10, 26. 11, 4
u. a.), lag nach Jud. 19, 13 u. Jes. 10, 29 zwischen Jerusalem und Rama,
nach *Joseph. b. jud. V, 2, 1* u. *8* ohngefähr 30 oder 20 Stadien von Jerusalem. Diese Angaben weisen auf den kaum eine Stunde von Jerusalem am
Wege nach er Râm zu gelegenen *Tell* oder *Tuleil el Phul* d. i. Bohnen-
berg, einen kegelförmigen Berggipfel mit einem darauf befindlichen grossen Steinhaufen, vermuthlich den Trümmern eines aus unbehauenen Steinen erbauten Thurmes, welcher eine sehr weite Aussicht auf die Umgegend nach allen Richtungen gewährt (*Rob.* II S. 569). Mit Recht suchen
daher die Neuern an oder auf diesem Tell die Lage des alten Gibea Benjamins oder Sauls, vgl. *Valentiner* a. a. O. S. 163 f. *Rob.* bibl. Forsch. S. 376
u. XXXIV. *Strauss* Sinai u. Golg. S. 331 der 6. Aufl. u. *v. Raumer* Pal.
S. 196. — *Kirjath* ist noch nicht ermittelt und nicht mit Kirjat-Jearim,
das zum Stamme Juda gehörte (v. 14 vgl. 15, 60), zu verwechseln.

Cap. XIX. Erbtheile der Stämme Simeon, Sebulon, Isaschar, Aser, Naphtali und Dan.

V. 1—9. **Das Erbtheil Simeons** fiel inmitten des Erbtheiles der Söhne
Juda's, weil der denselben zu Gilgal gegebene Landestheil grösser war als
sie nöthig hatten (רַב מֵהֶם v. 9). Dadurch ging der von Jakob über Simeon
ausgesprochene Fluch der Zertheilung in Israel (Gen. 49, 7) an diesem

Stamme auf eigenthümliche Weise und anders als an Levi in Erfüllung. Die dem St. Simeon durch das Los zugefallenen Städte sind in 2 Gruppen getheilt, die eine (v. 2—6) von 13 oder 14 Städten, sämmtlich im Negeb (Südlande) gelegen, die andere (v. 7) von 4 Städten, von welchen 2 im Negeb, 2 in der Sephela lagen. Alle diese 18 Städte sind schon c. 15, 26 —32 u. 42 unter den Städten Juda's aufgeführt, und werden nochmals in derselben Ordnung, nur mit geringen Abweichungen in der Form einzelner Namen 1 Chr. 4, 28—32 aufgezählt. Wenn die Zusammenordnung in 2 Gruppen darauf hinzudeuten scheint, dass Simeon ein zusammenhängendes Gebiet in Juda erhalten habe, so tritt dieser Vermuthung doch der Umstand entgegen, dass von den 4 Städten der zweiten Gruppe 2 im Südlande und 2 in der Niederung, und zwar nach 15, 32 u. 42 zu urtheilen, weit von einander entfernt lagen. Doch sicher lässt sich hierüber nicht urtheilen, weil uns die Lage von mehreren noch unbekannt ist. V. 2. *Beerseba* s. zu 15, 28. *Seba* fehlt in der Chronik, ist aber wol nur durch einen Schreibfehler ausgefallen, denn ihm entspricht *Sema* 15, 26, dort wie hier vor *Molada* aufgeführt. Zu den Namen v. 3—6ᵃ vgl. die Erkl. zu 15, 28 —32ᵃ. Die Summa in v. 6ᵇ: 13 Städte stimmt nicht, da 14 namentlich aufgeführt sind. Vgl. über diese Differenz die Bem. zu 15, 32 (S. 120 in der Note). — V. 7. *Ain* und *Rimmon* lagen im Südlande (15, 32), *Ether* und *Asan* in der Niederung (15, 42). — V. 8 f. Zu den genannten Städten erhielten die Simeoniten auch alle Dörfer im Umkreise der Städte bis *Baalat-Beer*, dem *Rama des Südens*. Dieser Ort, bis zu welchem hin das Gebiet der Simeoniten sich erstreckte, ohne dass derselbe den Simeoniten zutheil wurde, in 1 Chr. 4, 33 einfach בַּעַל genannt, ist vielleicht einerlei mit *Bealoth* 15, 24; seine Lage aber noch nicht festgestellt, s. zu 15, 24. An *Ramet el Khulil*, 1 Stunde nördlich von Hebron (*Rob.* III S. 157 f.), in welchem *Roediger* das Rama des Südens vermuthet, ist nicht zu denken, weil das Gebiet Simeons, im Negeb gelegen und nur mit 2 Städten in die Sephela hineinreichend, sich unmöglich weit hinauf ins Gebirge bis nördlich über Hebron hinaus erstrecken konnte. Der Lage nach könnte man *Rama des Südens* eher mit *v. de Velde*, R. II S. 151 f. u. *Mem.* p. 342 in dem Tell *Lekiyeh* nördlich von Beerseba finden, wenn nur diese Vermuthung einen besseren Grund hätte als die haltlose Voraussetzung, dass Baalat-Beer mit Baalat Dans (v. 44) identisch sei.

V. 10—16. **Das Erbtheil Sebulons** fiel oberhalb der Ebene Jesreel zwischen diese Ebene und das Gebirge Naphtali, so dass es gegen West und Nordwest an Aser (v. 27), gegen Nord und Nordost an Naphtali (v. 34) und gegen Südost und Süd an Isaschar grenzte und weder bis an das Mittelmeer noch bis an den Jordan reichte, aber ein recht fruchtbares Land mit der herrlichen weiten Ebene *el Buttauf*, dem μέγα πεδίον Namens Ἀσωχίς bei *Joseph. vita §. 41. 45* u. a. oberhalb Nazareth (*Rob.* III S. 426. bibl. Forsch. S. 143 u. *Ritter* Erdk. 16 S. 742 u. 758 f.) umfasste. V. 10. Und die Grenze (das Gebiet) ihres Erbtheils war (ging) bis *Sarid*. Dies ist ohne Zweifel der Mittelpunkt der Südgrenze, von dem aus dieselbe v. 11 nach Westen und v. 12 nach Osten beschrieben wird, ähnlich wie 16, 6. Leider lässt sich *Sarid* nicht sicher bestimmen. *Kn.* meint, dass

der Name, welcher „Loch" oder „Einschnitt" (nach שָׁרַד *perforavit* und
שָׂרַט *incidit*) bedeutet, keine Stadt, sondern eine andere Oertlichkeit bezeichne, wahrscheinlich die südliche Mündung des aus dem Becken von
Nazareth herabkommenden tiefen und engen Wady, die sich etwa 1 Stunde südostwärts von Nazareth zwischen zwei steilen Bergen befindet (*Seetzen* II S. 151 f. *Rob.* III S. 418 f. *Schultz* Leitungen V S. 194). Diese Oertlichkeit erscheint ganz passend. Vielleicht aber ist *Sarid* auch in einer
der beiden Ruinen an der Südseite des *Mons praecipitii* (so genannt nach
Luc. 4, 29) auf der *v. de Velde*'schen Karte zu suchen. V. 11. Von da
„stieg die Grenze westwärts hinauf und zwar nach *Mar'ala* und stiess auf
Dabbeset und weiterhin an den Bach von *Jokneam*." Wenn *Jokneam* am
Carmel in dem Tell *Kaimûn* erhalten ist (s. zu 12, 22), so ist der *Bach* vor
Jokneam wahrscheinlich der *Wady el Milh*, auf dessen Ostseite, und zwar
an seiner Mündung in die Ebene, Kaimûn liegt und durch den der Weg
von Akka nach Ramleh geht, da dieser Wady den Carmel von den nach
Südost hinstreichenden kleinen runden Hügeln scheidet, vgl. *Rob.* bibl.
Forsch. S. 148 u. *v. de Velde* R. I S. 249. Hier grenzte Sebulon an Aser
(v. 27). *Mar'ala* und *Dabbeset* sind zwischen Kaimûn und Sarid zu suchen.
Statt *Μαριλά* hat *Cod. Vat.* der LXX *Μαγελδά*. So wenig nun auch bei
der oft sinnlosen Uebersetzung der LXX, in welcher z. B. gleich hier
עַד שָׂרִיד : וְעָלָה durch *Εσεδεκγώλα* ausgedrückt ist, auf die Lesarten derselben zu geben ist, so könnte doch *Μαγελδά* auf ein hebr. מגדלה oder
מגלדה zurückweisen und dabei an das Dorf *Medscheidil* westlich vom
Mons praecipitii bei *Rob.* III S. 882 u. bibl. Forsch. S. 147, oder *Mschedil*
bei *Seetzen* II S. 143 zu denken sein, das freilich keiner dieser Reisenden
besucht und näher beschrieben hat. Die Lage desselben auf einem Berge
würde gut auf *Mar'ala*, zu welchem die Grenze von Sarid *hinauf*stieg, passen. Bei *Dabbeset* führt der Name „Höcker" (vgl. Jes. 30, 6) auf einen
Berg. Darauf gründet *Kn.* die Vermuthung, dass an die Stelle dieses sel-
tenen Wortes גֻּבְעָה oder גְּבִיעַ getreten und dann das *Gabathon* des *Onom.*
juxta campum Legionis zu vergleichen sei, das heutige *Dschebâta* zwischen
Medscheidil und *Kaimûn*, auf einer isolirten Höhe am Rande der die
Ebene Jesreel umgrenzenden Berge, mit Spuren hohen Alterthums, bei
Rob. III S. 440 u. bibl. Forsch. S. 147. *Ritter* Erdk. 16 S. 700; obwol auch
Tell *Thureh* (d. i. Berg), ein Dorf auf einem einzeln stehenden niedrigen
Hügel etwas weiter südlich gemeint sein könnte, bei *Rob.* bibl. Forsch.
S. 150 u. *Ritter* a. a. O. — V. 12. „Und von Sarid wandte sich die Grenze
ostwärts gen Sonnenaufgang auf das Gebiet von *Kisloth-Thabor* und ging
aus nach *Dabrath* und stieg hinauf nach *Japhia*." *Kisloth-Thabor* d. i. nach
Kimchi's Erklärung *lumbi Taboris*, franz. *les flancs*, war jedenfalls ein Ort
an den Seiten des Thabor, vielleicht wie *Mas.* u. A. vermuthen mit *Kesulloth* v. 18 identisch, wahrscheinlich aber einerlei mit dem *μέγα πεδίον*
gelegenen *Ξαλώθ* des *Joseph. bell. jud. III, 3, 1* und dem *vicus Chasalus
juxta montem Thabor in campestribus* des *Onom.*, d. i. dem heutigen Dorfe
Iksâl oder *Ksâl* auf einer felsigen Anhöhe westwärts vom Thabor mit vielen Felsengräbern (*Rob.* III S. 417 f.). — *Dabrath*, im Stamme Isaschar den
Leviten eingeräumt (21, 28. 1 Chr. 6, 57), bei *Joseph. bell. jud. II, 21, 3*

u. a. *Δαβάριττα*, im *Onom. Δαβείρα, Dabira, villula in monte Thabor*, jetzt *Deburieh*, ein unbedeutendes Dorf an einer Felsenschicht am westlichen Fusse des Thabor malerisch gelegen (*Rob.* III S. 451. *v. de Velde* R. II S. 324). *Japhia* kann natürlich nicht das heutige *Hepha* oder *Haifa* (*Khaifa*) am Mittelmeere beim Carmel sein (*Rel. Pal. p. 826* u. *Ges. thes. s. v.*), aber auch nicht nach *Rob.* III S. 439, *Kn.* u. A. das heutige *Jafa* ½ Stunde südwestlich von Nazareth, weil die nach Osten gehende Grenze unmöglich von Deburieh wieder rückwärts gen Westen bis über Sarid hinaus gelaufen sein kann. Sind Kisloth-Thabor und Dabrath richtig bestimmt, so muss Japhia östlich von Deburieh gesucht werden. — V. 13. „Von dort ging sie hinüber ostwärts gen Sonnenaufgang nach *Gath-Hepher*, nach *Eth-Kazin*, und ging aus nach *Rimmon*, das nach *Neah* abgemarkt ist." *Gath-Hepher*, die Heimat des Propheten Jona (2 Kg. 14, 25), zur Zeit des *Hieron. (prol. ad. Jon.) haud grandis viculus Geth*, 2 r. M. von Sephoris nach Tiberias zu, wo man das Grabmal des Propheten zeigte, das heutige Dorf *Mesched*, ⁵⁄₄ Stunden nördlich von Nazareth (*Rob.* III S. 449. *v. de Velde Mem. p. 312*). *Eth-Kazin* ist unbekannt. *Rimmon*, Levitenstadt (21, 35. 1 Chr. 6, 62), hat sich wol erhalten in dem Dorfe *Rummaneh*, c. 2½ Stunden nördlich von Nazareth (*Rob.* III S. 432. *v. de Velde Mem. p. 344*). הַמְּתֹאָר ist nicht *nom. propr.* sondern *partic.* von תָּאַר, mit dem Artikel statt des Relativpronomens, abgegrenzt, abgesteckt. *Neah* (נֵעָה) ist unbekannt, vielleicht einerlei mit נְעִיאֵל im St. Aser (v. 27), wie *Kn.* vermuthet. — V. 14. „Und es wandte sich um dasselbe (um Rimmon) die Grenze nördlich nach *Channathon* und ihre Ausgänge waren das Thal *Jiphtahel*." Nach dem נָסַב und מִצָּפוֹן zu urtheilen, scheint dieser V. die Nordwestgrenze anzugeben, da schon die letzte Bestimmung in v. 13: „nach Gath-Hepher u. s. w." auf die Ostgrenze hindeutet. *Jiphtah-el* entspricht ohne Zweifel dem heutigen *Dschefât*, 2½ Stunde nördlich von Sefurieh, und ist das von *Josephus (b. jud. III, 7, 9)* beharrlich vertheidigte *Jotapata*, s. *Schultz*, deutsch. morgenl. Ztschr. III S. 49 ff. u. *Rob.* bibl. Forsch. S. 136 ff. Hienach ist das Thal *Jiphtah-el*, in welchem Sebulon an Aser stiess (v. 27) wol „kein anderes als der grosse Wady Abilîn, der seinen obern Anfang in den Hügeln in der Nähe von Dschefât hat" (*Rob.* bibl. Forsch. S. 139. *v. de Velde Mem. p. 326*). Ist dies begründet, so ist *Channathon* (LXX Ἐνναθώθ) wahrscheinlich *Kana* Galiläa's, die Heimat Nathanaels (Joh. 2, 1. 11. 4, 46. 21, 2), das heutige *Kana el Dschelil* zwischen Rummaneh und Dschefât, am Nordrande der Ebene Buttauf, auf einem Tell, von dem man die Ebene überblickt, in gerader Linie starke 2½ Stunden nördlich von Nazareth, mit vielen Ruinen, s. *Rob.* III S. 443 ff. bibl. Forsch. S. 140 u. *v. de Velde* R. II S. 346. — V. 15. Städte Sebulons waren: *Kattat* (קַטָּת) wahrscheinlich identisch mit *Kitron* (קִטְרוֹן), das Jud. 1, 30 in Verbindung mit Nahalol genannt ist, aber noch unbekannt. *Nehalal* oder *Nahalol* (Jud. 1, 30) vermuthet *v. de Velde Mem. p. 335* nach Rabbi *Schwartz* in dem heutigen Dorfe *Maalul* (معلول) mit Ruinen, südwestlich von Nazareth, (s. *Seetzen* II S. 143. *Rob.* III S. 882 u. *Ritter* Erdk. 16 S. 700) und *Simron* sucht *Kn.* in dem Dorfe *Semunieh* (s. zu 11, 1) — beides nicht sehr wahrscheinlich. *Jidala* vermuthet *v. de Velde* in dem

Dorfe *Jeda* oder *Jeida* westwärts von Semunieh, welches einige Reste aus
alter Zeit darbiete (*Mem. p. 322*), obgleich *Rob.* bibl. Forsch. S. 147 das
Gegentheil hievon bemerkt. *Bethlehem* (Sebulons), von Manchen für die
Heimat des Richters Ibzan gehalten (Jud. 12,8), hat sich unter dem alten
Namen in einem elenden Dorfe erhalten, nördlich von Jeida und Semunieh, s. *Seetzen* II S. 139. *Rob.* bibl. Forsch. S. 146. Die Summa der Städte
ist auf 12 angegeben, während nur 5 namentlich aufgeführt sind. Die fehlenden 7 haben zwar manche Ausl. in den v. 11—14 genannten Grenzorten gesucht, da nach Abzug von Kisloth-Thabor und Dabrath, welche
zu Isaschar gehörten, die Namen Sarid, Marala, Dabbeset, Japhia, Gath-
Hepher, Eth-Kazin und Channathon, 7 Städte ergeben. Trotzdem hat
diese Vermuthung nur sehr geringe Wahrscheinlichkeit. Denn erstlich
befremdet nicht nur die Zusammenrechnung der als Grenzen aufgeführten Ortschaften mit den Städten des Stammgebietes, zumal unter den
Grenzorten auch solche vorkommen, die nicht zu Sebulon gehörten, sondern auch die Copula *Vav*, mit der die Aufzählung der Städte anhebt,
während diese sonst durch הֶעָרִים וְהָיוּ (וַיְהִי) 18,21. 15,21 eingeleitet ist.
Sodann ist es auch an sich nicht wahrscheinlich, dass ausser den 5 in
v. 15 genannten die übrigen Städte Sebulons sämmtlich an den Grenzen
gelegen haben sollten; endlich fehlen auch die Städte *Kartha* und *Dimna*,
welche Sebulon den Leviten überliess (21,34). Bei diesen Umständen
liegt es nahe, auch hier eine Lücke im Texte zu vermuthen, wie bei 15,59
u. 21,36.

V. 17—23. **Das Erbtheil Isaschars.** Von diesem werden nur Städte
aufgeführt und die Grenzen, mit Ausnahme des östlichen Theiles der
Nordgrenze und der Ostgrenze (v. 22), nicht verzeichnet, lassen sich aber
aus den Grenzen der umwohnenden Stämme entnehmen. Isaschar erhielt
hauptsächlich die grosse und sehr fruchtbare Ebene Jesreel (s. zu 17,16
u. vgl. *v. Raumer* Pal. S. 39 ff. u. *Ritter* Erdk. 16 S. 689 ff.) und grenzte gegen Süden an Manasse, nach Westen hin an Manasse und Aser, nach Norden an Sebulon und weiter ostwärts auch an Naphtali, gegen Osten an
den Jordan. V. 18. „Und ihre Grenze war gen Jesreel" d. h. ihr Gebiet
erstreckte sich über Jesreel hin. *Jesreel*, die Sommerresidenz Ahabs und
seines Hauses (1 Kg. 18,45 f. u. a.) auf einem Berge mit prachtvoller und
weiter Aussicht über die grosse nach ihr benannte Ebene, später Ἐσδρα-
ηλά, ein Flecken zwischen Skythopolis und Legio (*Onom.* u. *Jezrael*), gegenwärtig *Zerin* (زرعين) nordwestwärts vom Gebirge Gilboa, s. *Seetzen*
II S. 155 f. *Rob.* III S. 393 ff. *v. de Velde* R. II S. 320 ff. — *Kesulloth* vielleicht mit *Kisloth-Thabor* identisch, s. zu v. 12. — *Sunem*, Heimat der
Abisag (1 Kg. 1,3.15 u. a.) und sonst noch erwähnt (1 Sam. 28,4. 2 Kg.
4,8), nach dem *Onom.* 5 r. M. (2 Stunden) südlich vom Thabor, jetzt *Solam* oder *Sulem* am südwestlichen Fusse des Duhy oder kleinen Hermon,
1½ Stunden nördlich von Jesreel, s. *Rob.* III S. 402 ff. *v. de Velde* R. II
S. 323. — V. 19. *Hapharajim* nach dem *Onom.* u. *Aphraim* eine *villa Af-
faraea*, 6 r. M. nordwärts von Legio, wird von *Kn.* mit dem Dorfe *Afu-
leh* westlich von Sulem und über 2 Stunden nordöstlich von **Ledschun**
entfernt (*Rob.* III S. 411.416) identificirt. *Sion* nach dem *Onom. villa*

juxta montem Thabor, noch nicht aufgefunden. *Anaharath* soll nach *Kn. Na'urah* auf der Ostseite des kleinen Hermon sein bei *Rob.* bibl. Forsch. S. 445 f., aber der Text sei verdorben und nach *Cod. Al.* der LXX, der statt dieses Namens 'Ρενάϑ und 'Αϱϱανϑ bietet, ארחנית zu lesen, welchem *Arâneh* nördlich von Dschenin in der Ebene entspreche, bei *Seetzen* II S. 156. *Rob.* III S. 388 u. A. Indess gerade der Umstand, dass der *Cod. Al.* zwei Namen für den einen bietet, macht seine Lesart sehr verdächtig. — V. 20. *Harabbit* vermuthet *Kn.* in *Araboneh* nordostwärts von Arâneh am südlichen Fusse des Gilboa, bei *Rob.* III S. 388. *Kisjon,* den Leviten zugetheilt (21, 28) und 1 Chr. 6, 57 irrthümlich *Kedes* genannt, ist unbekannt. Desgleichen *Abez* oder *Ebez*, das nicht weiter vorkommt. — V. 21. *Remeth*, wofür als Levitenstadt *Jarmuth* (21, 29) und *Ramoth* (רָאמוֹת 1 Chr. 6, 58) genannt ist, auch unbekannt.[1] *Engannim*, auch den Leviten angewiesen (21, 29, wofür 1 Chr. 6, 58 *Anem* עָנֵם steht), hat *Robinson* (III S. 386) mit Γιναία des *Joseph.,* dem heutigen *Dschenin* zusammengestellt. Der Name עֵין־גַּנִּים bed. Quelle der Gärten und Dschenin liegt an der Südseite der Ebene Jesreel mitten unter Gärten und Baumpflanzungen, die von einer reichen Quelle bewässert werden (vgl. *Seetzen* II S. 156 ff.), „wenn nicht etwa die von *Berggren* II S. 240 u. *v. de Velde Mem. p.* 142 erwähnte Ruinenstelle *Um el Ghanim* südöstlich vom Thabor gemeint ist" (*Kn.*). *Enchadda* und *Bethpazzez* sind nur hier erwähnt und noch nicht aufgefunden. Die erstgenannte Stadt ist nach *Kn.* vielleicht der Ort *Dschudeideh* am Gilboa mit einer Quelle *Ain Dschudeideh* bei *Rob.* bibl. Forsch. S. 442 oder *Beit-Kad, Kadd* (بيت كاد) am Gilboa bei *Seetzen* II S. 159. *Rob.* III S. 388. — V. 22. „Und die Grenze stiess an *Thabor, Sahazim* und *Bethsemes."* *Thabor* ist nicht der Berg dieses Namens, sondern eine auf dem Berge liegende Stadt, die den Leviten gegeben wurde, doch nicht von Isaschar, sondern von Sebulon (1 Chr. 6, 62), die noch im jüdischen Kriege neu befestigt wurde (*Joseph. b. jud. IV, 1, 8*). Hier scheint sie zu Isaschar gerechnet zu sein, weil sonst nicht 16 Städte herauskommen. Da jedoch die angegebenen Summen der Städte mehrmals nicht mit den einzeln genannten Städten stimmen, so liegt auch hier die Möglichkeit nahe, dass die Zahl 16 unrichtig sei. Jedenfalls lag Thabor nach v. 12 auf der Grenze von Sebulon, so dass sie diesem Stamme zufallen konnte. Auf dem Berge *Thabor* finden sich noch viele Ueberreste von alten Mauern und Ruinenhaufen von Bogen, Wohnhäusern und andern Gebäuden, namentlich auf dem Gipfel herum die Fundamente einer dicken, aus grossen zum Theil geränderten Steinen gebauten Mauer, s. *Rob.* III S. 453 ff. *See-*

---

1) *Kn.* vermuthet *Remeth,* dessen Name Höhe bedeut., in dem Dorfe *Wezar* auf einem der westlichen Gipfel des Gilboa (*Seetzen* II S. 156. *Rob.* III S. 398 und bibl. Forsch. S. 445) — auf der Karte irrthümlich *Mezar* geschrieben, da رَّيْ *mons altus, inaccessus, castellum in monte situm* bedeute. Diese Combination ist nicht unmöglich, aber nicht wahrscheinlich. Denn dieses muhammedanische Dorf hat seinen Namen offenbar nur daher, weil es aus der Ferne ein festungsartiges Ansehen hat (s. *Ritter* Erdk. 15 S. 422). Dieser Name hat also mit dem hebr. רָמַת nichts gemein, und von Ruinen, die *Kn.* bei Wezar (Wusar) erwähnt, wissen die von ihm angeführten Reisebeschreiber nichts.

tzen II S. 148. *Buckingham* Syr. I S. 83 ff. — Die folgenden Orte sind östlich vom Thabor nach dem Jordan hin zu suchen, da die Grenze an den Jordan auslief. *Sachazim* combinirt *Kn.* mit *el Hazetheh*, weil der Name שַׂחֲצִים d. i. Höhen eine auf Hügeln liegende Stadt anzeige und *el Hazetheh* an jener Hügelreihe liege, die das schon zu Naphtali gehörige Tiefland Ard el Hamma südwestwärts begrenze. Diese Gründe sind ziemlich schwach, obwol die Lage passen würde. Grössere Wahrscheinlichkeit hat die Vermuthung, dass *Bethsemes*, welches in den Händen der Cananiter blieb (Jud. 1, 33), in der Dorfruine *Bessum* (bei *Rob.* III S. 481) erhalten und dieser neue Name nur eine Corruption des alten, ähnlich wie *Bethscan* und *Beisan*, sein möchte. Vermuthlich zog sich die östliche Strecke der Nordgrenze Isaschars gegen Naphtali vom Thabor nordostwärts durch die Ebene bis Kefr Sabt und von dort den Wady Bessum entlang bis zum Jordan. Wie weit aber das Gebiet Isaschars im Jordanthale herabreichte, ist nirgends näher angegeben; vgl. hierüber die Bem. zu 17, 11 (S. 134).

V. 24—31. **Das Erbtheil Asers.** Aser erhielt sein Gebiet am mittelländischen Meere vom Carmel an bis zur Nordgrenze Canaans hinauf. Die Beschreibung desselben beginnt mit dem mittleren Theile, der Gegend von Akko (v. 25) und wendet sich dann zuerst nach Süden (v. 26 u. 27), hierauf nach Norden (v. 28—30). V. 25. Das Gebiet der Aseriten war: *Helkath*, den Leviten eingeräumt (21, 31 u. 1 Chr. 6, 60 wo חוּקֹק ein alter Schreibfehler), das heutige *Jelka*, 3 Stunden ostwärts von Akko (Akka) bei *Scholz*, Reise S. 257, oder *Jerka*, ein hochgelegenes Drusendorf, nach den Ueberbleibseln zu urtheilen ein alter Ort (*v. de Velde* R. I S. 214. *Rob.* III S. 883). *Hali* vielleicht (nach *Kn.*) *Dschulis* (جولس) zwischen Jerka und Akka, in welchem Falle der heutige Name von der Form *Halit* ausgegangen und *t* in *s* verwandelt worden wäre. *Beten* nach dem *Onom.* u. Βατναΐ (*Bathne*) ein *vicus Bethbeten* (Βεθβετέν) 8 r. M. ostwärts von Ptolemais, noch nicht aufgefunden. *Achsaph* auch noch unbekannt (s. zu 11, 1). Schon das *Onom.* u. Ἀχσάφ (*Achsaph*) weiss über die Lage nichts weiter als in *tribu Aser* anzugeben, während die Angabe u. Ἀχσάφ (*Acsaph*): κώμη Ἐξάδους (*villula Chasalus*) 8 r. M. von Diocäsarea, *ad radicem montis Thabor* in das Gebiet von Sebulon hineinführt. — V. 26. *Alammelech* dem Namen nach in dem Wady *Malek* oder *Malik* (bei *Rob.* bibl. Forsch. S. 143), der in den Kison mündet, erhalten, indem dieser Wady wahrscheinlich nach einem Orte an oder in demselben benannt ist, vgl. *v. de Velde* Mem. p. 283. *Amad* (עַמְעָד) vermuthet *Kn.* in dem heutigen *Haifa*, etwa 3 Stunden südlich von Acre am Meere, welches er mit *Sycaminon*, der Sycomorenstadt bei *Strabo XVI, p. 758. Ptolem. V, 15, 5* u. *Plin. h. n. V, 17* identificirt, schon zur Zeit der Kchv. Ἡφά, *Epha* genannt (vgl. *Ritter* Erdk. 16 S. 722 ff.), indem er geltend macht, dass der hebr. Name sich nach جَمّال *sycomorus* deute — ein Argument, dessen Schwäche in die Augen springt. *Miscal*, den Leviten zugewiesen (21, 30 und 1 Chr. 6, 59 מַשָׁל genannt) lag nach dem *Onom.* u. *Masan* am Meere *juxta Carmelum*, womit die folgende Bestimmung: „und stiess an den Carmel westwärts und an den *Sichor Libnath*" harmonirt. *Carmel* (כַּרְמֶל d. i. Fruchtgefilde), aus der Geschichte des Elia (1 Kg. 18, 17 ff.) berühmt, ein bewaldeter Bergrücken, der an der Südseite des Kison in nordwestlicher Richtung hinstreicht und als Vorgebirge ins Meer ausläuft. Seinen Namen „Fruchtgefilde" führt er mit Recht; denn er ist unten mit Lorber- und Oelbäumen, oben mit Fichten und Eichen bewachsen, und voll der schönsten Blumen, ausserdem reich an Höhlen, vgl. *v. Raum.* Pal. S. 43 ff. u. *Ritter* Erdk. 16 S. 705 ff. Der *Sichor Libnath* ist nicht der *Belus* oder Glassfluss in der Nähe von Acre, sondern südlich vom Carmel zu suchen, da wo Aser an Manasse grenzte (17, 10), d. i. südwärts von Dor, welches die Manassiten im Gebiete Asers erhielten (17, 11), also wahrscheinlich der *Nahr Zerka*, vielleicht der Crocodilenfluss des *Plinius* (nach *Reland* Pal. p. 730), 3 Stunden südlich von Dor, dessen Name زرقا blau, bleifarbig, sowol dem שִׁיחוֹר schwarz als dem לִבְנָת das Weisse entsprechen könnte. — V. 27. Von da wandte sich die Grenze gen Sonnenaufgang, wahrscheinlich dem Flusse Libnath eine Strecke aufwärts folgend, nach *Beth-Dagon*, das noch nicht aufgefunden und nicht mit Beit Dedschan zwischen Jafa und Ludd (Diospolis) zu identificiren ist, „und stiess an Sebulon und das Thal *Jiphtah-el* nördlich von *Beth-Emek* und *Nehiël* und ging aus nach *Cabul* links" d. i. auf dessen nördliche Seite. Ins Thal *Jiphtah-el* d. i. Wady *Abilin* in seinem obern Laufe ging die Nordwestgrenze von Sebulon aus (v. 14). Hier stiess also die von Wady Zerka ab an der Westseite von Isaschar und Sebulon vorüber nordwärts laufende Ostgrenze Asers an die Nordwestecke von Sebulon. Die beiden Orte *Beth-Emek* und *Nehiël* (vielleicht einerlei mit *Neah* v. 13), welche südlich vom Thale Jiphtah-el lagen, sind noch nicht aufgefunden, können aber obwol an der Grenze von Sebulon gelegen doch zu Aser gehört haben. *Cabul*, die κώμη Χαβωλώ des *Joseph. vit. §. 43*, im Bereiche von Ptolemais hat sich in dem Dorfe *Kabul*, 4 Stunden südöstlich von Acre erhalten (*Rob.* bibl. Forsch. S. 113 f. *v. de Velde* R. I S. 218).

In v. 28—30 sind Städte und Grenzen im nördlichen Theile des Gebietes von Aser an der phönizischen Grenze verzeichnet und dabei die phönizischen Städte Sidon, Tyrus und Acsib als Grenzmarken genannt. Zuerst in v. 28 vier Städte bis nach Sidon hin, ohne Zweifel im nördlichsten Districte Asers. *Ebron* ist noch unbestimmbar. Da unter den Städten, welche Aser den Leviten überliess, *Abdon* vorkommt (21, 30. 1 Chr. 6, 59), und auch in unserm Verse 20 Codd. Abdon lesen, so halten nach dem Vorgange von *Reland (Pal. p. 514)* Viele *Ebron* (עֶבְרוֹן) für einen Schreibfehler für *Abdon* (עַבְדּוֹן). Dies ist wol möglich, aber keineswegs sicher. Da in unserem Verzeichnisse nicht alle Städte Asers aufgeführt sind, z. B. Acco, Achlab und Helba (Jud. 1, 31) fehlen, so kann auch Abdon fehlen. Auf die Lesart der 20 Codd. aber ist kein Gewicht zu legen, da sie leicht aus 21, 30 geflossen sein kann und ihr ausser dem masor. Texte die Auctorität aller alten Versionen, welche *Ebron* haben, entgegensteht. Uebrigens lässt sich auch *Abdon* nicht sicher bestimmen. Unter der Voraussetzung, dass *Abdon* für *Ebron* zu lesen sei, denkt *Kn.* an das heutige *Abbadijjeh* östlich von Beirut bei *Rob.* III S. 949 u. *Ritter*, Erdk. 17 S. 477 u. 710, oder an das östlich (nicht nördlich) von Dschobail (Byblus)

liegende *Abidat* bei *Burckh.* Syr. S. 296 u. *Rob.* III S. 952, ohne für die
Identität dieser beiden bis jetzt nur dem Namen nach bekannten Orte mit
Abdon ausser der Namensähnlichkeit etwas geltend machen zu können.
Falls hingegen *Abdon* von *Ebron* verschieden ist, so liegt es viel näher mit
v. de Velde in *Mem. p. 280* an die Ruine *Abdeh* am Wady Kurn nördlich
von Akka zu denken. *Rehob* lässt sich nicht bestimmen. Der Name
kommt in v. 30 wieder vor, woraus erhellt, dass zwei Städte dieses Namens im Gebiete Asers lagen, s. zu v. 30. *Hammon* wollen *E. G. Schultz* bei
Ritter (16 S. 778) und *van de Velde* (*Mem. p. 315*) mit dem Dorfe *Hamûl*
am Wady gleiches Namens zwischen Ras el Abyad und Ras en Nakura
identificiren, allein dies liegt zu weit im Süden, um zu dem bis Gross-
Sidon reichenden Bezirke gerechnet werden zu können. Eher liesse sich
mit *Kn.* an das Dorf *Hammana* mit einem Maronitenkloster östlich von
Beirut, im Districte *el Metn* auf der Höhe des Libanon (vgl. *Seetzen* I
S. 260. *Rob.* III S. 952 u. *Ritter* 17 S. 676 u. 710) denken, wenn nur erweislich wäre, dass das Gebiet Asers so weit nach Osten gereicht hätte.
Kana kann nicht das Dorf *Kâna* unweit Tyrus (*Rob.* III S. 657) sein, sondern muss nördlicher, unfern Sidon gelegen haben, ist aber noch nicht
aufgefunden. Denn gegen die Vergleichung mit der heutigen Ortschaft *Ain
Kanieh* bei *Rob.* III S. 946 u. *Ritter* 17 S. 94 u. 703 nördlich von Dschezzin spricht die Lage dieses Ortes so weit im Osten, dass derselbe hier
nicht in Betracht kommen kann, und ein „Ain *Kana* in der Nähe von Jur-
jua 6 Stunden südostwärts von Sidon," das *Kn.* ohne Quellenbeleg anführt, kennen weder *Robinson* noch *Ritter*, so dass seine Existenz noch
fraglich erscheint. Ueber *Sidon*, jetzt *Saida* s. zu 11, 8. — V. 29. „Und die
Grenze wandte sich (vermuthlich vom Gebiete Sidons) nach Rama bis zur
festen Stadt Zor." *Rama* vermuthet *Rob.* (bibl. Forsch. S. 81 f.) in dem
Dorfe *Rameh* südöstlich von Tyrus, bei dem sich mehrere Sarkophage aus
dem Alterthume finden. מִבְצַר־צֹר „Festung *Zor*" d. i. *Tyrus* ist nicht das
Insel-Tyrus, sondern die auf dem Festlande gelegene Stadt Tyrus, das
heutige *Sur* in einer schönen, fruchtbaren Ebene am Meere, vgl. *Ritter*
Erdk. 17 S. 320 ff. u. *Movers* Phönizier II, 1 S. 118 ff. „Und die Grenze
wandte sich nach *Hosa* und ihre Ausgänge waren ans Meer zur Seite des
Strichs von Achsib." *Hosa* ist unbekannt, da *Kauzah* in der Nähe des vor-
hergenannten Rameh (bei *Rob.* bibl. Forsch. S. 78 u. *v. de Velde Mem.*
p. 102) seiner Lage nach nicht hieher passt. מֵחֶבֶל eig. von dem Districte
ab d. h. zur Seite desselben. *Achsib*, wo die Aseriten mit Cananitern zu-
sammenwohnten (Jud. 1, 31 f.), ist *Ekdippa* der Griechen und Römer, nach
dem *Onom.* u. *Achziph* 9 r. Meilen, nach dem *Itiner. Hieros. p. 584* 12 r.
Meilen nördlich von Acco am Meere, jetzt *Zib*, ein ziemlich grosses Dorf
3 gute Stunden nördlich von Acre am Meere, mit beträchtlichen Ruinen
aus dem Alterthume, vgl. *Gesen. thes. p. 674* u. *Seetzen* II S. 109. *Ritter*
16 S. 811 f. — In v. 30 werden noch 3 einzelne Städte genannt, die wol in
der östlichen Gegend des nördlichen Districtes von Aser lagen, während
die v. 28 u. 29 genannten Grenzorte diesen District in seiner westlichen
Ausdehnung beschreiben. *Umma* (LXX Ἀμμά) ist vielleicht in *Kefr Am-*
meih (كمير) auf dem Libanon südlich von Hammana im Districte Dschurd

(*Rob.* III S. 949. *Ritter* 17 S. 710) erhalten. *Aphek* ist das heutige *Afka*, s. zu 13, 4. *Rehob* ist nicht sicher zu bestimmen. Sollte es, wie *Kn.* vermuthet, *Hub* (حوب) sein, also der Name *Hub*, den ein Maronitenkloster auf dem Libanon, in der Diöcese el Dschebail (nordöstlich von Dschebail) führt (s. *Seetzen* I S. 187 ff. u. *Ritter* 17 S. 791), aus *Rehob* corrumpirt sein, so wäre *Rehob* die nördlichste Stadt von Aser gewesen. — Die Zahl: „22 Städte und ihre Dörfer" stimmt nicht recht, da die Summe der v. 26 —30 genannten Städte 23 beträgt, sobald man Sidon, Tyrus und Achsib nach Jud. 1, 31 f. mitzählt. Nur falls man *Nehiel* (v. 27) als mit *Nea* (v. 13) identisch nicht mit rechnete, würde die Zahl richtig sein. Mit Sicherheit lässt sich nicht entscheiden, da aus Jud. 1, 31 f. erhellt, dass die Aseriten auch Städte wie Acco und Aclaph erhielten, die in unserm Verzeichnisse fehlen, vielleicht nur ausgefallen sind.

V. 32—39. **Das Erbtheil Naphtali's.** Dieses fiel zwischen Aser und den obern Jordan. Es reichte nordwärts bis zur Nordgrenze Canaans und stiess im Süden an Sebulon und Isaschar. In v. 33 u. 34 sind die Grenzen verzeichnet, in v. 33 die Westgrenze gegen Aser mit der Nord- und Ostgrenze, in v. 34 die Südgrenze, aber bei der Ungewissheit über die Lage mehrerer genannter Orte noch nicht genau zu bestimmen. V. 33. Ihre Grenze war (ihr Gebiet reichte) von *Heleph*, von dem Eichwalde bei *Zaanannim* und *Adami Nekeb* und *Jabneel* bis *Lakkum* und ihre Ausgänge waren der Jordan." *Heleph* ist unbekannt, aber wol nicht ferne, aller Wahrscheinlichkeit nach südlich von der Gegend von Zaanannim gelegen. Der *Eichwald* (אֵלוֹן s. die Bem. zu Gen. 12, 6) bei *Zaanannim* lag nach Jud. 4, 11 bei *Kedes* im Nordwesten des Huleh-See's. In dieser Gegend gibt es noch jetzt viele Eichen (*Rob.* bibl. Forsch. S. 479); im Süden von Bint Dschebail kam *Rob.* (III S. 642) über einen mit kleinen Eichbäumen bewaldeten niedrigen Bergrücken. *Adami hannekeb* d. i. Adami des Passes (נֶקֶב nach dem arab. نقب *foramen, via inter montes*) vermuthet *Kn.* in *Deir el-ahmar* d. i. rothes Kloster, ein noch jetzt bewohnter Ort 3 Stunden nordwestwärts von Baalbek, am Passwege von den Cedern nach Baalbek (*Seetzen* I S. 181. 185. *Burckh.* Syr. S. 60 u. *Ritter* Erdk. 17 S. 150), so genannt von der röthlichen Farbe des Erdreichs in der Umgebung, woraus sich אַדְמִי erkläre. *Jabneel* vergleicht derselbe mit dem See *Jemun, Jemuni* oder *Jammune*, mehrere Stunden nordwestwärts von Baalbek an der Ostseite des westlichen Libanonzuges (*Niebuhr* Reise III S. 91. *Seetzen* I S. 169. 229. *Rob.* bibl. Forsch. S. 714. *Ritter* 17 S. 304 ff.), bei dem sich ansehnliche Ruinen aus alter Zeit finden, namentlich auch eines alten Tempels und berühmten Wallfahrtsortes, womit der Name יבנאל *Gottesbau* stimme. Endlich *Lakkum* combinirt er mit dem Gebirge *Lokham* (لكام), wie der nördliche Theil des Libanon oder Syrischen Gebirges von der Breite von Laodicäa bis zu der von Antiochia auf der Westseite des Orontes bei den arabischen Geographen *Isztachri* von *Mordtmann p. 34. 149. Abulfeda tab. Syr. p. 20. 151. 165* u. A. heisst. Diese Combinationen erscheinen sprachlich betrachtet wol recht ansprechend, sind aber doch schwerlich haltbar. Die Aehnlichkeit der Namen לַקּוּם und لكام ist nur scheinbar, da der hebr. Name mit ק, der arabische mit כ geschrieben wird; dazu liegt das Gebirge Lokham viel zu weit im Norden, als dass sein Name zur Erläuterung von Lakkum herbeigezogen werden könnte. Auch der Deutung von *Adami Nekeb* und *Jabneel* steht der Umstand entgegen, dass der See *Jamun* 2 Stunden westlich vom rothen Kloster liegt, wonach die Grenze, die von Westen aus nordwärts und dann nordost- und ostwärts beschrieben wird, nicht vom Jamunsee, sondern vom rothen Kloster an den Jordan hätte auslaufen müssen. Da *Jabneel* hinter *Adami Nekeb* genannt ist, so muss *Jabneel* ostwärts von Adami Nekeb gesucht werden, während der Jamunsee umgekehrt westlich vom rothen Kloster liegt. Die genannten 3 Orte lassen sich also zur Zeit noch nicht näher bestimmen. Der Jordan, an welchen die Grenze Asers auslief, ist wol der obere Jordan oder vielmehr der *Nahr Hasbany* als Quellfluss des Jordan, welcher nebst dem Huleh-See und dem Jordan zwischen dem Huleh- und Tiberias-See bis zum Ausflusse desselben aus letzterem die Ostgrenze Asers bildete. **V. 34.** Vom Jordan unterhalb des Tiberias-See's, näher von der Einmündung des Wady *Bessum* in den Jordan „wandte sich die Grenze (Asers) westwärts nach Asnoth-Thabor und ging von dort hinaus nach Hukkok." Diese Grenze d. i. die Südgrenze Asers folgte vermuthlich vom Jordan ab dem Laufe des Wady *Bessum*, welcher Isaschar gegen Nordosten begrenzte und zog sich dann wol von *Kefr Sabt* an (s. zu v. 22) nach *Asnoth-Thabor* d. i. nach dem Onom. u. *Azanoth* ein *vicus ad regionem Diocaesareae pertinens in campestribus*, wahrscheinlich südostwärts von *Diocaesarea* d. i. *Sepphoris* nicht ferne vom Thabor, bis wohin die Grenze Isaschars reichte (v. 22). *Hukkok* lässt sich noch nicht bestimmen. Nach dem Vorgange von *R. Parchi* im 14. Jahrh. sind *Rob.* bibl. Forsch S. 104 f. u. *v. de Velde Mem. p. 322* geneigt, den Ort mit dem Dorfe *Jakûk* im Nordwesten des See's Genezareth zu identificiren; allein dieses Dorf liegt zu weit in Nordost, um den Endpunkt der vom Jordan aus westwärts laufenden Südgrenze Naphtali's bilden zu können. Hienach stiess Naphtali „gen Süden an Sebulon, gegen Westen an Aser und gegen Sonnenaufgang (Osten) an Juda beim Jordan." הַיַּרְדֵּן ist Apposition zu יְהוּדָה „Juda des Jordan", analog dem: Jordan Jericho's Num. 22, 1. 26, 3 u. ö. Die masorethische Interpunktion, die beide Worte trennt, beruht auf irgendeiner falschen Deutung dieser Grenzbestimmung, welche den Ausll. viel Noth gemacht hat, bis es *C. v. Raumer* gelungen, die Schwierigkeit zu heben durch den Nachweis, dass der auf der Ostseite des Jordan gelegene District der 60 Jairstädte hier Juda genannt oder zu Juda gerechnet sei, weil Jair, der Besitzer dieser Städte, durch Hezron väterlicherseits von Juda abstammte (1 Chr. 2, 5 u. 21 f.), während er c. 13, 30 u. Num. 32, 41 *contra morem* d. h. gegen die Regel Num. 36, 7 nach seiner mütterlichen Abstammung von dem Manassiten Machir als Nachkomme Manasse's aufgeführt ist. [1]

V. 35 ff. Feste Städte Naphtali's waren: *Ziddim*, unbekannt, nach *Kn.*

---

1) Vgl. *C. v. Raumers* Abhdl.: „das ostjordanische Judäa" in *Tholucks* litt. Anz. 1834 Nr. 1 u. 2 und desselben Palästina S. 233 ff. der 4. Aufl., und die verschiedenen willkührlichen frühern Deutungsversuche, zum Theil durch Textesänderungen in *Rosenmüllers* bibl. Alterthk. II, 1 S. 301 f. u. m. fr. Comm. z. Jos. S. 352 f.

„vielleicht erhalten in *Chirbet es Saudeh* westwärts vom südlichen Ende des Sees Tiberias bei *Rob.* III S. 881"; allein dieser Ort liegt westlich vom Wady Bessum d. i. im Gebiete Isaschars. *Zer* gleichfalls unbekannt. Da LXX u. *Syr.* den Namen durch *Zor* (צֹר) wiedergeben, so denkt *Kn.* an *Kerak*, welcher Name dasselbe wie צֹר = מָצוֹר Festung bedeute, eine Ruinenstelle am südlichen Ende des Sees bei *Rob.* III S. 512 f. u. A., den Ort, welchen Josephus *Taricheae* (s. *Reland p. 1026*) nenne. Eine sehr zweifelhafte Combination. *Hammath* (חַמַּת d. i. *thermae*), Levitenstadt und 21, 32 *Hammoth-Dor*, 1 Chr. 6, 61 *Hammon* genannt, lag nach talmud. Angaben bei *Lightfoot, centur. chorogr. Matth. praem. Opp. II p. 224 sq.* in der Nähe des späteren *Tiberias* am westlichen Ufer des Sees Genezareth, und war ohne Zweifel identisch mit der κώμη Ἀμμαούς in der Nähe von Tiberias mit warmen Bädern, bei *Joseph. Ant. XVIII, 2, 3. bell. jud. IV, 1, 3.* Warme Quellen finden sich noch jetzt ½ Stunde südwärts von Tabaria, die als Bäder benutzt werden (*Burckh.* Syr. S. 573 f. *Rob.* III S. 506 ff.). *Rakkath* (רַקַּת im Talmud. u. Rabb. *ripa, littus*) lag nach rabb. Angaben ganz in der Nähe von Hammath und war derselbe Ort mit *Tiberias* (*Lightf. l. c. p. 223*), womit aber die Nachrichten des *Joseph. Ant. XVIII, 2, 3* vgl. *b. jud. II, 9, 1* über die Gründung von *Tiberias* durch den Tetrarchen Herodes in Widerspruch stehen, so dass die rabb. Angaben blos auf etymologischer Deutung des Namens רַקַּת zu beruhen scheinen. כִּנֶּרֶת geben die Targg. durch גְּנֵיסַר, גִּינוֹסַר, גּוֹסַר d. i. Γεννησάρ. So hiess nach *Joseph. b. jud. III, 10, 8* ein durch Naturschönheit, Klima und Fruchtbarkeit ausgezeichneter Landstrich am Ufer des galiläischen Meeres, nämlich die noch jetzt sehr fruchtbare, ohngefähr 20 Minuten breite und 1 Stunde lange Ebene, die sich am westlichen Ufer dieses Meeres von el Medschdel im Süden bis zu Khan Minyeh im Norden erstreckt (*Burckh.* Syr. S. 558 f. *Rob.* III S. 529. 545). In dieser Ebene muss die Stadt *Kinnereth* gelegen haben, nach welcher diese Ebene mit dem See zusammen כִּנֶּרֶת Deut. 3, 17 oder כִּנְּרוֹת 11, 2 und der See יָם כִּנְּרוֹת, יָם כִּנֶּרֶת 12, 3. 13, 27. Num. 34, 11 genannt wurden. — V. 36. *Adama* ist unbekannt. *Kn.* meint, da אֲדָמָה roth bedeute, so sei es vielleicht der Ort *Ras el-Ahmar* d. i. *Rothkopf* nordwärts von Safed bei *Rob.* III S. 641, bibl. Forsch. S. 89 u. *v. de Velde Mem. p. 146. Rama* (הָרָמָה) ist das heutige *Rameh (Ramea)*, ein grosses wohlgebautes Dorf von Christen und Drusen bewohnt, von ausgedehnten Oelbaumpflanzungen umgeben und mit einem trefflichen Quellbrunnen versehen, am Abhange eines Berges in einer schönen Ebene südwestwärts von Safed gelegen, aber ohne Ueberreste aus dem Alterthume, s. *Seetzen* II S. 129. *Rob.* bibl. Forsch. S. 101 f. — *Hazor* noch nicht sicher ermittelt, s. zu 11, 1. — V. 37. *Kedes* s. zu 12, 22. *Edrei* verschieden von der gleichnamigen Stadt in Basan (1 2, 4), noch unbekannt. *En-Hazor* ist vielleicht bei Tell *Hazur* und dem nicht weit davon entfernten *Ain Hazur* südwestlich von Rameh zu suchen, obgleich die Ruinen auf dem Tell *Hazur* blos die eines gewöhnlichen Dorfes sind, mit einer einzigen zerfallenen Cisterne (*Rob.* bibl. Forsch. S. 103 f.). — V. 38. *Jireon* ist wahrscheinlich das heutige Dorf *Jarûn* 1 Stunde südöstlich von Bint Dschebeil, mit Ruinen einer alten christlichen Kirche bei *Seetzen* II S. 123 f. *v. de Velde* R. I S. 133. *Migdal-el* könnte dem Namen nach *Μαγδαλά* (Matth. 15, 39) am westlichen Ufer des Sees Genezaret zwischen Capernaum und Tiberias sein (*Rob.* III S. 529 ff.); nur spricht dagegen, dass die an diesem See gelegenen Städte schon in v. 35 genannt sind. *Kn.* verbindet מִגְדַּל־אֵל mit חֳרֵם zu einem Namen und findet *Migdal el Chorem* in dem jetzigen *Medschdel Kerum* westlich von Rameh bei *Seetzen* II S. 130 u. *v. de Velde* R. I S. 215, einem gewöhnlichen muhammedanischen Dorfe. Für diese Combination spricht ausser der Aehnlichkeit des Klanges beider Namen gar nichts, dagegen aber nicht blos die Lage dieses Dorfes so weit nach Westen, nur 3 Stunden von Akka entfernt, dass das Gebiet Naphtali's sich schwerlich bis dahin erstreckt hat, sondern auch die geringe Aehnlichkeit von *Chorem* mit *Kerum*, ganz abgesehen davon, dass die Accente חֳרֵם von מִגְדַּל־אֵל trennen, und das Fehlen des *copul.* ו vor חֳרֵם nicht in Betracht kommen kann, weil auch in v. 33 die Copula vor *Zer* und *Rakkath* fehlt. *Chorem* und *Bethanat* sind noch nicht aufgefunden. Aus letzterem Orte konnte Naphtali die Cananiter nicht vertreiben (Jud. 1, 33). *Beth-Semes* verschieden von dem gleichnamigen Orte in Isaschar (v. 22) ist auch noch unbekannt. — Die Gesammtzahl der Städte wird auf 19 bestimmt, während nur 16 aufgeführt sind. Die fehlenden unter den v. 33 u. 34 genannten Grenzorten zu suchen, erscheint bedenklich, weil die Aufzählung der Städte durch וְעָרֵי מִבְצָר v. 35 eingeleitet und dadurch das Städteverzeichniss von der Beschreibung der Grenzen gesondert ist. Dazu kommt, dass die Stadt Karthan oder Kirjathaim, welche Naphtali den Leviten einräumte (21, 32. 1 Chr. 6, 61), weder unter den Grenzorten noch in dem Städteverzeichnisse vorkommt, woraus man sieht, dass die Aufzählung der Städte unvollständig ist.　　-

V. 40—48. **Das Erbtheil des Stammes Dan** fiel westlich von Benjamin zwischen Juda und Ephraim, und zwar so, dass Juda von seinen nördlichen, Ephraim von seinen südlichen Städten einige an die Daniten abgeben musste, um denselben das ihrer Volkszahl entsprechende Gebiet zu verschaffen. Dasselbe lag zum grösseren Theile in der Niederung (Sephela) mit Einschluss der Hügellandschaft zwischen dem Mittelmeere und dem Gebirge und erstreckte sich über einen Theil der Ebene Saron, so dass es zu den fruchtbarsten Theilen Palästina's gehörte. Die Grenzen werden nicht beschrieben, weil sie sich aus denen der anliegenden Stammgebiete ergeben. V. 41. Von Juda erhielten die Geschlechter Dans *Zorea* und *Esthaol* (s. zu 15, 33), *Ir-Semes*, auch *Beth-Semes* genannt (1 Kg. 4, 9), auf der Grenze von Juda (s. 15, 10), das aber die Daniten nicht in Besitz nahmen, sondern Juda den Leviten abgab (21, 16 s. zu 15, 10). *Saalabbin* oder *Saalbim*, welches in den Händen der Cananiter blieb (Jud. 1, 35), in der Geschichte Davids und Salomo's mehrfach erwähnt (2 Sam. 23, 32. 1 Chr. 11, 33. 1 Kg. 4, 9), vielleicht das heutige *Selbit* (سلبيط) bei *Rob.* III S. 869. bibl. Forsch. S. 187, eine Strecke nordwärts von den genannten 3 Orten (*Kn.*). *Ajalon,* auch den Cananitern nicht entrissen (Jud. 1, 35), den Leviten zugewiesen (21, 24. 1 Chr. 6, 54), in den Kriegen mit den Philistern erwähnt (1 Sam. 14, 31. 1 Chr. 8, 13), von Rehabeam befestigt (2 Chr. 11, 10) und von den Philistern dem Könige Ahas entrissen (2 Chr.

28, 18), ist in dem Dorfe *Jalo* erhalten (s. zu 10, 12). *Jithla* nur hier er-
wähnt und noch nicht aufgefunden, dem Namen nach vielleicht in dem
Wady *'Atallah* westwärts von *Jalo* (*Rob.* bibl. Forsch. S. 186 f,) erhalten.
— V. 43. *Elon* noch 1 Kg. 4, 9 mit dem Zusatze *Bethchanan* erwähnt, ist

noch nicht ermittelt, nach *Kn.* „vielleicht عليين *Ellin* neben Timnath und

Beth-Semes, genannt bei *Rob.* III S. 869." *Thimna* und *Ekron* auf der
Grenze Juda's s. zu 15, 10 f. — V. 44. *Eltheke* und *Gibbethon*, den Leviten
zugetheilt (21, 23), sind noch nicht aufgefunden. *Gibbethon* war unter den
ersten Königen Israels in den Händen der Philister (1 Kg. 15, 27. 16, 15.
17). *Baalath* von Salomo befestigt (1 Kg. 9, 18), nach *Joseph. Ant. VIII,
6, 1 Βαλέθ* in der Nähe von Geser, vielleicht einerlei mit *Baala* auf der
Grenze von Juda (15, 11). — V. 45. *Jehud* wahrscheinlich in dem Dorfe
Jehudieh (*Hudieh*) erhalten, 2 Stunden nördlich von Ludd (Diospolis) in
herrlich bebauter Ebene (*Berggren* R. III S. 162. *Prokesch* R. S. 125. *Rob.*
III S. 257 u. 869). *Bne Berak* jetzt *Ibn Abrak* 1 Stunde von Jehud (*Scholz*
R. S. 256). *Gathrimmon* den Leviten gegeben (21, 24. 1 Chr. 6, 54) nach
dem *Onom. s. v. villa praegrandis in duodecimo milliario Diospoleos pergen-
tibus Eleutheropolin*, eine Angabe die in die Gegend von Thimna weist,
aber noch nicht aufgefunden. — V. 46. *Me-hajarkon* d. i. *aquae flavedinis*
und *Rakkon* sind unbekannt, müssen aber wegen des folgenden: „sammt
dem Gebiete vor Japho" in der Nähe von Joppe (Jaffa) gelegen haben.
„Das Gebiet vor *Japho*" umfasst die Ortschaften im Umkreise von Joppe.
Joppe scheint hienach nicht zum Gebiete Dans gehört zu haben, obwol
nach Jud. 5, 17 die Daniten diese Stadt besessen haben müssen. יָפוֹ die
bekannte Hafenstadt Palästina's (2 Chr. 2, 15. Esr. 3, 7. Jon. 1, 3), welche
die Griechen Ἰόππη nannten, jetzt *Jaffa*, vgl. *v. Raum.* Pal. S. 204 f. u. *Ritter* Erdk. 16 S. 574 ff. — V. 47. Ausser diesem Erbtheile eroberten die
Daniten von Zorea und Esthaol nach Josua's Tode die Stadt *Lesem* oder
Lais an der Nordgrenze Canaans, der sie den Namen *Dan* beilegten, weil
das unter Josua ihnen zugetheilte Gebiet in Folge davon, dass sie aus
mehrern Städten die Amoriter nicht vertreiben konnten (Jud. 1, 34 f.), für
sie zu eng wurde (Jud. 18, 2). Das Nähere über diese Eroberung s. Jud. 18.
Lesem (לֶשֶׁם) oder *Lais* (לַיִשׁ Jud. 18, 7. 27) d. i. *Dan* nach dem *Onom. viculus quarto a Paneade milliario euntibus Tyrum*, das heutige *Tell el Kadi* an
der mittlern Jordanquelle *el Leddan*, westlich von Banjas, mit alten Ruinen (vgl. *Rob.* III S. 617 f. bibl. Forsch. S. 487 u. 511 ff.), wo Jerobeam
eins der goldenen Kälber aufstellte (1 Kg. 12, 29 f. u. a.), ausserdem oft als
die nördlichste Stadt der Israeliten gegenüber Beerseba im äussersten Süden des Landes genannt (Jud. 20, 1. 1 Sam. 3, 20. 2 Sam. 3, 10 u. ö.) Vgl.
noch *Ritter* Erdk. 15 S. 207 ff.

    V. 49—51. Schluss der Vertheilung des Landes. V. 49 f. Als das Land
nach seinen Gebieten an die Stämme vertheilt war, gaben die Israeliten
Josua ein Erbtheil in ihrer Mitte nach dem Befehle Jehova's, nämlich die
von ihm gewünschte Stadt *Thimnat-Serah* auf dem Gebirge Ephraim, die
er ausbaute und darin bis zu seinem Tode wohnte (24, 30. Jud. 2, 9).
צַל־פִּי יְהוָֹה bezieht sich nicht auf ein durch den Hohepriester ertheiltes

göttliches Orakel, sondern auf eine göttliche Verheissung, welche Josua wahrscheinlich mit Caleb zugleich in Kades erhalten hatte, und die eben so wie die dem Caleb ertheilte im Pentateuche nicht erwähnt ist, s. zu 15, 13 u. 14, 9. *Thimnat-Serah* in Jud. 2, 9 *Thimnat Heres* genannt, nicht mit *Thimna* im St. Dan (v. 43. 15, 10) zu verwechseln, wie im *Onom.* geschehen ist, hat sich erhalten in den Ruinen und Grundmauern einer einst grossen Stadt mit Namen *Tibneh* 7 Stunden nördlich von Jerusalem nnd 2 St. westlich von Dschildschilia auf zwei Bergen gelegen, mit mehrern Höhlengräbern, s. *El. Smith* bei *Ritter*, Erdk. 16 S. 562 ff. u. *Rob.* bibl. Forsch. S. 184. — V. 51. Schlussformel zu dem Berichte über die Verlosung des Landes, die mit dem: „in Silo" zwar zunächst auf 18, 1 ff. zurückweist, aber sich zugleich auf c. 14—17 mitbezieht.

Cap. XX. Festsetzung der Zuflucht- oder Freistädte.

Nach der Verlosung des Landes an die Stämme Israels wurden der mos. Verordnung Num. 35 gemäss 6 Städte zu Zufluchtsstätten für unvorsätzliche Todtschläger bestimmt. Vor der Bestimmung und Aussonderung dieser Städte sind v. 1—6 die Hauptpunkte aus dem mos. Gesetze Num. 35, 9—29 u. Deut. 19, 1—13 über die Aufnahme der Todtschläger in diese Städte wiederholt. תְּנוּ לָכֶם gebt euch d. h. bestimmt für euch die Zufluchtsstädte u. s. w. In v. 6 sind die beiden Bestimmungen: „bis er vor der Gemeinde zu Gericht gestanden", und: „bis zum Tode des Hohepriesters" nach der deutlichen Erläuterung Num. 35, 24 u. 25 so zu verstehen, dass der Todtschläger in der Stadt wohnen soll bis die Gemeinde über den Fall richtet und ihn entweder als vorsätzlichen Mörder dem Bluträcher übergibt oder als unvorsätzlichen Todtschläger in die Zufluchtsstadt zurückbringt, in welchem Falle er dann bis zum Tode des derzeitigen Hohepriesters dort bleiben soll. Das Weitere s. zu Num. 35. — V. 7 —9. Angabe dieser Städte, wozu aus den zu Bd. I, 2 S. 374 entwickelten Gründen Levitenstädte gewählt wurden. V. 7. Im diesseitigen Lande (Canaan) heiligten sie dazu im Norden: *Kedes* (s. zu 12, 22) in *Galil* auf dem Gebirge Naphtali. גָּלִיל Kreis ist ein District im nördlichen Theile der spätern Landschaft Galiläa, in Jes. 8, 23 גְּלִיל הַגּוֹיִם Kreis der Heiden genannt, weil dort besonders viel Heiden wohnten. In der Mitte des Landes: *Sichem* auf dem Gebirge Ephraim (s. zu 17, 7) und im Süden: *Kirjath-Arba* d. i. Hebron auf dem Gebirge Juda (s. zu 10, 3). — V. 8. Die im jenseitigen Lande hatte schon Mose Deut. 4, 41—43 bestimmt. Der Vollständigkeit halber sind sie hier nochmals genannt, nämlich: *Bezer, Ramoth* in Gilead und *Golan* s. zu Deut. 4, 43. — Mit v. 9 wird dieser Gegenstand abgeschlossen. עָרֵי הַמּוּעָדָה bed. weder *urbes congregationis* (*Kimchi*) noch *urbes asyli* (*Gesen.*) sondern: Städte der Bestimmung d. h. welche die bereits angegebene und im Folgenden nochmals wiederholte Bestimmung erhielten.

Cap. XXI. Festsetzung der Priester- und Levitenstädte.

V. 1—3. Nach Aussonderung der Zufluchtsstädte wurden die Städte bestimmt, welche die einzelnen Stämme nach der mos. Vorschrift Num. 35, 1—8 den Priestern und Leviten zum Wohnen mit den zu Weidetriften für ihr Vieh erforderlichen Fluren einräumen sollten. Die Aussonderung der Zufluchtsstädte erfolgte vor Festsetzung der Levitenstädte, weil der Herr durch Mose Num. 35, 6 vorgeschrieben hatte, den Leviten die 6 Asylstädte und zu denselben noch 42 Städte dazu zu geben, im Ganzen also 48 Städte. Aus den Eingangsworten v. 1 u. 2, dass die Familienhäupter (רָאשֵׁי אֲבוֹת wie Ex. 6, 14. 25) der levitischen Geschlechter den Theilungsausschuss zu Silo an die durch Mose erlassene göttliche Vorschrift, ihnen Städte zum Wohnen zu geben, erinnern, darf man nicht mit *Calv.* schliessen, dass die Leviten vergessen worden seien, bis sie ihre Ansprüche geltend machten. Diese Worte besagen nur: *illos cum res ad eam oportunitatem perductae fuissent, accessisse ad divisores communi suorum tribulium nomine, ut designatas ab illis urbes sortirentur. Simpliciter enim Dei jussa exponunt, dum se sistunt: acsi dicant, se adesse a populo Levitico allegatos, ut eas 48 urbes sortiantur cum suis pomoeriis, quae pro illa tribu sunt assignatae. Mas.* Der Zusatz zu Silo: „im Lande Canaan" weist auf die Bestimmungen Num. 34, 29 u. 35, 10: den Söhnen Israels ihr Erbe *im Lande Canaan* zu geben, zurück.

V. 4—8. *Angabe der Zahl der Städte,* welche die einzelnen Geschlechter Levi's von jedem Stamme erhielten. Der Stamm Levi theilte sich in die Zweige der Gersoniten, Kahatiten und Merariten, s. Num. 3 u. Ex. 6, 16—19. Von diesen zerfielen die Kahatiten in die 4 Geschlechter Amrams, Jizhars, Hebrons und Usiels (Ex. 6, 18), und das Geschlecht Amrams nach Amrams beiden Nachkommen Mose und Aaron (Ex. 6, 20) noch in 2 Linien. Der Linie Aarons ward das Priesterthum zutheil (Num. 18, 1—7), die übrigen Nachkommen Amrams d. h. die Nachkommen Mose's wurden den übrigen Nachkommen Levi's gleichgestellt und zu den (einfachen) Leviten gezählt (Num. 3 u. 1 Chr. 5, 27 — 6, 34). Die Zutheilung von Wohnstädten an die einzelnen Geschlechter Levi's geschah durchs Los, wobei vermuthlich die Städte, welche jeder Stamm ihnen einräumen sollte, vorher schon bestimmt waren, so dass das Los nur darüber entschied, welchem Zweige der Leviten die einzelnen Städte zufallen sollten. — V. 4. Das erste Los kam heraus für die Geschlechter Kahats und unter diesen wieder für die Söhne Aarons d. h. die Priester. Diese erhielten von den Stämmen Juda, Simeon und Benjamin 13 Städte. *Quod non contigit fortuito eventu: quia Deus pro admirabili suo consilio in ea sede eos locavit, ubi statuerat templum sibi eligere. Calv.* — V. 5. Die übrigen Kahatiten d. h. die von Mose, Jizhar, Hebron und Usiel abstammenden, erhielten von Ephraim, Dan und Halb-Manasse 10 Städte. V. 6. Die Gersoniten von Isaschar, Aser, Naphtali und Halb-Manasse in Basan 13 Städte. V. 7. Die Merariten von Ruben, Gad und Sebulon 12 Städte.

Diese Zahl der den Leviten zugetheilten Städte wird uns nicht zu gross erscheinen, wenn wir erwägen, dass 1) die meisten Städte Canaans, schon nach ihrer grossen Anzahl in dem kleinen Lande zu schliessen, nicht allzu gross sein mochten, 2) die Leviten nicht alleinige Besitzer dieser Städte wurden, sondern darin nur die für ihren Bedarf erforderliche Anzahl von Wohnhäusern nebst Weidefluren für ihr Vieh im Umkreise der Städte erhielten, die übrigen Räume den einzelnen Stämmen verblieben, 3) dass die 23000 männlichen Köpfe, welche die Leviten bei der zweiten Volkszählung in den Steppen Moabs zählten, auf 35 Städte vertheilt, für jede Stadt 657 männliche Personen oder gegen 1300 männliche und weibliche Leviten ergaben. Dagegen hat man an der Einräumung von 13 Städten für die Priester Anstoss genommen und in der Meinung, dass Aaron zu Josua's Zeit von seinen beiden (am Leben gebliebenen) Söhnen kaum so viel Nachkommen haben konnte, dass dieselben 2 geschweige denn 13 Städte hätten füllen können, das Verzeichniss für eine aus viel späterer Zeit stammende Urkunde erklärt (*Maurer* u. A.). Aber hiebei hat man nicht nur der Theilungscommission die enorme Kurzsichtigkeit zugetraut, dass sie die Wohnstädte blos nach dem dermaligen Bedürfnisse der Priester, ohne Rücksicht auf deren künftige Vermehrung, bestimmt haben werde, sondern auch die Grösse der Städte sehr bedeutend und die Zahl der Priester viel zu klein angenommen. Allein auf Füllung der Städte mit Priesterfamilien war es gar nicht abgesehen. Und die Kopfzahl der damals lebenden Priester ist zwar nirgends angegeben; bedenken wir aber, dass Aaron im 40. Jahre des Zuges 123 Jahr alt gestorben (Num. 33,38), also beim Auszuge aus Aegypten schon 83 Jahr alt war, so konnte 7 Jahre nach seinem Tode seine Nachkommenschaft bereits in das vierte Glied eintreten. Seine beiden Söhne aber hatten 24 männliche Nachkommen, welche die von David eingerichteten 24 Priesterklassen begründeten (1 Chr. 24). Rechnen wir nun auf die folgenden Generationen nur je 6 männliche Personen, so würde die dritte Generation schon 144 Personen gezählt haben, die bei der Landestheilung in dem Alter von 25—35 Jahren stehend schon 864 männliche Kinder haben konnte, wonach die gesammte männliche Personenzahl des Priestergeschlechtes damals über 1000 Köpfe betragen oder mindestens aus 200 Familien bestehen mochte.

V. 9—42. *Namentliches Verzeichniss der Levitenstädte.*[1] — **V. 9—19.**

---

1) Ein ähnliches Verzeichniss findet sich 1 Chr. 6, 39 — 66, nur theilweise anders geordnet und mit vielen Abweichungen in den Namen und mit mancherlei Textescorruptionen, welche zeigen, dass der Chronist ein von unserem Buche unabhängiges altes Document in seine Schrift aufgenommen hat. In der Chronik sind statt 48 nur 42 Städte namentlich aufgeführt, obwol v. 45 ff. angegeben ist, dass den Leviten 13+10+13+12 also zusammen 48 Städte gegeben worden. Es fehlen 1) Jutta in Juda, 2) Gibeon in Benjamin, 3 u 4) Eltheke und Gibbethon in Dan, 5 u. 6) Jokneam und Nahalal in Sebulon (vgl. v. 16. 17. 28. 34 u. 35 mit 1 Chr. 6, 44. 45. 53 u. 62). Ferner gibt der Chronist theilweise andere Namen, von welchen einige zwar nur verschiedene Formen desselben Namens sind, wie חֵלֶן für חֹלֹן f. חִלֵּן, חַלְמוֹן f. עַלְמוֹן, דַּבֵּר f. דְּבִיר, מָשָׁל f. מִשְׁאָל, חַמּוֹן f. חַאֵר und קִרְיָתַיִם f. קַרְתָּן (vgl. Chr. v. 43. 45. 56. 59. 61. mit Jos. v. 15. 18. 27. 30. 32) oder vielleicht verschiedene Namen derselben Stadt wie יָקְמְעָם für יָקְמְעָם, קִבְצַיִם für רָאמוֹת für יַרְמוּת und עָנֵם für עֵין־גַּנִּים (Chr. v. 53 u. 58 mit Jos. v. 22 u. 29), einige auch wol die richtigere Lesart darbieten, wie עַיִן für עַין und בִּלְעָם für עֶת־רְמּוֹן (Chr. v. 44 u. 55 vgl. mit Jos. v. 16 u. 25), die

Die *Priesterstädte* a) in Juda und Simeon (v. 9—16) b) in Benjamin (v. 17
—19). V. 9 ff. Im Stamme Juda erhielten die Priester: *Kirjat-Arba* oder
Hebron mit den erforderlichen Weidetriften ringsum die Stadt (מִגְרָשׁ
s. Num. 35, 2), während das Feld der Stadt nebst den zu ihr gehörigen
Dörfern Caleb und seinem Geschlechte als Eigenthum verblieb (14, 12 ff.).
V. 13 enthält eine Wiederholung von v. 11, durch die Zwischenbemerkung
v. 12 veranlasst. Ferner *Libna* in der Niederung (s. 15, 42 u. 10, 29),
Jattir (15, 48), *Esthemoa* (15, 50), *Holon* (15, 51) und *Debir* (15, 15. 49 u.
10, 38); alle 4 auf dem Gebirge Juda; *Ajin* wofür nach 1 Chr. 6, 44 *A-
schan* zu lesen (s. zu 15, 42) im Stamme Simeon (19, 7), *Jutta* auf dem Gebirge (15, 55), *Beth-Semes* in der Niederung (15, 10). — V. 17 ff. Im St.
Benjamin erhielten sie: *Gibeon* (s. 9, 3), *Geba* (18, 24), *Anathoth* und *Almon*, beide im Städteverzeichnisse Benjamins fehlend (s. zu 18, 24). —
V. 20 — 42. Die *Levitenstädte*. V. 20—26. Die übrigen *Kahatiten* erhielten a) vom Stamme Ephraim 4 Städte (v. 21 u. 22), nämlich *Sichem* (s.
17, 7), *Geser* (10, 33), *Kibzaim*, wofür 1 Chr. 6, 53 *Jokneam* steht, vielleicht
nur ein anderer Name — noch nicht aufgefunden, und *Bethchoron*, ob das
obere oder untere? ist nicht gesagt (s. 10, 10). — V. 23 u. 24. b) Vom St.
Dan 4 Städte: *Eltheke* und *Gibbethon* (19, 44), *Ajalon* und *Gathrimmon*
(19, 42 u. 45). V. 25. c. Von Halb-Manasse diesseits des Jordan 2 Städte:
Thaanach (17, 11 u. 12, 21) und *Gathrimmon*, ein offenbarer Schreibfehler, durch Abirren des Auges auf den vorhergehenden Vers erzeugt, für
Bileam (1 Chr. 6, 55) d. i. *Jibleam* (17, 11). — V. 26. Im Ganzen 10 Städte.
— V. 27—33. Die *Gersoniten* erhielten a) von Ost-Manasse 2 Städte: *Go-
lan* (20, 8 u. Deut. 4, 43) und *Beesthera* (בְּעֶשְׁתְּרָה contrahirt aus בֵּית־עַשְׁתְּרָה
Haus der Astharte), in 1 Chr. 6, 56 *Astharoth* genannt, ist vielleicht die
Residenz des Königs Og *Astharoth-Karnajim* (Gen. 14, 5), wenn nicht eine
von den im *Onom.* u. *Astharoth Karnajim* von *Euseb.* erwähnten δύο κῶμαι
Namens *Astaroth*, nach *Hieron. duo castella in Batanaea, novem inter se
millibus separata inter Adaram* (Ἀδαρῶν) *et Abilam civitates*, deren Lage
freilich bei der Unbestimmtheit von Adara und Abila nicht genau zu ermitteln ist. Jedenfalls ist nicht an das heutige *Busra* im Osten des Hau-
ran zu denken (nach *Reland p. 621* u. *662* u. *Wetzstein* Reiseber. ü. Haur.
S. 110 f.); denn dieses hiess in alter Zeit wie heute *Bóσσορα* oder *Boσoppá*
(1 Makk. 5, 26. *Joseph. Ant. XII, 8, 3*) d. i. בָּצְרָה, was erst die Griechen und
Römer in *Bostra* corrumpirten; auch nicht an das heutige *Kul'at Bustra*
nördlich von Banjas auf einer Schulter des Hermon, mit Ruinen eines
grossartigen Gebäudes, wahrscheinlich eines Tempels aus alter Zeit
(*Burckh.* Syr. S. 93 f. *Rob.* bibl. Forsch. S. 538 ff.), wie *Kn.* meint, weil das
Gebiet der Israeliten nicht so weit im Norden hinaufreichte, das von Josua eingenommene Land sich nur bis Baalgad d. i. Banjas am Fusse des
Hermon (s. 11, 17) erstreckte und das Ostjordanland oder Basan nur bis
an den Hermon, genauer nur bis zu den Landschaften Gesuri und Maacha

---

meisten aber fehlerhafte Lesarten enthalten, wie עָנָר statt עֶדְנָךְ, חַמֹּנֶךְ מֶרֶשׁ statt קִשְׁיוֹן,
חוּקֹק statt חֶלְקָת, רִמֹּנוֹ und תָּבוֹר (vgl. Chr. v. 55. 57. 60 u. 62 mit Jos. v. 25. 28.
31. 34 u. 35).

am südöstlichen Rande des Hermon (s. zu Deut. 3, 8 u. 14). — V. 28 f.
b) Von Isaschar 4 Städte: *Kisjon* (19, 20), *Dabrath* (19, 12), *Jarmuth* =
Remeth (s. 19, 21) und *Engannim* (19, 21 oder *Anem* 1 Chr. 6, 58). —
V. 30 f. c) Von Aser 4 Städte: *Mis'eal* oder *Masal* (19, 26 vgl. 1 Chr. 6, 59),
Abdon (19, 28), *Helkath* (19, 25 in 1 Chr. 6, 60 *Hukok* wol Schreibfehler)
und *Rehob* (19, 28). — V. 32. d) Von Naphtali 3 Städte: *Kedes* (19, 37 u.
12, 22), *Hammoth Dor* in 19, 35 *Hammath*, in 1 Chr. 6, 61 *Hammon* genannt, und *Karthan* (קַרְתָּן aus קַרְתַּיִן = קִרְיָתַיִם 1 Chr. 6, 61 contrahirt, wie
Dothan 2 Kg. 6, 13 aus *Dothain* Gen. 37, 17), unter den Städten Naphtali's
19, 33 ff. nicht genannt, nach *Kn.* „vielleicht *K'atanah* mit Ruinen nordostwärts von Safed" bei *v. de Velde Mem. p. 147.* — V. 33. In Allem 13
Städte. — V. 34—40. Die *Merariten* erhielten 12 Städte: a) vom St. Sebulon 4: *Jokneam* (19, 11 s. zu 12, 32), *Kartha* und *Dimna* unter den Städten Sebulons 19, 11 ff. nicht erwähnt und unbekannt,[1] und *Nahalal* (19,
15). — V. 36 f. b) Von Ruben 4: *Bezer* (20, 8 s. Deut. 4, 43), *Jahza, Kedemoth* und *Mephaath* (13, 18).[2] V. 38 f. c. Von Gad 4 Städte: *Ramoth* in
Gilead und *Mahanajim* (s. zu 13, 26), *Hesbon* (13, 17) und *Jaëser* (13, 25
s. zu Num. 21, 32). — V. 40. In Allem 12 Städte. — In v. 41 u. 42 wird
das Verzeichniss der Levitenstädte abgeschlossen mit Angabe ihror Gesammtzahl und der wiederholten Bemerkung, dass zu jeder eine Weide-
trift gehörte. עִיר עִיר וּמ׳ Stadt Stadt d. h. jede Stadt mit ihrer Trift rings
um dieselbe.

V. 43—45 bringen den Schluss des Berichts von der Landesvertheil-
lung c. 13—21, der nicht blos auf 11, 23, sondern zugleich auf c. 1, 2—6
zurückweist und die beiden Hälften unsers Buchs mit einander verknüpft.
Durch die Austheilung Canaans an die Stämme Israels war die göttliche
Verheissung erfüllt worden, die Josua nach dem Tode Mose's empfangen
hatte (1, 2 ff.). Der Herr hatte Israel das ganze Land, das er den Vätern
zugeschworen (Gen. 12, 7. 15, 18 vgl. mit Jos. 1, 3. 4), gegeben, das sie nun
in Besitz nahmen, um darin zu wohnen. V. 44. Er hatte ihnen auch Ruhe
geschafft ringsum, wie er ihrenVätern geschworen, indem von allen ihren
Feinden keiner wider sie aufstand. וַיָּנַח וגו׳ weist auf Deut. 12, 9 f. zurück
und bezieht sich auf alle, den ruhigen Besitz Canaans den Israeliten zu-
sagende, göttliche Verheissungen des Pentateuchs, wie Ex. 33, 14. Deut.
8, 20 u. a. Kein Feind hatte ihnen widerstehen können, wie der Herr
Josua 1, 5 zugesagt hatte. „Alle ihre Feinde hatte Jehova in ihre Hand

---

1) *Dimna* (הַדִּמְנָה) wollen Manche mit רִמּונוֹ 1 Chr. 6, 62 identificiren, aber ohne
zureichenden Grund. Denn in der angef. Stelle der Chron. ist der Text ohne Zweifel verderbt, da er statt 4 nur 2 Namen: *Rimmono* und *Thabor* bietet.

2) Die Verse 36 u 37 hat *R. Jacob ben Chajim* in seiner rabb. Bibel vom J.
1525 auf die Autorität von *Kimchi* und der grossen Masora als unecht weggelassen,
aber ganz mit Unrecht. Denn diese Vv. finden sich in vielen guten, auch spanischen
Handschriften und alten Ausgaben vor 1525, sowie in sämmtlichen alten Versionen,
und konnten von Anfang an gar nicht fehlen, da die Merariten 12 Städte erhielten,
zu welchen die 4 von Ruben mit gehören. In den Handschriften, wo sie fehlen, sind
sie unzweifelhaft nur durch ein Abschreiberversehen in Folge des ὁμοιοτέλευτόν
ausgelassen worden, vgl. *de Rossi variae lect. ad h. l.* u. *J. H. Michaelis* Note zu s.
Halleschen hebr. Bibel.

gegeben." Zwar waren noch nicht alle Cananiter ausgerottet; aber die übriggebliebenen waren doch so machtlos geworden, dass sie gegen Israel nichts unternehmen und ausrichten konnten, so lange dasselbe seinem Gott treu anhing, so lange Josua und die ihm gleichzeitigen Aeltesten lebten (Jud. 2, 6 ff.), weil der Herr sie durch Furcht und Schrecken vor Israel gebeugt hatte.[1] — V. 45. Von allen guten Worten, welche der Herr zum Hause Israels geredet, war keins gefallen (נָפַל) d. h. unerfüllt geblieben (Num. 6, 12); Alles war eingetroffen (בָּא), vgl. 23, 14. כָּל־הַדָּבָר הַטּוֹב sind die göttlichen Gnadenverheissungen in Betreff des ruhigen Besitzes Canaans, welcher die Grundlage alles Heils für Israel und das Unterpfand für die Erfüllung aller weiter reichenden göttlichen Verheissungen bildet. Trotzdem dass noch manche Strecken Landes in den Händen der Cananiter sich befanden, war doch die Verheissung: dem Hause Israel das Land Canaan zum Besitze zu geben, in Erfüllung gegangen; denn Gott hatte ja nicht die sofortige gänzliche, sondern nur die allmälige Ausrottung der Cananiter zugesagt Ex. 23, 29 f. Deut. 7, 22. Und wenn auch Israel niemals in den unbestrittenen Besitz des ganzen verheissenen Landes nach den Num. 34, 1—12 festgesetzten Grenzen gelangte, z. B. Tyrus und Sidon niemals eroberte, so wurde doch hiedurch die göttliche Verheissung eben so wenig beeinträchtigt, wie durch den Umstand, dass nach dem Tode Josua's und der ihm gleichzeitigen Aeltesten die Cananiter zu Zeiten Israel hart bedrängten; denn die vollkommene Erfüllung dieser Verheissung war an die Treue Israels gegen den Herrn geknüpft.[2]

Cap. XXII. Rückkehr der 2½ ostjordanischen Stämme in ihre Erbtheile.

V. 1—8. Nach der Einnahme und Vertheilung des Landes entliess Josua die Hülfskrieger von den Stämmen Ruben, Gad und Halb-Manasse mit lobender Anerkennung der ihren Brüdern geleisteten Hülfe und mit väterlicher Ermahnung zu treuem Festhalten an dem Herrn und seinem Gesetze unter Segenswünschen in ihre Heimat (v. 1—6). Durch אֹז יִקְרָא wird diese Begebenheit nur im Allgemeinen in die Zeit nach der Einnahme und Unterwerfung Canaans, nicht nothwendig erst nach der Been-

---

1) *De requie si quis moveat quaestionem, facilis solutio est, ita fuisse territas et metu examinatas gentes Canaan, ut sibi nihil magis conducere putarent quam serviliter blandiendo pacem redimere a filiis Israel. Plane itaque subacta erat regio et habitatio pacata, quum nemo vel molestus esset vel quidquam moliri auderet; quum nullae minae, nullae insidiae, nulla vis aut conspirationes. Calvin.*

2) Ueber diesen scheinbaren Widerspruch zwischen dem Inhalte der göttlichen Verheissung und ihrer Verwirklichung hat schon *Calv.* treffend bemerkt: *ut species repugnantiae tollatur, discernere convenit inter certam, perspicuam et stabilem Dei fidem in servandis promissis, et inter populi mollitiem ac inertiam, qua factum est ut Dei beneficium quasi e manibus deflueret. Quodcunque bellum suscepit populus, quamcunque in partem signa movit, parata fuit victoria; nec aliud remorae fuit vel obstaculi, quominus exterminarent omnes hostes, quam voluntarius eorum torpor. Quare etsi non omnes profligarent, quo vacua fieret eis possessio, Dei tamen veritas manifesta emersit atque exstitit: quia nihil illis negotii fuisset reliqua consequi, si oblatas victorias amplecti libitum esset.*

digung der Landesvertheilung gesetzt. Wie die Aufforderung an diese
Stämme, mit ihren Brüdern in den Krieg nach Canaan zu ziehen, den Anfang der Unternehmungen Josua's zur Eroberung Canaans bildet (1, 12 ff.),
so bildet ihre Entlassung in die Heimat richtig den Schluss der Einnahme
dieses Landes durch die Israeliten. Man könnté daher, ohne mit den Textesworten in Widerspruch zu treten, annehmen, dass diese Hülfsvölker
gleich nach Beendigung des Krieges entlassen worden seien. Der Bericht
von ihrer Entlassung würde auch in diesem Falle seine richtige Stelle einnehmen, *quia aequum erat, historiam integram quae pertinet ad perdoma-
tionem et possessionem terrae simul pertractari, antequam quaepiam aliae
narrationes et emergentes casus filum istud inciderent abrumperentque.
Lightf. Opp. I, p. 42.* Doch spricht der Umstand, dass die 2½ Stämme von
Silo, wohin die Gemeinde erst während der Verlosung des Landes zog
(18, 1), entlassen wurden (v. 9) dafür, dass die Entlassung erst nach beendigter Verlosung erfolgte, gleichzeitig mit dem Einrücken der andern
Stämme in ihre Erbtheile. V. 2 f. Josua spricht es aus, dass sie alles ge-
than haben, wozu sie gegen Mose (Num. 32, 20 ff.) und gegen ihn (Jos. 1,
16 f) sich verpflichtet hatten. שָׁמַר מִשְׁמֶרֶת מִצְוַת יי׳ wahrnehmen was in
Bezug auf den Befehl des Herrn wahrzunehmen war, s. zu Lev. 8, 35 u.
Gen. 26, 5. — V. 4 weist auf 1, 15 zurück. לְאָהֳלֵיכֶם zu ihren Zelten statt
Wohnungen, nach alterthümlicher Weise wie Deut. 16, 7. Jud. 7, 8 u. ö. —
V. 5. Eingedenk der Wandelbarkeit des menschlichen Herzens knüpft Josua an die Anerkennung der treuen Pflichterfüllung die dringende Mahnung, auch fernerhin das Gesetz Mose's treu zu erfüllen, in den Wegen
des Herrn zu wandeln und von ganzem Herzen ihm zu dienen, die nur
wiederholt, was Mose dem ganzen Volke in väterlicher Weise ans Herz
gelegt hatte, vgl. Deut. 4, 4. 29. 6, 5. 10, 12. 11, 13 u. a. — V. 6. So entliess sie Josua mit Segenswünschen. — In v. 7 schaltet der Erzähler der
Deutlichkeit halber die wiederholte Bemerkung ein, dass nur die eine
Hälfte von Manasse von Mose ihr Erbe in Basan, die andere hingegen das
ihre durch Josua westlich vom Jordan erhalten habe, wie 14, 3 u. 18, 7.
Uns erscheint diese Wiederholung überflüssig; sie hängt aber mit der an
Wiederholungen reichen Breite der alterthümlichen Erzählungsweise der
Hebräer zusammen. Zu נָתַן fehlt das Object אֲחֻזָּתוֹ oder נַחֲלָתוֹ, das sich
leicht aus dem Zusammenhange ergänzt. Diese Einschaltung zog die weitere Wiederholung, dass Josua auch sie (die jenseitigen Manassiten) mit
einem Segen entlassen habe, nach sich, um daran v. 8 die Worte knüpfen
zu können, mit welchen Josua die 2½ Stämme in ihre Heimat entliess,
nämlich die Mahnung, die reiche Beute die sie gemacht mit ihren Brüdern in der Heimat zu theilen, im Einklange mit der Vorschrift, welche
Mose für den Krieg mit den Midianitern Num. 31, 25 ff. ertheilt hatte.

V. 9—12. Auf dem Wege in ihre Heimat erbauten die 2½ Stämme,
als sie an der Grenze Canaans angelangt waren, in dem Kreise des Jordan
im Lande Canaan d. h. diesseits des Jordan einen grossen, ansehnlichen
Altar. גָּדוֹל לְמַרְאֶה gross zum Sehen d. h. der durch seine Grösse in die
Augen fiel, da er zu einem Denkmale dienen sollte (v. 24 ff.). Der Zusatz
zu Silo: „im Lande Canaan" (v. 9) dient zur Verdeutlichung des Gegen-

satzes: „ins Land Gilead", worunter das ganze Ostjordanland zu verstehen, wie Num. 32, 29. Deut. 34, 1. Jud. 5, 17 u. ö. נֹאחֲזוּ nach Form und Bedeutung wie Num. 32, 30 besitzlich gemacht, angesiedelt werden. גְּלִילוֹת הַיַּרְדֵּן die Kreise des Jordan ist gleichbedeutend mit כִּכַּר הַיַּרְדֵּן Gen. 13, 10; es ist der auf der Westseite des Jordan befindliche Theil des Ghor. — V. 11 f. Als die (diesseitigen) Israeliten hörten, dass die genannten Stämme den Altar gebaut אֶל־מוּל אֶרֶץ כְּנַעַן „gegenüber dem Lande Canaan" (eig. *in faciem, frontem terrae Can.*) אֶל עֵבֶר „an die jenseitige Gegend der Söhne Israels" (zwei Bestimmungen die sich daraus erklären, dass der Name Canaan im engeren Sinne so gebraucht ist, dass das Jordanthal davon unterschieden wird, oder Canaan nur bis an das Jordanthal reichend gedacht wird): versammelte sich die ganze Gemeinde (in ihren Häuptern und Vertretern) zu Silo, לַעֲלוֹת וגו׳ in der Absicht wider sie in den Krieg zu ziehen. Die Gemeinde glaubte nämlich, dass der Altar zu einer Opferstätte erbaut sei, worin sie eine frevelhafte Uebertretung des göttlichen Gebotes von der Einheit des Opferaltars (Lev. 17, 8 f. Deut. 12, 4 ff.) erblickte, die sie nach dem Gesetze Deut. 13, 13 ff. bestrafen wollte. Dieser Eifer war ganz berechtigt und löblich, da der Altar, wenn auch nicht zu einer Opferstätte erbaut, doch leicht dazu hätte missbraucht und dem ganzen Volke zur Sünde werden können. Jedenfalls hätten die 2½ Stämme diesen Bau nicht ohne Zustimmung Josua's oder des Hohepriesters unternehmen sollen. [1]

V. 13—20. Die Gemeinde sandte daher Pinehas, den Sohn des Hohepriesters und präsumtiven Nachfolger in diesem Amte, mit 10 Fürsten, einen von jedem Stamme (nicht den Stammfürsten, sondern ein Haupt der Vaterhäuser von den Geschlechtern Israels) nach Gilead an die 2½ Stämme, um sie wegen dieses Baues zur Verantwortung zu ziehen. V. 16. Ausgehend von der Voraussetzung, dass der erbaute Altar wider Gottes Gebot zu einer zweiten Opferstätte bestimmt wäre, beginnen die Abgeordneten, deren Sprecher ohne Zweifel Pinehas war, mit dem Vorwurfe des Abfalls vom Herrn. „Was ist das für eine Treulosigkeit (מַעַל s. zu Lev. 5, 15) die ihr gegen den Gott Israels begangen, dass ihr jetzt (הַיּוֹם) von Jehova abweichet, indem ihr euch einen Altar bauet, um euch jetzt zu empören wider Jehova?" מְרֹד sich empören ist stärker als מָעַל. — V. 17 ff. Um die Grösse der Versündigung durch Abfall vom Herrn darzulegen, erinnert der Sprecher an zwei frühere Versündigungen des Volks, welche schwere Strafgerichte über die Gemeinde gebracht hatten. „Ist es uns zu wenig an dem Vergehen Peors (d. h. mit dem Peor, durch den Peorsdienst, Num. 25, 3), von dem wir uns bis heute nicht gereinigt haben, und

---

1) *Scimus quam severe Lex duo altaria vetuerit: quia volebat Deus in uno loco tantum coli. Quum itaque ex aspectu statim omnibus in mentem veniret, eos secundum altare statuere, quis non eos sacrilegii damnasset, quod ritum a lege Dei alienum et degenerem fabricarent? Quum ergo vitiosum opus censeri posset, debuerant certe in re tanta et tam seria fratres suos facere consilii sui participes: praesertim summum Sacerdotem praetermittere nefas fuit, quum ex ejus ore quaerenda esset Dei voluntas. Reprehensione igitur digni fuerunt: quia perinde acsi soli essent in mundo, non reputarunt qualis posset nasci offensio ex novitate exempli. Calvin.*

es kam die Plage über die Gemeinde Jehova's?" אֶת־עֲוֹן ist *accusat.* s. *Ges.*
§. 117, 2. *Ew.* §. 277ᵈ. Jener Plage, an der 24000 Israeliten starben,
wurde durch den Eifer des Pinehas für die Ehre des Herrn Einhalt gethan (Num. 25, 4—9 u. 11). Dadurch war jene Verschuldung mit dem
Peorsdienste an der Gemeinde gerächt und die Gemeinde von weiterer
Bestrafung jenes Sündenfalls befreit worden. Wenn nun Pinehas hier
sagt, die Gemeinde sei von jenem Vergehen bis heute nicht gereinigt, so
heisst das nicht, dass sie noch an der Strafe jenes Vergehens trage oder
leide, sondern dass sie von jener Sünde noch nicht gereinigt sei, insofern
als noch Viele im Herzen an diesem Götzendienste hingen, wenn sie auch
aus Furcht vor neuen Strafgerichten bisher äusserlich von demselben gelassen hatten. V. 18. „Und heute wendet ihr euch wieder vom Herrn ab"
und wollt durch neue Empörung seinen Zorn wieder über die ganze Gemeinde Israels bringen. V. 19. „Und wahrlich — fährt der Redende fort
— wenn euer Besitzland unrein sein sollte" *sc.* dass ihr einen Altar zur
Sühnung eurer Sünden und zur Tilgung eurer Unreinigkeiten in der Nähe
nöthig zu haben meinet, „so zieht herüber in das Besitzland Jehova's, wo
seine Wohnung steht und siedelt euch in unserer Mitte an (הֵאָחֲזוּ wie Gen.
34, 10), aber gegen Jehova empört euch nicht und nicht gegen uns dadurch, dass ihr einen Altar ausser dem (alleinigen) Altare Jehova's unsers
Gottes bauet." מָרַד zuerst mit בְּ, sodann mit dem *accus.* construirt, letzteres nur noch Hi. 24, 13. — V. 20. Endlich erinnert er noch an die Versündigung Achans, wie diese Gottes Zorn über die ganze Gemeinde gebracht habe (c. 7), und doch sei Achan nicht als der eine Mann für sein
Vergehen verschieden, sondern um seinetwillen fielen 36 Mann beim ersten Angriffe auf Ai (7, 5). Der Erinnerung an diesen Fall liegt ein
Schluss *a minori ad majus* zu Grunde, wie schon *Mas.* richtig erkannt hat:
Si Achan cum fecisset sacrilegium non solus est exstinctus, sed indignatus
est Deus universae ecclesiae, quid futurum existimatis, si vos, tantus homi-
num numerus, tam graviter peccaveritis in Deum?

V. 21—29. Ganz bestürzt über den von den Abgesandten der Gemeinde geäusserten Verdacht betheuern die 2½ Stämme mit feierlichem
Schwure, dass es ihnen nicht in den Sinn gekommen sei, einen Altar zu
bauen zu einer Opferstätte, um von Jehova abzufallen. Die Zusammenstellung der 3 Gottesnamen: אֵל der Starke, אֱלֹהִים das zu fürchtende
höchste Wesen und יְהוָֹה der wahrhaft Seiende, der Bundesgott (v. 22)
dient zur Verstärkung der Anrufung Gottes, wie Ps. 50, 1, die durch die
Wiederholung dieser 3 Gottesnamen noch gesteigert wird. Gott wisse es
und Israel solle es wissen *sc.* was sie beabsichtigt und gethan haben. Das
folgende אִם ist Schwurpartikel. „Wahrlich nicht in Empörung oder in
Abfall gegen Jehova" *sc.* ist dies geschehen, haben wir den Altar erbaut.
„Nicht mögest du uns heute helfen" *scil.* wenn wir es in Empörung gegen
Gott gethan haben. Eine in die Betheuerung eingeschobene und im Affect
der Rede direct an Gott gerichtete Verwünschung, die jeden Zweifel an
der Wahrheit ihrer Aussage niederschlagen soll. Das v. 23 folgende לִבְנוֹת
וגו׳ bringt die Fortsetzung des Schwures: Wenn wir dies gethan haben,
zu bauen uns einen Altar, um uns vom Herrn abzuwenden oder um auf

ihm Brand-, Speis- oder Heilsopfer darzubringen, so möge Jehova selbst es ahnden (דָּרַשׁ wie Deut. 18, 19. vgl. 1 Sam. 20, 16). Wieder eine eingeschaltete affectvolle Verwünschung; denn der Inhalt des Schwures wird v. 24 fortgesetzt: „Sondern wahrlich (וְאִם לֹא Schwurpartikel mit affirmativer Bedeutung) aus Besorgniss, aus Ursache (מִדְּבַר eig. wegen einer Sache) haben wir dies gethan denkend (לֵאמֹר indem wir dachten), in Zukunft (מָחָר) möchten eure Söhne zu unsern Söhnen sprechen: was habt ihr mit Jehova, dem Gotte Israels, zu schaffen" d. h. er geht euch nichts an, er ist nur unser Gott. „Als Grenze hat Jehova zwischen uns und euren Söhnen den Jordan gesetzt; ihr habt keinen Theil an Jehova. So könnten eure Söhne unsere Söhne aufhören machen Jehova zu fürchten" d. h. von der Verehrung Jehova's abwendig machen (die Infinitivform יְרֹא statt der abgekürzten יְרָא 1 Sam. 18, 29 hat Analogien an יְצֹק Ez. 24, 3 u. לִישׁוֹן Koh. 5, 11, wogegen im Pent. nur יִרְאָה gebräuchlich). Diese Besorgniss war nicht ganz ohne Grund. Da nämlich in allen Verheissungen und Gesetzen immer nur Canaan (diesseits des Jordan Num. 34, 1—12) als das Land genannt ist, welches Jehova seinem Volke zum Erbe geben würde, so konnte hieraus in der Zukunft wol der falsche Schluss gezogen werden, dass nur die im eigentlichen Canaan wohnenden Stämme das echte Volk Jehova's wären. — V. 26 ff. „So dachten wir: wir wollen uns machen zu bauen einen Altar (ein aus der Sprache des gewöhnlichen Lebens genommener Ausdruck für: wir wollen uns einen Altar bauen), nicht zu Brand- und Schlachtopfern; sondern Zeuge soll er sein zwischen uns und euch und zwischen unsern Geschlechtern nach uns, לַעֲבֹד וגו dass wir verrichten den Dienst Jehova's vor seinem Angesichte (d. h. vor der Stiftshütte, in welcher Jehova thronte) mit unsern Brand-, Schlacht- und Heilsopfern" — damit, wie sie v. 27ᵇ nach v. 24 u. 25 wiederholen, ihnen in der Zukunft nicht der Antheil an Jehova abgesprochen würde. V. 28. Dem wollten sie durch diesen Altar vorbeugen. Denn geschähe es in der Zukunft, dass man so zu ihnen und ihren Nachkommen spräche, so wollten sie sagen (antworten): „sehet das Abbild des Altars Jehova's, das unsere Väter gemacht haben, nicht zu Brandopfer u. s. w." (v. 28ᵇ wie v. 26ᵇ u. 27ᵃ). Zu diesem Zwecke hatten sie den Altar nach dem Muster des Altars vor der Stiftshütte gebaut, und zwar nicht in ihrem Lande, sondern auf der West-seite des Jordan, wo die Wohnung Jehova's stand, zum Zeugnisse dessen, dass sie mit den diesseitigen Stämmen einen und denselben Gott verehrten. V. 29. Die Redenden schliessen mit dem Ausdrucke des Abscheus vor einem Abfalle von Jehova. חָלִילָה לָּנוּ מִמֶּנּוּ fern sei es uns von ihm her d. h. von wegen Gottes (מִמֶּנּוּ = מִיְּהוֹה 1 Sam. 24, 7. 26, 11. 1 Kg. 21, 3), uns gegen Jehova zu empören u. s. w.

V. 30—34. Diese Erklärung gefiel den Abgesandten der Gemeinde, so dass Pinehas den ostjordanischen Stämmen das Zeugniss gab: „Jetzt (הַיּוֹם heute) erkennen wir, dass Jehova in unserer Mitte ist; weil (אֲשֶׁר quod wie Gen. 31, 49 u. ö.) ihr nicht diese Untreue gegen Jehova begangen habt, da (אָז dann, wenn ihr nur diese Absicht hattet) habt ihr die Söhne Israels aus der Hand Jehova's gerettet" d. h. vor seinem Strafgerichte bewahrt. — V. 32 f. So kehrten sie nach Canaan zurück und erstatteten der Gemeinde Bericht, welcher die Sache gefiel, dass sie den Herrn priesen *sc.* dafür dass er ihre jenseitigen Brüder vor Abfall behütet hatte, und nicht weiter gedachten (לֹא אָמְרוּ) gegen sie in Krieg zu ziehen und das Land der Ostjordanstämme zu verwüsten. — V. 34. Die Rubeniten und Gaditen aber (Halb-Manasse ist v. 33 u. 34 der Kürze halber weggelassen) nannten den Altar: „Zeuge ist er zwischen uns, dass Jehova Gott ist" (כִּי führt die Rede ein). Diese Benennung ist Name und Erklärung zugleich — in dem Sinne: sie gaben dem Altar den Namen: Zeuge zwischen uns, weil er Zeuge dafür sein sollte, dass auch sie Jehova als wahren Gott anerkannten und verehrten.

Cap. XXIII u. XXIV. Josua's Abschied und Lebensende.

Nach der Austheilung des Landes an die Stämme hatte sich Josua in seine Stadt *Thimnat-Serah* auf dem Gebirge Ephraim zurückgezogen (19,50), um hier die letzten Tage seines Lebens im friedlichen Besitze und Genusse seines Erbtheiles zu verleben. Als nun die Zeit seines Abscheidens von der Erde herbeikam, fühlte er, eingedenk des vom Herrn empfangenen Berufes 1,6—8, sich getrieben, das ganze Volk in seinen Vertretern noch einmal um sich zu versammeln, um ihm die Gefahren des Abfalls vom Herrn und das daraus entspringende Verderben eindringlich vorzuhalten (c. 23) und dann in feierlicher Volksversammlung zu Sichem demselben die Fülle der göttlichen Gnaden, welche der Herr von der Berufung Abrahams an bis auf diesen Tag Israel erzeigt, ans Herz zu legen, es zu treuer und standhafter Verehrung seines Gottes aufzufordern und den Bund mit dem Herrn feierlich zu erneuern (24,1—25).[1] — Diese beiden letzten Reden Josua's fallen in dieselbe Zeit und verfolgen auch beide einen und denselben Hauptzweck, nämlich die Befestigung des Volks in der Treue gegen seinen Gott, unterscheiden sich aber dabei doch ihrem Inhalte nach bestimmt von einander. Die erste behandelt mehr die äussere oder politische Seite der Zukunft Israels, die völlige Ueberwindung der heidnischen Völker, die Vermeidung jeder Vermischung mit denselben und das Festhalten am Gesetze (*O. v. Gerl.*) und dient zur Vorbereitung auf die zweite (c. 24), in welcher Josua dem Volke alle bisherigen Gnadenerweisungen seines Gottes ins Gedächtniss ruft, um in ihm den Entschluss zu unverbrüchlich treuem Anhangen an dem Herrn in der Zukunft zu wecken und die feierliche Erklärung des Volks, dem Herrn allein dienen zu wollen, zu erzielen, auf Grund welcher dann der Bund mit dem Herrn neu geschlossen wurde.

Cap. XXIII. **Ermahnung der Stämme Israels zur treuen Ausrichtung ihres Berufes. V. 1 u. 2.** Die Einleitung der nachfolgenden Rede knüpft in ihrem ersten Theile an 22,3 f. und damit zugleich an 21,43 f.

---

1) *Pia sollicitudo Josue omnibus, qui aliis praesunt, ad imitationem hic proponitur. Nam sicuti paterfamilias non satis providus reputabitur, si tantum de suis liberis usque ad vitae finem cogitat, nisi curam suam longius extendat et quoad in se est studeat etiam mortuus prodesse: ita boni magistratus et praefecti prospicere debent ut quem relinquunt bene compositum statum confirment ac prorogent in longum tempus.* Calvin mit Hinweisung auf 2 Petr. 1,13—15.

an, während sie im zweiten Theile auf 13,1 zurückweist. Ruhe hatte der Herr dem Volke von allen seinen Feinden geschafft nach der Unterwerfung und Verlosung des Landes 21,43 f. Und Josua war schon nach Beendigung des Krieges alt (13,1); seitdem war er im Alter noch weiter vorgerückt, so dass er die Nähe des Todes spüren mochte. Da berief er die Stände des Volks zu sich, entweder nach Thimnat-Serah, wo er wohnte (19,50), oder nach Silo zur Stiftshütte, dem Centralheiligthum der ganzen Gemeinde als der für den beabsichtigten Zweck geeignetsten Stätte. „Ganz Israel" wird näher bestimmt durch die Apposition: „seine Aeltesten und seine Häupter und seine Richter und seine Amtleute." Damit werden aber nicht 4 Klassen von Volksobern unterschieden, sondern זְקֵנִים Aelteste ist die allgemeine Bezeichnung aller Volksvertreter, die in Häupter, Richter und Amtleute zerfielen. רָאשִׁים sind die nach dem Rechte der Erstgeburt an der Spitze der Stämme, Geschlechter und Vaterhäuser stehenden Häupter, aus deren Zahl für die Rechtspflege die geeigneten Personen zu Richtern und Amtsleuten gewählt wurden (Deut. 1,15), vgl. m. bibl. Archäol. II §. 143. — Die Rede Josua's an die Aeltesten von ganz Israel gliedert sich in zwei dem Inhalte nach parallel laufende Theile: v. 2ᵇ—13 u. v. 14—16. In beiden Theilen geht Josua von seinem Alter und nahem Lebensende aus, welches ihn treibe, das Volk nochmals an alles, was der Herr Grosses an ihm gethan habe, zu erinnern und vor Abfall von seinem gnadenreichen Bundesgotte zu warnen. — Wie Josua mit diesem letzten Lebensacte nur in die Fusstapfen Mose's trat, welcher sein Leben mit ausführlichen Ermahnungen des Volks zur Treue gegen den Herrn beschlossen hatte (Deut. 1—30), so bewegt sich auch seine Rede ganz in Reminiscenzen aus dem Pentateuche, besonders dem Deuteronomium, da er ja dem Volke nichts Neues zu verkündigen hatte, sondern nur die alte Wahrheit von Neuem ans Herz legen konnte und legen wollte.

V. 2ᵇ—13. Josua beginnt seine Rede mit der Erinnerung an die grösste Gnadenerweisung des Herrn, welche Israel erfahren hatte, mit der Hinweisung auf das was der Herr allen diesen Völkern (den Cananitern) vor ihnen her gethan, indem er für Israel gestritten, wie dies Mose Deut. 1,30 u. 3,22 verheissen hatte. מִפְּנֵיכֶם (v. 3) vor euch her *sc.* sie schlagend und vertreibend. — V. 4. Nun hat er (Josua) auch diese noch übrigen (cananitischen) Völker als Erbtheil an die Stämme Israels verlost (הִפִּיל wie 13,6), wie der Herr befohlen (13,6 f.), „vom Jordan an und weiter alle die Völker, die ich ausgerottet habe (d. h. die Josua bei der Einnahme Canaans vertilgt hat) und das grosse Meer (statt: bis zum grossen Meere) im Westen." Die Ausdehnung des Landes Canaan nach seiner Breite ist hier in eigenthümlicher Weise so beschrieben, dass der *terminus a quo* beim ersten und der *term. ad quem* (jedoch ohne die Präpos. צַר) beim zweiten Satzgliede genannt und kraft des Parallelismus der Glieder bei jedem dieser Glieder die ergänzende Bestimmung aus dem parallelen Gliede zu suppliren ist. Vollständig sollte der Satz lauten: alle diese noch übrigen Völker — vom Jordan bis zum grossen Meere und auch alle die Völker, die ich ausgerottet habe vom Jordan und bis zum grossen Meere gen Sonnenuntergang. V. 5. Denn der Herr wird, wie er 13,6 vgl. Ex. 23,23 ff.

geredet, auch diese noch übrigen Völker vor den Israeliten vertreiben und
ausrotten und ihnen deren Land zum Besitz geben. הָדַף wie Deut. 6, 19.
9, 4 und die Form יֶהְדְּפֵם mit Chateph-Kamez wegen der Schwäche des ה
wie Num. 35, 20. יִרִשְׁתֶּם wie 1, 15. — V. 6 ff. Nur sollen sie stark d. h.
wacker sein, das Gesetz Mose's unabweichlich zu halten (vgl. 1, 7), dass
sie keine Gemeinschaft mit diesen noch übrigen Völkern eingehen (בּוֹא
eintreten in Lebensgemeinschaft mit jem., s. v. 12) und ihre Götter in kei-
nerlei Weise verehren, sondern fest am Herrn ihrem Gott hangen, wie sie
bis jetzt gethan. Die Namen der Götzen erwähnen (Ex. 23, 13), bei ihnen
schwören, ihnen dienen (durch Opfer) und sie anbeten (im Gebete anru-
fen) sind die vier Aeusserungsformen der Gottesverehrung, s. Deut. 6, 13.
10, 20. דָּבַק wie Deut. 4, 4. 10, 20 u. a. Die letzten W. כַּאֲשֶׁר עֲשִׂיתֶם וגו,
die ein Motiv zum Beharren in der bisherigen Anhänglichkeit an Jehova
in sich schliessen, besagen nicht, *quod illa omnia plene perfecteque adhuc*
praestiterint Israelitae; quis enim nescit, quam pauci mortales se ea pie-
tate eoque amore applicent adjungantque ad Deum, quo aequum esset? Sed
quia religionis jura a Mose tradita populus adhuc universe coluit, interea
dum penes Josuam fuit principatus; de singulorum enim hominum peccatis
non agitur. Mas. — V. 9 f. Daher hat der Herr auch grosse und starke
Völker vor den Israeliten vertrieben, so dass vor ihnen niemand Stand
halten konnte. Das erste Hemistich weist auf die Erfüllung von Deut. 4,
38. 7, 1. 9, 1. 11, 23, das zweite auf die von Deut. 7, 24. 11, 25 hin. וְאַתֶּם
ist absolut vorausgestellt. In v. 10ᵃ wird der Segen der Gesetzestreue, den
Israel bisher erfahren, nach Deut. 32, 30 auf Grund der Verheissung Lev.
26, 7 f. u. Deut. 28, 7 geschildert, in 10ᵇ der Gedanke von v. 3ᵇ wiederholt. — Daran reiht sich v. 11—13 die Mahnung, um ihrer Seelen willen
darauf zu achten (נִשְׁמַר מְאֹד לְנַפְשֹׁתֵיכֶם wie Deut. 4, 15), den Herrn ihren
Gott zu lieben (über die Liebe Gottes als die Summa der Gesetzeserfül-
lung vgl. Deut. 6, 5. 10, 12. 11, 13). Denn wenn sie umkehren d. h. die bisherige Treue gegen Jehova aufgeben und sich an den Ueberblieb dieser
Völker hängen, sich mit denselben verschwägern und in Lebensgemeinschaft mit ihnen eingehen werden, was der Herr Ex. 34, 12—16. Deut. 7, 3
ihnen verboten: so sollen sie wissen, dass der Herr ihr Gott nicht ferner
diese Völker vor ihnen ausrotten werde, sondern dass dieselben ihnen
zum Fallstrick und Verderben gereichen sollen. Diese Drohung ruht auf
den Gesetzesstellen Ex. 23, 33. Deut. 7, 16 u. besonders Num. 33, 55. Das
Bild der Falle (מוֹקֵשׁ s. Ex. 10, 7) ist verstärkt durch פַּח Strick, Schlinge,
vgl. Jes. 8, 14 f. שֹׁטֵט Geissel, eine Steigerungsform vom *Poel* von שׁוּט gebildet, kommt nur hier vor. „Geissel in euren Seiten und Stacheln in euren Augen", s. Num. 33, 55. Josua häuft die Bilder zur Schilderung des
Ungemachs und der Drangsal, die aus der Gemeinschaft mit den Cananitern für sie entspringen werden, weil er den Wankelmuth des Volkes
und den Trotz des natürlichen Menschenherzens kennend voraussah, dass
der schon von Mose geweissagte Abfall des Volks vom Herrn nur zu
bald eintreten würde; wie es ja auch nach Jud. 2, 3 ff. schon im nächsten
Geschlechte geschah. Die Worte עַד־אָבְדְכֶם וגו nehmen die Drohung Mose's Deut. 11, 17 vgl. 28, 21 ff. wieder auf.

V. 14—16. Im zweiten Theile seiner Rede fasst Josua die Hauptgedanken des ersten Theiles nochmals kurz und bündig zusammen, mit noch
stärkerer Hervorhebung des Fluches, welchen der Abfall vom Herrn über
das Volk bringen werde. V. 14. Jetzt da Josua den Weg der ganzen Erde
(aller Erdbewohner) geht, d. i. dem Tode entgegengeht (1 Kg. 2, 2), erkennen die Israeliten mit ganzem Herzen und ganzer Seele d. h. sind sie
vollkommen davon überzeugt, dass von allen guten Worten (Gnadenverheissungen) Gottes keins gefallen ist, sondern alle eingetroffen sind (vgl.
21, 45 [43]). Aber (v. 15 f.) der Herr wird eben so gewiss auch jedes böse
Wort, das er durch Mose geredet Lev. 26, 14—33. Deut. 28, 15—68 u.
29, 14—28, über sie herbeiführen, wenn sie seinen Bund übertreten.
הַדָּבָר הָרָע ist der Fluch der Verwerfung des Volks (Deut. 30, 1. 15). עַד
הַשְׁמִידוֹ wie Deut. 7, 24 u. 28, 48; die übrigen Worte wie v. 13ᵇ. Wenn sie
andern Göttern nachgehen und dienen, so wird der Zorn des Herrn wider
sie entbrennen, und sie werden schnell aus dem guten Lande, das er ihnen gegeben, vertilgt werden, vgl. Deut. 11, 17.

Cap. XXIV, 1—28. **Die Bundeserneuerung auf dem Landtage zu
Sichem.** V. 1. Wie Mose, so beschloss auch Josua sein öffentliches Wirken gegen Ende seines Lebens mit einer feierlichen Erneuerung des Bundes mit dem Herrn. Zu diesem feierlichen Acte wählte er nicht Silo, die
Stätte des Nationalheiligthums, wie einige Codd. der LXX irrthümlich
lesen, sondern Sichem, als einen Ort der durch die heiligsten Erinnerun-
gen aus den Zeiten der Erzväter für diesen Zweck wie kein anderer geweiht war. Nach Sichem berief er alle Stämme des Volks in ihren Vertretern (ihre Aeltesten u. s. w. wie 23, 2) nicht blos aus dem Grunde, weil
bei Sichem auf dem Garizim und Ebal die feierliche Aufrichtung des Gesetzes im Lande Canaan nach dem Einzuge Israels in dasselbe stattgefunden, woran sich die Bundeserneuerung als Wiederholung des wesentlichen
Kernes jener Handlung anschliessen sollte, sondern noch mehr deshalb,
weil hier Abraham nach seiner Einwanderung in Canaan die erste göttliche Verheissung empfangen und in Folge derselben daselbst einen Altar
erbaut hatte (Gen. 12, 6 f.), besonders aber aus dem Grunde, auf welchen
Hgstb. Beitr. III S. 14 f. hingewiesen, weil Jakob nach seiner Rückkehr aus
Mesopotamien sich hier niedergelassen, sein Haus von den fremden Göttern gereinigt und die Götzenbilder desselben unter der Eiche bei Sichem
vergraben hatte (Gen. 33, 19. 35, 2. 4). Wie Jakob zur Heiligung seines
Hauses Sichem wählte, weil dieser Ort bereits durch Abraham zu einem
Heiligthume Gottes geweiht war: so wählte Josua den nämlichen Ort für
den Act der Bundeserneuerung, weil diese Handlung auch eine thatsächliche Entsagung Israels von allem Götzendienste in sich schloss. Dies erklärt Josua in v. 23 ausdrücklich und darauf wird auch in der Erzählung
v. 26 hingedeutet. „Die Ermahnung zur Treue gegen den Herrn, zur Reinigung von allem abgöttischen Wesen, musste einen besonders tiefen Eindruck an dem Orte machen, wo der verehrte Stammvater gethan, wozu
hier seine Nachkommen ermahnt wurden; das Denkmal predigte an diesem Orte lauter als an jedem andern" (*Hgstb.*). „Und sie stellten sich vor
Gott." Aus dem לִפְנֵי הָאֱלֹהִים folgt eben so wenig als aus dem בְּמִקְדַּשׁ יְהוָֹה

v. 26, dass die Bundeslade nach Sichem gebracht worden oder gar, wie *Kn.* meint, daselbst ein Altar erbaut war. Erstlich ist לִפְנֵי הָאֱלֹהִים nicht mit לִפְנֵי יְהוָֹה, welches 18, 6. 19, 51 die Gegenwart des Herrn über der Bundeslade bezeichnet, zu identificiren; sodann setzt auch לִפְנֵי יְהוָֹה nicht jedesmal die Anwesenheit der Bundeslade voraus, wie schon *Hgstb.* a. a. O. S. 13 f. gegen *Movers* richtig dargethan hat. לִפְנֵי הָאֱלֹהִים deutet im Allgemeinen nur den religiösen Charakter einer Handlung an, oder dass die Handlung in bestimmter Beziehung auf den allgegenwärtigen Gott vorgenommen wurde, und erklärt sich im vorliegenden Falle schon daraus, dass Josua seine Ermahnung an das Volk im Namen Jehova's hält, seine Rede mit כֹּה אָמַר יְהוָֹה anhebt. [1]

V. 2—15. Die Rede Josua's entwickelt zwei Gedanken. Zuerst bringt er dem ganzen Volke, zu dem er in seinen Vertretern redet, alle Gnadenbeweise, welche der Herr von der Berufung Abrahams an bis auf diesen Tag ihm erzeigt hatte, in Erinnerung (v. 2—13); sodann fordert er auf Grund dieser Gottesthaten das Volk auf, allem Götzendienste zu entsagen und Gott dem Herrn allein zu dienen (v. 14 u. 15). Wie im Eingange v. 2 so wird auch gegen Ende des ganzen Actes Jehova als „Gott Israels" bezeichnet, ganz entsprechend dem Inhalte und Zwecke der Rede, *quippe quae tota in explicanda Dei benignitate versatur, quam ille in Israelis genus contulit. Mas.* — Der erste Thatbeweis der göttlichen Gnade gegen Israel war die Berufung Abrahams aus seiner abgöttischen Umgebung und seine Führung im Lande Canaan, wo der Herr seinen Samen so mehrte, dass Esau für sein Geschlecht das Gebirge Seir erhielt, Jakob aber mit seinen Söhnen nach Aegypten zog. [2] Die Vorfahren Israels wohnten מֵעוֹלָם von Ewigkeit d. i. von unvordenklicher Zeit an jenseits des Stromes (des Euphrat), d. h. in Ur der Chaldäer und dann zu Haran in Mesopotamien (Gen. 11, 28. 31), nämlich Therah, der Vater Abrahams und Nahors. Ausser Abraham ist hier von Therahs drei Söhnen Gen. 11, 27 noch Nahor erwähnt, weil von diesem Rebekka und deren Nichten Lea und Rahel, die Stammmütter Israels, abstammten Gen. 22, 23 u. 29, 10. 16 ff. — Und sie (eure Väter, Therah mit seiner Familie) dienten andern Göttern als Jehova, der sich Abraham offenbarte und ihn aus seinem Vaterhause nach Canaan führte. Ueber die von Therah und seiner Familie verehrten Götter lässt sich aus dem אֱלֹהִים אֲחֵרִים nichts Genaueres erschliessen und wird im A. Test. nirgends etwas Näheres berichtet. Aus

---

1) *Exprimitur stetisse omnes coram Deo: quo sanctior dignitas et religio conventus designatur. Neque enim dubium, quin solenni ritu invocaverit Josue Dei nomen; et tanquam in ejus conspectu ad populum concionatus sit, ut reputarent pro se quisque, Deum omnium quae agebantur esse praesidem: nec privatum negotium se illic tractare, sed sacrum et inviolabile pactum confirmare cum ipso Deo. Calvinus.*

2) *Exordium sumit a gratuita eorum eruditione, qua sic Deus eos anteverterat, ne quam praestantiam vel quod meritum jactare possent. Nam arctiore vinculo eos sibi Deus devinxerat, quod quum reliquis pares essent, eos tamen sibi collegerat in peculium non alio respectu quam meri beneplaciti. Porro ut clare appareat nihil esse in quo glorientur, ad suam originem ipsos adducit et commemorat patres ipsorum in Chaldaea sic habitasse, ut communiter idola cum aliis colerent nec quidquam differrent a vulgo. Calvinus.*

Gen. 31, 19. 34 erfahren wir nur, dass Laban *Theraphim* Haus- und Orakelgötter hatte.[1] Auch über die verschieden beantwortete Frage: ob
Abraham vor seiner Berufung Götzendiener gewesen oder nicht, lässt sich
nicht mit Bestimmtheit entscheiden, sondern nur so viel vermuthen, dass
er weder tief in Götzendienst versunken, noch im väterlichen Hause ganz
frei von Abgötterei geblieben war, dass mithin seine Berufung nicht als
Lohn für seine Gerechtigkeit vor Gott, sondern als ein Act der freien un-
verdienten Gnade Gottes anzusehen ist. — V. 3 f. Nach seiner Berufung
führte Gott Abraham durch das ganze Land Canaan (vgl. Gen. 12), ihn
schützend und beschirmend, und mehrte seinen Samen, indem er ihm
Isaak und dem Isaak Jakob und Esau, die Ahnherren zweier Völker gab.
Dem letzteren gab er das Gebirge Seir zum Besitz (Gen. 36, 6 ff.), damit
Jakob für seine Nachkommen Canaan zum alleinigen Besitz erhielte.
Statt dieses aber zu erwähnen, beschränkt sich Josua, die Geschichte der
Patriarchen als bekannt voraussetzend, darauf, nur der Wanderung Jakobs mit seinen Söhnen nach Aegypten zu gedenken, um damit sofort zu
dem zweiten grossen Thatbeweise der göttlichen Gnade in der Führung
Israels überzugehen, zu der wunderbaren Erlösung Israels aus der Knechtschaft und Drangsal Aegyptens. V. 5—7. Auch davon deutet er nur die
Hauptmomente kurz an: zuerst die Sendung Moses und Aarons Ex. 3,
10 ff. 4, 14 ff. und die über Aegypten verhängten Plagen. „Ich schlug Aegypten" d. i. Land und Volk. נגף steht Ex. 7, 27 u. 12, 23. 27 von der Plage
der Frösche und der Tödtung der ägypt. Erstgeburt. Die folgenden Worte: „wie ich in seiner Mitte gethan, und hernach führte ich euch heraus"
weisen auf Ex. 3, 20 zurück und deuten an, dass der Herr die Mosen bei
seiner Berufung ertheilte Zusage erfüllt habe. Sodann v. 6 f. die wunderbare Rettung der aus Aegypten gezogenen Israeliten vor dem sie verfolgenden Pharao mit seinem Heere, mit besonderer Hervorhebung des
Schreiens der Israeliten zum Herrn in ihrer Noth Ex. 14, 10 und der Ab-
hülfe dieser Noth durch den Engel des Herrn Ex. 14, 19. 20. Endlich das
Wohnen Israels in der Wüste „viele Tage" d. i. 40 Jahre Num. 14, 33. —
V. 8—10. Die dritte grosse Gottesthat für Israel war die Hingabe der
Amoriter in die Hand der Israeliten, dass sie deren Land erobern konnten (Num. 21, 21—35), und die Vereitelung des Anschlags des Moabiter-
königs Balak durch Bileam, dem der Herr nicht gestattete, Israel zu flu-
chen, sondern ihn nöthigte, dasselbe zu segnen (Num. 22—24). Balak
„kriegte gegen Israel" — nicht mit dem Schwerte, sondern mit der Waffe
des Fluches oder *animo et voluntate* (*Vatabl.*). „Ich wollte nicht auf Bileam hören" d. h. seinem Wunsche nicht zu Willen sein, sondern nöthigte
ihn, meinem Willen sich zu fügen und euch zu segnen; „und errettete
euch aus seiner (Balaks) Hand, der Israel durch Bileam verderben wollte

---

1) Nach einer Tradition wurde Abraham in seines Vaters Hause im Sabäismus
erzogen, s. *Hottinger histor. orient. p. 246* und *Philo* in mehreren Stellen seiner
Werke, vgl. *Winer* bibl. Realwörterb. I S. 14 Note; nach einer andern im *Targ. Jonath.*
zu Gen. 11, 23 und bei den spätern Rabbinen hat Abraham wegen seiner Abneigung
gegen den Götzendienst Verfolgung leiden und sein Vaterland verlassen müssen.
Aber beide Traditionen sind nichts weiter als Vermuthungen der spätern Rabbinen.

(Num. 22, 6. 11). — V. 11—13. Die letzte und grösste Wohlthat erwies der Herr den Israeliten dadurch, dass er sie durch Wunder seiner Allmacht über den Jordan nach Canaan führte, die בַּעֲלֵי יְרִיחוֹ Herren oder Eigenthümer d. h. Bürger Jericho's (nicht: Machthaber d. h. den König und seine Helden [Kn.], vgl. dagg. 2 Sam. 21, 12. 1 Sam. 23, 11 f. u. die Erkl. zu Jud. 9, 6) und alle Völkerschaften Canaans (vgl. 3, 10) in ihre Hand gab, Hornissen vor ihnen hersandte, so dass sie die Cananiter, namentlich die beiden Amoriterkönige Sihon und Og vertreiben konnten — nicht mit ihrem Schwerte und ihrem Bogen (vgl. Ps. 44, 4) d. h. nicht mit den ihnen zu Gebote stehenden Waffen diesen Königen ihr Land entreissen konnten. Ueber das Senden der Hornissen als Bild besonders wirksamer Schreckmittel s. zu Ex. 23, 28. Deut. 7, 20. Auf solche Weise gab der Herr den Israeliten das Land mit seinen Städten und herrlichen Gütern (Weinbergen und Oelbäumen), ohne dass sie sich um dasselbe gemüht hatten, nämlich durch mühsame Bebauung und Bepflanzung, wie Mose verheissen hatte Deut. 6, 10 f. — V. 14 f. Diese überschwänglichen Gnadenerweise des Herrn verpflichten aber Israel zu dankbarem und aufrichtigem Gottesdienste. „So fürchtet nun den Herrn (יְראוּ statt יִרְאוּ nach Art der לֹ"ה punktirt, wie 1 Sam. 12, 24. Ps. 34, 10) und dienet ihm בְּתָמִים וּבֶאֱמֶת in integritate et veritate" d. h. ohne Heuchelei und Scheinfrömmigkeit, in Einfalt und Wahrheit des Herzens, vgl. Jud. 9, 16. 19. „Entfernet die Götter (אֱלֹהִים == אֱלֹהֵי הַנֵּכָר v. 23), welchen eure Väter jenseits des Euphrat und in Aegypten gedient haben." Diese Aufforderung setzt nicht groben Götzendienst bei dem damaligen Geschlechte voraus, dessen Vorhandensein mit dem übrigen Inhalte unsers Buches, demzufolge Israel unter Josua als nur Jehova verehrend erscheint, in Widerspruch stehen würde. Hätte das Volk Götzenbilder gehabt, so würde es sie Josua zur Vernichtung übergeben haben, da es seiner Aufforderung nachzuleben gelobte (v. 16 ff.). Aber wenn auch nicht dem groben Götzendienste in Verehrung von Götzen in Bildern ergeben, war doch Israel weder in Aegypten noch in der Wüste vom Götzendienste ganz frei. Wie ihre Stammväter in Mesopotamien Theraphim hatten (s. zu v. 2), so hatten sich die Israeliten auch in Aegypten nicht ganz frei von heidnischem und abgöttischem Wesen, namentlich dem ägyptischen Dämonendienste erhalten (vgl. Lev. 17, 7 mit Ez. 20, 7 ff. 23, 3. 8 u. Am. 5, 26), und auch unter Josua mochte ihre Verehrung Jehova's durch abgöttische Momente getrübt gewesen sein. Diese Vermischung der reinen und lauteren Jehovaverehrung mit götzendienerischen oder abgöttischen Momenten, welche Lev. 17, 7 als Verehrung der Seirim und von Ezechiel l. c. als Götzendienst des Volks in Aegypten gerügt wird, hatte ihren Grund in der Verderbtheit des natürlichen Herzens, vermöge welcher dasselbe zu allen Zeiten neben dem wahren Gotte sich Götzen des Mammons, der Weltlust und anderer unreiner Gedanken und Begierden schafft, denen es nachhängt, ohne sich ganz von ihnen losreissen zu können. Diese feine Abgötterei mochte bei vielen Personen zu Zeiten selbst in groben Götzendienst ausarten, so dass Josua vollen Grund hatte, das Volk zum Abthun der fremden Götter zu ermahnen und dem Herrn zu dienen. V. 15. Da aber die wahre Verehrung des lebendigen Gottes als im Herzen wurzelnd und vom Herzen kommend sich nicht durch Gebote und Verbote erzwingen lässt, so fordert schliesslich Josua die Volksvertreter auf, falls es ihnen nicht gefiele (רַע בְּעֵינֵיכֶם) Jehova zu dienen, sich nun — diesen Tag noch — die Götter zu wählen, welchen sie dienen wollten, seien es die Götter ihrer Väter in Mesopotamien oder die Götter der Amoriter, in deren Lande sie jetzt wohnten, wogegen er mit seinem Hause dem Herrn dienen wolle. Dass diese Aufforderung keine Lossprechung von der Verehrung Jehova's enthalte, sondern vielmehr die stärkste Mahnung zur Treue gegen den Herrn in sich schliesse, bedarf wol keiner besonderen Begründung.

V. 16—25. Dieser Aufforderung entsprechen die Häupter des Volks, indem sie mit dem Ausdrucke des Abscheus vor dem Götzendienst ihren herzlichen Entschluss erklären, auch dem Herrn dienen zu wollen, der ihr Gott sei und so grosse Gnaden ihnen erzeigt habe. Die W.: „der uns und unsere Väter aus Aegyptenland, aus dem Diensthause heraufgeführt hat" erinnern an den Zusatz zum ersten Gebote Ex. 20, 2. Deut. 5, 6, zu dem sie sich hiemit bekennen. Mit dem folgenden Satze: „der vor unsern Augen diese grossen Wunder gethan u. s. w." sprechen sie ihre Zustimmung aus zu allem, was Josua v. 3—13 ihnen ins Gedächtniss gerufen hat. גַּם־אֲנַחְנוּ (v. 18) „auch wir" wie du und dein Haus (v. 15). — V. 19—21. Um dem Volke aber lebendig vor die Seele zu führen, wozu es mit dieser Erklärung sich verbindlich mache, damit es nicht unbedacht gelobe was es später nicht halten werde, erwidert Josua: „Ihr könnet Jehova nicht dienen" sc. in der Herzensverfassung, in der ihr euch befindet, oder *ex humano proposito et sine auxilio gratiae, sine solida ac seria conversione ab omnibus idolis et sine vera poenitentia ac fide (J. H. Mich.).* Denn Jehova ist „ein heiliger Gott u. s. w." אֱלֹהִים vom höchsten Wesen (s. zu Gen. 2, 4) mit dem Prädicate im Plural construirt. Ueber den Begriff der Heiligkeit Gottes vgl. die Erkl. zu Ex. 19, 6. Zu אֵל קַנּוֹא וגו Ex. 20, 5 und zu נָשָׂא לְפֶשַׁע Ex. 23, 21. Die Form קַנּוֹא für קַנָּא findet sich ausser hier nur noch Nah. 1, 2. — „Wenn ihr den Herrn verlasst und fremden Göttern (אֱלֹהֵי נֵכָר nach Gen. 35, 4) dient, so wird er umkehren (d. h. eine andere Stellung zu euch einnehmen) und euch übelthun und euch vertilgen, nachdem er euch wohlgethan hat" d. h. trotz der euch erzeigten Wohlthaten euer nicht schonen. הֵרַע von den Strafgerichten, welche das Gesetz den Uebertretern droht. V. 21. Und das Volk bleibt bei seinem Entschlusse. לֹא *minime* wie 5, 14, d. h. nicht andern Göttern, sondern Jehova wollen wir dienen. — V. 22 f. Auf dieses wiederholte Gelöbniss sagt ihnen Josua: „Ihr seid Zeugen wider euch" d. h. ihr werdet durch dieses euer Zeugniss euch selbst verurtheilen, falls ihr nun doch den Herrn verlassen werdet, „denn ihr selbst habt Jehova euch erwählt ihm zu dienen", worauf sie mit עֵדִים „Zeugen sind wir gegen uns" antworten und damit sagen: *omnino profitemur rursumque ratum habemus quod diximus (Ros.).* Da wiederholt Josua seine Aufforderung, die fremden Götter aus ihrem Innern zu entfernen und ihr Herz (ganz) zu Jehova, dem Gotte Israels hinzuneigen. אֱלֹהֵי הַנֵּכָר אֲשֶׁר בְּקִרְבְּכֶם kann bedeuten: die fremden Götter, die in eurer Mitte d. h. unter euch sich finden und das Vorhandensein von Götzenbildern und gro-

bem Götzendienste im Volke aussagen; allein בְּקֶרֶב bed. auch: im Innern,
im Herzen, wonach die Worte nur von Götzenbildern des Herzens handeln. Sie in diesem letzteren Sinne zu fassen, dazu nöthigt der Umstand,
dass das Volk bei der vollen Bereitwilligkeit, allem Götzendienste zu entsagen, doch dem Josua keine Götzenbilder zur Vernichtung übergibt, wie
in den ähnlichen Fällen Gen. 35, 4 u. 1 Sam. 7, 4 geschehen. Selbst wenn
das Volk, wie der Prophet Amos c. 5, 26 vgl. Act. 7, 43 seinen Zeitgenossen vorhält, in der Wüste Götzenbilder mit sich herumgetragen hat, so
war doch mit dem Aussterben des zu Kades verurtheilten Geschlechts
der grobe Götzendienst aus Israel geschwunden. Das neue Geschlecht,
welches durch die Beschneidung zu Gilgal in den Bund mit dem Herrn
neu aufgenommen worden war, welches diesen Bund am Ebal aufgerichtet
hatte und jetzt zu wiederholter Erneuerung des Bundes um den scheiden-
den Knecht Gottes Josua versammelt war, hatte keine Götzen von Holz,
Stein oder Metall, sondern nur *falsorum Deorum figmenta* (*Calv.*) oder
Götzenbilder des Herzens, die es abthun sollte, um sein Herz ganz dem
Herrn hinzugeben, der nicht mit einem getheilten Herzen zufrieden ist,
sondern das ganze Herz verlangt (Deut. 6, 5 f.). — V. 24 f. Auf das nochmalige ganz entschiedene Bekenntniss des Volks: „dem Herrn unserm
Gotte wollen wir dienen und auf seine Stimme hören", schloss ihm Josua
den Bund an jenem Tage. Diese Bundschliessung war der Sache nach
nur eine feierliche Erneuerung des am Sinai geschlossenen Bundes, wie
die unter Mose in den Steppen Moabs Deut. 28, 69. „Und stellte ihm
Satzung und Recht zu Sichem" *sc.* durch die erneute Bundschliessung.
Diese Worte erinnern an Ex. 15, 25, wo die Führung Israels zu bitterem
Wasser und die Trinkbarmachung dieses Wassers durch das vom Herrn
Mosen angegebene Mittel ein Stellen von Satzung und Recht für Israel
genannt und durch die Verheissung, dass Jehova, wenn sie auf seine Stimme hören würden, sie vor allen Krankheiten Aegyptens bewahren werde,
erläutert wird. Hienach wurde durch die Bundeserneuerung zu Sichem
Israel ein חֹק gestellt d. h. eine Satzung, die das Volk zu erneuter gewis-
senhafter Haltung des Bundes verpflichtete, und ein מִשְׁפָּט Recht, kraft
dessen dasselbe unter dieser Bedingung die Erfüllung aller Bundesgna-
den vom Herrn erwarten durfte.

V. 26—28. Alle diese Dinge (הַדְּבָרִים הָאֵלֶּה sind nicht blos die gegen-
seitigen Reden, sondern der ganze Act der Bundeserneuerung) schrieb
Josua in das Gesetzbuch Gottes d. h. er schrieb sie in eine Urkunde, die er
in das Gesetzbuch Mose's einlegte, und richtete dann noch als bleibendes
Denkmal des Geschehenen einen grossen Stein auf da, wo die Versammlung stattgefunden, „unter der Eiche die im Heiligthum Jehova's war."
Da בְּמִקְדָּשׁ weder *ad sanctuarium*, bei oder neben dem Heiligthum, noch
auch *in loco quo sanctuarium positum erat* bedeutet, so kann מִקְדַּשׁ יְהֹוָה
natürlich nicht die Bundeslade sein, die man etwa aus der Stiftshütte
behufs der Bundeserneuerung nach Sichem gebracht hatte. Noch weniger ist an die Stiftshütte zu denken, die nicht zu einzelnen heiligen
Handlungen von Ort zu Ort geschafft wurde, auch nicht an einen Altar,
in welchem doch keine Eiche stehen konnte, oder an irgend ein anderes

ungesetzliches Heiligthum Jehova's, dergleichen es damals in Israel nicht gab. Das Heiligthum Jehova's unter der Eiche zu Sichem ist nichts anderes als der heilige Platz unter der Eiche, wo ehedem Abraham einen Altar erbaut und den Herrn angebetet, sodann Jakob sein Haus von den fremden Göttern, die er unter dieser Eiche oder vielmehr Terebinte (אֵלָה) vergrub, gereinigt hatte (Gen. 12, 6 f. 35, 2. 4). So *Mas.* u. *J. D. Mich.* zu u. St. u. *Hgstb.* Beitr. III S. 15. — In v. 27 erklärt Josua noch dem Volke die Bedeutung des aufgerichteten Steinmaales. Der Stein werde Zeuge wider das Volk sein, wenn es seinen Gott verleugnen sollte. Als Denkmal des Geschehenen hat der Stein alle Worte, welche der Herr mit Israel geredet, vernommen und kann Zeugniss gegen das Volk ablegen, damit es seinen Gott nicht verleugne. כָּחַשׁ בֵּאלֹהִים Gott verleugnen durch Gesinnung, Wort und That. — V. 28. Hierauf entliess Josua das Volk, jeden in sein Erbtheil. Er hatte alles gethan, was in seinem Vermögen stand, um das Volk in der Treue gegen den Herrn zu befestigen.

V. 29 — 33. **Tod und Begräbniss Josua's und Eleasars** nebst anderen Schlussbemerkungen. Mit der Bundeserneuerung hatte Josua seinen Beruf vollendet. Eine förmliche Niederlegung seines Amtes fand nicht statt, weil er keinen von Gott berufenen unmittelbaren Amtsnachfolger hatte. Nachdem Israel in das seinen Vätern verheissene Erbe eingeführt war, bedurfte es keines von Gott ihm zu bestellenden Führers mehr. Für das Wohnen in Canaan waren die ordentlichen Obrigkeiten der Gemeinde ausreichend, die Aeltesten als Häupter und Richter des Volks sammt dem Hohepriester, welcher das Volk in seinen Beziehungen zum Herrn vertrat und die göttlichen Willensoffenbarungen ihm durch das Recht des Urim und Thummim vermitteln konnte. — Um demnach die Geschichte Josua's und seiner Zeit abzuschliessen, war nur noch sein Tod zu berichten mit einer kurzen Hindeutung auf die Frucht seines Wirkens, und einige andere Notizen, für die sich früher keine geeignete Stelle gefunden, hinzuzufügen. — V. 29 f. Bald nach jenen Begebenheiten (v. 1—28) starb Josua in einem Alter von 110 Jahren, wie sein Stammvater Joseph Gen. 50, 26, und wurde in seinem Erbgebiete zu Thimnat-Serach auf dem Gebirge Ephraim, nördlich vom Berge Gaas begraben. *Thimnat-Serach* existirt noch s. zu 19, 50. Der Berg *Gaas* ist aber nicht weiter bekannt. — V. 31. Josua's Wirken war nicht ohne Segen geblieben. So lange er lebte und die Aeltesten, die ihn überlebten und die alles Thun des Herrn für Israel gesehen hatten, diente ganz Israel dem Herrn. זְקֵנִים die Aeltesten sind die Vorsteher und Leiter des Volks. — In v. 32 wird zunächst die Nachricht von der Bestattung der Gebeine Josephs, welche die Israeliten aus Aegypten mit nach Canaan gebracht hatten (Ex. 13, 19), an den Bericht vom Tode Josua's angereiht, weil sich dieselbe früher, ohne die zusammenhängende Darstellung des Wirkens Josua's zu unterbrechen, nirgends anbringen liess, und das Factum selbst doch nicht unerwähnt bleiben konnte, nicht nur weil das Mitnehmen dieser Gebeine im Exod. berichtet worden war, sondern auch weil die Israeliten damit die von ihren Stammvätern dem sterbenden Joseph gegebene Zusage erst ganz erfüllten. Die Bestattung auf dem von Jakob zu Sichem gekauften Stück Feldes (vgl. Gen. 33, 19) war ohne Zweifel gleich nach der Austheilung des Landes, als Josephs Nachkommen Sichem mit dem daselbst befindlichen Felde zum Erbtheile erhalten hatten, erfolgt. Dieses Feldstück aber wählte man zur Grabstätte für Josephs Gebeine nicht blos deshalb, weil Jakob es durch Kauf sich zum Eigenthum erworben hatte, sondern wol hauptsächlich darum, weil Jakob dasselbe durch Erbauung eines Altars auf ihm für seine Nachkommen geheiligt hatte Gen. 33, 20. — Endlich wird in v. 33 noch der Tod und das Begräbniss des Hohepriesters Eleasar, der Josua in der Führung des Volks zur Seite gestanden, berichtet. Wann Eleasar gestorben, ob kurz vor oder bald nach Josua, lässt sich nicht bestimmen. Bestattet wurde er zu Gibea des Pinehas, welcher Ort ihm auf dem Gebirge Ephraim gegeben d. h. zum erblichen Eigenthum verliehen worden war. גִּבְעַת פִּינְחָס d. i. Hügel des Pinehas scheint *nomen propr.* zu sein, wie Gibea Sauls 1 Sam. 15, 34 u. a. Seine Lage ist aber ungewiss. Nach *Eusebius* im *Onom.* u. Γαβαάς lag es auf dem Gebirge Ephraim im Stamme Benjamin und war damals ein Flecken Namens Γαβαθά, wie auch *Josephus* (*Ant. V, 1, 29*) den Ort nennt, gegen 12 r. M. von Eleutheropolis. Diese Angabe beruht sicher auf einem Irrthum, wenigstens einem Fehler in der Zahl 12 r. M. Viel näher liegt es, an die Levitenstadt *Geba* Benjamins nordöstlich von Rama (18, 24) zu denken und den Namen *Gibea* des Pinehas daraus zu erklären, dass dieser Ort Eigenthum des Pinehas geworden war, was mit seiner Bestimmung zur Priesterstadt wohl vereinbar war. Da nämlich die Priester nicht alleinige Eigenthümer der ihnen in den einzelnen Stammgebieten eingeräumten Städte wurden, so konnten die Israeliten den von den Priestern nicht eingenommenen Theil der Stadt mit ihrem Felde dem Pinehas um seiner Verdienste für die Gemeinde willen (Num. 25, 7 ff.) zum erblichen Eigenthume schenken, ähnlich wie Caleb und Josua besonders bedacht worden waren, so dass Pinehas in einer Priesterstadt zugleich in seinem Erbeigenthume wohnen konnte. Die Lage „auf dem Gebirge Ephraim" steht dieser Ansicht nicht entgegen, da dieses Gebirge nach Jud. 4, 5 u. a. St. weit in das Gebiet von Benjamin hineinreichte, s. zu 11, 21. Die meisten Ausll. bis auf *Kn.* herab denken freilich an ein *Gibea* im Stamme Ephraim, nämlich an das heutige *Geeb* oder *Dschibia* am Wady Dschib nordwärts von Guphna nach Neapolis (Sichem) zu (*Rob.* Pal. III S. 298), wofür sich aber ausser dem Namen nicht das Geringste geltend machen lässt.

Mit dem Tode des Josua gleichzeitigen Hohepriesters Eleasar hatte die Zeit Josua's ihr Ende erreicht, so dass diese Nachricht den passendsten Schluss unsers Buches bildet. — In einigen Codd. und Editt. der LXX findet sich noch ein Zusatz über den Hohepriester Pinehas und den Abfall der Israeliten nach Josua's Tode; aber dieser ist nur aus Jud. 2, 6. 11 ff. u. 3, 7. 12 ff. zusammengetragen und dem Buche Josua willkührlich angehängt.

DAS BUCH DER RICHTER.

EINLEITUNG.

Inhalt und Charakter, Ursprung und Quellen des Buches der Richter.

Das Buch der Richter, in den hebr. Bibeln שׁוֹפְטִים, in der Alexandr. Version *Κριταί* überschrieben, in der Vulgata *Liber Judicum* genannt, enthält die Geschichte des israelitischen Gottesstaates in dem Zeitraume von *circa* 350 Jahren, welche vom Tode Josua's bis zum Tode Simsons oder bis auf die Zeit des Propheten Samuels verflossen sind, und zerfällt seinem Inhalte nach in drei Theile: a. eine grundlegende Einleitung (I—III, 6); b. die Geschichte der einzelnen Richter (III, 7 — XVI, 31); c. einen zweifachen Anhang (XVII—XXI). — In der *Einleitung* stellt der prophetische Verfasser des Buchs zuerst die Thatsachen, in welchen sich das Verhalten der Israeliten zu den im Lande übriggebliebenen Cananitern nach dem Tode Josua's ausprägt, übersichtlich zusammen und schliesst diese Uebersicht mit der Rüge dieses Verhaltens durch den Engel des Herrn (I, 1 —II, 5); sodann legt er in einer allgemeinen Betrachtung die Stellung Israels zum Herrn seinem Gotte und des Herrn zu seinem Volke in der Richterzeit dar und charakterisirt diese Zeit als einen beständigen Wechsel von Demüthigung des von seinem Gotte abfallenden Volkes durch feindliche Unterdrückungen und von Errettung des zum Herrn sich wieder bekehrenden Volkes aus der Gewalt seiner Feinde durch die Richter, welche Gott ihm erweckte und mit der Kraft seines Geistes ausrüstete (II, 6 — III, 6). Hierauf folgt im *Haupttheile* oder Corpus des Buches (III, 7 — XVI, 31) die Geschichte der einzelnen Bedrückungen Israels durch feindliche Völker mit den Errettungen desselben durch die von Gott erweckten Richter, deren Thaten meistentheils ausführlich berichtet werden, nach der Zeitfolge geordnet und durch die stehenden Formeln: „Und die Söhne Israels thaten das Böse in den Augen Jehova's u. s. w." oder: „Die Söhne Israels thaten wiederum (eig. fügten hinzu zu thun) das Böse u. s. w." eingeleitet und in 6 historische Gruppen zusammengefasst: 1) die Bedrückung durch den Mesopotamischen König Cuschan Rischatajim mit der Befreiung von diesem Drucke durch den Richter *Othniel* (III, 7—11); 2) die Bedrückung durch den Moabiter-König Eglon sammt der Befreiung durch den Richter *Ehud* (III, 12—30) und dem Siege *Samgars* über die Philister (III, 31); 3) die Unterjochung durch den Cananitischen König Jabin und die Rettung durch die Prophetin *Debora* und den Richter *Barak* (c. IV) nebst dem Siegesliede der Debora (c. V); 4) die Bedrückung durch die Midianiter und die Befreiung von diesen Feinden durch den Richter *Gideon*, welcher durch eine Erscheinung des Engels des Herrn zum Retter Israels berufen wurde (c. VI—VIII), sammt der Geschichte der dreijährigen Königsherrschaft seines Sohnes Abimelech (c. IX) und kurzen Nachrichten über die Richter *Thola* und *Jair* (X, 1—5); 5) die Hingabe der Israeliten in die Gewalt der Ammoniter und Philister und ihre Befreiung von der Ammonitischen Bedrängniss durch *Jephtah* (X, 6 —XII, 7) nebst kurzen Nachrichten über die Richter *Ebzan*, *Elon* und *Abdon* (XII, 8—15); 6) die Bedrückung durch die Philister mit dem Berichte über das Leben und die Thaten des Richters *Simson*, der Israel aus der Gewalt dieser Feinde zu retten begann (XIII—XVI). — Hieran reihen sich in c. XVII—XXI noch zwei *Anhänge*: 1) die Erzählung von dem Bilderdienste des Ephraimiten Micha und dessen Verpflanzung durch die Daniten nach Lais-Dan (XVII u. XVIII), 2) die Schandthat der Bewohner Gibea's mit dem zur Bestrafung dieses Frevels von der Gemeinde Israels gegen den Stamm Benjamin geführten Rachekrieg (XIX—XXI). Diese beiden Ereignisse fallen in die ersten Zeiten der Richterperiode, wie sich für das erste aus 18, 1 vgl. mit 1, 34 und für das zweite aus 20, 28 vgl. mit Jos. 22, 13 u. 24, 33 ergibt, und sind nur deshalb als Anhänge an das Ende des Buches gesetzt, weil sie sich in die sechs in sich abgerundeten historischen Gemälde nirgends passend einfügen liessen, obwol sie sachlich betrachtet mit dem Inhalte und Zwecke des Buches der Richter eng zusammenhängen, sofern sie in zwei aus dem Leben gegriffenen Bildern die religiösen und sittlichen Zustände jener Zeit auf die anschaulichste Weise schildern. — Die drei Theile des Buches verhalten sich mithin so zu einander, dass die Einleitung die Grundlage zeichnet, auf welcher sich die Thaten der Richter erheben, und die Anhänge bestätigende Zeugnisse für den in jenen Thaten durchschimmernden Geist dieses Zeitalters liefern. Das ganze Buch aber wird von der in der Einleitung 2, 1 —3. 11—22 klar ausgesprochenen Idee durchzogen und beherrscht, dass der Herr die von Josua nicht ausgerotteten Cananiter im Lande übrig bleiben liess, um durch sie Israel zu versuchen, ob es seinen Geboten gehorchen würde, und dass er sein Volk durch dieselben für seinen Ungehorsam und seine Abgötterei züchtigte und strafte, aber auch sobald dasselbe nur in der Strafe seine züchtigende Hand erkannte, bussfertig zu ihm zurückkehrte und seine Hülfe anrief, sich in gnadenreicher Liebe seiner wiederum erbarmte und ihm zum Siege über seine Feinde verhalf, und dass trotz der fort und fort sich zeigenden Untreue seines Volkes doch der Herr in seinem Walten immer treu blieb und seinen Bund aufrecht erhielt.

Wir dürfen demnach in dem Buche der Richter nicht eine vollständige, die Entwicklung der Israeliten von allen Seiten beleuchtende Geschichte der Richterperiode suchen. Der Charakter des Buches, wie derselbe in seinem Inhalte und der Anordnung des Stoffes sich zu erkennen gibt, entspricht ganz dem Charakter der Zeit, über die es sich verbreitet.

Die Zeit der Richter bildete kein neues Stadium in der Entwicklung des Volkes Gottes, ein solches trat erst nach derselben mit Samuel und David wieder ein, sondern war eine Uebergangsperiode, die Zeit der freien, mehr sich selbst überlassenen Entwicklung, in welcher dasselbe in dem von Gott ihm zum Eigenthume geschenkten Lande einwurzeln, in die durch das Mosaische Gesetz ihm verliehene theokratische Verfassung sich einleben und mittelst seiner von Gott empfangenen eigenthümlichen Kräfte und Gaben innerhalb der Schranken der Gesetze, Ordnungen und Rechte des Bundes die Selbständigkeit und feste Stellung in Canaan sich erringen sollte, die Jehova ihm durch seine Offenbarungen vorgezeichnet und angebahnt hatte. Diese Aufgabe konnte Israel ohne ein vom Herrn ihm unmittelbar gesetztes Oberhaupt lösen. Zunächst lag den Stämmen nur ob, die im Lande übrig gebliebenen Cananiter auszurotten, um nicht nur sich in den unbeschränkten und unbestrittenen Besitz und Genuss des Landes und seiner Güter zu setzen, sondern auch der von diesen Völkerschaften ihnen drohenden Gefahr der Verführung zu Abgötterei, Götzendienst und Sittenlosigkeit vorzubeugen. Für diesen Kampf hatte der Herr ihnen seinen Beistand zugesagt, wenn sie nur in seinen Geboten wandeln würden. Die Aufrechthaltung der bürgerlichen Ordnung und die Rechtspflege lag in den Händen der Stammes-, Geschlechts- und Familienhäupter des Volks, und für ihre Beziehungen zum Herrn ihrem Gotte hatte die Gemeinde die erforderlichen Organe und Vermittler in der erblichen Priesterschaft des Stammes Levi, deren Oberhaupt in allen schwierigen Fällen durch das Recht des Urim den göttlichen Willen erfragen und dem Volke kundthun konnte. So lange nun das Geschlecht lebte, das unter Josua die wunderbaren Thaten des Herrn geschaut hatte, so lange hielt das Volk treu am Bunde seines Gottes, und die Stämme setzten den Kampf gegen die übrig gebliebenen Cananiter mit Erfolg fort (1, 1—20. 22—25). Aber schon das nächstfolgende Geschlecht, dem jene Grossthaten des Herrn unbekannt waren, fing an seines Gottes zu vergessen, im Kampfe mit den Cananitern schlaff und lässig zu werden, mit denselben Frieden zu schliessen und die Verehrung Jehova's, des eifrigen und heiligen Gottes, mit dem Dienste der cananitischen Naturgottheiten Baal und Astharte zu vermengen und zu vertauschen. Mit dem Schwinden der Liebe und Treue gegen den Herrn lockerte sich auch das Band der Einheit, welches die Stämme zu *einer* Gemeinde Jehova's verknüpfte. Die einzelnen Stämme fingen an ihre Sonderinteressen zu verfolgen (vgl. 5, 15—17. 23. 8, 5—8), endlich sogar einander anzufeinden und zu bekriegen, wobei namentlich Ephraim die Hegemonie an sich zu reissen bemüht war, ohne doch mit Kraft und Energie den Kampf gegen die Dränger Israels zu führen (vgl. 8, 1 ff. 12, 1—6). Hiedurch gerieth Israel immer mehr unter den Druck der heidnischen Völker, in welchen Gott es zur Züchtigung für seinen Götzendienst dahingab, und wäre seinen Feinden ganz zur Beute geworden, hätte nicht der treue Bundesgott, so oft es in seiner Noth zu ihm schrie, seiner sich erbarmt und ihm in den Richtern, nach welchen jene Zeit und unser Buch benannt ist, Retter מוֹשִׁיעִים (3, 9. 15 vgl. Neh. 9, 27) gesandt. Solcher Richter sind in unserm Buche 12 oder

vielmehr 13, da ja auch die Prophetin Debora Israel richtete (4, 4), genannt, aber nur von 8 (Othniel, Ehud, Samgar, Debora und Barak, Gideon, Jephtah und Simson) werden Thaten erzählt, durch welche sie Israel
Rettung von seinen Drängern schafften. Von den 5 übrigen (Thola, Jair,
Ebzan, Elon und Abdon) erfahren wir nur, dass sie Israel so und so viel
Jahre gerichtet haben. Den Grund hievon dürfen wir nicht darin suchen
wollen, dass von den Heldenthaten dieser Richter sich die Kunde nicht
bis auf die Zeit der Abfassung unseres Buchs erhalten hat. Er liegt einfach darin, dass diese Richter keine Kriege geführt, keine Feinde geschlagen haben.

Die Richter (שֹׁפְטִים) waren Männer, welche dem Volke Israel sowol durch Errettung aus der Gewalt seiner Feinde, als auch durch
Handhabung der Gesetze und Rechte des Herrn Recht schafften (2, 16
—19). Das Richten (שָׁפַט אֶת־יִשְׂרָאֵל) in diesem Sinn ist verschieden von
der Verwaltung der bürgerlichen Rechtspflege; es schliesst den Begriff
des Regierens, wie man es von dem Könige erwartete, in sich. So bat das
Volk Samuel 1 Sam. 8, 5 f., ihm einen König zu geben לְשָׁפְטֵנוּ „dass er uns
Recht schaffe" (uns regiere), und von Jotham heisst es 2 Kg. 15, 5, dass
er während der Krankheit seines Vaters das Volk des Landes שֹׁפֵט d. h.
das Volk regierte. Der Name שֹׁפְטִים für diese Männer ist offenbar aus
Deut. 17, 9 u. 19, 17 geflossen, wo neben dem Hohepriester ein שֹׁפֵט als
oberster Richter oder Leiter des Staats in Israel für die Folgezeit vorausgesetzt wird, und entspricht den διϰασταί der Tyrier (*Joseph. c. Ap. I, 21*)
und den *Suffetes* der Karthager (*qui summus Poenis est magistratus. Li-
v ii hist. XXVII, 37* u. *XXX. 7*); nur mit dem Unterschiede, dass die Richter Israels in der Regel vom Herrn unmittelbar berufen und mit wunderbarer Kraft zur Besiegung der Feinde ausgerüstet wurden, und wenn sie
auch nach der Errettung des Volks von seinen Drängern bis zu ihrem
Tode der Verwaltung der öffentlichen Angelegenheiten des ganzen Volks
oder nur mehrerer Stämme desselben vorstanden, doch nicht continuir-
lich und in ununterbrochener Succession auf einander folgten, weil die
ordentliche Rechtspflege und Verwaltung des Staatswesens bei den Stamm-
häuptern und Aeltesten des Volks war, ausserdem auch Propheten und
Hohepriester, wie die Debora, Eli und Samuel (4, 4. 1 Sam. 4, 18. 7, 15)
zu Zeiten die Oberleitung führten. So „rettete (יוֹשִׁיעַ) Othniel die Söhne
Israels" und „richtete (יִשְׁפֹּט) Israel" dadurch dass er auszog in den Krieg,
den aram. König Cuschan Rischatajim schlug und dem Lande 40 Jahre
Ruhe schaffte (3, 9—11); eben so Ehud und mehrere andere. Dagegen
scheinen Samgar (3, 31) und Simson (c. 13—16) nur als Besieger und Be-
kämpfer der Philister Richter Israels zu heissen, ohne dass sie sich mit
der Rechtsverwaltung abgegeben haben. Wieder andere haben weder
Krieg geführt noch Siege erfochten. Von Thola wird keine Kriegsthat berichtet und doch heisst es 10, 1 von ihm: „Er stand nach Abimelech auf
לְהוֹשִׁיעַ אֶת־יִשְׂרָאֵל und richtete Israel 23 Jahre" (10, 2); und von seinem
Nachfolger Jair 10, 3 nur: „Er richtete Isr. 22 Jahre." Beide haben
Israel gerettet und gerichtet nicht durch siegreiche Bekämpfung von Feinden, sondern dadurch dass sie nach der ephemeren Königsherrschaft Abi-

melechs an die Spitze der Stämme, über welche Gideon Richter gewesen, traten und durch ihr Ansehen wie durch ihr Wirken für die Befestigung des Volks in der Treue gegen den Herrn der Wiederkehr feindlicher Unterdrückungen vorbeugten. Das Nämliche gilt von Ebzan, Elon und Abdon, die der Reihe nach auf·Jephtah folgten (12,8—15). Von diesen 5 Richtern ist auch nicht gesagt, dass Jehova sie erweckt oder berufen habe. Wahrscheinlich übernahmen sie nur auf den Wunsch der Stämme, deren Richter sie waren, die Oberverwaltung ihrer Gemeinwesen, wobei freilich zu beachten ist, dass diese Fälle erst eintraten, als im Volke das Verlangen nach dem Königthum bereits rege geworden war (8, 22 f.).

Wenn aber nicht alle Richter gegen äussere Feinde Israels gekämpft haben, so könnte es befremdlich erscheinen, dass das Buch der Richter mit dem Tode Simsons schliesst, ohne Eli und Samuel zu erwähnen, da beide doch auch Israel gerichtet haben, der eine 40 Jahre, der andere lebenslänglich (1 Sam. 4, 18. 7, 15). Allein Eli war eigentlich Hohepriester und seine richterliche Thätigkeit nur Ausfluss seines hohepriesterlichen Amtes; und Samuel war zum Propheten des Herrn berufen und hat als solcher Israel von der Bedrückung der Philister errettet, nicht durch die Kraft seines Armes mit dem Schwerte, wie die Richter vor ihm, sondern durch die Kraft des Wortes, mit der er Israel zum Herrn bekehrte und durch die Macht seines Gebetes, mit welchem er den Sieg vom Herrn erflehte und errang (1 Sam. 7, 3—10), so dass seine richterliche Wirksamkeit aus seinem Prophetenamte nicht nur hervorwuchs, sondern von derselben auch fort und fort getragen wurde. — Die Reihe der eigentlichen Richter schliesst mit Simson ab. Mit seinem Tode wurde das Richterthum zu Grabe getragen. Auf Simson folgte unmittelbar Samuel, dessen prophetisches Wirken den Uebergang von der Richterzeit zum Königthume in Israel bildet. Die 40 Jahre der philistäischen Bedrückung, von der Simson Israel zu erretten anfing (13, 1. 5), gingen erst mit dem Siege, welchen die Israeliten durch Samuels Gebet erstritten (1 Sam. 7), zu Ende, wie sich bei Feststellung der Chronologie der Richterzeit in den einleitenden Bemerkungen zur Auslegung des Haupttheiles unsers Buchs zeigen wird. Diesen Sieg gewannen die Israeliten erst 20 Jahre nach Eli's Tod (vgl. 1 Sam. 7, 2 mit 6, 1 u. 4, 18). Mithin fallen von den 40 Jahren, während welcher Eli als Hohepriester Israel richtete, nur die 20 letzten in die Zeiten des philistäischen Druckes, die 20 ersten vor denselben. Unter Eli's Pontificate ist aber nicht nur Samuel, sondern auch Simson geboren; denn bei der Verkündigung von Simsons Geburt herrschten die Philister bereits über Israel (Jud. 13, 5). Die Thaten Simsons fallen zum grösseren Theile in die 20 letzten Jahre der philistäischen Obmacht, d. h. sowol in den Zeitraum von der Eroberung der Bundeslade und dem Tode Eli's bis zu dem unter Samuel erstrittenen Siege der Israeliten über diese Feinde, welchen Simson nicht mehr erlebte, als zugleich in die Zeit, da Samuel bereits als Prophet Jehova's bewährt erfunden war und Jehova sich ihm wiederholt zu Silo im Worte offenbarte (1 Sam. 3, 20 f.). Demnach vollendete Samuel die Rettung Israels aus der Gewalt der Philister, die Simson angefangen hatte.

Das Buch der Richter erstreckt sich also über die ganze Dauer der Richterperiode und gibt ein treues Gemälde von der politischen Entwicklung des israelitischen Gottesstaates in dieser Zeit. Der Verfasser steht durchaus auf dem prophetischen Standpunkte; er legt das Richtmaass des Gesetzes an den Zeitgeist, von dem das Volk im Allgemeinen sich treiben liess, und urtheilt streng und scharf über die Abweichungen von der im Gesetze demselben vorgezeichneten Bahn des Rechtes. Die Untreue Israels, das immer wieder den Baalen nachhurt und für seinen Abfall vom Herrn mit Unterdrückung durch feindliche Völker gestraft wird, und die Treue des Herrn, der dem sündigen Volke, so oft es in seiner Bedrängniss zu ihm zurückkehrt, Hülfe sendet durch Richter, welche die Feinde besiegen, sind die beiden geschichtlichen Factoren dieser Zeit und die Angelpunkte, um welche sich die geschichtliche Darstellung des Buches dreht. Von allen Richtern heisst es, dass sie „Israel" oder „die Söhne Israels" gerichtet haben, obschon aus den Berichten über die einzelnen Rettungen klar erhellt, dass die meisten Richter nur einen Theil der Israeliten, nämlich nur die Stämme, die zur Zeit von Feinden bedrückt und unterjocht waren, gerettet und gerichtet haben. Die übrigen Stämme, welche von der einen oder andern feindlichen Invasion verschont blieben, kamen für den Zweck der geschichtlichen Betrachtung: das Walten des Herrn in der Regierung seines Volks zu schildern, nicht in Betracht, eben so wenig wie die dem Gesetze entsprechende Entwicklung des religiösen und bürgerlichen Lebens der einzelnen Glieder der Gemeinde, da die Gemeinde im Ganzen und Einzelnen mit der Befolgung des Gesetzes nur ihren gottgeordneten Beruf erfüllte, worüber nichts Besonderes zu erzählen war. Vgl. hiemit die Charakteristik des Buches in *Hgstb.'s* Beitrr. III S. 20 ff.

Ueberblicken wir endlich den Verlauf der Entwicklung Israels in den Zeiten der Richter, so lassen sich in der Stellung des Herrn zu seinem fort und fort abtrünnigen Volke, wie in der Gestaltung der äussern und innern Verhältnisse des Volks drei Stadien unterscheiden: 1) die Zeit vom Beginne des Abfalls bis zur Befreiung von der Herrschaft des cananitischen Königs Jabin oder die Zeit der Richter Othniel, Ehud und Samgar, Debora und Barak (c. 3—5 Ende), 2) die Zeit der Midianitischen Bedrängniss mit der Rettung Gideons und die darauf folgende Herrschaft Abimelechs und der Richter Thola und Jair (c. 6 — 10,5), 3) die Zeit der Ammonitischen und Philistäischen Uebermacht über Israel mit den Richtern Jephtah, Ebzan, Elon und Abdon einer- und Simsons andererseits (10,6 — 16,31). Dreimal nämlich kündigt der Herr dem Volke für seinen Ungehorsam und Abfall von ihm die Strafe der Bedrückung und Unterjochung durch feindliche Völker an: 1) zu Bochim (2,1—4) durch den Engel des Herrn, 2) bei dem Einfalle der Midianiter (6,7—10) durch einen Propheten, 3) zu Anfang der Ammonitischen und Philistäischen Bedrängniss (10,10—14). Das erste Mal droht er: die Cananiter sollen euch zu Stacheln und ihre Götter zum Fallstrick werden (2,3); das zweite Mal: Ich habe euch aus der Hand der Aegypter und aller eurer Dränger errettet und zu euch gesprochen: Ich Jehova bin euer Gott, ihr sollt nicht die Götter der Amoriter fürchten, aber ihr habt meiner Stimme nicht gehorcht (6, 9 f.); das dritte Mal: Ihr habt mich verlassen und andern Göttern gedient, darum will ich euch nicht mehr erretten; gehet hin und schreit zu den Göttern, die ihr erwählt habt; sie mögen euch erretten zur Zeit eurer Bedrängniss (10, 13 f.). Diese Drohungen erfüllten sich an dem ungehorsamen Volke so, dass dasselbe nicht blos immer tiefer unter den Druck seiner Feinde gerieth, sondern auch innerlich immer mehr zerfiel. Im ersten Stadium dauerten zwar die äusseren Bedrückungen ziemlich lange; die des Cuschan-Rischatajim 8, die des Moabiter Eglon 18 und die des canan. Königs Jabin 20 Jahre (3, 8. 14. 4, 3), aber nach der ersten hatte Israel auch 40, nach der zweiten 80 und nach der dritten wieder 40 Jahre Ruhe (3, 11. 30. 5, 31). Auch scheint unter Othniel und Ehud das ganze Israel sich gegen seine Dränger erhoben zu haben, aber schon unter Barak betheiligten sich Ruben und Gilead, Dan und Aser nicht an dem Kampfe der übrigen Stämme (5, 15—17). Im zweiten Stadium währte zwar die Midianitische Bedrückung nur 7 Jahre (6, 1), worauf unter Gideon 40 Jahre Ruhe (8, 28) und nach der 3jährigen Herrschaft Abimelechs noch 45 J. des Friedens unter Thola und Jair folgten (10, 2 u. 3); aber schon unter Gideon regte sich die Eifersucht Ephraims gegen die Stämme, welche mit ihm die Feinde geschlagen, so stark, dass es fast zum Bruderkriege gekommen wäre (8, 1—3), und die Einwohner von Succoth und Pnuel versagten dem siegreichen Heere jegliche Unterstützung in so schnöder Weise, dass sie dafür von Gideon hart gezüchtigt wurden (8, 4—9. 14—17), und in der Wahl Abimelechs zum Könige von Sichem tritt der innere Verfall der Gemeinde Israels noch deutlicher ans Licht (c. 9). Im dritten Stadium endlich wird Israel zwar durch Jephtah von der 18jährigen Knechtschaft der Ammoniter befreit (11, 8 ff.) und die ostjordanischen so wie die nördlichen Stämme des diesseitigen Landes geniessen unter den Richtern Jephtah, Ebzan, Elon und Abdon 31 Jahre Ruhe (12, 7. 9. 11. 14), aber die Philistäische Bedrängniss dauerte bis über Simsons Tod hinaus fort (13, 5. 15, 20) und der innere Verfall nahm unter diesem feindlichen Drucke so zu, dass einerseits die Ephraimiten mit Jephtah Krieg anfingen und eine furchtbare Niederlage durch die ostjordanischen Stämme erlitten (12, 1—6), andrerseits die von den Philistern geknechteten Stämme die Rettung, welche Gott ihnen durch Simson sandte, so wenig anerkannten, dass die Männer von Juda ihren Befreier (Simson) den Philistern auszuliefern trachteten (15, 9—14). Dennoch half der Herr nicht nur immer wieder dem Volke in und aus seiner Noth, sondern trat demselben auch mit seiner Hülfe immer näher, damit es erkennen sollte, dass sein Heil allein bei seinem Gotte stehe. Die ersten Retter und Richter erweckte er durch seinen Geist, der über Othniel und Ehud kam und sie mit Muth und Kraft zur Besiegung der Feinde erfüllte, und Barak wurde durch die Prophetin Debora zum Kampfe aufgefordert und begeistert. Zum Retter aus der folgenden schweren Midianitischen Bedrückung wurde Gideon durch eine Erscheinung des Engels des Herrn berufen und den Sieg über das zahllose Heer dieser Feinde verlieh der Herr nicht dem ganzen von Gideon zum Kampfe aufgebotenen Heere, sondern einer kleinen

Schaar von 300 Mann, damit Israel sich nicht seiner Kraft wider den Herrn rühmen möchte. Endlich zu Rettern aus der Gewalt der Ammoniter und Philister wurden Jephtah und Simson erweckt. Und während Jephtah von den Aeltesten Gileads zum Anführer im Streite gegen die Midianiter berufen wurde und durch ein Gelübde sich des göttlichen Beistandes zur Besiegung derselben versicherte, ward Simson durch eine Erscheinung des Engels des Herrn von Mutterleibe an zum Nasiräer erkoren, welcher Israel aus der Gewalt der Philister zu befreien anfangen sollte, gleichzeitig aber in Samuel, dem von Gott erbetenen Sohne der frommen Hanna, dem Volke der Nasiräer und Prophet gegeben, welcher nicht blos die von Simson angefangene Rettung von der philistäischen Knechtschaft vollenden, sondern auch Israel gründlich zum Herrn seinem Gotte bekehren sollte.

Ueber den *Ursprung* des Buchs der Richter ergibt sich aus der wiederholten Bemerkung: In jenen Tagen war kein König in Israel; ein jeglicher that, was ihm recht däuchte (17, 6. 21, 25 vgl. 18, 1. 19, 1), dass es zu einer Zeit verfasst worden, als Israel sich bereits der Wohlthaten des Königthumes erfreute. Diese Bemerkung findet sich freilich blos in den Anhängen und würde für die Bestimmung der Abfassungszeit des ganzen Buches ohne Beweiskraft sein, wenn die Ansicht verschiedener Kritiker, dass diese Anhänge spätere Zusätze zu dem Buche von anderer Hand seien, begründet wäre. Aber die Gründe, die gegen die einheitliche Abfassung aller drei Theile, der Einleitung, des Haupttheils und der Anhänge, geltend gemacht werden, halten die Prüfung nicht aus. Ohne die Einleitung (1, 1 — 3, 6) würde die Geschichtserzählung des Buches der für das richtige Verständniss unentbehrlichen Grundlage entbehren, und die beiden Anhänge liefern zwei für die Entwicklungsgeschichte der Stämme Israels in der Richterzeit überaus wichtige Nachträge, welche mit dem Zwecke und Plane des übrigen Buches aufs innigste zusammenhängen. Zwar tritt sowol in c. 1 als in beiden Anhängen die im übrigen Buche von c. 2, 11 — 16, 31 herrschende prophetische Betrachtung der Geschichte nicht bestimmt hervor, aber dieser Unterschied erklärt sich vollständig aus dem Inhalte dieser Stücke, welcher für diese Betrachtung weder Anlass noch Stoff darbot, ähnlich wie die Geschichte von der Königsherrschaft Abimelechs in c. 9, in der auch der sogenannte „theokratische Pragmatismus" vermisst wird. Dafür aber sind alle diese Stücke eben so reich an Beziehungen auf das mosaische Gesetz und den gesetzlichen Cultus wie die übrigen Theile des Buchs, so dass sie nach Inhalt und Form nur aus der Herrschaft des Gesetzes in Israel begreiflich werden. Die übrigen Widersprüche, die man theils zwischen 1, 8 und 1, 21 theils zwischen 1, 19 und 3, 3 hat finden wollen, lösen sich bei richtiger Erklärung dieser Stellen in Harmonie auf. Auch in der Sprache und Ausdrucksweise lässt sich nicht eine solche Verschiedenheit aufzeigen, welche die Einheit der Abfassung aufheben oder auch nur zweifelhaft machen könnte. „In c. 17—21 kann ich — bemerkt selbst *Stähelin*, spez. Einl. S. 77 — nicht den (besondern) Verf. von c. 1 — 2,5 wiederfinden, und die von *Bertheau* (d. Buch der Richter erkl. S. 193) aus in beiden Abschnitten sich findenden Redeweisen für diese Behauptung beigebrachten Gründe kann ich darum nicht für beweisend ansehen, weil diese Redeweisen auch sonst vorkommen; יוֹאֵל לְשֶׁבֶת Ex. 2, 21. חֹתֵן Num. 10, 29. נָתַן בְּיָד Jos. 10, 30. 11, 8. Richt. 6, 1. 11, 21. נָתַן לְאִשָּׁה Gen. 29, 28. 30, 4. 9. 34, 8 u. s. w. חִקָּה לְפִי חֶרֶב Num. 21, 24. Deut. 13, 16. Jos. 8, 24. 10, 28. 30. 32 u. s. w. Allerdings findet sich nur Richt. 1, 1 und im Anhange שָׁאַל בַּיְ und früher noch nicht, aber Num. 27, 21. Jos. 9, 14 doch ähnliches, und die erste Stelle zeigt, wie sich die Redeweise so verkürzen konnte. Präterita mit וְ statt des Futurums mit וַ finde ich Richt. 1 nicht, denn dass v. 8. 16. 25 u. s. w. das Präteritum stehen muss, ist durch die Construction klar, und so fällt nur die seltene, beiden Abschnitten gemeinsame Redensart שִׁלַּח בָּאֵשׁ auf, die zu vereinzelt ist und sich übrigens 2 Kg. 8, 12. Ps. 74, 7 wiederfindet." Aber auch die „einzelnen Redeweisen der spätern Zeit", welche *Stähel.* und *Bertheau* in c. 17—21 finden, liefern keinen haltbaren Beweis für diese Behauptung. Die Redeweise von Dan bis Beerseba 20, 1 hat sich nach der Ansiedlung der Daniten in Lais-Dan, welche in den Anfang der Richterzeit fällt, gebildet; נָשָׂא נָשִׁים 21, 23 findet sich auch schon Rut 1, 4, und die übrigen kehren in den BB. Samuels wieder, wie מְרִי נֶפֶשׁ 18, 25 in 2 Sam. 17, 8, פִּנָּה Anführer 20, 2 in 1 Sam. 14, 38, oder sind unrichtig gedeutet, wie קָצוֹת Gesammtheit 18, 2, וְיֶחֱיָה 19, 13 für וַיְהִי u. dgl. mehr.

Für die nähere Bestimmung der Abfassungszeit bietet die Angabe 1, 21, dass die Jebusiter in Jerusalem von den Israeliten nicht ausgerottet wurden, sondern neben den Benjaminiten *bis auf diesen* Tag dort wohnten, einen festen Anhaltspunkt. Die Jebusiter blieben nämlich im Besitze Jerusalems oder doch der Burg Zion oder der Oberstadt Jerusalems bis zu der Zeit, da David, nachdem alle 12 Stämme ihn als König anerkannt hatten, gegen Jerusalem zog, die feste Burg Zion eroberte und sie unter dem Namen Davids-Stadt zur Residenz und Hauptstadt seines Reiches erhob (2 Sam. 5, 6—9. 1 Chr. 11, 4—9). Vor diesem Ereignisse ist demnach unser Buch verfasst, sei es nun in den ersten 7 Jahren der Regierung Davids zu Hebron oder schon unter der Regierung Sauls, unter welcher sich auch die Israeliten bereits der Wohlthaten des Königthums erfreuten, da Saul nicht nur tapfer wider alle Feinde Israels stritt und es aus der Hand seiner Plünderer rettete (1 Sam. 14, 47 f.), sondern auch die Autorität des Gesetzes Gottes in seinem Reiche herzustellen bemüht war, wie daraus erhellt, dass er die Todtenbeschwörer und Zauberer aus dem Lande vertrieb (1 Sam. 28, 9). — Hienach kann der talmudischen Notiz *Bava bathra* f. 14[b] u. 15[a], dass Samuel Verfasser des Buches sei, wenigstens die Wahrheit zu Grunde liegen, dass dasselbe wenn nicht von Samuel selbst gegen Ende seines Lebens, so doch auf seine Anregung von einem jüngeren Propheten aus seiner Schule verfasst worden. Mehr lässt sich über den Verfasser nicht bestimmen. So viel steht aber fest, dass das Buch weder in seinem Inhalte noch in seiner Sprache Spuren einer späteren Abfassungszeit aufweist, und c. 18, 30 nicht auf die Zeit des Exils führt (s. die Erkl. d. St.).

Auch über die *Quellen*, welche der Verfasser für sein Werk benutzt hat, lässt sich, falls man nicht haltlosen Hypothesen den Werth von historischen Thatsachen beilegen will (s. das Nähere über diese Hypothesen in m. Lehrb. d. Einleit. §. 50), nichts weiter ermitteln und festsetzen, als dass er seinen Stoff nicht blos aus der mündlichen Ueberlieferung, sondern aus schriftlichen Urkunden geschöpft hat. Dies ergibt sich schon aus der Genauigkeit in den geschichtlichen und chronologischen Angaben, und noch klarer aus der Fülle von charakteristischen und originellen Zügen und Ausdrucksweisen, die dem Leser in den zum Theil sehr ausführlichen geschichtlichen Gemälden entgegentritt. Die historische Treue, Genauigkeit und Lebendigkeit der Darstellung in allen Theilen des Buches lässt sich bei einem Werke, welches einen geschichtlichen Zeitraum von 350 Jahren umfasst, nur bei Benutzung von treuen und zuverlässigen schriftlichen Urkunden oder Aufzeichnungen von Zeitgenossen der Begebenheiten begreifen. Sie tritt uns aber in allen Theilen des Buchs so augenfällig entgegen, dass sie selbst von den Kritikern anerkannt wird, welche die thatsächliche Wahrheit oder Wirklichkeit der wunderbaren Züge der Geschichte von ihren dogmatischen Voraussetzungen aus leugnen müssen. Ueber die Beschaffenheit dieser Quellen lässt sich indess nur so viel vermuthen, dass den Capp. 1 und 17—21 schriftliche Aufzeichnungen zu Grunde liegen, die schon dem Verf. des Buches Josua bekannt waren, und dass die Nachrichten über Debora und Barak, über Gideon, und über das Leben Simsons aus verschiedenen Schriften geflossen sind, da diese Abschnitte des Buches sich durch mancherlei Eigenthümlichkeiten von einander unterscheiden. Das Nähere hierüber s. bei der Auslegung.— Hinsichtlich der exegetischen Literatur und der verschiedenen Ansichten über die Entstehung und Beschaffenheit des Buches der Richter vgl. m. Lehrb. d. Einl. §. 46—50.

AUSLEGUNG.

I. Die Stellung Israels zu den Cananitern und zu Jehova seinem Gotte in der Richterzeit. Cap. I—III, 6.

Cap. I, 1 — II, 5. Die Kämpfe Israels mit den Cananitern nach Josua's Tode.

Nach dem Tode Josua's beschlossen die Stämme Israels den Krieg gegen die Cananiter fortzusetzen, um dieselben aus dem ihnen zum Erbe gegebenen Lande ganz auszurotten. Der göttlichen Weisung gemäss eröffnete Juda gemeinschaftlich mit Simeon den Kampf, schlug den König von Besek, eroberte Jerusalem, Hebron und Debir auf dem Gebirge, Zephat im Südlande, sowie drei Hauptstädte der Philister, und nahm das Gebirge in Besitz, vermochte aber die Bewohner der Ebene nicht auszurotten, wie denn auch die Benjaminiten nicht im Stande waren die Jebusiter aus Jerusalem zu vertreiben (v. 1—21). Gleicherweise eroberte der

Stamm Joseph die Stadt Bethel (v. 22—26), aber aus den übrigen Städten ihrer Gebiete vertrieben weder die Manassiten, noch die Ephraimiten, noch die Stämme Sebulon, Aser und Naphtali die Cananiter, sondern machten sich dieselben nur frohnpflichtig (v. 27—33). Die Daniten wurden sogar von den Amoritern aus der Ebene in das Gebirge zurückgedrängt, indem diese sich in den Städten der Ebene behaupteten, obwol das Haus Josephs sie bedrängte und frohnpflichtig machte (v. 34—36). Dafür kündigte der Engel des Herrn in einer Erscheinung zu Bochim den Israeliten an: weil sie das Gebot des Herrn, mit den Cananitern keinen Bund zu schliessen, nicht beachtet haben, so werde der Herr diese Völker fortan nicht mehr vor ihnen vertreiben, sondern sie mit ihren Göttern ihnen zum Fallstricke gereichen lassen (c. 2, 1—5). — Aus dieser göttlichen Offenbarung erhellt einerseits, dass die Nichtausrottung der Cananiter ihren Grund in der Lässigkeit der Stämme Israels hatte, andrerseits auch, dass die Berichte von den Kriegen der einzelnen Stämme sammt der Aufzählung der Städte in den einzelnen Stammgebieten, aus welchen die Cananiter nicht vertrieben wurden, den Zweck verfolgt, die Stellung der Israeliten zu den Cananitern in der Zeit nach Josua klar zu machen, oder den geschichtlichen Boden zu zeichnen, auf welchem sich die Entwicklung Israels im Zeitalter der Richter bewegte.

V. 1—7. Mit den Worten: „und es geschah nach dem Tode Josua's u. s. w." nimmt das Buch der Richter den Faden der Geschichte da auf, wo das B. Josua ihn hat fallen lassen, um die weitere Entwicklung des Bundesvolks zu berichten. Noch kurz vor seinem Tode hatte Josua den um sich versammelten Aeltesten und Häuptern des Volks die gänzliche Vertilgung der Cananiter durch den allmächtigen Beistand des Herrn in Aussicht gestellt, wenn sie nur dem Herrn treu anhangen würden, und ihnen zugleich die Gefahren des Abfalls vom Herrn vorgehalten (Jos. 23). Dieser Mahnung und Warnung eingedenk fragten die Israeliten nach Josua's Tode: wer den Krieg gegen die noch auszurottenden Cananiter beginnen solle, und der Herr antwortete: Juda solle wider sie ziehen, denn er habe das Land in seine Hand gegeben v. 1 u. 2. שָׁאַל בַּיהוָֹה bei Jehova fragen, um eine göttliche Willenserklärung zu erlangen, ist sachlich gleich dem שָׁאַל בְּמִשְׁפַּט הָאוּרִים (Num. 27, 21), den Willen des Herrn durch das Urim und Thummim des Hohepriesters erfragen. Dieses Befragen des Herrn kommt von nun an öfter vor, vgl. 20, 23. 27. 1 Sam. 10, 22. 22, 10. 23, 2 u. ö. und das synonyme שָׁאַל בֵּאלֹהִים 18, 5. 20, 18. 1 Sam. 14, 37. 22, 13. 1 Chr. 14, 10, während Mose und Josua sich unmittelbarer göttlicher Offenbarungen erfreuten. Das יַעֲלֶה אֶל־הַכְּנַעֲנִי „hinaufziehen zu den Cananitern" wird durch das folgende לְהִלָּחֶם בּוֹ näher bestimmt, so dass עָלָה auch hier den Kriegszug gegen ein Volk bezeichnet (s. zu Jos. 8, 1), ohne dass man אֶל in der Bed. von עַל zu nehmen braucht. עָלָה בַתְּחִלָּה hinaufziehen im Anfange d. h. den Krieg eröffnen, beginnen, nicht: den Oberbefehl im Kriege führen (nach LXX, *Vulg.* u. A.), vgl. dagegen 10, 18, wo יָחֵל לְהִלָּחֶם ausdrücklich von dem Haupt und Anführer sein unterschieden wird. Hiezu kommt, dass מִי wer? nicht welche Person? bedeutet, sondern wie aus der göttlichen Antwort zu ersehen: welcher Stamm. Ein

Stamm kann aber wol den Krieg eröffnen und an der Spitze der übrigen Stämme führen, aber nicht Oberbefehlshaber sein. Im vorliegenden Fall unternahm übrigens Juda den Krieg nicht einmal an der Spitze aller Stämme, sondern verband sich nur mit dem St. Simeon zu gemeinschaftlicher Bekriegung der Cananiter in ihren Erbtheilen. Die Verheissung v. 2ᵇ ist gleich der Jos. 6,2. 8,1 u. a. הָאָרֶץ ist nicht blos das dem St. Juda bestimmte Land oder das Erbtheil Juda's (*Bertheau*), denn Juda eroberte auch Jerusalem (v. 8), welches doch dem St. Benjamin zugetheilt war (Jos. 18, 28), sondern das Land Canaan, so weit es noch im Besitze der Cananiter war und von Juda erobert werden sollte. Der Grund, weshalb Juda den Kampf eröffnen soll, ist nicht sowol darin zu suchen, dass Juda der zahlreichste aller Stämme war (*Rosenm.*), sondern vielmehr darin, dass Juda schon durch den Segen Jakobs Gen. 49, 8 ff. zum Vorkämpfer seiner Brüder bestimmt war. — V. 3. Zur Theilnahme an dem Kampfe forderte Juda Simeon אָחִיו d. i. seinen Bruderstamm auf. So heisst Simeon nicht sowol deshalb, weil Simeon und Juda als Söhne Jakobs von einer Mutter, der Lea, abstammten (Gen. 29, 33. 35), sondern weil das Erbtheil Simeons innerhalb des Gebietes von Juda lag (Jos. 19, 1 ff.), wodurch Simeon enger als die andern Stämme mit Juda verbunden war. „Zieh (עֲלֵה) mit mir hinauf in mein Los (in das mir durchs Los zugefallene Landeserbtheil) und lass uns gegen die Cananiter Krieg führen, so will ich auch mit dir in dein Los ziehen (וְהָלַכְתִּי), und Simeon zog mit ihm" d. h. verband sich mit Juda zur Bekriegung der Cananiter. Diese Aufforderung zeigt, dass Juda hauptsächlich die in seinem und in Simeons Erbtheile übriggebliebenen Cananiter bekriegen und ausrotten wollte. Der unterschiedliche Gebrauch von עָלָה und הָלַךְ erklärt sich daraus, dass Simeons Gebiet ganz in der Sephela und im Negeb lag, Juda hingegen den Kern seiner Besitzung auf dem Gebirge empfangen hatte. — V. 4. „Da zog Juda hinauf" *sc.* gegen die Cananiter, um sie zu bekriegen. Diese Ergänzung ergibt sich aus dem Contexte, namentlich v. 2 ganz einfach. Dem Sinne nach erklärt *Ros.* וַיַּעַל richtig: *expeditionem suscepit Juda cum Simeone*. „Und sie schlugen die Cananiter und Pheresiter bei Besek, 10000 Mann." In diesen Worten ist das Ergebniss des Krieges kurz zusammengefasst, von dem dann in v. 5—7 noch die Gefangennehmung und Bestrafung des feindlichen Königs *Adoni-Besek* als das wichtigste Ereigniss besonders erzählt wird. Die Feinde sind bezeichnet als Cananiter und Pheresiter, die zwei Völkerschaften, welche schon Gen. 13, 7 u. 34, 30 die gesammte Bevölkerung Canaans repräsentiren, und zwar so dass unter הַכְּנַעֲנִי hauptsächlich die in den Niederungen am Jordan und am Mittelmeere (vgl. Num. 13, 29. Jos. 11, 3) und unter הַפְּרִזִּי die auf dem Gebirge wohnenden Völkerstämme (Jos. 17, 15) begriffen werden. Ueber die *Pheresiter* s. zu Gen. 13, 7. Der Ort בֶּזֶק *Besek* ist nur noch 1 Sam. 11, 8 erwähnt und lag nach dieser Stelle zwischen Gibea Sauls (s. zu Jos. 18, 28) und Jabes in Gilead. Nach dem *Onom.* u. *Bezek* gab es damals *duae villae nomine Bezek vicinae sibi*, 17 röm. Meilen auf dem Wege von *Neapolis* nach *Scythopolis* d. i. gegen 7 Stunden nordwärts von Nabulus nach Beisan zu. Eine Angabe, die sich auch mit 1 Sam. 11, 8 vereinigen lässt. Dagegen wird das hier genannte Besek von *Cler. ad h. l.*, *Rosenm.* bibl. Althk. II, 2 S. 329 u. *v. Raumer* Pal. S. 182 u. A. im Stammgebiete Juda's gesucht, ohne dass man es hier nachweisen kann, weil man nämlich aus v. 3 schliesst, dass Juda und Simeon nur die Cananiter in ihren Stammgebieten bekriegt haben. Aber diese Voraussetzung ist sehr unsicher. Man braucht dagegen gar nicht die irrige Meinung *Bertheau's*, dass die Stämme Juda und Simeon von dem Sammelplatz der geeinigten Gemeinde bei Sichem aus ihren Eroberungszug nach Süden antraten und auf diesem Zuge den Kampf mit der cananitischen Macht in dieser Gegend bestanden, aufzustellen, da weder in Jos. 24 Sichem als Sammelplatz der geeinigten Gemeinde d. h. der gesammten Kriegsmacht Israels bezeichnet ist, noch der Krieg mit Adoni-Besek in die Zeit fällt, als die Stämme nach beendigter Verlosung von Silo weg in ihre Erbtheile zu ziehen sich anschickten, sondern man kann sich den Hergang einfach so denken, dass die Stämme Juda und Simeon, als sie sich zum Kriege wider die Cananiter in ihren Stammgebieten rüsteten, von der von Adoni-Besek zusammengezogenen Macht der Cananiter bedroht oder angegriffen wurden, so dass sie ihre Waffen zuerst gegen diesen König kehren mussten, bevor sie die Cananiter in ihrem Stammlande bekriegen konnten. Da uns die näheren Umstände über Anlass und Verlauf dieses Krieges nicht berichtet sind, so steht der Vermuthung nichts im Wege, dass Adoni-Besek von Norden her gegen die Stammgebiete Benjamins und Juda's vorrückte, vielleicht in der Absicht, sich mit den Cananitern in Jebus und den Enakitern zu Hebron und auf dem südlichen Gebirge zu vereinigen und dann gemeinschaftlich mit denselben die Israeliten zu schlagen. Dadurch konnten Juda und Simeon veranlasst oder genöthigt werden, diesen Feind zuerst anzugreifen und ihn zu verfolgen, bis sie ihn bei seiner Hauptstadt Besek erreichten und mit seinem Heere schlugen. *Adoni-Besek* d. i. Herr von Besek ist Titel dieses Königs, dessen Eigenname unbekannt ist.

Bei der Hauptschlacht, in welcher 10,000 Cananiter fielen, entkam Adoni-Besek, wurde aber auf der Flucht ergriffen (v. 6 f.) und durch Abhauen der Daumen an seinen Händen und Füssen so verstümmelt, dass er weder Waffen führen noch entfliehen konnte. Mit diesem grausamen Verfahren, welches nach *Aeliani var. hist. II, 9* die Athenienser an den kriegsgefangenen Aegyneten verübt haben sollen, vollstreckten die Israeliten nur das gerechte Gericht der Wiedervergeltung für die Grausamkeiten, die Adoni-Besek an gefangenen Kriegern begangen hatte, wie er selbst anerkennen muss. „Siebzig Könige — sagt er v. 7 — mit abgehauenen Daumen ihrer Hände und Füsse waren unter meinem Tische auflesend. Wie ich gethan, so hat mir Gott vergolten." בְּהֹנוֹת — — מְקֻצָּצִים wörtl.: „an den Daumen ihrer Hände und Füsse behauen" (vgl. *Ew.* Lehrb. §. 284ᶜ). Zu מְלַקְּטִים „auflesend" fehlt das Object: Brocken, das sich leicht aus dem Begriffe des Verbums ergänzt. Die Brocken unter dem Tische auflesen, wie Hunde Matth. 15, 27, ist Bild der schmachvollsten Behandlung und Erniedrigung. Die Zahl Siebzig ist eine runde Zahl und diese Zahlangabe sicherlich eine gewaltige Hyperbel. Denn mag immerhin in Canaan jede etwas bedeutendere Stadt ihren eigenen König

gehabt haben, so ergibt sich doch schon daraus, dass Josua bei der Einnahme des Landes nur 31 Könige geschlagen hat, dass in ganz Canaan
schwerlich 70 Könige zu finden waren.   Auffällig erscheint es auch, dass
der König von Besek bei der Eroberung Canaans unter Josua nicht erwähnt wird.   Vermuthlich lag Besek mehr seitwärts nach dem Jordanthale zu, wohin die Israeliten unter Josua nicht kamen.   Vielleicht fällt
auch der Höhepunkt der Macht Adoni-Beseks, da er so viel Könige überwunden, in die Zeit vor Ankunft der Israeliten in Canaan, und war damals schon im Erbleichen, so dass er gegen die unter Josua vereinigte
Macht Israels nichts zu unternehmen wagte und erst nach dem Einrücken
der isr. Stämme in ihre Erbtheile das Kriegsglück nochmals versuchte
und dabei unterlag.   Die Judäer nahmen ihn mit nach Jerusalem, woselbst er starb.

V. 8—15.   Nach seiner Besiegung nämlich zogen Juda und Simeon
gegen Jerusalem, eroberten diese Stadt, schlugen sie d. h. ihre Einwohnerschaft nach der Schärfe des Schwerts d. h. schonungslos (s. Gen. 34, 26)
und zündeten die Stadt an.   שִׁלַּח בָּאֵשׁ in Brand stecken, dem Feuer preisgeben, kommt nur noch 20, 48. 2 Kg. 8, 12 u. Ps. 74, 7 vor.   Den König
von Jerusalem hatte schon Josua mit seinen vier Verbündeten nach der
Schlacht bei Gibeon getödtet (Jos. 10, 3. 18—26), seine Hauptstadt Jerusalem aber nicht erobert.   Dies geschah erst nach Josua's Tode durch die
Stämme Juda und Simeon.   Aber auch durch diese Eroberung kam die
Stadt, trotzdem dass sie in Brand gesteckt worden war, nicht in den dauernden und alleinigen Besitz der Israeliten.   Nachdem die Eroberer weiter gezogen waren, um die Cananiter auf dem Gebirge, im Negeb und in
der Sephela zu bekriegen (v. 9 ff.), nahmen die Jebusiter sie wieder ein
und bauten sie auf, so dass sie in der nächstfolgenden Zeit den Israeliten
als eine fremde Stadt galt (19, 11 f.).   Wie die Judäer so konnten dann
auch die Benjaminiten, denen Jerusalem durchs Los zugefallen war, die
Jebusiter nicht daraus vertreiben; vielmehr blieben diese neben den Benjaminiten (1, 21) und den Judäern (Jos. 15, 63), die sich in dieser auf der
Grenze ihres Stammgebietes liegenden Stadt im Laufe der Zeit niederliessen, daselbst wohnen und setzten sich besonders in der Oberstadt auf
dem Berge Zion so fest, dass es erst David gelang, diese feste Burg ihnen
zu entreissen und die Zionsstadt zur Residenz seines Reiches zu machen
(2 Sam. 5, 6 ff.). [1] — V. 9 ff.   Nach der Eroberung Jerusalems (אַחַר postea)
zogen die Söhne Juda's (mit den Simeoniten, vgl. v. 3) hinab in ihre Erb-

---

1) Auf diese Weise vereinigen sich einfach die verschiedenen Angaben über Jerusalem Jos. 15, 63. Jud. 1, 8 u. 21. 19, 11 ff. 1 Sam 17, 54 u. 2 Sam. 5, 6, ohne dass man
nöthig hat, mit *Josephus* (*Ant. V, 2, 2*) die in unserm Verse erzählte Einnahme Jerusalems auf die Eroberung der um den Berg Zion herumgebauten Stadt mit Ausschluss der Burg auf dem Zion zu beschränken, oder gar mit *Bertheau* das Wohnen
der Jebusiter neben den Söhnen Juda's in Jerusalem (Jos. 15, 63) auf die Zeit nach
der Eroberung der Burg Zion durch David zu beziehen, wofür weder der Umstand,
dass unter David noch der Jebusiter Aravna dort eine Besitzung hatte (2 Sam. 24,
21 ff.), noch die Stelle 1 Kg. 9, 20, der zufolge Salomo die Nachkommen der im Lande
übrig gebliebenen Amoriter, Hethiter, Pheresiter, Heviter und Jebusiter zu Frohn-
sclaven bei seinen Bauten verwandte, beweisgültige Zeugnisse liefern.

theile, um die Cananiter auf dem Gebirge, im Negeb und in der Sephela (s. zu Jos. 15, 48. 21. 33) zu bekriegen und auszurotten, und eroberten zuerst Hebron und Debir auf dem Gebirge v. 10—15, wie schon Jos. 15, 14 —19 erzählt ist. S. die Erkl. j. St. Die Formen עִלִּית und תַּחְתִּית (v. 15) statt עִלִּיּוֹת und תַּחְתִּיּוֹת (Jos. 15, 19) sind Singulare und mit der Pluralform des Fömin. גֻּלֹּת verbunden, weil גֻּלָּה die Bed. des Singulars Brunnen hat, s. *Ew.* §. 318ᵃ.

V. 16. Die Notiz über die Keniter, dass sie aus der Palmenstadt mit den Söhnen Juda's hinauf in die Wüste Juda im Süden Arads zogen und dort bei den Judäern wohnten, ist in den Bericht von den Kriegen des St. Juda hier eingeschoben, weil diese Wanderung der Keniter in die Zeit zwischen der Eroberung Debirs (v. 12 ff.) und Zephats (v. 17) fiel, und die Notiz als das Mittelglied zwischen Num. 10, 29 ff. und den späteren Erwähnungen der Keniter (Jud. 4, 11. 5, 24. 1 Sam. 15, 6. 27, 10. 30, 29) bildend von Bedeutung war. בְּנֵי קֵינִי die Söhne oder Nachkommen des Keniten, nämlich Hobabs, des Schwagers Mose's (vgl. 4, 11 wo der Name genannt ist, aber קַיִן statt קֵינִי steht, mit Num. 10, 29) waren vermuthlich ein Zweig der Gen. 15, 19 neben andern Völkerschaften Canaans genannten Keniter (הַקֵּינִי), der sich in der vormosaischen Zeit von seinen Stammgenossen getrennt hatte und ins Land Midian gezogen war, wo Mose nach seiner Flucht aus Aegypten bei ihrem Häuptlinge Reguel Aufnahme fand; s. zu Gen. 15, 19 u. Num. 24, 21 f. Diese Keniten waren auf Mose's Bitten mit den Israeliten nach Canaan gewandert (Num. 10, 29 ff.) und nach dem Einrücken der Israeliten in Canaan als Nomaden vermuthlich in der Jordangegend bei Jericho geblieben, ohne an den Kriegen Josua's sich zu betheiligen. Als aber nach Josua's Tode der St. Juda die Cananiter aus Hebron, Debir und der Umgegend ausgerottet hatte, zogen sie mit den weiter gen Süden vordringenden Judäern in die Wüste Juda, und zwar in den südwestlichen Saum dieser Wüste, in die Gegend südlich von Arad (Tell Arad, s. zu Num. 21, 1), um dort an der Grenze der Steppen des Negeb (Num. 33, 40) sich niederzulassen. עִיר הַתְּמָרִים die Palmenstadt ist nach 3, 13. Deut. 34, 3. 2 Chr. 28, 15 Beiname der Stadt Jericho. Hier an eine andere Stadt dieses Namens in der arabischen Wüste, etwa bei dem Palmenwalde φοινικών des *Diod. Sic. III, 42* u. *Strabo p. 776*, zu denken (mit *Cler.* u. *Berth.*), liegt kein Grund vor, selbst wenn die Existenz einer solchen Stadt in dieser Gegend erweislich wäre. וַיֵּלֶךְ da zog er (der genannte Zweig der Keniten) hin und wohnte bei dem Volke (der Söhne Juda's) also bei dem Volke Israel in der genannten Gegend der Wüste Juda. Subject zu יֵלֶךְ ist קֵינִי der Kenite als Volksstamm.

V. 17—21. Die übrigen Eroberungen der verbündeten Stämme Juda und Simeon. In v. 17 die Eroberung von Zephat im Gebiete Simeons. Dies erhellt nicht nur daraus, dass Horma (Zephat) dem St. Simeon zugetheilt worden (vgl. Jos. 19, 4 mit 15, 30), sondern auch schon aus den Worten: „Juda zog mit seinem Bruder Simeon", die auf v. 3 zurückweisend den Gedanken ausdrücken, dass Juda mit Simeon in dessen Gebiet zog um die dort noch befindlichen Cananiter zu vertreiben. Von Debir südwärts vorrückend schlugen Juda und Simeon die Cananiter zu *Zephat* an

der Südgrenze Canaans und vollstreckten den Bann an dieser Stadt, wovon sie den Namen *Horma* d. i. Bannung erhielt. Diese Stadt hat sich in
der Ruinenstelle *Sepâta* südwärts von Khalasa oder Elusa erhalten; s. zu
Jos. 12, 14. In der angef. Stelle ist unter den von Josua geschlagenen Königen auch der König von Horma oder Zephat aufgeführt. Daraus folgt
aber nicht sicher, dass Josua auch seine Hauptstadt Zephat erobert hatte,
wurde doch auch der König von Jerusalem von Josua geschlagen und getödtet, ohne dass Jerusalem damals erobert ward. Sollte aber auch Zephat
damals schon von den Israeliten eingenommen worden sein, so konnten
doch nach dem Abzuge des israelitischen Heeres die dortigen Cananiter
die Stadt wieder in Besitz genommen haben, so dass die Israeliten nach Josua's Tode sie wie so manche andere cananitische Stadt nochmals erobern
mussten; s. die Erkl. zu Num. 21, 2 f. Grosse Wahrscheinlichkeit hat indess diese Vermuthung aus dem Grunde nicht, weil Juda und Simeon erst
jetzt den von Mose Num. 21, 2 über das Gebiet des Königs von Arad ausgesprochenen Bann an der zu diesem Gebiete gehörigen Stadt Zephat
vollstreckten. Hätte Josua sie schon erobert, so würde er sie auch schon
gebannt haben. Der Name *Horma*, den Zephat schon Jos. 15, 30 u. 19, 4
führt, spricht nicht dagegen, da er proleptisch gebraucht sein kann. Jedenfalls erklärt sich die Verhängung des Bannes über diese Stadt nur daraus, dass Mose den Bann über alle Städte des Königs von Arad ausgesprochen hatte. — V. 18. Vom Negeb wandte sich Juda in die Sephela
und nahm am Küstenstriche die drei philistäischen Hauptstädte Gaza, Askalon und Ekron mit ihren Gebieten ein. Dass die Eroberung vom Süden her erfolgte, das zeigt die Reihenfolge der eroberten Städte. Zuerst
Gaza, die südlichste aller Philisterstädte, das heutige *Guzzeh*, hierauf das
5 Stunden nördlich von Gaza gelegene Askalon (*Askulân*), endlich Ekron,
die nördlichste unter den 5 Philisterstädten, das heutige *Akir*, s. zu Jos.
13, 3. Die beiden übrigen: Asdod und Gath scheinen damals unerobert
geblieben zu sein. Auch die eroberten vermochten die Judäer nicht lange
zu behaupten. In der Zeit Simsons waren sie alle wieder im Besitze der
Philister, vgl. 14, 19. 16, 1 ff. 1 Sam. 5, 10 u. a. — In v. 19 ist das Ergebniss der Kämpfe um den Besitz des Landes kurz zusammengefasst. „Jehova war mit Juda"; unter seinem Beistande nahm es das Gebirge in Besitz. Nur dieses; „denn die Bewohner der Ebene vermochte es nicht auszurotten, weil sie eiserne Wagen hatten." הוֹרִישׁ hat in beiden Sätzen
verschiedene Bedeutung; zuerst (וַיֹּרֶשׁ) in Besitz nehmen ein durch Vertreibung oder Vertilgung seiner früheren Bewohner erledigtes Besitzthum, ·
sodann (לְהוֹרִישׁ mit dem *accus.* der Bewohner) aus dem Besitze vertreiben,
ausrotten, was sich aus der Bed. zum erledigten Besitzthume machen ergibt, vgl. Ex. 34, 24. Num. 32, 21 u. ö. Unter הָהָר ist hier das Südland
(der Negeb) mit begriffen, da nur Gebirge und Ebene unterschieden sind.
הָעֵמֶק das Thalland ist die Sephela (v. 9). לֹא לְהוֹרִישׁ er war nicht (im
Stande) zu vertreiben. Die Construction erklärt sich daraus, dass לֹא hier
wie Am. 6, 10 selbständig zu fassen ist, in demselben Sinne wie in späteren Schriften אֵין vor dem Infinitive gebraucht wird 2 Chr. 5, 11. Esth. 4, 2.
8, 8. Koh. 3, 14; vgl. *Ges.* §. 132, 3 Anm. 1. *Ew.* §. 237°. Ueber die eiser-

nen d. h. mit Eisen beschlagenen Wagen s. zu Jos. 17, 16. — Hieran reiht
sich v. 20 die Angabe, dass man Hebron dem Caleb gegeben u. s. w., die
schon Jos. 15, 13 f. vorgekommen und dort erläutert worden ist, und v. 21
die Bemerkung, dass die Benjaminiten nicht die Jebusiter, welche Jerusalem bewohnten, vertrieben, welche hier insofern ganz passend erscheint,
als sie einerseits zeigt, dass die Söhne Juda's durch diese Eroberung Jerusalem nicht in den unbestrittenen Besitz der Israeliten brachten, andrerseits dass sie durch diese Eroberung nicht das Erbtheil Benjamins zu
schmälern beabsichtigt, diese Stadt nicht für sich erobert haben. Das
Weitere s. zu v. 8.

In v. 22—36 sind die Kämpfe der übrigen Stämme gegen die im Lande zurückgebliebenen Cananiter kurz zusammengestellt. Von denselben
wird nur die Einnahme Bethels v. 22—26 genauer erzählt. Ausserdem
sind nur die Städte in den Stammgebieten West-Manasse (v. 27 f.),
Ephraim (v. 29), Sebulon (v. 30), Aser (v. 31 f.), Naphtali (v. 33) und Dan
(v. 34 f.) aufgezählt, aus welchen die Cananiter von diesen Stämmen nicht
ausgerottet wurden. Uebergangen ist Isaschar, aber schwerlich aus dem
Grunde, weil dieser Stamm gar keinen Versuch zur Bekämpfung der Cananiter machte (*Berth.*), sondern vielmehr deshalb, weil von seinen Städten keine im Besitze der Cananiter geblieben war.

V. 22—26. Wie Juda so nahm auch (עַם־הֵם auf v. 2 f. zurückweisend)
das Haus Josephs (Ephraim und West-Manasse) nach Josua's Tode den
Kampf gegen die in seinem Gebiete übriggebliebenen Cananiter auf. Die
Josephiden zogen gegen Bethel und Jehova stand ihnen bei, dass sie diese
Stadt erobern konnten. *Bethel* war zwar dem St. Benjamin zugetheilt
worden (Jos. 18, 22), lag aber an der Südgrenze des Stammlandes Ephraim
(Jos. 16, 2. 18, 13), so dass der Stamm Joseph in dieser Grenzstadt die
Cananiter nicht dulden durfte, wenn er sein Gebiet gegen dieselben schützen und von ihnen säubern wollte. Hieraus erklärt sich zur Genüge die
Erwähnung dieser und nur dieser einen Eroberung, ohne dass man nöthig
hat, den Grund hievon mit *Berth.* darin zu suchen, dass die Stadt Bethel
in der späteren Geschichte Israels so bedeutungsvoll hervorgetreten und
in mancher Beziehung für die nördlichen Stämme eine ähnliche Wichtigkeit erlangt habe wie Jerusalem für die südlichen. Denn der Umstand,
dass von den übrigen Eroberungen der Josephiden nichts berichtet ist,
erklärt sich einfach daraus, dass es denselben nicht gelang, die Cananiter
aus den andern festen Städten ihres Stammgebietes auszurotten, also von
weiteren Eroberungen nichts zu berichten war, da das Resultat ihres
Kampfes blos darin bestand, dass sie die Cananiter aus den v. 27 u. 29 genannten Städten nicht verdrängten, sondern dieselben sich nur frohnpflichtig machten. יָתִירוּ sie liessen auskundschaften. תּוּר ist hier mit בְּ
construirt, weil das Erkunden auf dem Gegenstande haftet. *Bethel* ehedem Lus, jetzt *Beitin* s. zu Gen. 28, 19 u. Jos. 7, 2. — V. 24. Und die
Wächter d. h. die zum Erspähen Bethels ausgesandten Kundschafter sahen
einen Mann aus der Stadt kommen und liessen sich von demselben, unter
dem Versprechen ihm Gnade zu erweisen d. h. bei Eroberung der Stadt
seines und der Seinigen Lebens zu schonen, vgl. Jos. 2, 12 f., den Zugang

zur Stadt zeigen, worauf sie die Stadt einnahmen und schonungslos schlugen, nach dem Gesetze Deut. 20, 16 f., nur jenen Mann mit seiner Familie
frei entlassend.   Unter מְבוֹא הָעִיר ist nicht das Stadtthor zu verstehen,
sondern der Zugang zur Stadt ist der Weg oder die Art und Weise, wie
sie in diese ohne Zweifel befestigte Stadt eindringen könnten. — V. 26.
Der Mann aber, den sie frei entlassen hatten (שִׁלְּחוּ), zog mit seinem Geschlechte ins Land der Hethiter und baute dort eine Stadt, der er den
Namen seines frühern Wohnorts *Lus* gab. Die Lage dieses *Lus* ist ganz
unbekannt. Selbst die Lage des Landes der Hethiter lässt sich nicht näher
bestimmen. Denn Hethiter finden wir zu Abrahams und Mose's Zeiten in
Hebron (Gen. 23) und auf dem Gebirge Palästina's (Num. 13, 29), später
aber auch im Nordosten Canaans an der Grenze von Syrien (1 Kg. 10, 29).
Dass die Hethiter einer der zahlreichsten und weitverbreitetsten Stämme
der Cananiter war, erhellt schon daraus, dass Jos. 1, 4 sämmtliche Cananiter als Hethiter bezeichnet sind.

V. 27 u. 28. Manasse rottete in den Städten, die ihm im Gebiete von
Aser und Isaschar zutheil geworden (Jos. 17, 11), die Cananiter nicht aus,
sondern machte sich dieselben nur frohnpflichtig. לֹא הוֹרִישׁ אֶת־אֶת־בֵּית־שְׁאָן
וגו für sich betrachtet könnte man übersetzen: Manasse nahm Bethsean
u. s. w. nicht in Besitz. Allein da in der weiteren Aufzählung statt der
Städte die Bewohner der Städte (יֹשֵׁב דּוֹר וגו) genannt sind, so muss man
הוֹרִישׁ in der Bed. ausrotten, aus dem Besitze vertreiben, nehmen, die in
v. 28 allein anwendbar ist, und unter den Städten nach einer sehr häufi-
gen Metonymie die Einwohnerschaft derselben verstehen. Also: Manasse
rottete nicht aus Bethsean d. h. die Bewohner von Bethsean u. s. w. Alle
hier angeführten Städte sind auch in Jos. 17, 11 genannt, nur zum Theil
in anderer Ordnung und daneben noch *Endor* hinter *Dor*, das ohne Zweifel hier nur durch einen Schreibfehler ausgefallen ist, da die Manassiten
nach Jos. 17, 12 f. aus allen dort genannten Städten die Cananiter nicht
ausrotteten. Die Abweichung in der Reihenfolge der Städte, dass nämlich
hier auf Bethsean Thaanach, in Jos. dagegen Jibleam folgt, welches in unserem Texte die vorletzte Stelle einnimmt, erklärt sich daraus, dass Endor,
Thaanach und Megiddo in Jos. 17, 11 zusammengestellt sind, weil sie einen
Dreistädtebund bildeten, wovon der Verf. unsers Buches abgesehen hat.
Fast alle diese Städte lagen in der Ebene Jesreel oder in der unmittelbaren Nähe der grossen Handelsstrassen, die von der Küste des Mittelmeeres nach Damaskus und Inner-Asien gingen. Diese Strassen sich zu
sichern, werden die Cananiter alle ihre Macht aufgeboten haben, wobei
ihnen ihre Kriegswagen, gegen welche Israel in der Ebene nichts ausrichten konnte, die wichtigsten Dienste geleistet haben, vgl. v. 19. Jos. 17, 16
u. *Berth.* z. u. St. — Das Nähere über die Lage der einzelnen Städte s. zu
Jos. 17, 11. Nur *Dor* lag an der Küste des Mittelmeeres (s. zu Jos. 11, 2),
und wird als phönizisches Handelsemporium gewiss auch stark befestigt
und schwer zu erobern gewesen sein. — V. 28. Als Israel erstarkte, machte es die Cananiter zu Frohnsklaven (מַס s. zu Gen. 49, 15). Wann dies
geschah, wird nicht angegeben; jedenfalls nur allmälig im Verlaufe der
Richterzeit, aber nicht erst in der Zeit Salamo's, wie *Berth.* mit Verwei-

sung auf 1 Kg. 9, 20—22 u. 1 Kg. 4, 12 meint, ohne zu bedenken, dass Israel schon unter David zur höchsten Macht erstarkte, die es jemals besessen hat, wogegen 1 Kg. 4, 12 u. 9, 20—22 gar nichts beweisen. Denn aus der Bestellung eines Präfecten über die Kreise Thaanach, Megiddo und Bethsean durch Salomo (1 Kg. 4, 12) folgt natürlich nicht entfernt, dass diese Kreise erst kurz zuvor dem Salomo unterworfen waren, sobald man nur ins Auge fasst, dass Salomo 12 solcher Präfecten über ganz Israel bestellte, um die für die königliche Hofhaltung erforderlichen Nationallieferungen regelmässig in geordneter Reihenfolge einzusenden. Eben so wenig folgt daraus, dass Salomo die Nachkommen der im Lande übriggebliebenen Cananiter als Frohnarbeiter für seine grossen Bauten verwandte, dass es erst ihm gelungen war, die bei der Eroberung Canaans durch Josua nicht ausgerotteten Cananiter den einzelnen Stämmen Israels frohnpflichtig zu machen.

V. 29—35. Ephraim rottete die Cananiter in *Geser* nicht aus (v. 29), wie schon Jos. 16, 10 berichtet worden. — V. 30. Sebulon nicht die Cananiter in *Kitron* und *Nahalol*. Beide Städte sind noch nicht aufgefunden, s. zu Jos. 19, 15. — V. 31. Aser nicht die von *Acco* u. s. w. עַכּוֹ *Ἀκχώ*, *Acco* eine Hafenstadt an der nach ihr benannten Bai nördlich vom Carmel, von *Joseph. Ant. IX, 14, 2. Diod. Sic. 19, 93. Ἄκη* und bei *Plin. h. n. V, 17 Ace* genannt, später *Ptolemais* nach einem der Ptolemäer (1 Makk. 5, 15. 21. 10, 1 u. ö. Act. 21, 7), von den Arabern *Akka*, welchen Namen die Kreuzfahrer in *Acker*, franz. *Acre* corrumpirten, während der Kreuzzüge eine sehr blühende See- und Handelsstadt, später sehr verfallen wie noch jetzt, wo sie ohngefähr 5000 Einwohner, Muslim, Drusen und Christen, zählt. Vgl. *C. v. Raum.* Pal. S. 119. *Rob.* bibl. Forsch. S. 115 ff. u. *Ritters* Erdk. 16 S. 725 ff. — *Sidon* jetzt *Saida* s. zu Jos. 11, 8. *Achlab* nur hier erwähnt und unbekannt. *Acsib* d. i. *Ecdippa* s. zu Jos. 19, 29. *Helba* unbekannt, *Aphek* das heutige *Afka* s. Jos. 13, 4 u. 19, 30. *Rehob* unbekannt, s. zu Jos. 19, 28 u. 30. Da von den 22 Städten Asers (Jos. 19, 30) 7 und darunter so bedeutende wie Acco und Sidon in den Händen der Cananiter blieben, so heisst es v. 32 nicht wie v. 29 u. 30: „die Cananiter wohnten inmitten der Israeliten", sondern umgekehrt: „die Aseriten wohnten inmitten der Cananiter", anzudeuten dass die Cananiter die Oberhand behielten; daher fehlt auch לָמַס וַיִּהְיוּ hier, vgl. v. 30. 35 u. a. — V. 33. Naphtali rottete nicht aus die Bewohner von *Bethsemes* und *Bethanat*, zwei feste Städte, deren Lage noch unbekannt ist, s. zu Jos. 19, 38, so dass auch dieser Stamm unter den Cananitern wohnte, aber dieselben sich doch frohnpflichtig machte. — V. 34 f. Noch weniger vermochten die Daniten aus ihrem Gebiete die Cananiter zu vertreiben. Im Gegentheile die Amoriter drängten Dan auf das Gebirge und gestatteten demselben nicht (נְתָנוֹ לֹא) in die Ebene hinabzukommen. Das den Daniten zugefallene Gebiet lag aber fast ganz in der Ebene, s. zu Jos. 19, 40. Wurden sie also daraus verdrängt, so waren sie fast ganz aus ihrem Erbtheile verdrängt. Die Amoriter erkühnten sich (יוֹאֶל s. zu Deut. 1, 5) zu wohnen in *Harcheres*, *Ajalon* und *Saalbim*. Ueber die beiden letzten Orte vgl. Jos. 19, 42, wo vorher *Ir-Semes* genannt ist. Diese Zusammenstellung und noch mehr

die Bed. der Namen הַר־חֶרֶס d. i. Sonnenberg und עִיר־שֶׁמֶשׁ d. i. Sonnen-
stadt legt die Vermuthung nahe, dass *Harcheres* nur ein anderer Name
für *Irsemes*, d. i. das heutige *Ain-Shems* (s. zu Jos. 15, 10) sei, vgl. *Rob.*
Pal. III S. 226 f. Diese Bedrängung vonseiten der Amoriter veranlasste
einen Theil der Daniten auszuwandern und sich im Norden Palästina's
ein Erbtheil zu suchen; vgl. cap. 18. Dagegen wurden die Amoriter allmälig von den mächtigen Ephraimiten und Manassiten, die nordwärts an
Dan grenzten, frohnpflichtig gemacht. וַתִּכְבַּד וגו׳ „die Hand des Hauses
Joseph lag schwer" (lastete) *sc.* auf den Amoritern in den genannten Städten an der Grenze von Ephraim. Für den Ausdruck vgl. 1 Sam. 5, 6.
Ps. 32, 4.

    V. 36. Um die Obmacht der Amoriter im Stammgebiete von Dan zu
erklären, wird noch eine kurze Notiz über ihre Ausbreitung im Süden
Palästina's hinzugefügt. „Das Gebiet der Amoriter war d. h. erstreckte
sich (nämlich zur Zeit der Eroberung Canaans durch die Israeliten) von
dem Aufstiege Akrabbim, von dem Fels an und weiter hinauf." מַעֲלֵה
עַקְרַבִּים *ascensus scorpionum* ist die scharf hervortretende Klippenreihe,
welche unterhalb des todten Meeres das Ghor durchsetzt und die Südgrenze des gelobten Landes bildete, s. zu Nnm. 34, 4 n. Jos. 15, 2 f. Mit
מֵהַסֶּלַע wird unstreitig ein zweiter Grenzpunkt des Amoritergebietes genannt, wie die Wiederholung des מִן trotz der fehlenden Copula וְ zeigt.
הַסֶּלַע verstehen die meisten Ausll. von der Stadt *Petra*, deren Ruinen in
Wady Musa erhalten sind, vgl. *Burckh.* Syrien S. 703 ff. *Rob.* Pal. III
S. 128 ff. u. 760 ff., und die 2 Kg. 14, 7 הַסֶּלַע und Jes. 16, 1 סֶלַע heisst. Petra liegt südöstlich von der Skorpionenhöhe. Hienach müsste man das
folgende וָמָעְלָה *et supra* im Sinne von *ulterius* verstehen und mit *Ros.* erklären: *Emoraeos non tantum ad urbem Petram pertigisse aut eam inco-*
luisse, sed etiam ulterius versus montium illorum australium culmina habi-
tationem suam produxisse. Aber eine Beschreibung des Gebietes der Amoriter nach seiner südlichen Ausdehnung in das peträische Arabien hinein
passt, ganz abgesehen davon ob die Amoriter sich wirklich bis dorthin
ausgebreitet hatten, wofür biblische und sonstige geschichtliche Zeugnisse
fehlen, gar nicht in den Zusammenhang unsres Verses, der erklärlich machen soll, wie die Amoriter im Stande waren, die Daniten aus der Ebene
ins Gebirge zurückzudrängen. Aus diesem Grunde hat schon *Berth.*
וָמָעְלָה von der Richtung nach oben d. h. nach Norden hin verstanden, was
unstreitig sowol dem Sprachgebrauche von מַעֲלָה als dem Contexte unserer Stelle besser entspricht. Damit lässt sich aber die Erklärung des הַסֶּלַע
von *Petra*, wonach zwei Grenzorte, von welchen der zweite südlicher läge
als der erste, genannt wären, in keiner Weise zusammenreimen. Denn ein
der Topographie kundiger Geschichtschreiber konnte nimmermehr die
Ausdehnung des Amoritergebietes von Süden nach Norden so beschreiben, dass er zuerst die nördlichere Skorpionenhöhe, sodann das südlichere
Petra nannte, um von da aus die weitere Ausdehnung dieses Gebietes
nach Norden anzugeben. Wenn also וָמָעְלָה die Ausbreitung des Amoritergebietes nach Norden hin andeutet, so kann מֵהַסֶּלַע nicht von der Stadt
Petra verstanden werden, sondern muss eine andere unter diesem Namen

den Israeliten bekannte Localität bezeichnen. Eine solche war der durch
die Geschichte vom Haderwasser bekannt gewordene Fels הַסֶּלַע iu der
Wüste Zin (Num. 20, 8 u. 10), auf den aller Wahrscheinlichkeit nach unser מֵהַסֶּלַע zurückweist. Dieser Fels lag an der Südwestecke von Canaan,
an dem Südrande des *Rakhma*plateaus, bis wohin das Amoritergebirge
im Südwesten sich erstreckte, vgl. Num. 14, 25. 44 f. mit Deut. 1, 44. Der-
selbige ist hier als Südwestgrenze des Amoritergebirges passend neben der
Skorpionenhöhe als Südostgrenze genannt, um die Südgrenze der Amoriter nach ihrer ganzen Breite von Ost nach West anzugeben.

Cap. II, 1—5. *Der Engel des Herrn zu Bochim.* An die übersichtliche
Darlegung der Stellung, welche die Stämme Israels zu den in ihren Erbtheilen übriggebliebenen Cananitern einnahmen, schliesst sich der Bericht an von einer Erscheinung des Engels des Herrn, welcher dem Volke
die göttliche Strafe ankündigt für die Uebertretung des Bundes, deren sich
Israel durch Nichtausrottung der Cananiter schuldig gemacht hatte. Diese
Theophanie hängt mit den in cap. 1 zusammengestellten Thatsachen aufs
engste zusammen, indem erst aus der Strafrede des Engels Zweck und Bedeutung der historischen Uebersicht von c. 1 klar wird, und gleicht ihr
auch in der aphoristischen Form der Darstellung, die sich auf den wesentlichen Kern der Sache beschränkt, ohne die Nebenumstände genauer
anzugeben, so dass uns Manches dunkel bleibt. Dies gilt namentlich von
der Angabe v. 1ª: „da kam der Engel Jehova's von Gilgal herauf nach
Bochim." מַלְאַךְ יְהוָֹה ist nicht ein Prophet oder ein anderer irdischer Ab-
gesandter Jehova's, Pinehas oder Josua (*Targ. Rabb. Stud. Berth.* u. A.),
sondern der mit Gott wesensgleiche Engel des Herrn. In der einfachen
historischen Erzählung wird nirgends ein Prophet מלאך יהוח genannt;
diese heissen stets נָבִיא oder אִישׁ נָבִיא wie 6, 8 oder אִישׁ אֱלֹהִים 1 Kg. 12, 22.
13, 1 u. a., wogegen auch Hag. 1, 13 u. Mal. 3, 1 sich nicht anführen lassen,
weil hier in prophetischer Rede die rein appellative Bedeutung von מַלְאָךְ
durch den Context ausser Zweifel gesetzt ist. Sodann identificirt sich nirgends ein Prophet so ganz und gar mit Gott, wie der Engel Jehova's hier
in seiner Rede v. 1—3. Die Propheten unterscheiden sich stets dadurch
von Jehova, dass sie ihre Aussprüche durch כֹּה אָמַר יְהוָֹה als Worte Gottes einführen, wie dies auch der Prophet in 6, 8 thut. Dagegen hat man
zwar angeführt, dass nirgends in den geschichtlichen Büchern ein Engel
zum ganzen Volke rede und auch nicht von einem Orte zum andern wan-
dere. Allein das Reden zum ganzen Volke oder „zu allen Söhnen Israels"
dürfen wir uns doch auch, wenn ein Prophet redete, nicht so verstellen,
als ob derselbe zu den 600,000 Männern Israels unmittelbar gesprochen
hätte, sondern nur so, dass er zu dem ganzen Volke in seinen Häuptern
oder Vertretern geredet hat. So sprach ja auch Josua c. 24, 2 zum ganzen Volke (כָּל־הָעָם), während doch nur die Aeltesten Israels und seine
Häupter um ihn versammelt waren (24, 1). Zu den Häuptern des Volks
konnte aber auch ein Engel oder der Engel des Herrn reden, wenn seine
Botschaft das ganze Volk anging. Auch das Heraufkommen (עָלָה) von
Gilgal nach Bochim streitet nicht mit der Natur des Engels. So gut wie
es von dem Engel des Herrn, welcher Gideon erschien, in 6, 11 heisst: er

kam (יָבוֹא) und setzte sich (וַיֵּשֶׁב) unter der Terebinte zu Ophra, eben so
gut kann die Erscheinung des Engels des Herrn zu Bochim als Heraufkommen (עָלָה) nach Bochim bezeichnet sein. Eigenthümlich ist in unserm
Fall nur das Heraufkommen „von Gilgal." Diese Angabe muss in inne-
rem Connexe mit der Mission des Engels stehen, muss mehr als eine blos
äussere Notiz über die Wanderung desselben von einem Orte zum andern
enthalten. Von Gilgal kam der Engel d. H. aber nicht, weil diese Stadt
der Sammelplatz der Gemeinde zu Josua's Zeiten war. Gegen diese Ansicht spricht, abgesehen von der S. 65 ff. erörterten Frage über die Lage
von Gilgal in den verschiedenen Stellen des B. Josua, schon der Umstand
entscheidend, dass nach der Aufrichtung der Stiftshütte zu Silo während
der Vertheilung des Landes nicht mehr Gilgal, sondern Silo den Sammelplatz der Gemeinde bildete, wo die Verlosung der Erbtheile beendigt
wurde (Jos. 18, 1 u. 10). Wir können daher nicht mit *H. Witsius* (*Mis-
cell. ss. I p. 170 ed. 1736*) sagen: *commode ex illo loco venit, ubi ad tute-
lam castrorum diu moratus erat atque etiamnum morari credebatur*, sondern müssen annehmen, dass das Heraufkommen von Gilgal in innerer
Beziehung stehe zu der Jos. 5, 13 berichteten Erscheinung des Engelfürsten, welcher nach der Beschneidung des Volkes zu Gilgal Josua den Fall
Jericho's ankündigte. Wie damals als Israel, durch die Beschneidung wieder in das richtige Bundesverhältniss zum Herrn getreten, sich zur Eroberung Canaans anschickte, der Engel des Herrn als Fürst des Heeres
Jehova's Josua erschien, um die Einnahme Jericho's ihm zuzusichern, so
erscheint hier nach dem Einzuge der israel. Stämme in ihre Erbtheile, als
dieselben angefangen hatten mit den übriggebliebenen Cananitern Frieden zu schliessen und statt sie auszurotten damit zufrieden waren sie sich
frohnpflichtig gemacht zu haben, der Engel des Herrn dem Volke, um
allen Söhnen Israels anzukündigen, dass sie durch dieses Verfahren mit
den Cananitern den Bund des Herrn gebrochen haben, und ihnen die
Strafe für diese Bundesübertretung zu eröffnen. Durch das Heraufkommen von Gilgal wird also angedeutet, dass derselbe Engel, der zu Gilgal
den Israeliten mit dem Falle Jericho's ganz Canaan preisgegeben, denselben zu Bochim wieder erschienen sei, um ihnen den göttlichen Rathschluss in Folge ihres Ungehorsams gegen die Befehle des Herrn kundzuthun. Wie wenig es dem Berichterstatter um eine rein geographische Angabe zu thun war, das erhellt auch daraus, dass er den Ort, wo die Erscheinung stattfand, nur nach dem Namen bezeichnet, den derselbe erst
von diesem Ereignisse erhalten hat: *Bochim* d. i. Weinende, dessen Lage
ganz unbekannt ist. Die Uebersetzung der LXX: ἐπὶ τὸν Κλαυθμῶνα
καὶ ἐπὶ Βαιθήλ καὶ ἐπὶ τὸν οἶκον Ἰσραήλ gibt darüber keinen Auf-
schluss. Denn τὸν Κλαυθμῶνα gründet sich blos auf Verwechslung von
בֹּכִים mit בָּבָאִים 2 Sam. 5, 23, welches die LXX auch Κλαυθμών übersetzt
haben, und ἐπὶ τὸν Βαιθήλ κτλ. ist ein willkührlicher Zusatz dieser Uebersetzer, welche *Bochim* in die Nähe von Bethel setzten, „vielleicht nur
weil sie an die Eiche des Weinens בכית bei Bethel Gen. 35, 8 dachten"
(*Berth.*). Ueber das *Piska* inmitten des V. s. die Bemerk. zu Jos. 4, 1. —
In seiner Rede identificirt der Engel des Herrn sich mit Jehova (wie Jos.

5,14 vgl. mit 6,2), indem er sich als den bezeichnet, der Israel aus Aegypten ausgeführt und nach Canaan gebracht habe. Sehr auffällig erscheint das Imperf. אַעֲלֶה statt des Perfects (vgl. 6,8), da der Inhalt der
Rede und die Fortsetzung derselben durch die *tempp. histor.* וָאָבִיא und
וָאֹמַר das Präteritum fordern. Das Imperfectum lässt sich nur daraus erklären, dass es durch das alsbald folgende und durch seine Nähe rück-
wirkende *Imperf. consec.* normirt wird: „ich führte euch herauf" (vgl.
Delitzsch zu Hab. 3,3). — „Ich werde meinen Bund nicht brechen ewig"
d. h. halten was ich bei der Bundschliessung versprochen habe d. i. Israel
mit Segen und Heil begaben, wenn es seinerseits den eingegangenen Bundespflichten nachkommt (vgl. Ex. 19,5 ff.), die Gebote des Herrn befolgt.
Dazu gehörte auch das Gebot, mit den Bewohnern dieses Landes, den Cananitern, kein Bündniss zu schliessen, vgl. Ex. 23,32 f. 34,12 f. 15 f. Deut.
7,2 ff. Jos. 23,12. — „Ihre Altäre zerstören" wörtlich nach Ex. 34,13.
Deut. 7,5. — Die W.: „und ihr habt nicht auf meine Stimme gehört" erinnern an Ex. 19,5. „Was habt ihr gethan?" מַה־זֹּאת wörtl. was ist das, das
ihr gethan habt, indem ihr die Cananiter verschonet, ihre Altäre duldet?
— V. 3. וְגַם אָמַרְתִּי „und ich habe auch gesprochen." Diese Worte weisen hin auf die schon früher für den Fall der Nichtbefolgung des göttlichen Gebotes ausgesprochene Drohung Num. 33,55. Jos. 23,13, die der
Herr nun erfüllen werde. Aus den angeff. Stellen erklärt sich auch das
וְהָיוּ לָכֶם לְצִדִּים „sie sollen euch zu Seiten d. h. zu Stacheln in euren Seiten
werden. לְצִדִּים ist ein abgekürzter Ausdruck für לְצִנִינִים בְּצִדֵּיכֶם Num. 33,
55, so dass es nicht der Conjectur לְצָרִים bedarf. Der letzte Satz von v. 3
ist nach Ex. 23,33 gebildet. — V. 4 f. Ob dieser Strafrede brach das Volk
in lautes Weinen aus. War schon das Weinen, wovon der Ort den Namen
Bochim erhielt, ein Zeichen der Trauer über ihre Versündigung, so wurde
diese Trauer dadurch zur Busse, dass sie dem Herrn daselbst opferten,
ohne Zweifel Sünd- und Brandopfer, um Vergebung ihrer Sünde und Gnade
zu erlangen. Aus dem Opfer folgt übrigens nicht, dass sich zu Bochim die
Stiftshütte oder die Bundeslade befunden habe. An jedem Orte, wo der
Herr seinem Volke erschien, konnten ihm Opfer dargebracht werden,
vgl. 6,20.26.28. 13,16 ff. 2 Sam. 24,25 u. die Erkl. zu Deut. 12,5. Dagegen folgt aus dem Opfern zu Bochim, wo kein Heiligthum Jehova's war,
dass der dem Volke Erschienene kein Prophet, auch kein gewöhnlicher
Engel, sondern der mit Jehova wesensgleiche Engel des Herrn war. .

Cap. II,6 — III,6. Israels Verhalten zum Herrn und des Herrn Verhalten zu Israel in der Richterzeit.

In der Stellung, welche die Israeliten zu den in ihren Erbtheilen zurückgebliebenen Cananitern einnahmen, lag der Keim für die eigenthümliche Richtung, welche die Entwicklung des Volkes Gottes in den
Zeiten der Richter genommen hat. Um den Gang dieser Entwicklung in
seinen allgemeinsten Grundzügen darzulegen, wird nun die nach Josua's
Tode beginnende Zeit charakterisirt als eine Periode beständigen Wech-
sels von Abgötterei und Unterjochung Israels durch feindliche Völker,

mit welcher der Herr die Uebertretung seines Bundes strafte, und von Rückkehr des also gestraften Volkes zu seinem Gotte und Errettung desselben aus der Gewalt seiner Feinde und Dränger durch die von Gott ihm erweckten Richter. Auf diese Weise offenbarte sich die Gerechtigkeit des heiligen Gottes in Bestrafung der Abtrünnigen wie die Barmherzigkeit des treuen Bundesgottes in der Begnadigung der Bussfertigen so augenfällig, dass die Geschichte Israels in dieser Zeit uns das Walten der göttlichen Heiligkeit und Gerechtigkeit, Gnade und Barmherzigkeit in der Kirche Gottes aller Zeiten vor Augen stellt zur Warnung der Gottlosen und zum Troste der Frommen.

V. 6—10. Die Charakteristik der nach dem Tode Josua's und seiner Zeitgenossen anhebenden Entwicklung des Bundesvolkes im Lande Canaan knüpft an das Buch Josua dergestalt an, dass die letzten Verse desselben (Jos. 24, 28—31) mit unwesentlichen Abweichungen in v. 6—10ᵃ wieder aufgenommen werden, nicht blos um den Uebergang von Josua c. 24 zu Jud. 2, 11 zu vermitteln und den durch die übersichtliche Zusammenfassung der Ergebnisse der Kriege zwischen den Israeliten und Cananitern unterbrochenen Faden der Geschichte wieder aufzunehmen (*Berth.*), sondern vielmehr noch um den Gegensatz und Contrast der nun beginnenden neuen Periode der israelitischen Geschichte zu der voraufgegangenen Zeit bestimmt und scharf hervorzuheben. Das י *consec.* an וַיְשַׁלַּח drückt die Gedanken-, nicht die Zeitfolge aus. Der Abfall des neuen Geschlechts nach Josua vom Herrn (v. 10 ff.) war eine nothwendige Folge von der c. 1, 1 — 2, 5 geschilderten Stellung Israels zu den im Lande übriggebliebenen Cananitern. Dieser Gedanke wird durch das י *consec.* an וַיְשַׁלַּח angedeutet. Deutsch müssen wir v. 6 ff. so ausdrücken: Als nun Josua das Volk entlassen hatte und die Söhne Israels gegangen waren jeder in sein Erbtheil, das Land in Besitz zu nehmen, da diente das Volk dem Herrn so lange Josua lebte und die Aeltesten die ihn überlebten; als aber Josua gestorben war und auch jenes (ihm gleichzeitige) Geschlecht zu seinen Vätern versammelt war, da stand ein anderes Geschlecht auf nach ihnen, welches den Herrn nicht kannte und auch das Werk (nicht kannte), das er an Israel gethan hatte. Ueber den Tod und das Begräbniss Josua's s. zu Jos. 24, 29 f. נֶאֱסַף אֶל־אֲבוֹתָיו entspricht dem נֶאֱסַף אֶל־עַמָּיו im Pentateuche, Gen. 25, 8. 17. 35, 29. 49, 29. 33 u. a.; s. zu Gen. 25, 8. לֹא יָדְעוּ אֶת־יי׳ sie kannten den Herrn nicht *sc.* aus Anschauung oder Erfahrung seiner wunderbaren Offenbarungen, welche die Zeitgenossen Josua's und Mose's gesehen und erfahren hatten.

In der mit v. 11 beginnenden übersichtlichen Schilderung der Richterzeit wird zuerst der Abfall der Israeliten vom Herrn näher beschrieben und gezeigt, wie dieselben sich weder durch die von Gott über sie verhängten Züchtigungen durch feindliche Völker noch auch durch die Sendung von Richtern, die sie von dem feindlichen Drucke befreiten, vom Götzendienste abbringen liessen (v. 11—19). Darauf wird der göttliche Rathschluss, das sündige Volk durch Nichtvertreibung der übriggebliebenen Cananiter zu versuchen und zu züchtigen, dargelegt (v. 20—23) und diese Darlegung endlich mit der Aufzählung der übriggelassenen

Völkerschaften und der Stellung Israels zu denselben abgeschlossen (3, 1 — 6).[1]

V. 11—19. *Der sich fort und fort wiederholende Abfall des Volks vom Herrn.* V. 11—13. Die Israeliten thaten was böse war in den Augen Jehova's (das dem Herrn Missfällige), sie dienten nämlich den Baalen. Der Plural הַבְּעָלִים ist generelle Bezeichnung aller falschen Götter, gleichbedeutend mit אֱלֹהִים אֲחֵרִים „den andern Göttern von den Göttern der Völker rings um sie (die Israeliten) herum." Dieser Gebrauch von הַבְּעָלִים bildete sich daraus, dass Baal die männliche Hauptgottheit der Cananiter und aller vorderasiatischen Völker war und bei den einzelnen Völkern nur in verschiedenen Modificationen verehrt und durch verschiedene Epitheta näher bezeichnet wurde. In v. 12 wird dieser Abfall genauer beschrieben als ein Verlassen Jehova's, des Gottes ihrer Väter, dem sie doch die grösste Wohlthat, die Ausführung aus Aegypten verdankten, und als Nachgehen nach andern Göttern von den sie umgebenden Heidenvölkern (wörtlich nach Deut. 6, 14. 13, 7 f.) und Anbeten derselben. Dadurch kränkten sie den Herrn. חִכְעִיס wie Deut. 4, 25. 9, 18 u. a. — V. 13. So verliessen sie Jehova und dienten dem Baale und den Astharten. Hier steht der Singular הַבַּעַל neben dem Plural הָעַשְׁתָּרוֹת, weil die männliche Gottheit sämmtlicher cananitischer und an Canaan angrenzender Völkerschaften ihrem Wesen nach eine und dieselbe Gottheit war — *Baal* ein Sonnengott, und als solcher Träger und Prinzip des physischen Lebens und der zeugenden, fortpflanzenden Naturkraft, die als Ausfluss aus seinem Wesen betrachtet wurde, vgl. *Movers*, Relig. der Phönizier S. 184 ff. u. *J. G. Müller* in *Herzogs* Realencyklop. I S. 637 ff. עַשְׁתָּרוֹת vom Singular עַשְׁתֹּרֶת, der übrigens nur 1 Kg. 11, 5. 33 u. 2 Kg. 23, 13 von der Sidonischen Astharte vorkommt, ist die allgemeine Benennung der weiblichen Hauptgottheit der cananitischen Stämme, einer Mondgöttin, die als das vergötterte und in dem reinen Mondlichte und seinem Einflusse auf das Erdenleben verkörperte weibliche Naturprinzip verehrt wurde und der griechischen *Aphrodite* entsprach, deren berühmten Tempel zu Askalon *Herodot* 1, 105 beschreibt. Als gleichbedeutend mit עַשְׁתָּרוֹת (hier u. 10, 6. 1 Sam. 7, 4. 12, 10) wird in c. 3, 7 הָאֲשֵׁרוֹת gebraucht, eine Benennung, die von den gewöhnlich in hölzernen Säulen bestehenden Idolen dieser Göttin, אֲשֵׁרִים genannt Ex. 34, 13. Deut. 7, 5. 12, 3 u. 16, 21, auf die Gottheit selbst übertragen wurde. Dagegen עַשְׁתֹּרֶת ist ohne nachweisbare Etymologie im Semitischen und wahrscheinlich oberasiatischen Ursprungs, mit dem persischen سِتاره‍ *stella* zusammenhängend und gleichbedeutend mit

---

1) Der übersichtliche Charakter dieses Abschnittes liegt so klar vor, dass auch *Bertheau* nicht umhin kann, v. 14—19 für eine Einleitung zu der folgenden Geschichte der Richter zu halten. Um daher seine Theorie von der Composition des Buchs der Richter, derzufolge c. 2, 6 — 3, 6 den ersten Theil der Geschichte der Israeliten in der Zeit der Richter bilden muss, aufrecht zu erhalten, erklärt er v. 14 —19 für eine Einschaltung in diesen ersten Theil, ohne einen andern Grund dafür geltend machen zu können als den, dass in diesem Falle der erste von den (angenommenen) 7 Theilen seine Selbständigkeit neben den andern sechs würde aufgeben müssen.

der Ἀστροάρχη, der Sternenkönigin im Sabäismus; vgl. *Gesen. thes.
p. 1083 f. Mov.* a. a. O. S. 606 u. *Müller* a. a. O. S. 565.

Ueber die Natur und Beschaffenheit des Baals- und Asthartendienstes,
in welchen die Israeliten nicht lange nach Josua's Tode verfielen und dann
fort und fort zurücksanken, ergibt sich aus den näheren Andeutungen darüber in der Geschichte Gideons, dass derselbe nicht in offener Opposi-
tion gegen den Jehovacultus bestand, keine förmliche Verwerfung Jehova's sondern nur eine Vermengung des Jehovadienstes mit heidnischem
oder cananitischem Naturdienste war. Nicht blos das Ephod, welches Gideon in seiner Vaterstadt Ophra sich anfertigen liess und welchem ganz
Israel nachhurte (8, 27), war eine Nachbildung des hohepriesterlichen
Ephod im Jehovacultus, sondern auch die Verehrung des Baal-Berith zu
Sichem, dem die Israeliten nach Gideons Tode wiederum nachhurten
(8, 33), war nur eine Depravation des Jehovadienstes, bei welcher Baal
an die Stelle Jehova's gesetzt und in ähnlicher Weise wie Jehova verehrt
wurde, wie namentlich 9, 27 klar zeigt. Neben diesem Götzendienste
konnte der Jehovacultus äusserlich fortbestehen. Wie bei den Völkern,
in deren Mitte die Israeliten lebten, die gegenseitige Anerkennung ihrer
verschiedenen Götter und Religionen sich schon darin zeigte, dass sie alle
ihre höchste Gottheit mit demselben Namen *Baal* bezeichneten und die
jedem eigenthümliche Weise nur durch ein Epitheton näher bestimmten,
so wähnten auch die Israeliten mit und neben Jehova, ihrem Bundesgotte,
den Baalen der umwohnenden mächtigen Völkerschaften dienen zu können, zumal wenn sie dieselben in der Weise ihres Bundesgottes verehrten. Hieraus erklärt sich nicht nur der rasche, sondern auch der sich immer wiederholende Abfall der Israeliten von Jehova in Baalsdienst neben
dem Fortbestehen des gesetzlichen Jehovacultus bei der Stiftshütte. Die
Israeliten folgten nur dem Vorgange und Beispiele ihrer heidnischen
Nachbarn. Wie die Heiden in Bezug auf die Anerkennung der Götter
anderer Völker tolerant waren und sich nicht weigerten diese Anerkennung auch auf den Gott Israels Jehova auszudehnen, so zeigten sich auch
die Israeliten tolerant gegen die Baale der Nachbarvölker, deren sinn-
licher Naturdienst dem verderbten Menschenherzen mehr zusagte als die
geistige Jehovareligion mit ihrem ernsten Dringen auf Heiligung des Lebens. Aber dieser mit dem Polytheismus nicht nur verträgliche, sondern
in der Natur desselben begründete Syncretismus ist mit dem Wesen der
wahren Religion unvereinbar. Denn ist Jehova der allein wahre Gott,
ausser und neben dem es keine anderen Götter gibt, so wird durch jede
Vermengung seines Dienstes mit dem Dienste der Naturgötter oder Götzen die Reinheit und Heiligkeit seines Wesens nicht blos getrübt, sondern ganz entstellt, und der wahre Gott in einen Götzen verwandelt, Jehova zum Baale herabgewürdigt. Auf die Sache gesehen, war also die
Vermengung des cananitischen Baalsdienstes mit dem Jehovadienst in der
That ein Verlassen Jehova's und Dienen andern Göttern, wie es von dem
prophet. Verfasser unsers Buches bezeichnet wird. Aehnlich verhielt es
sich mit dem Baalsdienste im Zehnstämmereiche, den die Propheten Ho-
sea und Amos rügen, vgl. *Hgstb.* Christol. I S. 196 ff. d. 2. A. — V. 14 f.

Ueber diesen Götzendienst entbrannte der Zorn des Herrn gegen Israel, so dass er es in die Gewalt seiner Plünderer dahingab, in die Hand seiner Feinde verkaufte. שֹׁסִים von שָׁסָה alternirt mit שָׁסַס in יָשֹׁסּוּ plündern. Dieses Wort ist dem Pentateuche fremd, wogegen מָכַר verkaufen in der Bed. dem Feinde machtlos preisgeben schon Deut. 32, 30 vorkommt. „Sie konnten nicht fernerhin (עוֹד) Stand halten vor ihren Feinden (vgl. Jos. 7, 12 wo für לַעֲמֹר nur לָקוּם steht), wie unter Josua und überhaupt so lange als Israel dem Herrn treu anhing, so dass nun statt der Verheissung Lev. 26, 7 f. die Drohung Lev. 26, 17 in Erfüllung ging. בְּכֹל־אֲשֶׁר יָצְאוּ „in allem wohin sie auszogen" d. h. bei jedem Auszuge, jeder Unternehmung wider ihre Feinde war die Hand Jehova's gegen sie zum Unglücke, wie er geredet (Lev. 26, 17. 36. Deut. 28, 25) und „ihnen geschworen hatte." Ein ausdrücklicher Schwur ist in den Drohungen des Gesetzes weder Lev. 26 noch Deut. 28 erwähnt; er liegt aber der Sache nach darin, oder in *virtute verborum* (*Seb. Schm.*), sofern die Drohungen Worte des wahrhaftigen und heiligen Gottes waren. וַיֵּצֶר לָהֶם מְאֹד „und es wurde ihnen sehr enge" d. h. sie kamen in grosse Bedrängniss. — V. 16 f. Dabei liess es aber der Herr nicht bewenden. Er that noch mehr. „Er erweckte Richter, die sie aus der Hand ihrer Plünderer erretteten", um durch diese Beweise seiner Liebe und Gnade sie zu dankbarer Gegenliebe zu reizen und zur Umkehr zu bewegen. Aber „auch auf ihre Richter hörten sie nicht", nämlich so dass sie nicht wieder in Götzendienst, dem die Richter gesteuert hatten, zurückfielen. Diese Beschränkung der Worte ergibt sich aus dem Zusammenhange, aus der Vergleichung mit v. 18 f. — כִּי זָנוּ sondern (כִּי nach einem negativen Satze) sie hurten andern Göttern nach (für זָנָה von der geistlichen Hurerei des Götzendienstes vgl. Ex. 34, 15) und wichen schnell ab (vgl. Ex. 32, 8) von dem Wege den ihre Väter gewandelt, zu hören auf die Befehle des Herrn d. h. von dem Wege der Befolgung der göttlichen Gebote. „Nicht thaten sie also" (oder: recht) *sc.* wie ihre Väter unter Josua gethan, vgl. v. 7. — V. 18 f. „Und wenn der Herr ihnen Richter erweckte und mit dem Richter war und sie aus der Hand ihrer Feinde errettete „alle Tage des Richters" (d. h. so lange der Richter lebte), weil der Herr Mitleid hatte ob ihres Seufzens vor ihren Drängern und Bedrückern (נָחַם nur noch Jo. 2, 8 als Verbum vorkommend): so geschah es beim Tode des Richters, kehrten sie um und handelten verderblicher als ihre Väter" d. h. so wandten sie sich wiederum ärger zum Götzendienst als ihre Väter unter den früheren Richtern, wie *Hieron.* richtig ergänzt. לֹא הִפִּילוּ מעׂ׳ „nicht liessen sie fallen von ihren Thaten" d. h. sie liessen nicht ab von ihrem bösen Thun und „von ihrem hartnäckigen Wandel." קָשֶׁה hart ist nach Ex. 32, 9. 33, 3 zu fassen, wo Israel עַם קְשֵׁה־עֹרֶף ein hartnäckiges Volk genannt wird, das sich nicht unter den Gehorsam der göttlichen Gebote beugt.

V. 20—23. *Die göttliche Züchtigung des abtrünnigen Volkes.* V. 20 f. Ueber diesen sich beständig wiederholenden und immer ärger werdenden Götzendienst entbrannte der Zorn des Herrn so gegen Israel, dass er beschloss, von den Völkern, die Josua bei seinem Tode zurückgelassen, niemand mehr vor dem bundbrüchigen Volke auszurotten. Dieser göttliche

Beschluss wird, um ihn recht deutlich darzulegen, durch וַיֹּאמֶר וגו in die
Form einer von Gott ausgesprochenen Sentenz gekleidet. Der Herr
sprach: weil dieses Volk meinen Bund übertreten hat — so will auch ich
meine Bundeszusage Ex. 23, 23. 27 ff. 34, 10 ff. nicht weiter halten, niemand von den übriggebliebenen Canaaitern mehr vor ihm vertilgen, vgl.
Jos. 23, 13. — V. 22. Die göttliche Absicht bei diesem Beschlusse war
die: „Israel durch dieselben (die nicht vertilgten Völker) zu versuchen,
ob sie (die Israeliten) den Weg des Herrn bewahren würden, auf ihm zu
wandeln (vgl. Deut. 8, 2), so wie ihn ihre Väter bewahrt haben, oder nicht."
לְמַעַן נַסּוֹת hängt weder von dem vorhergehenden עָזַב ab (*Studer*) — was
gar keinen passenden Sinn ergibt — noch lässt sich dieser Absichtssatz mit
Berth. vom Vorhergehenden lostrennen und als Vordersatz mit v. 23 verbinden — eine ganz unnatürliche Construction, für welche Jes. 45, 4 keine
entsprechende Parallele liefert —, sondern der Satz schliesst sich einfach
an den voraufgegangenen Hauptgedanken d. h. an וַיֹּאמֶר v. 20 an: Jehova
sprach d. h. beschloss die übrigen Völker nicht ferner auszurotten, um
durch dieselben Israel zu versuchen. Der Plural בָּם statt des Sing. בָּהּ,
den das vorhergehende דֶּרֶךְ fordert, erklärt sich aus einer *constructio ad
sensum* d. h. daraus, dass die Bewahrung des Wegs sachlich in der Beobachtung der Gebote Gottes, der מִצְוֹת יְהוָה Deut. 8, 2. 6 besteht, welche
dem Erzähler vorschwebten. Der Gedanke des V., dass Jehova die Cananiter nicht mehr vor Israel ausrotten wollte, um dasselbe zu versuchen,
ob es seine Gebote halten würde, gleichwie er in ähnlicher Absicht nach
Deut. 8, 2 das aus Aegypten ausgeführte Volk 40 Jahre in der Wüste wan-
dern liess, steht weder mit der Ex. 23, 29 f. u. Deut. 7, 22 ausgesprochenen göttlichen Absicht, die Cananiter nicht auf einmal zu vertilgen, damit
das Land nicht verödet würde und die wilden Thiere darin überhand-
nähmen, noch auch mit dem c. 3, 1 u. 2 angegebenen Motive in Widerspruch. Denn die sofortige Ausrottung der Cananiter in einem Jahre ist
ein ander Ding als der göttliche Beschluss, die allmälige Ausrottung derselben zu suspendiren. Jener göttliche Rathschluss hatte sein unmittel-
bares Absehen auf die Wohlfahrt Israels, dieser dagegen bezweckte zunächst die Züchtigung Israels für seine Uebertretung des Bundes, obwol
auch diese Züchtigung das abtrünnige Volk zur Busse leiten und durch
wahre Bekehrung zum Herrn sein Heil fördern sollte. Mit dieser Absicht
stimmt auch das 2, 2 angegebene Motiv überein, wie die Erkl. dieser St.
zeigen wird. — V. 23. In Folge dieses Beschlusses liess der Herr diese
Völker (die c. 3, 3 genannten) in Ruhe d. h. ruhig im Lande bleiben, ohne
sie schnell zu vertilgen. Der Zusatz מַהֵר eilends, schnell, d. h. nach den
klaren Worten des folgenden Satzes: durch und unter Josua, erscheint
nach dem Vorhergegangenen auffallend. Denn in v. 21 ist die Einstellung
nicht blos der eiligen Vertilgung, sondern der ferneren Vertilgung überhaupt gedroht. Durch das מַהֵר wird also jene Drohung dahin limitirt,
dass der Herr niemand von diesen Völkern mehr ausrotten werde, so
lange als Israel dem Götzendienste nachhängt. Sobald aber und so oft
Israel in Reue und Busse zum Herrn seinem Gott zurückkehrt, um seinen
Bund zu halten, so wird auch der Herr jene Drohung aufheben und die

verheissene Ausrottung der Cananiter wieder eintreten lassen. Hätte nun
Israel nicht so bald nach Josua's Tode den Herrn seinen Gott verlassen,
so würde der Herr auch die im Lande übriggebliebenen Cananiter viel
früher ausgerottet, oder die beschlossene allmälige Ausrottung derselben
in kürzerer Zeit ausgeführt haben, als es infolge der beständigen Abgötterei des Volkes geschehen ist.

Cap. III, 1—6. *Aufzählung der Völker, welche der Herr in Canaan zu-
rückliess*, mit nochmaliger Angabe des Motivs, weshalb dies geschehen.
V. 1. Dieses schon 2, 22 genannte Motiv: „um durch dieselben Israel zu
versuchen" wird hier weiter explicirt. Zunächst wird v. 1 אֶת־יִשְׂרָאֵל näher
dahin bestimmt: „alle die welche alle Kriege Canaans nicht kannten" *sc.*
aus eigener Anschauung und Erfahrung, d. i. also das nach Josua's Tod
aufkommende Geschlecht der Israeliten. Denn „die Kriege Canaans" sind
die durch Josua zur Eroberung Canaans unter dem allmächtigen Beistande
des Herrn geführten Kriege. In v. 2 wird sodann der ganze Gedanke weiter entfaltet: „nur allein (רַק aus keiner andern Absicht als) um zu erkennen die nachfolgenden Geschlechter (דֹּרוֹת die auf Josua und seine Zeitgenossen folgenden Geschlechter) der Söhne Israels, damit er (Jehova) sie
Krieg lehre, nur allein die welche dieselben (die Kriege Canaans) nicht
kennen gelernt hatten". Das Suffix an יְדָעוּם geht auf כל מִלְחֲמוֹת, obgleich dieses Nomen *gen. foem.* ist, indem das Suff. *plur. masc.* öfter das
Nomen *plur. foem.* vertritt. Diese göttliche Absicht bei der Nichtausrottung der Cananiter scheint bei oberflächlicher Betrachtung mit der
2, 22 angegebenen, die in v. 4 unsers Cap. wiederholt wird, nicht überein-
zustimmen. Aber die Differenz löst sich in Harmonie auf, sobald wir nur
den Begriff des Krieglernens und der Kriege Canaans richtig erfassen.
Krieglernen ist im vorliegenden Contexte s. v. a. den Krieg mit den Völkern Canaans führen lernen. Diese Völker hat aber Josua und das ganze
Israel seiner Zeit nicht durch seine menschliche Kraft und mit irdischen
Waffen überwältigt, sondern durch den wunderbaren Beistand seines Gottes, welcher die Cananiter vor den Israeliten geschlagen und vertilgt hat.
Der allmächtige Beistand des Herrn aber wurde Josua und dem ganzen
Volke nur dadurch zutheil, dass sie fest am Gesetze Gottes hielten (Jos.
1, 7), den Bund des Herrn treu bewahrten, während die Uebertretung desselben durch Achan auch die Niederlage Israels vor den Cananitern nach
sich zog (Jos. 7). In den Kriegen Canaan's unter Josua hatte also Israel
erfahren und gelernt, dass die Kraft zur Bewältigung seiner Feinde nicht
in der Menge und der Tapferkeit seiner Streiter bestehe, sondern allein
in der Macht seines Gottes, die es aber nur so lange besitzt, als es in der
Treue gegen den Herrn steht. Diese Lehre hatten die nach Josua lebenden Geschlechter vergessen und verstanden darum nicht Krieg zu führen.
Um denselben nun diese Wahrheit, von welcher Israels Bestehen und Ge-
deihen und damit zugleich die Verwirklichung des Zieles seiner göttlichen
Berufung abhing, einzuprägen, d. i. mit andern Worten, um sie durch Erfahrung zu belehren, wie das Volk Jehova's nur in der Kraft seines Gottes
streiten und siegen könne, dazu hatte der Herr die Cananiter im Lande
übrig gelassen. Noth lehrt beten. Die Bedrängniss, in welche Israel durch

die übriggebliebenen Cananiter gerieth, war eine göttliche Züchtigung, durch welche der Herr die Abtrünnigen zu sich zurückführen, zur Befolgung seiner Gebote anhalten, zur Erfüllung seiner Bundespflichten erziehen wollte. In dieser Hinsicht war das Krieglernen d. i. das Lernen, wie die Gemeinde des Herrn wider die Feinde Gottes und seines Reiches streiten soll, ein von Gott geordnetes Mittel, Israel zu versuchen oder zu prüfen, ob es auf die Gebote seines Gottes hören (v. 4) oder in den Wegen des Herrn wandeln würde. Wenn Israel so kriegen lernte, so lernte es damit zugleich das Halten der göttlichen Gebote. Beides war aber für das Volk Gottes nothwendig. Denn wie die Verwirklichung des im Bunde verheissenen Heils an dem Volke von seinem Achten auf die Stimme des Herrn abhing, so war auch der ihm verordnete Kampf nothwendig eben so sehr zur Läuterung des sündigen Volkes als für den Fortbestand und das Wachsthum des Reiches Gottes auf Erden. — V. 3. Die Aufzählung der Völker lehnt sich an Jos. 13, 2 — 6 an und wird bei ihrer Kürze erst aus jener Stelle ganz verständlich. Die 5 Philisterfürsten sind dort einzeln genannt. „Alle Cananiter und die Sidonier und Heviter, die auf dem Libanongebirge wohnen" sind nach Jos. 13, 4 ff. die im nördlichen Canaan an der phönizischen Küste und auf dem Libanon wohnenden cananitischen Stämme. הַכְּנַעֲנִי die an der Meeresküste südwärts von Sidon wohnenden, וְהַחִוִּי die Heviter die tiefer im Lande sesshaften „vom Gebirge Baal - Hermons an bis hinauf an das Gebiet von Hamat." *Baal-Hermon* ist nur ein anderer Name für *Baalgad*, das heutige *Banjas*, unter dem Hermon, vgl. Jos. 13, 5. Wenn es nun v. 4 weiter heisst: „Und sie waren vorhanden (d. h. von Josua nicht ausgerottet) um durch sie Israel zu versuchen", so fällt es auf, dass ausser den Philistern nur diese nördlichen Cananiter genannt sind, während doch nach c. 1 auch in der Mitte des Landes viele Städte im Besitze der Cananiter geblieben, mithin auch hier die Cananiter noch nicht ausgerottet waren, und diese gleichfalls den Israeliten nicht nur nach dem Worte des Engels des Herrn 2, 3 zum Fallstrick werden sollten, sondern es auch dadurch wurden, dass die unter diesen cananitischen Stämmen wohnenden Israeliten sich mit denselben verschwägerten und ihren Göttern dienten. Dieser auffällige Umstand lässt sich nicht durch die Bemerkung *Bertheau's*: „beide Aufzählungen (die der Gegenden, welche die isr. Stämme nach Josua's Tode nicht eroberten in c. 1 und die der Völker hier, welche Josua nicht unterjocht hatte) müssen im Ganzen mit einander übereinstimmen", nicht beseitigen, weil die behauptete Uebereinstimmung nicht vorhanden ist. Sie lässt sich nur daraus erklären, dass die in der Mitte des Landes in einzelnen Städten übriggebliebenen Cananiter erst dadurch die Macht, sich gegen Israel zu behaupten, gewannen, dass im Südwesten die Philister und im Norden mehrere ganze Stämme von Cananitern von Josua unbesiegt und unausgerottet zurückgeblieben waren, indem diese durch Kriege und Invasionen in das israelitische Gebiet die Kraft der Israeliten so schwächten, dass sie auch die in den einzelnen festen Städten ihrer Stammgebiete zurückgebliebenen Cananiter nicht auszurotten vermochten. Weil also die Kraft, den Israeliten zu widerstehen und sie zeitweilig zu unterdrücken, weniger in den inmit-

ten Israels wohnenden Cananitern, als hauptsächlich in den von Josua
unbesiegt gebliebenen Völkerschaften der Philister und der Cananiter auf
dem Libanongebirge lag, so sind hier in dieser Uebersicht eben nur diese
Völkerstämme genannt, als die durch welche der Herr sein Volk versuchen
wollte. — V. 5 f. Israel aber bestand in dieser Versuchung nicht. Inmitten
der Cananiter, von welchen 6 Stämme aufgezählt werden wie Ex. 3, 8. 17
u. a. (s. zu Deut. 7, 1), wohnend schlossen sie mit denselben Ehen und die-
neten ihren Göttern — wider das ausdrückliche Verbot des Herrn Ex. 34,
16. 23, 24. Deut. 7, 3 f.

II. Die Geschichte des Volkes Israel unter den Richtern. Cap. III, 7—XVI, 31.

Um den Entwicklungsgang der Israeliten in den drei Stadien seines
Verlaufs im Zeitalter der Richter klar überschauen und richtig beurtheilen
zu können, müssen wir vor allen Dingen die **Chronologie der Richterperiode** festzustellen suchen[1], da hierüber nicht nur sehr divergirende Ansichten bestehen, sondern auch Hypothesen aufgestellt worden sind, welche den geschichtlichen Charakter der Berichte unsers Buches über diesen
Zeitraum gefährden, ja theilweise geradezu aufheben[2]. — Ueberblicken
wir die chronologischen Data, welche das Buch enthält, so erscheint die
Berechnung derselben sehr einfach, indem nicht blos die Dauer der einzelnen feindlichen Bedrückungen, sondern auch von den meisten Richtern die
Zeit ihres Richteramtes oder doch die Zeit der Ruhe, welche sie ihrem Volke erkämpft haben, angegeben ist. Wir finden hierüber folgende Angaben:

1. Unterdrückung durch Cuschan Rischatajim (3,8) . . . . . 8 Jahre
   Rettung durch Othniel und Ruhe (3,11) . . . . 40 „
2. Unterdrückung durch die Moabiter (3,14) . . . . 18 „
   Rettung durch Ehud und Ruhe (3,30) . . . . 80 „
3. Unterdrückung durch den cananit. König Jabin (4,3) . . . 20 „
   Rettung durch Debora und Barak und Ruhe (5,31) . . . . 40 „
4. Unterdrückung durch die Midianiter (6,1) . . . . 7 „
   Rettung durch Gideon und Ruhe (8,28) . . . . 40 „
   Abimelechs Herrschaft (9,22) . . . . 3 „
   Thola Richter (10,2) . . . . 23 „
   Jair Richter (10,3) . . . . 22 „

Summa 301 Jahre

---

1) Vgl. hiezu meine „Chronologische Untersuchung über die Jahre, welche vom
Auszuge der Israeliten aus Aegypten bis zur Erbauung des Salomon. Tempels verflossen sind", in den *Dorpater* Beitrr. zu d. theol. Wissensch. II (1833) S. 303 ff.

2) So zählte *Rud. Chr. v. Bennigsen* in s. bibl. Zeitrechnung des A. u. N. Test.
Lpz. 1778 S. 101 ff. schon 50 verschiedene Berechnungen auf, die sich leicht durch
ältere und neuere Versuche noch vermehren liessen, vgl. *Winer* bibl. Real-Wörterb. II
S. 327 f. — Von der Ansicht *Ewald's* und *Bertheau's*, dass die chronol. Data unsers
Buches zum grösseren Theile runde oder cyklische Zahlen seien, ausgehend haben in
neuerer Zeit *Lepsius*, Chronologie der Aeg. I S. 315 f. 365 ff. 377 f. und *Bunsen* (Ae-

5. Unterdrückung durch die Ammoniter (10,8) . . . . 18 Jahre
   Rettung durch Jephtah, der Israel richtete (12,7) . . . . . 6 „
   Ebzan Richter (12,9) . . . . 7 „
   Elon Richter (12,11) . . . . 10 „
   Abdon Richter (12,14) . . . . 8 „
6. Unterdrückung durch die Philister (13,1) . . . . 40 „
   In dieser Zeit richtete Simson Israel 20 Jahre (15,20. 16,31) —
                                              _____
                                        Summa 390 Jahre

Rechnen wir hiezu noch

a) die Zeit Josua's, deren Dauer nicht angegeben ist, muth-
   masslich . . . . 20 „
b) die Zeit der Richterthätigkeit Eli's (1 Sam. 4,18) . . . . . 40 „

so erhalten wir . . . . 450 J.[3]

   Hiezu noch

c) die Zeit Samuels und Sauls zusammen . . . . 40 „
d) die Regierung Davids (2 S. 5,4. 1 Kg. 2,11) . . . . 40 „
e) die Regierung Salomo's bis zum Tempelbau (1 Kg. 6,1) . . 3 „

so wären vom Einzuge Israels in Canaan bis zum Tempelbau 533 Jahre,
und mit Hinzurechnung der 40jährigen Wanderung Israels in der arabischen Wüste, vom Auszuge aus Aegypten bis zur Erbauung des Tempels 573 Jahre verflossen. Allein so lang war dieser Zeitraum nicht; denn

_____

gypten I S. 209 ff. IV S. 318 ff. u. Bibelwerk I S. CCXXXVII ff) das Licht für die Aufhellung und Berichtigung der biblischen Chronologie in der Finsterniss der Geschichte des alten Aegyptens gesucht und die Meinung, dass die ganze Richterzeit
nur 169 oder 187 Jahre betragen habe, mit gewohnter Zuversicht als zweifellose
Wahrheit vorgetragen. Vgl. die kurze und schlagende Kritik dieser Hypothesen von
Joh. Bachmann in den *Symbolarum ad tempora Judicum recte constituenda specimen* (Rostocker Univ. Progr. vom 10. Mai 1860).

   3) Eine Bestätigung für diese Dauer der Richterzeit haben die älteren Chrono-
logen vielfach in Act. 13, 20 gefunden, wo der Ap. Paulus in seiner Rede zu Antiochia in Pisidien nach dem *text. rec.* sagt: καὶ μετὰ ταῦτα ὡς ἔτεσιν τετρακοσίοις
καὶ πεντήκοντα ἔδωκεν κριτὰς ἕως Σαμουὴλ τοῦ προφήτου. Den Widerspruch
dieser Aussage mit der Angabe 1 Kg. 6, 1, dass Salomo im 480. J. des Auszugs der Israeliten aus Aegypten den Tempel gebaut habe, suchten dann Viele durch die an
sich richtige Bemerkung zu beseitigen, dass der Apostel hiebei nur die aus blosser
Zusammenzählung der chronologischen Data des Richterbuches geflossene traditio-
nelle Ansicht der jüdischen Schulen ausgesprochen habe, unbekümmert um die Richtigkeit derselben, da er ja seine Zuhörer nicht über Chronologie belehren wollte.
Allein diese Stelle kann gar nichts beweisen; denn die *lect. rec.* stützt sich nur auf
Cod. Cant. u. *Laud.* und den Text bei *Matthaei*, und die älteste Lesart nach den *Codd.
Al. Vat. Ephr. S. rescr.* nicht nur, sondern auch nach dem *Cod. Sinait. ed. Tischend.*
und verschiedenen Minuskeln, so wie nach der *Copt. Sahid. Arm. Vers.* u. der *Vulg.*
lautet v 19. 20 also: . . . καὶ καθελὼν ἔθνη ἑπτὰ ἐν γῇ Χαναὰν κατεκληρονόμη-
σεν αὐτοῖς τὴν γῆν αὐτῶν ὡς ἔτεσιν τετρακοσίοις καὶ πεντήκοντα, καὶ μετὰ
ταῦτα ἔδωκεν κριτὰς ἕως Σαμουὴλ τ. πρ. Dieser Text ist in der *Vulg.* übersetzt:
*et destruens gentes septem in terra Chanaan sorte distribuit eis terram eorum quasi
post quadringentos et quinquaginta annos; et post haec dedit judices usque ad Samuel prophetam*, und kann wol auch kaum anders verstanden werden als so, dass
Paulus von der Berufung Abrams (oder der Geburt Isaaks) bis auf die Vertheilung
des Landes 450 Jahre rechnete, nämlich 215+215 (nach der Alex. Lesart Ex. 12, 40
s. s. d. St.) + 40 = 470 oder ὡς 450. Vgl. *Preuss*, die Zeitrechnung der LXX.
S. 75 f.

nach 1 Kg. 6, 1 baute Salomo das Haus dem Herrn im 480sten Jahre nach dem Auszuge der Israeliten aus Aegypten, im 4ten Jahre seiner Regierung. Gegen die Richtigkeit und Geschichtlichkeit dieser Angabe lassen sich keine begründeten Zweifel erheben. Zwar haben die LXX: „im 440sten Jahre" statt im 480sten; aber diese Lesart wird schon durch *Aquila* und *Symmachus*, die mit allen übrigen alten Verss. übereinstimmend die Zahl 480 bieten, als irrthümlich erwiesen, wie gegenwärtig fast allgemein anerkannt ist (vgl. *Ewald* Gesch. II S. 479), und verdankt ihre Entstehung wol nur einer willkührlichen Berechnung des genannten Zeitraums nach 11 Generationen zu je 40 Jahren, wie *Ed. Preuss* a. a. O. S. 78 ff. wahrscheinlich macht. Dagegen die Zahl 480 des hebr. Textes kann schon deshalb nicht auf einer blossen Berechnung nach Generationen beruhen, weil 1 Kg. 6, 1 zugleich das Jahr und der Monat der Regierung Salomo's angegeben ist, und wenn man dieses Datum von dem J. 480 in Abzug bringt, 477 oder 476 Jahre übrig bleiben, die keine cyklische Zahl bilden.[1] Sodann war der Auszug Israels aus Aegypten eine so epochemachende Begebenheit, die wie keine andere fest im Gedächtniss der Nation haftete, so dass sich die Erinnerung an dieselbe durch das ganze A. Test. hindurchzieht. Ferner spricht für ihre Richtigkeit auch schon die Nichtübereinstimmung mit der Summa der Zahlen im B. der Richter, während alle abweichenden chronologischen Berechnungen auf diese Zahlen zurückgehen, wie z. B. schon die verschiedenen Angaben des Josephus, der *Ant. VIII, 3, 1* den in Rede stehenden Zeitraum zu 592 Jahren, dagegen *Ant. XX, 10 u. c. Ap. II, 2* zu 612 Jahren berechnet hat.[2] Endlich lässt sich leicht zeigen, dass in der vorstehenden chronologischen Uebersicht mehrere Annahmen keine Begründung im biblischen Texte haben. Dies gilt sowol von der angenommenen Aufeinanderfolge der ammonitischen und philistäischen Be-

---

1) Dies hat *Bertheau* (d. B. d. Richter S. XVIII) ganz ausser Acht gelassen, wenn er die 480 Jahre vom Auszuge aus Aegypten bis zum Tempelbau durch Berufung auf 1 Chr. 6, 35 ff. vgl. 5, 29 ff., wo von Aaron bis Ahimaaz dem Zeitgenossen des David 12 Generationen gezählt würden, zu einer hierauf basirten cyklischen Zahl zu machen versucht. Dabei hat *B.* noch ganz willkührlich den Ahimaaz, der unter David ein Knabe war (2 S. 15, 27. 36. 18, 19. 22. 27 ff.), als Repräsentanten einer dem David gleichzeitigen Generation in Rechnung gebracht, während doch nicht er, sondern sein Vater Zadok, d. i. der elfte Hohepriester von Aaron an, Salomo zum Könige gesalbt hat (1 Kg. 1, 39. 2, 35), also vom Auszuge aus Aegypten bis zum Tempelbau nur elf Hohepriester gelebt haben. Sollte dieser Zeitraum auf Grund der Genealogien der Chronik nach Generationen zu 40 Jahren bestimmt werden, so konnten nicht mehr als 11 Generationen angenommen werden, wie von den LXX geschehen ist.

2) *Josephus* zählt nämlich (vgl. *Havercamp's* Bem. zu *Ant. VIII, 3, 1*) die im B. der Richter vorkommenden Zahlen zusammen. Diese betragen vom Einfalle Cuschans bis zum 40jährigen Druck der Philister *incl.* 390 Jahre, wenn man die 20 Jahre Simsons in die Zeiten des Philisterdrucks einrechnet, oder 410 J., wenn man dieselben besonders zählt. Rechnet man dazu noch die 40 J. des Zuges durch die Wüste, die 25 Jahre, welche *Jos. Ant. V, 1, 29* dem Josua zutheilt, die 40 J. des Eli, die 12 J., die er VI, 13, 5 dem Samuel vor Sauls Erwählung zum Könige, und die 40 J., die er dem Samuel und Saul zusammen beilegt, endlich die 40½ J. der Regierung Davids so wie 4 Jahre Salomo's bis zum Tempelbau: so erhält man (40 + 25 + 40 + 12 + 40 + 40½ + 4 = 201½) die Summa von 201½ Jahren, und diese zu 390 addirt machen 591½, oder zu 410 gezählt 611½ Jahre.

drückung, als auch von der Berechnung der 40 Jahre des Richteramtes Eli's nach oder neben den 40 Jahren der philistäischen Herrschaft über Israel.

Für die gangbare Ansicht, dass die 40 J. der philist. Bedrückung erst nach dem Tode Jephtahs oder Abdons beginnen, scheint zwar der Umstand zu sprechen, dass diese Bedrückung erst nach dem Tode Abdons (12, 15) mit der stehenden Formel: „Und die Söhne Israels thaten wiederum das Böse u. s. w." (13, 1) eingeleitet wird. Aber diese Formel liefert für sich allein betrachtet keinen sicheren Beweis, dass die mit ihr eingeleitete Bedrängniss erst nach dem Vorhererzählten eingetreten sei, wenn dies nicht im Contexte durch irgend eine Bestimmung angedeutet ist, entweder wie 4, 1 durch den eingeschobenen Satz: „da Ehud gestorben war", oder noch deutlicher durch die voraufgehende Bemerkung, dass das Land so und so viel Jahre Ruhe hatte, wie 3, 11. 30. 5, 31 vgl. 8, 32. Statt einer solchen Zeitbestimmung finden wir hingegen im vorliegenden Falle c. 10, 6 ff. die Angabe, dass Jehova die Israeliten, als sie wiederum in Götzendienst zurücksanken, in die Hand der Philister und der Ammoniter verkaufte, und darauf nur die Schilderung der ammonitischen Bedrückung sammt der Rettung von derselben durch Jephtah (10, 8 — 12, 7) und die Aufzählung von drei der Reihe nach auf Jephtah folgenden Richtern (12, 8 — 15), ohne etwas Weiteres über die 10, 7 erwähnte Bedrückung durch die Philister zu erfahren. Wenn nun in 13, 1 weiter berichtet wird, dass der Herr die Israeliten 40 Jahre in die Hand der Philister hingab, so kann sich dies unmöglich auf eine neue philistäische Bedrückung nach der in c. 10, 7 angedeuteten beziehen, sondern nur so verstanden werden, dass der Geschichtschreiber nun erst die Beschreibung jener in c. 10, 7 erwähnten aufgenommen und dieselbe mit der ihm geläufigen Formel: Und die Söhne Isr. thaten wiederum das Böse u. s. w. eingeleitet hat. Die philistäische Bedrückung begann demnach gleichzeitig mit der ammonitischen, ging neben derselben her, überdauerte sie und erreichte ihr Ende erst kurz vor dem Tode des Richters Elon. Dies wird dadurch vollends ausser Zweifel gesetzt, dass die Ammoniter, obwol sie auch den Jordan überschritten um gegen Juda, Benjamin und Ephraim zu streiten, doch hauptsächlich nur die jenseits des Jordan wohnenden Stämme Israels bedrängten (10, 8 f.), und dass Jephtah nur von diesen Stämmen zu ihrer Bekriegung berufen und zum Haupte und Fürsten derselben gemacht wurde (11, 5 — 11), auch die Ammoniter nur im Ostjordanlande schlug und vor den Israeliten beugte (11, 32 f.). Hieraus erhellt klar, dass Jephtah wie seine Nachfolger Ebzan, Elon und Abdon weder Richter über ganz Israel waren, noch gegen die Philister gestritten oder Israel von dem Drucke dieser von Südwesten her ins Land eindringenden Feinde befreit haben, so dass das Fehlen des וַתִּשְׁקֹט הָאָרֶץ וגו in c. 11 u. 12 sehr zu beachten ist.[1]

---

1) Selbst *Hitzig*, der in s. Urgeschichte der Philistäer S. 159 f. die Gleichzeitigkeit der ammonitischen und philistäischen Bedrängung ablehnt, muss doch bekennen: „Wahr ist es, dass der Erzähler die ammonitische Fehde, welche mit der philistäischen nicht zusammenhängt und früher endigt, füglich erst vollends abhan-

Wenn aber die ammonitische und philistäische Bedrückung gleichzeitig eintraten, so kann bei der chronologischen Berechnung der Richterperiode natürlich nur die Zeitdauer der einen in Betracht kommen, und zwar derjenigen, an deren Ende sich die chronologischen Data der Folgezeit anschliessen. Dies ist nicht die ammonitische mit der Rettung durch Jephtah und den auf ihn folgenden Richtern Ebzan, Elon und Abdon, weil mit Abdons Tode der chronologische Faden dieser Reihe von Begebenheiten abbricht, ohne später irgendwo wieder aufgenommen zu werden, sondern die philistäische, deren Dauer zu 40 Jahren bestimmt ist, ohne dass im B. der Richter das Ende derselben berichtet wird. Denn Simson fing nur an, Israel aus der Gewalt der Philister zu retten (13, 5), ohne diese Rettung zu vollführen. Er richtete Israel 20 Jahre in den Tagen d. h. während der Herrschaft der Philister (15, 20); daher auch die 20 Jahre seines Wirkens für die Chronologie der Richterperiode nicht weiter in Betracht kommen, weil sie ganz in den 40jährigen Zeitraum der philistäischen Obmacht hineinfallen. Beim Tode Simsons, mit dem das Buch der Richter schliesst, war die Macht der Philister noch nicht gebrochen, und im 1. B. Samuelis finden wir gleich in c. 4 die Philister im Kampfe mit Israel, und so siegreich, dass die Israeliten von ihnen geschlagen werden und sogar die Bundeslade verlieren. Dieser Kampf kann nur die Fortsetzung der philistäischen Bedrängniss sein, welcher die Thaten Simsons angehören, da im B. der Richter nicht das Ende, in Sam. nicht der Anfang des 4, 9 ff. erwähnten philist. Druckes angegeben ist. Daher ist auch *Hitzig* a. a. O. S. 156 f. der in m. oben angef. chronologischen Abhdl. entwickelten Ansicht beigetreten, dass die 40jährige Herrschaft der Philister (Jud. 13, 1) im 1. B. Sam. noch bis c. 7, 3. 7 fortdaure und ihr Ende erst durch Samuel (1 Sam. 7, 10 ff.) erreicht habe. Steht aber dies fest, so können auch die 40 Jahre der Richterthätigkeit Eli's nicht nach der philistäischen Bedrängung und

---

delte, ehe er sich in die Einzelheiten der philistäischen einliess." Wenn er dessen ungeachtet gegen die Gleichzeitigkeit beider geltend macht: „Dem Zusammenhange und aller Analogie zufolge (vgl. 4, 1. 3, 11. 12) will der Verf. c. 13, 1 sagen, dass nach dem Tode Abdons, da kein Richter in Israel war, das Volk in die frühere Gesetzlosigkeit zurückfiel und zur Strafe dafür den Philistäern preisgegeben wurde", so zeigt die genauere Betrachtung der angeff. Stellen 4, 1. 3, 11 f., dass die angebliche Analogie nicht vorhanden ist, weil da וַתִּשְׁקֹט הָאָרֶץ וגו׳ voraufgegangen ist (s. 3, 11 u. 31), das vor 13, 1 fehlt. Die weitere Behauptung aber, dass der Bericht von dem philistäischen Kampfe an den Ausgang des Ammoniterkriegs anzuschliessen war, wenn derselbe gleichfalls ausführlich zur Sprache gebracht werden sollte," entbehrt jeglicher Begründung und Beweiskraft. Wenn weder Jephtah noch die drei auf ihn folgenden Richter etwas mit den Philistern zu schaffen hatten, wenn dieselben nur die von den Ammonitern bedrängten und bedrohten Stämme richteten, so war es natürlich, alles was von ihnen zu berichten war, an den Bericht über die Besiegung der Ammoniter anzureihen, um das sachlich Zusammenhängende nicht ohne Noth auseinanderzureissen. Sind demnach diese Einwürfe an sich schon ganz nichtig, so scheitert der Widerspruch gegen die Anerkennung der Gleichzeitigkeit der beiden Bedrängungen vollends an den klaren Worten 10, 7, dass Jehova die Israeliten in die Gewalt der Philister und Ammoniter hingab, die *Hitz.* nur durch den kritischen Gewaltstreich, dass er die W. בְּיַד פְּלִשְׁתִּים ohne irgend einen Grund, als weil sie seiner Annahme entgegenstehen, für unecht erklärt, aus dem Wege zu räumen vermag.

den Thaten Simsons fallen und besonders berechnet werden. Da nämlich
Eli infolge der Nachricht von der Wegnahme der Bundeslade durch die
Philister starb (1 Sam. 4, 18) und von dieser Katastrophe an 7 Monate
(1 Sam. 6, 1) und 20 Jahre vergingen, bis die Philister durch Samuel be-
siegt und gedemüthigt wurden (1 Sam. 7, 2), so gehört von dem 40jährigen
Richterthume Eli's nur die letzte Hälfte in die 40 Jahre der philistäischen
Uebermacht über Israel, die erste dagegen vor derselben in die Zeiten des
Richters Jair. Eli war überhaupt kein Richter im engeren Sinne, weder
Heerführer noch weltliches Oberhaupt des Volks, sondern Hoherpriester,
der als solcher auch die bürgerliche Rechtspflege in oberster Instanz ver-
waltete, ganz unabhängig davon, ob neben ihm ein weltlicher Oberrichter
vorhanden war oder nicht. Nach Eli's Tode lag Israel über 20 Jahre unter
der Herrschaft der Philister ganz danieder. In diesen Zeitraum fällt das
Wirken Simsons, welcher die Philister die Obmacht des Gottes Israels
fühlen liess, ohne doch Israel ganz von dem Drucke dieser Feinde zu befreien. Daneben wirkte Samuel als Prophet des Herrn für die innere, geistliche Kräftigung Israels, und zwar mit solchem Erfolge, dass das Volk auf
seinen Ruf nach Mizpa sich versammelte, daselbst die fremden Götter,
welchen es bis dahin gedient, entfernte und dem Herrn allein diente; worauf der Herr ihm durch Samuels Gebet und Fürbitte einen vollständigen
Sieg über die Philister verlieh (1 Sam. 7, 2 — 11). Mit diesem Siege, der
nicht lange nach Simsons Tode erstritten wurde, übernahm Samuel die
Oberleitung Israels als Richter und gab demselben hernach auch auf sein
Verlangen mit göttlicher Zustimmung einen König in der Person des Benjaminiten Saul. Dies geschah aber erst, als Samuel alt geworden war, und
seine Söhne zu Richtern eingesetzt hatte und diese nicht in seinen Wegen
wandelten (1 Sam. 8 — 10). Doch wirkte Samuel auch noch unter Saul,
obgleich er nach dessen Erwählung zum Könige sein Richteramt niedergelegt hatte, bis an sein Lebensende als Prophet für die Wohlfahrt Israels,
und kündigte nicht blos dem Saul für seinen Ungehorsam die göttliche
Verwerfung an, sondern salbte auch David zum Könige und starb erst geraume Zeit nachdem der vom bösen Geiste geplagte Saul angefangen
hatte David nach dem Leben zu trachten (1 Sam. 25, 1), wie daraus erhellt, dass David nach Rama zu Samuel flüchtete, als Saul ihn zu tödten
beschlossen hatte (1 Sam. 19, 18).

Wie lange Samuel nach dem bei Ebeneser erfochtenen Siege (1 Sam. 7)
bis zur Wahl Sauls zum Könige Israel gerichtet hat, ist im A. T. nicht angegeben, auch nicht die Zeit der Regierung Sauls, da in 1 Sam. 13, 1 der
überlieferte Text corrumpirt ist. Doch werden wir der Wahrheit nahe
kommen, wenn wir für das Richteramt Samuels von jenem Zeitpunkte an
und für die Regierung Sauls zusammen gegen 40 Jahre ansetzen, und davon 17—19 für das Richterthum Samuels und 20—22 für die Regierung
Sauls berechnen. Denn dass Saul nicht 40 Jahre, wie Paulus Act. 13, 21
nach der in den jüdischen Schulen herkömmlichen Meinung angibt, sondern höchstens 20 bis 22 J. König war, das ergibt sich (wie gegenwärtig
ziemlich allgemein erkannt wird (s. zu 1 Sam. 13, 1), unzweifelhaft aus den
Nachrichten über Davids und Samuels Leben und Wirken. David war, als

er nach Sauls Tode König über Juda zu Hebron wurde, 30 Jahr alt (2 Sam.
5, 1—4) und kann nicht wol früher als im Alter von 20 Jahren von Samuel
zu Bethlehem zum Könige gesalbt worden sein. Denn wenn auch damals
sein Vater Isai noch lebte und er selbst der jüngste von den 8 Söhnen
Isai's war und das Kleinvieh weidete (1 Sam. 16, 6—12) und selbst etwas
später noch als נַעַר bezeichnet wird (1 Sam. 17, 42. 55), so war doch Isai
damals schon זָקֵן (1 Sam. 17, 12) jedenfalls wol 60 Jahre und darüber alt,
so dass sein ältester Sohn bereits 40 und David, der jüngste, schon 20 J.
alt sein konnte. Denn נַעַר bezeichnet nicht blos den unerwachsenen Knaben, sondern auch noch den Jüngling in den zwanziger Jahren, und das
Weiden der Heerden war auch Sache nicht blos von Lämmerjungen, sondern selbst der erwachsenen Söhne des Hauses, denen wir David schon
deshalb beizählen müssen, weil er sich bereits mit Löwen und Bären in
der Steppe herumgeschlagen und diese Raubthiere getödtet hatte (1 Sam.
17, 34—36) und bald darauf nicht nur dem Könige Saul von seinen Höf-
lingen als tapfrer Held und Kriegsmann (גִּבּוֹר חַיִל וְאִישׁ מִלְחָמָה) und der
Rede kundig empfohlen wurde, um den melancholischen König durch sein
Saitenspiel zu erheitern (1 Sam. 16, 18), sondern auch den Kampf mit dem
Riesen Goliath aufnahm (1 Sam. 17) und dafür von Saul über die Kriegsleute gesetzt, hernach zum Obersten über Tausend ernannt und mit seiner
Tochter Michal verlobt wurde (1 Sam. 18, 5. 13. 17 ff.). Wenn aber David
im Alter von ungefähr 20 Jahren von Samuel gesalbt worden, so hat Saul
von diesem Zeitpunkte ab nur noch höchstens 10 Jahre regiert, weil David im Alter von 30 Jahren König wurde. Viel länger kann aber Saul
auch vorher nicht regiert haben. Denn abgesehen davon, dass alles was
von seinen vorher geführten Kriegen und Thaten erzählt ist, unschwer in
10 Jahren ausgeführt werden konnte, so verbietet schon der Umstand, dass
Samuel bis in die letzten Regierungsjahre Sauls hineinlebte, nur ein paar
Jahre vor Sauls Tode starb (1 Sam. 25, 1), eine längere Dauer der Saulischen Regierung anzunehmen. Denn Samuel war schon so alt, dass er seine
Söhne zu Richtern eingesetzt hatte, als das Volk einen König verlangte
und dieses Verlangen damit motivirte, dass die Söhne Samuels nicht in
seinen Wegen wandelten (1 Sam. 8, 1—4), woraus deutlich hervorgeht,
dass dieselben schon eine Zeitlang das Richteramt verwaltet hatten. Erwägen wir hiezu noch, dass Samuel bereits vor Eli's Tode zum Propheten
berufen worden, also bei Eli's Tode wol schon 25—30 Jahr alt war, dass
ferner von Eli's Tode bis zur Besiegung der Philister 20 Jahre und 7 Monate vergingen, so dass Samuel damals gegen 50 Jahre alt sein mochte,
und dass er von diesem Zeitpunkte an das Volk richtete bis er alt geworden, und dann erst dem Volke in Saul einen König gab, so dürfen wir für
den Zeitraum von der Besiegung der Philister bis zum Tode Sauls nicht
mehr als 40 Jahre ansetzen, wenn wir Samuel nicht ein Alter von mehr
als 90 Jahren zuschreiben wollen, mithin auch für die Zeit von Samuels
Richteramte und Sauls Regierung höchstens 40 oder 39 Jahre berechnen.

Hienach gestaltet sich die Chronologie der Richterzeit folgender-
massen:

a) von der Bedrückung durch Cuschan R. bis zum Tode des
Richters Jair (nach S. 207) . . . . 301 Jahre
b) hierauf die philistäische Bedrückung 40   „
c) die Richterzeit Samuels und die Regierung Sauls 39   „
d) die Regierung Davids (7½ und 33 Jahre) oder 40   „
e) die Regierung Salomo's bis zur Erbauung des Tempels . . 3   „
                                                                      423 Jahre.

    Hiezu noch:

a) die Zeit der Wanderung Israels in der Wüste 40   „
b) „   „   vom Einzuge in Canaan bis zur Vertheilung des
Landes 7   „
d) von da bis zum Einfalle Cuschan Rischatajims 10   „
                                                     betragen 480 Jahre.

Diese Zahlen stimmen nicht blos mit 1 Kön. 6, 1 vollkommen, sondern
auch mit der Angabe Jephtahs in seiner Verhandlung mit dem Ammoniterkönige, dass Israel 300 Jahre in Hesbon und den Städten am Ufer
des Arnon wohne (Jud. 11, 26), so genau, als man es von einer solchen allgemeinen Angabe in runder Zahl nur erwarten kann. Da nämlich die chronologischen Data unsers Buches von dem Einfalle Cuschans R. bis zum
Beginne der ammonitischen Bedrängung 301 Jahre ergeben und von der
Vertheilung Canaans, nach welcher erst die ostjordanischen Stämme sich
in Gilead fest niederliessen, bis zu jenem Einfalle nur gegen 10 Jahre verflossen sind, so wohnten die Israeliten zur Zeit der Verhandlung Jephtahs
mit den Ammonitern 310 Jahre im Lande jenseits des Jordans oder — da
diese Verhandlung wol erst gegen Ende der 18jährigen ammonitischen
Bedrückung stattfand — höchstens 328 Jahre, so dass Jephtah mit vollem
Rechte den 300jährigen Besitz des Landes gegen die Ammoniter geltend
machen konnte.

    Diese Angabe Jephtahs aber liefert zugleich ein gewichtiges Zeugniss
dafür, dass die einzelnen chronologischen Data unsers Buches für geschichtlich zu halten, sowie dafür, dass sie acoluthistisch zu berechnen sind,
dass man also nicht, wie vielfach geschehen, die Jahre der Unterdrückung
Israels durch Feinde in die Jahre der Ruhe einrechnen oder den ganzen
Zeitraum von Othniel bis auf Jephtah durch willkührliche, textwidrige
Annahmen von Synchronismen verkürzen darf. Durch dieses Zeugniss
wird der Hypothese, dass die mehrfach wiederkehrende Zahl 40 eine sogenannte runde d. h. nur aus späterer ohngefährer Schätzung der einzelnen Zeiträume nach Menschenaltern oder cyklischen Perioden geflossene
Zahl sei, aller Grund und Boden entzogen. Denn stimmt die Summe der
einzelnen Zeitangaben im Ganzen mit der durch dieses Zeugniss bestätigten wirklichen Dauer des fraglichen Zeitraums, so müssen auch die einzelnen Angaben als geschichtlich wahre chronologische Data gelten, und
dies um so mehr als der grössere Theil dieser Data in Zahlen besteht, wie
6. 8. 18. 20. 22. 23, die man weder rund noch cyklisch nennen kann. Auch
von der Zahl 40 ist die rein cyklische Bedeutung bei den Israeliten noch
erst zu beweisen. Selbst *Ewald* (Gesch. II S. 480 f.) bemerkt darüber mit

vollem Rechte: „Dass die Zahl 40 bei gewissen Völkern eine runde sei ist bald gesagt: aber auch jede runde Zahl muss anfangs ihren lebendigen Ursprung und daher ihre begrenzte Anwendung gehabt haben". Fassen wir aber die in dem Zeitraume vom Auszuge Israels aus Aegypten bis zum Tempelbaue Salomo's sich wiederholenden Angaben von 40 Jahren genauer ins Auge, so finden wir, dass die erste und die letzte dieser Angaben keine runden oder cyklischen, sondern chronologisch genaue Zeitbestimmungen enthalten. Von den 40 Jahren der Wanderung Israels wird dies schon dadurch ausser Zweifel gesetzt, dass vom zweiten und vierzigsten Jahre sogar Monate berechnet und angegeben sind (Num. 10, 11. 20, 1. Deut. 1, 3) und die Zwischenzeit zu 38 Jahren bestimmt wird (Deut. 2, 14). Auch die 40 Regierungsjahre Davids entsprechen der Wirklichkeit, da David zu Hebron 7½ und zu Jerusalem 33 Jahre regiert hat (2 Sam. 5, 4 f. 1 Kg. 2, 11). Zwischen diesen beiden Endpunkten treffen wir die Zahl 40 allerdings noch 5 mal: 40 J. der Ruhe unter Othniel (Jud. 3, 11), unter Barak und Debora (5, 31), unter Gideon (8, 28), 40 J. der philist. Bedrückung (13, 1) und 40 J. der Richterzeit Eli's (1 Sam. 4, 18), ausserdem 80 J. der Ruhe nach dem Siege Ehuds (Jud. 3, 30), dazwischen aber 12 oder 13 mal ungerade, wenigstens nicht cyklisch runde Zahlen (Jud. 3, 8. 14. 4, 3. 6, 1. 9, 22. 10, 2. 3. 12, 7. 9. 11. 14. 15, 20. 16, 31). Was berechtigt nun dazu, die Zahl 40 für rund oder cyklisch zu erklären? Etwa die Unmöglichkeit oder doch die Unwahrscheinlichkeit, dass Israel im Verlaufe von 253 Jahren drei mal 40 und einmal 80 Jahre Ruhe von feindlicher Unterdrückung gehabt haben sollte? Liegt darin etwas Unmögliches? Gewiss nicht. Aber doch eine Unwahrscheinlichkeit? Allein das Unwahrscheinliche ist nicht selten vollkommen wahr. Und im vorliegenden Fall verliert der blosse Schein alle Bedeutung, wenn man erwägt, dass bei einer Rechnung nach nur vollen Jahren die sich wiederholenden 40 Jahre nicht so haarscharf gefasst werden können, dass sie jedesmal ganz voll gewesen wären. Wenn Davids Regierung 2 Sam. 5, 4 zu 40 Jahren berechnet ist, obwohl er nach v. 5 in Hebron 7 Jahre und 6 Monate und in Jerusalem 33 J. regiert hat, so können auch hie und da im B. der Richter 40 Jahre gezählt worden sein, wenn der betreffende Zeitraum genau genommen nur 39½ oder auch 40½ Jahr betragen hat. Dazu kommt noch, dass die Zeit der Bekriegung der Feinde, die doch jedesmal auch Monate, zuweilen auch wol ein volles Jahr und darüber betragen haben mag, in die Jahre der Ruhe mit eingerechnet ist. — Alle diese Umstände gehörig erwogen, müssen alle Bedenken gegen die Richtigkeit und Geschichtlichkeit der chronologischen Data unsers Buches schwinden, wogegen alle Versuche, diese Data in runde oder cyklische Zeitbestimmungen zu verwandeln, so willkührlich sind, dass sie keiner besonderen Widerlegung bedürfen.[1]

---

1) Die Hauptvertreter dieser Hypothese sind *Ewald* und sein Schüler *Bertheau.* Nach *Ewald* (Gesch. II S. 478 ff.) bilden die 12 Richter von Othniel bis Simson die geschichtliche Grundlage unsers Buches, obwol es nach gewissen Spuren noch mehrere solcher Herrscher gegeben habe, weil nur von diesen die Erinnerung sich erhalten hatte. Als man nun nach Verlauf des ganzen Zeitraums das Wichtigste aus ihm in schärferen Ueberblick bringen wollte, stellte man zunächst diese 12 Richter zu-

Wenn aber der geschichtliche Charakter der chronol. Data des Richterbuches feststeht, so erhalten wir eine fortlaufende Chronologie für die
Geschichte des Volkes Israel, wie aus der folgenden Uebersicht erhellt,
der wir im Anschlusse an die Bd. I, S. 306 gegebene Zeittafel die Berechnung nach Jahren vor Christi Geburt beifügen.

---

sammen mit solchen kurzen Bemerkungen, wie wir bei 5 von ihnen (Thola, Jair,
Ebzan, Elon, Abdon) c. 10,1 — 5 u. 12, 8 — 15 finden. Bei ihnen war auch die Zeitdauer angegeben, soweit man sich der einzelnen noch erinnern konnte. Unabhängig
davon sei das Bestreben hinzugetreten, die Reihenfolge der vielen Wechsel von Kriegen jener 480 Jahre, die nach 1 Kg. 6, 1 vom Auszuge aus Aegypten bis zur Gründung des Salomon. Tempels verflossen waren, an einige grosse leichtfassliche Einthei-
lungen zu knüpfen, wofür sich die Zahl 40 darbot. Da nämlich nach uralter Annahme
Israel 40 Jahre in der Wüste gelebt und auch David 40 J. regiert hatte, so konnte
es passend erscheinen, alles in 12 gleiche Theile zu zerlegen und in jedes Vierzigjahr
einen grossen Helden und ein bedeutendes Ereigniss zu setzen, etwa so: 1) Mose
und die Wüste; 2) Josua und die glückliche Herrschaft der Aeltesten; 3) der Krieg
mit Cuschan Rischatajim und Othniel; 4) die Moabäer und Ehud; 5) die Aramäer
und Jair; 6) die Kananäer unter Jabin und Debora; 7) die Midjanäer und Gideon;
8) Thola von dessen Gegnern wir jetzt nichts wissen; 9) die Ammonäer und die Philistäer oder Jiftah und Simson; 10) die Philistäer und Eli; 11) Samuel und Saul;
12) David. „Zuletzt *müssen* dann jene 12 Richter von Othniel bis Simson mit dieser
verschiedenen Rechnungsart verknüpft sein, und es *muss* sich durch viele Wechsel
hindurch der Zustand der Zahlen und der Reihe der Richter gebildet haben, in welchem der vorletzte Verfasser das Stück Richt. c 3. — 16 sichtbar (?) aus vielerlei
Quellen zusammensetzte“. Aber nach einer Begründung dieses „Müssen“ und „Muss“
sucht man bei *Ew.* vergebens. Wie konnte man — diese Frage drängt sich sofort
auf — doch überhaupt nur darauf verfallen, jene 480 Jahr vom Auszuge aus Aeg.
bis zum Tempelbau unter die 12 Richter so zu vertheilen, dass man denen, von welchen die Zeit ihres Wirkens nicht mehr bekannt war, je 40 Jahre beilegte, wenn
man wusste, dass Israel 40 Jahre in der Wüste gewandert, Josua mit den Aeltesten
40 J. geherrscht hatte, und eben so lange einerseits Samuel und Saul zusammen,
andrerseits David, wonach für die Richter von Othniel bis Simson ja nur 480 weniger 4 mal 40, d. i. nur 320 Jahre oder nach Abzug der 3 oder 4 ersten Jahre Salomo's
nur 317 oder 316 Jahre übrig blieben? Diese Jahre auf 12 Richter vertheilt würden
ja für jeden nur 26 oder 27 Jahre ergeben haben. Oder wie kam man dazu, dem
Ehud 80 Jahre, dem Jair aber nur 22 und dem Thola nur 23 J. zuzutheilen, wenn
die beiden letzteren auch feindliche Unterdrücker Israels besiegt hatten? Warum hat
man endlich Samgar ganz leer ausgehen lassen, da derselbe doch Israel von den Philistern gerettet hat? — Auf diese und viele andere Fragen vermag der Schöpfer dieser Hypothese keine Antwort zu geben; und die Willkühr seiner Geschichtsmacherei
liegt so klar auf der Hand, dass darüber kein Wort weiter zu verlieren ist. — Nicht
besser steht es mit der Hypothese von *Bertheau*, d. B. d. Richter S. XVI ff. Nach
derselben kommen von den 12 Geschlechtern von Mose bis auf David, die er aus
1 Chr. 6, 35 ff. folgert, nur 6, oder 240 Jahre auf die Richter von Othniel bis Simson.
Diese seien verschieden berechnet worden. Die eine Rechnung vertheilte sie auf
6 Geschlechter zu 40 Jahren; die andere rechnete genauer nach kleineren Zahlen, welche an die 12 Richter und den Sohn des Gideon geknüpft waren. Aber 6 Geschlechter und 12 Richter liessen sich doch auf keine andere Weise combiniren als so, dass
man jedem Richter 20 Jahre zutheilte. Allein ausser Simson hat kein einziger Richter 20 Jahre Israel gerichtet. Auch beträgt die Gesammtzahl ihrer Richterthätigkeit
nicht 240 sondern 296 Jahre $(40+80+40+40+23+22+6+7+10+8+20+x)$.
— Somit findet sich in dem Buche keine Spur davon, dass die Richterzeit zu 6 Geschlechtern von je 40 Jahren berechnet worden wäre. Vgl. hiemit noch die ausführliche Widerlegung bei *Bachmann l. c. p. 3 sqq.*

Chronologische Uebersicht der Hauptbegebenheiten vom Auszuge Israels aus Aegypten bis zum Tempelbau Salomo's.

Die Hauptbegebenheiten	Jahre der Dauer	Jahre vor Christi Geburt.
Auszug Israels aus Aegypten	—	— — — 1492
Gesetzgebung am Sinai	—	von 1492 bis 1491
Tod Aarons und Mose's im 40. Jahre des Zuges	40	— — — 1453
Eroberung Canaans durch Josua	7	— 1452 — 1445
Von Vertheilung d. Landes bis z. Invasion Cusch. Risch.	10	— 1445 — 1435
Tod Josua's	—	— — um 1442
Kriege der Stämme Israels gegen die Cananiter	—	von 1442 an
Krieg der Gemeinde gegen Benjamin	—	— — um 1436
Unterdrückung durch Cuschan Risch.	8	von 1435 bis 1427
Rettung durch Othniel und Ruhe	40	— 1427 — 1387
Unterdrückung durch die Moabiter	18	— 1387 — 1369
Rettung durch Ehud und Ruhe	80	— 1369 — 1289
Sieg Samgars über die Philister	—	— — — —
Unterdrückung durch Jabin	20	— 1289 — 1269
Rettung durch Debora und Barak und Ruhe	40	— 1269 — 1229
Unterdrückung durch die Midianiter	7	— 1229 — 1222
Rettung durch Gideon und Ruhe	40	— 1222 — 1182
Herrschaft Abimelechs	3	— 1182 — 1179
Thola Richter	23	— 1179 — 1156
Jair Richter	22	— 1156 — 1134
Eli Hohepriester und Richter 40 Jahre	—	— 1154 — 1114

Bei wiederholtem Abfalle Unterdrückung

a. im Osten	b. im Westen	Jahre der Dauer	Jahre vor Christi Geburt.
durch die Ammoniter 18 J.	durch die Philister	40	— 1134 — 1094
von 1134 bis 1116 v. Chr.	Verlust der Bundeslade . .	—	— — um 1114
Jephtah Richter 6 J.	Simsons Thaten	—	von 1116 bis 1096
von 1116 bis 1110 v. Chr.	Samuels proph. Wirken . .	—	— 1114 an
Ebzan Richter 7 J.	Besiegung der Philister . .	—	— — — 1094
von 1110 bis 1103 v. Chr.	Samuel Richter	19	— 1094 — 1075
Elon Richter 10 J.	Saul König	20	— 1075 — 1055
von 1103 bis 1093 v. Chr.	David K. zu Hebron . . .	7	— 1055 — 1048
Abdon Richter 8 J.	— — zu Jerusalem . .	33	— 1048 — 1015
von 1093 bis 1085 v. Chr.	Salomo K. bis z. Tempelbau	3	— 1015 — 1012

Summa 480 Jahre.

Zur vollständigen Begründung unserer Berechnung der Richterzeit übrigt nur noch, die Annahme von nur 10 Jahren für die Zeit von der Vertheilung des Landes bis zum Einfalle Cuschan R.s zu rechtfertigen, da dieser Zeitraum gewöhnlich viel länger, mindestens zu 35 Jahren (z. B. von *Werner* chronol. Bemerkk. in der luth. Ztschr. v. *Rudelb.* u. *Guer.* 1844. III. S. 12) angenommen wird, auf Grund der Angaben des *Josephus*

(*Ant. V, 1, 29*), dass Josua nach Mose's Tode 25 Jahre στρατηγός des Volks gewesen sei, und (VI, 5, 4) dass nach seinem Tode eine 18jährige Anarchie stattgefunden habe. Aber auf Josephus sollte man sich wenigstens nicht berufen, da derselbe für die ältere Zeit der isr. Geschichte keine andern Quellen als das A. Test. gehabt hat, ausserdem aber in seinen chronologischen Angaben sich so vielfach widerspricht, dass auf dieselben gar nichts zu geben ist auch in den Fällen wo sich die Unrichtigkeit nicht evident erweisen lässt. Erwägen wir dagegen, dass Josua schon nach Beendigung der beiden grossen Feldzüge im Süden und Norden Canaans alt und in Jahren so vorgeschritten war, dass Gott ihm befahl, das Land zu vertheilen, obgleich noch viele Districte unerobert waren (Jos. 13, 1 ff.), um noch vor seinem Tode dieses Werk seines Berufs zu vollbringen, so hat es wenig Wahrscheinlichkeit, dass er von diesem Zeitpunkte ab noch 25 Jahre gelebt haben sollte. Dieselben Worte, mit welchen 13, 1 ff. sein Alter beschrieben ist, werden c. 23, 1 auch von seinen letzten Lebenstagen gebraucht. Allerdings ergibt sich aus der Bemerkung 23, 1: dass Josua nach vielen Tagen, nachdem der Herr Israel Ruhe von seinen Feinden gegeben, die Vertreter des Volks berief, um vor seinem Tode noch den Bund des Volks mit dem Herrn zu erneuen, in Verbindung mit der Aussage 19, 50, dass er die Stadt Thimnat-Serah, welche ihm die Stämme nach beendigter Verlosung des Landes zum Erbe gaben, baute und darin wohnte, so viel ganz unzweifelhaft, dass zwischen der Vertheilung des Landes und dem Tode Josua's יָמִים רַבִּים lagen. Aber dieser Ausdruck ist doch so relativ, dass er schwerlich mehr als ein paar Jahre umfasst. Auch konnte Josua Thimnat-S. bauen d. h. ausbauen und darin wohnen, wenn er auch nur noch 2 bis 3 Jahre nach der Landesvertheilung gelebt hat. — Dagegen scheint zwischen dem Tode Josua's und dem Einfalle Cuschans eine längere Zeit als 7 bis 8 Jahre (nach unserer Berechnung) verstrichen zu sein. Denn in diese Zeit fällt nicht nur die Besiegung Adonibeseks sammt der Einnahme Jerusalems, Hebrons und anderer Städte durch die Stämme Juda und Simeon (1, 1—14), sowie die Eroberung Bethels durch den St. Joseph (1, 22 ff.), sondern auch der Krieg der isr. Gemeinde gegen Benjamin (c. 19—21). Aber auch dieser Schein hat keine Wahrheit. Die genannten Ereignisse erforderten alle zusammen keinen Zeitraum von vielen Jahren, sondern können in etwa 5 Jahren erfolgt sein. Vielleicht wurde auch gerade der Bürgerkrieg der Israeliten von dem Könige Cuschan R. als ein günstiger Zeitpunkt zur Ausführung seines Vorhabens sich Israel dienstbar zu machen, erachtet und benutzt. Den Einfall dieses Königs in Israel längere Zeit nach Josua's Tode hinauszuschieben, verbietet der Umstand, dass nach 8jähriger Dauer desselben Othniel Israel von dieser Unterdrückung errettete. Denn Othniel war nicht Bruderssohn, wie Manche meinen, sondern ein jüngerer Bruder Calebs, (s. zu Jos. 15, 17). Caleb aber war schon beim Beginne der Verlosung Canaans 85 Jahr alt (Jos. 14, 10). Mochte nun auch sein Bruder Othniel 30 ja 40 Jahre jünger sein, so stand derselbe doch auch bei der Vertheilung des Landes schon in einem Alter von 55 oder 45 Jahren. Wären also die Angaben des Josephus richtig, so würde Othniel im Alter von 91 oder mindestens 81 Jahren den Aramäer Cuschan R. geschlagen haben, während er nach unserer Berechnung bei der Eroberung Debirs gegen 60 oder 50 und bei der Besiegung Cuschans 73 oder 63 J. alt gewesen wäre. Gewiss auch schon, wenn nur die niedrigste Annahme für die richtige gehalten wird, ein hinreichend hohes Alter für dieses kriegerische Unternehmen, da ja noch in Betracht zu ziehen, dass Othniel nachher noch längere Zeit lebte, wie aus den Worten 3, 11: „Und das Land hatte Ruhe und Othniel starb" erhellt, wenn dieselben auch nicht klar aussagen, dass er erst am Ende der 40jährigen Ruhe gestorben ist.

Die Thatsache, dass Calebs jüngerer Bruder Othniel der erste Richter Israels war, widerlegt übrigens zugleich die von *Bertheau* auf irrige Deutung von 2, 11 — 3, 6 gegründete Hypothese, dass zwischen Josua's Tod und der Invasion Cuschans ein ganzes Geschlecht mit 40 Jahren zu berechnen sei, sowie die Missdeutung von 2, 7. 10 vgl. Jos. 24, 31, der zufolge das sündige Geschlecht erst aufgekommen sei, nachdem Josua und alle Aeltesten, die lange nach ihm lebten, gestorben waren, die an dem אֲשֶׁר הֶאֱרִיכוּ יָמִים וגו (2, 7) keine Stütze hat, da הֶאֱרִיךְ יָמִים אַחֲרֵי nicht bedeutet: lange nach jem. leben, sondern nur: jem. überleben. Das nach dem Tode Josua's und der ihn überlebenden Aeltesten aufkommende „andere Geschlecht, das den Herrn nicht kannte u. s. w." ist nicht ein von den nachfolgenden Generationen, die um ihres Abfalls vom Herrn willen der Gewalt der Feinde preisgegeben wurden, verschiedenes Geschlecht, sondern überhaupt das jüngere Geschlecht, welches an die Stelle der Alten, welche die Thaten des Herrn unter Josua geschaut hatten, trat d. h. nur eine zusammenfassende Bezeichnung aller folgenden Generationen, die Jehova's ihres Gottes vergassen und den Baalen dienten. — So viel zur Rechtfertigung unserer Berechnung der Richterperiode.

---

1. Die Zeit der Richter Othniel, Ehud und Samgar, Debora und Barak. Cap. III, 7 — V.

In diesem ersten Stadium der Richterzeit, welches 206 Jahre umfasst, wurden die Israeliten dreimal von feindlichen Völkern zeitweilig unterdrückt; zuerst von dem mesopotamischen Könige Cuschan-Rischatajim, dem sie 18 Jahre dienen mussten, bis Othniel ihnen Rettung und 40 Jahre Ruhe schaffte (c. 3, 7—11); sodann von dem moabitischen Könige Eglon 18 Jahre lang, bis Ehud diesen König tödtete und die Moabiter schlug und so demüthigte, dass das Land 80 Jahre Ruhe genoss (3, 12—30), während innerhalb dieser Zeit Samgar auch eine Schaar von Philistern schlug (3, 31); endlich von dem cananitischen Könige Jabin von Hazor, der sie 20 Jahre lang mit Gewalt bedrückte, bis Barak auf den Ruf der Prophetin Debora und mit ihrer Hülfe ein Heer sammelte und diesen Feind aufs Haupt schlug (c. 4). Nach diesem Siege, welchen Debora durch ein erhabenes Triumphlied verherrlichte, hatte das Land wieder 40 Jahre Ruhe (c. 5).

Cap. III, 7—11. Unterdrückung Israels durch Cuschan-Rischatajim und Rettung durch Othniel.

V. 7 u. 8. Die erste Züchtigung, welche Israel für seinen Abfall vom Herrn erfuhr, wird mit derselben Formel eingeleitet, mit welcher 2, 11 ff. die Richterzeit überhaupt charakterisirt worden, nur dass statt וַיַּעַזְבוּ 'אֶת־יי (2, 12) hier וַיִּשְׁכְּחוּ אֶת־יי „sie vergassen den Herrn ihren Gott" nach Deut. 32, 18 vgl. 1 Sam. 12, 9, und statt הָעַשְׁתָּרוֹת hier הָאֲשֵׁרוֹת (s. zu 2, 13) steht. Zur Strafe für diesen Abfall verkaufte (מָכַר wie 2, 14) sie der Herr in die Hand *Cuschan-Rischatajims*, des Königs von Mesopotamien, dass sie demselben 8 Jahre dienen mussten. Ueber diesen König Mesopotamiens wissen wir weiter nichts als was hier von ihm berichtet wird. Sein Name כּוּשַׁן רִשְׁעָתַיִם ist wol nur ein Titel, den die Israeliten ihm beilegten. רִשְׁעָתַיִם bed. Doppelfrevel und wird schon von *Targ. Syr.* u. *Arab.* appellativisch so gedeutet. כּוּשַׁן ist eine Adjectivbildung von כּוּשׁ und kann den Cuschiten bezeichnen. Nach *M. v. Niebuhr*, Gesch. Assurs u. Babels S. 272, herrschten in jener Zeit (von 1518—1273) Araber über Babylon. „Araber können aber nicht allein Semiten aus Joktans oder Ismaels Stamm, sondern auch Kuschiten sein." Der Einfall dieses mesopotamischen oder babylonischen Königs in Canaan hat eine geschichtliche Analogie an dem Kriegszuge der 5 verbündeten Könige Sinears zu Abrahams Zeit Gen. 14.

V. 9—11. In ihrer Bedrängniss schrieen die Israeliten zum Herrn um Hülfe, und er erweckte ihnen מוֹשִׁיעַ einen Retter, Helfer, nämlich den Kenisiten *Othniel*, Calebs jüngeren Bruder und Schwiegersohn, s. zu Jos. 15, 17. „Ueber denselben kam der Geist Jehova's." Der Geist Gottes ist das geistige Lebensprincip in der Natur- und Menschenwelt, und im Menschen das Princip sowol des natürlichen Lebens, das wir durch die Geburt, als des geistlichen Lebens, das wir durch die Wiedergeburt empfangen; vgl. *Auberlen*, Geist des Menschen, in *Herzogs* Realencykl. IV S. 731. In dieser Bedeutung wechselt רוּחַ אֱלֹהִים mit רוּחַ יְהוָֹה schon Gen. 1, 2 vgl. mit Gen. 6, 3 u. so fort in allen BB. des A. T. so, dass רוּחַ אל' den göttlichen Geist nur im Allgemeinen nach seiner übernatürlichen Causalität und Kraft, רוּחַ יי' denselben in seiner heilsgeschichtlichen Einwirkung auf das Welt- und Menschenleben bezeichnet. In seinem Wirken aber bezeugt sich der Geist Jehova's als Geist der Weisheit und Einsicht, des Rathes und der Kraft, der Erkenntniss und der Furcht des Herrn (Jes. 11, 2). Die Mittheilung dieses Geistes tritt aber im A. Bunde meistens in der Form ausserordentlicher, übernatürlicher Einwirkung auf den Menschengeist ein. Der Ausdruck hiefür ist gewöhnlich וַתְּהִי עָלָיו רוּחַ יי', so hier u. 11, 29. 1 Sam. 19, 20. 23. 2 Chr. 20, 14 u. Num. 24, 2. Damit wechseln aber die Ausdrucksweisen צָלְחָה (וַתִּצְלַח) עָלָיו רוּחַ יי' 14, 6. 19. 15, 14. 1 Sam. 10, 10. 11, 6. 16, 13 und רוּחַ יי' לָבְשָׁה אֶת פ' „der Geist Jehova's zog an (bekleidete) den Menschen 6, 34. 1 Chr. 12, 18. 2 Chr. 24, 20, von welchen jene die den Widerstand des natürlichen Willens überwältigende Einwirkung des göttlichen Geistes auf den Menschen bezeichnet, diese den Geist Gottes als eine Macht darstellt, welche den Menschen umhüllt, bedeckt. Die Empfänger und Träger dieses Geistes werden dadurch mit der Kraft begabt, wunderbare Thaten zu vollbringen, worin der über sie gekommene Geist sich manifestirt, gewöhnlich in der Befähigung zum Weissagen, vgl. 1 Sam. 10, 10. 19, 20. 23. 1 Chr. 12, 18. 2 Chr. 20, 14. 24, 20, aber auch in der Kraft Wunder zu thun oder Thaten zu vollbringen, welche den Muth und die Kraft des natürlichen Menschen übersteigen. Das letztere fand insbesondere bei den Richtern statt, daher schon der *Chald.* in 6, 34 רוּחַ יְהֹוָה durch רוּחַ גְּבוּרָה מִן קֳדָם יְיָ „Geist der Stärke vom Herrn" erklärt, in unserer Stelle dagegen irrig an רוּחַ נְבוּאָה den Geist der Weissagung denkt. Auch *Kimchi* versteht darunter *spiritum fortitudinis, quo excitatus amoto omni metu bellum adversus Cuschanem susceperit.* Doch dürfen wir schwerlich die einzelnen Kräfte des göttlichen Geistes so spalten, dass wir seine Einwirkung auf die Richter blos als Geist der Stärke und Tapferkeit fassen. Die Richter bekämpften nicht nur die Feinde muthvoll und siegreich, sondern richteten auch das Volk, wozu der Geist der Weisheit und Einsicht, und steuerten dem Götzendienste (2, 18 f.), wozu der Geist der Erkenntniss und Furcht des Herrn erforderlich war. — „Und er richtete Israel und zog aus in den Krieg." Die Stellung des וַיִּשְׁפֹּט vor וַיֵּצֵא לַמִּלְחָמָה berechtigt nicht dazu, mit *Ros.* וַיִּשְׁפֹּט durch *coepit munere judicis fungi* zu erklären; denn das שָׁפַט darf man nicht auf das Schlichten der bürgerlichen Streitigkeiten des Volks beschränken wollen; es bed. das Recht Israels herstellen sowol gegen seine heidnischen Dränger, als in Bezug auf die Stellung des Volks zum Herrn. „Und der Herr gab den Cuschan R. in seine Hand (vgl. 1, 2. 3, 28 u. a.), und seine Hand ward stark über denselben, d. h. er überwältigte ihn (vgl. 6, 2) oder schlug ihn so, dass er das Land räumen musste. — In Folge dieses Siegs hatte das Land Ruhe vom Kriege (תִּשְׁקֹט vgl. Jos. 11, 23) 40 Jahre „und dann starb Othniel." In וַיָּמָת c. ו consec. liegt nicht sicher, dass Othniel erst nach 40 Jahren, sondern nur dass er nachdem das Land Ruhe erhalten starb.

Cap. III, 12—31. Unterdrückung Israels durch Eglon und Rettung durch Ehud. Samgars Heldenthat.

In v. 12—30 wird die Knechtung der Israeliten durch *Eglon*, König der Moabiter, und ihre Befreiung aus dieser Knechtschaft umständlich beschrieben. Zuerst v. 12—14 die Knechtung. Als die Israeliten wiederum den Herrn verliessen (statt אֶת־הָרַע וגו — — — וַיַּעַשׂוּ v. 7 steht hier passend לַעֲשׂוֹת הָרַע — — — וַיֹּסִפוּ sie fügten hinzu zu thun d. h. thaten abermals ..., wie 4, 1. 10, 6. 13, 1), machte der Herr den Moabiterkönig Eglon stark über Israel. חִזֵּק עַל jemandem Stärke zur Ueberwindung oder Unterdrückung des andern verleihen. עַל כִּי wie Deut. 31, 17 statt des gewöhnlicheren עַל אֲשֶׁר vgl. Jer. 4, 28. Mal. 2, 14. Ps. 139, 14. — Eglon verband sich mit den Ammonitern und Amalekitern, diesen Erzfeinden Israels, fiel ins Land ein, nahm die Palmenstadt d. i. Jericho (s. zu 1, 16) in Besitz und machte sich die Israeliten 18 Jahre unterthänig. Seit der Einäscherung Jericho's durch Josua waren über 60 Jahre vergangen. Während dieser Zeit hatten die Israeliten die zerstörte Stadt wieder aufgebaut, aber sie wegen des von Josua über ihre Wiederherstellung als Festung ausgesprochenen Fluchs nicht befestigt, so dass die Moabiter sie leicht erobern, und von ihr aus die Israeliten sich dienstbar machen konnten. — V. 15. Von dieser Bedrückung befreite sie der Herr, als sie zu ihm um Hülfe schrieen, durch den Benjaminiten *Ehud*, den er ihnen als Retter erweckte. *Ehud* war בֶּן־גֵּרָא d. i. wol nicht Sohn, sondern Nachkomme des Gera, wie sich daraus schliessen lässt, dass Gera nach 1 Chr. 8, 3 ein Sohn des Bela, des Sohnes Benjamin, also Enkel Benjamins war und in 2 Sam. 16, 5. 19, 17 auch Simei, der Zeitgenosse Davids vom Stamme Benjamins, בֶּן־גֵּרָא genannt wird, obwol die Möglichkeit bleibt, dass *Gera* in diesen verschiedenen Stellen nicht dieselbe Person bezeichnete, sondern der Name in demselben Geschlechte zu verschiedenen Zeiten sich wiederholt hätte. „Ein Mann אִטֵּר יַד־יְמִינוֹ geschlossen in Bezug auf seine rechte Hand" d. h. gehindert im Gebrauche der rechten Hand, aber wol nicht in Folge wirklicher Lähmung, sondern nur aus Angewöhnung von Jugend auf. Gegen wirkliche Lähmung spricht der Umstand, dass in dem Heere der Benjaminiten c. 20, 16 sich 700 tapfere Schleuderer befanden, die alle אִטֵּר יַד־יְמִינוֹ waren, wo man nicht an wirkliche Lähmung denken kann. So viel ist aber klar, dass אִטֵּר יַד־יְמִינוֹ nicht ἀμφοτεροδέξιος, *qui utraque manu pro dextera utebatur* (LXX Vulg.) bedeutet; denn אָטַר bed. *clausit* Ps. 69, 16. Diese Eigenthümlichkeit wird übrigens nur in Hinsicht auf das Folgende hervorgehoben. Durch ihn sandten die Israeliten ein Geschenk an den König Eglon. בְּיָדוֹ bed. nicht: in, sondern: durch seine Hand d. h. seine Vermittlung; denn das Geschenk wurde von andern getragen (v. 18), so dass Ehud nur die Ueberbringung leitete. מִנְחָה Gabe, Geschenk ist ohne Zweifel Euphemismus für Tribut, wie 2 Sam. 8, 2. 6. 1 Kg. 5, 1. — V. 16. Diesen Anlass dem Moabiterkönige zu nahen benutzte Ehud, um denselben zu tödten und das Joch der Moabiter von seinem Volke abzuschütteln. Zu dem Ende versah er sich mit einem Schwerte, das zwei Schneiden hatte (פֵיוֹת von פֶּה wie שָׂדוּ Deut. 22, 1 von שָׂדֶה), eine Elle lang (גֹּמֶד ἅπ. λεγ. bed. ursprünglich Stab, hier: Elle, nach dem Syr. u. Arab., nicht: Spanne, σπιθαμή LXX), und gürtete es unter seinem Kleide an seine rechte Hüfte. — V. 17. Mit dieser Waffe versehen überbrachte er das Geschenk dem Könige Eglon, der — wie gleichfalls zur Vorbereitung auf das Folgende bemerkt wird — ein sehr fetter Mann war. — V. 18f. Nach Ueberbringung der Gabe entliess Ehud das Volk, welches das Geschenk getragen, nach Hause, nämlich als sie, wie sich aus v. 19 ergibt, schon eine Strecke von Jericho entfernt waren. Er selbst aber kehrte von den Steinbrüchen bei Gilgal zurück *sc.* nach Jericho zum Könige Eglon. מִן הַפְּסִילִים bezeichnet eine Oertlichkeit bei Gilgal. פְּסִילִים bed. in Deut. 7, 25. Jes. 21, 9. Jer. 8, 19 Götzenbilder. Will man diese Bedeutung mit LXX, Vulg. u. A. hier festhalten, so muss man annehmen, dass in der Nähe von Gilgal steinerne Götzenbilder im Freien aufgestellt waren, was nicht wahrscheinlich ist. Richtiger ist wol die Erkl. „Steinbrüche" (nach dem *Chald. Raschi* u. A.) von פָּסַל Steine aushauen Ex. 34, 1

u. ö. *Gilgal* kann nicht nach der gangbaren Meinung das zwischen Jericho und dem Jordan gelegene Gilgal, die erste Lagerstätte der Israeliten in Canaan sein, weil Ehud nach v. 26 f. von der königlichen Wohnung weg nach dem Gebirge Ephraim an den *Pesilim* vorüber floh, und man doch weder mit *Berth.* annehmen kann, dass Eglon statt in der eroberten Palmenstadt (Jericho) an irgend einer unbebauten Stelle in der Nähe des Jordan werde residirt haben, noch dem Ehud zutrauen darf, dass er nach Ermordung des Eglon werde von Jericho nach dem ½ Stunde östlich davon gelegenen Gilgal gegangen sein, um auf einem solchen Umwege nach Seira auf dem Gebirge Ephraim nordwestlich von Jericho zu entkommen. *Gilgal* ist vielmehr das westlich von Jericho gegenüber dem Aufstiege Adummim (*Kaalat ed Dom*) auf der Grenze von Juda und Benjamin gelegene *Geliloth* (Jos. 18, 17), das nach Jos. 15, 7 auch *Gilgal* genannt wurde. — Zur Residenz des Königs zurückgekehrt liess Ehud demselben sagen: „Ein geheimes Wort habe ich an dich, o König." וַיֹּאמֶר in dem Sinne: er liess sagen zu nehmen fordert der Context, da Ehud erst nachher zu dem in seinem Zimmer sitzenden Könige hineinging (v. 20). In Folge dieser Meldung sprach der König: הָס wörtl. schweige (Imperat. von הָסָה), hier Ausruf: Stille *sc.* soll sein; worauf alle Umstehenden (seine Diener) das Zimmer verliessen und Ehud zu ihm eintrat v. 20. Der König sass aber „in seinem Oberzimmer der Kühlung allein." עֲלִיַּת הַמְּקֵרָה „Sommerlaube" (*Luth.*) ist ein auf dem platten Dache des Hauses angebrachtes Zimmer, das dem Luftzuge ausgesetzt Kühlung gewährte, wie man sie im Oriente noch jetzt findet, vgl. *Shaw* Reisen S. 188 f. Da sprach Ehud: „Ein Wort Gottes habe ich an dich", worauf der König von seinem Sessel sich erhob — aus Ehrfurcht vor dem Worte Gottes, das Ehud ihm eröffnen zu wollen vorgab, nicht um sich zu vertheidigen, wie *Berth.* meint, worauf im Texte nichts hindeutet. — V. 21 f. Sowie aber der König aufgestanden war, zog Ehud sein Schwert unter dem Kleide hervor und stiess es ihm in den Unterleib so tief, dass selbst das Heft (הַנִּצָּב) der Klinge nach eindrang (יָבֹא in den Leib kam) und das Fett sich um die Klinge schloss (so dass vorne nichts mehr von ihr zu sehen war), weil er das Schwert nicht wieder aus seinem Leibe herauszog, und (die Klinge) zwischen den Beinen herauskam. Die letzten W. וַיֵּצֵא הַפַּרְשְׁדֹנָה werden verschieden erklärt. *Luther* nach dem Chald. u. der Vulg.: „dass der Mist von ihm ging", wobei das ἅπ. λεγ. פַּרְשְׁדֹנָה für ein Compositum aus פֶּרֶשׁ *stercus* und שָׁרָה *jecit* gebildet gehalten wird. Schwerlich richtig, da die Form des W. פרשדנה und seine Verbindung mit יצא eher auf ein *nomen* מַרְשְׁדֹן mit ה *loc.* führt. Mehr für sich hat die Erkl. von *Gesen.* im *thes.* *p. 1034* u. hebr. Lex. *interstitium pedum*, die Stelle zwischen den Beinen, nach dem arab. فَرْشَطَ u. فَرْشَخَ *pedes dissitos habuit*, als Euphemismus für: After, *podex*. Subject zu וַיֵּצֵא ist הַלַּהַב die Klinge.[1] — V. 23. Nach

---

[1] Unhaltbar ist jedenfalls die Deutung: Ehud ging hinaus ins Freie (*Ew.*) oder ins Gehege, den Vorplatz vor der Alija (*Stud. Berth.*), weil mit ihr der folgende Satz וַיֵּצֵא אֵהוּד הַמִּ unvereinbar ist, daher *Fr. Böttcher* (exeget.-krit. Aehrenlese S. 16) denselben als Glosse aus dem Texte streichen will, ohne irgend eine kritische Berech-

vollbrachter That ging Ehud hinaus in die Vorhalle (den Vorsaal; מִסְדְּרוֹן nach dem chald. אַכְסַדְרָא d. i. ἐξέδρα vgl. *Gesen. thes. p. 939*), verschloss die Thür des Zimmers hinter ihm (בַּעֲדוֹ nicht: hinter sich, sondern eig. um ihn, den Eglon, vgl. Gen. 7, 16. 2 Kg. 4, 4) und verriegelte (וְנָעַל ist nur zur Verdeutlichung des יִסְגּוֹר hinzugefügt). — V. 24 f. Als nach Ehuds Weggange die Diener Eglons kamen (zu ihrem Herrn eintreten wollten) und die Thür des Oberzimmers verriegelt sahen, dachten sie: „gewiss (אַךְ eig. nur, nicht als) bedeckt er seine Füsse" d. h. er verrichtet seine Nothdurft vgl. 1 Sam. 24, 4 und warteten עַד־בּוֹשׁ bis zur Beschämung (vgl. 2 Kg. 2, 17. 8, 11), d. h. bis sie sich über ihr langes Warten schämten, vgl. zu 5, 28. Endlich öffneten sie die Thür mit dem Schlüssel und fanden ihren Herrn todt am Boden liegen.

Die That Ehuds ist nach dem Geiste jener Zeit zu beurtheilen, in der man jede Art den Feind seines Volks zu vernichten für erlaubt hielt. Die hinterlistige Ermordung des feindlichen Königs ist nicht als eine Wirkung des Geistes Gottes zu betrachten und als solche uns nicht zum Vorbilde erzählt. Obwol Jehova seinem von Eglon unterdrückten Volke Ehud zum Retter erweckte, so wird doch nicht (was sehr zu beachten) berichtet, dass der Geist Jehova's über Ehud gekommen sei, noch weniger dass Ehud aus Antrieb dieses Geistes den feindlichen König meuchlings getödtet habe. Als vom Herrn erweckter Retter Israels erwies sich Ehud nur dadurch, dass er wirklich sein Volk von der Knechtschaft der Moabiter befreit hat, ohne dass damit das Mittel, das er zur Bewirkung dieser Rettung wählte, von Jehova gewollt oder geboten war. — V. 26 ff. Während des Wartens der Diener Eglons war Ehud entkommen, an den Steinbrüchen vorüber nach Seira entronnen. הַשְּׂעִירָתָה ist eine nirgends weiter erwähnte Oertlichkeit, wahrscheinlich, nach der Etymologie: die behaarte zu urtheilen, eine bewaldete Gegend, über deren Lage aus v. 27 nur so viel erhellt, dass sie nicht in der Nähe von Jericho, sondern auf dem Gebirge Ephraim zu suchen. Denn als Ehud nach Seira gekommen war, stiess er „auf dem Gebirge Ephraim" in die Posaune, um dem Volke den durch den Tod Eglons ihm bereiteten Sieg zu verkünden und es zum Kampfe gegen die Moabiter aufzurufen, und zog dann mit dem um sich gesammelten Volke vom Gebirge hinab in die Ebene bei Jericho, וְהוּא לִפְנֵיהֶם „und er war vor ihnen" d. h. als Anführer voran, zum Volke sprechend: „Folget mir nach; denn Jehova hat eure Feinde, die Moabiter, in eure Hand gegeben." Da zogen sie hinab und nahmen (וַיִּלְכְּדוּ d. h. besetzten) die Furten des Jordan bei Jericho (s. z. Jos. 2, 7) לְמוֹאָב entw. „den Moabitern" oder: „nach Moab hin" und liessen niemand (von den Moabitern) hinübergehen d. h. in ihr Land entkommen. — V. 29. So schlugen sie zu jener Zeit gegen 10,000 Moabiter, lauter fette und kräftige Männer d. h. das ganze in Jericho und diesseits des Jordan befindliche Heer der Feinde, von dem niemand entkam. In בָּעֵת הַהִיא liegt wol der Gedanke, dass

tigung dazu. Denn sollte Ehud Subject zu וַיֵּצֵא sein, so hätte das Subject genannt sein müssen, wie es in dem folgenden Satze v. 23ᵃ wirklich genannt ist. Auch hat פַּרְשְׁדֹנָה mit מִסְדְּרוֹנָה nichts als die Endung *ona* gemein, woraus sich doch unmöglich die Gleichheit der Bedeutung beider Worte folgern lässt.

sie diese Feinde nicht in einer Schlacht, sondern während der ganzen Dauer des Kriegs erschlugen. — V. 30. Dadurch wurde Moab unter die Macht Israels gebeugt, und das Land hatte 80 Jahre Frieden. וַתִּשְׁקֹט wie v. 11.

V. 31. Nach ihm (Ehud) war d. h. trat auf *Samgar*, der Sohn Anaths. Derselbe schlug die Philister, die wahrscheinlich einen Einfall ins Land der Israeliten gemacht hatten, 600 Mann mit einem Ochsenstecken, so dass auch er (wie Othniel und Ehud v. 9 u. 15) Israel rettete. מַלְמַד הַבָּקָר ἀπ. λεγ. bed. nach den alten Verss. u. den Rabb. ein Instrument, mit dem man Ochsen erzieht und treibt, womit die Etymologie übereinstimmt, da לָמַד Hos. 10, 11. Jer. 31, 18 vom Erziehen des jungen Rindes vorkommt. Nach *Raschi* ist מַלְמַד בָּקָר dasselbe wie דָּרְבָן βούκεντρον 1 Sam. 13, 21. Nach *Maundrell* in *Paulus'* Samml. der merkw. Reisen nach d. Or. I S. 139 braucht das Landvolk in Palästina und Syrien beim Pflügen Stachel von ohngefähr 8 Fuss Länge und am dicken Ende 6 Zoll im Umfange. Diese haben am dünnern Ende eine scharfe Spitze, um die Ochsen anzutreiben, und am andern Ende eine kleine Haue oder eiserne, starke, feste Striege, um damit die Erde die sich an den Pflug hängt abzustossen. Mit einem solchen Werkzeuge mochte Samgar die Philister geschlagen haben, ähnlich wie nach *Hom. Il. VI, 135* der Edonerfürst Lykurgos mit einem βουπλῆξ den Dionysos mit den Bachantinnen in die Flucht schlug. — Ueber Samgars Herkunft ist nichts berichtet, weder hier noch 5, 6 im Liede der Debora. Die von ihm erzählte Heldenthat hat man mit *O. v. Gerl.* „nur als Wirkung einer augenblicklich aufflammenden heiligen Begeisterung anzusehen, in welcher er nach der ersten besten Waffe griff und die von einem Schrecken Gottes gescheuchten Feinde in die Flucht jagte, ähnlich wie später Simson." Denn einen nachhaltigen Sieg über die Philister scheint er den Israeliten nicht erkämpft zu haben. Auch wird er weder Richter genannt, noch die Zeit seines Wirkens in Betracht gezogen, sondern 4, 1 der wiederholte Abfall Israels vom Herrn vom Tode Ehuds an datirt.

Cap. IV u. V. Unterdrückung Israels durch Jabin und Rettung durch Debora und Barak.

Diese neue Unterdrückung der Israeliten mit dem glorreichen Siege, den sie durch die Richterin Debora und den Helden Barak über den Feldherrn Jabins Sisera erstritten, ist in dem erhabenen Triumphliede der Debora c. 5 so eingehend geschildert, dass man dieses Lied als einen poetischen Commentar zu dieser Begebenheit betrachten kann. Nur folgt daraus in keiner Weise, dass die Geschichtserzählung c. 4 erst aus dem Liede sich gebildet habe und nur eine Erklärung desselben liefern solle. Eine solche Annahme wird schon durch die Thatsache widerlegt, dass der historische Bericht c. 4, wie auch *Berth.* anerkennt, geschichtliche Nachrichten enthält, welche wir im Liede vergeblich suchen und für das Verständniss desselben ungern vermissen würden. Aus dem innerlichen Zusammenhange der Geschichtserzählung und des Liedes lässt sich nur so viel als wahrscheinlich folgern, dass der Verf. unsers Buches beide aus einer gemeinschaftlichen Quelle genommen habe, über deren Beschaffenheit sich freilich aus den wenigen eigenthümlichen Ausdrücken und Wörtern, wie שְׂמִיכָה v. 18, תִּצְנַח v. 21, מָשְׁכָה v. 6 und וַיָּהָם v. 15 nichts Genaueres ermitteln lässt. Denn ausser dem ἀπ. λεγ. שְׂמִיכָה kommen die übrigen alle auch sonst vor, תִּצְנַח 1, 14. Jos. 15, 18, מָשַׁךְ in derselben Bedeutung 20, 37 und וַיָּהָם Ex. 14, 24. Jos. 10, 10. Daraus aber, dass יָהַם in den angeff. Stellen „in der Nähe von Liedern oder dichterischen Stellen sich findet" (Berth.), folgt nicht im mindesten, dass dieses Wort mit jenen Liedern aus derselben Quelle, nämlich aus dem סֵפֶר הַיָּשָׁר Jos. 10, 13 entlehnt sei. Denn הָמַם findet sich in derselben Bedeutung auch 1 Sam. 7, 10. Ex. 23, 27. Deut. 2, 15, wo man nach Liedern vergebens sucht, und kommt überall vor, wo eine wunderbare Verwirrung der Feinde durch die göttliche Allmacht berichtet wird.

Cap. IV. Der Sieg über Jabin und seinen Feldherrn Sisera.

V. 1—3. Da die Israeliten wiederum vom Herrn abfielen, als Ehud gestorben war, so gab sie der Herr in die Gewalt des cananitischen Königs *Jabin*, der sie durch seinen Feldherrn *Sisera* mit einer starken Heeresmacht 20 Jahre lang hart bedrückte. Durch den Umstandssatz וְאֵהוּד מֵת wird der Abfall der Israeliten von Gott sowol mit dem Tode Ehuds als mit der Hingabe Israels in die Gewalt Jabins in Causalzusammenhang gesetzt, und angedeutet, dass Ehud so lange er lebte sowol dem Götzendienste des Volks steuerte (vgl. 2, 18 u. 19) auch Israel gegen feindliche Unterdrückungen schützte. Einen König *Jabin* von *Hazor* hatte schon Josua besiegt und seine Hauptstadt erobert (Jos. 11, 1. 10). Den gleichen Namen führte der hier erwähnte, über 100 Jahre später lebende. Vielleicht war auch יָבִין „der Einsichtige" stehender Name oder Titel der canan. Könige von Hazor, wie Abimelech bei den Philistern, s. zu Gen. 26, 8. Er wird „König von Canaan" genannt mit Rücksicht auf die Könige anderer Völker und Länder, wie Moab, Mesopotamien (3, 8. 12), in deren Gewalt der Herr sein sündiges Volk dahingegeben hatte. *Hazor*, ehedem die Hauptstadt der Königreiche des nördlichen Canaan, lag über dem (oberhalb oder nördlich vom) Huleh-See im Stamme Naphtali, ist aber noch nicht wieder aufgefunden, s. zu Jos. 11, 1. Jabins Feldherr Sisera wohnte in *Haroseth* der *Gojim*, und drückte mit seiner Kriegsmacht, die 900 eiserne Wagen (s. zu Jos. 17, 16) zählte, die Israeliten gewaltig (בְּחָזְקָה vgl. 8, 1. 1 Sam. 2, 16) 20 Jahre lang. Die Lage des nur hier (v. 2. 13. 16) vorkommenden *Haroseth* ist unbekannt, sicherlich aber in einer der grösseren Ebenen von Galiläa, vielleicht in der Ebene *Buttauf*, zu suchen, wo Sisera seine an Streitwagen besonders starke Macht entfalten und das Land Israel beherrschen konnte.

V. 4—11. In jener Zeit richtete *Debora*, eine Prophetin, das Weib Lapidoths, welche unter der Debora-Palme zwischen Rama (er Râm s. zu Jos. 18, 25) und Bethel (Beitin s. zu Jos. 7, 2) im St. Benjamin auf dem Gebirge Ephraim wohnte, die Israeliten. אִשָּׁה נְבִיאָה heisst Debora wegen ihrer prophetischen Gabe, wie Mirjam Ex. 15, 20 und Hulda, das Weib

Sallums 2 Kg. 22,14. Diese Gabe befähigte sie zum Richten des Volks (das Partic. שֹׁפְטָה drückt die dauernde Thätigkeit des Richtens aus), d. h. zunächst zum Schlichten der Streitsachen des Volks, welche die niederen Gerichte nicht zu entscheiden vermochten und die nach Deut. 17, 8 ff. an den Oberrichter des ganzen Volks gelangen sollten. Die Palme (תֹּמֶר = תָּמָר), wo sie zu Gerichte sass (יוֹשֶׁבֶת vgl. Ps. 9, 5), erhielt von ihr den Namen *Debora*-Palme. Dorthin zogen die Israeliten zu ihr hinauf, um Recht zu suchen. עָלָה wie Deut. 17, 8 vom Hinaufziehen zur Gerichtsstätte als geistiger Höhe, unabhängig davon, dass die hier in Rede stehende Gegend auch sehr hoch lag. — V. 6 ff. Um nun ihrem Volke auch gegen seine äusseren Feinde Recht zu schaffen, berief sie *Barak*, den Sohn Abinoams aus Kedes im St. Naphtali, westwärts vom Huleh-See (s. zu Jos. 12, 22), und eröffnete ihm den Befehl des Herrn: „Auf (לֵךְ geh s. v. a. auf, wohlan) und zieh auf den Berg Thabor und nimm mit dir 10,000 Mann von den Söhnen Naphtali und Sebulon, und ich werde zu dir ziehen in das Bachthal Kison den Sisera, den Heeresfürsten Jabins, sammt seinen Wagen und seinem Getümmel (הֲמוֹנוֹ seinem Kriegsvolke) und ihn in deine Hand geben." מָשַׁכְתָּ wird verschieden erklärt. *Seb. Schm. Cler.* u. A. suppliren חַקֶּרֶן oder הַשּׁוֹפָר zieh mit der Posaune (vgl. Ex. 19, 13. Jos. 6, 5) d. h. blas' die Posaune in lang gezogenen Tönen auf dem Berge Thabor, und fassen dies als Signal zur Zusammenrufung des Volks, wogegen *Hgstb.* Beitr. III S. 93 f. auf Grund von Num. 10, 9 das Stossen in die Posaune als Signal fasst, wodurch die Gemeinde des Herrn ihm ihre Hülfsbedürftigkeit anzeigte und ihn zur Hülfe herberief. Allerdings lässt sich nicht beweisen, dass das Blasen der Posaune blos Mittel der Zusammenberufung des Volkes war; auch lässt sich das folgende מָשַׁכְתִּי in der Bed. ziehen durch Annahme eines Doppelsinns in מָשַׁכְתָּ rechtfertigen. „Die langgezogenen Töne sollen den Herrn herbeiziehen, dann zieht der Herr Sisera, den Heerführer Jabins, herbei. Erst Barak den Helfer aus dem Himmel, dann der Herr den Feind auf Erden." Dennoch können wir dieser Erklärung nicht beitreten, weil sich 1) die angenommene Ellipse von קֶרֶן oder שׁוֹפָר in diesem Zusammenhange, wo vom Blasen der Posaune weder im Vorhergehenden noch im Nachfolgenden die Rede ist, vielmehr מָשַׁךְ unmittelbar darauf in anderer Bedeutung vorkommt, durchaus nicht rechtfertigen lässt; 2) die Stelle Num. 10, 9 deshalb nicht zur Erläuterung herbeigezogen werden darf, weil dieselbe von dem priesterlichen Blasen der silbernen Trompeten handelt, die mit dem שׁוֹפָרוֹת nicht zu verwechseln sind; der Gebrauch der Posaunen bei Jericho aber sich nicht ohne Weiteres auf unsere Stelle übertragen lässt. Wir nehmen daher מָשַׁךְ in der Bed. ziehen (intransitiv), in lang gedehntem Zuge hinter einander gehen, wie 20, 37 u. Ex. 12, 21, hier (v. 6) u. 5, 14 vom Feldherrn mit den hinter ihm herziehenden Kriegern, während es v. 7 in gleichem Sinne nur in transit. Bed. zu nehmen ist. Der Berg *Thabor*, bei den Griechen Ἰταβύριον (Hos. 5, 1 LXX), nach alter kirchlicher Ueberlieferung der Berg der Verklärung Christi, jetzt Dschebel *et Tur*, ein mächtiger, fast ganz isolirt sich bis zu c. 1000 Fuss Höhe erhebender, abgestumpfter Kalksteinkegel am nordöstlichen Saume der Ebene Jesreel, dessen Seiten mit einem Walde von Eichen und wilden Pistazien bedeckt sind, und dessen platter Gipfel etwa eine halbe Stunde im Umfange hat und Ueberreste von alten Fortificationen aufweist, s. *Robins.* Pal. III S. 452 ff. u. *v. Raum.* Pal. S. 37 f. Die W. „und nimm mit dir 10,000 Mann" sind nicht so zu verstehen, als ob Barak auf dem Thabor das Volk zusammenrufen solle, sondern das Sammeln des Heeres wird hier vorausgesetzt und nur befohlen, mit dem gesammelten Heere auf den Berg Thabor zu ziehen, um von dort aus den Feind im Thale des Kison anzugreifen. Die Sammlung des Heeres geschah nach v. 10 zu Kedes in Naphtali. נַחַל קִישׁוֹן ist nicht blos der Bach *Kison*, der aus Quellbächen vom Fusse des Thabor und des Gebirges Gilboa her sich bildet, in nordwestlicher Richtung durch die Ebene Jesreel dem Mittelmeere zuströmt und in die Bai von Akka mündet, von den Eingeborenen *Mukatta* genannt (s. *Rob.* III S. 472 ff. u. *v. Raum.* S. 39 u. 50), sondern das Thal zu beiden Seiten des Baches d. i. die Ebene Jesreel (s. zu Jos. 17, 16), in welcher von Alters her bis auf die neueste Zeit herab die grossen Schlachten um den Besitz Palästina's geschlagen worden sind, vgl. *v. Raum.* S. 40 ff. — V. 8 ff. Barak entgegnete ihr: er werde nur hinziehen, wenn sie mitziehe — sicher nicht aus dem Grunde, weil er Misstrauen in die von der Debora ihm eröffnete göttliche Verheissung setzte (*Berth.*), sondern weil er in Misstrauen auf die eigene Kraft sich zur Ausführung des göttlichen Auftrags zu schwach fühlte. Es fehlte ihm die göttliche Begeisterung für den Kampf; diese soll die Gegenwart der Prophetin ihm und dem von ihm zu sammelnden Streitheere einflössen. Debora sagte ihm ihre Begleitung zu, kündigte ihm aber als Strafe für diesen Mangel an Vertrauen auf den Erfolg seines Unternehmens an, dass der Preis des Sieges, die Erlegung des feindlichen Feldherrn, ihm werde entzogen werden. „Denn in die Hand eines Weibes wird Jehova den Sisera verkaufen (d. h. preisgeben), nämlich nach v. 17 ff. in die Hand der Jaël. Darauf ging sie mit ihm nach Kedes, wo Barak Sebulon und Naphtali d. h. die streitbare Mannschaft dieser Stämme zusammenrief und mit 10,000 Mann in seinem Gefolge (בְּרַגְלָיו = אַחֲרָיו [v. 14] vgl. Ex. 11, 8. Deut. 11, 6) zum Thabor hinzog (עָלָה hier vom Anrücken eines Kriegsheeres gegen einen Ort). Kedes, wo das Heer sich sammelte, lag höher als der Thabor war. זָעַק *hiph. c. acc.* zusammenrufen, vgl. 2 Sam. 20, 4 f. — Bevor nun der Zusammenstoss mit dem Feinde erzählt wird, folgt in v. 11 die Mittheilung, dass der Kenite *Heber* sich von seinem Stamme, den Söhnen Hobabs, die in der Wüste Juda's nomadisirten (1, 16), getrennt und seine Zelte bis zum Eichwalde zu Zaanannim (s. zu Jos. 19, 33) bei Kedes hin aufgeschlagen hatte, was für den Ausgang des folgenden Kampfes (v. 17 ff.) wichtig war. נִפְרָד mit Kamez ist Particip, welches statt des Perfects steht, um die Trennung als eine dauernde zu bezeichnen.

V. 12—16. Sobald Sisera von dem Zuge Baraks zum Berge Thabor Kunde erhielt, zog er alle seine Wagen und sein ganzes Kriegsvolk von Haroset der Gojim in das Bachthal des Kison zusammen. Da sprach Debora zu Barak: „Mach dich auf, denn dies ist der Tag da Jehova den Sisera in deine Hand gegeben hat. Ja (הֲלֹא *nonne* als Ausdruck lebhafter Versicherung) der Herr zieht vor dir aus" sc. in den Streit, die Feinde zu schlagen; worauf Barak mit seinen 10,000 Mann vom Thabor herabzog, um den Feind anzugreifen, und zwar nach 5, 19 bei Thaanach am Wasser Megiddo's. — V. 15. „Da verwirrte der Herr den Sisera und alle seine Wagen und sein ganzes Heer nach des Schwertes Schärfe vor Barak." וַיָּהָם wie Ex. 14, 24 u. Jos. 10, 10 bezeichnet die Verwirrung des feindlichen Heeres durch ein Wunder Gottes, wol meist durch ein wunderbares Naturphänomen, vgl. ausser Ex. 14, 24 noch 2 Sam. 22, 15. Ps. 18, 15. 144, 6. Durch וַיָּהָם wird die Besiegung Sisera's und seines Heeres der wunderbaren Vernichtung Pharao's und der Cananiter bei Gibeon als gleichartig angereiht und die Verbindung dieses Verbums mit לְפִי חֶרֶב ist aus einer Prägnanz zu erklären in dem Sinne: Jehova brachte Sisera mit seinem Heere in Verwirrung und schlug ihn, wie ein furchtbarer Kriegsheld vor Israel her streitend, schonungslos. Um sich zu retten sprang Sisera von seinem Wagen und floh zu Fusse; Barak aber verfolgte die geschlagenen Feinde bis Haroset und rieb sie ganz auf. „Das ganze Heer Sisera's fiel nach des Schwertes Schärfe; nicht blieb übrig bis auf einen" d. h. kein einziger Mann.

V. 17—22. Sisera flüchtete sich, um dem Schwerte der Israeliten zu entrinnen, in das Zelt der Jaël, des Weibes des Keniten Heber (s. v. 11), da der König Jabin mit dem Hause Hebers d. h. mit diesem Zweige der Keniter in Frieden lebte. V. 18. Jaël nahm den Flüchtigen in gewohnter Weise morgenländischer Gastfreundschaft in ihr Zelt auf (סוּר wie Gen. 19, 2 f. vom Wege abbiegend hinzutreten zu jem.) und bedeckte ihn mit einer Decke (שְׂמִיכָה ἀπ. λεγ. Decke, Ueberwurf oder Teppich), damit er schlafen könnte, da er von der Flucht sehr ermattet war. V. 19. Auf seine Bitte um Wasser zum Trinken, da er durstig war (צָמִתִי defective Schreibung für צָמֵאתִי) reichte sie ihm Milch aus ihrem Schlauche und deckte ihn wieder zu. Milch statt Wasser gab sie ihm zu trinken, wie Debora in ihrem Liede 5, 25 hervorhebt, ohne Zweifel nur, um ihren Gast freundlich zu bewirthen. Wenn *Josephus (Ant. V, 5, 4)* in seiner Erzählung dieser Begebenheit bemerkt, sie habe ihm schon verdorbene (διεφθορὸς ἤδη) d. h. sauer gewordene Milch gereicht, und *R. Tanchum* weiter meint, dass solche Milch den Ermüdeten berauschte, so sind dies nur spätere Ausmalungen des einfachen Factums, die keinen geschichtlichen Werth haben. — V. 20. Um ganz sicher zu sein bat Sisera seine Wirthin, sich vor die Thür des Zeltes zu stellen und jeden abzuweisen, der bei ihr einen der flüchtigen Feinde suche. עֲמֹד ist Imperat. statt עִמְדִי; denn Infinitiv kann das Wort aus syntactischen Gründen nicht sein. Die Anomalie im Gebrauche des Genus lässt sich damit entschuldigen, dass das Masculinum als das allgemeinere Genus statt des bestimmteren Föminins stehen kann. Für die Aenderung in עָמוֹד (*infin. abs.*) fehlen zureichende Gründe. Ob Jaël diesen Wunsch erfüllte, wird nicht erwähnt, sondern statt alles Weiteren in v. 21 nur die Hauptsache berichtet, dass nämlich Jaël einen Zeltpflock nahm und mit einem Hammer in der Hand zu dem vor Ermüdung fest eingeschlafenen Sisera hintrat und den Pflock in seine Schläfe schlug, so dass er in die Erde (den Boden) eindrang. Die W. וְהוּא־נִרְדָּם וַיָּעַף sind ein den Hergang erläuternder Zustandssatz: „er war aber in

tiefen Schlaf gefallen und ermattet" d. h. vor Ermattung fest eingeschlafen, wie schon *Vat. Drus. Cler.* u. A. den Sinn richtig bestimmen. „Und so
starb er." וַיָּמֹת schliesst sich als Folge an וַתְּצְנַח וגו ‎ · · · וַתִּתְקַע an, wogegen וַיָּעַף zu dem eingeschobenen Umstandssatze וְהוּא נִרְדָּם gehört. So
auch *Rosenm.* mit der Bemerkung von *Kimchi*: *verbis* נִרְדָּם וַיָּעַף *indicari*
causam, cur Sisera neque appropinquantem ad se Jaëlem neque ictum sibi
inflictum senserit. Denn die Verbindung des וַיָּעַף mit וַיָּמֹת „da ermattete
er und starb", für welche sich noch *Stud.* u. *Berth.* entschieden haben, gibt
keinen erträglichen Gedanken. Wem ein Zeltpflock mit dem Hammer in
die Schläfe geschlagen wird, so dass der Pflock durch den Kopf in die
Erde eindringt, der ermattet nicht erst um zu sterben, sondern der ist
augenblicklich getödtet. Und וַיָּעַף, von עוּף = עָיֵף (Jer. 4, 31) oder יָעַף
und zur Unterscheidung von עוּף *volare* mit Patach in der letzten Sylbe,
hat in allen Stellen wo es vorkommt keine andere Bed. als ermattet sein,
vgl. 1 Sam. 14, 28. 31. 2 Sam. 21, 15. Die Uebersetzung der LXX: ἐσκο-
τώθη ist sprachlich nicht zu rechtfertigen. — V. 22. Als hierauf Barak,
den Sisera verfolgend, herbeikam, ging ihm Jaël entgegen, um ihm die
That die sie vollbracht hatte zu zeigen. Hiedurch war in Erfüllung gegangen, was Debora v. 9 dem Barak vorhergesagt hatte. Der Herr hatte
Sisera in die Hand eines Weibes verkauft und dem Barak die Herrlichkeit des Sieges entzogen. Doch wird die That der Jaël weder durch diese
prophetische Vorausverkündigung noch durch die Verherrlichung derselben im Liede der Debora 5, 24 ff. sittlich gerechtfertigt. Wenn sich auch
nicht verkennen lässt, dass Jaël in frommer Begeisterung für die Sache
Israels und seines Gottes handelte und dass sie durch religiöse Motive
sich bestimmen liess, die Verbindung ihres Volksstammes mit Israel dem
Volke des Herrn für höher und heiliger zu halten nicht nur als das Band
des Friedens, in welchem ihr Stamm mit dem cananitischen Könige Jabin
lebte, sondern auch als die dem Orientalen überaus heiligen Pflichten der
Gastfreundschaft: so lässt sich doch ihre heroische That nicht mit *Calov.*
(*Bibl. ill.*), *Buddeus* u. A. durch die Annahme, dass Jaël, als sie den Sisera
in ihr Zelt aufnahm, ihm Sicherheit zusagte und seinen Durst mit Milch
löschte, aufrichtig gehandelt habe, ohne daran zu denken ihn tödten zu
wollen, und dass sie erst als er fest eingeschlafen war *instinctu Dei arcano*
zu ihrer That angeregt und getrieben worden sei, von der ihr ankleben-
den Sünde der Lüge und Arglist und des Meuchelmordes freisprechen.
Denn Jehova der Gott Israels verabscheut nicht blos die Lügenlippen
(Prov. 12, 22), sondern hasst überhaupt das Arge und jede Hinterlist. Er
straft zwar die Gottlosen durch Sünder, aber reizt die Sünder, die er zur
Ausführung seiner Reichspläne als Werkzeuge seiner Strafgerechtigkeit
braucht, nicht durch einen geheimen innern Trieb zu bösen Thaten an.
Gott hatte es zwar so gefügt, dass Sisera im Zelte der Jaël, wo er Zuflucht suchte, seinen Tod finden sollte; aber diese göttliche Fügung gab
der Jaël nicht das Recht, den Feind Israels gastfreundlich in ihr Zelt aufzunehmen, durch Worte und That sicher zu machen und den sicherge-
machten dann im Schlafe heimlich zu morden. Dieses Verfahren war nicht
Wirkung des göttlichen Geistes, sondern Product eines von Fleisch und

Blut eingegebenen Heroismus, der auch im Liede der Debora 5, 24 ff. nicht als Gottesthat gepriesen wird.

V. 23 u. 24. So demüthigte Gott damals den König Jabin vor Israel, und die Hand der Israeliten wurde immer schwerer auf ihm lastend bis sie ihn vernichtet hatten. חָלוֹךְ וְקָשָׁה — — — יַד וַתֵּלֶךְ „die Hand ... nahm zu fort und fort schwer werdend." חָלַךְ vom Fortgehen, der fortwährenden Zunahme einer Sache wie Gen. 8, 3 u. ö. ist mit dem Infinit. absol. und dem Participe der Handlung verbunden. קָשָׁה ist *partic. foem.* von קָשָׁה wie גָּדֵל Gen. 26, 13, vgl. *Gesen.* §. 131, 3 Anm. 3. — Die Vernichtung Jabins und seiner Herrschaft schliesst übrigens nicht die Ausrottung der Cananiter überhaupt in sich.

Cap. V. Das Siegeslied der Debora.

Dieses hochpoetische Lied ist ein so unmittelbarer und frischer Ausdruck von der gewaltigen Gluth der Begeisterung, welche durch die mächtige Erhebung Israels und seinen Sieg über Sisera hervorgerufen wurde, dass seine Echtheit gegenwärtig wieder allgemein anerkannt wird. Nach einer allgemeinen Aufforderung zum Preise des Herrn für die muthige Erhebung des Volks zum Kampfe wider seine Feinde (v. 2) entwickelt die Sängerin Debora im *ersten* Abschnitte v. 3—11 die Bedeutung des Sieges, indem sie a. die glorreiche Zeit der Erhebung Israels zum Volke des Herrn (v. 3—5), b. die schmachvolle Erniedrigung dieses Volks in der jüngsten Vergangenheit (v. 6—8), und c. die erfreuliche Wendung der Dinge mit ihrem Auftreten (v. 9—11) in lebhaften Farben schildert. Nach einer neuen Aufforderung zum Jubel und zur Siegesfreude (v. 12) folgt im *zweiten* Abschnitt v. 13—21 ein lebensvolles Gemälde von dem Kampfe und Siege, in welchem a. das mächtige Herzuströmen der Tapferen im Volke zum Kampfe (v. 13—15ᵃ), b. die Feigheit der vom Kampfe Ferngebliebenen und die Todesverachtung der wackeren Kämpfer (v. 15ᵇ —18), c. der siegreiche Ausgang des Kampfes (v. 19—21) lebendig dargestellt wird. Hieran reiht sich im *dritten* Abschnitte v. 22—31 die Schilderung des herrlichen Erfolges dieses Kampfes und Sieges, indem a. die Flucht der Feinde und ihre Verfolgung kurz erwähnt (v. 22—24), b. die Tödtung des feindlichen Feldherrn durch die Jaël gepriesen (v. 24—27), und c. die getäuschte Erwartung der Mutter Sisera's auf reiche Beute verspottet wird (v. 28—30), worauf das Lied mit der aus diesem Siege geschöpften Hoffnung des Untergangs aller Feinde des Herrn und der immer kräftigeren Erhebung Israels (v. 31ᵃ) schliesst. — Das ganze Lied theilt sich demnach in drei Hauptabschnitte, deren jeder in drei nicht ganz ebenmässige Strophen sich gliedert, und zwar so dass der erste und zweite Abschnitt durch eine Aufforderung zum Preise Gottes (v 2 u. 12) eingeleitet werden, der dritte aber mit einem aus dem Inhalte des Ganzen sich ergebenden Ausdrucke der Hoffnung für die Zukunft des Reiches Gottes schliesst (v. 31ᵃ). [1]

---

1) Die ziemlich zahlreiche exegetische Literatur über dieses Lied s. in *Rosenmüllers Scholia ad h. l.* Die neuesten Erklärungen desselben sind: *G. H. Hollmann commentar. phil. crit. in Carmen Deborae Jud. V. Lps. 1818. Chr. H. Kal-*

V. 1. Die geschichtliche Einleitung: „Da sangen Debora und Barak, der Sohn Abinoams, an jenem Tage also" vertritt die Stelle einer Ueberschrift, und besagt nicht, dass das folgende Lied von Debora und Barak gemeinschaftlich gedichtet, sondern nur dass es von beiden gemeinschaftlich gesungen worden zur Feier des Sieges. Die Dichterin oder Verfasserin des Liedes ist nach v. 3. 7 u. 12 Debora. Dasselbe wird v. 2 mit der Aufforderung, den Herrn für die willige und freudige Erhebung seines Volkes zu preisen, eröffnet:

> V. 2. **Dafür dass kräftig sich zeigten die Kräftigen in Israel,**
> **dass sich freiwillig stellte das Volk,**
> **preiset den Herrn!**

Die Bed. von פָרַע und פְּרָעוֹת ist streitig. Nach der Uebersetzung der LXX (*Cod. Al.*) und des *Theodot.*: ἐν τῷ ἄρξασθαι ἀρχηγοὺς ἐν Ἰσραήλ geben Viele ihm die Bed. anfangen oder anführen und suchen dieselbe mit dem arab. فرع, sich an der Spitze einer Sache befinden, zu begründen. Aber im Hebr. lässt sich diese Bedeutung nicht nachweisen. פָרַע bed. nur: loslassen von etwas, los- freilassen jem. (s. zu Lev. 10, 6) und פְּרָעוֹת bed. in Deut. 32, 42, der einzigen Stelle wo es noch vorkommt, nicht: Anführer, sondern den üppigen Haarwuchs als Bild grosser Kraftfulle. Hienach bed. פְּרָעוֹת hier eig. *comati*, die Behaarten d. i. die mit Kraft Begabten, und פָרַע Kraft zeigen, äussern. Gemeint sind die Vorkämpfer im Streite, die durch Kraft und Tapferkeit dem Volke vorangingen. Die Präpos. בְּ vor פְרַע bezeichnet die Ursache zum Preise Gottes oder vielmehr den Gegenstand, an welchem der Preis des Herrn haftet. בִּפְרֹעַ וגו׳ wörtl. bei dem Sich-kräftig-zeigen. Sinn: dafür, darüber dass die Kräftigen in Israel Kraft entfalteten. תִתְנַדֵּב sich willig beweisen, hier: sich aus freiem Triebe, ohne äusseres Machtgebot zum Kriege stellen, in den Kampf gehen. — Dieser Eingang versetzt uns lebendig in die Zeit der Richter, da Israel keinen König hatte, der das Volk zum Kriege aufbieten konnte, wo vielmehr Alles von der freien Erhebung der Starken und der Willigkeit des Volkes abhing. Die Entfaltung dieser Kraft und Willigkeit preist Debora als eine Gnadengabe des Herrn. — Nach dieser Aufforderung zum Preise des Herrn beginnt der erste Theil des Liedes mit dem Zurufe an die Könige und Fürsten der Erde zu vernehmen, was Debora zum Preise Gottes zu verkündigen hat.

> V. 3. **Höret ihr Könige, vernehmet ihr Fürsten!**
> **Ich, dem Herrn will ich singen,**
> **lobsingen dem Herrn, dem Gotte Israels.**
> 4. **Herr! als du herzogst von Seir,**
> **da du einherschrittest vom Gefilde Edom,**
> **erbebte die Erde und auch die Himmel troffen,**
> **auch die Wolken troffen Wasser.**
> 5. **Die Berge erbebten vor dem Herrn,**
> **der Sinai da vor dem Herrn, dem Gotte Israels.**

kar Quaestionum Bibl. spec. I. De Cantico Deborae. Othin. 1835. Ewald die poet. Bücher d. A. Bundes erkl. I S. 125 ff. (1839). *Herm. Henr. Kemink commentat. de carmine Deborae. Traj. ad Rhen. 1840* u. *G. Boettger commentur. exeg. crit. in Deborae canticum Jud. V,* in *Kaeuffers* Studien von Sächsischen Geistlichen. I—III Dresd. 184??.

Die „Könige und Fürsten" sind nicht die Machthaber in Israel, denn Israel hatte damals noch keine Könige, sondern die Könige und Fürsten der Heidenvölker wie Ps. 2, 2. Diese sollen die Grossthaten Jehova's in Israel vernehmen und Jehova als allmächtigen Gott fürchten lernen. Denn ihm, dem Gotte Israels, gilt das zu singende Lied. זמר, ψάλλειν ist der technische Ausdruck für Gesang mit musicalischer Begleitung, s. zu Ex. 15, 2. — V. 4 f. Um dem Herrn die Ehre für den durch seinen allmächtigen Beistand erfochtenen Sieg über die gewaltige Heeresmacht Sisera's zu geben und die Heiden mit Furcht vor Jehova, die Israeliten mit Liebe und Vertrauen zu ihm zu erfüllen, geht die Sängerin zurück auf die furchtbar herrliche Offenbarung Jehova's in der Vorzeit, da Israel zum Volke Gottes angenommen ward Exod. 19. Wie Mose in seinem Segen (Deut. 33, 2) die Stämme Israels auf diese grosse Thatsache hingewiesen als die Quelle alles Heils und Segens für Israel, so macht auch die Prophetin Debora den Preis dieser herrlichen Gottesoffenbarung zum Ausgangspunkte ihres Lobes der grossen Gnade, welche Jehova als der treue Bundesgott in ihren Tagen seinem Volke erwiesen hat. *Revocantur pristina beneficia, ut adhuc continuare Dominus suam gratiam mente grata Israelitae depraedicent. Calov.* Die Anlehnung an den Segen Mose's ist nicht zu verkennen. Während aber Mose die Herabkunft des Herrn auf den Sinai Ex. 19 nach ihrer Segensbedeutung für die isr. Stämme als objective Thatsache darstellt (Jehova kam vom Sinai Deut. 33, 2), kleidet Debora die Erinnerung an dieselbe in die Form der Anrede an Gott ein, um den Gedanken, dass die Hülfe welche Israel so eben erfahren eine Erneuerung jenes Kommens des Herrn zu seinem Volke sei, nahe zu legen. Das Ausgehen (יצָא) Jehova's von Seir und sein Daherschreiten (צָעַד) vom Gefilde Edoms ist eben so zu fassen wie sein Aufgehen (זָרַח) von Seir Deut. 33, 2. Wie die Herabkunft des Herrn auf den Sinai dort als ein Aufgehen der Sonne von Osten her geschildert ist, so wird hier dieses Herabkommen in einer schweren Wolke unter Donner, Blitz, Feuer und Rauchdampf (Ex. 19, 16. 18) in engerem Anschlusse an diese Phänomene als ein von Seir im Osten her aufsteigendes Gewitter dargestellt, in welchem der Herr einherschritt seinem vom Westen her zum Sinai gezogenen Volke entgegen. Vor dem in Gewitter und Wolkendunkel auf den Sinai herabkommenden Herrn erbebte die Erde und der Himmel troff oder, wie dies gleich näher besimmt wird, die Wolken troffen von Wasser, entluden sich wie beim Gewitter ihrer Wassermassen. Die Berge erbebten (נָזְלוּ niph. von נָזַל mit aufgehobener Verdoppelung des ל = נָזוֹלוּ Jes. 63, 19. 64, 2); selbst das mächtige Felsengebirg des Sinai erbebte, welches der Sängerin so lebhaft vor Augen schwebt, dass sie mit זֶה סִינַי „dieser Sinai" auf dasselbe wie auf einen räumlich nahen Berg hinweist. Im Anschlusse an unsere Verse schildert David in Ps. 68, 8 f. die wunderbare Führung Israels durch die Wüste, woraus aber nicht folgt, dass unsere Stelle auch von dem Zuge durch die Wüste (*Cler. Lette*) oder gar von der siegverleihenden Gegenwart des Herrn in der Schlacht gegen Sisera (*Hollm. Stud. Kem.*) handle. — So hoch aber Israel am Sinai durch den Herrn seinen Gott erhoben war, so tief war es durch seine Schuld in der jüngsten Vergangen-

heit in die Knechtschaft seiner Dränger gerathen, bis Debora helfend auf-
trat v. 6—8.

> V. 6 In den Tagen Samgars, des Sohnes Anaths,
> in den Tagen der Jaël feierten die Pfade
> und die Wanderer der Bahnen gingen krumme Pfade.
> 7. Es feierten die Landstädte in Israel, sie feierten,
> bis dass ich aufstand, Debora,
> dass ich aufstand eine Mutter in Israel.
> 8. Es erwählte neue Götter,
> da war Krieg an den Thoren,
> Ein Schild ob er gesehen ward und ein Speer
> unter Vierzigtausenden in Israel.

Die tiefe Erniedrigung und Schmach, in welche Israel vor dem Auftreten der Debora durch seinen Abfall vom Herrn in Götzendienst gerathen war, bildet die dunkle Kehrseite zu jener Verherrlichung am Sinai.
Obgleich nach Ehud noch Samgar durch einen Sieg über die Philister
dem Volke Hülfe gegen seine Feinde gewährt hatte (3, 31) und obgleich
damals schon Jaël lebte, die durch Tödtung des fliehenden Sisera sich als
Heldenweib erwies (4, 21): so war es doch mit Israel so weit gekommen,
dass Niemand mehr auf die öffentlichen Landstrassen sich hinauswagte.
Für die Vermuthung, dass Jaël eine von der 4, 17 ff. erwähnten Jaël verschiedene Person, entweder ein sonst nicht weiter bekannter Richter (*Ew.*),
oder eine solche Richterin, welche in jener unglücklichen Zeit an der
Spitze des Volks stand (*Berth.*), gewesen sei, fehlen zureichende Gründe.
חָדְלוּ אֲרָחוֹת eig. die Pfade hörten auf *sc.* Pfade zu sein oder von Menschen
betreten zu werden. הֹלְכֵי נְתִיבוֹת die auf Pfaden, gebahnten Wegen Gehenden, d. h. die des Verkehrs und Handels wegen trotz des auf dem Lande
lastenden Druckes der Fremdherrschaft Reisen unternehmen mussten,
diese gingen „gewundene Pfade" d. h. von den Landstrassen abliegende
Neben- und Umwege. Eben so verlassen und verödet wie die öffentlichen
Landstrassen waren פְרָזוֹן d. i. die mit öffenen Städten und Dörfern bebaute Landschaft und deren Bewohner. Das W. פְרָזוֹן übersetzen die
Neuern nach dem Vorgange von *Teller, Schnur.* u. *Ges.* durch Richter oder
Führung und in v. 11 durch Entscheidung oder Führung. Aber diese in
alle neueren Lexica aufgenommene Bed. entbehrt der sprachlichen Begründung und passt nicht einmal zu unserm Verse, indem derselbe nach
ihr „den sonderbaren Widerspruch: zu der Zeit als Samgar und Jaël
Richter waren, gab es keine Richter in Israel, enthalten würde" (*Stud.*
vgl. auch *Kalk.* u. *Kem.*). Ausser der alex. Version, welche das Wort in
unserm V. durch δυνατοί (nach *Cod. Vat.*, denn *Cod. Al.* hat φράζων), in
v. 11 aber ganz sinnlos durch αὔξησον gibt, woraus deutlich zu ersehen,
dass dieser Uebersetzer die Bed. des Wortes nicht kannte, pflegt man dafür das arab. فرز *segregavit, discrevit rem ab aliis* geltend zu machen, ohne
dass im Arab. die Bed. richten, führen, anführen nachweislich ist. Alle
andern alten Uebersetzer und die Rabb. erklären das W. nach פְרָזִי Bewohner des platten Landes (Deut. 3, 5. 1 Sam. 6, 18) und פְרָזוֹת das offene,
platte Land im Gegensatz der mit Mauern umgebenen Städte (Ez. 38, 11.
Zach. 2, 8), wonach פְרָזוֹן als Sammelwort sowol die mit offenen Städten

und Dörfern bebaute Landschft als auch die auf dem offenen Lande, in unbefestigten Ortschaften angesiedelte Bevölkerung bezeichnet; eine Bedeutung die auch in Hab. 3, 14 zu Grunde liegt (s. *Delitzsch* z. d. St.). Hienach hat *Luther* das W. durch „Bauern" übersetzt. עַד אֲשֶׁר עַד שַׁקַּמְתִּי für קַמְתִּי. Die Abkürzung des אֲשֶׁר in שׁ mit folgendem Dagesch und gewöhnlich mit Segol punktirt, hier wegen des mit den Gutturalen nahe verwandten ק mit Patach, gehört zu dem volksthümlichen Charakter unsers Liedes und findet sich daher auch im Hohenliede (1, 12. 2, 7. 17. 4, 6). Vereinzelt kommt sie auch in der einfachen Prosa vor (Jud. 6, 17. 7, 12 u. 8, 26), ist aber erst in der exilischen und nachexilischen Literatur aus der gewöhnlichen Umgangssprache mehr und mehr in die Schriftsprache eingedrungen. Eine „Mutter in Israel" nennt sich Debora, sofern sie mit mütterlicher Fürsorge sich ihres Volkes angenommen hat, ähnlich wie Hiob (29, 16) sich einen Vater der von ihm unterstützten Armen nennt, vgl. noch Jes. 22, 21. — In v. 8 wird die Ursache des Elends, in welches Israel gerathen war, angegeben. אֱלֹהִים חֲדָשִׁים ist Object zu יִבְחַר und das Subject aus dem voraufgegangenen יִשְׂרָאֵל zu entnehmen. Israel verliess Jehova seinen Gott und Schöpfer und wählte neue d. h. von seinen Vätern nicht verehrte Götter, vgl. Deut. 32, 17. Da gab es Krieg (לָחֶם *Stat. constr.* von לָחֶם *verbale* von *piel:* Kampf, Krieg) an den Thoren d. h. die Feinde drangen bis an die Thore der israelitischen Städte vor, belagerten dieselben, und Schild und Speer wurde unter 40 Tausenden in Israel nicht gesehen, d. h. in Israel fanden sich nicht Krieger, die das Land gegen die Feinde zu schützen wagten. אִם bed. ob, eine Frage mit verneinendem Sinne ausdrückend wie 1 Kg. 1, 27 u. a. Schild und Speer (Lanze) sind als Schutz- und Trutz- oder Vertheidigungs- und Angriffswaffen individualisirend statt aller Waffen genannt. Diese Worte sind nicht nach 1 Sam. 13, 22 dahin zu deuten, dass bei den Israeliten keine Waffen mehr zu finden waren, weil die Feinde sie weggenommen hatten (אִם יֵרָאֶה ist nicht gleichbedeutend mit לֹא נִמְצָא 1 Sam. 13, 22), sondern besagen: Keine Waffen waren mehr zu sehen, weil unter 40,000 Männern in Israel keiner zu den Waffen griff. Die Zahl 40,000 ist nicht die Anzahl der Israeliten, die sich nach v. 2 freiwillig zum Kampfe stellten (*Berth.*). Denn abgesehen davon, dass diese nicht unbewaffnet in den Krieg zogen, spricht dagegen schon die Angabe 4, 6 u. 10, dass Barak mit nur 10,000 Mann in den Krieg zog und die Feinde schlug. Die Zahl ist eine runde Zahl d. h. eine ungefähre Angabe der Zahl von Streitern, welche die Feinde hätten schlagen und Israel von der Knechtschaft befreien können, vielleicht gewählt im Hinblicke auf die 40,000 Streiter aus den ostjordanischen Stämmen, welche mit Josua nach Canaan zogen und ihren Brüdern das Land erobern halfen (Jos. 4, 13). Anders wird v. 8 von den meisten neueren Ausll. gedeutet. Das erste Versglied übersetzen Mehrere nach der *Pesch.* u. *Vulg.:* „Gott erwählte Neues", indem sie אֱלֹהִים als Subject und חֲדָשִׁים als Object fassen, wogegen aber mit Recht eingewandt worden, dass nach unserm Liede nicht אלהים sondern יהוה die Befreiung Israels wirke und nicht חֲדָשִׁים sondern nur חֲדָשׁוֹת (Jes. 42, 9. 48, 6) oder חֲדָשָׁה (Jes. 43, 19. Jer. 31, 22) neue Dinge oder Neues bedeute. Um dieser Gründe willen erklären *Ew.* u. *Berth.* אֱלֹהִים von Richtern: „man erwählet neue Richter", unter Berufung auf Ex. 21, 6. 22, 7. 8, wo die im Namen Gottes Recht sprechende Obrigkeit אלהים genannt wird. Aus diesen Stellen lässt sich aber weder für אלהים ohne Weiteres die Bed. Richter, noch viel weniger für אֱלֹהִים חֲדָשִׁים die: „neue Richter" begründen. Dazu kommt, dass nach beiden Auffassungen das folgende Versglied von dem besonders muthigen, vom begeisterten Israel unternommenen Kampfe gegen Sisera verstanden werden muss, womit aber die weitere Aussage, dass bei 40,000 Streitern, die sich freiwillig zum Kampfe stellten, weder Schild noch Lanze zu sehen war, in unversöhnlichem Widerspruche steht. Denn die Auskunft, dass es diesen Streitern nur an den gewöhnlichen Waffen für den geordneten Kampf gefehlt habe, indem sie etwa nur Bogen und Schwert oder statt der Waffen nur Stäbe und Geräthe der Hirten und Ackerbauer hatten, wird schon dadurch als unstatthaft zurückgewiesen, dass der Gegensatz von gewöhnlichen und ungewöhnlichen Waffen durch nichts indicirt und dem Zusammenhange ganz fremd ist. Auch die Berufung darauf, dass אָז wie in v. 13. 19 u. 22 so auch in v. 11 auf siegreichen Kampf hinweise, ist nicht stark genug, um dieser Auffassung zur Stütze zu dienen, da in v. 19 mit אָז auf den Kampf der Könige Canaans hingewiesen wird, der nicht siegreich war, sondern mit einer Niederlage endigte. — Von der Betrachtung der tiefen Erniedrigung Israels wendet sich die Sängerin v. 9—11 zu der glorreichen Wendung der Dinge, die mit ihrem Auftreten erfolgte.

> V. 9. Mein Herz neigt sich zu den Führern Israels,
> zu den Willig - sich - darbietenden im Volke. Preiset den Herrn!
> 10 Die ihr reitet auf weissen Eselinnen,
> die ihr sitzet auf Decken
> und die ihr gehet auf dem Wege, sinnet nach!
> 11 Mit der Stimme der Schützen zwischen Schöpfrinnen —
> dort preisen sie die gerechten Thaten des Herrn,
> die gerechten Thaten an seinen Landstädten in Israel.
> Da ist hinabgezogen zu den Thoren das Volk des Herrn!

Zu לְבִּי ist das *verb. subst.* zu ergänzen: „Mein Herz ist den Führern Israels *sc.* geneigt, fühlt sich zu ihnen hingezogen. חוֹקֵק für מְחוֹקֵק v. 14 der Bestimmende d. i. der Gebieter oder Führer im Kriege, wie Deut. 33, 21. Die Führer und Willigen haben den Herrn zuerst zu preisen dafür dass er ihre Willigkeit mit Sieg gekrönt hat. V. 10. Aber auch alle Klassen des Volks, Vornehme und Geringe, haben Ursache in diesen Preis einzustimmen. Die auf weissen d. h. weissgefleckten Eseln Reitenden sind die Vornehmen insgemein, nicht blos die Anführer vgl. 10, 4. 12, 14. צָחֹר eig. blendend weiss; da es aber ganz weisse Eselinnen nicht gibt, und die weisse Farbe bei diesen Thieren sehr geschätzt war, so nennen Hebräer und Araber auch diejenigen weiss, welche nur weissgefleckt sind. Die auf Decken Sitzenden (מִדִּין von מַד Decke, Teppich, mit der Pluralendung יִן, die als poetischer Chaldaismus zu betrachten) sind Reiche und Wohlhabende, und die auf dem Wege Gehenden, d. h. die Fusswanderer, stellen die mittleren und niederen Volksklassen die ihren Geschäften nachgehen vor. Logisch betrachtet ist zwar diese Dreitheilung des Volks nicht sehr genau, da die beiden ersten Klassen keinen rechten Gegensatz bilden,

Aber diese Ungenauigkeit berechtigt doch nicht dazu, das mittlere Glied in der Weise mit dem ersten zu verschmelzen, dass man מֵרִין von Reitdecken oder Sätteln erklärte (*Ew. Berth.*). Denn die Reitdecken bilden noch viel weniger einen Gegensatz zu den Eselinnen, so dass man die auf weissen Eselinnen Reitenden als die Vornehmen und Anführer von den auf Sätteln Sitzenden als den „etwas Reicheren" unterscheiden könnte. Auch liegt kein Grund dafür vor, diese drei Klassen blos von dem Zuge der vom Siege zur Siegesfeier eilenden Krieger zu verstehen. Vielmehr sind alle Klassen des Volks angeredet, die nach errungenem Siege die Früchte desselben geniessen; die Vornehmen die auf kostbaren Thieren reiten, die Reichen die zu Hause auf prachtvollen Teppichen ausruhen, und die armen Wanderer, die nun wieder ruhig ihre Strasse ziehen können, ohne feindlichen Ueberfällen und Angriffen ausgesetzt zu sein (v. 6). שִׂיחוּ übersetzen Viele: singet; aber diese Bed. lässt sich aus Ps. 105, 2 u. 145, 5 nicht erweisen, und in userm V. ist sie nicht nothwendig, da die gesicherte Bed. des Worts: sinnet nach, erwägt *sc.* die Thaten des Herrn, vollkommen passt. — V. 11. Zu dieser Erwägung hat das ganze Volk gerechten Anlass, da die heimgekehrten Krieger nun bei den Tränkrinnen ihrer Heerden die grossen Thaten des Herrn erzählen und das Volk wieder in seine Städte eingezogen ist. Dies ist aller Wahrscheinlichkeit nach der Gedanke dieses dunklen und sehr verschieden gedeuteten Verses. Das erste Glied, das weder ein Verbum hat noch auch für sich allein einen Satz bilden kann, ist mit dem Folgenden zu verbinden und eine Anakoluthie anzunehmen, da שָׁם יְתַנּוּ keine directe Fortsetzung des mit מִקּוֹל anhebenden Satzes bildet. Nach den W.: „von der Stimme der Pfeilschützen..." sollte man die Fortsetzung: „wird vernommen" oder „erschallt der Preis der Thaten des Herrn" erwarten. Statt dessen ist mit שָׁם יְתַנּוּ die begonnene Construction aufgegeben und der Gedanke anders gewendet. Dies scheint nicht nur die einfachste, sondern auch die einzig mögliche Lösung der Schwierigkeit zu bieten. Denn מִן in der Bed. vonweg, wie Num. 15, 24 u. a. zu fassen, in dem Sinne: „fern von der Stimme der Schützen zwischen den Tränkrinnen" passt durchaus nicht zu dem folgenden שָׁם „daselbst", man müsste denn in מִן den Sinn: „nicht mehr beunruhigt von" hineinlegen, den diese Präposition in diesem Satze nimmermehr haben kann. מְחַצְצִים sind nicht Beutetheilende, denn חָצַץ bed. nur: schneiden, zerschneiden, theilen, und kommt niemals vom Theilen der Beute vor, wofür חִלֵּק im Gebrauche ist (vgl. v. 30. Ps. 68, 13. Jes. 9, 2). מְחַצֵּץ ist mit den Rabb. für *denom.* von חֵץ Pfeil zu halten, der Pfeilschütze. Die Bogenschützen statt der Krieger im Allgemeinen zu nennen mochte der in Benjamin wohnenden Debora nahe liegen, da die Benjaminiten diese Waffe hauptsächlich führten, vgl. 1 Chr. 8, 40. 12, 2. 2 Chr. 14, 7. 17, 17. Das Verweilen der Krieger bei den Schöpfrinnen, wo die Viehheerden getränkt wurden, führt in die Zeit des Friedens, da die Krieger wiederum ihren bürgerlichen und häuslichen Geschäften obliegen. יְתַנּוּ ist nicht *cohort.* statt des *imperat.*, sondern einfacher Aorist. תָּנָה eig. wiederholen, dann: erzählen, preisen. צִדְקוֹת יְחֹוָה die Gerechtigkeiten Jehová's d. h. die wunderbaren Thaten des Herrn in und an Israel zur Verwirklichung seiner Heilsrathschlüsse, worin sich die Gerechtigkeit seines Waltens auf Erden manifestirt, vgl. 1 Sam. 12, 7. Mich. 6, 5. צִדְקוֹת פִּרְזוֹנוֹ wird von den Neuern entweder: „die gerechten Thaten seiner Führung oder seiner Entscheidung (*Ew. Berth.*), oder „die gerechten Th. seiner Gebieter“, oder „die Wohlthaten gegen seine Fürsten (Anführer) in Israel“ (*Hollm. Ros.* u. A.) übersetzt. Aber keine dieser Bedeutungen ist erweislich. Wir müssen פִּרְזוֹן hier ebenso wie v. 7 fassen; die mit offenen Städten und Dörfern bedeckte Landschaft mit ihren Bewohnern, welche Jehova durch den Sieg über Sisera von dem auf ihr lastenden feindlichen Drucke befreit hat. — Nach diesem Siege da ist das Volk des Herrn wieder zu seinen Thoren hinabgestiegen, von den Bergen und Schlupfwinkeln, in die es sich vor den Feinden geflüchtet hatte (v. 6 f.), wieder in die Ebenen des Landes, in die vom Feinde befreiten Städte eingezogen (*Stud. Böttg.* u. A.).

Mit v. 12 wird der zweite Theil: die Schilderung des Kampfes und Sieges, eingeleitet. In das zu verherrlichende grosse Ereigniss mit ihrem Geiste sich versenkend, fordert Debora sich selber auf, ein Lied anzustimmen, und den Barak, seine Gefangenen wegzuführen.

> V. 12 Wach auf, wach auf, Debora!
>   Wach auf, wach auf, sprich ein Lied!
>   Auf, Barak, und führe gefangen deine Gefangenen, Sohn Abinoams!

עוּרִי hat die beiden ersten Male den Ton auf der letzten Sylbe, dem schnellen auffordernden Hervorstossen des Wortes in der anhebenden Rede entsprechend (*Berth.*). שְׁבֵה שֶׁבְיְ Gefangene wegführen — als Frucht des Sieges; nicht blos: im Triumphe vorführen. Ueber die Form וּשֲׁבֵה mit Chateph-Patach vgl. *Ew.* §. 90ᵇ. — In den folgenden 3 Strophen dieses Theiles (v. 13—21) wird der Verlauf des Kampfes geschildert; in den beiden ersten v. 13 — 15ᵃ und v. 15ᵇ—18 die Betheiligung der einzelnen Stämme des Volks an dem Kampfe.

> V. 13. Da zog hinab ein Rest von Edlen, vom Volke;
>   Jehova zog mir hinab unter den Helden.
> 14. Von Ephraim, deren Wurzel in Amalek,
>   hinter dir Benjamin unter deinen Völkern.
>   Von Machir zogen hinab Führer
>   und von Sebulon mit dem Stabe des Ordners Daherziehende.
> 15ᵃ Und Fürsten in Isaschar mit Debora,
>   Und Isaschar sowie Barak,
>   ins Thal getrieben durch seine Füsse.

Auf den Anfang des Kampfes zurückblickend, beschreibt die Dichterin das Herbeiströmen der Tapfern im Volke von den Bergen herab, um mit Barak und der Debora die Feinde im Thale Jesreel zu schlagen. Aber nicht das ganze Volk erhob sich wie ein Mann gegen seine Dränger, sondern nur ein Rest von Edlen und Tapferen im Volke, mit welchen Jehova in den Streit zog. In v. 13 hängt die masoreth. Vocalisation des יְרַד mit der rabb. Auffassung des Worts als *fut. apoc.* von רָדָה zusammen: „da (nun) wird herrschen der Rest über die Herrlichen d. h. der von Israel übriggebliebene Rest über die stattlichen Feinde; Jehova herrschet mir (oder durch mich) über die Helden im Heere Sisera's“, der auch *Luther*

Judic. V, 18—14. 239

folgt: Aber diese Auffassung ist, wie schon *Schnurr.* erkannte, entschieden unrichtig, weil mit der folgenden Beschreibung des Ziehens der Stämme Israels in den Kampf unvereinbar. ירד ist eben so wie יָרְדוּ v. 14 zu fassen, und als *perf.* יָרַד zu vocalisiren.[1] „Es zog hinab" *sc.* von den Gebirgen des Landes in die Ebene Jesreel ein Rest von Edlen. לְאַדִּירִים statt der engeren Unterordnung durch den *stat. constr.*, um den Begriff אַדִּיר mehr hervorzuheben, s. *Ew.* §. 292. Das folg. עָם ist Apposition zu לְאַדִּירִים und nicht (mit *Schn. Stud.* u. A.) gegen die Accente mit dem folg. יְהֹוָה zu verbinden. Der Gedanke ist vielmehr dieser: Mit den Edlen oder unter den Tapferen zog Jehova selbst mit gegen die Feinde. לִי ist *dat. commodi* s. v. a. zu meiner Freude. V. 14. „Von (מִנִּי poet. für מִן) Ephraim" *sc.* zogen Streiter; nicht der ganze Stamm, sondern nur Edle oder Tapfere, und zwar die deren Wurzel in Amalek d. h. die auf der früher von Amalekitern bewohnten Gegend des Stammgebietes von Ephraim, dem 12, 15 erwähnten Amalekitergebirge wurzelten, dort Wurzel geschlagen d. h. sich fest angesiedelt und ausgebreitet hatten; vgl. für dieses Bild Jes. 27, 6. Ps. 80, 10. Hi. 5, 3. „Hinter dir" d. i. hinter Ephraim folgte Benjamin unter deinen (Ephraims) Völkern. עֲמָמִים dichterische Form für עַמִּים in der Bed. Volksschaaren. Benjamin wohnte südlicher als Ephraim, also vom Standpunkte der Ebene Jesreel aus betrachtet hinter Ephraim, „kam aber entweder den mächtigeren Ephraimiten sich unterordnend oder rasch heranstürmend mit den ephraimitischen Schaaren zugleich auf dem Schauplatze des Krieges an" (*Berth*). „Von Machir" d. i. von West-Manasse zogen herab Führer (מְחוֹקְקִים s. zu v. 9) *sc.* mit Kriegern in ihrem Gefolge. *Machir* kann hier nicht das Manassitische Geschlecht Machirs bezeichnen, welchem Mose das nördliche Gilead und Basan zum Erbe gegeben (vgl. Jos. 17, 1 mit 13, 29—31), sondern steht poetisch für Manasse überhaupt, da *Machir* der einzige Sohn Manasse's war, von dem alle Manassiten abstammten (Gen. 50, 23. Num. 26, 29 ff. 27, 1). Gemeint ist aber hier nur der Theil des Stammes Manasse, welcher im Westjordanlande neben Ephraim sein Erbtheil erhalten hatte. Diese Fassung des Wortes fordert nicht nur die Nennung Machirs hinter Ephraim und Benjamin und vor Sebulon und Isaschar, sondern noch entschiedener die Aufzählung Gileads jenseits des Jordan neben Ruben in v. 17, worunter nur Gad und Ost-Manasse begriffen sein kann (*J. D. Mich. Ros. Berth.*). Hienach sind die beiden Namen *Machir* und *Gilead*, Sohn und Enkel Manasse's, zur Bezeichnung der beiden Hälften des St. Manasse poetisch individualisirend so vertheilt, dass Machir die westlichen, Gilead die östlichen Manassiten bezeichnet. „Von Sebulon Daherziehende (מֹשְׁךָ in langen Zügen einherziehen wie 4, 6) mit dem Stabe des Ordners. סֹפֵר Schreiber, Zähler, ist der technische Ausdruck für den Mustergeneral, dem die Anwerbung und

---

1) Das Richtige findet sich schon in *Cod Al.* der LXX: τότε κατέβη κατάλειμμα. Auch im *Targ.* ist ירד noch richtig durch נְחַת *descendit* wiedergegeben, obwol in der Paraphrase des ganzen Verses: *Tunc descendit unus ex exercitu Israel et fregit fortitudinem fortium gentium. Ecce non ex fortitudine manus eorum fuit hoc; sed Dominus fregit ante populum suum fortitudinem virorum osorum eorum* schon die Keime der rabbin. Deutung vorliegen.

Musterung der Truppen oblag 2 Kg. 25, 19 vgl. 2 Chr. 26, 11, hier allgemeiner der Heerführer. — V. 15ᵃ. שָׂרַי „meine Fürsten" gibt keinen passenden Sinn, da weder Debora noch Barak aus dem St. Isaschar waren,
noch auch gesagt ist, dass die Isaschariten sich um Debora als ihre An-
führerin geschaart haben. Man hat mit den alten Verss. שָׂרֵי (stat. constr.)
zu lesen, wogegen das Dazwischentreten der Präp. בְּ nicht streitet, vgl.
חָרַי בְּגִלְבֹּעַ 2 Sam. 1, 21 u. Ew. §. 289ᵇ. עִם zur Bezeichnung der äusseren
Gleichstellung wie 1 Sam. 17, 42, sachlich gleich dem folgenden בֵּן also
wie, ohne כְ im ersten Gliede, wie Ps. 48, 6. בָּעֵמֶק ins Thal Jesreel, die
Kisonebene. שֻׁלַּח בְּרַגְלָיו wie Hi. 18, 8 entsendet d. h. unaufhaltsam getrieben werden durch seine Füsse; hier von der unwiderstehlichen Macht der
Begeisterung für den Kampf. Subject zu שֻׁלַּח ist Isaschar und Barak.

V. 15b. An den Bächen Rubens waren grosse Herzensentschlüsse.
   16. Warum bliebest du zwischen den Hürden,
        zu hören das Flöten der Heerden?
        An den Bächen Rubens waren grosse Herzensentwürfe.
   17. Gilead ruht jenseits des Jordan
        und Dan — warum weilt er bei Schiffen?
        Aser sitzt am Ufer des Meeres
        Und an seinen Buchten ruht er.
   18. Sebulon ein Volk, das seine Seele bis zum Tode verachtet,
        und Naphtali auf den Höhen des Gefildes.

In dieser Strophe erwähnt Debora zuerst v. 15ᵇ—17 die Stämme, die
sich am Kampfe nicht betheiligten, dann (v. 18) kommt sie nochmals zurück auf die Sebuloniten, die mit Naphtali ihr Leben für die Befreiung
Israels von dem feindlichen Joche einsetzten. Die Aufzählung der vom
Kampfe fern gebliebenen Stämme beginnt mit Ruben (v. 15ᵇ u. 16). Unter
diesem Stamme regte sich wol lebhafte Theilnahme für die nationale Erhebung. Man hielt Versammlungen, fasste grosse Entschlüsse; aber zum
Handeln kam es nicht; man zog es endlich vor, in seinem behaglichen
Hirtenleben ruhig zu Hause zu bleiben. Für פְּלַגּוֹת ist die Bed. Bäche
durch Hi. 20, 17 ganz gesichert, und kein Grund vorhanden, das W. nach
מִפְלַגּוֹת, פְּלֻגּוֹת Abtheilungen 2 Chr. 35, 5. 12. Esr. 6, 18 zu erklären. Das
durch seine vorzüglichen Weiden berühmte Gebiet Rubens muss reich an
Wasserbächen gewesen sein. Für חִקְקֵי־לֵב Beschlüsse (von חָקַק) des Herzens wird bei Wiederholung des Versgliedes in v. 16 das synonyme
חִקְרֵי־לֵב Berathschlagungen des Herzens gebraucht. Die Frage: warum
sassest du, bliebst du sitzen zwischen den Hürden d. h. in behaglicher Ruhe
des Hirtenlebens? ist Ausdruck der Befremdung, und in dem Zusatze: um
zu hören das Flöten der Heerden d. h. der Schalmeien der Hirten — statt
der Kriegstrompete — die Ironie nicht zu verkennen. V. 17. Ganz theil-
nahmlos blieben Gilead, Dan und Aser. Unter *Gilead* sind die Stämme
Gad und Halb-Manasse begriffen, wozu wol der Gebrauch von הַגִּלְעָד vom
ganzen ostjordanischen Gebiete der Israeliten die Veranlassung gab, obwol גִּלְעָד (ohne Artikel) auch hier nicht das Land bezeichnet, sondern zunächst den Enkel Manasse's, als Repräsentanten seines in Gilead wohnenden Geschlechts. Das Weitere s. zu v. 14. — Auch Dan liess sich durch
die grosse nationale Bewegung Israels in seinem irdischen Handel und

Erwerbe nicht stören. גור sich irgendwo aufhalten, poet. *c. acc. loci* construirt wie Ps. 120, 5. Zum Gebiete Dans gehörte die Hafenstadt Joppe
(s. zu Jos. 19, 46), wo die Daniten wahrscheinlich mit den Phöniziern dem
Handel oblagen. Ebenso liess sich Aser in seinem Küstenlande (s. zu Jos.
19, 24 ff.) aus seiner Ruhe nicht zum gemeinsamen Kampfe seines Volks
aufregen. חוֹף יַמִּים wie Gen. 49, 13 vom Gestade des mittell. Meeres.
מִפְרָצִים *ἄπ. λεγ.* eig. Risse, daher Buchten als Einschnitte am Ufer des
Meeres. — V. 18. Ganz anders benahmen sich Sebulon und Naphtali.
Sebulon zeigte sich als ein Volk, das seine Seele verachtet zum Sterben
d. h. sein Leben für die Befreiung des Vaterlandes dem Tode preisgibt.
Dasselbe that Naphtali in seinem Berglande. Beide Stämme hatten auf
Baraks Ruf 10,000 Krieger gestellt (4, 10), die jedenfalls den Kern des
isr. Heeres ausmachten.

Ueberblicken wir die aufgezählten Stämme, so erscheint es befremdlich, dass der Stämme Juda und Simeon gar nicht gedacht ist weder unter denen, die am Kampfe theilnahmen, noch unter denen, die sich von
demselben zurückhielten. Diese befremdliche Erscheinung lässt sich wol
kaum anders als daraus erklären, dass diese beiden Stämme von Barak
gar nicht zum Kampfe aufgerufen worden waren, entweder weil sie, wie
sich aus 3, 31 vermuthen lässt, so sehr in Kämpfe mit den Philistern ver-
wickelt waren, dass sie den nördlichen Stämmen gegen die cananitische
Uebermacht keine Hülfe leisten konnten, oder weil in Folge innerlicher
Entfremdung dieser beiden südlichen Stämme von den übrigen ihre Hülfe
gar nicht in Anspruch genommen worden war. Aber auch von Juda und
Simeon abgesehen, zeigt schon die Theilnahmlosigkeit der getadelten
Stämme, dass die Begeisterung für die Sache des Herrn im Volke sehr
abgenommen und die innere Einheit der Gemeinde sehr gelockert war. —
In der folgenden Strophe wird der Kampf und Sieg geschildert.

> V. 19. Es kamen Könige — sie stritten,
>   da stritten die Könige Canaans
>   bei Thaanach, an den Wassern Megiddo's.
>   Ein Stück Silber nahmen sie nicht.
> 20. Vom Himmel stritten sie,
>   die Sterne von ihren Bahnen stritten mit Sisera.
> 21. Der Bach Kison schwemmte sie fort,
>   der Bach der Vorzeit, der Bach Kison.
>   Tritt einher meine Seele in Kraft!

Mit wenigen Worten wird das Anrücken der Feinde gezeichnet. Könige zogen heran und stritten. Es waren die Könige Canaans, indem Jabin wie sein Vorfahre Jos. 11, 1 ff. sich mit andern Königen des nördlichen Canaan verbündet hatte, die unter Sisera's Oberbefehl in den Kampf
zogen. Zur Schlacht kam es bei Thaanach (s. zu Jos. 12, 21), am Wasser
Megiddo's, des heutigen Ledschun (s. zu Jos. 12, 21), d. i. am Bache Kison,
vgl. 4, 7. Thaanach und Megiddo lagen keine volle deutsche Meile aus
einander, und neben und zwischen beiden fliessen mehrere Bäche dem
südlichen Arme des Kison zu, der nördlich von beiden Städten durch die
Ebene strömt. Die feindlichen Könige zogen in die Schlacht mit der Hoffnung, die Israeliten zu schlagen und reiche Beute zu machen. Aber ihre

Hoffnung wurde zu Schanden. Nicht ein Stück Silber konnten sie als Beute mitnehmen. בֶּצַע gewöhnl. Beute, Gewinn, hier wohl nach *Tanch.* in der Grundbedeutung *frustum*, von בָּצַע ab- zerschneiden, ein „Stück Silber" s. v. a. ein einziges Stück werthvoller Beute. V. 20. Denn es stritten wider sie nicht die Israeliten allein, sondern die Mächte des Himmels. מִן־שָׁמַיִם wird näher bestimmt durch: „die Sterne von ihren Bahnen." Mit diesen Worten wird das וַיִּרְדָּם יְהֹוָה 4, 15 erläutert, aber für uns doch nicht so deutlich, dass wir das Naturphänomen, durch welches Gott die Feinde in Verwirrung brachte und in die Flucht schlug, genauer zu bestimmen in den Stand gesetzt würden. Aller Wahrscheinlichkeit nach haben wir an ein furchtbares Gewitter mit Blitz und Donner und Hagel oder einem Wolkenbruche zu denken, das poetisch so vorgestellt ist, als hätten die Gestirne des Himmels ihre Bahnen verlassen, um für den Herrn und sein Reich auf Erden zu streiten. V. 21. Gegen diese Mächte konnten die Könige Canaans nichts ausrichten. Sie wurden geschlagen; der Bach Kison schwemmte sie, ihre Leichen, fort. Für das ἅπ. λεγ. גָּרַף ist die Bed. fortschwemmen durch die Dialecte und den Context gesichert. Da die Schlacht zwischen Thaanach und Megiddo d. i. südlich vom Bache Kison statthatte und die geschlagenen Feinde nordwärts flohen, so fanden viele ihren Tod in den Wellen des eben hoch über seine Ufer gehenden Baches. Der Bach wird genannt נַחַל קְדוּמִים d. i. Bach der Vorwelt oder Vorzeit (nach LXX *Cod. Vat.* χειμάῤῥους ἀρχαίων), als der von jeher strömende, nicht nach dem *Chald.* als der von alter Zeit durch grosse an ihm vollbrachte Thaten berühmte. קְדוּמִים in der Bed. *primordia* wie קַדְמִים Prov. 8, 23, vgl. *Dietrich* Abhdll. z. hebr. Gramm. S. 21. Nicht gesichert ist dagegen die Bed. Bach der Angriffe oder Schlachten (*Schn. Hollm. Ew.* u. A.), obschon קֶדֶם auch das feindliche Entgegentreten bezeichnet. Das letzte Versglied unterbricht die Schilderung der Schlacht und des Sieges. Ganz hingerissen von der Gewalt der zu besingenden Thatsachen ermuntert Debora ihre Seele d. h. sich selbst zu kräftiger Fortsetzung ihres Gesanges. תִּדְרְכִי ist Jussiv und עֹז ein dem Verbo untergeordneter Accusativ: in Kraft, kräftig. Denn noch hat sie die glorreichen Folgen des Sieges durch ihr Lied zu verherrlichen. Dies geschieht im dritten Theile des Liedes v. 22—31, dessen erste Strophe (v. 22—24) in kurzen, drastischen Zügen die Flucht der Feinde und das Verhalten der Landesbevölkerung zu den Fliehenden vorführt.

> V. 22. Da stampften die Hufe der Rosse
> von dem Jagen, dem Jagen seiner Starken.
> 23. Fluchet Meros, spricht der Engel des Herrn,
> fluchet, verfluchet ihre Bewohner!
> dass sie nicht kamen zur Hülfe Jehova's,
> zur Hülfe Jehova's unter den Helden.
> 24. Gesegnet sei vor Weibern Jaël,
> das Weib des Keniten Heber,
> vor den Weibern im Zelte gesegnet!

In wilder Flucht jagten die feindlichen Streitwagen davon v. 22. Die Rosse stampften den Boden von dem fort und fort dauernden Davonjagen der Streiter. דַּהֲרוֹת das Jagen, vgl. דֹּהֵר Nah. 3, 2. Die Wiederholung des

הֲדֻרוֹת drückt die stete Fortdauer oder unabsehbare Fortsetzung derselben Sache aus, s. *Ew.*§.313ᵃ. אַבִּירִים Starke sind nicht die Rosse, sondern die Streiter auf den Kriegswagen. Das Suffix an אַבִּירָיו geht auf das collectiv gebrauchte סוס. Die Gewaltigen zu Ross sind aber nicht blos die cananit. Fürsten, wie Sisera (*Ew.*), sondern überhaupt die auf ihren Streitwagen davonjagenden Krieger. — V. 23. Auf der Flucht hätten die Feinde oder doch ihr Anführer Sisera von den Bewohnern von Meros vernichtet werden können; aber diese kamen den Israeliten nicht zu Hülfe und haben sich dadurch den göttlichen Fluch zugezogen. Dass dies der Gedanke von v. 23 ist, das ergibt sich aus dem Zusammenhange, besonders aus dem v. 24 über die Jaël ausgesprochenen Segen. Die Lage des nicht weiter vorkommenden *Meros* lässt sich nicht sicher bestimmen. *Wilson* u. *v. Raum.* denken an *Kefr Musr* südlich vom Thabor, dessen Lage mindestens besser hieher passt als das 1½ Stunden nördlich von Beisan gelegene *Marussus*, in welchem *R. Schwarz* Meros sucht, vgl. *v. de Velde Mem. p. 334.* Der Fluch über die Bewohner dieses Ortes wird als ein Wort oder Befehl des Engels des Herrn bezeichnet, insofern als der Engel des H. es war, der als der Offenbarer des unsichtbaren Gottes bei Megiddo für Israel gestritten und die Cananiter geschlagen hat. Von ihm hat Debora das Wort des Fluches vernommen über die Bewohner von Meros dafür, dass sie nicht gekommen sind לְעֶזְרַת יְהוָה zu Hülfe dem mit und für Israel streitenden Jehova. בַּגִּבּוֹרִים unter den Helden d. h. den israelit. Streitern sich beigesellend. — V. 24. Ganz anders benahm sich Jaël, eine Nichtisraelitin, das Weib des mit Israel nur befreundeten Stammes der Keniter, vgl. 4, 11. 17 ff. Sie soll um ihrer Heldenthat willen gesegnet sein vor Weibern (מִן wie Gen. 3, 14 eig. aus den Weibern heraus, ihnen enthoben). Die „Weiber im Zelte" sind Zeltbewohnerinnen, Hirtenweiber. — Diese Heldenthat wird in der folgenden Strophe v. 25—27 dichterisch gefeiert.

> V. 25. Um Wasser bat er, Milch hat sie gegeben;
> in der Schaale der Edlen reichte sie Sahne.
>
> 26. Ihre Hand streckt sie nach dem Pflocke aus,
> und ihre Rechte nach dem Schlägel der Arbeiter,
> und hämmert den Sisera, zerschellt sein Haupt,
> und zerschmettert und durchbohrt seine Schläfe.
>
> 27. Zwischen ihren Füssen krümmte er sich, fiel, lag
> zwischen ihren Füssen krümmte er sich, fiel:
> Wo er sich krümmte, da fiel er vernichtet.

Die Thatsache als bekannt voraussetzend hält Debora es nicht für nöthig in v. 25 den Namen Sisera's zu nennen. חֶמְאָה gewöhnlich die dicke, geronnene Milch bezeichnend steht hier synonym mit חָלָב in der Bed. guter, vorzüglicher Milch. סֵפֶל nur hier u. 6, 38 bed. Schaale, Gefäss für Flüssigkeiten, im Arab. Chald. u. Talmud. vgl. *Bochart Hieroz. I p. 625 sq. ed. Ros.* Schaale der Edlen ist eine feine, kostbare Schaale, die man edlen Gästen zu reichen pflegt. Der ganze Vers soll nur den Gedanken ausdrücken: Jaël habe ihren Gast Sisera freundlich aufgenommen und ehrenvoll bewirthet, nur um ihn sicher zu machen. — V. 26. Ihre Hand d. i. die linke, wie das folgende יְמִינָהּ zeigt. Ueber die Form תִּשְׁלַחְנָה

3 pers. foem. sing. mit angehängtem נָה zu deutlicherer Unterscheidung von der *2. pers.* vgl. die Bem. zu Ex. 1, 10. הַלְמוּת עֲמֵלִים Hammer oder Schlägel der mühselig Arbeitenden ist ein grosser, schwerer Hammer. Um die Kühnheit und Grösse der That zu schildern sind im zweiten Hemistiche die Worte gehäuft: חָלַם hämmern, mit dem Hammer schlagen, מָחַק *án. λεγ.* zerschlagen, durchschlagen, מָחַץ zerschlagen, zerschmettern, חָלַף durchstechen, durchbohren. Gleichem Zwecke dient die Häufung der Worte in v. 27, worin sich nicht die „Lust befriedigter Rachbegierde ausspricht", sondern die nur den Gedanken veranschaulichen will, dass Sisera, welcher Jahre lang der Schrecken Israels war, nun mit einem Schlage todt niedergestreckt da lag. בַּאֲשֶׁר כָּרַע an dem Ort wo er sich krümmte, da fiel er hin שָׁדוּד vergewaltigt und vernichtet. — Schliesslich weist die Sängerin, in der letzten Strophe v. 28—30, noch auf die Mutter Sisera's hin, wie diese mit Ungeduld die Rückkehr ihres Sohnes erwartet und — seinen Tod ahnet, während die klugen Fürstinnen ihrer Umgebung sie mit der Aussicht auf reiche Beute trösten wollen.

V. 28. Durchs Fenster schaut aus und ruft laut
die Mutter Sisera's, durchs Fenstergitter.
Warum zaudert sein Wagen zu kommen?
Warum zögern die Schritte seines Gespannes?
29. Die Klugen ihrer Fürstinnen antworten:
— aber sie wiederholt sich ihre Worte —
30. Gewiss finden sie und theilen Beute,
Ein Mädchen, zwei Mädchen auf den Kopf des Mannes,
Beute von bunten Tüchern für Sisera;
Beute von bunten Tüchern, buntgewirkten Gewändern,
ein buntes Tuch, zwei buntgewirkte Gewänder für seinen Hals als Beute.

Sisera's Mutter schaut mit Ungeduld auf die Rückkehr ihres Sohnes aus und ruft laut durchs Fenster, warum er doch immer noch nicht komme — den schlimmen Ausgang des Krieges ahnend. חִיַּבֵּב *án. λεγ.* bed. schreien, im Aram. für חָרִיץ und רִנֵּן vom lauten Freudengeschrei gebräuchlich; hier offenbar das angstvolle laute Rufen ausdrückend. Denn in der wiederholten Frage: warum zögert doch sein Wagen zu kommen, spricht sich Angst und Bangen aus. בֹּשֵׁשׁ zaudern, zögern wie Ex. 32, 1, synonym mit אָחַר. Die Form אֶחֱרוּ *perf. pi.* für אִחֲרוּ erklärt sich aus dem Einflusse des den Segollaut begünstigenden Aleph, wie יֶחֱמוּ Gen. 30, 39, vgl. *Ew.* §. 51ᵇ. Die Verbindung von פַּעֲמֵי מַרְכְּבוֹתָיו „Tritte oder Schritte seiner Wagen" lässt sich nicht mit *Berth.* daraus erklären, dass das W. פעמי als allgemeine Bezeichnung der in Absätzen fortschreitenden Bewegung auch vom Stossen der Räder während des Rollens gebraucht werden könne, sondern nur daraus, dass מַרְכָּבוֹת als Synonym von רֶכֶב für die dem Wagen vorgespannten Pferde gebraucht ist in der Bed. Gespann, wie רֶכֶב 2 Sam. 8, 4. 10, 18 u. ö. — V. 29. Die Fürstinnen in der Umgebung der Mutter Sisera's suchen zu trösten mit der Bemerkung, dass Sisera werde reiche Beute zu machen haben und dadurch seine Rückkehr sich verzögere. In dem חַכְמוֹת שָׂרוֹתֶיהָ „die weisesten ihrer Fürstinnen" (vgl. *Gesen.* §. 119, 2) tritt die Ironie deutlich hervor, da die Wirklichkeit ihre weisen Vermuthungen zu Schanden gemacht hat. תַּעֲנֶנָּה *3 pers. foem. plur.* für

תִּצְנְּיָנָה nach *Ew.* §. 196ᶜ. Das zweite Hemistich v. 29 enthält einen paren-
thetisch eingeschobenen Zwischensatz. אַף־הִיא ist adversativ: doch sie.
אַף ist nur nachdrucksvolle Copula, der Gegensatz liegt in dem durch הִיא
hervorgehobenen Wechsel des Subjects. תָּשִׁיב אֲמָרֶיהָ eig. ihre Worte zurückführen d. h. wiederholen. לָהּ in reflex. Bed. *sibi*. Der Sinn ist: aber
Sisera's Mutter lässt sich durch die Reden ihrer klugen Edelfrauen nicht
beruhigen, sondern wiederholt die bange Frage: warum zögert Sisera zu
kommen? — In v. 30 folgt die Antwort der klugen Fürstinnen. Diese
meinen, Sisera sei durch das Finden und Theilen reicher Siegesbeute aufgehalten. הֲלֹא *nonne* im Sinne lebhafter Gewissheit. Gewiss werden sie
reiche Beute finden und theilen. רַחַם *uterus* für *puella*. „Ein Mädchen
(oder wol gar) zwei Mädchen auf den Kopf des Mannes d. h. für jeden
Mann. צְבָעִים gefärbte Zeuge, Tücher oder Kleider. רִקְמָה Buntgewirktes,
buntgewirkte Gewänder (vgl. die Bemerk. über רָקַם zu Ex. 26, 36) ist ohne
וְ *cop.* an צְבָעִים angereiht und auch noch von שָׁלָל abhängig. Die letzten
Worte לְצַוְּארֵי שָׁלָל „für die Hälse oder (da der Plur. צַוָּארִים öfter auch
vom einzelnen Halse oder Nacken steht z. B. Gen. 27, 16. 45, 14) für den
Hals (Nacken) der Beute" geben keinen passenden Sinn, da שָׁלָל weder
erbeutete Thiere noch den Beutemacher bedeutet. Die Annahme aber,
dass שָׁלָל für אִישׁ שָׁלָל stehe wie הֵלֶךְ 2 Sam. 12, 4 für אִישׁ הֵלֶךְ *viator* und
חָתֵם Prov. 23, 28 für אִישׁ חָתֵם, erscheint deshalb unzulässig, weil שָׁלָל unmittelbar vorher 3 mal in eigentlicher Bedeutung vorgekommen ist. Dieses Bedenken erhebt sich auch gegen die Erklärung des שָׁלָל von erbeuteten Thieren, wozu noch kommt, dass man erbeuteten Thieren schwerlich
kostbare Tücher um den Hals gehängt haben wird. Sonach bleibt nichts
übrig, als entweder לְצַוָּארָיו in לְצַוָּארוֹ oder לְצַוָּארָיו, oder auch שָׁלָל in
שֵׁגָל königliche Gemahlin zu ändern. Im ersteren Falle ist שָׁלָל als Apposition
zu צֶבַע רִקְמָתַיִם zu fassen: ein buntes Tuch, zwei buntgewirkte für seinen
(Sisera's) Hals als Beute, wie LXX übersetzt haben: τῷ τραχήλῳ αὐτοῦ
σκῦλα. Für die zweite Aenderung haben sich *Ew.* u. *Berth.* entschieden
und dafür geltend gemacht, dass שָׁלָל als Schreibfehler statt שֵׁגָל leicht
durch das 3 mal voraufgegangene שָׁלָל in den Text kommen konnte und
ein Wort wie שֵׁגָל hier nicht entbehrt werden könne, da durch das 3 mal
gesetzte שָׁלָל und das gleichfalls 3 mal gebrauchte לְ sichtbar 3 Arten von
Leuten angegeben seien, die etwas von der Beute erhalten sollen; wie es
denn auch ganz passend sei, dass Sisera zum Schmucke des Halses der
Gemahlin einen Theil der Beute bestimme und dass die weisesten der vornehmen Frauen bei der Beute sich selbst nicht vergessen.

V. 31ᵃ. So sollen alle deine Feinde umkommen, Jehova,
  aber die ihn lieben seien wie der Aufgang der Sonne in ihrer Kraft!

bildet den Schluss des Liedes. כֵּן bezieht sich auf das ganze Lied: also
wie Sisera und seine Krieger. Das Aufgehen der Sonne in ihrer Kraft
ist ein treffendes Bild der Erhebung Israels zu immer herrlicherer Entfaltung seiner Bestimmung, welche Debora von diesem Siege für die Zukunft
erwartet. — Mit dem letzten Satze: „und das Land hatte Ruhe 40 Jahre"
(vgl. 3, 11. 30. 8, 28) wird der Bericht von diesem Ereignisse (c. 4 u. 5) abgeschlossen.

2. Die Zeit Gideons und seines Geschlechts und der Richter Thola und Jair. Cap. VI — X, 5.

In diesem zweiten Stadium der Richterperiode, das kein volles Jahrhundert (nur 95 Jahre) währte, wurde Israel wegen seines Abfalls vom Herrn zwar nur mit 7jähriger Unterdrückung durch die Midianiter gestraft, aber das Elend, welches diese mit Amalekitern und anderen arabischen Horden verbündeten Feinde über Land und Volk brachten, überstieg den Druck der früheren Züchtigungen weit, so dass die Israeliten sich vor diesen Feinden in Bergschluchten, Höhlen und Bergvesten flüchten mussten. Je schwerer indess der Herr sein abtrünniges Volk züchtigte, desto herrlicher that er demselben auch durch die Art und Weise, wie er Gideon zum Retter berief und rüstete und ihm mit 300 auserlesenen Streitern den Sieg über das zahllose Heer der feindlichen Horden verlieh, nicht blos seine hülfreiche Nähe, sondern zugleich den Weg kund, der zu dauerndem Frieden und wahrer Rettung aus jeglicher Noth führen könnte. Aber der Hang zur Abgötterei und zum Baalsdienste war in Israel schon so mächtig geworden, dass selbst Gideon, dieser wunderbar berufene und ausgezeichnete Held Gottes, der aus echter Treue gegen den Herrn die ihm angetragene Königswürde ausschlug, doch der Versuchung, sich in einem für seinen Gebrauch angefertigten hohepriesterlichen Ephode einen widergesetzlichen Cultus aufzurichten, erlag und dadurch dem Volke Anlass zur Abgötterei gab. Dafür wurde sein Haus mit schweren Gerichten heimgesucht, welche nach seinem Tode unter der dreijährigen Herrschaft seines Sohnes Abimelech über dasselbe hereinbrachen, wiewol der Herr dem Volke trotz des tiefen religiösen und sittlichen Verfalls, der in dem Thun und Treiben Abimelechs offen zu Tage kam, doch nach Abimelechs Tode unter zwei Richtern noch 45 Jahre Frieden gewährte, bevor er den Abfall mit neuen feindlichen Unterdrükkungen strafte.

Die Geschichte Gideons und seines Geschlechts wird ausführlich erzählt, weil in ihr das Walten der Gnade und der Gerechtigkeit des treuen Bundesgottes so augenscheinlich sich zeigt, dass dieselbe einen reichen Schatz von Lehre und Warnung für die Gemeinde des Herrn zu allen Zeiten enthält. Die Erzählung liefert eine Fülle von speciellen Nachrichten über Ereignisse und Personen, die nur aus der Benutzung von reichhaltigen Aufzeichnungen von Zeitgenossen und Augenzeugen der Begebenheiten erklärlich wird, bietet aber doch im Einzelnen nicht so charakteristische Merkmale dar, dass wir danach die Beschaffenheit der Quelle oder Quellen, woraus der Verf. unsres Buches geschöpft hat, deutlich zu erkennen und sicher zu bestimmen vermöchten. Eigenthümlich ist derselben nur der Gebrauch des präfigirten שׁ für אֲשֶׁר nicht allein bei Mittheilung der Rede der handelnden Personen 6, 17, sondern auch in der schlichten Erzählung von Thatsachen 7, 12 u. 8, 26, und die Formel רוּחַ יְהוָה לָבְשָׁה 6, 34, die wir ausserdem nur 1 Chr. 12, 18. 2 Chr. 24, 20 finden. Dagegen lässt sich weder aus dem Wechsel von הָאֱלֹהִים 6, 36. 39. 7, 14 und אֱלֹהִים

6, 40. 8, 3. 9, 7. 9. 13. 23. 56 u. 57 mit יְהוָֹה, noch aus dem Gebrauche des Namens *Jerubbaal* für *Gideon* 6, 32. 7, 1. 8, 29. 9, 1. 2. 5. 16. 19. 24. 28, noch endlich aus dem Zurücktreten des theokratischen Pragmatismus in c. 9 die Beschaffenheit oder gar die Benutzung von zwei verschiedenen Quellenschriften erweisen, da diese Eigenthümlichkeiten in dem Inhalte und Stoffe der Erzählung begründet sind.[1]

Cap. VI, 1—32. Unterdrückung Israels durch die Midianiter und Berufung Gideons zum Retter.

V. 1—10. Der wiederholte Abfall des Volks und seine Strafe.

V. 1. Da die Israeliten wiederum Jehova ihren Gott verliessen, so gab der Herr sie 7 Jahre lang in die Gewalt der Midianiter hin. Die *Midianiter*, Abkömmlinge Abrahams und der Ketura (Gen. 25, 2), die von der Ostseite des älanitischen Golfes in die grasreichen Steppen an der Ostseite des moabitischen und ammonitischen Gebietes vorgedrungen waren (s. zu Num. 22, 4), hatten sich schon unter Mose sehr feindselig gegen Israel gezeigt und waren in einem Rachekriege von den Israeliten aufs Haupt geschlagen worden (Num. 31). In der Folgezeit waren sie wieder zu Kraft gekommen, so dass der Herr nun 200 Jahre nach jenem Rachekriege sie als Zuchtruthe für sein abtrünniges Volk gebrauchte. In v. 1. 2 u. 6 sind sie allein als Unterdrücker Israels, in v. 3. 33 u. 7, 12 aber neben ihnen noch Amalekiter und Söhne des Ostens genannt, woraus man sieht, dass die Midianiter die Hauptfeinde waren, sich aber mit anderen raubsüchtigen Beduinenvölkern verbunden hatten, um die Israeliten zu bekriegen und ihr

---

1) Selbst *Bertheau*, der aus diesen Momenten die Benutzung zweier Quellen folgert, erkennt an, dass הָאֱלֹהִים im Munde der Midianiter 7, 14 und אֱלֹהִים in der Fabel des Jotham im Munde der Bäume nichts beweisen, weil hier dem begrifflichen Unterschiede der Gottesnamen gemäss nur *Elohim* stehen könne. Aber dieser begriffliche Unterschied lässt sich auch in 8, 3. 9, 7. 23. 56 u. 57 nicht verkennen, indem hier theils der Gegensatz von Mensch und Gott, theils der Begriff der übernatürlichen Causalität den allgemeinen Gottesnamen wenn nicht nothwendig forderte, so doch dem Erzähler nahe legte. So bleiben nur 6, 20. 36. 39 u. 40 übrig, wo der Gebrauch von הָאֱלֹהִים und אֱלֹהִים statt יְהוָֹה vielleicht aus der vom Verf. benutzten Quelle herrührt. Dagegen der Name *Jerubbaal*, den Gideon infolge der Zerstörung des Baalsaltars erhielt (6, 32), ist nicht nur in 7, 1. 8, 29 u. 35, sondern auch durchgängig in c. 9 mit bewusster Bezugnahme oder Anspielung auf seinen Ursprung und seine Bedeutung gebraucht, wie dies namentlich in 9, 16. 19 u. 28 in die Augen springt. Endlich auch die Eigenthümlichkeiten des 9. Cap., dass nämlich hier die Namen *Jehova* uud *Gideon* gar nicht vorkommen und manche geschichtliche Verhältnisse ohne weitere Vermittlung, wie es scheint, aus einem grösseren Zusammenhange und aus der sie verständlich machenden Umgebung herausgerissen mitgetheilt werden, so dass uns Manches dunkel bleibt, beweisen nicht, dass der Verf. unsers Buches diese Mittheilungen aus einer andern Quelle als die übrige Geschichte Gideons, nämlich aus einer vollständigeren Geschichte der Stadt Sichem und ihrer Machthaber in der Richterzeit geschöpft habe, wie *Berth.* meint. Denn diese Eigenthümlichkeiten erklären sich genügend aus dem Zwecke dieses Cap., aus der 8, 34 f. u. 9, 57 klar ausgesprochenen Absicht, nachzuweisen wie die Undankbarkeit der Israeliten gegen Gideon und namentlich der Frevel der Sichemiten, welche Abimelech zu Liebe Gideons Söhne morden halfen, von Gott bestraft worden ist. Andere Merkmale aber, die eine Verschiedenheit der Quellen beweisen könnten, lassen sich nicht nachweisen.

Land zu verheeren. Ueber die *Amalekiter*, diese von Esau abstammenden
Hauptfeinde des Volkes Gottes, s. die Erkl. zu Gen. 36, 12 u. Ex. 17, 8. —
בְּנֵי קֶדֶם „Söhne des Ostens" (vgl. Hi. 1, 3) ist allgemeiner Name der östlich
von Palästina in der Wüste hausenden Völkerstämme, „wie zu Josephus
Zeit der Name Araber (*Arch. V, 6, 1* nennt er unsere Söhne des Ostens Araber) oder in noch späteren Zeiten der Name der Nabatäer und Kedare-
ner" (*Berth.*). Daher werden 8, 10 auch alle Israel damals bedrängenden
Feinde „Söhne des Ostens" genannt. — V. 2—5. Der Druck den Midian
mit seinen Verbündeten über Israel ausübte. וַתָּעָז wie 3, 10. Ihre Macht
lastete so schwer auf den Israeliten, dass diese sich vor den Midianitern
„die Schluchten, welche in den Bergen, und die Höhlen und die Burgen
machten" *sc.* die nachmals (zur Zeit der Abfassung unsres Buches) überall
im Lande anzutreffen waren und in Kriegszeiten sichere Zufluchtsörter
darboten. Dies liegt in dem bestimmten Artikel vor מִנְחָרוֹת und den folgenden Substantiven. Die W. עָשׂוּ לָהֶם „sie machten sich" begründen keinen Widerspruch mit der Thatsache, dass sich in dem Kalksteingebirge
Palästina's viele natürliche Höhlen finden. Denn theils besagen sie nicht,
dass alle im Lande befindlichen Höhlen in jener Zeit von den Israeliten
gemacht wurden, theils schliesst auch עָשָׂה die Benutzung von natürlichen
Höhlen zu Zufluchtsstätten nicht aus, da es nicht blos das Graben und
Anlegen von Höhlen, sondern auch die Zurichtung natürlicher Höhlen für
den genannten Zweck, das Erweitern und Bewohnbarmachen derselben
bezeichnet. Das *ἀπ. λεγ.* מִנְחָרוֹת bed. nicht: „Lichtlöcher" (*Berth.*) oder
„Höhlen mit Lichtöffnungen", von נָחַר in der Bed. strahlen, leuchten
(*Raschi, Kimchi* u. A.), sondern ist mit *A. Schult. ad Job. p. 49* dem arab.

مَنْهَر, *locus in fluvii alveo excavatus ab aqua, spatium amplum inter domos, quo abjiciunt quisquilias* entsprechend zu fassen in der Bed.
„Bergschluchten", wie sie Gebirgswässer aushöhlen (von נָחַר strömen),
welche die Israeliten sich zu Bergungsstätten einrichteten. מְצָדוֹת Burgen,
Bergvesten. Diese Schluchten, Höhlen und Burgen sollten übrigens nicht
blos als Schlupfwinkel für die flüchtigen Israeliten, sondern weit mehr
noch als Bergungsörter für ihre Habe und nothwendigen Lebensbedürf-
nisse dienen. Denn die Midianiter gingen als echte Beduinen mehr darauf
aus zu rauben und zu plündern und das Land der Israeliten zu verwüsten, als darauf, das Volk Israel auszurotten. Aehnliches erzählt *Herodot I, 17* von dem Kriege des lydischen Königs Alyattes gegen die Mile-
sier. — V. 3 f. Wenn die Israeliten gesäet hatten, zogen die Midianiter mit
ihren Bundesgenossen heran wider dieselben, belagerten sie und vernichteten den Ertrag des Landes (die Feld- und Bodenfrüchte) bis gegen Gaza
hin im äussersten Südwesten des Landes (בּוֹאֲךָ wie Gen. 10, 19 u. ö.). Da
diese Feinde mit ihren Cameelen und Heerden ins Land einfielen und bei
den wiederholten Invasionen sich im Thale Jesreel lagerten (v. 33), so
können sie nur auf der Hauptverbindungsstrasse zwischen den östlichen
Ländern und dem westlichen Palästina, welche bei Beisan den Jordan
durchschneidet und in die Ebene Jesreel einmündet, ins Westjordanland
eingedrungen sein und von da aus sich über dasselbe bis an die Meeres-

küste von Gaza hin ausgebreitet haben. „Nicht liessen sie übrig מִחְיָה Lebensmittel (an Feld- und Bodenfrüchten) in Israel und weder Schaaf, noch
Rind, noch Esel. Denn sie zogen heran mit ihren Heerden und ihre Zelte
kamen wie Heuschrecken an Menge. Das *Ketib* יָבֹאוּ ist nicht nach dem
Keri und etlichen *Codd.* in וּבָאוּ zu ändern; es findet ein einfaches Asynde-
ton statt, falls man nach der masorethischen Interpunktion וְאָהֳלֵיהֶם zum
Vorhergehenden zieht. Wahrscheinlicher aber gehört ואהליהם zum Folgenden: und ihre Zelte kamen in solcher Menge wie Heuschrecken. כְּדֵי
eig. wie Menge von Heuschrecken in solcher Menge (לָרֹב). וַיָּבֹאוּ „So kamen sie ins Land, es zu verwüsten. — V. 6. Dadurch wurden die Israeliten
sehr geschwächt (יִדַּל *imperf. niph.* von דָּלַל), so dass sie in ihrer Bedrängniss zum Herrn um Hülfe schrieen. — V. 7—10. Bevor aber der Herr
half, liess er durch einen Propheten dem Volke die Nichtachtung auf die
Stimme seines Gottes vorhalten, damit es in sich ginge, in dem auf ihm
lastenden feindlichen Drucke die göttliche Züchtigung für seinen Abfall
erkennete und durch die Erinnerung an die frühern göttlichen Gnaden-
wunder sich zu aufrichtiger Umkehr und Busse bestimmen liesse. Gott der
Herr, sprach der Prophet zum Volke, hat euch aus Aegypten, dem Diensthause (בֵּית עֲבָדִים wie Ex. 13, 3. 14. 20, 2 u. ö.) heraufgeführt und euch aus
der Hand Aegyptens (Ex. 18, 9) errettet und aus der Hand aller eurer
Dränger (לֹחֲצִים wie 2, 18. 4, 3. 10, 12), die er vor euch vertrieben (gemeint
sind die unter Mose und Josua besiegten Amoriter und Cananiter); aber
ihr habt sein Gebot, die Götter der Amoriter nicht zu verehren, nicht befolgt. Amoriter steht für Cananiter wie Gen. 15, 16. Jos. 24, 15.

V. 11—32. **Die Berufung Gideons zum Retter Israels.** Wie schon
die Strafpredigt des Propheten die Herzen des Volkes wieder dem Herrn
seinem Gotte und Erretter zuwenden sollte, so sollte noch mehr die Art
und Weise, wie Gott den Gideon zum Retter berief und durch denselben
Israel von seinen Drängern befreite, den augenscheinlichsten Beweis liefern, dass die Hülfe und das Heil Israels nicht bei Menschen, sondern allein bei seinem Gotte stehe. Die früheren Richter hatte Gott auch gesandt. Ueber Othniel kam der Geist Jehova's, so dass er in Gottes Kraft
die Feinde schlug (3, 10) und Ehud hatte durch Hinterlist den feindlichen
König getödtet und dann sein Heer vernichtet; Barak hatte von der Prophetin Debora den Auftrag des Herrn, sein Volk von der Herrschaft seiner Feinde zu befreien, erhalten und denselben mit ihrer Unterstützung
ausgeführt. Gideon aber wird durch eine Erscheinung des Engels des
Herrn zum Retter Israels berufen, um ihm und dem ganzen Israel zu zeigen, dass Jehova, der Gott der Väter, noch immerdar seinem Volke nahe
sei und Wunder thun könne wie in den Tagen der Vorzeit, wenn nur Israel sich zu ihm halten und seinen Bund bewahren wolle. Die Berufung
Gideons erfolgt in zwei Offenbarungen Gottes. Zuerst erscheint ihm der
Herr in der sichtbaren Gestalt seines Engels, in welcher er sich schon den
Patriarchen kundgethan hatte, und kündigt ihm an, in der Kraft Gottes
Israel aus der Midianiter Hand zu erretten (v. 11—24); darauf befiehlt er
ihm in einer nächtlichen Traumoffenbarung, den Baalsaltar seines Vaters
zu zerstören und Jehova seinem Gotte ein Brandopfer auf einem zu die-

sem Zwecke erbauten Altare darzubringen (v. 25—32). In der ersten Offenbarung bekennt sich der Herr zu Gideon, in der zweiten fordert er, dass Gideon sich zu ihm als seinem Gotte bekenne.

V. 11—24. *Die Erscheinung des Engels des Herrn.* V. 11. Der Engel des Herrn d. i. Jehova in sichtbarer menschenähnlicher Selbstoffenbarung (s. Bd. I, 1 S. 126 ff.) erschien diesmal in der Gestalt eines Wanderers mit einem Stabe in der Hand (v. 21) und setzte sich „unter der Terebinte die zu Ophra, welches dem Abiësriten Joas" gehörte. אֲשֶׁר לְיוֹאָשׁ hängt nicht von הָאֵלָה ab, sondern von עָמְרָה, wie aus dem „Ophra des Abiësriten" (v. 24) erhellt. *Abiëser* war nach Jos. 17, 2. 1 Chr. 7, 18 ein Geschlecht im St. Manasse und zwar nach v. 15 ein kleines Geschlecht dieses Stammes. *Joas* war vermuthlich das damalige Haupt dieses Geschlechts und als solches Herr oder Besitzer von *Ophra*, einer Stadt (8, 27 vgl. 9, 5) die „des Abiësriten" genannt wird zur Unterscheidung von Ophra im St. Benjamin (Jos. 18, 23). Ihre Lage ist noch nicht sicher ermittelt. *Josephus* (*Ant. V, 6, 5*) nennt sie Ἐφρά. *Van de Velde* vermuthet sie in dem Trümmerhaufen *Erfaï* gegenüber Akrabeh S. O. bei dem muhammedanischen Wely Abu Kharib, südwestlich von Janun (*Mem. p. 337 f.* Reise II S. 269) hart an der Nordgrenze des Stammgebietes von Ephraim, wenn nicht gar innerhalb desselben. Bei dieser Terebinte war Joas' Sohn Gideon „Waizen ausklopfend in der Kelter." חָבַט bed. nicht dreschen, sondern mit dem Stocke klopfen, schlagen. Gedroschen wurde das Getraide auf offenen Tennen oder zu diesem Behufe festgewalzten Stellen auf freiem Felde mit Dreschwagen oder Dreschschlitten oder durch Ochsen, die man über die ausgebreiteten Garben hin und her trieb und so mit ihren Hufen die Körner austreten liess. Nur Arme klopften das wenige Getraide, das sie aufgelesen hatten, mit dem Stocke aus (Rut 2, 17), und Gideon that dies im Falle der Noth, und zwar בַּגַּת in der Kelterkufe, die wie alle Weinkeltern im Erdboden in einer ausgemauerten Vertiefung oder einem ausgehauenen Felsen angelegt war (vgl. die Beschreibung einer solchen in *Robins.* n. bibl. Forsch. S. 178 f.), um den Waizen zu flüchten, in Sicherheit zu bringen vor den Midianitern (הֵנִיס wie Ex. 9, 20). — V. 12. Bei dieser Beschäftigung erschien ihm der Engel des Herrn und redete ihn mit den Worten an: „Jehova (ist) mit dir, du wackerer Held." Diese Anrede enthält die Verheissung, dass der Herr mit Gideon sein und dass er durch den Beistand des Herrn sich als kraftvoller Held erweisen werde. Diese Verheissung soll ihm Kraft und Sieg im Kampf gegen die Midianiter verbürgen. — V. 13. Gideon aber, welcher in dem vor ihm sitzenden Manne noch nicht den Engel des Herrn erkennt, erwidert zweifelnd: „Bitte mein Herr (sag das doch nicht), wenn Jehova mit uns ist, warum hat uns dies Alles getroffen?" Worte die unwillkührlich an Deut. 31, 17: Haben mich nicht alle die Leiden getroffen, weil mein Gott nicht in meiner Mitte ist? erinnern. „Und wo, fährt G. fort, sind alle seine Wunder, von welchen unsere Väter erzählt haben? .. Jetzt aber hat uns Jehova verlassen und in die Hand Midians hingegeben." Gideon mochte beim Klopfen des Waizens über das Elend seines Volkes und über Mittel zu seiner Befreiung von dem feindlichen Drucke nachgedacht haben, aber ohne eine Möglichkeit der Rettung aussinnen zu können. Darum weiss er sich auch in die Rede des ihm unbekannten Wanderers nicht zu finden, und setzt seiner Verheissung die mit derselben in schneidendem Widerspruche stehende Wirklichkeit entgegen, die schwere feindliche Bedrängniss seines Volkes, aus der er schloss, dass der Herr dasselbe verlassen und seinen Feinden preisgegeben habe. — V. 14. „Da wandte sich Jehova zu ihm und sprach: Geh in dieser deiner Kraft und errette Israel aus der Hand Midians. Habe ich dich nicht gesandt?" Sehr passend braucht der Erzähler hier Jehova statt: der Engel Jehova's. Denn in dieser Antwort gab sich der Engel deutlich als Jehova zu erkennen, namentlich in den letzten Worten: „hab ich dich nicht gesandt?" (הֲלֹא im Sinne lebhafter Versicherung) welche an die Berufung Mose's zum Retter Israels (Ex. 3, 12) erinnern. „In dieser deiner Kraft" d. h. in der Kraft die du nun hast, da Jehova mit dir ist, der noch immer wie zu der Väter Zeiten Wunder thun kann. Das Demonstrat. זֶה weist hin auf die Kraft, die ihm jetzt durch die göttliche Verheissung verliehen ist. — V. 15. An diesen Worten merkte Gideon, dass kein blosser Mensch mit ihm rede. Er spricht nun nicht mehr: „Bitte mein Herr" (אֲדֹנִי), sondern: „Bitte Herr" (אֲדֹנָי d. i. Gott der Herr), und erklärt nicht mehr die Rettung für unmöglich, sondern fragt nur im Gefühle der Schwäche seiner Person und seines Geschlechts: „wodurch (womit) soll ich Israel retten? siehe mein Geschlecht (אֶלֶף = מִשְׁפָּחָה s. zu Num. 1, 16) ist das geringste in Manasse und ich bin der Kleinste in meinem Vaterhause (meiner Familie)." — V. 16. Auf dieses Bedenken antwortet der Herr: „Ich werde mit dir sein (vgl. Ex. 3, 12. Jos. 1, 5) und du wirst die Midianiter schlagen wie einen Mann" d. h. mit einem Schlage wie man einen einzelnen Mann tödtet, vgl. Num. 14, 15. — V. 17 ff. Da Gideon nach dieser Verheissung nicht mehr zweifeln kann, dass der ihm Erschienene im Namen Gottes zu ihm redet, so bittet er denselben durch ein Zeichen (אוֹת Wunderzeichen) ihm die Gewissheit seiner Erscheinung zu verbürgen. „Thue ein Zeichen, dass du mit mir redest" d. h. dass du wirklich Gott bist, als welchen du dich bezeugest. שָׁאַתָּה für אֲשֶׁר אַתָּה ist aus der Sprache gewöhnlichen Lebens beibehalten. Zugleich bittet er: „Weiche nicht von hier (von der Stelle) bis ich (gehe und) zu dir komme und mein Opfer herausbringe und dir vorsetze", was der Engel ihm zusagt. מִנְחָה bezeichnet zwar nicht ein Opfer im eigentlichen Sinne, ϑυσία, sacrificium, aber auch nicht blos eine „Gabe von Speisen", sondern Opfergabe im Sinne einer Gott dargebrachten Gabe, an deren Annahme er das Zeichen, ob der Erschienene wirklich Gott sei, zu erhalten hofft. Diese Opfergabe bestand in einer Speise, wie man sie einem Gaste den man ehren wollte vorzusetzen pflegte. Gideon richtete ein Ziegenböcklein zu (עָשָׂה vom Zubereiten der Speise, wie Gen. 18, 7 f. u. ö.) und ungesäuerte Brotkuchen von einem Epha (c. 22½ ℔) Mehl, und brachte das Fleisch in einem Korbe und die Brühe in einem Topfe heraus unter die Terebinte וַיַּגַּשׁ und setzte es vor ihn hin. — V. 20 f. Da befahl ihm der Engel Gottes, das Fleisch mit den Brotkuchen auf einen in der Nähe befindlichen Felsstein zu legen und die Brühe darüber zu giessen, also den Felsstein als Altar für das dem Herrn darzubringende Opfer zu benutzen.

Nachdem er dies gethan, berührte der Engel mit dem Ende seines Stabes die Speise, worauf Feuer aus dem Felsen hervorkam und die Speise verzehrte, und auch der Engel des Herrn vor Gideons Augen verschwand. הַסֶּלַע הַזֶּה „dieser Fels da" d. i. ein in der Nähe gelegener Felsstein. Das Weggehen (הָלַךְ) des Engels von seinen Augen ist als ein plötzliches Verschwinden zu denken, ohne dass der Ausdruck zu der Annahme berechtigt, dass der Engel hier wie c. 13, 19 f. in der Opferflamme zum Himmel aufgestiegen sei. — V. 22. In diesem Wunder hatte Gideon das gewünschte Zeichen, dass der ihm Erschienene Gott sei, erhalten. Das Wunder erfüllte aber seine Seele mit Furcht, dass er ausrief: „Ach Herr Jehova! denn eben deshalb habe ich den Engel des Herrn von Angesicht zu Angesicht gesehen." אֲהָהּ אֲדֹנָי יְהוִה ist Ausruf theils des Schmerzes über ein Unglück, das einem widerfahren ist (Jos. 7, 7), theils der Angst im Vorgefühle bevorstehenden Unglücks (Jer. 1, 6. 4, 10. 32, 17. Ez. 4, 14 u. a.). Hier ist es Ausdruck der Angst vor dem Tode, welchen das Sehen Gottes nach sich ziehen möchte, vgl. Ex. 20, 16 (19) u. die Bem. zu Gen. 16, 13. Das folg. כִּי־עַל־כֵּן „denn eben deshalb" sc. dass ich Wehe rufen müsse oder dass mir solch Unglück widerfahre, dient zur Begründung des אֲהָהּ, ohne dass man nöthig hat eine Ellipse zu statuiren und לְמַעַן אָמוּת zu ergänzen. כִּי־עַל־כֵּן wird immer so gebraucht, vgl. Gen. 18, 5. 19, 8. 33, 10 u. a. — V. 23 f. Aber der Herr tröstete ihn mit den Worten: „Friede dir, fürchte dich nicht, du wirst nicht sterben." Diese Worte hat nicht der Engel bei seinem Verschwinden gesprochen, sondern Gott nach dem Verschwinden des Engels durch innere Einsprache zu Gideon geredet. Zum Danke für diese tröstliche Zusage baute Gideon dem Herrn einen Altar, den er *Jehova-Schalom* „der Herr ist Friede" nannte. Die Bestimmung dieses Altares, der sich „bis auf diesen Tag" d. h. bis zur Abfassung des B. der Richter erhalten hatte, ist in dem ihm beigelegten Namen angedeutet. Derselbe sollte nicht zur Opferstätte dienen, sondern Denkmal und Zeuge sein von der Gideon zutheilgewordenen Gottesoffenbarung und der Erfahrung, welche Gideon gemacht hatte, dass Jehova Friede sei d. h. nicht im Zorne Israel vernichten wolle, sondern Gedanken des Friedens hege. Denn die Zusage des Friedens, die er Gideon gegeben, war ja zugleich eine Bestätigung seiner Verkündigung, dass Gideon in der Kraft Gottes die Midianiter besiegen und Israel von diesen Drängern erretten werde.

Ueberblicken wir schliesslich diese Theophanie, so gleicht die Erscheinung des Engels des Herrn darin der, welche Abraham im Haine Mamre Gen. 18 zutheilgeworden, dass der Engel des Herrn in voller Menschengestalt erscheint, wie ein Wandersmann herbeikommt und sich Speise vorsetzen lässt, unterscheidet sich aber von derselben wesentlich darin, dass während die zu Abraham gekommenen drei Männer die ihnen vorgesetzte Speise annehmen und essen, sich also von Abraham gastlich bewirthen lassen, der Engel des Herrn hier die ihm zubereitete Mincha zwar annimmt, aber nur als ein Opfer Jehova's, das er in Feuer aufgehen lässt. Dieser wesentliche Unterschied hat seinen Grund in dem verschiedenen Zwecke der beiden Theophanien. Dem Abraham wollte der Herr die Gnadengemeinschaft, in welche er durch die Bundschliessung mit ihm getreten war, durch seinen Besuch versiegeln, dem Gideon hingegen nur die Wahrheit seiner Verheissung, dass Jehova mit ihm sein und durch ihn seinem Volke Rettung schaffen wolle, bestätigen, oder zeigen, dass der ihm Erschienene der Gott der Väter sei, der noch jetzt durch Wunder, wie die Väter sie erlebt hatten, sein Volk aus der Gewalt seiner Feinde erlösen könne. Die Annahme der ihm zubereiteten Mincha aber als ein Opfer, das der Herr selbst durch Feuer wunderbar verzehren lässt, deutet an, dass der Herr auch jetzt noch die Gebete und Opfer Israels gnädig annehmen wolle, wenn dasselbe sich von dem Dienste der todten Götzen der Heiden wieder aufrichtig zu ihm bekehren werde. Hiemit vgl. noch die ähnliche Theophanie in c. 13.

V. 25—32. *Die Weihe Gideons zum Retter seines Volkes.* Um das vom Herrn ihm aufgetragene Werk der Befreiung Israels ausführen zu können, dazu muss Gideon vor allen Dingen sein Vaterhaus vom Götzendienste reinigen und durch ein Brandopfer sein Leben und Streben Jehova heiligen. V. 25. „In jener Nacht" d. i. der Nacht nach dem Tage, an welchem der Herr ihm erschienen war, befahl ihm Gott, den Baalsaltar seines Vaters mit dem Ascheraidole darauf zu zerstören und dem Jehova einen Altar zu bauen und auf demselben einen Stier seines Vaters zu opfern. „Nimm den Stierfarren (פַּר־הַשּׁוֹר) welcher deinem Vater gehört, und zwar den zweiten Farren von 7 Jahren, und zerstöre den Altar Baals welcher deinem Vater gehört und fälle die Aschera auf demselben." Nach der gewöhnlichen Auffassung der ersten Sätze soll in denselben von 2 Stieren die Rede sein: 1. dem פַּר־הַשּׁוֹר d. h. dem jungen Stiere seines Vaters, 2. einem 7jährigen Stiere, welchen letzteren Gideon nach v. 26 auf dem Jehova zu erbauenden Altare opfern sollte und nach v. 27 f. auch geopfert hat. Von dem Stierfarren oder ersten Stiere seines Vaters ist aber im Folgenden nicht weiter die Rede, so dass man nicht begreift, wozu Gideon denselben hat nehmen oder was er mit ihm hat anfangen sollen. Die meisten Ausll. meinen, Gideon habe beide Stiere geopfert, den Stierfarren als Sühnopfer für sich, seinen Vater und seine ganze Familie, den zweiten 7jährigen Stier aber für die Befreiung des ganzen Volks Israel (s. *Seb. Schm.*). Dagegen *Berth.* meint, Gideon habe beide Stiere oder ihre Kraft zur Niederreissung oder Zerstörung des Altares und (nach v. 26) zum Transport der מַעֲרָכָה und der עֲצֵי הָאֲשֵׁרָה nach dem Orte des neu zu erbauenden Altares hin brauchen, aber nur den zweiten dem Jehova opfern sollen, weil der erste als wahrscheinlich dem Baale geweiht nicht dem Jehova dargebracht werden durfte. Aber beide Annahmen sind gleich willkührlich, ohne irgendwelchen Anhaltspunkt im Texte. Hätte Gott dem Gideon geboten zwei Stiere zu nehmen, so würde er ihm sicher auch gesagt haben, was er mit beiden machen sollte. Da in v. 26—28 nur von einem Stiere die Rede ist, so müssen wir mit *Tremell. Jun.* u. A. auch v. 25 so verstehen, dass Gideon nur einen Stier nehmen sollte, und zwar den Stierfarren seines Vaters, also das יִפַּר הַשֵּׁנִי שׁ׳ als nähere Bezeichnung dieses einen Stierfarren fassen (וְ in explicativer Bed. „und zwar", wie Jos. 9, 27. 10, 7 u. ö.). פַּר הַשֵּׁנִי wird derselbe genannt als *qui in bubili secundo loco stabat* oder als dem Alter nach der zweite unter den Stieren des Joas. Den

Grund für die Wahl dieses zweiten unter den Rindern des Joas zum Brandopfer haben wir ohne Zweifel in dem 7jährigen Alter desselben zu suchen,
welches — da im Gesetze für Brandopferstiere kein besonderes Alter vorgeschrieben war — nur deshalb angegeben ist, weil es bedeutsam war,
weil die 7 Jahre des Stieres in innerer Beziehung zu den 7 Jahren des midianitischen Druckes stehen. *Sieben* Jahre hatte Gott Israel seiner Abgötterei wegen unter die Hand der Midianiter gegeben; zur Tilgung dieser Sünde soll Gideon den *sieben*jährigen Stier seines Vaters dem Herrn
als Brandopfer darbringen. Zu dem Ende soll Gideon zuvörderst den Altar Baals und der Aschera, den sein Vater hatte und der nach v. 28 f. zu
urtheilen der gemeinsame Altar des ganzen Geschlechts Abiësers in Ophra
war, zerstören. Dieser Altar war dem Baale geweiht, auf ihm war aber
zugleich eine אֲשֵׁרָה ein Idol der weiblichen Naturgottheit der Cananiter
aufgestellt, und zwar nicht eine Statue der Göttin, sondern wie aus dem
כָּרַת umhauen sich ergibt eine hölzerne Säule (s. zu Deut. 16, 21). Der
Altar diente also den beiden Hauptgottheiten der Cananiter, vgl. *Movers*
Phönizier I S. 566 ff. Jehova kann nicht neben Baal verehrt werden. Wer
dem Herrn dienen will, muss den Baalsdienst abthun. Erst nach der Zerstörung des Baalsaltares kann der Altar Jehova's erbaut werden. Diesen
sollte Gideon bauen „auf dem Gipfel (רֹאשׁ) dieser Festung" d. i. vermuthlich auf der Spitze des Berges, auf welchem die zu Ophra gehörige Burg
stand. בַּמַּעֲרָכָה „mit der Zurüstung." Die Erklärung dieses Wortes ist
streitig. Da בָּנָה 1 Kg. 15, 22 mit בְּ des Stoffes aus welchem (womit) gebaut wird vorkommt, so verstehen *Stud.* u. *Berth.* מַעֲרָכָה von dem Materiale
des zerstörten Baalsaltares, von welchem Gideon den Jehovaaltar bauen
sollte, und zwar *St.* מערכה von der Steinlage des Baalsaltares, *B.* hingegen von dem auf dem Altare des Baal zur Darbringung der Opfer bereit-
liegenden Materiale, besonders von den Holzstücken. Sicher unrichtig,
weil weder מַעֲרָכָה Baumaterial oder Holzstücke bedeutet, noch der bestimmte Artikel dieses Wortes auf den Baalsaltar hindeutet. Das *verb.*
עָרַךְ kommt nicht nur öfter vom Zurechtlegen des Holzes auf dem Altare
vor (Gen. 22, 9. Lev. 1, 7 u. a.) sondern auch von der Zurüstung des Altares
für die Opferdarbringung (Num. 23, 4). Hienach lässt sich מַעֲרָכָה wol kaum
anders verstehen als von der Zurüstung des zu erbauenden Altares für die
Opferhandlung, in dem Sinne: baue den Altar mit der für das Opfer erforderlichen Zurüstung. Diese Zurüstung bestand nach dem Folgenden in
der Verwendung des Holzes der umgehauenen Aschera zum Holzstosse für
das von Gideon dem Herrn darzubringende Brandopfer. עֲצֵי הָאֲשֵׁרָה
sind nicht Bäume, sondern Holzstücke der (umgehauenen) Aschera. —
V. 27. Diesen göttlichen Befehl führte Gideon mit zehn Männern von seinen Knechten des Nachts aus, ohne Zweifel in der darauf folgenden Nacht,
weil er sich vor seiner Familie (בֵּית אָבִיו) und den Leuten der Stadt fürchtete es am Tage zu thun. — V. 28 f. Als nun am nächstfolgenden Morgen
die Leute der Stadt den Baalsaltar zerstört und die Aschera auf demselben umgehauen fanden und den Stier auf dem (neu) erbauten Altare geopfert sahen (der nämlich noch nicht ganz verbrannt war), so forschten
sie nach dem Thäter und erfuhren bald, dass Gideon dies alles gethan

hatte. Der *accus.* אֶת־הַבָּר וַחֲשׂוּ hängt von dem *hoph.* הָעֲלָה (für הֶעֱלָה s.
Gesen. sc. 63 Anm. 4) ab nach der besonders im älteren Hebraismus nicht
seltenen Construction des Passivs mit אֵת, s. zu Gen. 4, 18. וַיִּדְרְשׁוּ וַיְבַקְשׁוּ גו
sie fragten und suchten *sc.* nach dem Thäter „und sie sprachen" entw. die
Fragenden nach sicherer Vermuthung, oder die Gefragten denen Gideons
Thun bekannt war. — V. 30 f. Als sie aber dann von Joas forderten:
„Führe heraus (gib heraus) deinen Sohn dass er sterbe", sprach dieser zu
allen Umstehenden: „Wollt ihr, ihr für Baal streiten oder wollt ihr ihn
retten (אַתֶּם hat beide Male besonderen Nachdruck). Wer für ihn (Baal)
streiten wird, soll getödtet werden bis zum Morgen." עַד הַבֹּקֶר bis zum
(nächsten) Morgen ist nicht mit יוּמַת zu verbinden, in dem Sinne: „gar
schnell, ehe noch der morgende Tag anbricht (*Berth.*), welcher nicht in
den Worten liegt, sondern gehört zum Subjecte des Satzes oder zum ganzen Satze in dem Sinne: wer heute für Baal streiten, die Zerstörung seines Altares mit dem Tode des Thäters rächen will, soll sterben; man
warte bis Morgen und lasse dem Baale Zeit, die ihm zugefügte Unbill zu
rächen. „Wenn er Gott ist, so möge er für sich streiten; denn man hat
seinen Altar zerstört" und dadurch seine Rache herausgefordert. Die
kühne Glaubensthat Gideons hatte auch seinem Vater Joas Glaubensmuth
eingeflösst, dass er sich seines Sohnes annimmt und die Sache der Entscheidung der Gottheit anheimgibt. War Baal wirklich Gott, so konnte
man von ihm auch erwarten, dass er den Frevel an seinem Altare rächen
würde. — V. 32. Hievon erhielt Gideon den Namen *Jerubbaal* d. i. „es
streite (rechte) Baal", indem man sprach: „es streite gegen ihn (בֹו) Baal;
denn er hat seinen Altar zerstört." יְרֻבַּעַל ist aus יָרֶב = רִיב רִיב oder יָרִיב und
בַּעַל gebildet. Dieser Beiname wurde sehr bald eine ehrenvolle Benennung
Gideons. Als es nämlich dem Volke offenbar wurde, dass Baal ihm kein
Leid zufügen konnte, wurde *Jerubbaal* ein Baalstreiter, einer der gegen
Baal gestritten hat. Statt יְרֻבַּעַל finden wir 2 Sam. 11, 21 den Namen יְרֻבֶּשֶׁת,
in welchem בֶּשֶׁת = בֹּשֶׁת ein Spottname Baals ist, der auch in andern israel. Namen vorkommt, z. B. in אִישְׁבֹּשֶׁת 2 Sam. 2, 8 ff. für אֶשְׁבַּעַל 1 Chr. 8, 33.
9, 39. Den Namen *Jerubbaal* schreiben die LXX ʽΙεϱοβάαλ, woraus aller
Wahrscheinlichkeit nach *Philo* von Byblus in seiner Bearbeitung des
Sanchuniathon seinen ʽΙεϱόμβαλος einen Priester des Gottes ʽΙεύω gebildet hat.

Cap. VI, 33—VIII, 3. Gideons Sieg über die Midianiter.

Cap. VI, 33—40. Die Rüstung Gideons zum Kampfe.
Als die Midia-
niter mit ihren Verbündeten wieder einen Einfall in das Land Israel machten, wurde Gideon vom Geiste Gottes ergriffen, dass er ein Heer aus den
nördlichen Stämmen Israels sammelte (v. 33—35) und Gott bat, ihm durch
ein Zeichen den Sieg über die Feinde zuzusichern (v. 36—40). — V. 33 ff.
Die Feinde (vgl. v. 3) schaarten sich wieder zusammen, zogen herüber
(יַעַבְרוּ) nämlich über den Jordan in der Gegend von Beisan, s. zu 7, 24 u.
8, 4) und lagerten sich im Thale Jesreel (s. zu Jos. 17, 16). „Und der Geist
Jehova's zog Gideon an" (לָבְשָׁה) d. h. senkte sich auf ihn herab und legte

sich gleichsam wie ein Panzer oder eine starke Waffenrüstung um ihn, dass er in seiner Kraft unverwundbar und unüberwindlich wurde (vgl. 1 Chr. 12,18. 2 Chr. 24, 20 u. Luc. 24, 49). Da stiess Gideon in die Posaune, um Israel zum Kampfe wider die Feinde aufzurufen (vgl. 3, 27); „und Abiëser liess sich rufen hinter ihm her." Sein Geschlecht, welches in dem von der Rache Baals verschont gebliebenen Baalsstreiter den Retter Israels erkannte, schaarte sich zuerst um ihn. Das Nämliche thaten ganz Manasse d. h. die westjordanischen Manassiten, zu welchen Gideon gehörte, (denn die ostjordanischen Stämme betheiligten sich nicht an diesem Kampfe) und die angrenzenden nördlichen Stämme Sebulon und Naphtali, welche durch Boten zum Kampfe aufgerufen worden. רַיַּעֲלוּ לִקְרָאתָם sie zogen heran ihnen d. h. den vom Süden her in den Kampf ziehenden Manassiten entgegen, um mit ihnen unter Gideons Führung die Feinde zu bekriegen. עָלָה vom Anrücken gegen den Feind (s. zu Jos. 8, 2), nicht: hinaufziehen (*Berth.*), was für die Aseriten und Naphtaliten nicht passt, da diese von ihren Bergen in die Ebene Jesreel nicht hinauf-, sondern nur hinabsteigen konnten. — V. 36 ff. Bevor jedoch Gideon mit dem gesammelten Heere in den Streit zog, erbat er sich von Gott ein Zeichen für das Gelingen seines Unternehmens. „Wenn du — spricht er zu Gott — rettend bist durch meine Hand Israel, wie du geredet hast, siehe so lege ich dieses Wollenvliess auf die Tenne; wenn Thau sein wird auf dem Vliesse allein und auf der ganzen Erde (ringsum) Trockenheit, so erkenne ich (daran), dass du retten wirst u. s. w". גֵּזַת הַצָּמֶר das Geschorene der Wolle d. i. das Vliess, der abgeschorene, noch zusammenhängende und ein Ganzes ausmachende Pelz des Schaafes. Das Zeichen, welches Gideon sich erbat, bestand also darin, dass Gott auf ein geschorenes Schaaffell, das er die Nacht über auf der Tenne d. h. auf einem freien offenen Platze auslegen würde, allein Thau fallen liesse, ohne dass der Erdboden rund herum von Thau benetzt würde. V. 38. Dies Zeichen gewährte ihm Gott. „Und es geschah also; am andern Morgen drückte Gideon das Vliess zusammen (זָר von זור) und presste (יִמֶץ von מָצָה) Thau aus dem Vliesse ein Gefäss voll Wasser (מְלוֹא wie Num. 22, 18 u. סַפֶל wie 5, 25). So reichlich war des Nachts der Thau auf das ausgelegte Vliess gefallen, während, wie aus dem Zusammenhange zu ergänzen, das Erdreich rings herum trocken geblieben war. — V. 39 f. Da jedoch dieses Zeichen nicht ganz sicher war, indem Wolle selbst dann Thau anzuziehen pflegt, wenn andere Gegenstände trocken bleiben, so wagt Gideon die göttliche Gnade zu bitten, ihm noch ein Zeichen mit dem Vliesse zu gewähren, nämlich dies: das Vliess solle trocken bleiben und der Boden ringsum von Thau benetzt sein. Zu אַל־יִחַר וגו vgl. Gen. 18, 30. 32. Und Gott gewährte ihm auch diese Bitte. Gideons Bitte um ein Zeichen entsprang nicht aus Unglauben an die göttliche Verheissung des Sieges, sondern ging hervor aus der Schwachheit des Fleisches, welche die Glaubenskraft des Geistes lähmt und die Knechte Gottes oft ängstlich und verzagt macht, dass Gott ihrer Schwachheit durch Wunder zu Hülfe kommen muss. Gideon kannte sich und seine Kraft und wusste, dass zur Besiegung der Feinde seine menschliche Kraft nicht ausreiche. Da nun der Herr ihm seinen Beistand zugesagt hatte, so wollte er sich desselben durch das begehrte Zeichen versichern.[1] Und „gerade dass einem solchen Manne der kühnste Sieg gelang, sollte eine besondere Verherrlichung Gottes werden" (O. v. Gerl.). Das Zeichen selbst sollte seiner Glaubensschwäche die Kraft des göttlichen Beistandes versichtbaren. Der Thau ist in der Schrift Bild der göttlichen Segenskraft, welche die von der Gluthitze der Sonnenstrahlen ausgedorrte Natur erquickt, neubelebt und kräftigt. Das erste Zeichen sollte ihm ein Unterpfand sein des sichtbaren und fühlbaren Segens des Herrn über seinem Volke, dass er demselben Macht verleihen wolle über die mächtigen Feinde, die Israel bedrängten. Das wollene Vliess bildete das Volk Israel in seiner damaligen Lage ab, wo Gott den sein Land verheerenden Feinden Macht verliehen und Israel seine Segenskraft entzogen hatte. Die Benetzung des Vliesses mit dem Thaue des Himmels, während der Erdboden ringsum trocken blieb, war ein Zeichen, dass Gott der Herr nun wiederum Kraft aus der Höhe seinem Volke Israel zuwenden und den Völkern der Erde entziehen wolle. Das zweite Zeichen gewinnt hienach die allgemeinere Bedeutung, „dass auch in der Verlassenheit und Ohnmacht seines Volkes, während ringsumher die Völker blühen, der Herr sich bezeuge" (O. v. Gerl.), und dient so gefasst zur Bestätigung und Verstärkung des ersten, indem es die trostreiche Versicherung für alle Zeiten in sich schliesst, dass der Herr seine Gemeinde auch dann, wenn sie seine Segenskraft nicht wahrnimmt und verspürt, nicht verlassen hat, sondern über ihr und den Völkern mit seiner Allmacht waltet.

Cap. VII, 1—8. **Die Musterung des von Gideon zusammengezogenen Heeres. V. 1.** Nachdem Gideon durch das zwiefache Zeichen des göttlichen Beistandes versichert worden war, zog er am frühen Morgen mit dem Volke, das sich um ihn geschaart hatte, in den Krieg. Die Israeliten lagerten sich über der Quelle *Harod*, d. h. auf einer Anhöhe, an deren Fusse diese Quelle entsprang; das Lager Midians aber war ihm (Gideon) nordwärts vom Hügel *More* im Thale (Jesreel s. 6, 33). Die geographische Lage dieser beiden Oertlichkeiten lässt sich nicht sicher bestimmen. Die Quelle *Harod* (חֲרֹד) wird nirgends weiter erwähnt, sondern in 2 Sam. 23, 25 nur eine Ortschaft dieses Namens als Heimat zweier Helden Davids, nach der die Quelle ohne Zweifel benannt war. Auch der Hügel *More* ist unbekannt. Da er בָּעֵמֶק am Thale Jesreels war, so ist an den Hain *More's* bei Sichem (Gen. 12, 6. Deut. 11, 30) nicht zu denken.[2] —

---

1) *Gideon itaque noster ex omnibus his, quod angelum Jehovae vidit audivitque, quod per ignem e saxo, disparitionem angeli, nocturnam visionem et allocutionem edoctus est, omnino credidit, Deum et velle et posse per ipsum liberare Israëlem: sed fides haec non supra et extra luctam carnis, qua tentaretur, posita erat. Nec mirum est, quod tum maxime exorta est invaluitque, quando opus liberationis jamjam aggrediendum erat. Quare contra luctam carnis vehementiorem fidelis Gideon signum a Deo petiit, quo fides ipsius magis confirmaretur, carnique repugnanti fortius resisteret viveretque. Fuitque haec signi petitio cum precibus pro confirmatione fidei conjuncta. Seb. Schmidt.*

2) *Bertheau* versucht die Oertlichkeit aus unserer sonstigen Kenntniss der im Allgemeinen deutlich genug bezeichneten Gegend näher zu bestimmen. Davon ausgehend, dass die Quelle *Harod* keine andere sei als die „Quelle in Jesreel" 1 Sam.

V. 2 f. Das Heer der Israeliten betrug 32,000 Mann (v. 4), die Zahl der Midianiter und ihrer Verbündeten aber gegen 135,000 Mann (8,10), so dass sie den Israeliten an Menge gewaltig überlegen waren. Demohnerachtet sprach der Herr zu Gideon: „Zuviel ist des Volkes bei dir, als dass ich Midian in ihre Hand geben sollte, damit nicht Israel sich wider mich rühme sprechend: meine Hand hat mir geholfen." רַב mit folgendem מִן ist comparativisch zu fassen. Gideon soll daher vor allem Volke ausrufen lassen: „Wer furchtsam und verzagt ist, der kehre um und ziehe sich zurück vom Berge Gilead." Das ἀπ. λεγ. צָפַר bed., nach dem arab. صفر flechten von Haaren, Seilen u. dgl. und dem *nomen* צְפִירָה Kreis, Kreislauf, zu urtheilen, wol eig. winden oder sich winden, danach hier: sich in Windungen zurückziehen, auf Umwegen davon schleichen. Sehr dunkel ist hingegen מֵהַר הַגִּלְעָד. Der Berg oder das Gebirge Gilead lag auf der Ostseite des Jordan, das israelit. Heer aber lagerte in oder an der Ebene Jesreel im Westjordanlande, und war ja auch nur aus den westjordanischen Stämmen zusammengezogen, so dass selbst die sprachlich unmögliche Deutung: der kehre um und ziehe nach Hause nach dem Gebirge Gilead, keinen passenden Sinn ergeben würde. Es bleibt daher nichts übrig, als entweder mit *Cler.* u. *Berth.* einen Textfehler zu statuiren und הַגִּלְעָד für verschrieben aus הַגִּלְבֹּעַ „vom Berge Gilboa" zu halten, oder anzunehmen, dass es auch im westlichen Palästina an der Ebene Jesreel einen Berg oder Bergzug des Namens *Gilead* gegeben habe, gleichwie nach Jos. 15, 10 im Gebiete Juda's auch ein Berg oder Gebirge *Seir* war, von dem gleichfalls weiter nichts bekannt ist. Die hier dem Gideon gebotene Aufforderung an das Heer war schon im Gesetze Deut. 20, 8 für jeden Krieg der Israeliten vorgeschrieben und bezweckte im Allgemeinen den Geist des Heeres durch Ausscheidung der Muthlosen und Verzagten aus demselben zu kräftigen. In unserem Falle aber wollte der Herr seinem Volke jeden Anlass zu Selbstruhm abschneiden. Die Aufforderung hatte daher auch die von Gideon gewiss nicht erwartete Folge, dass über zwei Drittheile der um ihn geschaarten Streiter, 22000 Mann vom Volke, umkehrten und nur 10,000 Mann zurückblieben. — V. 4. Aber auch diese Zahl erachtete der Herr noch zu gross und gebot daher Gideon weiter: „Führe sie (die 10,000 Mann) hinab zum Wasser" d. i. dem von der Quelle Harod gebildeten Gewässer, „und ich will sie dir dort läutern (צָרַף die für den Kampf bestimmten von den übrigen ausscheiden; das Singularsuffix אֶצְרְפֶנּוּ bezieht sich auf הָעָם) und dir sagen: dieser soll mit dir gehen und

---

29, 1, an welcher Saul und die Israeliten bei Gilboa (1 Sam. 28, 4) lagerten im Kriege gegen die Philister, welche bei *Sunem*, einem Orte auf dem westlichen Abhange des sogen. kleinen Hermon standen, vermuthet er die Quelle *Harod* in dem heutigen *Ain Dschalud* und in dem Hügel *More* den Namen des jetzt sogenannten kleinen *Hermon*. Diese Combinationen sind allerdings möglich, denn es steht ihnen nichts ganz Bestimmtes entgegen; aber sie sind doch sehr unsicher, da sie sich nur auf die ganz precäre Voraussetzung stützen, dass es in der Ebene Jesreel nur die eine namhafte Quelle — *Ain Dschalud* — gegeben habe, und sind mit den Angaben über den Weg, welchen die geschlagenen Midianiter nahmen v. 25 ff. u. 8, 4, schwerlich vereinbar.

jener" d. h. dir jeden einzelnen zeigen, der mit dir in den Streit ziehen
soll und wer nicht. — V. 5 f. Die Scheidung soll Gideon so bewerkstelligen, dass er von dem zum Wasser hinabgeführten Volke jeden der mit
seiner Zunge vom Wasser lecke, wie der Hund leckt, besonders stellt, und
eben so alle die sich auf die Kniee niederlassen um zu trinken, auf diese
Weise also die letzteren von den ersteren absondert. Die Zahl derer, die
das Wasser mit ihrer Hand in den Mund leckten, betrug 300, alles übrige
Volk war zum Trinken niedergekniet. „Mit ihrer Hand zu ihrem Munde
lecken" d. h. das Wasser mit der hohlen Hand aus dem Bache schöpfen
und aus der Hand mit der Zunge in den Mund schlürfen nach Art der
Hunde ist nur ein deutlicherer Ausdruck für: mit seiner Zunge lecken.
Diese 300 Mann, welche auf diese Weise ihren Durst löschten, waren
offenbar nicht die Feigen oder Trägen, die, wie *Joseph. Ant. V, 6, 3, Theodoret* u. A. meinten, aus Trägheit oder Furcht vor dem Feinde nicht nie-
derknieten um ordentlich zu trinken, sondern sind für die tapfersten,
nämlich für solche zu halten, die vor der Schlacht bei einem Bache angelangt sich nicht die Zeit nehmen niederzuknieen und auf bequeme Weise
sich satt zu trinken, sondern stehend in ihrer Waffenrüstung nur mit der
Hand etwas Wasser schöpfen, um sich für den Kampf zu stärken, und
dann ohne Aufenthalt auf den Feind losgehen. An einem solchen Zeichen
— meint *Berth.* — hätte auch ein gewöhnlicher Feldherr die Tapfersten
seines Heeres erkennen können. Allerdings; aber wäre uns diese Geschichte nicht berichtet, so würde gewiss niemals ein gewöhnlicher oder
auch ein ausgezeichneter Feldherr auf ein solches Mittel zur Prüfung der
Tapferkeit seiner Truppen verfallen sein, und selbst dem Gotteshelden
Gideon würde es nicht in den Sinn gekommen sein, durch einen solchen
Versuch sein schon so klein gewordenes Heer noch mehr zu vermindern
und mit ein paar Hundert der tapfersten Männer einen über 100,000
Mann starken Feind schlagen zu wollen, wäre es ihm nicht vom Herrn
befohlen gewesen.

Wenn der Herr durch das Zeichen mit dem Wollenvliesse den Schwach-
glauben Gideons stärken und ihn zur vollen Zuversicht auf die göttliche
Allmacht erheben wollte, so forderte er nun von dem also Gestärkten
auch die Bewährung seines Glaubens bei der Läuterung seines Heeres,
damit er ihm allein die Ehre gäbe und den Sieg über die gewaltige Menge
der Feinde allein aus seiner Hand hinnähme. — V. 7. Nachdem seine
Streiter durch Vollziehung des göttlichen Befehles in ein kleines Häuflein
von 300 Mann und die grosse Schaar von 9700 M. getheilt waren, fordert
der Herr von ihm die Entlassung dieser Tausende לִמְקֹמוֹ d. h. nach Hause,
indem er ihm verheisst, durch die 300 Mann Israel erretten und die Midianiter in seine Hand geben zu wollen. Die Verheissung geht dem Befehle vorauf, um Gideon die Befolgung desselben leichter zu machen.
כָּל־הָעָם die Gesammtheit des Volks nach Ausscheidung der 300 Mann,
also die übrigen 9700 Mann. — V. 8. „Da nahmen sie (die 300 erwählten
Streiter) die Zehrung des Volks in ihre Hand und seine (des Volks) Posaunen (das Suffix an שׁוֹפְרֹתֵיהֶם geht auf הָעָם zurück); und alle Männer
Israels (die 9700) hatte er einen jeden zu seinen Zelten d. h. nach Hause

(s. zu Deut. 16, 7) entlassen und die 300 Mann bei sich behalten; das Lager der Midianiter aber war ihm unterwärts im Thale." Mit diesen Worten werden die Vorbereitungen für den Kampf abgeschlossen, während das letzte Versglied zugleich auf den folgenden Kampf und Sieg vorbereitet. Im ersten Satze kann חָעָם nicht Subject sein, theils des Sinnes wegen; denn die 300 Streiter, die ohne Zweifel Subject sind vgl. v. 16, können nicht חָעָם genannt werden im Unterschiede von כָּל־אִישׁ יִשְׂרָאֵל, theils auch wegen des אֶת־צֵדָה: welches dann gegen die Regel keinen Artikel hätte. Man muss vielmehr mit LXX u. *Chald.* אֶת־צֵדַת חָעָם lesen. Die 300 Mann nahmen die Zehrung des Volkes, d. h. von dem entlassenen Volke Zehrung für den Krieg, und die Kriegsposaunen, so dass nun jeder der 300 eine Posaune und — da die Zehrung des Volks vermuthlich auch in Gefässen oder Krügen (כַּדִּים v. 16) aufbewahrt war — auch einen Krug erhielt. Das Subject zu יִקְחוּ ist aus dem ersten Gliede des 7. V. zu entnehmen. Die folgenden Sätze von וְאֵת כָּל־אִישׁ an sind Umstandssätze zur Veranschaulichung der Situation, in welche Gideon nun gerathen war. הֶחֱזִיק בְּ das Gegentheil von שִׁלַּח entlassen bed. festhalten, bei sich oder zurückbehalten, wie Ex. 9, 2. לוֹ ihm, dem Gideon, der mit seinen 300 Mann bei der Quelle Harod stand, war das Lager Midians unterwärts im Thale, vgl. v. 1 u. 6, 33.

V. 9—22. **Der Kampf und Sieg Gideons.** V. 9—11ᵃ. In der darauf folgenden Nacht befahl der Herr Gideon ins Lager der Feinde hinabzusteigen, da er es in seine Hand gegeben habe (das *perf.* נְתַתִּי vom göttlichen Rathschlusse, der schon gefasst war, wie 4, 14). Um ihn aber für dieses nach menschlichem Urtheile sehr gewagte Unternehmen mit Zuversicht zu erfüllen, setzte Gott hinzu: „Wenn du dich fürchtest hinabzusteigen, so steige du mit deinem Knappen Pura hinab zum Lager, so wirst du hören, was sie reden, und darnach werden deine Hände stark werden." Der Sinn des Vordersatzes ist nicht: Wenn du bange bist allein ins feindliche Lager hinabzusteigen oder unbewaffnet die Feinde zu besuchen, so nimm Pura deinen Waffenträger mit, um dich des Gebrauchs der Waffen zu versichern (*Berth.*); denn dazu passt, abgesehen davon dass die Ergänzung: unbewaffnet ganz willkührlich ist, der Nachsatz: so wirst du sehen u. s. w. in keiner Weise. Vielmehr ist der Sinn dieser: Steige mit deinen 300 Mann in (בְּ) das feindliche Lager um es zu schlagen, denn ich habe es in deine Hand gegeben; wenn du dich aber fürchtest dies zu thun, so steige mit deinem Knappen hinab zum (אֶל) Lager, um die Verfassung und Stimmung der Feinde zu erforschen; da wirst du hören, was sie reden d. h., wie aus dem Folgenden erhellt, wie sie entmuthigt sind, die Zuversicht euch zu besiegen verloren haben, und darnach (וְאַחַר) wirst du Muth und Kraft zum Streite gewinnen. Zu תֶּחֱזַקְנָה יָדֶיךָ vgl. 2 Sam. 2, 7. Das folgende וְיָרַדְתָּ בַמַּחֲנֶה ist nicht blosse Wiederholung des Befehles mit seinem Knappen ins feindliche Lager hinabzugehen, sondern gibt die Folge der erlangten Ermuthigung an: und dann wirst du unverzagt ins feindliche Lager eindringen, die Feinde angreifen. יָרַד בַּמַּחֲנֶה v. 9 u. 11 ist zu unterscheiden von יָרַד אֶל־הַמַּחֲנֶה v. 10. Jenes bed. hinabsteigen ins Lager hinein, um die Feinde zu schlagen; dieses:

hinabsteigen an das Lager, um es zu recognosciren, und ist gleich dem folgenden וַיֵּרֶד אֶל קְצֵה חֲחֻמ׳. — V. 11ᵇ—14. Als nun Gideon mit seinem Knappen an das Ende der Kampfgerüsteten (חֲמֻשִׁים wie Jos. 1,14. Ex. 13, 18) im feindlichen Lager kam — die Feinde aber lagen in zahlloser Menge mit ihren Cameelen im Thale ausgebreitet — da hörte er einen (der Krieger) seinem Nächsten (dem andern) einen Traum den er gehabt erzählen: „Siehe ein Kuchen Gerstenbrotes war sich wälzend ins Lager Midians und er kam bis zum Zelte und schlug es, so dass es fiel und sich nach oben wandte und das Zelt da lag." Darauf antwortete der andere: „Dies ist nichts anders als das Schwert Gideons, des Sohnes Joas', des Israeliten; gegeben hat Gott in seine Hand Midian und das ganze Lager." קְצֵה הַחֲמֻשִׁים „das Ende der Kampfgerüsteten" sind die äussersten oder vordersten Krieger-Vorposten im feindlichen Lager, in welchem nicht blos Krieger waren, sondern der ganze Tross der feindlichen Völker, die als Nomaden mit Weibern, Kindern und Viehheerden ins israelitische Land eingefallen waren. In v. 12 wird in der Form eines Umstandssatzes nochmals die zahllose Menge der Feinde beschrieben, wie 6, 5, weniger um die Unterscheidung der חֲמֻשִׁים von dem ganzen Lager, als vielmehr um Inhalt und Bedeutung des folgenden Traumes klar zu machen. Der Vergleich mit dem Sande am Meeresufer erinnert an Jos. 11, 4 und kommt öfter vor, vgl. Gen. 22, 17. 32, 13. 1 Sam. 13, 5 u. a. Mit וַיָּבֹא v. 13 wird der durch den Umstandssatz v. 12 unterbrochene Faden der Erzählung (וַיֵּרֶד . . חוּא v. 11) wieder aufgenommen und fortgeführt. Das ἅπ. λεγ. צְלוּל (Keri צְלִיל) geben die alten Uebersetzer durch „Kuchen", placenta, vgl. Gesen. thes. p. 1170. Die Ableitung des W. ist streitig und unsicher, da צָלַל weder in der Bed. klingen, klirren, noch in der Bed. beschattet werden eine passende Erklärung darbietet, und die Bed. rollen, sich wälzen (Ges. l. c.) sprachlich nicht zu erhärten ist, endlich auch an צָלָה braten sich deshalb kaum denken lässt, weil צלה nur das Braten des Fleisches bezeichnet, für das Rösten von Körnern oder Graupen aber קָלָה gebräuchlich war, sodann auch Geröstetes von Gerstenbrot schwerlich mit subcinericeus panis ex hordeo (Vulg.) einerlei ist. הָאֹהֶל mit dem bestimmten Artikel ist wol das Hauptzelt im Lager d. i. das Zelt des Feldherrn. לְמַעְלָה nach oben so dass das Unterste zu oben kam. וְנָפַל הָאֹהֶל ist zur Verstärkung hinzugefügt: und gefallen war das Zelt, es lag zerstört da. אֵין זֹאת dies ist nichts בִּלְתִּי אִם wenn nicht d. h. nichts anders als. Der ins midianitische Lager sich hinwälzende und das Zelt umkehrende Brotkuchen bedeutet nichts anders als das Schwert Gideons d. h. den mit dem Schwerte ins Lager einbrechenden und dasselbe zerstörenden Gideon.

Diese Deutung des Traumbildes lag unter den gegebenen Umständen allerdings nahe. Gideon wird nur als Anführer der Israeliten besonders genannt, während das Gerstenbrot als Nahrung der ärmeren Volksklasse eigentlich als Symbol des unter den Völkern gering geachteten Israel zu fassen ist. Die Erhebung der Israeliten unter Gideon war den Midianitern kein Geheimniss geblieben und wird sie mit Furcht erfüllt haben. Diese Furcht konnte sich leicht im Traume zu einem Bilde der Niederlage oder der Verwüstung und Zerstörung ihres Lagers durch Gideon gestalten.

Auch die besondere Form des Traumes lässt sich psychologisch begreifen. Da dem Nomaden das Zelt sein Ein und Alles ist, so stellt er sich leicht den Ackerbauer als einen Menschen vor, dessen Leben und Streben im Brotbauen und Brotbacken gleichsam aufgeht. So gestaltet sich ihm das Brot fast unwillkührlich zu einem Sinnbilde des Ackerbauers, da er ja selbst in seinem Zelte ein Sinnbild nicht nur seiner Lebensexistenz sondern auch seiner Freiheit, Macht und Grösse erblickt. Nehmen wir hiezu noch, dass die freien Hirtenvölker, besonders die Beduinen Arabiens, auf die armen Ackerbauer nicht nur, sondern auch auf die Städtebewohner mit Stolz herabsehen, und dass in Palästina, dem Lande des Waizens, nur die ärmere Volksklasse sich von Gerstenbrot nährt, so haben wir alle Elemente zu dem Traumbilde des midianitischen Kriegers. Die Israeliten waren von den Midianitern wirklich zu einem armen Sklavenvolke herabgedrückt worden. Wenn sich aber auch auf solche Weise der Traum auf natürliche Weise erklären lässt, so gewinnt derselbe doch den höhern, übernatürlichen Charakter göttlicher Eingebung dadurch, dass Gott ihn nicht nur vorausweiss, sondern auch den Midianiter gerade dann träumen und diesen Traum seinem Cameraden erzählen lässt, als Gideon heimlich ins Lager gekommen war, so dass er ihn hören musste, um wie Gott ihm vorhergesagt die Verzagtheit der Feinde daraus zu erkennen. Unter diesen Umständen musste Gideon den Traum für göttliche Eingebung halten und daraus die Zuversicht schöpfen, dass Gott die Midianiter gewiss in seine Hand gegeben habe. — V. 15—18. Als er daher die Erzählung (מִסְפָּר) des Traumes und seine Deutung (שִׁבְרוֹ) gehört, betete er an, dem Herrn freudig dankend, und kehrte dann ins eigne Lager zurück, um ohne Verzug die Feinde anzugreifen. Dazu theilte er die 300 Mann in 3 Haufen (רָאשִׁים) d. h. Angriffscolonnen und gab ihnen allen (allen einzelnen Kriegern) Posaunen und leere Krüge mit Fackeln in den Krügen in die Hand, nämlich Krüge um zunächst darin die brennenden Fackeln während des Anrückens zur Umzingelung des feindlichen Lagers zu verbergen, sodann aber auch um beim Angriffe durch das Zerschlagen der Krüge den Lärm zu verstärken (v. 20) und durch diesen Lärm wie durch die plötzlich aufleuchtenden brennenden Fackeln den Feind über die Stärke seines Heeres zu täuschen. Dabei befahl er ihnen: „Von mir sehet und also thuet, d. i. kurzer Ausdruck für: wie ihr von mir (oder mich) thun sehet, so sollt auch ihr thun (כֵּן ohne vorhergegangenes כְּ oder כַּאֲשֶׁר wie 5, 15, vgl. Ew. §. 260ᵃ); stosse ich in die Posaune, ich und alle die bei mir sind, so stosset auch ihr in die Posaune ringsum das ganze Lager", das die in 3 Haufen getheilten 300 Mann umzingeln sollen, und sprechet: „Dem Herrn und Gideon." Dieser Schlachtruf lautete nach v. 20 vollständig: „Schwert dem (für den) Herrn und Gideon." Diese Ergänzung in v. 20 berechtigt jedoch nicht dazu, mit einigen alten Uebersetzern und Codd. auch hier חֶרֶב in den Text einzuschieben.[1] — V. 19. Hierauf zog Gideon

---

1) Aehnliche Kriegslisten, wie Gideon hier anwandte, berichten *Polyaen.* (*Strateg. II c. 37*) von Dicetas bei der Einnahme von Heräa und *Plutarch* (*Fabius Max. c. 6*) von Hannibal, als derselbe von Fabius Maximus umzingelt und eingeschlossen war Ein Beispiel aus neuerer Zeit erzählt *Niebuhr* (Beschr. von Arabien

mit den 100 Mann die bei ihm waren, d. h. der einen Schaar die er persönlich anführte, an das Ende des feindlichen Lagers zu Anfang der mittleren Nachtwache d. i. um Mitternacht. ראֹשׁ ist *accus.* der Zeitbestimmung,
s. *Gesen.* §. 118, 2 u. *Ew.* §. 204ᵃ. Ausser der mittleren Nachtwache ist im
A. T. nur noch die Morgen-Nachtwache erwähnt Ex. 14, 24. 1 Sam. 11, 11,
woraus mit Recht gefolgert wird, dass die Israeliten die Nacht in 3 Nacht-
wachen getheilt haben. Die Eintheilung in 4 Wachen (Matth. 14, 25.
Marc. 6, 48) haben die Juden erst von den Römern angenommen. אַךְ הָקֵם
וגו „nur (so eben) hatten sie (die Midianiter) aufgestellt die Wächter (der
mittleren Nachtwache)“ — ein zur Verdeutlichung der Situation eingeschobener Umstandssatz. Als die ersten Wachtposten abgelöst und die
zweiten aufgestellt waren, so dass man ganz sicher wieder der nächtlichen
Ruhe glaubte pflegen zu können, da kam Gideon mit seiner Schaar am
Ende des Lagers an, und — wie man aus dem Zusammenhange ergänzen
muss — gleichzeitig mit ihm die beiden andern Schaaren an zwei anderen
Enden des Lagers, und stiessen in die Posaunen, indem sie zugleich die
Krüge in ihren Händen zerschlugen. Der *infin. abs.* נָפוֹץ als Fortsetzung
des *verb. fin.* יִתְקְעוּ deutet die Gleichzeitigkeit der Handlung mit der vorigen an, s. *Ew.* §. 351ᶜ. — V. 20. Seinem Vorgange folgten dem erhaltenen
Befehle v. 17 gemäss die beiden andern Schaaren. „Da stiessen die drei
Schaaren in die Posaunen, zerbrachen die Krüge und hielten in ihrer
linken Hand die Fackeln und in ihrer rechten die Posaunen um zu posaunen und riefen: „Schwert dem Herrn und Gideon!“ So standen sie jeder
an seiner Stelle rings um das Lager *sc.* ohne zu weichen, so dass die Midianiter glauben mussten, hinter den Fackelträgern sei ein zahlreiches
Heer im Anzuge. וַיָּרֵץ וגו „und es lief das ganze Heer“ d. h. es entstand
ein Laufen und Rennen im ganzen feindlichen Heere, welches durch den
unerwarteten Posaunenschall, den Lärm und das Feldgeschrei der israelitischen Krieger aus seiner nächtlichen Ruhe aufgescheucht worden war,
„und sie (die Feinde) erhoben ein Geschrei (der Angst und des Schrek-
kens) und flüchteten“ *sc.* ihre Zelte (d. h. Familien) und ihre Heerden oder
ihr Hab und Gut, vgl. 6, 11. Ex. 9, 20. Das *Ketib* יָנִיסוּ ist ursprünglich
und das *Keri* יָנוּסוּ eine schlechte Emendation. — V. 22. Während die
300 Mann in ihre Posaunen stiessen, „legte Jehova das Schwert des einen
gegen den andern und gegen das ganze Lager“ d. h. bewirkte Jehova, dass
einer das Schwert wider den andern kehrte und wider das ganze Lager,
d. h. nicht blos Mann gegen Mann, sondern gegen jeden im Lager, so dass
im ganzen Lager eine furchtbare Metzelei entstand. Der erste Satz
חַשׁוֹמְרוֹת — וַיִּתְקְעוּ ist einfache Wiederaufnahme des וַיִּתְקְעוּ וגו v. 20, um

S. 304): Um die Mitte des 18. Jahrh. stritten zwei arabische Häuptlinge um das
Imamat von Oman. Der eine, Bel-Arab, belagerte den andern, Achmed ben Said, mit
4 bis 5000 Mann in einem Bergcastelle. Dieser schlich sich aus dem Castelle,
sammelte einige hundert Mann, gab jedem Soldaten am Kopfe ein Kennzeichen, damit er seine Freunde von den Feinden unterscheiden könnte, und schickte kleine
Haufen nach allen Pässen. Jeder bekam eine Trompete, um auf ein gegebnes Zeichen
von allen Seiten Lärm zu blasen. Dadurch kam die ganze Armee seines Gegners in
Unordnung, indem sie alle Plätze besetzt fand, und das feindliche Heer so gross als
den Lärm schätzte.

daran den weiteren Verlauf des Angriffes und den Ausgang des Kampfes anzureihen. Ganz willkührlich schiebt *Berth.* die Worte: „zum zweiten Male" ein. Noch verfehlter ist seine Deutung des folgenden Satzes: „da zogen die 300 Streiter Gideons auf Jehova's Befehl das Schwert des Mannes gegen seinen Mann", weil sie gegen den constanten Sprachgebrauch von אִישׁ בְּרֵעֵהוּ (vgl. 1 Sam. 14, 20. 2 Chr. 20, 23. Jes. 3, 5. Zach. 8, 10) verstösst. — „Und es floh das ganze Lager der Midianiter bis Beth-Sitta gegen Zereda hin, bis zum Strande von Abel-Mechola über Tabbat hinaus." Die Lage dieser Ortschaften, welche ausser Abel-Mechola, der Heimat des Elisa (1 Kg. 19, 16. 4, 12) nur hier vorkommen, ist noch nicht sicher nachgewiesen. Statt צְרֵרָתָה ist nach dem Syr. ﺯﺭﺩﺛﺎ, Arab. صَرَدَت (Polygl.) u. einigen Codd. wahrscheinlich צְרֵדָתָה zu lesen, und *Zeredetha* nur eine andere Namensform für *Zarthan* vgl. 1 Kg. 7, 46 mit 2 Chr. 4, 17. Dafür spricht die Lage *Zarthans* im Jordanthale, wahrscheinlich bei dem heutigen *Kurn Sartabeh* (s. S. 29) insofern, als Beth-Sitta und Abel-Mechola aller Wahrscheinlichkeit nach im Jordanthale zu suchen sind und die Feinde nach v. 24 nach dem Jordan hin flohen. *Beth-Sitta* d. i. Acazienhausen ist nicht mit dem von *Robins.* III S. 461 erwähnten Dorfe *Shutta* identisch, da dieses Dorf nach *van de Velde's* Karte nördlich von Gilboa lag. Denn obgleich für *Shutta* der Umstand spricht, dass seit alter Zeit eine Strasse von Jesreel im Thale zwischen dem sogen. kleinen Hermon (Duhy) und dem Gebirge Gilboa über Beisan zum Jordan hinabläuft und das Thal des Dschalud, an dessen nördlicher Seite Shutta liegt, als die Mündung der Ebene Jesreel in das Jordanthal betrachtet werden kann (s. *v. Raum.* Pal. S. 41 u. *Rob.* III S. 408), wonach *v. R.* meint: „die Flucht der Midianiter scheint durch die Natur des Terrains auf Bethsean gerichtet gewesen zu sein": so wird diese Annahme doch dadurch ganz zweifelhaft gemacht, dass die fliehenden Feinde nicht in der Gegend von Beisan über den Jordan setzten, sondern weit südlicher, nach 8, 4 in der Nähe von *Succoth*, das an der Südseite des Nahr Zerka (Jabbok) lag; wonach man vermuthen muss, dass sie nicht im nordöstlichen Theile der Ebene Jesreel in der Gegend von Jesreel (Zerin) und Sunem (Solam), sondern in dem südöstlichen Theile dieser Ebene gelagert waren und dort geschlagen südwärts von Gilboa, etwa von der Gegend von Ginäa (Dschenin) aus nach dem Jordan zu geflohen sind. In diesem Falle haben wir Abel-Sitta im Südosten der Berge Gilboa's zu suchen, nördlich von Zeredetha (Zarthan). Von da flohen sie weiter bis zum „Strande von Abel-Mechola. שָׂפָה bed. nicht Grenze, sondern Rand, hier den Uferrand des Jordan, wie שְׂפַת הַיַּרְדֵּן 2 Kg. 2, 13. Der Uferrand oder Strand von *Abel-Mechola* ist der Theil des westlichen Jordanufers oder Ghors, über welchem *Abel-Mechola* lag. Dieser Ort lag nach dem *Onom.* u. Ἀβελμαελαί (*Abelmaula*) im *Aulon* (d. i. Ghor) 10 r. M. südwärts von Scythopolis (Beisan) und hiess damals Βηθμαελά oder *Bethaula*. Nach dieser Angabe wäre *Abel-Mechola* bei *Churbet es Shuk* in der Nähe des Wady *Maleh* zu suchen, vgl. *v. de Velde* Mem. p. 280. Endlich *Tabbat* muss südlich von Abel-Mechola gelegen haben.

V. 23 — VIII, 3. **Verfolgung der Feinde bis an den Jordan.** V. 23.
Sobald die Midianiter in die Flucht geschlagen waren, liess sich die israel.
Mannschaft von Naphtali, Aser und Manasse zu ihrer Verfolgung herbei-
rufen, d. h. die Mannschaft dieser Stämme, welche Gideon vor dem Kampfe entlassen hatte und die, noch auf dem Rückwege nach ihrer Heimat
begriffen, in kurzer Zeit wieder zur Verfolgung der fliehenden Feinde aufgeboten werden konnte. Die Nichterwähnung Sebulons (6,35) ist wol nur
aus der Kürze der Relation zu erklären. — V. 24 f. Um den südostwärts
nach dem Jordan fliehenden Feinden den Rückweg abzuschneiden, sandte
Gideon Boten in das ganze Gebirge Ephraim mit der Aufforderung an die
Ephraimiten: „Kommt herab (von eurem Gebirge in die Jordanniede-
rung) Midian entgegen und nehmet ihnen die Wasser bis Bethbara und
den Jordan", *sc.* dadurch dass ihr diese Gegend besetzt (vgl. 3, 28). הַמַּיִם,
vor dem Jordan genannt und von ihm unterschieden, können nur Gewässer sein, über welche die fliehenden Feinde setzen mussten um an den
Jordan zu gelangen, nämlich die verschiedenen Bäche und Flüsse, wie
Wady *Maleh, Fyadh, Dschamel, Tubâs* u. a., die sich vom Ostrande des Gebirges Ephraim durch das Ghor bis Bethbara herab in den Jordan er-
giessen. Die Lage von *Bethbara* ist unbekannt. Schon *Euseb.* weiss über
den Ort nichts zu bestimmen, und die Vermuthung, dass er mit Βηϑαβαρά
(בית עברה), welches seit Origenes in Joh. 1, 28 statt Βηϑανία als Taufort
des Johannes genannt ist, einerlei sei, bringt keine Aufklärung, weil die
Lage von Bethabara gleichfalls unbekannt ist, abgesehen davon dass die
Identität der beiden Namen auch sehr fraglich bleibt. Die Ephraimiten
kamen dieser Aufforderung nach, besetzten die genannten Gewässer, ehe
die Midianiter, die mit ihren Zelten und Heerden nur langsam fliehen
konnten, den Jordan erreichten, und fingen zwei Fürsten der Midianiter
und tödteten sie, den einen, *Oreb* d. h. Rabe, bei dem Felsen *Oreb*, den andern, *Seeb* d. h. Wolf, bei der Kelter *Seeb*. Diese beiden Oertlichkeiten
sind nicht weiter bekannt. Der Fels *Oreb* wird nur Jes. 10, 26 bei der Anspielung des Propheten auf diesen berühmten Sieg nochmals erwähnt. So
viel erhellt jedoch aus unserem Verse, dass bei beiden Orten die Midianiter von den Ephraimiten geschlagen wurden, wobei die genannten Fürsten fielen, und dass die Orte davon ihre Namen erhalten haben. Sie lagen aber nicht im Ostjordanlande, wie *Gesen.* zu Jes. 10, 26, *Rosenm.* u. A.
daraus schliessen, dass die Ephraimiten die Köpfe Orebs und Seebs zu
Gideon מֵעֵבֶר לַיַּרְדֵּן (v. 25) brachten, sondern auf der Westseite des Jordan, da wo die Ephraimiten vor den Midianitern die Gewässer und den
Jordan besetzt hatten. מֵעֵבֶר לַיַּרְדֵּן bed. nicht: von jenseits des Jordan her,
sondern nur: jenseits des Jordan, wie Jos. 13, 32. 18, 7. 1 Kg. 14, 15, und
die Angabe besagt nicht, dass die Ephraimiten von jenseits des Jordan die
Köpfe dem Gideon in das Westjordanland brachten, sondern dass sie dieselben ihm als er im Ostjordanlande war brachten. Diese Fassung der
Worte fordert der Zusammenhang, sowol die voraufgegangene Bemerkung
וַיִּרְדְּפוּ אֶל־מִדְיָן, der zufolge die Ephraimiten nach Tödtung jener Fürsten
die Midianiter weiter verfolgten, als auch die im Folgenden (8, 1 ff.) erwähnte Beschwerde der Ephraimiten gegen Gideon darüber, dass er sie

nicht zum Kriege aufgerufen hatte. Diese Verhandlung ist zwar vor dem Berichte von dem Uebergange Gideons über den Jordan (8,4) mitgetheilt, fand aber der Zeit nach erst nach demselben statt und greift, wie *Berth.* richtig erkannt hat, dem geschichtlichen Verlaufe etwas vor.

Cap. VIII, 1—3. Als die Ephraimiten, nachdem sie die Midianiter bei Oreb und Seeb geschlagen hatten, bei der weiteren Verfolgung derselben mit Gideon zusammentrafen, sprachen sie zu ihm: „was ist die Sache die du uns gethan hast (d. h. wie verhält es sich damit, was du uns gethan hast), uns nicht zu rufen, als du hinzogst gegen Midian zu kriegen? und haderten heftig mit ihm", wol weniger aus unbefriedigter Gier nach Beute, als vielmehr aus gekränktem Stolze oder aus Eifersucht darüber, dass Gideon ohne die Mitwirkung des nach Hegemonie strebenden Stammes Ephraim die Feinde bekriegt und besiegt hatte. Gekränkten Ehrgeiz lässt namentlich Gideons Antwort vermuthen: „Was habe ich nun gethan wie ihr?" d. h. als ob ich so grosse Dinge gethan habe wie ihr. „Ist nicht die Nachlese Ephraims besser als die Weinlese Abiësers?" Die Nachlese Ephraims ist der über die fliehenden Midianiter erfochtene Sieg. Diesen erklärt Gideon für besser als die Weinlese Abiësers d. i. den von ihm, dem Abiësriten, mit seinen 300 Mann erfochtenen Sieg, weil die Ephraimiten dabei zwei midianitische Fürsten getödtet hatten. Der von den Ephraimiten erfochtene Sieg muss in der That sehr bedeutend gewesen sein, da er noch von Jesaja (10, 26) als ein grosser Schlag des Herrn wider Midian erwähnt wird. „Und was vermochte ich zu thun wie ihr?" d. h. konnte ich denn so grosse Thaten wie ihr vollbringen? „Da liess ihr Zorn nach von ihm weg." רוּחַ das Hauchen der Nase, das Schnauben, daher der Zorn wie Jes. 25, 4 u. a.

Cap. VIII, 4—35. Weitere Verfolgung der Midianiter. Uebrige Thaten und Richteramt Gideons.

V. 4—12. Verfolgung und gänzliche Besiegung der Midianiter.

Um die Midianiter, die Gott in seine Hand gegeben, ganz aufzureiben, verfolgte Gideon die Entronnenen über den Jordan hinüber, bis er sie an der Ostgrenze von Gilead erreichte und dort aufs Haupt schlug. V. 4f. Als er an den Jordan kam mit den 300 Mann bei ihm, die vom Verfolgen ermattet waren, bat er die Bewohner Succoths um Laibe Brots für das Volk in seinem Gefolge. Die Construction anlangend sind die Worte von עֹבֵר bis וְרֹדְפִים ein in den Hauptsatz eingeschobener und demselben untergeordneter Umstandssatz: „Als Gideon an den Jordan kam, übergehend er und die 300 Mann..., da sprach er zu den Leuten von Succoth". עֲיֵפִים וְרֹדְפִים „ermattet und verfolgend" d. h. ermattet vom Verfolgen. Das ו ist *explic.* eig. „und zwar verfolgend" für: weil er verfolgte. Das πεινῶντες der LXX im *cod. Alex.* ist blos willkührliche Deutung des רֹדְפִים und ohne kritischen Werth. Gideon war demnach in der Nähe von Succoth über den Jordan gegangen. *Succoth* lag auf der Ostseite des Jordanthales (Jos. 13, 27) und zwar nicht Bethsean gegenüber, sondern nach Gen. 33, 17 auf der Südseite des Jabbok (Zerka). — V. 6. Die Fürsten von Succoth zeigten aber so wenig Gemeinsinn und Nationalgefühl, dass sie statt sich an der Bekämpfung der Feinde Israels zu betheiligen, ihren bei der Verfolgung dieser Feinde ermatteten westjordanischen Brüdern sogar die Gewährung leiblicher Erquickung durch Speise verweigerten. Sie sprachen (der Sing. וַיֹּאמֶר erklärt sich daraus, dass einer im Namen aller redet, s. *Ew.*§. 319ᵃ): „Ist die Faust Sebachs und Zalmunna's schon in deiner Hand (Gewalt), dass wir deinem Heere Brot geben sollen?" In dieser Rede spricht sich nicht blos Feigheit aus oder Furcht vor der Rache, welche die Midianiter bei ihrer Rückkehr an denen, welche Gideon mit seiner Schaar unterstützt hatten, nehmen möchten, sondern zugleich Hohn über die geringe Streitmacht Gideons, als ob diese gegen den Feind gar nichts ausrichten könnte, und in diesem Hohne gänzlicher Mangel an Gottvertrauen. V. 7. Daher droht ihnen Gideon mit schwerer Züchtigung in dem Falle siegreicher Rückkehr. „Wenn Jehova den Sebach und Zalmunna in meine Hand gibt, so werd ich euer Fleisch (euren Leib) dreschen mit Wüstendornen und Stechdisteln." Das *verb.* הַדּוֹשׁ mit doppeltem *accus.* construirt (s. *Ew.* §. 283ᵃ) steht in uneigentlicher Bed. dreschen s. v. a. gewaltig zerschlagen. Dornen der Wüste sind starke, kräftige Dornen, da die Wüste der rechte Boden für Dornsträucher ist. Auch das *ἅπ. λεγ.* בַּרְקָנִים bezeichnet nach den alten Verss. u. Rabb. Stachelpflanzen, vielleicht solche „welche auf بَرَق steinigem Boden wachsen" (*Berth.*). Unerweislich ist die von *J. D. Mich.* u. *Celsius* aufgebrachte und von *Gesen.* adoptirte Deutung: Dreschschlitten die unten mit Steinen oder Feuersteinen besetzt waren. — V. 8 f. Eben so lieblos benahmen sich die Bewohner von Pnuël am nördlichen Ufer des Jabbok (s. zu Gen. 32, 24 ff.) gegen Gideon, wofür er ihnen drohte: „Wenn ich in Frieden d. h. unversehrt zurückkehre, so werd ich diesen Thurm (vermuthlich das Castell von Pnuël) zerstören". — V. 10—12. Die midianitischen Könige aber befanden sich mit dem ganzen Reste ihres Heeres, ohngefähr 15000 Mann, denn 120,000 von ihren Kriegern waren gefallen, zu *Karkor.* Dorthin zog ihnen Gideon nach auf dem Wege der Zeltbewohner östlich von *Nobach* und *Jogbeha*, überfiel sie unverhofft, schlug das ganze Lager, das sich sicher dünkte (בֶּטַח) und fing die beiden fliehenden Könige, als er das ganze Lager aufgescheucht hatte. Die Lage des nur hier erwähnten *Karkor* lässt sich noch nicht näher bestimmen. Die Angabe des *Euseb.* u. *Hieron.* im *Onom.* u. Καρκὰ (*Carcar*), dass es das Castell *Carcaria* sei, eine Tagereise von *Petra* entfernt, ist entschieden irrig, da dieses Castell, wie schon *Gesen.* im *thes. p. 1210* erkannt hat, viel zu weit im Süden liegt. *Karkor* kann nicht sehr weit von *Nobach* und *Jogbeha* entfernt gewesen sein. Diese beiden Orte sind wahrscheinlich erhalten in den Ruinen *Nowakis* und *Dschebeiha* nordwestlich von *Ammân* (*Rabbat-Ammon*), s. zu Num. 21, 31. Da nun *Burckh.* (Syr. S. 612) in deren Nähe auch eine Ruinenstätte unter dem Namen قَرْقَغِيش *Karkagheisch* erwähnt, links am Wege von Szalt nach Ammân, höchstens 1½ Stunden nordwestlich von Ammân entfernt, so ist *Knobel* zu Num. 32, 42 (S. 184) geneigt, diese Ruinen für *Karkor* zu halten. Sollte diese Annahme sich als richtig bewähren, so würde Gideon das feindliche Lager von Nordosten her überfallen und geschlagen haben. Denn „der Weg der in Zelten Wohnenden östlich von Nobach und Jogbeha" kann doch wol nur der Weg sein, welcher östlich von Nobach und Jogbeha, der östlichsten Grenzstadt der Gaditen vorbei zu den in der Wüste wohnenden Nomaden führte. הַשְּׁכוּנֵי בָאֳהָלִים hat den Artikel beim *nom. regens*, der sich hier leicht aus dem Dazwischentreten der Präposition erklärt. Das *partic. pass.* שָׁכוּן hat intransitive Bedeutung, s. *Ew.*§. 149ᵈ. Das *verb.* הֶחֱרִיד in dem Umstandssatze gewinnt aus dem Contexte die Bed. des Plusquamperfectes. Da er das Lager, in Schreck gesetzt durch den unverhofften Ueberfall, aus seiner Sicherheit aufgescheucht hatte, so gelang es ihm die beiden Könige gefangen zu nehmen.

V. 13—21. Züchtigung der Städte Succoth und Pnuël und Tödtung der gefangen genommenen Könige Midians. V. 13 f. Als Gideon siegreich aus dem Kriege heimkehrte מִלְמַעֲלֵה הֶחָרֶס „von bei dem Aufstiege (Bergwege) von *Hecheres*", einer uns unbekannten Localität vor der Stadt Succoth (so LXX, *Pesch.* u. *Arab.*, während die übrigen alten Uebersetzer nur gerathen haben; der *Chald.*, dem die Rabb. u. *Luther* folgen, ganz sprachwidrig: vor Untergang der Sonne; denn obgleich חֶרֶס poetische Benennung der Sonne ist, so kann doch מַעֲלָה nicht den Untergang der Sonne bedeuten; *Aquil.* u. *Symm.* dagegen חֶרֶס mit חָרִים verwechselnd), so griff er einen Burschen von den Leuten Succoths auf und liess sich von ihm die Fürsten und Aeltesten (die Magistratspersonen und Vorsteher) der Stadt aufschreiben, 77 Mann. וַיִּשְׁאָלֵהוּ וַיִּכְתֹּב ist kurzer Ausdruck für: er fragte ihn nach den Namen der Fürsten und Aeltesten der Stadt, und der Knabe schrieb sie ihm auf. אֵלָיו eig. zu ihm hin d. h. für ihn. — V. 15 f. Darauf hielt Gideon den Aeltesten die ihm zugefügte Beleidigung (v. 6) vor und liess sie dann mit Wüstendornen und Stechdisteln züchtigen. אַנְשֵׁי סֻכּוֹת v. 15ᵃ u. 16ᵇ ist ungenauer Ausdruck für זִקְנֵי סֻכּוֹת v. 16ᵃ und זְקֵנִים allgemeine Bezeichnung aller Vertreter der Stadt mit Einschluss der שָׂרִים. — אֲשֶׁר חֵרַפְתֶּם אֹתִי hinsichtlich deren ihr mich geschmäht habt. אֲשֶׁר ist *accus.* des entfernteren oder zweiten Objects, nicht Subject, wie *Stud.* meint. Ueber den Spott s. v. 6. וַיֹּדַע בָּהֶם und erkannte (liess erkennen) mit denselben (den Dornen) die Männer Succoths d. h. liess sie damit fühlen, züchtigen. An der Richtigkeit der Lesart וַיֹּדַע zu zweifeln liegt kein zureichender Grund vor. Die freien Uebersetzungen der LXX, *Vulg.* u. A. sind ohne kritischen Werth und die Behauptung von *Berth.*, dass יָדַע wenn es *hiph.* wäre, יוֹדִיעַ geschrieben sein müsste, wird durch die defective Schreibung in Num. 16, 5. Hi. 32, 7 als unbegründet erwiesen. — V. 17. Auch an Pnuël vollstreckte Gideon die dieser Stadt v. 9 gedrohte Strafe. Die von Gideon an beiden Städten vollzogene Strafe war in jeder Hinsicht verdient und wurde rechtmässig vollstreckt. Die Bewohner dieser Städte hatten nicht nur aus selbstsüchtigem Interesse in einem heiligen Kampfe für die Ehre des Herrn und die Freiheit seines Volkes soviel an ihnen lag verrätherisch an Israel gehandelt, sondern hatten sogar in der Verhöhnung Gideons und seiner Kriegerschaar den Herrn verhöhnt, der dieselben durch den Sieg, welchen er ihnen über das zahllose Heer der Feinde verliehen, als seine Streiter vor dem ganzen Volke erwiesen hatte. Vom Herrn zum Retter und Richter Israels berufen hatte Gideon die Pflicht, die treulosen Städte zu züchtigen. — V. 18—21. Nach Züchtigung dieser Städte vergalt Gideon den beiden gefangen genommenen Königen Midians nach ihrem Thun. Aus der richterlichen Verhandlung mit denselben v. 18 u. 19 erfahren wir, dass diese Könige die Brüder Gideons getödtet, und zwar wie es scheint nicht in offener Feldschlacht, sondern ungerechter und grausamer Weise gemordet hatten. Dafür liess er sie nach dem strengen *jus talionis* auch mit dem Leben büssen. אֵיפֹה bed. in v. 18 nicht: wo? sondern: „in welchem Zustande, von welcher Gestalt waren die Männer, welche ihr מִתָּבוֹר entweder in der Stadt Thabor oder am Berge Thabor (s. 4, 6 u. Jos. 19, 22) getödtet habt?" Die Könige antworteten: „Wie du so sie" (jene Männer) d. h. alle waren so stattlich wie du; „jeder gleich der Gestalt von Königssöhnen." אֶחָד einer f. ein jeder, wie אִישׁ אֶחָד 2 Kg. 15, 20 oder häufiger blos אִישׁ. Da die Getödteten Gideons leibliche Brüder waren, so schwur er den Thätern, den beiden Königen: „So wahr Jehova lebt, hättet ihr sie leben lassen, so hätte ich euch nicht getödtet", und befahl dann seinem erstgeborenen Sohne Jether sie zu tödten, um ihnen den Schimpf anzuthun, durch die Hand eines Knaben zu fallen. Aber der Knabe zog sein Schwert nicht aus Furcht, weil er noch ein Knabe war. Da sprachen die Könige zu Gideon: „Steh du auf und durchstosse uns, denn wie der Mann so seine Kraft", d. h. nicht dem schwachen Knaben, sondern dem Manne kommt solche Kraft zu; worauf Gideon sie tödtete und die Möndchen an den Hälsen ihrer Cameele als Beute nahm. שַׂהֲרֹנִים kleine Monde sind mondförmige Zierrathen von Silber oder Gold, welche Männer und Frauen am Halse trugen (vgl. v. 26 u. Jes. 3, 18) und mit welchen man auch die Hälse der Cameele behing. Eine noch jetzt in Arabien übliche Sitte, vgl. *Schroeder de vestitu mul. hebr. p. 39 sq.* u. *Wellsted* Reisen in Arab. I S. 209.

V. 22—32. **Gideons übriges Wirken und Tod.** V. 22 f. Da Gideon Israel so glorreich von dem schweren und langen Drucke der Midianiter befreit hatte, so boten ihm die Israeliten (אִישׁ יִשְׂרָאֵל sind schwerlich alle 12 Stämme, sondern wol nur die 6, 35 genannten nördlichen Stämme des Westjordanlandes, die am schwersten unter dem midianitischen Drucke gelitten und sich zunächst um Gideon zur Bekämpfung dieser Feinde geschaart hatten) das erbliche Königthum an. Dieser Versuchung, die Herrschaft über Israel an sich zu reissen, widerstand der streitbare Gottesheld. „Weder ich noch mein Sohn soll über euch herrschen; Jehova soll herrschen über euch" — antwortete er auf diesen Antrag mit deutlicher Hinweisung auf die Bestimmung und Verfassung der Stämme Israels zu einem Volke, das Jehova zu seinem Eigenthum erkoren und dem er so eben erst sich wieder in so augenscheinlicher Weise als allmächtiger König und Herrscher kundgegeben hatte. Die Ablehnung der Königswürde vonseiten Gideons steht übrigens mit der Thatsache, dass schon Mose den Fall, dass in der Zukunft das Verlangen nach einem Könige im Volke erwachen würde, vorausgesehen und für diesen Fall ein Königsgesetz gegeben hatte

Deut. 17, 14 ff., durchaus nicht in Widerspruch. Denn Gideon schlug die
ihm angebotene Königswürde nicht deshalb aus, weil Jehova in Israel
König war, d. h. weil er ein irdisches Königthum in Israel für unvereinbar
mit dem himmlischen Königthume Jehova's hielt, sondern nur weil er das
Herrschen Jehova's in Israel für ausreichend erachtete und weder sich
noch seine Söhne für berufen zur Gründung eines irdischen Königthumes
ansah. — V. 24 ff. Der Versuchung, eine irdische Königskrone auf sein
Haupt zu setzen, widerstand Gidon aus wahrer Treue gegen Jehova; aber
einer andern Versuchung, welche dieser Antrag des Volks in sich barg,
erlag er, nämlich der Versuchung, sich die Stellung, zu welcher der Herr
ihn berufen und erhoben hatte, für die Zukunft zu sichern. Der Herr hatte
ihn durch eine sichtbare Erscheinung in seinem Engel zum Retter Israels
berufen und hatte nicht nur die Gabe, welche er ihm dargebracht, als ein
wohlgefälliges Opfer angenommen, sondern ihm auch befohlen einen Altar zu bauen und durch Darbringung eines sühnenden Brandopfers die
Verehrung Jehova's in seinem Geschlechte und Stamme wieder aufzurichten und die göttliche Gnade seinem Volke wieder zuzuwenden. Endlich
hatte der Herr ihm wiederholt seinen Willen kundgethan und durch den
glorreichen Sieg, den er ihm mit seiner kleinen Schaar über das gewaltige
Heer der Feinde verliehen, ihn als seinen zum Retter und Richter Israels
erkorenen Knecht bestätigt. Diese Stellung zum Herrn meinte Gideon
sich für die Zukunft erhalten zu müssen. Nach Ablehnung der Königswürde sprach er daher zum Volke: „Ich will bitten von euch eine Bitte,
dass ihr mir gebet jeder seinen erbeuteten Ring" (וּתְנוּ ist *imperat.* mit dem
ו der Folge, vgl. *Ew.* § 347ª). Diese Bitte erläutert der Geschichtschreiber durch die Bemerkung: „denn goldene Ringe hatten sie (die Feinde),
denn sie waren Ismaeliten," von denen also die Israeliten Ringe erbeuten
konnten. *Ismaeliten* ist allgemeiner Name für die Nomadenvölker Arabiens, zu welchen auch die Midianiter gehörten, wie Gen. 37, 25. —
V. 25 f. Diese Bitte wurde dem Gideon bereitwillig erfüllt. „Sie breiteten
das (zum Sammeln der Ringe bestimmte) Tuch aus und warfen darauf jeder
seinen erbeuteten Ring." הַשִּׂמְלָה das Oberkleid war meist nur ein grosses
viereckiges Tuch. Das Gewicht dieser goldenen Ringe betrug 1700 Sekel
d. i. an 50 ℔, לְבַד מִן abgesondert von d. h. ausser (abgesehen von) der übrigen Beute, um die Gideon nicht gebeten hatte und die die Israeliten für sich
behielten, nämlich den Möndchen, Ohrgehängen (נְטִיפוֹת eig. Tröpfchen,
vermuthlich perlenförmige Ohrgehänge, vgl. Jes. 3. 19) und den purpurnen
Kleidern welche auf den Königen Midians waren (die sie anhatten) und
abgesehen von den Halsbändern an den Hälsen ihrer Cameele. Statt der
עֲנָקוֹת Halsbänder (v. 26) sind v. 21 שַׂהֲרֹנִים Möndchen an den Hälsen der
Cameele genannt, als der werthvollere Bestandtheil dieser Halsbänder.
Den Hals dieser Thiere pflegen die Araber noch heutiges Tages „mit ei-
nem Bande von Tuch oder Leder zu zieren, auf welches kleine Muscheln,
Kauris genannt, in Halbmondform aufgereiht oder aufgenäht sind. Die
Schechs fügen dazu noch silberne Zierrathen, die im Kriege eine gute
Beute ausmachen" (*Wellst.* R. I S. 209). Die midianitischen Könige hatten
ihre Cameele mit goldenen Möndchen geziert. Diese reiche Beute an

goldenen Schmucksachen wird nicht befremden, wenn wir erwägen, dass die Araber noch jetzt mit solchen Sachen grossen Luxus treiben. *Wellsted* (I S. 224) berichtet: „Die Weiber in Omân verschwenden beträchtliche Summen in Ankauf von silbernen Schmucksachen und ihre Kinder sind buchstäblich damit beladen. Ich habe zuweilen 15 Ohrringe auf jeder Seite gezählt, und Kopf, Brust, Arme und Knöchel sind mit derselben Verschwendung verziert." Da das midianitische Heer 130,000 Mann zählte, von welchen vor der letzten Schlacht nur noch 15000 Mann übrig waren, so hatten die israelitischen Krieger leicht an 5000 und noch mehr goldene Ringe erbeuten können, die 1700 Sekel wiegen mochten. — V. 27. „Und Gideon machte es zu einem Ephod" d. h. verwandte das Gold der von der Beute erhaltenen Ringe zur Anfertigung eines Ephod. Dies braucht man jedoch nicht nothwendig so zu verstehen, als ob 1700 Sekel oder 50 ₰ Gold für das Ephod verarbeitet worden wären, sondern nur so, dass die Anfertigung des Ephod mit diesem Gold bestritten wurde. אֵפוֹד bed. nicht ein Jehova- oder Götzenbild, wie *Ges. Stud.* u. A. irrig lehren, sondern das hohepriesterliche Schulterkleid ohne Zweifel mit Einschluss des dazu gehörigen Choschen mit dem Urim und Thummim, wie 1 Sam. 14, 3. 21, 10. 23, 6. 9 u. ö. Der Stoff zu diesem Gewande war mit Goldfäden durchwirkt; dazu kamen in Goldgeflechte eingefasste Edelsteine auf den Schulterblättern des Ephod und auf dem Choschen und aus Golddraht geflochtene Ketten zur Befestigung des Choschen am Ephod; vgl. Exod. 28, 6 — 30. Wenn nun auch zu diesen Dingen nicht 50 ₰ Gold verbraucht wurden, so hatte man auch noch 14 Edelsteine dazu anzuschaffen und die Arbeit machen zu lassen, so dass für die Anfertigung dieses Prachtgewandes leicht 50 ₰ Gold verwendet werden konnten. Die grosse Menge Gold berechtigt also durchaus nicht dazu, mit *Berth.* die Gründung eines förmlichen Heiligthums und die Anfertigung eines goldenen Jehovabildes in Stiergestalt willkührlich in den Text hineinzutragen, da weder von פֶּסֶל und מַסֵּכָה wie c. 17 f. die Rede ist, noch auch die übrigen Worte des Textes irgendwie auf die Gründung eines Heiligthums und auf Aufstellung eines Jehovabildes hindeuten.[1] Das folgende וַיַּצֵּג אֹתוֹ besagt nicht: er stellte es auf, sondern kann auch heissen: er bewahrte es auf in seiner Stadt Ophra. הִצִּיג wird nirgends von der Aufstellung eines Bildes oder einer Statue gebraucht, und bedeutet nicht blos hinstellen, sondern auch hinlegen, z. B. 6, 37 und stehen lassen, zurücklassen Gen. 33, 15. Auch die weitere Bemerkung des Geschichtschreibers: „und ganz Israel hurte ihm daselbst nach und es wurde Gideon und seinem Hause zum Fallstricke" setzt nicht die Gründung eines Heiligthums d. h. Tempels und die Aufstellung eines goldenen Kalbes in Ophra voraus. Worin das Huren Israels hinter dem Ephod her d. h. die mit dem in Ophra bewahrten Ephod Gideons getriebene

---

[1] Dagegen hat schon *Oehler* in *Herzog's* Realencykl. V S. 152 richtig bemerkt: „*Bertheau* verfährt darin willkührlich, dass er ohne allen in der Erzählung liegenden Anlass den Gideon zugleich ein Stierbild, wie später Jerobeam, aufstellen lässt. Warum soll denn Gideon nicht blos mit Hülfe jenes Altars 6, 24, der das Symbol der Gegenwart Jehova's war, und noch bis auf die Zeit des Referenten stand, auch ohne Bild Jehova verehrt haben?"

Abgötterei der Israeliten bestand, das lässt sich nur aus der Bedeutung, welche das Ephod im Mosaischen Jehovacultus hatte, erkennen und bestimmen. Das Ephod gehörte zu der dem Hohepriester ausschliesslich eigenen Amtstracht und war das wichtigste Stück derselben, nämlich das Amtskleid, in welchem der Hohepriester als Repräsentant der 12 Stämme Israels vor Jehova treten sollte und vermittelst des Urim und Thummim den Willen des Herrn erfragen konnte. „Der Abgötterei diente ohne Zweifel das Brustschild an dem Rocke mit dem heiligen Lose" (*Oehl.*), und Gideon hatte sich ein Ephod in seiner Stadt Ophra anfertigen lassen, um mittelst desselben Offenbarungen vom Herrn zu erhalten. An eine Ausstellung des heiligen Rockes zur Verehrung für das Volk ist sicher nicht zu denken. Vielmehr hat Gideon das Ephod als Priester angezogen und getragen, wenn er den Willen des Herrn erfahren und vernehmen wollte. Möglich dass er auch auf dem zu Ophra erbauten Altare (6, 24) dem Herrn geopfert hat. Das Motiv, von dem er sich hiezu verleiten liess, war gewiss nicht blos Ehrgeiz, wonach der Mann, welcher mit seinen Anhängern im Kriege eine selbständige Stellung dem Stamme Ephraim gegenüber eingenommen hatte (8,1 ff.) auch in der Zeit des Friedens unabhängig von dem gemeinsamen Heiligthume der Gemeinde im Stammlande Ephraim und von der Würde des Hohepriesters dastehen wollte (*Berth.*); denn von solchem Ehrgeize zeigt sein ganzes Benehmen während des Kampfes mit den Midianitern keine Spur. Die Keime zu der Verirrung Gideons, die ihm und seinem Hause zum Fallstricke wurde, liegen unstreitig tiefer, nämlich darin dass das Hohepriesterthum vermuthlich wegen der Unbedeutendheit seiner Träger in den Augen des Volkes sein Ansehen verloren hatte, so dass man den Hohepriester nicht mehr als den einzigen oder hauptsächlichsten Vermittler der göttlichen Offenbarung betrachtete, also Gideon, dem der Herr sich in einer Weise wie keinem Richter und Führer des Volks seit Josua unmittelbar geoffenbart hatte, glauben mochte nicht gegen das Gesetz zu handeln, wenn er sich durch Anfertigung eines Ephod ein Substrat oder Vehikel für die Erfragung des Willens des Herrn bereitete. Seine Versündigung bestand also hauptsächlich darin, dass er in die Prärogative des Aaronitischen Priesterthums eingriff, das Volk dem einen legitimen Heiligthume entfremdete und dadurch nicht nur die theokratische Einheit Israels untergrub, sondern auch dem Rückfalle des Volks in den Baalsdienst nach seinem Tode Vorschub leistete. Diese Sünde gereichte ihm und seinem Hause zum Fallstricke.

In v. 28—32 wird die Geschichte Gideons abgeschlossen. V. 28. Die Midianiter waren so gedemüthigt worden, dass sie nicht mehr ihr Haupt erhoben und das Land Israel 40 Jahre Ruhe hatte „in den Tagen Gideons" d.h. so lange Gideon lebte. V. 29 ff. Vor dem Berichte von seinem Tode werden noch einige Nachrichten über seine Familie mitgetheilt, um auf die folgende Erzählung von dem Thun und Treiben seiner Söhne, in welchen die Sünde Gideons sich vollendete und das Gericht über sein Haus hereinbrach, vorzubereiten „Und es ging Jerubbaal, der Sohn des Joas, und wohnte in seinem Hause." Sowol das nur zur Ausmalung des Vorgangs dienende וַיֵּלֶךְ (vgl. über diesen Gebrauch von הָלַךְ die Bem. zu Ex.

2, 1) als auch die Wahl des Namens *Jerubbaal* dienen blos dazu, den Uebergang von dem kriegerischen Auftreten Gideons gegen die Midianiter in das zurückgezogene häusliche Stillleben zu veranschaulichen. Statt die ihm angetragene Königswürde anzunehmen und an der Spitze des Volkes zu bleiben, trat der berühmte Baalsstreiter ins Privatleben zurück. Ausser den 70 Söhnen von seinen vielen Weibern hatte ihm noch ein Kebsweib, das zu Sichem lebte und 9, 18 Magd genannt wird, einen Sohn geboren, dem er den Namen *Abimelech* d. i. Königsvater beilegte. וַיָּשֶׂם אֶת־שְׁמוֹ ist nicht einerlei mit קָרָא אֶת־שְׁמוֹ jem. einen Namen geben, ihn nennen, sondern bed. einen Namen beilegen oder Beinamen geben, vgl. Neh. 9, 7 u. Dan. 5, 12 (im Chald.). Hieraus folgt, dass Abimelech diesen seinen Namen von Gideon als einen seinem Charakter entsprechenden Beinamen erhielt, also nicht gleich bei der Geburt, sondern erst als er heranwuchs und Eigenschaften entwickelte, die in ihm einen Königsvater erwarten liessen. — V. 32. Gideon starb in gutem Greisenalter (vgl. Gen. 15, 15. 25, 8), also auch eines friedlichen Todes (anders seine Söhne s. c. 9) und wurde in seines Vaters Grabe zu Ophra (6, 11) begraben.

V. 33—35 bilden den Uebergang zur Geschichte der Söhne Gideons. V. 33. Nach seinem Tode fielen die Israeliten wieder in den Baalsdienst, den Gideon in seiner Vaterstadt ausgerottet hatte (6, 25 ff.), und verehrten den *Baal-Berith* als ihren Gott. בַּעַל־בְּרִית Bundes - Baal = אֵל־בְּרִית Bundesgott (9, 46) ist nicht Baal als Gott der Bündnisse, sondern nach Gen. 14, 13 Baal als verbündeter Gott d. h. der Baal sofern man einen Bund mit ihm geschlossen hat, ähnlich wie die Israeliten an Jehova den wahren Bundesgott hatten; vgl. *Movers* Phöniz. I S. 171. Die Verehrung des *Baal-Berith*, wie sie nach 9, 4. 46 in Sichem stattfand, war eine Nachbildung des Jehovacultus, eine Depravation desselben, in welcher Baal an die Stelle Jehova's getreten war, vgl. *Hgstb.* Beitr. III S. 98 f. — V. 34 f. Bei diesem Rückfall in den Baalsdienst vergassen sie nicht nur Jehova's ihres Erretters von allen ihren Feinden, sondern auch der Wohlthaten welche sie Gideon verdankten, und übten nicht Huld gegen sein Haus. מִכָּל־הַטּוֹבָה entsprechend allem Guten das er Israel erzeigt hatte. Die Bezeichnung: *Jerubbaal-Gideon* ist von dem Erzähler gewählt nicht aus dem rein äusserlichen Grunde, die Identität des Gideon mit Jerubbaal noch ausdrücklich hervorzuheben (*Berth.*), sondern um auf das Verdienst, das sich Gideon — der Baalsstreiter — um das Volk Israel erworben, hinzuweisen.

Cap. IX. Das Gericht am Hause Gideons oder Abimelechs Uebelthaten und Ende.

Nach Gideons Tode bahnte sich sein Bastardsohn Abimelech durch Ermordung seiner Brüder mit Hülfe der Sichemiten den Weg zur Königsherrschaft über Israel (v. 1—6). Dieses Unrecht hielt Jotham, der einzige von Gideons 70 Söhnen der dem Blutbade entgangen war, den Bürgern von Sichem in einer Parabel vor mit Androhung der göttlichen Strafe (v. 7—21), welche kurze Zeit danach zuerst über Sichem hereinbrach (v. 22—49), sodann auch den Abimelech erreichte (v. 50—57).

V. 1—6. Nach Sichem, der Heimat seiner Mutter (8, 31) gekommen,
wandte sich Abimelech dort an die Brüder seiner Mutter und an das ganze
Geschlecht (alle Verwandte) des Vaterhauses seiner Mutter mit dem An-
trage: „Redet doch in den Ohren d. h. öffentlich und feierlich vor allen
Herrn von Sichem." בַּעֲלֵי שְׁכֶם die Herrn d. h. Besitzer oder Bürger von
Sichem vgl. v. 46 mit v. 49 wo בַּעֲלֵי מִגְדָּל mit אַנְשֵׁי מִגְדָּל abwechselt, ferner
20, 5 u. Jos. 24, 11) sind nicht etwa blos cananitische Bürger, dergleichen
nach v. 28 in Sichem noch gewohnt zu haben scheinen, sondern alle (כֹּל)
Bürger der Stadt, also hauptsächlich Israeliten. „Was ist besser für euch,
ob über euch 70 Männer herrschen, alle Söhne Jerubbaals, oder (nur)
ein Mann (d. i. Abimelech), und erinnert euch, dass ich euer Fleisch und
Gebein (Blutsverwandter Gen. 29, 14) bin." Der Name „Söhne Jerubbaals" d. h. des Mannes der den Baalsaltar zerstört hatte, war eben so wenig geeignet, die Söhne Gideons den dem Baalsdienste ergebenen Sichemiten zu empfehlen, als die Bemerkung, dass 70 Männer über sie herrschen sollen. Diese Herrschaft hat weder existirt, noch wurde sie von den
70 Söhnen Gideons prätendirt. Abimelech setzte das Gelüsten nach Herrschaft, das ihn beseelte, auch bei seinen Brüdern voraus; und die Bürger
von Sichem mochten seinem Vorgeben um so leichter Glauben schenken,
als das hohe Ansehen, das Gideon genossen hatte, ganz geeignet war, seinen Söhnen eine hervorragende Stellung im Volke anzubahnen. — V. 3.
Als daher die Brüder seiner Mutter mit den Bürgern Sichems עָלָיו seinet-
wegen d. h. über ihn und seine Angelegenheit redeten, wandte sich deren
Herz dem Abimelech zu. — V. 4. Sie gaben ihm 70 Sekel Silber aus dem
Hause des Baal-Berith d. i. aus dem Schatze des dem Bundes-Baale zu Sichem geweihten Tempels, da Tempelschätze oft zu politischen Zwecken
verwendet wurden, vgl. 1 Kg. 15, 18. Mit diesem Gelde dingte Abimelech
sich leichtfertige und verwegene Männer, die ihm nachfolgten (anhingen),
und ermordete mit ihrer Hülfe zu Ophra seine Brüder, 70 Mann, bis auf
Jotham, den jüngsten, der sich versteckt hatte. Die Zahl 70 als Gesammtzahl seiner Brüder wird durch die sogleich hinzugefügte Ausnahme auf
69 der wirklich Getödteten reducirt. רֵיק leer d. h. ohne sittlichen Gehalt.
פֹּחֵז eig. aufsprudelnd, überkochend, trop. verwegen. עַל אֶבֶן אֶחָת auf (an)
einem Stein, also sie förmlich abschlachtend. Ein blutiges Vorzeichen für
das später von dem Ephraimiten Jerobeam zu Sichem gegründete Königreich der zehn vom Hause Davids abgefallenen Stämme Israels, wo eine
Dynastie die andere stürzte und durch Ausrottung des ganzen Hauses der
gestürzten ihre Herrschaft zu befestigen pflegte, vgl. 1 Kg. 15, 27 ff. 2 Kg.
10, 1 ff. Auch in Juda wollte die Baalsdienerin Athalja durch Ausrottung
der ganzen Nachkommenschaft ihres Sohnes das Königthum an sich reissen 2 Kg. 11. Im muhammedanischen Oriente kommen solche Brudermor-
de noch in neuester Zeit vor. — V. 6. „Da versammelten sich alle Bürger
von Sichem und das ganze Haus Millo und machten Abimelech zum Könige
bei der Denkmals-Terebinte zu Sichem." מִלּוֹא ist unstreitig Name der
Burg oder Citadelle der Stadt Sichem, die v. 46—49 Thurm von Sichem
genannt wird. Das W. מִלּוֹא und das chald. מִלֵּיתָא Füllung bezeichnet zunächst einen Wall, sofern derselbe aus zwei Mauern besteht, deren Zwi-

schenraum mit Schutt ausgefüllt ist. Ein *Millo* gab es auch zu Jerusalem 2 Sam. 5, 9. 1 Kg. 9, 15. כָּל־בַּעֲלֵי מִלּוֹא sind alle Bewohner der Burg, dieselben die v. 46 כָּל־בַּעֲלֵי מִגְדָּל genannt werden. Die Deutung von אֵלוֹן מֻצָּב ist streitig. מֻצָּב das Aufgestellte ist Jes. 29, 3 ein militärischer Posten, kann aber auch Monument oder Denkmal bedeuten, und bezeichnet hier wol den unter der Eiche oder Terebinte (vgl. Gen. 35, 4) bei Sichem als Denkmal aufgerichteten grossen Stein. Die Bewohner Sichems, die Anhänger des Baal-Berith, nahmen die Königswahl Abimelechs an derselben Stelle vor, wo Josua die letzte Volksversammlung gehalten und den Bund Israels mit Jehova, dem wahren Bundesgotte erneuert hatte (Jos. 24, 1. 25 f.). Dort befand sich aller Wahrscheinlichkeit nach auch der Tempel des Baal-Berith, nämlich nach v. 46 in der Nähe des Thurmes von Sichem oder der Burg Millo.

V. 7—21. Als dem der Ermordung entronnenen Jotham die geschehene Königswahl angezeigt wurde, begab er sich auf den Gipfel des Berges Garizim, der sich als steile Felswand gegen 800 Fuss hoch aus dem Thale von Sichem an der südlichen Seite der Stadt erhebt (*Rob.* III, S. 316), und rief mit erhobener Stimme: „Höret auf mich ihr Herren von Sichem, so wird Gott auf euch hören." Nach dieser an die Sprache der Propheten erinnernden Aufforderung trug er ihnen die Fabel von den Bäumen die einen König über sich salben wollten vor, eine Fabel von echt prophetischer Bedeutung und die älteste die wir kennen v. 8—15. Auf den der Reihe nach ihnen gemachten Antrag, König über die Bäume zu werden, antworten der Oelbaum, der Feigenbaum und der Weinstock: ob sie denn ihren Beruf, köstliche Früchte zu tragen zum Nutzen und zur Freude Gottes und der Menschen, aufgeben sollen, um über den andern Bäumen zu schweben. Der Dornbusch aber, an den sich die Bäume endlich wenden, spricht erfreut über die ihm unverhofft zugedachte Ehre: „Wollt ihr in Wahrheit mich salben zum Könige über euch, so kommt und vertrauet euch meinem Schatten; wenn aber nicht, so gehe Feuer aus dem Dornbusche und verzehre die Cedern des Libanon." Die seltene Form מָלוֹכָה (*Ketib* v. 8 u. 12) findet sich noch 1 Sam. 28, 8. Jes. 32, 11. Ps. 26, 2; vgl. *Ew.* § 228[b]. Auch מָלְכִי v. 10 ist selten; vgl. *Ew.* § 226[b]. Die ganz vereinzelt dastehende Form הֶחֳדַלְתִּי (v. 9. 11. 13) ist weder Hophal noch Hiphil, aus הֶחֳחַדְּ oder הָחֳחַדְּ zusammengezogen (*Ew.* § 51[c]), denn von חָדַל kommt sonst weder Hophal noch Hiphil vor, sondern einfaches Kal, und der dunkle O-Laut euphonisch d. h. zur Erleichterung der Aussprache der aufeinander folgenden Gutturalsylben statt des A-Lautes gewählt. Der Sinn der Fabel ist leicht zu verstehen. Oelbaum, Feigenbaum und Weinstock stellen nicht verschiedene historische Personen vor, etwa die Richter Othniel, Debora und Gideon (*Rabb.*), sondern ganz im Allgemeinen die edleren Geschlechter oder Personen, welche in dem von Gott ihnen angewiesenen Lebensberufe Frucht und Segen schaffen und die Wohlfahrt des Volkes und Reiches fördern zum Wohlgefallen Gottes und der Menschen. Oel, Feigen und Wein sind die köstlichsten Früchte des Landes Canaan, wogegen der Dornbusch zu nichts taugt als zum Verbrennen. Jene edlen Fruchtbäume wollen sich aus dem Boden, in welchem sie gepflanzt sind

und Früchte tragen, nicht herausheben lassen, um über den Bäumen zu
schweben (נוע schwanken), d. h. nicht blos: die Bäume zu beherrschen,
sondern wie *Tanch.* erklärt: *obire et circumagi in rebus eorum curandis.*
In נוע liegt der Begriff der Unruhe und Unsicherheit der Existenz. Die Erklärung der *Berleb.* Bibel: „da haben wir, was es sey ein König sein, regieren, über viele Herr seyn: nämlich mehrentheils nichts anders als in der
Unruh und Zerstreuung der Gedanken, Sinne und Begierden s c h w e b e n,
wobei wenig gute und süsse Früchte fallen", hat wenn auch nicht unbe-
dingte Wahrheit für das Königthum überhaupt, so jedenfalls volle Wahrheit für das Königsein von Volks- nicht von Gottes Gnaden, welches Abimelech erstrebt und erlangt hatte. Wo Gott der Herr nicht das Königs-
thum gründet und der König sich nicht in Gott und Gottes Gnade fest
gründet, da ist und bleibt er ein Baum, der ohne feste Wurzel in fruchtbarem Boden über den Bäumen schwankt und schwebt, unvermögend
Frucht zur Ehre Gottes und zum Heile der Menschen zu tragen. In v. 14
ist noch כָּל־עֲצֵי zu beachten. Zum Dornbusche sprechen a l l e Bäume: sei
König über uns, während im Vorhergehenden nur d i e Bäume genannt
sind. Darin liegt, dass von allen Bäumen keiner König werden wollte,
vielmehr alle einhellig diese Ehre dem Dornbusche antragen. Der Dornbusch, der nur Stacheln hat und nicht einmal so viel Schatten gewährt,
dass man sich unter ihm lagern und vor der brennenden Sonnenhitze schützen kann, ist ein treffendes Bild eines nichtsnutzigen Menschen, der allenfalls nur verletzen und schädigen kann. Die Worte des Dornbusches:
„Vertrauet euch meinem Schatten", sucht Zuflucht darin, enthalten tiefe
Ironie, deren Wahrheit die Sichemiten bald erfahren sollten. וְאִם אַיִן
wenn es aber nicht ist d. h. wenn ihr bei mir nicht den erwarteten Schutz
findet, so wird Feuer vom Dornbusche ausgehen und die Cedern des Libanon, die grössten und herrlichsten Bäume, verzehren. Die Dornen fangen leicht Feuer, vgl. Ex. 22, 5. Der unbedeutendste, nichtswürdigste
Mensch kann den Mächtigsten und Angesehensten Verderben bereiten.

In v. 16—20 gibt Jotham die Anwendung seiner Lehrfabel; denn eine
besondere Deutung derselben war überflüssig, weil sie an sich klar und
leicht verständlich war. Diese Verse bilden eine längere Periode, deren
erste Hälfte durch mehrere, zur Erläuterung eingeschaltete Zwischensätze
(v. 17 u. 18) so erweitert ist, dass in v. 19ᵃ der Anfang derselben (v. 16)
wieder aufgenommen wird, um den Nachsatz daran anzuknüpfen. „Wenn
ihr in Wahrheit und Lauterkeit gehandelt habt und (d. h. als ihr) Abimelech zum Könige machtet, wenn ihr Gutes gethan an Jerubbaal und seinem
Hause und wenn ihr nach dem Thun seiner Hände ihm gethan habt — da
mein Vater euretwegen gekämpft ... ihr aber seid wider meines Vaters
Haus heute aufgestanden und habt getödtet ... wenn ihr (sage ich) in
Treue und Lauterkeit gehandelt habt an Jerubbaal und an seinem Hause
diesen Tag (heute): so freuet euch an Abimelech ..." Das relat. אֲשֶׁר *quod*
knüpft den erläuternden Zwischensatz an den Hauptsatz an in dem Sinne:
da doch. חִשְׁלִיךְ נַפְשׁוֹ sein Leben wegwerfen d. h. dem Tode aussetzen. מִנֶּגֶד
„von vor sich" dient zur Verstärkung des חִשְׁלִיךְ. Die Tödtung seiner Brüder rechnet Jotham v. 18 den Bürgern von Sichem zur Schuld an; denn

sie hatten ja dem Abimelech Geld aus ihrem Baalstempel zur Ausführung seines Anschlags gegen die Söhne Jerubbaals gegeben (v. 4). Mit dieser Rüge hat er eigentlich schon das Urtheil über ihr Thun gesprochen. Wenn er nun dennoch v. 19 so fortfährt: „wenn ihr in Wahrheit ... gehandelt habt an Jerubbaal — so freuet euch ..." so enthält diese Wendung bitteren Hohn über die gegen Jerubbaal geübte Treulosigkeit. In diesem Falle konnte nur die Drohung des Dornbusches mit Feuer eintreffen. In der Ausführung dieses Punktes geht die Anwendung über den Sinn der Parabel hinaus. Nicht nur von Abimelech wird Feuer ausgehen und die Herren von Sichem sammt den Bewohnern Millo's verzehren, sondern auch von diesen wird Feuer ausgehen und Abimelech fressen. Die Erfüllung dieser Drohung blieb nicht lange aus, wie die folgende Geschichte (v. 23 ff.) lehrt. — V. 21. Jotham aber entfloh, nachdem er den Sichemiten ihr Unrecht aufgedeckt hatte, nach *Beer* und wohnte dort vor seinem Bruder Abimelech (מִפְּנֵי aus Furcht vor. *Hieron.*). *Beer* (בְּאֵר) ist wohl nicht einerlei mit *Beeroth* im St. Benjamin (Jos. 9, 17), sondern nach dem *Onom.* u. Βηρά (*Bera*) ein Flecken 8 r. Meilen nordwärts von Eleutheropolis in der Ebene, gegenwärtig ein verödetes Dorf *el Bireh* nahe der Mündung des Wady es Surâr, nicht weit von dem einstigen Bethsemes gelegen (*Rob. Pal.* II S. 347).

V. 22—24. Abimelechs Herrschaft dauerte 3 Jahre. וַיָּשַׂר von שׂוּר herrschen ist wie es scheint absichtlich statt וַיִּמְלֹךְ gebraucht, da Abimelechs Herrschaft keine königliche Regierung, sondern nur eine Tyrannenherrschaft war. „Ueber Israel" d. i. natürlich nicht das ganze Israel der 12 Stämme, sondern nur ein Theil des Volks, vielleicht nur die Stämme Ephraim und Halb-Manasse, die seine Herrschaft anerkannten. — V. 23 f. Da sandte Gott einen bösen Geist zwischen Abimelech und die Bürger von Sichem, dass diese treulos gegen ihn wurden. רוּחַ רָעָה ist nicht blos „eine übelwollende Gesinnung" (*Stud.*), sondern ein böser Dämon, der Unfrieden und Zwietracht stiftete, ähnlich wie über Saul ein böser Geist kam 1 Sam. 16, 14 f. 18, 10, nicht der Satan aber doch eine unter seinem Einflusse stehende übernatürliche geistige Macht. Diesen bösen Geist sendet Gott, um den Frevel Abimelechs und der Sichemiten zu strafen. אֱלֹהִים nicht יְהֹוָה, weil hier das Walten der *göttlichen* Gerechtigkeit angedeutet werden soll. „Dass komme der Frevel an den 70 Söhnen Jerubbaals und ihr Blut (das vergossene Blut dieser Söhne) es zu legen auf Abimelech." וְדָמָם ist nur nähere Bestimmung des חֲמַס שׁ׳ ב׳ יר׳ und לָשׂוּם Verdeutlichung des לָבוֹא. Die Einschiebung des לָשׂוּם hat aber eine Anakoluthie in die Construction gebracht, indem das transitive שׂוּם *Elohim* als Subject voraussetzt und דָּמָם als Object, während das parallele חֲמַסSubject zu dem intransitiven לָבוֹא ist: dass komme der Frevel — und dass Gott lege das Blut ... nicht blos auf Abimelech, den Urheber des Frevels, sondern auch auf die Herren von Sichem, die seine Hände gestärkt hatten zu tödten seine Brüder, ihn durch Geld unterstützt hatten, um nichtswürdige Buben zur Vollführung seines Frevels dingen zu können (v. 4 f.).

V. 25—29. Die Treulosigkeit der Sichemiten gegen Abimelech begann damit, dass sie ihm (לוֹ *dat. incomm.* zu seinem Nachtheile) Auflaurer ausstellten auf den Gipfeln der Berge (Ebal und Garizim, zwischen welchen Sichem lag), welche jeden der an ihnen vorüberzog auf dem Wege plünderten. In wiefern sie durch Ausstellung von Wegelaurern, welche die Vorüberziehenden plünderten, dem Abimelech Schaden zufügten, ist bei der Kürze der Relation nicht recht klar. Im Allgemeinen wol schon dadurch, dass sie durch Anstiftung von Raub und Plünderung sein Regiment beim Volke in Misscredit brachten und den Geist der Unzufriedenheit und Empörung weckten. Vielleicht sollten aber diese Strassenräuber auch dem Abimelech selber auflauern, wenn er nach Sichem kommen würde und ihn nicht blos ausplündern, sondern womöglich sogar aus dem Wege räumen. Diese Sache wurde Abimelech angezeigt. Bevor er jedoch dem Raubwesen steuerte, brach die Treulosigkeit in offene Empörung aus. — V. 26. Nach Sichem zog Gaal der Sohn Ebeds mit seinen Brüdern. עָבַר c. בְּ hinüberziehen in einen Ort hinein. Wer Gaal war und woher er gekommen, wird nicht bemerkt. Statt בֶּן־עֶבֶד lesen viele Codd. u. alte Ausgg., der Syr. u. Arab. בֶּן־עֶבֶר der Sohn Ebers. Nach seinem Auftreten in Sichem zu urtheilen scheint er ein Glücksritter gewesen zu sein, der mit seinen Brüdern d. h. als Häuptling einer Freibeuterschaar im Lande umherzog und in Sichem aufgenommen wurde, weil die Sichemiten, mit Abimelechs Herrschaft unzufrieden, in ihm einen Mann zu finden glaubten, der ihnen bei der Empörung gegen Abimelech gute Dienste leisten könnte. Dies lässt sich aus den Worten: „und die Herren von Sichem vertrauten auf ihn" vermuthen. — V. 27. Bei der Weinernte bereiteten sie הִלּוּלִים „Lobpreisopfer" von den geernteten und gekelterten Trauben, assen und tranken im Hause ihres Gottes d. i. im Tempel des Baal-Berith, und fluchten bei diesen Opfermahlen, wol vom Weine aufgeregt, dem Abimelech. הִלּוּלִים bezeichnet nach Lev. 19, 24 Lobopfer von den Früchten, welche neuangelegte Baumpflanzungen oder Weinberge im vierten Jahre trugen. Die Darbringung dieser Früchte, wodurch die Pflanzung dem Herrn geheiligt wurde, war wie aus unserer Stelle zu ersehen mit Opfermahlzeiten verbunden. Eine solche Opferfeier, wie das Gesetz sie den Israeliten vorschrieb Lev. 19, 23—25, hielten die Sichemiten zu Ehren ihres Bundes-Baal in seinem Tempel. — V. 28 f. Bei diesem Feste forderte Gaal die Sichemiten zur Empörung gegen Abimelech auf. „Wer ist Abimelech — rief er aus — und wer Sichem, dass wir ihm dienen? Ist er nicht der Sohn Jerubbaals und Sebul sein Beamter? Dienet den Männern Hemors, des Vaters von Sichem! und warum sollen wir, wir ihm (dem Abimelech) dienen?" Der Sinn dieser vielfach missverstandenen Worte ergibt sich einfach, wenn wir beachten, a) dass מִי wer ist? in dieser Doppelfrage unmöglich verschiedene, ganz entgegengesetzte Bedeutung haben kann, einmal: wie unbedeutend oder verächtlich ist Abimelech, sodann: wie gross und mächtig ist Sichem, sondern in beiden Fragen Ausdruck der Missachtung und Geringschätzung sein muss wie 1 Sam. 25, 10; b) dass Gaal selbst seine Fragen sich beantwortet. Abimelech kommt ihm verächtlich vor, nicht weil er Sohn einer Magd oder von ganz geringer Herkunft ist, oder als *ambitiosus, parricida et fratrum interfector, crudelis* (Ros.), sondern weil er ein Sohn Jerubbaals ist, Sohn des Mannes, der den Baalsaltar zu

Sichem zerstört und den Jehovadienst wiederhergestellt hat, weshalb ihn ja die Sichemiten hatten tödten wollen (6, 27 ff.). Gleicherweise ist der Sinn der Frage: wer ist Sichem? aus der Antwort: „und Sebul sein Beamter" zu entnehmen. Das persönliche מִי von שְׁכֶם erklärt sich daraus, dass Gaal nicht sowol von der Stadt als vielmehr von ihren Einwohnern redet. Die Macht und Stärke von Sichem besteht in der Macht und Kraft ihres Präfecten, des von Abimelech eingesetzten Sebul, dem die Sichemiten nicht zu dienen brauchen. Hienach bedarf es weder der willkührlichen Paraphrase von שְׁכֶם durch υἱὸς Συχέμ in den LXX, noch der ganz willkührlichen Annahme von Berth., dass Sichem nur eine zweite Bezeichnung für den aus Sichem stammenden Abimelech sei, noch auch der unerweislichen Auskunft von Rosenm., dass Sebul ignobilis et obscurae originis homo gewesen sei. Dem Sebul, diesem einen Manne, den Abimelech zum Präfecten der Stadt gemacht hatte, stellt Gaal gegenüber „die Männer Hemors, des Vaters von Sichem", denen die Sichemiten dienen (gehorchen) sollen. Hemor (חֲמוֹר) hiess der Heviterfürst, welcher die Stadt Sichem gegründet hatte Gen. 33, 19. 34, 2 vgl. Jos. 24, 32. Die „Männer Hemors" sind die Patrizier der Stadt, qui a nobilissima et vetustissima stirpe Chamoris originem ducunt (Ros.). Diese stellt Gaal dem Abimelech und seinem Statthalter Sebul entgegen.[1] In dem letzten Satze: warum sollen wir ihm (dem Abimelech oder seinem Beamten Sebul) dienen? identificirt sich Gaal mit den Einwohnern von Sichem, um sie ganz für seinen Plan einzunehmen. — V. 29. „O wäre doch — fuhr Gaal fort — dieses Volk in meiner Hand" d. h. könnte ich nur über die Einwohner von Sichem gebieten oder verfügen, „so wollte ich den Abimelech entfernen (vertreiben)"; dann sprach er in Bezug auf Abimelech (אָמַר לְ) wie v. 54[b]. Gen. 20, 13 u. ö.): „Mehre dein Heer und ziehe aus!" In seiner vom Weine erhitzten Stimmung ist Gaal seines Sieges so gewiss, dass er kühnlich Abimelech zur Bekriegung Sichems herausfordert. רַבֶּה imper. pi. mit Segol, gleichsam als Ersatz für das bei den Verbis לʼʼה nicht zur äusseren Erscheinung kommende ā des verstärkten Voluntativs, vgl. Ew. Lehrb. S. 511 Note. צֵאָה imper. mit ה ָ der Bewegung oder Verstärkung.

V. 30—45. Diese aufrührerische Rede Gaals meldete der Stadtpräfect Sebul dem Abimelech durch Boten die er an ihn sandte בְּתָרְמָה entweder: mit Trug (תָּרְמָה von רָמָה) d. h. Trug übend, insofern er die Rede ruhig und mit scheinbarer Zustimmung angehört hatte, oder: in Torma — ein Ortsname, wobei תָּרְמָה für ארמה == אֲרוּמָה (v. 41) verschrieben wäre. Die LXX u. der Chald. fassen das Wort appellativisch: ἐν κρυφῇ, heimlich; ebenso Raschi und die meisten Aelteren, während R. Kimchi der Vater sich für die Fassung als nom. propr. entschieden hat. Mit Sicherheit lässt sich bei diesem ἀπ. λεγόμενον nicht entscheiden. חֻם צָרִים siehe sie

---

1) Ganz irrig bemerkt Berth., dass das Dienen den Männern Hemors gleichbedeutend mit dem Dienen dem Abimelech sei. Das Gegentheil dieser Behauptung liegt vielmehr so klar in den Worten, dass darüber gar kein Zweifel aufkommen kann. Nur so viel lässt sich aus diesen Worten folgern, dass in Sichem noch Ueberreste hevitischer (cananitischer) Bevölkerung lebten, also die Cananiter daselbst nicht ganz ausgerottet waren, woraus sich auch das Aufkommen des Baalsdienstes in dieser Stadt leicht erklärt.

wiegeln die Stadt wider dich auf (צָרִים von צוּר in der Bed. von צָרַר). —
V. 32. Zugleich forderte er Abimelech auf, mit dem Volke das er bei sich
habe in der Nacht heranzuziehen und auf dem Felde zu lauern (אָרַב sich
als Hinterhalt aufstellen), am folgenden Morgen aber mit Sonnenaufgang
sich mit seinem Heere auszubreiten (פָּשַׁט) wider die Stadt und dem Gaal,
der dann mit seinem Anhange ausziehen würde, zu thun wie es seine Hand
fände d. h. wie er nach den Umständen mit ihm verfahren könnte und
wollte. Vgl. für diese Formel 1 Sam. 10, 7. 25, 8. — V. 34. Auf diese
Nachricht hin brach Abimelech mit dem Volke bei ihm d. h. den Truppen
die er hatte des Nachts auf und stellte vier Heerhaufen (רָאשִׁים wie 7, 16)
gegen Sichem in Hinterhalten auf.. V. 35 f. Als nun am Morgen Gaal mit
seinem Anhange auszog zu einer nicht näher bestimmten Unternehmung
und vor dem Stadtthore stand, machte sich Abimelech mit seinem Heere
aus dem Hinterhalte auf. Beim Erblicken dieses Volks sprach Gaal zu Sebul (der also mit aus der Stadt gezogen war): „Siehe Volk steigt von den
Gipfeln der Berge herab." Sebul aber, um ihn sicher zu machen und zu
täuschen, antwortete: „Du siehst den Schatten der Berge für Menschen
an." V. 37. Aber Gaal wiederholte: „Siehe Volk kommt herab vom Na-
bel des Landes" d. i. dem höchsten Punkte der Umgegend, „und ein Haufe
kommt her des Wegs der Zauberer-Terebinte — eine nicht weiter erwähnte und uns daher nicht näher bekannte Localität in der Nähe von
Sichem. — V. 38. Da trat nun Sebul offen gegen Gaal auf und hielt ihm,
während Abimelech mit seinen Truppen näher rückte, sein vermessenes
Reden vor: „Wo ist nun dein Maul, mit dem du sprachst: wer ist Abimelech? Ist dies nicht das Volk das du verachtet hast? Zieh nun aus und
streite mit ihm!" V. 39 ff. Da zog Gaal aus „vor den Bürgern von Sichem"
d. h. nicht: an ihrer Spitze als Führer derselben, was לִפְנֵי Gen. 33, 3. Ex.
13, 21. Num. 10, 35 u. a. bedeutet, denn nach v. 33—35 war Gaal nur mit
seinem Anhange aus der Stadt gezogen und das Volk von Sichem zog erst
am folgenden Tage hinaus (v. 42 f.), sondern: angesichts der Herren von
Sichem, so dass diese dem Kampfe zusahen. Aber der Kampf endete für
ihn unglücklich. Abimelech schlug ihn in die Flucht (רָדַף wie Lev. 26, 36)
und es fielen viele Erschlagene bis zum Thore der Stadt, in die Gaal mit
seinem Anhange zurückfloh. — V. 41. Abimelech aber drang in die Stadt
nicht ein, sondern blieb (יֵשֶׁב eig. setzte sich) mit seinem Heere in *Aruma*,
einem nicht weiter erwähnten Orte, der nach v. 42 in der Nähe von Sichem
lag. Denn an den Ort Ῥουμὰ ἡ καὶ Ἀριμὰ im *Onom.* des *Euseb.*, welcher
damals Ῥίμφις hiess und in der Nähe von Diospolis (Lydda) lag, ist nicht
zu denken. Sebul aber vertrieb nun den Gaal mit seinen Brüdern (seinem
Anhange) aus Sichem. — V. 42—45. Am folgenden Tage zog das Volk
von Sichem aufs Feld, wie es scheint nicht um gegen Abimelech zu kriegen, sondern um auf dem Felde zu arbeiten, die Weinlese fortzusetzen.
Dieser aber hiervon benachrichtigt theilte das Volk d. h. seine Mannschaft
in drei Schaaren, die er im Hinterhalte auf dem Felde aufstellte, und fiel
dann über die Sichemiten, als sie aus der Stadt gezogen waren, her und
schlug sie. V. 44. Nämlich Abimelech und die Schaaren bei ihm breiteten
sich aus und nahmen Stellung am Stadtthore, um den Sichemiten die Rück-

kehr in die Stadt abzuschneiden; die beiden andern Schaaren fielen über
alle die auf dem Felde waren her und schlugen sie. V. 45. So kämpfte
Abimelech jenen ganzen Tag wider die Stadt und nahm sie ein, tödtete alles Volk darinnen, zerstörte die Stadt und streute Salz darüber. Das Be-
streuen der zerstörten Stadt mit Salz, das nur hier vorkommt, war ein
symbolischer Act, wodurch man die Stadt für immer in eine unfruchtbare
Salzwüste verwandeln wollte. Salzboden ist unfruchtbare Wüste, vgl. Hi.
39, 6. Ps. 107, 34.

V. 46—49. Als die Bewohner der Burg von Sichem (נַעֲלֵי מִגְדַּל שְׁכֶם =
כָּל־בֵּעֲלֵי מִלֹּא v. 6) das Schicksal der Stadt Sichem vernahmen, begaben sie
sich in den Zwinger des Hauses (Tempels) des Bundesgottes (Baal-Berith),
offenbar nicht um sich dort zu vertheidigen, sondern um beim Heiligthume
ihres Gottes Schutz zu suchen aus Furcht vor der Rache Abimelechs, gegen den auch sie wol treulos gehandelt hatten. Die Bedeutung des W.

צְרִיחַ, dem arab. صَرْح arx, palatium, omnis structura elatior entsprechend,

ist nicht sicher zu ermitteln, da es nur noch 1 Sam. 13, 6 in Verbindung mit
Höhlen und Felsklüften vorkommt. Es hatte nach v. 49 ein Dach das angezündet werden konnte. Die Bed. „Thurm" ist nur aus dem Zusammenhange errathen und passt nicht, da צְרִיחַ von מִגְדַּל unterschieden wird. —
V. 47. Sobald dies Abimelech angezeigt worden, zog er mit aller seiner
Mannschaft auf den Berg Zalmon, nahm Beile zur Hand, hieb Zweige von
den Bäumen und legte sie auf seine Schultern und befahl seinen Leuten
das Gleiche zu thun. Diese Zweige legten sie auf den Zwinger und steckten über ihnen (den dahin geflüchteten Bewohnern des Thurmes) den Zwinger in Brand, so dass auch alle Leute des Thurms von Sichem, gegen 1000
Personen, Männer und Weiber, umkamen. Der Berg Zalmon, noch Ps.
68, 15 erwähnt, ist ein dunkler, dichtbewaldeter Berg bei Sichem, eine
Art „Schwarzwald", wie schon Luther den Namen verdeutscht hat. Der
Plur. הַקַּרְדֻּמּוֹת die Beile erklärt sich daraus, dass Abimelech nicht blos
für sich, sondern zugleich für seine Leute Beile mitnahm. כָּמוֹ in relativer
Bed. wie Num. 23, 3, vgl. Ew. § 331ᵇ.

V. 50—57. Endlich traf auch Abimelech das ihm von Jotham v. 20
gedrohte Verderben. V. 50 f. Von Sichem zog er gegen Thebez, belagerte
diese Stadt und nahm sie ein. Thebez, nach dem Onom. 13 r. Meilen von
Neapolis (Sichem) nach Scythopolis (Beisan) zu, hat sich erhalten in dem
grossen Dorfe Tûbâs nördlich von Sichem, vgl. Rob. Pal. III S. 389 u. n.
bibl. Forsch. S. 400 f. Diese Stadt hatte einen festen Thurm, in welchen
Männer und Weiber und alle Bewohner der Stadt flüchteten und sich darin einschlossen. Als nun Abimelech gegen diesen Thurm vorrückte und
sich dem Thore näherte um es anzuzünden, warf ein Weib vom Dache des
Thurmes einen Mühlstein (פֶּלַח רֶכֶב der obere, sich drehende Mühlstein,
lapis vector s. Deut. 24, 6) auf ihn herab und zerschlug seinen Schädel,
worauf er sich von dem Knappen der seine Waffen trug rasch mit dem
Schwerte den Todesstoss geben liess, פֶּן־יֹאמְרוּ לִי „damit man nicht sage
von mir: ein Weib hat ihn getödtet." תְּרִיץ von רָצַץ mit tonlosem i, vielleicht zur Unterscheidung von יָרִיץ von רִיץ. — גֻּלְגָּלְתּוֹ ungewöhnlich für

גְּלִלְתוֹ, welches die Ausg. von *Norzi*, Mantua 1742 hat. — V. 55. Nach Abimelechs Tode löste sich sein Heer auf. אִישׁ יִשְׂרָאֵל sind die Israeliten, welche Abimelechs Heer bildeten. In v. 56 f. schliesst der Geschichtschreiber diese Begebenheit ab mit der Bemerkung, dass auf diese Weise Gott dem Abimelech und den Bürgern von Sichem, die nach v. 2 ihn bei der Ermordung seiner Brüder unterstützt hatten, nach ihrem Thun vergolten habe. Zu וַיָּשֶׁב v. 56 ist בְּרֹאשׁוֹ zu suppliren, vgl. בְּרֹאשָׁם v. 57. So ging Jothams Fluch an Abimelech und den Sichemiten, die ihn zum Könige gemacht hatten, in Erfüllung. בּוֹא kommen, eintreffen.

Cap. X, 1—5. Die Richter Thola und Jair.

Von diesen beiden Richtern sind keine Thaten erzählt, ohne Zweifel nur deshalb weil sie keine verrichtet haben. V. 1 f. *Thola* stand nach Abimelechs Tode auf Israel zu retten, und richtete Israel 23 Jahre bis zu seinem Tode, aber sicher nicht das ganze Israel der 12 Stämme, sondern nur die nördlichen und wol auch die östlichen Stämme, mit Ausschluss von Juda, Simeon und Benjamin, da diese südlichen Stämme weder an dem Befreiungskampfe Gideons theilgenommen, noch unter der Herrschaft Abimelechs gestanden hatten. Um das לְהוֹשִׁיעַ — וַיָּקָם hier, wo von einer neuen feindlichen Bedrückung nichts berichtet ist, zu erklären, braucht man nicht anzunehmen: *Israelitas continuo vexatos fuisse a finitimis, qui libertatem Israelitarum continuo opprimerent et a quorum insidiis aut molitionibus sint opera Tholae liberati (Ros.)*, sondern als Retter Israels erstand Thola auch in dem Falle, wenn er die Angelegenheiten der ihn anerkennenden Stämme als Oberrichter entschied und durch sein Wirken dem Abfalle des Volks in Götzendienst steuerte und dadurch Israel gegen neue Knechtung durch feindliche Völker sicherte. *Thola* war der Sohn *Phua's* des Sohnes *Dodo* aus dem St. Isaschar. Die Namen *Thola* und *Phua* kommen schon unter den Söhnen Isaschars vor als Gründer von Geschlechtern des Stammes Isaschar (Gen. 46, 13. Num. 26, 23 wo der letztere Name פֻּוָה geschrieben ist) und wiederholten sich später in den Familien dieser Geschlechter. דּוֹדוֹ ist nicht Appellat. nach LXX: υἱὸς πατραδέλφου αὐτοῦ, sondern Eigenname wie 2 Sam. 23, 9 (*Keri*) u. 24. 1 Chr. 11, 12. Die Stadt *Samir* auf dem Gebirge Ephraim, wo Thola Israel richtete und nach seinem Tode begraben wurde, ist zu unterscheiden von dem *Samir* auf dem Gebirge Juda Jos. 15, 48 und ihre Lage, vermuthlich im Stammgebiete Isaschars, noch unbekannt. — V. 3 ff. Nach ihm richtete der Gileadite (in Gilead geborene) *Jair* 22 Jahre lang Israel. Von ihm ist nichts weiter überliefert als dass er 30 Söhne hatte die auf 30 Eseln ritten; was in jenen Zeiten wo Israel noch keine Rosse hatte Zeichen vornehmen Standes war. Sie hatten 30 Städte (das zweite עֲיָרִים v. 4 ist Nebenform für עָרִים von einem Singulare עַיִר = עִיר Stadt, vgl. *Ew.* § 146 ᵉ, und des Gleichklanges mit עֲיָרִים Esel wegen gewählt), die man *Havvoth - Jair* zu nennen pflegte bis auf diesen Tag (bis zur Zeit der Abfassung unsers Buches) im Lande Gilead. Das לָהֶם vor יִקְרְאוּ ist des Nachdrucks halber vorangestellt: eben diese nennt man ... Diese Angabe steht mit der Thatsache, dass schon unter Mose der Manassite Jair den von ihnen eroberten Städten Basans den Namen *Havvoth-Jair* gab (Num. 32, 41. Deut. 3, 14), nicht in Widerspruch. Denn es wird ja hier nicht gesagt, dass die 30 Städte, welche den Söhnen Jairs gehörten, diesen Namen erst von dem Richter Jair erhalten haben, sondern nur, dass dieser Name durch die Söhne Jairs wieder in Gebrauch kam und diesen Städten in besonderem Sinne beigelegt wurde. Das Weitere über die *Havvoth-Jair* s. zu Deut. 3, 14. Die Lage von *Kamon*, wo Jair begraben wurde, ist ganz ungewiss. *Josephus (Ant. V. 6, 6)* nennt sie eine Stadt Gileads, aber wol nur auf Grund der Voraussetzung, dass der Gileadite Jair, der in Gilead so viele Städte besass, nicht ausserhalb Gileads werde begraben worden sein. Diese Voraussetzung ist aber sehr fraglich. Da Jair nach dem Isaschariten Thola Israel richtete, so liegt die Annahme näher, dass er als solcher im eigentlichen Canaan lebte und wohnte. Doch hat *Reland (Palaest. ill. p. 679)* für die Lage in Gilead geltend gemacht, dass *Polybius (hist. V, 70, 12)* neben Pella und Gefrun eine Stadt Καμοῦν erwähne, die Antiochus eingenommen habe. Dagegen halten *Euseb.* u. *Hieron.* im *Onom.* unser *Kamon* für einerlei mit der κώμη *Καμμωνὰ ἐν τῷ μεγάλῳ πεδίῳ* 6 r. Meilen nordwärts von *Legio (Ledschun)* nach Ptolemais zu; das wäre in der Ebene Jesreel oder Esdrelom. Diese Angabe passt ohne Zweifel auf das Κναμών Judith 7, 3; ob aber auch auf unser *Kamon?* lässt sich nicht entscheiden, da die Stadt nicht weiter erwähnt wird.

---

3. Die Zeit der Unterdrückung Israels durch die Ammoniter und Philister. Cap. X, 6 — XVI.

Das dritte Stadium der Richterperiode, das vom Tode Jairs bis zum Auftreten Samuels als Prophet sich erstreckt, war eine Zeit tiefer Erniedrigung Israels, indem der Herr sein sündiges Volk um seines wiederholten Rückfalles in Götzendienst willen gleichzeitig in die Gewalt zweier feindlicher Völker dahingab, so dass von Osten her die Ammoniter ins Land einfielen und besonders die ostjordanischen Stämme 18 Jahre lang hart bedrängten, und von Westen her die Philister ihre Herrschaft über die diesseitigen Stämme ausbreiteten und dieselben immer stärker unterjochten. Von der ammonitischen Unterdrückung befreite zwar Jephtah in der Kraft des Geistes Jehova's sein Volk, indem er durch ein Gelübde sich des göttlichen Beistandes versicherte und die Ammoniter vollständig schlug und vor den Israeliten beugte; die philistäische Bedrängniss hingegen dauerte fort 40 Jahre lang, indem Simson den Philistern zwar wiederholt empfindliche Schläge versetzte und die Uebermacht des Gottes Israels ihnen zu fühlen gab, aber doch nicht im Stande war, ihre Macht und Herrschaft über Israel zu brechen, was erst Samuel gelang, nachdem er das Volk zum Herrn seinem Gotte bekehrt hatte.

Cap. X, 6—18. Der wiederholte Abfall Israels und seine Strafe.

Da die Israeliten abermals den Herrn ihren Gott verliessen und den Göttern der umwohnenden Völker dienten, so gab der Herr sie in die Gewalt der Philister und Ammoniter hin, und liess sie 18 Jahre lang unter dem harten Drucke der Ammoniter seufzen, bis er ihnen als sie in ihrer Noth zu ihm schrieen durch Jephtah Rettung schaffte, nachdem er zuvor ihnen ihre Sünden vorgehalten hatte und sie die fremden Götter entfernt hatten. — Dieser Abschnitt bildet die Einleitung nicht blos zur Geschichte Jephtahs (c. 11, 1 — 12, 7) und der auf ihn folgenden Richter Ebzan, Elon und Abdon (12, 8—15), sondern auch zur Geschichte Simsons, welcher anfing Israel aus der Gewalt der Philister zu erretten (c. 13—16). Nachdem im Eingange (v. 7) die Gleichzeitigkeit der Hingabe Israels in die Gewalt der Philister und der Ammoniter erwähnt worden, wird zunächst in v. 8 u. 9 der 18 Jahre dauernde ammonitische Druck näher beschrieben, darauf v. 10—16 die göttliche Zurechtweisung des götzendienerischen Israel berichtet, endlich mit v. 17 u. 18 die Geschichte Jephtahs eingeleitet, über welche c. 11 das Weitere mittheilt. Auf Jephtah, welcher nach Besiegung und Demüthigung der Ammoniter 6 Jahre lang Israel richtete (12, 7), folgten die Richter Ebzan, Elon und Abdon, die nach einander Israel 7, 10 und 8 also zusammen 25 Jahre richteten, so dass Abdon 49 Jahre (18+6+25) nach dem Beginne der Ammonitischen Unterdrükkung starb, d. h. 9 Jahre nach dem Aufhören der 40jährigen philistäischen Herrschaft über Israel, die erst in c. 13, 1 näher beschrieben wird, um damit die Geschichte Simsons einzuleiten, welcher 20 Jahre lang unter dieser Herrschaft Israel richtete (15, 20. 16, 31), ohne das Ende derselben herbeizuführen und zu erleben, welches erst mit dem unter Samuel bei Ebeneser erfochtenen Siege Israels 1 Sam. 7 erfolgte.

V. 6—16. In der Beschreibung des wiederholten Abfalls der Israeliten vom Herrn v. 6 werden sieben heidnische Gottheiten genannt, denen die Israeliten dienten, ausser den cananitischen Baalen und Astharten (s. zu 2, 11. 13), die Götter Arams d. i. Syriens, welche nirgends namentlich erwähnt werden, Sidons d. i. nach 1 Kg. 11, 5 vorzugsweise die sidonische oder phönizische Astharte, der Moabiter d. i. Camos (1 Kg. 11, 33), die Hauptgottheit dieses Volkes, die dem Moloch verwandt war (s. zu Num. 21, 29), der Ammoniter d. i. Milcom (1 Kg. 11, 5. 33) oder Moloch (s. zu Lev. 18, 21) und der Philister d. i. Dagon, s. zu 16, 23. Vergleichen wir die Aufzählung dieser sieben Götzen mit v. 11 u. 12, wo ebenfalls sieben Völker genannt werden, aus deren Gewalt Jehova Israel errettet hatte, so lässt sich die Correspondenz der Sieben in beiden Fällen und damit auch der bedeutsame Gebrauch dieser Zahl nicht verkennen. Der Zahl der göttlichen Errettungen hat Israel durch eine gleiche Zahl von Götzen, denen es diente, entsprochen, so dass sich das Maass der Untreue des Volks in gleichem Verhältnisse mit dem Maasse der errettenden Gnade Gottes füllte. Die *Sieben* ist in der Schrift auf Grund der Schöpfung der

Welt in sieben Tagen Signatur sowol der Werke Gottes oder der durch
Gott beschafften oder zu beschaffenden Vollendung, als auch des Thuns
und Wirkens der Menschen in ihrem Verhältnisse zu Gott, vgl. *Kliefoth*,
die Zahlensymbolik d. heil. Schr. in d. theol. Ztsch. v. *Kl.* u. *Dieckh.* III
S. 35 ff. 61 ff. — Zu v. 7 vgl. 2, 13 f. Die Ammoniter sind erst nach den
Philistern genannt, nicht weil sie erst später die Israeliten bedrängten,
sondern aus dem rein formalen Grunde, weil der Geschichtschreiber im
Folgenden den Druck der Ammoniter zuerst schildern will. In v. 8 sind
Subject die בְּנֵי עַמּוֹן, wie aus v. 9 unzweideutig erhellt. „Sie (die Ammoniter) zermalten und zermalmten (רָעַץ und רָצַץ sind synonym, nur zur
Verstärkung verbunden und רָצַץ an Deut. 28, 33 erinnernd) die Israeliten in selbigem Jahre" d. i. in dem Jahre in welchem Gott Israel in ihre
Gewalt verkaufte oder in welchem sie ins Land Israel einfielen. Daran
wird sofort die Dauer dieser Unterdrückung angefügt: 18 Jahre (zermalmten sie) alle Israeliten, welche jenseits des Jordan im Lande der
Amoriter d. h. der beiden Amoriterkönige Sihon und Og wohnten, welche
in Gilead (wohnten). *Gilead* als nähere Bezeichnung des Amoriterlandes
steht hier in weiterer Bedeutung vom ganzen Ostjordanlande, so weit es
die Israeliten den Amoritern entrissen und in Besitz genommen hatten,
wie Num. 32, 29. Deut. 34, 1, s. zu Jos. 22, 9. — V. 9. Auch über den Jordan zogen sie und bekriegten selbst Juda, Benjamin und das Haus
Ephraim (die Geschlechter des Stammes Ephraim), wodurch Israel in
grosse Bedrängniss kam. וַתֵּצֶר wie 2, 15. — V. 10—14. Als die Israeliten nun in dieser Bedrängniss zum Herrn schrieen: „Wir haben an dir
gesündigt, nämlich dass wir unsern Gott verlassen und den Baalen gedient
haben" (mit וְכִי „und zwar dass" wird die Versündigung näher angegeben,
ohne dass man es aus dem Texte zu entfernen hat, wozu weder das Fehlen desselben in vielen Codd., noch die Auslassung in LXX, *Syr.* u. *Vulg.*
berechtigen. בְּעָלִים allgemeine Bezeichnung aller falschen Götter wie
2, 11), da hielt ihnen der Herr zuerst seine Gnadenerweisungen (v. 11 f.),
sodann ihren treulosen Abfall und die Nichtigkeit der Götzen (v. 13 f.)
vor. Diese göttliche Antwort auf das Flehen der Israeliten um Hülfe ist
weder durch eine ausserordentliche Gottesoffenbarung (Theophanie), noch
durch einen Propheten vermittelt zu denken, denn dies würde wol berichtet sein, sondern erfolgte offenbar vor der Stiftshütte, wo das Volk den
Herrn anrief, entweder durch Vermittlung des Hohepriesters oder durch
innerliches Reden Gottes zum Herzen des Volks d. h. durch die Stimme
des Gewissens, durch welche Gott ihnen zuerst seine Gnadenwohlthaten,
sodann ihren treulosen Abfall ins Gedächtniss rief und zu Herzen führte.
In der Rede Gottes findet eine Anakoluthie statt. Die mit מִמִּצְרַיִם angefangene Construction wird mit וְצִידוֹנִים וגו׳ v. 12 verlassen und das dem
Anfange des Satzes entsprechende Verbum הוֹשַׁעְתִּי mit וָאוֹשִׁיעָה אֶתְכֶם in
der Form eines Nachsatzes schliesslich nachgebracht. „Hab ich euch
nicht errettet 1) von den Aegyptern (vgl. Ex. 1—14), 2) von den Amoritern (vgl. Num. 21), 3) von den Ammonitern (die mit den Moabitern zu
Ehuds Zeit Israel bedrängten c. 3, 12 ff.), 4) von den Philistern (durch
Samgar 3, 31, vgl. 1 Sam. 12, 9 wo die Philister zwischen Sisera und Moab

genannt sind), 5) von den Sidoniern (unter welchen wahrscheinlich die nördlichen Cananiter unter Jabin begriffen sind, da nach 18,7 u. 28 Sidon eine Art Principat oder Schutzrecht über die nördlichen Stämme Canaans ausgeübt zu haben scheint; *Berth.*), 6) von den Amalekitern (die schon am Horeb die Israeliten feindlich angriffen Ex. 17,8ff. und später sowol mit den Moabitern 3,13 als auch mit den Midianitern 6,3 verheerend ins Land Israel einfielen), 7) von den Midianitern?" (vgl. c. 6 u. 7). So nach der Lesart der LXX in *Cod. Al.* u. *Vat.*: Μαδίαμ, wogegen *Ald.* u. *Compl.* Χαναάν lesen, u. eben so *Vulg.* Im masor. Texte dagegen steht מָעוֹן. Sollte dies die ursprüngliche und richtige Lesart sein, so könnte man wol nur an die מְעוּנִים denken, welche 2 Chr. 26,7 vgl. 1 Chr. 4,41 neben Philistern und Arabern genannt sind und für Bewohner der östlich von Petra liegenden Stadt *Maan* an der syrischen Pilgerstrasse (*Burckh.* Syr. S. 734 u. 1035) gehalten werden, vgl. *Ewald* Gesch. I S. 321 f. Aber diese Annahme hat doch nur äusserst geringe Wahrscheinlichkeit, da gar nicht abzusehen ist, wie dieses Völkchen damals schon Israel so bedrängt haben sollte, dass die Errettung von der Bedrückung desselben hier erwähnt werden könnte, wogegen es sehr befremdet, von dem furchtbaren Drucke der Midianiter und der wunderbaren Errettung von demselben durch Gideon nichts zu vernehmen. Demnach scheint in *Μαδίαμ* der LXX der ursprüngliche Text erhalten zu sein. — V. 13. Statt nun dem Herrn für diese Errettungen durch treue Anhänglichkeit zu danken, hat Israel ihn verlassen und dient andern Göttern (vgl. 2,13). — V. 14 ff. Darum will der Herr sie nicht ferner erretten. Sie mögen sich von den Göttern helfen lassen, die sie sich erwählt haben. Israel sollte nun erfahren, was ihnen Mose in seinem Liede Deut. 32,37 f. vorherverkündet hatte. Diese göttliche Drohung hatte Erfolg. Die Israeliten bekennen ihre Sünde, unterwerfen sich ganz der göttlichen Züchtigung und flehen nur um Rettung, lassen es aber nicht bei dem blossen Versprechen bewenden, sondern entfernen die fremden Götter und dienen Jehova d. h. ergeben sich wieder aufrichtig seinem Dienste, bekehren sich also ernstlich zum lebendigen Gotte. „Da wurde seine (Jehova's) Seele ungeduldig (תִּקְצַר wie Num. 21,4) ob der Mühsal Israels", d. h. da konnte Jehova das Elend Israels nicht länger ansehen; er musste helfen. Diese Aenderung des göttlichen Beschlusses setzt keine Wandelbarkeit oder Veränderlichkeit im göttlichen Wesen voraus, sondern betrifft nur die Stellung Gottes zu seinem Volke oder die Aeusserung der göttlichen Liebe gegen die Menschen. Um den Sünder zu beugen muss die göttliche Liebe ihre helfende Hand zurückziehen und den Menschen die Folgen seiner Sünde und Abtrünnigkeit fühlen lassen, damit er von seinem bösen Wege lasse und sich zum Herrn seinem Gotte bekehre. Wenn dieser Zweck erreicht ist, so äussert sich dieselbe göttliche Liebe als erbarmende und helfende Gnade. Strafen und Wohltbun fliessen aus der Liebe Gottes und bezwecken die Beseligung des Menschen.

V. 17 u. 18. Mit diesen Versen wird die Erzählung von der göttlichen Hülfe und Rettung eingeleitet durch Angabe der Rüstung Israels zum Kampfe wider seine Unterdrücker. Die Ammoniter liessen sich zusammenrufen d. h. versammelten sich (רַיִּצָּעַק wie 7, 23) und lagerten sich in Gilead d. h. in dem von ihnen besetzten Theile Gileads. Denn die Israeliten d. h. die ostjordanischen Stämme (nach v. 18 u. 11, 29) versammelten sich gleichfalls in Gilead und lagerten sich zu *Mizpa* d. i. Ramat-Mizpa oder Ramoth in Gilead (Jos. 13, 26. 20, 8), wahrscheinlich an der Stelle des heutigen *Szalt* (s. zu Deut. 4, 43 u. die Bem. I, 1 S. 216), und beschlossen nach einem Manne sich umzusehen, welcher den Krieg beginnen könnte, und selbigen zum Haupte über alle Bewohner Gileads (die in Peräa wohnenden Stämme Israels) zu setzen. שָׂרֵי גִלְעָד ist Apposition zu הָעָם „das Volk, nämlich die Fürsten Gileads" d. h. die Stamm- und Geschlechtshäupter der ostjordanischen Israeliten. Wegen יָחֵל לְהִלָּחֵם s. zu 1, 1. לְרֹאשׁ wird 11, 6 u. 11 durch לְקָצִין näher bestimmt.

•

Cap. XI — XII, 7. Jephtahs Erwählung zum Fürsten, Unterhandlung mit den Ammonitern, Sieg, Gelübde und Richteramt.[1]

V. 1—11. Jephtahs Erwählung zum Fürsten und Richter Israels.

V. 1—3. Der Bericht hievon beginnt mit seiner Herkunft und früheren Lebensstellung. „*Jephtah* (יִפְתָּח LXX Ἰεφϑά) der Gileadite war ein tapferer Held" (גִּבּוֹר חַיִל wie 6, 12. Jos. 1, 14 u. a.), er war aber der Sohn einer Hure, den Gilead gezeugt hatte neben andern Söhnen von seinem Eheweibe. *Gilead* ist weder Landesname, so dass das Land mythisch personificirt als Vorfahre Jephtahs aufgeführt wäre, wie *Berth.* wähnt, noch Name des Sohnes Machirs oder Enkels Manasse's Gilead (Num. 26, 29), so dass hier der berühmte Ahn der Gileaditen statt des unbekannten Vaters Jephtahs genannt wäre, sondern der Eigenname seines Vaters, indem hier wie häufig, z. B. bei Thola und Phua 10, 1, der Name des berühmten Vorfahren in seiner Nachkommenschaft sich wiederholt hat. Denn Gilead für den eigentlichen Vater Jephtahs zu halten, dazu nöthigt die Erwähnung des Weibes Gileads und der anderen Söhne von diesem seinem Ehe-

---

1) Ueber die Beschaffenheit der Quellen, aus welchen der Verf. unsers Richterbuchs die ziemlich ausführliche Geschichte Jephtahs geschöpft hat, lässt sich mit Sicherheit nur so viel bestimmen, dass dieselben von einem Zeitgenossen dieses Richters herstammen, da sie uns ein sehr anschauliches und klares Bild von seinem Leben und Wirken geben. Die Hypothese von *Bertheau*, dass dem Abschnitte c. 11, 12 —28 ein geschichtliches Werk zu Grunde liege, welches auch in Num. 21. Deut. 2 u. 3 und hie und da im Buche Josua benutzt sei, gründet sich eigentlich nur auf die unerwiesene Voraussetzung, dass der Pentateuch und das Buch Josua erst in der späten Königszeit entstanden seien. Denn die grosse Uebereinstimmung, welche die Unterhandlung Jephtahs mit dem Könige der Ammoniter über den Besitz des ostjordanischen Landes mit der Relation des Pentateuchs, namentlich mit Num. 20 u. 21 darbietet, erklärt sich viel einfacher und auch vollständig aus der Benutzung des Pentateuches. Die im Pent. fehlende Nachricht aber, dass Israel auch den König von Moab um Durchzug durch sein Land ersucht habe (v. 17), kann aus der mündlichen Ueberlieferung hinzugefügt sein, da jene glorreichen Siege Israels unter Mose ja von gleichzeitigen Spruchdichtern in Liedern gefeiert wurden (vgl. Num. 21, 14. 17. 27), die gewiss nicht wenig dazu beigetragen haben, das Gedächtniss dieser Begebenheiten Jahrhunderte lang im Volke lebendig zu erhalten.

weibe v. 2. Diese Söhne vertrieben ihren Halbbruder Jephtah als nicht ebenbürtig aus dem Hause, damit er nicht mit ihnen Antheil am väterlichen Erbe erhielte. Aehnlich wie Israel und die Söhne der Ketura von Abraham entlassen wurden ohne mit Isaak zu erben Gen. 21, 10 ff. 25, 6. — V. 3. Jephtah entwich vor seinen Brüdern ins Land *Tob*, d. i. nach 2 Sam. 10, 6. 8 eine Landschaft im Nordosten von Peräa an der Grenze Syriens oder zwischen Syrien und Ammonitis, in 1 Makk. 5, 13 Τώβιον oder richtiger Τουβίν nach 2 Makk. 12, 17 genannt, wo lose Männer (vgl. 9, 4) sich um ihn sammelten und „mit ihm auszogen" auf Krieg und Raub, in der Weise der Beduinen. — V. 4—6. Als nun geraume Zeit nachher die Ammoniter mit Israel kriegten, da gingen die Aeltesten von Gilead (זִקְנֵי גִלְעָד == שָׂרֵי גִלְעָד 10, 18) Jephtah aus dem Lande Tob zu holen, um ihn den tapfern Krieger zu ihrem Anführer zu machen. Mit v. 4 wird die Erzählung von dem 10, 17 erwähnten Kriege der Ammoniter gegen Israel wieder aufgenommen, um den Verlauf desselben unter der Führung Jephtahs mitzutheilen. מִיָמִים *a diebus* d. h. nach Verlauf einer längeren, jedoch nicht näher bestimmbaren Zeit sc. seit der Vertreibung Jephtahs aus seiner Heimat, vgl. 14, 8. 15, 1. Jos. 23, 1. קָצִין bed. Anführer im Kriege Jos. 10, 24 und wird daher v. 11 von רֹאשׁ Oberhaupt in Frieden und Krieg unterschieden. — V. 7. Jephtah spricht seine Verwunderung gegen die Aeltesten darüber aus, dass sie ihn früher gehasst und vertrieben hätten und nun da sie in Noth gerathen zu ihm kämen sc. um ihn zum Anführer im Kriege machen zu wollen. Dabei legt er den Aeltesten Gileads seine Vertreibung zur Last, obwol ihn nur seine Brüder aus dem väterlichen Hause vertrieben hatten, insofern als sie als Magistratspersonen die Sache gebilligt oder wenigstens nicht verhindert hatten. Aus diesem Vorwurfe lässt sich zwar, wie schon *Cler.* bemerkt, nicht folgern, dass die Vertreibung und Enterbung Jephtahs ein legales Unrecht war, aber so viel ergibt sich doch daraus, dass Jephtah die Sache für ein ihm zugefügtes Unrecht ansah und den Grund davon in dem Hasse seiner Brüder fand. Das mos. Gesetz enthielt hierüber keine Bestimmung; denn die Vorschrift Deut. 21, 15—17 gilt nur für die Söhne verschiedener Frauen, nicht aber auch für den mit einer Hure gezeugten Sohn. — V. 8. Die Aeltesten erwiderten: „Darum (לָכֵן deshalb weil wir dir früher Unrecht gethan haben) sind wir jetzt wieder zu dir gekommen, um dich, wenn du mit uns kommst und gegen die Ammoniter streitest, uns zum Haupte zu setzen". Die formell coordinirten Sätze וְהָלַכְתָּ, וְנִלְחַמְתָּ und וְהָיִיתָ sind logisch einander so unterzuordnen, dass die beiden ersten die Bedingung ausdrükken, der dritte die Folgerung enthält, in dem Sinne: „wenn du mit uns gehst und streitest . . . so sollst du Haupt sein uns, nämlich allen Bewohnern Gileads" d. i. den 2½ ostjordanischen Stämmen. — V. 9. Auf diesen Antrag ging Jephtah ein. „Wenn ihr mich zurückführen werdet um die Ammoniter zu bekriegen und Jehova sie mir preisgeben wird (נָתַן לִפְנֵי wie Jos. 10, 12. Deut. 2, 31 u. a.), so werd ich euer Haupt werden." אָנֹכִי steht mit Nachdruck im Gegensatz zu אַתֶּם, ohne dass man nöthig hat, den Satz als Frage zu fassen, womit das כִּדְבָרְךָ וגו v. 10, welches eine affirmative, keine fragliche Erklärung Jephtahs voraussetzt, unvereinbar wäre. — V. 10.

Hierauf sagten die Aeltesten ihm dieses eidlich zu. „Jehova sei hörend zwischen uns" d. h. sei Hörer und Richter über das was wir unter uns verhandeln; „wahrlich nach deinem Worte, also werden wir thun" (אִם לֹא ist Schwurpartikel). — V. 11. Da ging Jephtah mit den Aeltesten Gileads, „und das Volk (d. h. die Bewohner Gileads) setzte ihn sich zum Haupte und zum Heerführer (קָצִין), und Jephtah redete alle seine Worte vor Jehova zu Mizpa." D. h. er wiederholte in feierlicher Volksversammlung zu Mizpa vor Gott die Bedingungen und Verpflichtungen, unter welchen er die ihm angetragene Würde annehmen wollte. Das לִפְנֵי יְהוָֹה setzt nicht nothwendig die Anwesenheit der Bundeslade zu Mizpa voraus, die man deshalb nicht annehmen kann, weil der Krieg zunächst nur von den ostjordanischen Stämmen, die keine Bundeslade hatten, beschlossen wurde, sondern besagt nur, dass der Act im Aufblicke zu Gott, dem allgegenwärtigen Haupte Israels, vorgenommen ward. Noch weniger berechtigen die Worte dazu, mit *Stud. Berth.* u. A. einen Altar in Mizpa vorauszusetzen und die Darbringung von Opfern zur Bestätigung des Vertrages zu postuliren, wofür sich im Texte nicht die leiseste Andeutung findet. „Das לִפְנֵי יְהוָֹה sagt nichts weiter aus, als dass Jephtah alle seine Worte eidlich bekräftigte" (*Hgstb.* Beitrr. III S. 44).

V. 12—28. **Die Verhandlung Jephtahs mit dem Könige der Ammoniter.** V. 12. Bevor Jephtah zum Schwerte griff, schickte er Gesandte an den König der Ammoniter, um ihm wegen seines Einfalles in das israelitische Gebiet Vorstellungen zu machen. „Was haben wir mit einander zu schaffen (מַה־לִּי וָלָךְ vgl. Jos. 22, 24. 2 Sam. 16, 10), dass du zu mir gekommen bist gegen mein Land zu streiten?" Die Gesandten Jephtahs reden im Namen des Volkes Israel, daher im Singulare: לִי, אֵלַי und אַרְצִי. — V. 13. Der Ammoniterkönig antwortete: Israel habe beim Heraufziehen aus Aegypten sein Land weggenommen vom Arnon bis zum Jabbok (im Norden) und bis zum Jordan (im Westen), und forderte, dass es ihm diese Landstriche nun in Frieden zurückgebe. Der Plural אֶתְהֶן bezieht sich *ad sensum* auf die Städte und Ortschaften des fraglichen Landes. Dem Anspruche, den der Ammoniterkönig erhob, scheint ein Moment zu Grunde zu liegen, das sich mit einem gewissen Scheine des Rechts geltend machen liess. Die Israeliten unter Mose hatten zwar nur die beiden Amoriterkönige Sihon und Og bekriegt und geschlagen und ihre Reiche erobert und in Besitz genommen, ohne die Ammoniter und Moabiter und Edomiter anzugreifen, weil Gott ihnen verboten hatte gegen diese Völker zu streiten (Deut. 2, 5. 9. 19); aber ein Theil des Königreiches des Amoriters Sihon war ehedem moabitisches und ammonitisches Eigenthum gewesen und von den Amoritern erobert und in Besitz genommen worden. Nach Num. 21, 26 hatte Sihon mit dem früheren Könige von Moab Krieg geführt und ihm sein ganzes Land bis an den Arnon weggenommen (s. die Erkl. z. d. St.). Und dass Sihon seine Eroberungen auch über Moabitis hinaus bis in das östlich von Moab gelegene Ammoniterland hinein ausgedehnt und einen Theil desselben weggenommen und seinem Reiche einverleibt hatte, wird zwar im Pentateuche nicht ausdrücklich berichtet, aber in Jos. 13, 25 doch ziemlich klar angedeutet, wenn dieser Stelle zu-

folge der Stamm Gad ausser Jaëser und allen Städten Gileads auch die
Hälfte des Landes der Söhne Ammons erhielt, nämlich das Land im Osten
von Gilead an der Westseite des obern Jabbok (Nahr Ammân, s. zu Jos.
13, 26).[1] — V. 14 f. Darauf liess ihm Jephtah durch wiederholt an ihn ab-
gesandte Boten das wahre Sachverhältniss, dass nämlich Israel weder das
Land Moabs noch das Land der Ammoniter weggenommen habe, aus-
einandersetzen. Zum Beweise dessen hebt Jephtah aus der Geschichte des
Zuges der Israeliten durch die arabische Wüste nach Canaan die Hauptmomente heraus, welche dieses bestätigten, in genauer Uebereinstimmung
mit den Nachrichten des Pentateuches über die streitige Angelegenheit.
— V. 16 f. Beim Heraufziehen aus Aegypten zog Israel durch die Wüste
zum Schilfmeere und kam nach Kades Num. 20, 1. Hier sandte es Boten
an den König von Edom, um die Erlaubniss zum Durchzuge durch sein
Land zu erbitten, welche Bitte von dem Könige von Edom abgeschlagen
wurde (Num. 20, 14—21), und auch an den König von Moab, der die
gleiche Bitte gleichfalls abschlug. Die Sendung der Botschaft an den Moabiterkönig ist im Pentateuche, als für den weiteren Zug der Israeliten von
keinem Belange, übergangen, vgl. Bd. I, 2 S. 275 Not. 2. — So blieb Israel
in Kades (wörtlich nach Num. 20, 1[b]) und „zog dann durch die Wüste",
nämlich zum Berge Hor, dann die Araba hinab bis zum Schilfmeere und
weiter über Oboth nach Ijje-Abarim in der Wüste (Num. 20, 22 — 21, 11).
Auf diese Weise umging es das Land Edom und das Land Moab (יִסֹּב wie
סָבֹב Num. 21, 4) und kam von Sonnenaufgang her zum Lande Moab (d. h.
an die östliche Grenze desselben, denn dort lag Ijje-Abarim nach Num.
21, 11) und lagerte jenseits des Arnon (Num. 21, 13), d. i. am obern Laufe
des Arnon, da wo er noch in der Wüste fliesst (s. I, 2 S. 284). Auf diesem
Zuge kamen sie also nicht in das Gebiet Moabs, da der Arnon die Grenze
Moabs bildete d. h. die Grenze Moabs gegen das Gebiet der Amoriter
(Num. 21, 13). — V. 19—22 (meist wörtlich mit Num. 21, 21—25 übereinstimmend). Von hier sandte Israel Boten an den Amoriterkönig Sihon
zu Hesbon, um den Durchzug durch sein Land zu erbitten. אֶל־מְקוֹמִי „zu
meiner Stätte" d. i. in das von Jehova mir bestimmte Land Canaan. Aber
Sihon „vertraute Israel nicht durchzuziehen durch sein Land", d. h. er
traute der Versicherung Israels, friedlich durch sein Land nur durch-
ziehen zu wollen, nicht, sondern vermuthete in der Bitte die Absicht, sich

---

1) Die Erklärung dieser Stelle bei *Masius: eatenus modo sursum in Galaaditidem exporrectam jacuisse Gaditarum haereditatem, quatenus dimidia Ammonitarum ditio Galaaditidem ab oriente ambiebat*, ist doch gar zu wenig den Worten
entsprechend und zu unnatürlich, als dass man sie mit H. Reland, Pal. ill. p 105
u. Hgstb. Beitr. III S. 35 für richtig halten könnte, und die Gründe, welche Mas. geltend macht: *Ammonitarum terras nefas fuit occupari ab Israelitis* und die Nichterwähnung der Ammoniter in Num. 21, 26 sind ohne alle Beweiskraft. Der letztere
Grund ist ein *argumentum e silentio*, welches alle Bedeutung verliert sobald man
beachtet, dass selbst die Erwähnung des Moabiterlandes durch die Amoriter in Num.
21, 26 nur durch die Hervorhebung von Hesbon und den auf den Fall dieser Hauptstadt bezüglichen Dichterspruch veranlasst ist. Das Verbot aber, den Ammonitern
ihr Land nicht wegzunehmen, galt auch für das Land der Moabiter, und bezog sich
nur auf das Land welches diese Völkerschaften zur Zeit Mose's noch besassen, nicht
aber auf das welches die Amoriter ihnen entrissen hatten.

seines Landes bemächtigen zu wollen. (Statt לֹא הֶאֱמִין steht Num. 21,23 לֹא נָתַן er gestattete nicht). Daher beschränkte er sich nicht darauf, den Durchzug zu verweigern, sondern sammelte sein Kriegsvolk und zog den Israeliten feindlich entgegen nach der Wüste bis Jahza, ostwärts von Medeba und Dibon, s. zu Num. 21,23, und stritt mit ihnen, wurde aber geschlagen und verlor nun sein ganzes Land vom Arnon (Modscheb) im Süden bis zum Jabbok (Zerka) im Norden und von der Wüste im Osten bis zum Jordan im Westen, welches die Israeliten in Besitz nahmen. — V. 23 f. Aus diesen Thatsachen zieht dann Jephtah den einfachen und bündigen Schluss: „Jehova der Gott Israels hat die Amoriter vor seinem Volke Israel ausgerottet und du willst es (das Amoriterland) in Besitz nehmen?" Das Suffix an תִּירָשֶׁנּוּ geht auf הָאֱמֹרִי die Amoriter d. h. ihr Land. Die Construction des יָרַשׁ mit dem *accus.* des Volkes (wie Deut. 2, 12. 21 f. 9, 1) erklärt sich daraus, dass man, um ein Land in Besitz zu nehmen, erst das Volk welches dasselbe innehat in seine Gewalt bekommen muss. Wie ganz unberechtigt dieses Verlangen sei, das beweist Jephtah v. 24 weiter dem Ammoniterkönige mit dem Satze: „Nicht wahr (הֲלֹא *nonne*), was dir dein Gott Camos (s. zu Num. 21, 29) zum Besitze gibt, das nimmst du in Besitz, und alles was Jehova vor uns her besitzlos macht, das nehmen wir in Besitz?" dessen Gültigkeit nicht anzustreiten war. Das *verb.* הֹורִישׁ vereinigt in sich die Bedeutungen: aus dem Besitze vertreiben, besitzlos machen und zum Besitze geben, sofern das Zumbesitzgeben eines Landes nur durch Vertreibung oder Ausrottung seines bisherigen Besitzers geschehen kann.— V. 25. Mit dieser schlagenden Deduction sich nicht begnügend, sucht Jephtah durch ein zweites nicht minder schlagendes Argument dem Ammoniterkönige den letzten Schein des Réchts für seine Ansprüche zu entziehen. „Und nun bist du denn besser als Balak der Sohn Zippors, der König von Moab? Hat er gerechtet (רֹוב *infin. abs.* von רִיב oder רוּב) mit Israel oder hat er gestritten wider sie?" Durch Wiederholung des וְצָתָה v. 25 vgl. v. 23 wird das neue Argument als eine zweite Folgerung aus dem vorher dargelegten Thatbestande an das Vorhergehende angereiht. Der Moabiterkönig Balak hatte zwar Bileam gedungen, um durch dessen Flüche Israel zu verderben, aber wol weniger in der Absicht ihnen das eroberte Amoritergebiet zu entreissen, als vielmehr aus Furcht, das mächtige Israel möchte auch sein noch übriges Reich erobern. Wegen des eroberten Amoritergebietes hatte Balak weder Israel mit Krieg überzogen, noch überhaupt Ansprüche auf dasselbe als sein Eigenthum erhoben; was er doch auch mit einem gewissen Scheine des Rechts hätte thun können, da ein grosser Theil desselben früher den Moabitern gehört hatte, vgl. Num. 21,26 u. d. Erkl. d. St. Wenn also der Moabiterkönig Balak nicht daran dachte, dieses Land noch als sein Eigenthum anzusehen und von den Israeliten zurückzufordern, so hat der König der Ammoniter gar kein Recht dazu, das Land Gilead als ihm gehörig in Anspruch zu nehmen und den Israeliten mit Waffengewalt zu entreissen; und (v. 26) dies um so weniger erst jetzt nach 300 Jahren. „Da Israel wohnt in Hesbon ... und in allen Städten an der Seite des Arnon 300 Jahre, warum habt ihr (diese Städte und Gegenden) nicht entrissen in dieser Zeit" (in diesen 300 Jahren)? Hätten. die Ammoniter ein Recht.dazu gehabt, so hätten sie dies schon zu Mose's Zeit thun müssen. Jetzt nach 300 Jahren war es viel zu spät. Denn *si nulla temporis praescriptio nec ulla longae possessionis ratio valeret, nihil tuto ab ullo populo unquam possideretur, nec finis ullus esset bellorum aut dissentionum. Cler.* Ueber Hesbon und ihre Töchter s. zu Num. 21, 25. *Aroër* (עֲרֹעֵֽיר eine Nebenform oder vielleicht nur Schreibfehler von עֲרֹעֵר) ist das *Aroër* Gads vor *Rabba* (Jos. 13, 25) und im Wady Nahr Ammân nordostwärts von Ammân zu suchen (s. zu Jos. *l. c.*), nicht das *Aroër* Rubens am Rande des Arnonthales Num. 32, 34. Deut. 2, 36. 4, 48. Jos. 12, 2 u. 13, 9. Dies erhellt daraus, dass es von „allen Städten an der Seite (עַל יְדֵי s. zu Num. 34, 3) des Arnon", zu welchen ja *Aroër* Rubens mit gehörte, unterschieden wird. *Aroër* Gads mit seinen Tochterstädten war vor Sihons Zeiten vermuthlich Ammonitisches Gebiet. — Ueber die 300 Jahre, eine der Wirklichkeit nahe kommende runde Zahl, s. die Chronol. S. 214. — V. 27. Nachdem Jephtah alles geltend gemacht, woraus sich ergab, dass die Israeliten das Land Gilead rechtmässig besässen (*urget Jephta omnia illa, quae ad praescriptionem valent, possessionem, longum tempus, jus belli, litem non contestatam. Rosenm.*), schliesst er mit den Worten: „Ich (d. i. Israel, dessen Sache Jephtah führt) habe nicht gegen dich gesündigt, du aber thust übel an mir, dass du gegen mich kriegest. Es richte Jehova der Richter heute (הַיּוֹם jetzt) zwischen den Israeliten und den Ammonitern!" Richten soll Gott zwischen beiden Völkern durch die That, dadurch dass er dem dessen Sache gerecht ist den Sieg im Kriege verleiht. — V. 28. Aber der König der Ammoniter hörte nicht auf die Worte Jephtahs, „die er zu ihm gesandt hatte" d. h. durch seine Boten ihm hatte sagen lassen, so dass also Jehova für Israel im Kriege entscheiden musste.

V. 29—33. **Jephtahs Sieg über die Ammoniter.** Da die Verhandlungen mit dem Könige der Ammoniter erfolglos blieben, so musste Jephtah zum Schwerte greifen. V. 29. In der Kraft des Geistes Jehova's, der über ihn kam (vgl. 3, 10), durchzog er Gilead (das Land der Stämme Ruben und Gad zwischen dem Arnon und Jabbok) und Manasse (das nördliche Gilead und Basan, welches der halbe Stamm Manasse zum Erbtheile erhalten hatte), um ein Heer zum Kriege zusammen zu ziehen, und zog dann mit dem gesammelten Heere nach Mizpe-Gilead d. i. Ramat-Mizpe, wo die Israeliten schon vor seiner Berufung sich gelagert hatten (10, 17), um von hier aus die Ammoniter anzugreifen. עָבַר *c. accus.* über jemand kommen in feindlichem Sinne. — V. 30 f. Vor Eröffnung des Krieges aber gelobte er dem Herrn ein Gelübde: „Wenn du die Ammoniter in meine Hand gibst, so soll der, welcher aus den Thüren meines Hauses herausgeht mir entgegen, wenn ich wohlbehalten (בְּשָׁלוֹם) von den Ammonitern zurückkehre, der soll dem Herrn gehören und ich werd ihn zum Brandopfer darbringen." Bei den Worten: הַיּוֹצֵא אֲשֶׁר der Herausgehende, welcher u. s. w. konnte Jephtah, wenn auch nicht „nur an einen Menschen, bestimmter an irgend welchen seiner Hausgenossen" (*Berth.*), so doch auf keinen Fall blos an ein Stück Vieh oder an eine seiner Heerden denken. Das „Herausgehen aus den Thüren seines Hauses ihm entgegen" passt nicht auf eine Heerde Vieh, die etwa im Momente seiner Rückkehr aus dem Stalle seines Hauses ausgetrieben wurde, oder auf irgend ein Thier, das ihm möglicher Weise entgegenlaufen konnte. Denn יָצָא לִקְרָאת kommt sonst nur von Menschen vor.[1] Auch wollte Jephtah ohne Zweifel sich ein schweres Gelübde auflegen. Das konnte aber nicht irgend ein opferbares Thier sein. Auch ohne Gelübde würde er nach erlangtem Siege nicht ein, sondern viele Opfer dargebracht haben.[2] Hätte er also ein Thieropfer im Sinne gehabt, so würde er sicherlich ohne weiteres die beste seiner Heerden gelobt haben. Nach dem Allen kann es gar nicht zweifelhaft sein, dass Jephtah bei dem ihm Entgegenkommenden schon an Menschen wenigstens mitgedacht haben muss. Wenn er also ausspricht: er wolle den ihm aus seinem Hause Entgegenkommenden Jehova weihen, so kann der Sinn seines Gelübdes nur der sein, dass er Gott selbst die Bestimmung des Opfers anheimgeben will. „In seinem Eifer die Feinde zu schlagen und Gott dafür zu danken weiss Jephtah nichts Einzelnes zu nennen, was er für gross genug hält, Gotte zu widmen — er überlässt es dem Zufalle — d. h. Gottes Fügung, das Opfer zu bestimmen. Er enthält sich des Masstabes für das was Gott das Liebste ist; er überlässt diesen Gott selbst" (*P. Cassel* in *Herzogs* Realencykl. VI S. 469). Wen Gott ihm entgegenführen werde, der soll Jehova geweiht sein, und zwar will er — wie er näher bestimmend hinzusetzt — denselben dem Herrn als Brandopfer darbringen. Das ו vor וְהַעֲלִיתִיהוּ ist *explicative* zu fassen, nicht disjunctiv in der Bed. „oder", die ו nirgends hat. Ob Jephtah aber hiebei auch schon an seine Tochter gedacht habe, das lässt sich bestimmt weder bejahen noch verneinen. Sollte er an sie mit gedacht haben, so hat er ohne Zweifel doch gehofft, der Herr werde von ihm nicht das allerschwerste Opfer fordern. — V. 32 f. Nachdem er sich durch dieses Gelübde der Hülfe des Herrn zu vergewissern gesucht hatte, zog er wider die Ammoniter mit ihnen zu streiten, und der Herr gab sie in seine Hand, so dass Jephtah sie in einer sehr grossen Schlacht schlug „von *Aroer* (am Nahr Ammân s. v. 26) bis in die Gegend (עַד־בּוֹאֲךָ s. zu Gen. 10, 19) von *Minnith*, 20 Städte (erobernd und ihnen entreissend) und bis *Abel Keramim* (der Weinberge)." *Minnith* war nach dem *Onom.* u. *Mennith* zu *Eusebius'* Zeiten ein Flecken *Manith* 4 r. Meilen von Hesbon nach Philadelphia zu, womit sich die Angabe *Buckinghams* von Ruinen einer grossen Stadt fast wenig östlich von Hesbon vergleichen lässt (s. v. *Raum.* Pal. S. 265). Weniger sicher lässt sich die Lage von *Abel Keramim* (bei *Luther*: Plan der Weinberge) bestimmen. *Euseb.* u. *Hieron.* nennen im *Onom.* u. *Abel vinea-*

---

1) Schon *Augustinus* bemerkt *quaest. 49 in l. Jud.: Non utique his verbis pecus aliquod vovit, quod secundum legem holocautoma posset offerre. Neque enim est aut fuit consuetudinis ut redeuntibus cum victoria de bello ducibus pecora occurrerent. — — Nec ait, quodcunque exierit de januis domus meae in obviam mihi, offeram illud holocaustoma, sed ait: „quicunque exierit offeram eum": ubi procul dubio nihil aliud quam hominem cogitavit.*

2) *Quid enim esset, si magnus quispiam princeps vel architrategus diceret: Deus! si hanc mihi victoriam concesseris, vitulus primus qui mihi occurrerit tuus erit! Parturiunt montes, nascetur ridiculus mus! Pfeiffer dubia vex. p. 356.*

rum zwei Orte dieses Namens: eine *villa Abela vinetis consita* (κώμη ἀμ-πελοφόρος Ἀβελ) 7 r. Meilen von Philadelphia, und eine *civitas nomine Abela vini fertilis*, 12 r. M. ostwärts von Gadara, also in der Nähe des Mandhur. Welche von beiden hier gemeint sei, bleibt ungewiss, weil uns genauere Nachrichten über den Kriegszug fehlen. Sollte das nördliche *Abela* gemeint sein, so würde Jephtah die Feinde zuerst nach Süden bis in die Gegend von Hesbon, sodann nordwärts bis an die Grenze von Basan hin verfolgt und geschlagen haben. — Durch diesen Sieg wurden die Ammoniter vor Israel gedemüthigt.

V. 34—40. **Das Gelübde Jephtahs.** V. 34 f. Als der siegreiche Held nach Mizpa heimkehrte, kam ihm seine Tochter aus dem Hause entgegen „mit Handpauken und in Reigentänzen" d. h. an der Spitze eines Frauenchores, welcher den Sieger mit jubelndem Spiele und Reigentänzen empfing (s. zu Ex. 15, 20); „und sie war nur die einzige; er hatte ausser ihr weder Sohn noch Tochter." מִמֶּנּוּ kann nicht bedeuten *ex se*, kein anderes Kind von sich, wol aber Kinder die seine Frauen von andern Männern ihm zugebracht hatten, sondern steht, wie schon die grosse Masora anmerkt, für מִמֶּנָּה „ausser ihr", der eben genannten Tochter, indem das Masculinum als das nächste und allgemeinere Genus statt des Fömininums gebraucht ist, weil dem Erzähler der Begriff „Kind" vorschwebte. Ueber dieses Entgegenkommen erschrak Jephtah heftig. Seine Kleider zerreissend (zum Zeichen seines tiefen Schmerzes, s. zu Lev. 10, 6) rief er aus: „O meine Tochter! tief beugst du mich; du bist die mich Betrübende (הָיִית בְּעֹכְרָי wörtl. du bist unter denen die mich betrüben, gehörst in die Kategorie derselben, und zwar im vollen Sinne des Wortes; dies ist die Bed. des sogen. בְּ *essentiae*, vgl. *Gesen.* Lehrgeb. S. 838 u. Stellen wie 2 Sam. 15, 31. Ps. 54, 6. 55, 19 u. a.); ich habe meinen Mund aufgethan gegen den Herrn (d. h. ein Gelübde gegen ihn ausgesprochen, vgl. Ps. 66, 14 mit Num. 30, 3 ff. Deut. 23, 23 f.) und vermag es nicht zu wenden" d. h. rückgängig zu machen. — V. 36. Die Tochter, merkend dass das Gelübde sie betreffe, wie ihr der Vater ohne Zweifel auch bestimmter gesagt und nur der Berichterstatter übergangen hat, weil er das Gelübde schon v. 31 mitgetheilt hat, erwidert: „Thue mir so wie aus deinem Munde ausgegangen ist (d. h. thue mir das was du gelobet hast), nachdem dass dir Jehova Rache geschafft hat an deinen Feinden, den Ammonitern", und fügte v. 37 hinzu: „Es geschehe mir diese Sache (s. v. a. dies nur werde mir gewährt): Lass ab von mir zwei Monate und ich will gehen" (zu הַרְפֵּה וגו vgl. Deut. 9, 14. 1 Sam. 11, 3) d. h. gestatte mir nur zwei Monate zu gehen, „dass ich auf die Berge hinabsteige (von dem hochgelegenen Mizpa auf die umliegenden Berge und ihre Thäler) und meine Jungfräulichkeit beweine, ich und meine Freundinnen." בְּתוּלִים bed. nicht das jugendliche Alter (נְעוּרִים), sondern den Stand der Jungfräulichkeit, die Jungfrauschaft, vgl. Lev. 21, 13. Das *Ketib* רְעִיתִי ist die seltenere Form für רֵעוֹתַי (*Keri*). — V. 38. Diese Bitte gewährte ihr der Vater. — V. 39. Nach Ablauf der zwei Monate kehrte sie zu ihrem Vater zurück, „und er that an ihr sein Gelübde, das er gelobt hatte, sie aber hat keinen Mann erkannt." In Folge dieser That Jephtahs und seiner Tochter „ward es Satzung (stehende Sitte) in

Israel: Von Jahr zu Jahr (מִיָּמִים יָמִימָה wie Ex. 13, 10) gehen die Töchter Israels zu preisen die Tochter des Gileaditen Jephtah vier Tage im Jahre." תָּנָה bed. nicht *θρηνεῖν*, klagen, betrauern (LXX *Chald.* u. v. A.), sondern: preisen, wie schon *R. Tanchum*, später *Dan. Fessel*, *Adversaria ss. p. 51* u. *Zorn biblioth. antiq. p. 590* richtig erkannt haben, vgl. 5, 11.

Ueber das *Gelübde Jephtahs* herrschte im Alterthume, bei den Kchv. und Rabbinen, die einhellige, schon von *Josephus* und dem *Chaldaeer* klar ausgesprochene Ansicht, dass Jephtah seine Tochter geschlachtet und als blutiges Opfer Jehova auf dem Altare verbrannt habe. Erst im Mittelalter versuchten *Mos.* u. *Dav. Kimchi* und einige andere Rabbinen die Ansicht zu begründen, dass Jephtah seine Tochter nur dem Dienste des Heiligthums Jehova's in lebenslänglicher Ehelosigkeit geweiht habe. Endlich wurde von *Ludov. Cappellus* in d. *Diatriba de voto Jephtae*. *Salm. 1683* (wieder abgedruckt in s. *Notae critic. in Jud. c. XI* und in den *Critici sacri Tom. I*) die Meinung aufgestellt, dass Jephtah seine Tochter nach dem Gesetze des Bannes dem Herrn zu Ehren getödtet habe, weil Menschen nicht als Brandopfer dargebracht werden durften. [1] — Von diesen verschiedenen Ansichten hat die dritte keinen Halt im biblischen Texte. Denn falls Jephtah nur gelobt hätte, das bei seiner siegreichen Rückkehr aus seinem Hause ihm Entgegenkommende dem Herrn darzubringen, mit der in der Natur der Sache liegenden Restriction, falls es nach dem Gesetze sich zum Brandopfer eignete, falls aber nicht, so mit ihm nach dem Gesetze des Bannes zu verfahren, so hätte doch mindestens bei dem Berichte von der Vollziehung dieses Gelübdes die Art und Weise, wie er dasselbe an seiner Tochter erfüllte, näher bestimmt werden müssen. Die Worte: „er that an ihr sein Gelübde, das er gelobt hatte", lassen sich gar nicht anders verstehen als dass er sie als עוֹלָה, als Brandopfer dem Herrn dargebracht hat. Hiezu kommt, dass das Gesetz vom Banne und Banngelübde, wenn es nicht dem Verbrechen des Mordes Thür und Thor öffnen wollte, unmöglich dem einzelnen Israeliten das Recht geben konnte, sein unschuldiges Kind oder irgend einen seiner Hausgenossen dem Herrn zu bannen. Das Verhängen des Bannes über Menschen hat die notorische Gottlosigkeit zur Voraussetzung, so dass Brandopfer und Bann in ausschliessendem Gegensatze zu einander stehen. — Hienach können nur die beiden

---

[1] Die Vertreter dieser 3 Ansichten sind schon ziemlich vollständig genannt in *Aug. Pfeiffer's Dubia vexata p. 346 sq.* Die Spezialschriften und Abhandlungen über diesen Gegenstand verzeichnet *Laur. Reincke*, Beitrr. z. Erkl. des A. Test. I S. 425, womit zu vgl. *Winer's* bibl. Realwörterb. unter *Jephta*. Die bedeutendsten sind *Fr. Guil. Dresde votum Jephtae. Lps. 1767* (mit guten Beiträgen zur Geschichte der Auslegung), *Jo. Markii exercitt. ad Jud. XI, 30—40* in s. *Sylloge dissertt. philol. theol.* p. 530 sqq. und aus der neuesten Zeit *Hengstenberg*, Beitrr. z. Einl. in das A. Test. III S. 127 ff., *Paul Cassel* in *Herzogs* Realencykl. Bd. VI Art. Jephta; *E. Gerlach* über Jephta's Gelübde in d. luth. Ztschr. v. *Rudelb.* u. *Guer.* 1859 S. 417 ff. u. *Reincke* a. a. O. Die vier Letztgenannten haben sich alle für die geistliche Opferung entschieden; ebenso *O. v. Gerlach* in s. Bibelwerk und *Auberlen* in d. theol. Studien und Krit. v. *Ullm.* u. *Umbr.* 1860 (III) S. 540—43; wogegen *Kurtz*: „Jephta's Opfer" in d. luth. Ztschr. 1858 S. 209 ff. für die Ansicht von der leiblichen Opferschlachtung in die Schranken getreten ist, während *Hävernick*, Einl. in d. A. Test. 1837. I, 2 S. 562 sich für das Banngelübde ausgesprochen hat.

andern Ansichten in Betracht kommen, zwischen welchen aber die Entscheidung nicht leicht ist. So sehr indess auch die Worte: „und ich bringe ihn als Brandopfer dar" für die leibliche Opferung zu sprechen scheinen, dass die Bemerkung *Luthers* in der Randglosse: „Man will, er habe sie nicht geopfert, aber der Text stehet da klar", noch immer mit besonderem Nachdrucke wiederholt zu werden pflegt, so stellen sich doch bei tieferem Eingehen auf die Sache der buchstäblichen Fassung dieser Worte nicht zu beseitigende Schwierigkeiten entgegen. Da nämlich וְהָיָה אֲשֶׁר יֵצֵא nicht unpersönlich gefasst werden kann, und Jephtah beim Aussprechen seines Gelübdes schon an das Entgegenkommen von Menschen wenigstens mitgedacht haben muss; da ferner die beiden Prädicatssätze: „er soll dem Jehova sein" und „ich will ihn als Brandopfer darbringen" sprachlich auch nicht disjunctiv gedeutet werden können in dem Sinne: entweder soll es dem Herrn geweiht sein oder falls es ein opferfähiges Thier ist, so will ich es als Brandopfer opfern, sondern der zweite Satz nur eine genauere Bestimmung des ersten enthält: so muss Jephtah von vornherein die Möglichkeit eines Menschenopfers in Aussicht genommen haben. Menschenopfer waren aber nicht nur im Gesetze als ein Greuel vor Jehova bei Todesstrafe verpönt (Lev. 18, 21. 20, 2—5. Deut. 12, 31. 18, 10), sondern sind auch in der älteren Zeit unter den Israeliten unerhört und erst von den gottlosen Königen Ahas und Manasse nach Jerusalem verpflanzt worden.[1] Hätte also Jephtah die Darbringung eines Menschenopfers Jehova gelobt, so müsste er entweder sein Gelübde ohne alle Ueberlegung ausgesprochen haben oder in sittlicher und religiöser Hinsicht ganz verkommen gewesen sein. Allein zu solchen Voraussetzungen berechtigt das was wir von diesem tapfern Helden wissen in keiner Weise. Sein Auftreten zeigt keine Spur von Unbesonnenheit und Uebereilung. Er greift nicht sofort zum Schwerte, sondern erst dann, als die Unterhandlung mit dem Könige der Ammoniter ohne Wirkung geblieben war. Auch hat er sein Gelübde nicht mitten im Schlachtgetümmel ausgesprochen, dass man meinen könnte, in der Hitze des Kampfes habe er ohne klare Erwägung der Tragweite seiner Worte gelobet, sondern er sprach sein Gelübde aus bevor er gegen die Ammoniter auszog (vgl. v. 30 u. 32). — Was aber die religiöse Bildung Jephtahs betrifft, so hat er zwar vor seiner Erwählung zum Anführer der Israeliten während seiner Verstossung aus seinem Vaterhause und Vaterlande ein Freibeuterleben geführt, aber daraus allein auf sittliche Verkommenheit und religiöse Rohheit zu schliessen, das verbietet schon der analoge Fall aus

---

[1] „Die Menschenopfer gehören nicht einmal dem Heidenthume überhaupt, sondern der schwärzesten Nachtseite des Heidenthums an. Sie kommen nur bei den religiös und sittlich versunkensten Völkern vor." Diese Bemerkung von *Hengstenberg* (Beitr. III S. 144) lässt sich nicht — wie *Kurtz*, Gesch. d. A. B. I S. 210 f. meint — entkräften durch Verweisung auf *Euseb. praep. ev. 4, 16*; *Baur* Symb. II, 2 S. 298 ff.; *Lasaulx*, Sühnopfer der Griechen und Römer 1841 S. 8—12; *Ghillany* die Menschenopfer der alten Hebräer. 1842 S. 107 ff., da der unkritische Ckarakter der in diesen Schriften zusammengestellten Zeugnisse bei näherer Ansicht derselben in die Augen springt, und *Eusebius* seine Belege nur aus Porphyrius und andern späten Schriften geschöpft hat

dem Leben Davids. Als David vor Saul aus seinem Vaterlande flüchten musste, führte er auch ein Leben, dass sich allerlei nicht eben fromme und tugendhafte Leute, sondern alle die in Noth sich befanden und Gläubiger hatten und verbitterten Gemüthes waren (1 Sam. 22, 2), um ihn sammelten, und doch leibte und lebte David in dieser Lage im Gesetze des Herrn. Auch Jephtah war nicht ohne Gottesfurcht, das beweist schon der Umstand, dass er gleich bei seiner Zurückholung aus der Verbannung den Sieg über die Ammoniter von Jehova erwartet und den Vertrag mit den Aeltesten Gileads „vor Jehova" abschliesst (v. 9 u. 10), das beweist ferner die Thatsache, dass er durch ein Gelübde sich des göttlichen Beistandes im Kriege zu versichern sucht. Eben so wenig lässt sich ihm mit Fug und Recht die Kenntniss des Gesetzes absprechen. Sollte er auch (wie *Kurtz* meint) die Verhandlung mit dem Ammoniterkönige, welche die genaueste Bekanntschaft mit dem Pentateuche verräth, nicht selbständig und aus eigener Kenntniss des Gesetzes geführt und die Absendung der Botschaft an den feindlichen König in der Volksversammlung zu Mizpa mit den anwesenden Priestern, Leviten und Volksältesten berathen haben, wobei die gesetzeskundigen Leviten seine mangelhafte Kenntniss des Gesetzes und der Geschichte der Vorzeit vervollständigt haben könnten: so brauchte doch der einzelne Israelit nicht erst das ganze pentateuchische Gesetz zu studiren und sich vollständig anzueignen, um die Einsicht und Ueberzeugung zu gewinnen, dass ein Menschenopfer mit dem Inhalte und Geiste der Jehovareligion unvereinbar, und der Gott Israels Jehova kein Moloch sei. Sodann: wenn wir auch nicht wissen, wie weit die Männer und Hausväter in Israel mit dem Inhalte des mosaischen Gesetzes bekannt und vertraut waren, so ist doch jedenfalls die Meinung (von *Kurtz*) ganz irrig, dass die Israeliten ihre Kenntniss des Gesetzes blos aus der Deut. 31, 10 ff. angeordneten öffentlichen Vorlesung des Gesetzes am Laubhüttenfeste des Sabbatjahres geschöpft hätten und, falls diese nur alle 7 Jahre einmal stattfindende Vorlesung unterblieb, das ganze Volk ohne alle Unterweisung im Gesetze geblieben wäre. Jene mosaische Verordnung hatte einen ganz andern Zweck als den, das Volk mit dem Inhalte des Gesetzes bekannt zu machen (s. die Erkl. j. St.). Sodann finden wir zwar in der Richterzeit das Gesetz des Herrn noch nicht so *in succum et sanguinem* des religiösen Volksbewusstseins verwandelt, dass das Volk der zauberischen Macht des Naturdienstes zu widerstehen vermocht hätte, sondern sehen dasselbe wiederholt in Baalsdienst verfallen: aber von Menschenopfern finden wir nirgends eine Spur selbst bei denen, die den Baalen nachhurten. Und wenn auch das theokratisch gesetzliche Bewusstsein selbst bei Männern wie Gideon getrübt erscheint, so dass dieser Richter zu Ophra ein widergesetzliches Ephod sich anfertigen liess, so gehört doch die Meinung, dass der Baalsdienst, in welchen die Israeliten immer wieder zurückfielen, mit Menschenopfern verbunden gewesen sei, zu den irrigen Vorstellungen von der Gestaltung des religiösen Lebens und der Abgötterei nicht nur unter den Israeliten, sondern auch bei den Cananitern, die sich mit geschichtlichen Zeugnissen und Thatsachen nicht erhärten lassen. Dass der cananitische Baals- und Asthartendienst, dem die

Israeliten sich ergaben, keine Menschenopfer verlangte, das erhellt unzweifelhaft schon daraus, dass selbst in der Zeit Ahabs und seines götzendienerischen Weibes Isabel, der Tochter des Sidonischen Königs Ethbaal,
welche den Baalsdienst zur Reichsreligion im Zehnstämmereiche erhoben und die Propheten Jehova's verfolgten und tödteten, von Menschenopfern nicht das Mindeste berichtet wird. Auch damals noch erschienen
Menschenopfer den Israeliten als so entsetzliche Greuel, dass die den König der Moabiter belagernden beiden Könige Israels, nicht nur der fromme Josaphat, sondern auch Joram der Sohn Ahabs und der Isabel, als
der Moabiterkönig in der höchsten Bedrängniss seinen Sohn als Brandopfer auf der Mauer opferte, sofort abzogen und die Fortsetzung des
Kriegs aufgaben (2 Kg. 3, 26 f.). Bei dieser Stellung der Israeliten zu den
Menschenopfern vor den Zeiten des Ahas und Manasse, welche den
Molochsdienst mit Menschenopfern in Jerusalem einführten, dürfen wir
dem Jephtah nicht ohne Weiteres die Darbringung eines blutigen Menschenopfers zutrauen, und dies um so weniger, als es bei dem diame-
tralen Gegensatze zwischen der Jehovaverehrung und dem Molochsdien-
ste undenkbar ist, dass Gott einen Molochsdiener, oder einen Mann der
fähig war ein Menschenopfer zu geloben und zu schlachten, zum Aus-
richter seines Werkes erwählt haben werde. Die Männer, die Gott zu
Trägern seiner Heilsoffenbarung, zu Vollziehern seines Willens wählte und
durch seinen Geist zu Richtern und Führern seines Volks ausrüstete, waren zwar mit mancherlei Schwächen, Fehlern und Sünden behaftet, so
dass sie mitunter tief fallen konnten, aber nirgends steht geschrieben, dass
der Geist Gottes jemals über einen Molochsdiener gekommen sei und denselben zum Helfer und Retter Israels mit seiner Kraft ausgerüstet habe.

Zu einem Molochsdiener dürfen wir also auch Jephtah nicht machen;
denn zu dem Gesagten kommt hinzu, dass auch der Bericht von der Vollziehung seines Gelübdes mit der buchstäblichen Auffassung der Worte
וַהַעֲלִיתִיהוּ עֹלָה von einem blutigen Brandopfer unvereinbar erscheint.
Aus dem Schmerze zwar, welchen Jephtah empfand und aussprach, als
seine einzige Tochter ihm entgegenkam, lässt sich über die Art und Weise
der Opferung nichts Sicheres folgern. Denn dieser erklärt sich, wie auch
die Vertheidiger der buchstäblichen Auffassung jener Worte zugeben,
eben so gut, wenn Jephtah durch sein Gelübde genöthigt wurde, seine
Tochter zu lebenslänglicher Jungfräulichkeit Jehova zu weihen, als wenn
er sie hätte tödten und auf dem Altare als Brandopfer verbrennen müssen. Aber die Bitte der Tochter, ihr zwei Monate Zeit zu gewähren, dass
sie mit ihren Freundinnen ihre Jungfräulichkeit auf den Bergen beweinen
könne, wäre ein wunderlicher Gegensatz zu der Nachricht, dass sie als
Opfer sterben sollte. Ueber die Jungfräulichkeit weinen heisst nicht darüber weinen, dass man als Jungfrau sterben, sondern darüber dass man
Jungfrau sein und bleiben müsse. Wollte man aber auch annehmen, dass
ihre Jungfrauschaft beweinen so viel heisse als ihr junges Leben beweinen (was sprachlich unstatthaft ist, da בְּתוּלִים nicht gleichbedeutend mit
נְעוּרִים ist), so wäre doch gar nicht einzusehen, warum dies *auf den Bergen*
geschehen sollte. „Es ist auch gegen alle menschliche Natur, dass ein

Kind das sterben soll die ihm gewährte Frist benutzt, den Vater zu verlassen. Eine Frist, sich des Lebens noch zwei Monate zu freuen, bevor man sterben soll, hätte einen Sinn — aber gerade die Jungfrauschaft zu beweinen, wenn ein Opfertod bevorsteht, der das einzige Kind dem Vater entreisst, ist über alle gewöhnliche Sitte menschlicher Herzen. Da aber die Erzählung besonderen Nachdruck auf das Beweinen ihrer Jungfrauschaft legt, so muss dasselbe in einer besonderen Beziehung zu der Weise ihres Gelübdes stehen. Wenn ein Mädchen ihr jungfräuliches Wesen beweint, kann dies nur darin sich begründen, dass es eine Knospe bleibt die sich nicht entfaltet, nicht durch den Tod verhindert, sondern durch das Leben" (*P. Cassel* S. 473). Dazu kommt der Zusatz: „*auf den Bergen*" ihre Jungfrauschaft zu beweinen. „Wenn es dem Leben galt, so konnten auch zu Hause dieselben Thränen fliessen. Aber es war die Klage der Jungfräulichkeit gewidmet; sie konnte nicht angestimmt werden in der Stadt, in Gegenwart von Männern. Die keusche Sitte erheischte für diese Klagen die Einsamkeit der Berge. Es enträthselt sich das tugendhafte Herz des Mädchens nicht vor Aller Ohr, sondern in heiliger Stille stossen sie die Liebesklage aus" (*P. Cass.* S. 476). Ebenso wenig stimmt der Zusatz in dem Berichte von der Erfüllung des Gelübdes: „sie aber hat keinen Mann erkannt" zu der Annahme eines Opfertodes. Zur näheren Beschreibung desselben kann dieser Zusatz nicht dienen, da bereits bekannt ist, dass sie eine Jungfrau war. Einen Sinn gewinnen die Worte nur, wenn wir sie mit dem Vorhergehenden: „Er that an ihr sein Gelübde" in Verbindung setzen und von dem verstehen, was die Tochter zur Erfüllung des Gelübdes that. Ihr Vater erfüllte an ihr sein Gelübde, sie aber hat keinen Mann erkannt d. h. das Gelübde dadurch erfüllt, dass sie keinen Mann erkannte, dass sie in lebenslänglicher Keuschheit ihr Leben dem Herrn als geistliches Brandopfer weihte. Diese Opferwilligkeit der Tochter war es, die zu preisen die Töchter Israels jährlich gingen sc. auf die Berge, wohin ihre Freundinnen mit ihr zum Beweinen ihrer Jungfräulichkeit gezogen waren, und dort vier Tage im Jahre priesen. — Wie diese Worte, so spricht auch der Umstand entscheidend für die geistliche Opferung, dass der Geschichtschreiber mit den Worten: „er that an ihr sein Gelübde" die Erfüllung desselben so beschreibt, dass man glauben muss, er habe die That für löblich und gut gehalten. Ein Menschenopfer konnte aber ein prophetischer Geschichtschreiber nimmermehr billigen; und dass der Verf. des Buchs der Richter das Tadelnswerthe an den Richtern nicht verschweigt, das erhellt schon aus seiner Bemerkung über das Vergehen Gideons (8, 27), welches doch im Vergleiche mit dem Greuel eines Menschenopfers nur eine geringe Versündigung war. — Hiezu kommt endlich noch die Schwierigkeit der Sache selbst. Die Worte: „er that an ihr sein Gelübde" setzen unzweifelhaft voraus, dass Jephtah seine Tochter Jehova als עוֹלָה darbrachte. Brandopfer aber, nämlich blutige Brandopfer, bei welchen die Hostie geschlachtet und auf dem Altare im Feuer angezündet wurde, konnten Jehova nur auf dem gesetzlichen Altare bei der Stiftshütte oder vor der Bundeslade dargebracht werden durch Vermittlung der levitischen Priester, falls nicht das Opfer, woran hier nicht zu denken, durch eine ausserordentliche Gottesoffenbarung veranlasst war. Ist es aber wol glaublich, dass ein Priester oder die Priesterschaft sich dazu verstanden haben sollte, auf dem Altare Jehova's ein Opfer darzubringen, welches im Gesetze als der abscheulichste Greuel der Heiden perhorrescirt war? Diese Schwierigkeit lässt sich auch nicht beseitigen durch die Auskunft, dass Jephtah ohne priesterliche Assistenz und Vermittlung auf irgend einem Winkelaltar seine Tochter geschlachtet und verbrannt habe. Denn ein solches Thun würde der prophetische Geschichtschreiber nicht als Erfüllung des Gelübdes: dem Herrn ein Brandopfer darzubringen bezeichnet haben, weil dasselbe eben kein dem Jehova dargebrachtes, sondern ein dem Moloch geschlachtetes Opfer gewesen wäre.[1]

Alle diese Umstände fordern, recht erwogen, fast gebieterisch die geistliche Deutung des וְהַעֲלָ֫ה עוֹלָ֑ה. Zwar lassen sich für die geistliche Fassung der Worte keine ganz entsprechenden Parallelstellen aus dem A. T. beibringen; aber die Keime zur geistlichen Auffassung der Worte, wie sie uns in den Psalmen und prophetischen Schriften entgegentritt, liegen schon in der Forderung Gottes an Abraham, ihm seinen einzigen Sohn Isaak als Brandopfer darzubringen, verglichen mit dem Ausgange dieser Versuchung Abrahams, dass Gott die Bereitwilligkeit seinen Sohn leiblich zu opfern als vollgültiges Opfer annahm und statt des Sohnes ihm einen Widder zum blutigen Opfer darreichte. Wie diese Thatsache lehrt, dass Gott nicht das leibliche, sondern das geistliche Menschenopfer fordert, so zeigen die gesetzlichen Bestimmungen über die Lösung der dem Herrn gehörenden Erstgeburt und der ihm gelobeten Personen (Ex. 13, 1. 18. Num. 18, 15 f. Lev. 27, 1 ff.), wie die Israeliten sich und ihre Angehörigen dem Herrn weihen konnten, ohne die ihm gelobeten Personen auf dem Altare zu verbrennen. Endlich erhellt aus der nur ganz gelegentlichen Erwähnung von den dienenden Weibern bei der Stiftshütte (Ex. 38, 8. 1 Sam. 2, 22), dass in Israel Personen ihr Leben dem Herrn beim Heiligthum so widmeten, dass sie ganz der Welt entsagten. Eine solche Uebergabe an den Herrn hatte ohne Zweifel auch Jephtah im Sinne, als er sein Gelübde aussprach, wenigstens für den Fall, wenn der Herr, dem er die Bestimmung des Opfers anheimgegeben, einen Menschen zum

---

1) Ganz treffend bemerkt auch *Auberlen* a. a. O. S. 540: „Die Geschichte der Tochter Jephta's wäre schwerlich der Aufbewahrung in heil. Schrift werth geachtet worden, wenn die Jungfrau wirklich geopfert worden wäre; denn dann sänke das Ereigniss im besten Falle zu einer blossen Familiengeschichte ohne theokratische Bedeutung herab, in Wahrheit aber wäre es vielmehr nach 5 Mos. 12, 31 (vgl. 18, 9. Lev. 18, 21. 20, 1—5) ein antitheokratischer Greuel. Die Handlung Jephta's stände dann etwa auf derselben Stufe mit der Blutschande Lots (Gen. 19, 30 ff.) und könnte nur genealogischen oder ähnlichen Rücksichten ihre Aufnahme in den Kanon verdanken. Von solchen tritt ja aber hier das Gegentheil ein, und wenn man nach dem Schlusse der ganzen Erzählung (11, 39. 40) den Zweck derselben in der Erklärung des Ursprungs des der Tochter Jephta's geweihten Erinnerungsfestes sehen kann, so wendet sich auch diese Instanz gegen die gewöhnliche Auffassung. — Die Sache bleibt in den Augen des Gesetzes ein Greuel, und die kanonische Schrift würde sich nicht zur Erklärung und eben damit Beschönigung eines direct gesetzwidrigen Institutes hergeben.“

Opfer fordern sollte. In dem Worte עוֹלָה liegt nicht wie in dem deutschen Worte Brandopfer der Begriff des Verbrennens, sondern nur das Aufsteigen auf den Altar oder die völlige Hingabe an den Herrn. עוֹלָה ist das Ganzopfer im Unterschiede von den andern Opfern, von welchen nur ein Theil dem Herrn übergeben wurde. Wenn nun eine Jungfrau zum geistlichen עוֹלָה bestimmt wurde, so verstand es sich von selbst, dass sie fortan ganz dem Herrn gehören, also lebenslänglich Jungfrau sein und bleiben musste. Daraus dass Nasiräer heiratheten, selbst solche die lebenslänglich zu Nasiräern gelobt waren, lässt sich durchaus nicht folgern, dass auch den durch ein Gelübde dem Herrn geweihten Jungfrauen die Verehelichung freigestanden hätte. Ueber diesen geistlichen Opferdienst erfahren wir zwar aus dem A. Test. nichts Näheres; aber das Fehlen genauerer Angaben darüber berechtigt keinenfalls dazu, die Sache selbst in Abrede zu stellen. Auch über den geistlichen Dienst der Weiber bei der Stiftshütte fehlen nähere Nachrichten und wir würden über diese Institution gar nichts erfahren haben, wenn nicht diese Weiber zu Mose's Zeit ihre Spiegel zur Anfertigung des heiligen Beckens geopfert und später die Söhne Eli's solche Weiber geschändet hätten. In dieser Beziehung hat schon *Clericus* die sehr wahre und viel zu wenig beachtete Bemerkung gemacht: *Profecto non est, ut saepe dixi, putandum tam exiguo volumine, quale est Vetus Testamentum, contineri consuetudines omnes Hebraeorum, aut plenam omnium eorum, quae apud eos facta sunt, historiam haberi. Quare necesse est ad multa subinde alludi quae non adsequimur, quia alibi eorum mentio nulla occurrit.*

Cap. XII, 1—7. Jephtahs Krieg mit den Ephraimiten und Richteramt. V. 1. Die Eifersucht des nach Hegemonie trachtenden Stammes Ephraim hatte sich schon unter Gideon in einer Weise geregt, dass nur die besonnene Mässigung dieses Richters den Ausbruch offener Feindseligkeit abwandte. Als nun auch die ostjordanischen Stämme unter Jephtah ohne die Mitwirkung der Ephraimiten die Ammoniter besiegt hatten, da glaubte Ephraim seine Ansprüche auf die Herrschaft in Israel mit Gewalt geltend machen zu müssen. Die Ephraimiten thaten sich zusammen (נִצְעַק wie 7, 23) und zogen hinüber צָפוֹנָה, was gewöhnlich appellativisch gefasst wird: nordwärts, höchst wahrscheinlich aber *nomen propr.* ist: „nach *Zaphon*", der Jos. 13, 27 neben Succoth genannten Stadt der Gaditen im Jordanthale, d. i. nach einer freilich sehr unsichern Angabe der *Gemara* bei *Reland* (*Pal. p. 308*) עמתו, das Ἀμαϑοῦς (bei *Joseph. Ant. XIII, 13, 5. XIV, 5, 4. Bell. jud. I, 4, 2* u. a. s. *Rel. p. 559 sq.*), die heutige Ruine *Amata* bei *Burckh.* (Syr. S. 596, aber nicht عَمْتَا nach *Burckh.* u. *Robins.* III S. 920, sondern عَمْتَا nach *Edrisi Syr. ed. Rosenm. p. 8*) am Wady *Radschib* oder *Adschlun*, deren Lage zu unserer Stelle passen würde — und drohten Jephtah, weil er ohne sie mit den Ammonitern Krieg geführt hatte: „Dein Haus werden wir über dir mit Feuer verbrennen." Dieser Anmassung und Drohung trat Jephtah energisch entgegen. Er antwortete v. 2 f.: „Ein Mann des Streits bin ich gewesen, ich und mein Volk (einer-) und die Söhne Ammons (andrerseits) sehr", d. h. ich und mein Volk wir lagen mit den Ammonitern in schwerem Streite. „Da rief

ich euch, ihr aber habt mich nicht aus ihrer Hand errettet, und da ich
sah, dass du (Ephraim) mir nicht halfest, so habe ich mein Leben in meine
Hand gestellt (d. h. daran gewagt, aufs Spiel gesetzt, vgl. 1 Sam. 19, 5.
28, 21. Hi. 13, 14. Das *Ketibh* אַשִׂימָה kommt von יָשַׂם vgl. Gen. 24, 33)
und bin gegen die Ammoniter gezogen, und Jehova hat sie in meine Hand
gegeben." Die Aufforderung Jephtahs an die Ephraimiten zum Kampfe
gegen die Ammoniter ist in c. 11 nicht erwähnt, wahrscheinlich aus keinem anderen Grunde, als weil sie keinen Erfolg hatte. Die Ephraimiten
hatten aber ihre Mitwirkung wol nur deshalb versagt, weil die Gileaditen,
ohne sie zu fragen, Jephtah zum Feldherrn ernannt hatten. Hienach hatten die Ephraimiten gar keine Ursache, so hochfahrend und feindselig gegen Jephtah und die Gileaditen aufzutreten, und Jephtah hatte volles
Recht, nicht nur sie zu fragen: „Warum seid ihr jetzt (הַיּוֹם חַזֶּה diesen
Tag) gegen mich herangezogen, um wider mich zu kriegen?" sondern
auch solchem Gebahren mit Waffengewalt entgegenzutreten. — V. 4. Er
sammelte daher alle Männer (Kriegsmänner) Gileads und schlug die
Ephraimiten, weil sie gesagt hatten: פְּלִיטֵי אֶפְרַיִם „Ausreisser Ephraims
seid ihr Gileaditen inmitten Ephraims und Manasse's." Der Sinn dieser
dunklen Worte ist wahrscheinlich folgender: Ihr Gileaditen seid ein aus
verlaufenen Ephraimiten entstandenes Gesindel — *estis homines obscuri
et nullius nominis, habitantes inter duas tribus clarissimas et nobilissimas.*
Ros. Dieser Schimpf galt wol nicht den Stämmen Ruben und Gad als
solchen, sondern nur den von Jephtah aus Gilead gesammelten Kriegern.
Denn פְּלִיטֵי אֶפְרַיִם mit *Scb. Schm.* u. *Stud.* durch *erepti Ephraim.* Gerettete Ephraims zu übersetzen und darauf zu beziehen, dass die Gileaditen
während des 18jährigen Druckes der Ammoniter bei den Ephraimiten Zuflucht gefunden hätten, ist gegen den Sprachgebrauch von פָּלִיט, indem
dieses Wort nur den Flüchtling bedeutet, der einer Gefahr entronnen ist,
nicht aber den, der bei einem andern Schutz sucht und findet. Diese Be-
schimpfung ihrer Brüder mussten die Ephraimiten mit einer furchtbaren
Niederlage büssen. V. 5. Als die Gileaditen sie geschlagen hatten, besetzten sie die Furten des Jordan den Ephraimiten (oder nach Ephraim hin,
s. 3, 28. 7, 24), um ihnen die Flucht und Rückkehr in ihre Heimat abzuschneiden. Wenn nun „Flüchtlinge Ephraims hinüber gehen wollten, fragten die Männer Gileads: Bist du אֶפְרָתִי d. h. Ephraimit? und sagte er:
nein, so liessen sie ihn das W. *Schibboleth* (שִׁבֹּלֶת Strömung, Flut wie
Ps. 69, 3. 16; nicht: Aehre, was hier fern liegt) aussprechen; und sprach
er *Sibboleth*, indem er nicht Acht gab richtig zu sprechen, so ergriffen
sie ihn und schlachteten ihn an den Furten des Jordan." Auf diese Weise
fielen in jener Zeit d. i. während des ganzen Krieges 42000 Ephraimiten.
פְּלִיטֵי אֶפְרַיִם die Flüchtlinge Ephraims sind die aus der Schlacht entkom-
menen Ephraimiten, die in ihre Heimat zurückkehren wollten. Der Ausdruck steht hier in seiner gewöhnlichen Bedeutung, nicht mehr mit der
schimpflichen Nebenbedeutung, in welcher die Ephraimiten v. 4 ihn gebraucht hatten. Aus dieser Erzählung erfahren wir gelegentlich, dass die
Ephraimiten für *sch* (שׁ) gewöhnlich *s* (ס) sprachen. הָכִין steht elliptisch
für הֵכִין לֵב sein Herz worauf richten, Acht geben, vgl. 1 Sam. 23, 22.

1 Chr. 28, 2 mit 2 Chr. 12, 14. 30, 19. — V. 7. Sechs Jahre richtete Jephtah Israel, wol nur die ostjordanischen Stämme. Als er starb, wurde er
in einer der Städte Gileads begraben. Der Plur. בְּעָרֵי גִלְעָד steht in unbe-
stimmter Allgemeinheit wie Gen. 13, 12. Neh. 6, 2 u. a.; vgl. *Gesen.* Lehrgeb. S. 665, weil der Geschichtschreiber die bestimmte Stadt nicht anzugeben wusste.

Cap. XII, 8—15. Die Richter Ebzan, Elon und Abdon.

Von diesen drei Richtern sind ebenso wie von Thola und Jair keine
besonderen Thaten überliefert; vgl. die Bem. zu 10, 1. Aus dem וַיִּשְׁפֹּט
אַחֲרָיו v. 8. 11 u. 13 folgt aber, dass sie, einer nach dem andern, Nachfolger Jephtahs waren, dass also ihr Richteramt sich auch nur über die ostjordanischen Stämme und vielleicht die nördlichen Stämme im diesseitigen Lande erstreckt hat. V. 8 f. *Ebzan* stammte aus *Bethlehem* d. i. aber
schwerlich nach *Jos. Ant. V, 7, 13* die Stadt dieses Namens im St. Juda, die
gewöhnlich durch den Zusatz יְהוּדָה (17, 7. 9. Rut 1, 2. 1 Sam. 17, 12) oder
Ephrata (Mich. 5, 1) näher bestimmt ist, sondern Bethlehem im St. Sebulon
Jos. 19, 15. Er hatte 30 Söhne und 30 Töchter, welche letzteren er entliess הַחוּצָה aus seinem Hause d. h. verheirathete, und dafür 30 Töchter
seinen Söhnen von aussen her als Frauen zuführte. Er richtete Israel
12 Jahre und ward in Bethlehem begraben. — V. 11 f. Sein Nachfolger
war der Sebulonit *Elon*, der nach 10jährigem Richteramte starb und zu
Ajalon im Lande Sebulon begraben wurde. Dieses *Ajalon* hat sich wahrscheinlich erhalten in der Ruinenstätte *Jalûn* gegen 4 Stunden östlich von
Akka und ½ St. SSW. von Medschdel Kerun, vgl. *v. de Velde Mem.*
p. 283. — V. 13—15. Ihm folgte der Richter *Abdon*, der Sohn Hillels aus
Piraton. Dieser Ort, wo Abdon als er nach 8jährigem Richteramte starb
auch begraben wurde, lag im Lande Ephraim auf dem Amalekitergebirge
(v. 15), in 2 Sam. 23, 30. 1 Chr. 11, 31 als Heimat des Helden Benaja noch
erwähnt, d. i. $\Phi\alpha\rho\alpha\vartheta\omega$ (lies $\Phi\alpha\rho\alpha\vartheta\omega\nu$) 1 Makk. 9, 50 u. *Joseph. Ant.*
XIII, 1, 3, und hat sich erhalten in dem Dorfe *Fer'ata* (فرعتا) gegen
2½ St. WSW. von Nabulus; s. *Rob.* Pal. III S. 877. bibl. Forsch. S. 175 u.
v. de Velde Mem. p. 340. — Ueber das Reiten seiner Söhne und Töchter
auf Eseln vgl. die Bem. zu 10, 4. —

Cap. XIII—XVI. Simsons Leben und Kämpfe gegen die Philister.

Während Jephtah in der Kraft Gottes die ostjordanischen Stämme
Israels von dem Drucke der Ammoniter befreite, dauerte die Unterdrückung vonseiten der Philister im Westjordanlande 40 Jahre ununterbro-
chen fort (18, 1) und steigerte sich wol mehr und mehr nach dem unglücklichen Kriege in den letzten Jahren des Hohepriesterthumes Eli's, in welchem die Israeliten schwere Niederlagen erlitten und sogar die Bundeslade an die Philister verloren (1 Sam. 4). Aber auch in dieser Zeit der
Noth liess sich Jehova, der Gott Israels, nicht unbezeugt, sowol an seinen

Feinden, den Philistern, als auch an seinem Volke Israel. Die triumphi-
rende Freude der Philister über die Erbeutung der Bundeslade verwan-
delte sich bald in grosse, ja tödtliche Bestürzung, als ihr Götze Dagon vor
der Lade Gottes von seiner Stätte gefallen war und mit abgebrochenem
Haupte und Händen auf der Schwelle seines Tempels zerschlagen lag und
die Bewohner von Asdod, Gath und Ekron, wohin die Bundeslade gebracht worden, von der Hand Jehova's mit Beulen schwer geschlagen wurden, so dass die Philisterfürsten sich genöthigt sahen, die ihrem Volke
nur Verderben bringende Lade mit einem Schuldopfer ins Land der Israeliten zurückzusenden (1 Sam. 5 u. 6). — Um diese Zeit hatte der Herr
auch schon seinem Volke in *Simson* einen Helden erstehen lassen, dessen
Thaten den Israeliten und den Philistern zeigen sollten, dass der Gott
Israels die Macht besitze, seinem Volke zu helfen und seine Feinde zu
schlagen.

Das Leben und Wirken *Simsons*, der Israel aus der Hand der Philister zu erretten anfangen sollte und 20 Jahre lang unter der Herrschaft
der Philister Israel gerichtet hat (13, 5. 15, 20), wird in c. 13—16 in einer Ausführlichkeit erzählt, die in keinem Verhältnisse zu stehen scheint
zu der Hülfe und Rettung, welche er seinem Volke geschafft hat. Seine
Geburt schon wird durch eine Erscheinung des Engels des Herrn seinen
Eltern angekündigt und der Knabe von Mutterleibe an zum Nasiräer bestimmt. Als er dann herangewachsen war, fing der Geist Jehova's an ihn
zu treiben, dass er Gelegenheit suchte, den Philistern seine wunderbare
Stärke zu zeigen und in einer Reihe von Händeln sie empfindlich zu schlagen, bis er endlich von der verführerischen Delila sich berücken liess, ihr
das Geheimniss seiner übernatürlichen Stärke zu verrathen und durch
ihren Verrath in die Gewalt der Philister gerieth und von denselben des
Lichtes seiner Augen beraubt, zum schwersten und niedrigsten Sklaven-
dienste gezwungen wurde, von dem er nur durch seinen Tod sich zu befreien vermochte und auf eine Weise sich befreit hat, dass seine Feinde
nicht über ihn triumphiren konnten, indem er bei seinem Sterben ihrer
mehr tödtete als er bei seinem Leben getödtet hatte. Wie schon dieser
in der That geringe Erfolg des Wirkens dieses Gotteshelden der Erwartung nicht entspricht, die man aus der wunderbaren Ankündigung seiner
Geburt schöpfen könnte, so scheint noch weniger die Beschaffenheit seiner Heldenthaten dem Wirken eines vom Geiste Gottes getriebenen Helden zu entsprechen. Seine Thaten tragen nicht nur äusserlich angesehen
das Gepräge des Abentheuerlichen, Tollkühnen und Willkührlichen, sondern hängen auch fast alle mit Liebeshändeln zusammen, so dass es den
Anschein gewinnt, als habe Simson die ihm verliehene Gabe durch den
Dienst seiner sinnlichen Lust entwürdigt und vergeudet und durch seine
Schuld sich den Untergang bereitet, ohne seinem Volke eine wesentliche
Hülfe gebracht zu haben. „Der die Stadtthore von Gaza auf die Höhe
des Berges trägt, ist der Sklave eines Weibes, an das er die Kraft seiner
Nasiräerlocken leichtsinnig verräth. Diese Locken wachsen wieder und
seine Kraft kommt wieder, aber nur um sich und seine Feinde in den Tod
zu stürzen" (*Ziegler*). Sollen wir in einem solchen Charakter einen Strei-

ter des Herrn erkennen? Soll Simson, der zuvor verheissene Sohn einer
Unfruchtbaren, ein Nasiräer von seiner Geburt an, die Spitze und Blüthe
des Richterthums sei? — Wir stehen nicht an diese Fragen zu bejahen,
und gehen zur Rechtfertigung dieser Ansicht von der auch von *Ewald* und
Diestel als geschichtlich anerkannten Thatsache aus, dass in dem Nasi-
räate Simsons der tiefernste Hintergrund seines Wesens zu suchen sei,
oder vielmehr dass darin die ganze Bedeutung seines Wesens und Wirkens als Richter gipfele. Der Nasiräer war aber nicht, wie *Berth.* meint,
„ein vom menschlichen Treiben und Lärmen Abgesonderter", sondern
die Bedeutung des Nasiräats lag in der Weihung des Lebens an Gott, welche in lebendigem Glauben wurzelnd sich äusserlich darstellte negativ in
der Enthaltung von allem Unreinen und von dem Genusse des Weins und
jeglicher Frucht des Weinstocks, und positiv in dem Tragen unbeschnittenen Haupthaares. Diese Weihung des Lebens an Gott war bei Simson
keine That freien Entschlusses, kein aus eigenem Antriebe übernomme-
nes Gelübde, sondern war ihm durch göttliche Bestimmung von seiner
Empfängniss und Geburt an auferlegt. Als Nasir d. h. als ein Verlobter
des Herrn sollte er anfangen, Israel aus der Hand der Philister zu erretten, und das leibliche Zeichen seines Nasiräats, sein von keinem Scheermesser berührtes Haupthaar, war das Vehikel seiner übernatürlichen
Kraft, mit welcher er die Philister schlug. In dem Nasiräer Simson wollte
der Herr aber seinem Volke nicht blos einen Mann aufstellen, welcher
durch festen Glauben und zuversichtliches Vertrauen auf die ihm verliehene Gottesgabe in Heldenkraft vor dem versunkenen Geschlechte her-
vorragte und demselben die Aussicht auf eine neue Erhebung seiner Kraft
im Grossen und Ganzen eröffnete, um durch ein solches Vorbild die in
dem Volke schlummernden Kräfte und Fähigkeiten zu wecken, sondern
Simson sollte seinem Zeitalter überhaupt ein Bild darstellen sowol von
der Kraft, welche das Volk Gottes zur Ueberwindung seiner mächtigsten
Feinde durch treue Hingebung an den Herrn seinen Gott empfangen
könne, als auch von der Schwäche, in welche es durch seine Bundbrüchig-
keit und sein Buhlen mit den Heiden gerathen sei. In dieser Vorbild-
lichkeit Simsons und seines Wirkens liegt die Blüthe und Spitze des
Richterthums.

Die Richter, welche Jehova in der Zwischenzeit zwischen Josua und
Samuel seinem Volke erweckte, waren weder Heerführer noch Regenten
des Volks, keine von Gott gesetzte und mit der Regierung des Staates betraute Obrigkeit. Sie wurden auch nicht aus den Häuptern des Volkes
erwählt, sondern vom Herrn theils durch seinen Geist, der über sie kam,
theils durch Propheten und ausserordentliche Gottesoffenbarungen aus
der Mitte ihrer Brüder zu Befreiern des Volks von seinen Feinden berufen; und der Einfluss, den sie nach Besiegung und Demüthigung der Feinde bis zu ihrem Tode auf die Leitung des Volks und seiner allgemeinen
Angelegenheiten ausübten, war nicht Ausfluss einer obrigkeitlichen Stellung, sondern nur eine Frucht und Wirkung ihrer persönlichen Tüchtig-
keit und erstreckte sich daher meistentheils auch nur auf die Stämme,
welchen sie Rettung von der feindlichen Unterdrückung geschafft hatten.

Zur Lösung der für jene Zeit dem Volke obliegenden Aufgabe brauchten
die Stämme Israel kein gemeinsames weltliches Oberhaupt (vgl. S. 179).
Daher erweckte Gott ihnen auch die Richter nur in Zeiten der Noth.
Denn ihr Auftreten und Wirken sollte nur die Macht offenbaren, die der
Herr durch seinen Geist seinem Volke verleihen könne, einerseits zur Er-
munterung Israels, damit es sich ernstlich zu seinem Gott bekehre und
durch Festhalten an seinem Bunde die Kraft zur Ueberwindung aller seiner Feinde empfange, andrerseits zum Schrecken der Feinde, damit diese
nicht die Macht zur Unterjochung Israels ihren Götzen zuschrieben, sondern die Allmacht des wahren Gottes fürchten lernten. Diese von den
Richtern entfaltete Gotteskraft Israels gipfelte in Simson. Wenn der Geist
Gottes über ihn gerieth, so verrichtete er Machtthaten, welche die über-
mächtigen Philister die Allmacht Jehova's fühlen liessen. Und diese Kraft
besass Simson vermöge seines Nasiräats, weil er vom Mutterleibe an dem
Herrn verlobt oder geweiht war, so lange als er das ihm auferlegte Gelübde treu bewahrte.

Wie aber in der treuen Bewahrung seines Gelübdes seine Stärke lag,
so trat in seinem natürlichen Charakter, besonders in dem Buhlen mit
den Töchtern der Philister, seine Schwäche hervor; und in dieser Schwäche spiegelte sich der natürliche Charakter seines Volks, dessen beständig-
dige Hinneigung zu den Heiden, ab. Liebe zu einer Philisterin in Thimna
gab Simson nicht nur den ersten Anlass, den Philistern seine Heldenkraft
zu zeigen, sondern verwickelte ihn auch in eine Reihe von Kämpfen, in
welchen er den Unbeschnittenen sehr empfindliche Schläge versetzte.
Dieser Anlass zum Kampf gegen die Philister kam von Jehova (14, 4),
und in diesen Kämpfen stand ihm auch Jehova mit der Kraft seines Geistes bei und öffnete ihm in dem schweren Streite bei Lechi eine Wasserquelle, um seine ermattenden Kräfte wieder zu beleben (15, 19). Dagegen mit seinem Gange zu der Hure in Gaza und mit seiner Liebschaft mit
der Delila betrat er Wege des Fleisches, die ihn dem Untergange zuführ-
ten. In seinem durch Preisgebung des Unterpfandes der ihm anvertrauten Gottesgabe herbeigeführten Untergange wurde die Ohnmacht des
Richterthums, dem Volke Gottes die Herrschaft über seine Feinde zu
schaffen, offenbar. Wie die Stärke, so erreichte auch die Schwäche des
Richterthums ihre Spitze in Simson. Die den Richtern zur Rettung ihres
Volkes verliehene Kraft des Geistes Gottes wurde von der Macht des wider den Geist gelüstenden Fleisches überwältigt.

Aus diesem von Gott ihm angewiesenen besonderen Berufe erklärt
sich auch die Eigenthümlichkeit des Wirkens Simsons, nicht nur der geringe äusserliche Erfolg seiner Heldenthaten, sondern auch der denselben
anhaftende Charakter abenteuerlicher Kühnheit. Obwol von Mutterleibe
an zum Nasiräer bestimmt, sollte er doch die Rettung seines Volkes aus
der Hand der Philister nicht vollbringen, sondern nur anfangen d. h. durch
Entfaltung übernatürlicher Heldenkraft dem Volke nur die Möglichkeit
der Rettung zeigen oder die Kraft offenbaren, mit welcher ein Mann tausend Feinde schlagen könne. Zur Erreichung dieses Zweckes mussten
sich die Thaten Simsons von den Thaten der an der Spitze von Kriegs-

schaaren streitenden Richter unterscheiden und das Gepräge der Zuversicht und Kühnheit im Vollgefühle unbesiegbarer Gotteskraft augenfällig an den Tag legen.

Wenn aber in Simsons Wesen und Wirken der Geist, welcher während der Richterzeit in Israel waltete, in seiner Stärke und seiner Schwäche gipfelt, so kann auch der wunderbare Charakter seiner Thaten für sich allein keinen Grund dafür abgeben, den Bericht von diesen Thaten für ein Erzeugniss der die geschichtlichen Thatsachen in Wunder umgestaltenden Sage zu erklären, wenn man nicht vom Standpunkte der naturalistischen Weltanschauung aus das Wunder überhaupt und damit zugleich das übernatürliche Wirken und Walten des lebendigen Gottes unter seinem Volke *a priori* leugnen will. Auch die formale Beschaffenheit der ganzen Erzählung von Simson, auf welche die Gegner der biblischen Offenbarung zur weiteren Begründung dieser Ansicht sich berufen, liefert hiefür keinen stichhaltigen Beweis. Die äussere Abrundung derselben zu einem abgeschlossenen Ganzen beweist weiter nichts, als dass Simsons Leben und Wirken ein in sich abgeschlossenes Ganzes bildete. Die Behauptung aber, dass runde Verhältnisse einen passenden Rahmen für die einzelnen Berichte bilden, und dass gerade 12 Thaten, zu schönen Gemälden vereinigt und in künstlicher Anordnung vorgeführt, von Simson berichtet seien (*Berth.*), widerspricht der thatsächlichen Beschaffenheit des biblischen Berichts. Um gerade 12 Heldenwerke zu gewinnen, muss *Berth.* die Erfahrung wunderbarer göttlicher Hülfe durch Oeffnung einer Wasserquelle (15, 18 f.) zu einer Heldenthat Simsons stempeln und ausserdem eng Zusammengehöriges, wie das dreimalige Zerreissen der Bande, als verschiedene Thaten besonders zählen.[1] Halten wir uns einfach an den biblischen Bericht, so zerfällt das Wirken Simsons in zwei Abschnitte. Der *erste* (c. 14 u. 15) umfasst die Thaten, in welchen Simson die Phister immer stärker schlägt, der *zweite* (c. 16) die Thaten, durch die er seinen Fall und Untergang herbeiführt. Diese Abschnitte sind durch die Angabe der Dauer seines Richterthums (15, 20) von einander geschieden, und diese Angabe wird am Schlusse des ganzen Berichts (16, 31) nochmals kurz wiederholt. In den *ersten* Abschnitt fallen 6 Thaten, von welchen je zwei enger zusammenhängen: 1 u. 2. die Zerreissung des Löwen auf dem Gange nach Thimna und die Tödtung von 30 Philistern, um mit den ihnen abgenommenen Gewändern die Lösung seines Räthsels zu be-

---

1) Aus diesen Gründen hat schon *L. Diestel*, Art. Simson in *Herzogs* Realencykl. XIV S. 410 ff., die *Bertheau*sche Zählung als unzutreffend abgelehnt, und auch die von *Ewald* (Gesch. II S. 525 ff.) aufgestellte Gliederung in fünf Acte und drei Wendungen in jedem verworfen, weil *Ew.*, um diese Gruppirung zu erhalten, nicht nur die allgemeine Angabe 13, 25: „der Geist Gottes fing an Simson zu treiben" auf eine jetzt verschwiegene Heldenthat beziehen, sondern dazu noch annehmen muss, dass bei dem einen Acte (Thorflügel zu Gaza) in der heutigen Erzählung die beiden letzten Schritte der Sage ausgefallen seien, obwohl *D.* im Uebrigen fast durchgängig der *Ewald*schen Auffassung Simsons folgt. Die *Ewald-Bertheau*schen Ansichten liegen auch der Monographie: „Die Simsonssage nach ihrer Entstehung, Form und Bedeutung und der Heraclesmythus" von *Gust. Roskoff* (Lpz. 1860) zu Grunde, in welcher die Simsonssage als israelitische Gestaltung der Heraklessage gefasst wird.

zahlen (c. 14); 3 u. 4. die Rache an den Philistern durch Verbrennung ihrer Saaten, dafür dass sein Weib einem Philister gegeben worden war, und durch die grosse Niederlage, die er denselben wegen der Verbrennung seines Schwiegervaters und seines Weibes beibrachte (15, 1—8); 5 u. 6. die Zerreissung der Stricke, mit welchen seine Landsleute ihn gebunden hatten, um ihn den Philistern auszuliefern, und die Erschlagung von 1000 Philistern mit einem Eselskinnbacken (15, 9 —19). Den *zweiten* Abschnitt seines Lebens füllen 3 Thaten: 1. das Ausheben und Forttragen der Stadtthore von Gaza (16, 1—3); 2. das dreimalige Zerreissen der von der Delila ihm angelegten Bande (16, 4—14); 3. der Heldentod des durch Verrath der Delila in die Gewalt der Philister gekommenen und geblendeten Simson durch Umsturz des Dagonstempels (16, 15—31). In dieser Anordnung zeigt sich keine künstlerische Gestaltung und Abrundung des geschichtlichen Stoffes, die auf sagenhafte Ausschmückung hindeutete. Eben so wenig lässt sich endlich von dem volksthümlichen Reden Simsons in Sprichwörtern, gereimten Sprüchen und Wortspielen mit Fug und Recht behaupten, dass erst die begeisterte Volkssage diese Weise, seine Gedanken auszudrücken, ihm in den Mund gelegt und angedichtet habe. — Nach dem Allen liegt kein triftiger Grund vor, den geschichtlichen Charakter der ganzen Erzählung von Simsons Leben und Wirken in Zweifel zu ziehen. [1]

Cap. XIII. Simsons Geburt.

V. 1. Mit der stehenden Formel: „Und die Söhne Israels thaten wiederum Böses u. s. w." (vgl. 10, 6. 4, 1. 3, 12) wird die in c. 10, 7 kurz angedeutete Bedrückung der Israeliten durch die Philister wieder aufgenommen und weiter ausgeführt, um den Bericht von dem Leben und Wirken *Simsons*, der Israel von der Gewalt dieser Feinde zu retten anfing, einzuleiten. — Nicht nur die Geburt Simsons, sondern auch schon die Ankündigung derselben fällt nach v. 5 in die Zeit der philistäischen Obmacht über Israel. Da nun die Philisterherrschaft 40 Jahre dauerte, Simson aber 20 Jahre unter derselben Israel richtete (15, 20. 16, 31), so muss er ziemlich jung, noch vor vollendetem 20sten Lebensjahre, seine Richterthätigkeit begonnen haben, womit auch die Nachricht c. 14, dass die Verheirathung mit einer Philisterin den Anlass zu seinen Kämpfen wider diese Feinde seines Volks gab, übereinstimmt. Das Ende der 40jährigen Philisterherrschaft ist in unserm Buche, das mit dem Tode Simsons schliesst, nicht erzählt, sondern trat erst mit dem grossen Siege der Israe-

---

1) Ueber die erste Aufzeichnung der Geschichte Simsons oder über die Quellenschrift, welche der Verf. unsers Richterbuches für diesen Theil seines Werkes benutzt hat, lässt sich aus der Beschaffenheit seines Berichts keine irgendwie sichere oder wahrscheinliche Vermuthung ziehen. Die Wiederkehr von Ausdrücken, wie יָחֶל mit folg. *Infinit.* 13, 5. 25. 16, 19. 22, מַחֲי 14, 15. 16, 5, הָצִיק 14, 17. 16, 16 u. a., worauf *Berth.* Gewicht legt, ist durch den sachlichen Inhalt der Erzählung bedingt. Dieselben Ausdrücke kommen auch sonst vor, wo der Gedanke sie fordert, und begründen keine eigenthümliche Sprachweise, aus der man folgern könnte, dass das Leben Simsons Gegenstand einer besondern Schrift gewesen (*Ewald*), oder ein Bruchstück aus einer grösseren Geschichte über die philistäischen Kriege sei (*Berth.*).

liten über diese Feinde unter Samuel ein (1 Sam. 7). Zwanzig Jahre vor
diesem Siege hatten die Philister die von den Israeliten erbeutete Bundeslade zurückgegeben, nachdem sie dieselbe 7 Monate in ihrem Lande gehabt hatten (1 Sam. 7, 2 u. 6, 1). In diesen zwanzigjährigen Zeitraum fallen die meisten Thaten Simsons. Nur seine ersten Händel mit den Philistern bei Gelegenheit seiner Hochzeit fallen 1 bis 2 Jahre vor jener Niederlage der Israeliten, bei welcher die Söhne Eli's getödtet wurden, die
Bundeslade den Philistern in die Hände fiel und der Hohepriester Eli in
Folge dieser Schreckensbotschaft vom Stuhle fiel und das Genick brach
(1 Sam. 4, 18). Demnach starb Eli kurze Zeit nach dem ersten Auftreten
Simsons. Vgl. S. 211 f.

V. 2—7. Während die Israeliten um ihrer Sünden willen in die Hand
der Philister dahingegeben waren und in Gilead auch von den Ammonitern schwer bedrückt wurden, erschien der Engel des Herrn dem Weibe Manoahs, eines Daniten aus *Zorea* d. i. *Sur'a* am westlichen Abhange
des Gebirges Juda (s. zu Jos. 15, 33). מִשְׁפַּחַת הַדָּנִי das Geschlecht der Daniten wechselt 18, 2. 11 mit שֵׁבֶט הַדָּנִי 18, 1. 30, was sich daraus erklärt,
dass alle Daniten nach Num. 26, 42 f. nur ein Geschlecht, das Geschlecht
der Suchaniter, bildeten. Diesem Weibe, das unfruchtbar war, verkün-
digte der Engel d. H.: „Du wirst schwanger werden und einen Sohn gebären. Und nun hüte dich, trinke nicht Wein und starkes Getränk und
iss nichts Unreines; denn siehe du wirst schwanger werden und einen
Sohn gebären, und kein Scheermesser soll auf sein Haupt kommen; denn
ein Verlobter Gottes (*Nasir*) wird der Knabe sein von Mutterleibe an"
d. h. sein Lebenlang „bis an seinen Todestag", wie nach v. 7 der Engel
ausdrücklich gesagt hat. Die drei Verbote, welche der Engel d. H. dem
Weibe auferlegte, sind die drei Stücke, in welchen das Nasiräat bestand,
s. zu Num. 6, 1—8 und die dort gegebene Erläuterung dieses Gelübdes.
Im mos. Gesetze ist nur noch das Verbot der Verunreinigung durch Todt-
enberührung hinzugefügt, welches für Simson nicht gegolten zu haben
scheint. — Wenn hierauf der Engel fortfuhr: „Und er (der Gott Geweih-
te) wird anfangen Israel zu erretten aus der Hand der Philister", so will
er ohne Zweifel dieses Retten in inneren Zusammenhang mit dem Nasi-
räate setzen. Der Verheissene soll lebenslänglich Nasiräer sein, weil er
anfangen soll Israel aus der Gewalt seiner Feinde zu erretten. Und damit er das werde, soll schon seine Mutter während der Schwangerschaft
an den Entsagungen des Nasiräats theilnehmen. Während die Erscheinung des Engels d. H. die thatsächliche Bürgschaft enthielt, dass der Herr
auch jetzt, wo er Israel in die Gewalt seiner Feinde dahingegeben, sich
noch zu seinem Volke bekenne, so lag in der Botschaft des Engels die
Lehre und Mahnung für Israel, dass es nur dann Errettung von seinen
Feinden erlangen werde, wenn es sich eines dem Herrn geweihten Lebens
befleissigen werde, wie es die Nasiräer anstrebten, um die Idee des priesterlichen Charakters, zu welchem Israel als Volk Jehova's berufen war,
durch Enthaltung von den *deliciae carnis* und allem Unreinen als Ausflüs-
sen der Sünde, sowie durch völlige Hingabe an den Herrn zu verwirk-
lichen (s. I, 2 S. 202). — V. 6 f. Von dieser Erscheinung erzählte das Weib

ihrem Manne: „Ein Mann Gottes (אִישׁ הָאֱלֹהִים eig. der Mann Gottes, nämlich von dem so eben die Rede war) ist zu mir gekommen und sein Ansehen war, wie das Ansehen des Engels Gottes, sehr furchtbar; und ich
fragte ihn nicht woher er sei, und seinen Namen zeigte er mir nicht an
u. s. w." אִישׁ אֱלֹהִים ist Bezeichnung eines Propheten oder eines Mannes,
der in unmittelbarem Verkehre mit Gott steht, wie Mose u. A., s. zu Deut.
33,1. מַלְאַךְ הָאֱלֹהִים ist = מַלְאַךְ יְהֹוָה 2,1. 6,11 der Engel, in welchem
der unsichtbare Gott sich den Menschen offenbart. Das Weib hielt demnach den ihr Erschienenen für einen Propheten, dessen majestätisches
Aeussere aber den Eindruck eines höhern Wesens auf sie gemacht hatte.
Deshalb hatte sie nicht gewagt, ihn nach seiner Herkunft oder seinem Namen zu fragen.

V. 8—20. Von der Wahrheit dieser Verkündigung fest überzeugt,
zugleich aber die Verpflichtung erwägend, welche dieselbe den Eltern
auferlegte, flehte Manoah zum Herrn: Er möge den Mann Gottes den er
gesandt nochmals zu ihnen kommen lassen, damit er sie belehre, was sie
dem Knaben, der geboren werden soll, thun d. h. wie sie ihn behandeln
sollen. וַיִּלָּד nach dem *Keri* וַיֵּלֶד ist *partic. Pu.* mit abgefallenem מ, s.
Ew. §.169ᵈ. Dieses Gebet wurde erhört. Der Engel Gottes erschien nochmals dem Weibe, als sie allein, ohne ihren Mann, auf dem Felde sass.
— V. 10 f. Da holte sie eilig ihren Mann herbei; und dieser fragte den
Erschienenen zuerst: „Bist du der Mann, der geredet hat zu dem Weibe"
sc. das v. 3—5 Erzählte? und nach Bejahung dieser Frage weiter v. 12:
„Wird nun dein Wort eintreffen, was wird die Weise des Knaben und
sein Thun sein?" Der Plural דְּבָרֶיךָ ist mit dem Sing. יָבֹא construirt *ad
sensum*, weil die Worte *eine* Verheissung bilden, und nicht mit *Ros.* distributiv zu fassen. Ebenso v. 17. — מִשְׁפָּט das Recht, welches dem Knaben
zukommt, d. i. die rechte Behandlung. — V. 13 f. Darauf wiederholt der
Engel d. H. seine in v. 4 schon dem Weibe gegebenen Vorschriften, wobei
nur zu dem Verbote des Weines und starken Getränkes noch das Verbot
des Essens alles dessen was vom Weinstocke kommt hinzugefügt ist, im
Einklange mit Num. 6,3. — V. 15. Da Manoah in dem Manne noch nicht
den Engel d. H. erkannte, wie v. 16 erläuternd bemerkt wird, so wollte
er wie Gideon 6,18 ihn, der so erfreuliche Kunde ihm gebracht hatte,
gastlich bewirthen und sprach daher zu ihm: „Lass uns doch dich zurückhalten und dir zurichten ein Ziegenböckchen." Die Constr. נַעֲשֶׂה לְפָנֶיךָ
ist prägnant: zubereiten und vorsetzen dir. Zur Sache vgl. 6,19. — V. 16.
Der Engel d. H. erwiderte: „Wenn du mich zurückhalten willst (sc. dass
ich esse), nicht werde ich von deiner Speise essen (אָכַל c. בְּ daran d. i. davon essen, wie Ex. 12,43. Lev. 22,11); aber wenn du bereiten willst ein
Brandopfer für Jehova, so bringe es dar."— V. 17. Hierauf fragte Manoah nach seinem Namen: מִי שְׁמֶךָ eig. *quis nomen tuum* s. v. a. *quis nomi-
naris.* מִי fragt nach der Person, מָה nach dem Wesen, der Qualität, s. *Ew.*
§.325ᵃ. „Denn trifft dein Wort ein, so wollen wir dich ehren." Dies der
Grund, weshalb er nach seinem Namen fragte. כִּבֵּר ehren durch Geschenke, um sich erkenntlich zu beweisen, vgl. Num. 22,17.37. 24,11. —
V. 18. Der Engel antwortete: „Warum fragst du denn nach meinem Na-

men? er ist ja wunderbar." Das *Ketib* מלאי ist die Adjectivform מִלְאִי von מֶלֶא, wofür das *Keri* פֶּלִי Pausalform von פֶּלִי (von der *rad.* פָּלָא = פָּלָה) bietet. Das Wort ist also nicht Eigenname des Engels des Herrn, sondern drückt die Eigenschaft seines Namens und, da der Name nur Bezeichnung des Wesens ist, die Beschaffenheit seines Wesens aus. Es ist in absoluter Bedeutung, *qua absolutissime et supra omnia mirabilem denotat* (*Seb. Schm.*), als ein nur Gott zukommendes Prädicat zu fassen, vgl. פֶּלֶא Jes. 9, 5, nicht in: „weder leicht auszusprechen noch leicht zu vernehmen" (*Berth.*) abzulassen. — V. 19 f. Da nahm Manoah das Ziegenböckchen und אֶת־הַמִּנְחָה das (nach Num. 15, 4 ff.) zum Brandopfer gehörige Speisopfer und brachte es dar auf dem Felsen, welcher v. 20 Altar genannt wird, weil ihn der mit Gott wesensgleiche Engel d. H. durch die wunderbare Annahme des Opfers dazu geheiligt hatte. מַפְלִא לַעֲשׂוֹת „und wunderbar war er machend" (הִפְלִיא mit folg. *Infin.* c. ל wie 2 Chr. 26, 15). Diese Worte bilden einen Umstandssatz, der aber nicht an das Subject des Hauptsatzes anzureihen ist, sondern an לַיהוָֹה: Manoah brachte das Opfer dem Herrn dar, wobei derselbe wunderbar machte zu thun d. h. ein Wunder verrichtete und Manoah und sein Weib es sahen. Vgl. *Ew.* Lehrb. §. 341ᵇ (S. 724. Note). Worin das wunderbare Thun bestand, wird in den W.: „als die Flamme von dem Altare himmelwärts aufstieg" v. 20 angedeutet, also darin, dass wie bei dem Opfer Gideons 6, 21 eine Feuerflamme aus dem Felsen hervorkam und das Opfer anzündete. In dieser Flamme stieg auch der Engel des Herrn empor. Als dies Manoah und sein Weib sahen, fielen sie auf ihr Angesicht zur Erde *sc.* anbetend, weil sie aus dem Wunder erkannten, dass der Erschienene der Engel des Herrn war.

V. 21—25. Von der Zeit an erschien ihnen derselbe nicht wieder. Manoah aber fürchtete sich sterben zu müssen mit seinem Weibe, weil sie Gott gesehen (vgl. über diesen Glauben die Bem. zu Gen. 16, 13 u. Ex. 33, 20); sein Weib aber beruhigte ihn: „Jehova kann uns nicht tödten wollen, da er unser Opfer angenommen und uns dieses alles (das zweifache Wunder) gezeigt hat". וְכָעֵת וגו׳ „und um diese Zeit hat er uns dergleichen nicht vernehmen lassen." כָּעֵת um die Zeit in der wir leben, wenn auch in grauer Vorzeit dergleichen Wunder geschehen sein mögen. — V. 24. Die göttliche Verheissung ging in Erfüllung. Der Knabe den das Weib gebar erhielt den Namen *Simson*. שִׁמְשׁוֹן LXX Σαμψών bed. nicht: Sonnenartiger, Sonnenheld, von שֶׁמֶשׁ stammend, sondern wie schon *Joseph. Ant. V, 8, 4* richtig erklärt: ἰσχυρός der Starke oder Verwegene, entstanden aus שִׁמְשׁוֹם von der Steigerungsform שַׁמְשֵׁם von שָׁמֵם in der ursprünglichen Bed. gewaltig oder verwegen sein, nicht: verwüsten. Vgl. das arab.

شمشم *acer in rebus peragendis, audax*. Analog ist שַׁדַּי eig. gewaltig sein, dann: gewaltthätig handeln, verwüsten. Der Knabe wuchs unter Gottes Segen heran, vgl. 1 Sam. 2, 21. — V. 25. Als er erwachsen war, fing der Geist Jehova's an, ihn zu stossen im Lager Dans. פָּעַם stossen, von der plötzlich ihn erfassenden und zu übernatürlichen Kraftthaten forttreibenden Einwirkung des göttlichen Geistes. מַחֲנֵה־דָן *Lager Dans*

hiess die Gegend, wo nach 18,12 die aus ihrem Stammsitze auswandernden
Daniten ihr Lager aufgeschlagen hatten, hinter d. i. westlich von Kirjat-
Jearim, nach unserm V. zwischen Zorea und Esthaol. Ganz genau lässt
sich die Lage nicht bestimmen, weil die Lage von Esthaol noch nicht aufgefunden ist, s. zu Jos. 15,33. Dort wohnte, nach 16,31 zu schliessen,
Simson mit seinen Eltern. Der Sinn dieses den Uebergang zur folgenden
Erzählung von den Thaten Simsons vermittelnden Verses ist kein anderer
als der: Simson wurde dort vom Geiste Jehova's ergriffen und dadurch
getrieben, den Kampf gegen die Philister zu beginnen.

Cap. XIV. Simsons erste Thaten und Händel mit den Philistern.

V.1—9. Simson sah zu *Thimna*, dem heutigen *Tibne*, 1 Stunde südwestwärts von Sur'a (s. zu Jos. 15,10), wohin er von Zorea oder Mahane-
Dan gegangen war, eine Philistertochter, die ihm gefiel, und bat nach seiner Rückkehr seine Eltern, dieselbe ihm zum Weibe zu nehmen (לָקַח wie
Ex. 21,9). — V. 3 f. Die Eltern äussern ihr Befremden über diese Wahl:
Ob denn unter den Töchtern seiner Brüder (אַחִים d. h. Stammgenossen)
und in seinem ganzen Volke sich kein Weib finde, dass er sich dasselbe
von den Philistern, den Unbeschnittenen, holen wolle. Simson aber wiederholt seine Bitte, weil die Philistertochter ihm gefalle. Die Abneigung
der Eltern gegen diese Ehe war begründet, denn sie war nicht nach dem
Gesetze. Zwar sind Ex. 34,16 u. Deut. 7,3 f. ausdrücklich nur Ehen mit
Cananiterinnen verboten, aber die Motivirung dieses Verbotes schloss zugleich die Ehen mit Philistertöchtern aus. Aus dem nämlichen Grunde
sind in Jos. 13,3 auch die Philister zu den Cananitern gerechnet. Simson
aber handelte aus höherem Antriebe; dagegen seine Eltern wussten
nicht, dass dies von Jehova sei d. h. dass Jehova es so gefügt hätte; „denn
Simson suchte Gelegenheit wegen der Philister" d. h. Anlass zum Streit
mit denselben, indem — wie erläuternd in der Form eines Umstandssatzes hinzugefügt wird — damals die Philister über Israel herrschten.
תֹאֲנָה ἅπ. λεγ. Gelegenheit, vgl. תִּתְאַנֶּה 2 Kg. 5, 7. מִפְּלִשְׁתִּים wegen der
Philister, nicht: an d. Ph., wofür לְ statt מִן zu erwarten wäre nach 2 Kg.
5, 7. — V. 5 f. Als nun Simson mit seinen Eltern nach Thimna hinabging,
kam ihm bei den Weinbergen dieser Stadt ein junger Löwe brüllend entgegen. Da gerieth der Geist Jehova's über ihn, dass er den Löwen zerriss, wie man ein Böckchen zerreisst (כְּשַׁסַּע הַגְּדִי wie das Zerreissen des
Böckchens), obwol er nichts d. h. keine Waffe in der Hand hatte. צָלַח s.
zu 3,10. Löwen haben auch David als Hirte und der Held Benaja erschlagen (1 Sam. 17,34 f. 2 Sam. 23,20), und Araber tödten noch jetzt bis-
weilen Löwen mit einem Stocke, s. *Winer* bibl. R. W. u. Löwe. Simsons
übernatürliche Stärke, eine Wirkung des über ihn gekommenen Geistes
Jehova's, zeigte sich nur darin, dass er ohne irgend eine Waffe in der
Hand den Löwen zerriss. Von dieser That sagte er aber seinen Eltern, die
nicht Augenzeugen derselben waren, nichts. Dies wird in Hinsicht auf
das Folgende schon hier bemerkt. — V. 7. Als er nach Thimna kam, redete er mit dem Mädchen und sie gefiel ihm. Vorher hatte er sie nur gesehen (v. 1); nachdem nun seine Eltern um sie geworben, redete er mit

ihr und fand den ersten Eindruck, den er von ihr empfangen, bestätigt.
— V. 8. Nach der Verlobung verfloss einige Zeit (יָמִים), da kam er wieder
sie zu holen (heimzuführen, zu heirathen) und zwar wie aus v. 9 zu ersehen
in Begleitung seiner Eltern. Unterwegs „wich er ab (vom Wege) um den
Leichnam des Löwen zu sehen, und siehe ein Schwarm Bienen war in
dem Körper des Löwen und Honig." Das nur hier vorkommende מַפֶּלֶת
von נָפַל wie πτῶμα von πίπτω ist gleichbedeutend mit נְבֵלָה cadaver und
bezeichnet nicht das blosse Knochengerippe, da in einem solchen sich Bienen nicht anbauen werden, sondern den Cadaver des Löwen, der von der
Sonnenhitze ausgetrocknet war, ohne in Fäulniss überzugehen. „In der
Wüste Arabiens trocknet die Hitze der heissen Jahreszeit oft binnen 24
Stunden die Feuchtigkeit umgekommener Menschen und Cameele ohne
vorhergehende Auflösung und Fäulniss so aus, dass sie wie Mumien lange
Zeit unverändert und ohne Gestank bleiben" (*Rosenm.* bibl. Althk. IV, 2
S. 424). In einem so ausgetrockneten oder ausgedörrten Cadaver konnte
sich ein Bienenschwarm ebensowol angebaut haben als in hohlen Baum-
stämmen oder Felsritzen, worin sich wilde Bienen anzubauen pflegen,
trotzdem dass Bienen weder den Leichen noch dem Aase nahen, vgl. *Bochart Hieroz. ed. Ros. III p. 355.* — V. 9. Simson bemächtigte sich desselben (des Honigs) in seine Hände, ass davon im Gehen und gab auch seinem Vater und seiner Mutter davon zu essen, zeigte ihnen aber nicht an,
dass er den Honig aus dem todten Körper des Löwen gewonnen. Denn
dann würden dieselben nicht nur den Honig als unrein nicht gegessen,
sondern auch die Sache, welche Simson hernach den Philistern als Räthsel aufgab, erfahren haben. רָדָה treten, niedertreten, daher: sich bemächtigen, nicht: brechen oder herausnehmen, welche Bedeutungen unerweislich sind. Die Verbindung von רָדָה mit אֶל־כַּפָּיו ist prägnant: sich bemächtigen und in die Hände nehmen.

V. 10—20. *Simsons Hochzeit und Räthsel.* V. 10. Als nun sein Vater
zu dem Mädchen hinabgekommen war *sc.* zur Feier der Hochzeit, nicht
blos: um die nöthigen Vorbereitungen für die Ehe zu treffen, da richtete
Simson daselbst (in Thimna) ein Mahl aus nach üblicher Sitte (denn also
pflegten die Jünglinge zu thun). V. 11. „Und als sie ihn sahen, holten sie
30 Freunde, dass sie bei ihm waren." Subject des ersten Satzes sind die
Eltern oder Angehörigen der Braut. Diese luden 30 von ihren Freunden
in Thimna zur Hochzeitfeier als υἱοὶ τοῦ νυμφῶνος (Matth. 9, 15), da
Simson solche nicht mitgebracht hatte. Die Lesart כִּרְאוֹתָם von רָאָה bedarf keiner Aenderung nach dem: ἐν τῷ φοβεῖσθαι αὐτοὺς der LXX im
Cod. Al. u. des *Joseph.*, wonach *Berth.* כְּיִרְאָתָם von יָרֵא lesen will. Das Sich-
fürchten vor Simson passt weder zur Sache noch zu dem folgenden וַיִּהְיוּ
אִתּוֹ „sie waren bei ihm", das man willkührlich in: sie bewachten ihn um-
deuten müsste. — V. 12. Beim Hochzeitsmahle sprach Simson zu den Gästen: „Ich will euch doch ein Räthsel aufgeben. Wenn ihr es mir anzeigt
die 7 Tage des Mahles (der Hochzeitsfeier) und treffet, so geb ich euch
30 סְדִינִים σινδόνες, *tunicae,* Kleider die auf blossem Leibe getragen wurden, und 30 Wechselkleider (kostbare Gewänder, die oft gewechselt wurden, s. zu Gen. 45, 22); wenn ihr es aber mir nicht anzeigen könnet, so

sollt ihr mir eben so viele Gewänder geben." Die Sitte, bei Gelagen zur Unterhaltung Räthsel aufzugeben, kommt auch bei den alten Griechen vor. S. die Belege hiefür aus *Athenaeus*, *Pollux*, *Gellius* bei *Boch.* im *Hieroz. P. II l. II c. 12 (III p. 383 sq. ed. Ros.)* und *K. O. Müller*, Dorier II S. 392. Da die Gäste auf diesen Vorschlag eingingen, so gab ihnen Simson folgendes Räthsel auf v. 14: „Aus dem Fresser ist gekommen Essen und aus dem Starken Süsses." Dieses Räthsel konnten sie 3 Tage nicht anzeigen d. h. lösen. So lange nämlich beschäftigten sie sich mit der Lösung; dann liessen sie die Sache ruhen, bis der angesetzte Termin herbeikam. V. 15. Am siebenten Tage da sprachen sie zum Weibe Simsons: „Berede deinen Mann, dass er uns das Räthsel anzeige" *sc.* durch deine Vermittlung, ohne dass er es merkt, „damit wir nicht dich und deines Vaters Haus mit Feuer verbrennen. Um uns arm zu machen, habt ihr uns geladen, nicht wahr?" In dieser Drohung tritt die Rohheit und der schmutzige Geiz der Philister unverholen zu Tage. הֲלְיָרְשֵׁנוּ ohne Metheg bei י ist *infin. Kal* von יָרֵשׁ arm machen; eine Bedeutung die von beerben ausgeht (vgl. *Dietrich* zu *Ges. Lex.*), nicht *Piel* von יָרֵשׁ = רוּשׁ arm sein. הֲלֹא *nonne* verstärkt den Fragesatz und hat nicht die Bedeutung: hier = הֲלֹם. — Simsons Weib aber weinte über ihm d. h. lag ihn mit Thränen an und sprach: „Du hassest mich nur und liebst mich nicht. Das Räthsel hast du den Söhnen meines Volks (meinen Landsleuten) aufgegeben (חַרְתָּה von חוּד) und es mir nicht angezeigt." Simson entgegnete, dass er es nicht einmal seinem Vater und seiner Mutter angezeigt habe, „und dir sollte ich es anzeigen?" V. 17. So weinte sie die 7 Tage des Gelages vor ihm. Diese Angabe steht mit der in v. 15, dass die philistäischen Gesellen erst am siebenten Tage mit ihrer Drohung in sie drangen, das Räthsel dem Simson zu entlocken, nicht in Widerspruch, sondern erklärt sich einfach so: Das Weib war in ihrer Neugierde täglich schon Simson mit Bitten angegangen, aber Simson hatte ihren Bitten bis zum siebenten Tage widerstanden. Da wurde sie am siebenten Tage infolge jener Drohung der Philister noch dringender, und „Simson zeigte ihr es an, weil sie in ihn gedrungen war", worauf sie die Sache ihren Landsleuten verrieth. — V. 18. Da sprachen am 7. Tage, bevor die Sonne unterging (חַרְסָה = חֶרֶס 8, 13. Hi. 9, 7 mit tonlosem *ah*, eine Abschwächung der Fömininalendung, vgl. *Ew.* §. 173[h]), die Männer der Stadt (die 30 geladenen philist. Junggesellen) zu Simson: „Was ist süsser als Honig und was stärker als ein Löwe." Simson aber durchschaute die Sache und erwiderte: „Hättet ihr nicht mit meiner Kalbe gepflügt, so hättet ihr mein Räthsel nicht getroffen" (errathen) — eine sprichwörtliche Rede, deren Sinn klar ist. V. 19. Dessen ungeachtet musste er sein Versprechen *v.* 12 halten. Da gerieth der Geist Jehova's über ihn. Er ging nach Askalon hinab, erschlug מֵהֶם von den Askalonitern 30 Mann, nahm ihnen ihre ausgezogenen Gewänder (חֲלִיצוֹת *exuviae* vgl. 2 Sam. 2, 21) und gab die Wechselkleider denen die das Räthsel angezeigt hatten. חֲלִיפּוֹת ist kurze Hinweisung auf den v. 12 u. 13 gesetzten Preis. — Diese That wird als Wirkung des über Simson gekommenen Geistes Jehova's bezeichnet, weil sie den Philistern die Uebermacht der Diener Jehova's zeigte. Nicht fleischliche Rache hat Simson dazu getrieben. Sein Zorn entbrennt erst, nachdem er diese That voll-bracht hat; auch nicht über die Philister, denen er die 30 Gewänder hatte zahlen oder geben müssen, sondern über sein Weib, welches sein Geheim-niss ihren Landsleuten verrathen hatte, so dass er — ohne sein Weib — in das Haus seines Vaters zurückkehrte. — V. 20. „Und Simsons Weib wurde seinem Freunde zutheil, den er sich zum Freunde gewählt hatte." מֵרֵעַ ist hier ohne Zweifel der φίλος τοῦ νυμφίου (Joh. 3,29), ὁ νυμφαγω-γός (LXX), der Brautführer, nämlich einer aus den 30 מֵרֵעִים (v. 10), den Simson bei der Hochzeitfeier mit diesem Amte betraut hatte. Hierin offen-barte sich deutlich das treulose Benehmen der Philister gegen die Israe-liten. Denn war auch Simson in Zorn über den Verrath seines Weibes nach Hause gezogen, ohne sein Weib mitzunehmen, so hatte er doch, wie 15, 1 f. zeigt, die eheliche Verbindung mit ihr nicht aufgeben wollen. Statt also das Unrecht, worüber Simson sich verletzt fühlte, einzusehen und Simsons Zorn zu besänftigen, machten die Eltern des Weibes den Bruch unheilbar, indem sie ihre Tochter seinem Gesellen zum Weibe gaben.

Cap. XV. Simsons fernere Thaten.

V. 1—8. *Die Rache an den Philistern.* V. 1. Nach einiger Zeit (מִיָּמִים) besuchte Simson zur Zeit der Waizenernte sein Weib mit einem Ziegen-böckchen, einem damals üblichen Geschenke (Gen. 38, 17) und wollte zu ihr in die Kammer (das Frauengemach) gehen; aber ihr Vater liess es nicht zu, sondern sprach zu ihm: „Gedacht habe ich (אָמֹר אָמַרְתִּי) dass du sie hassest und hab sie also deinem Freunde gegeben (14, 20); siehe ihre jüngere Schwester ist schöner (טוֹבָה wie Gen. 6, 2) als sie, die werde dir an ihrer statt zutheil." V. 3. Ueber diesen Bescheid empört sprach Simson zu ihnen (dem Vater und seiner Umgebung): „Diesmal bin ich schuldlos vor den Philistern, wenn ich ihnen Böses anthue." נִקָּה c. מִן schuldlos sein von jem. weg d. h. vor ihm, vgl. Num. 32, 22. Simson be-trachtet das Verfahren seines Schwiegervaters mit ihm als einen Ausfluss der Gesinnung des philistäischen Volkes gegen die Israeliten, und will da-her das von einem Gliede der Philister gegen ihn begangene Unrecht an dem ganzen Volke, wenigstens an der ganzen Stadt Thimna rächen. V. 4 f. Er ging also und fing 300 שׁוּעָלִים Füchse d. h. Schakale, den Füchsen ähn-liche und daher im gemeinen Leben von den Arabern noch jetzt oft zu den Füchsen gerechnete Thiere (vgl. *Niebuhr* Beschr. v. Arab. S. 166), de-ren europäischer Name aus dem persischen شغال *Schaghal* stammt. Diese Thiere, die man noch heutiges Tages in grosser Menge bei Jaffa, Gaza und in Galiläa findet (vgl. *Hasselquist* Reise S. 271), leben heerdenweise und lassen sich leicht fangen, vgl. *Rosenm.* bibl. Althk. IV, 2 S. 155 ff. Dann nahm er Fackeln, kehrte Schwanz gegen Schwanz, d. h. band je zwei Thiere mit den Schwänzen an einander, legte eine Fackel zwischen die beiden Schwänze, zündete die Fackel an und liess die Thiere in die auf den Halmen stehenden Saaten der Philister laufen. So verbrannte er „vom Getraidehaufen bis zur stehenden Saat und bis zum Olivengarten" d. h. sowol die Getraidehaufen als die stehenden Saaten und die Oelbaum-pflanzungen. כֶּרֶם זַיִת sind im *stat. constr.* verbunden. — V. 6. Die Phi-

lister erkannten sofort, dass Simson ihnen diesen Schaden angethan hatte
dafür, dass sein Schwiegervater, der Thimniter, ihm sein Weib genommen
und es seinem Gesellen gegeben hatte, und rächten sich dafür so, dass sie
das Weib mit ihrem Vater verbrannten — wahrscheinlich sein Haus mit
den Bewohnern niederbrannten. Eine Rohheit und Grausamkeit, welche
Simsons Krieg wider sie vollkommen rechtfertigt. — V. 7. Simson erklärte ihnen daher: „wenn ihr dergleichen thut, fürwahr (כִּי) wenn ich mich
an euch gerächt habe, alsdann will ich aufhören" d. h. wahrlich so will
ich nicht eher ablassen bis ich Rache an euch geübt habe. V. 8. „Da
schlug er sie Schenkel mitsammt (עַל wie Gen. 32, 12) Hüfte, einen grossen Schlag." שׂוֹק Schenkel, verstärkt durch עַל־יָרֵךְ ist ein dem Verbo untergeordneter zweiter Accusativ, zur näheren Bestimmung des אוֹתָם, in
dem Sinne: an Schenkel und Hüfte (vgl. Ew. §. 281°), während das folgende מַכָּה גְדוֹלָה als adverbialer Accusativ zur Verstärkung des Verbums
וַיַּךְ hinzugefügt ist. Das Schlagen an Schenkel und Hüfte ist sprichwört-
licher Ausdruck für grausames, schonungsloses Schlagen, ähnlich unserm
„Arm und Bein entzweischlagen", wofür die Araber: „Krieg, Streit nach
Schenkels Weise" sagen, s. Bertheau z. d. St. — Nach diesem den Philistern
beigebrachten Schlage zog Simson hinab und wohnte in der Felsspalte
Etam. Eine Stadt Etam (עֵיטָם) wird 2 Chr. 11, 6 zwischen Bethlehem und
Thekoa genannt, welche Rehabeam befestigte und die aller Wahrschein-
keit nach südlich von Jerusalem auf dem Gebirge Juda lag. An dieses
Etam, welches Robinson (Pal. II S. 390. bibl. Forsch. S. 358) in dem in
Trümmern liegenden, aber noch bewohnten Dorfe Urtas vermuthet, ist
hier nicht zu denken, da die Philister v. 9 nicht, wie Berth. meint, aufs
Gebirge Juda hinaufzogen, sondern nur heranzogen und in Juda sich lagerten. Das Etam unseres V. ist 1 Chr. 4, 32 neben Ain Rimmon und anderen simeonitischen Städten genannt und auf der Grenze des Negeb und
des Gebirges Juda, in der Nähe von Khuweilifeh zu suchen, vgl. v. de
Velde Mem. p. 311. Dazu passt auch וַיֵּרֶד „er stieg hinab", nicht aber zu
dem Etam auf dem Gebirge Juda, zu dem man von Thimna nicht hinab-,
sondern hinaufsteigen musste.

V. 9—17. Der gebunden an die Philister ausgelieferte Simson zerreisst
die Bande und schlägt die Philister mit einem Eselskinnbacken. V. 9. Um
sich wegen der von Simson erlittenen Niederlage zu rächen, zogen die
Philister heran (עָלָה vom Anrücken eines Kriegsheeres, s. zu Jos. 8, 1),
lagerten sich in Juda und breiteten sich in Lechi aus. Lechi (לְחִי in Pausa
לֶחִי d. i. Kinnbacke), das vielleicht noch 2 Sam. 23, 11 erwähnt ist und
von Simson nach v. 17 den Namen Ramat-Lechi erhielt, lässt sich nicht
sicher bestimmen, da die ältere kirchliche Ueberlieferung über den Ort
(Rob. II S. 687 ff.) ganz werthlos ist. Van de Velde vermuthet den Ort in
dem abgeplatteten Felshügel el Lechieh oder Lekieh, auf dem man sogleich eine alte Festung erkennt, auf der Mitte des Weges von Tell Khe-
welfeh nach Beerseba, am südwestlichen Eingange des Gebirges Juda
(Reise II S. 151 f. Mem. p. 342 sq.). — V. 10 ff. Als die Judäer den Zweck
dieses Einfalles der Philister in ihr Gebiet erfuhren, zogen 3000 Mann
von ihnen hinab zur Felsenkluft Etam, um Simson zu binden und an die

Philister auszuliefern. Statt in Simson einen vom Herrn ihnen erweckten Retter zu erkennen und sich um ihn zu schaaren und mit seinem Beistande ihre Unterdrücker zu schlagen und aus dem Lande zu vertreiben, sind die Judäer so erschlafft, dass sie Simson vorwerfen: „Weisst du nicht, dass die Philister über uns herrschen? Warum hast du dieses (die That v. 8) gethan? Dich zu binden sind wir herabgekommen und dich in die Hand der Philister zu geben." Simson erwiderte: „Schwöret mir, dass ihr mich nicht erschlagen wollt." מָגַע c. בְ auf jemand stossen, über ihn herfallen, hier nach v. 13 mit der Absicht zu tödten. V. 13. Als sie dies ihm zugesagt, liess er sich binden mit zwei neuen Stricken und aus dem Felsen (der Felsspalte) hinaufführen (ins Lager der Philister). V. 14. Als er aber bis Lechi kam und die Philister ihm schon entgegenjubelten, da gerieth der Geist Jehova's über ihn, „und die Stricke an seinen Armen wurden wie Flachsfäden, die man am Feuer verbrannt hat, und seine Fesseln flossen von seinen Händen." Die Beschreibung erhebt sich zum poetischen Parallelismus der Glieder, um den Triumph zu schildern, welchen Simson in der Kraft des Geistes Jehova's über die Philister feierte. — V. 15. Seiner Bande entledigt ergriff er einen frischen Eselskinnbacken, den er fand, und schlug mit demselben 1000 Mann. Diesen Sieg verherrlichte er selbst in einem kurzen Dichterspruche v. 16: „Mit des Esels Kinnbacken einen Haufen, zwei Haufen, mit des Esels Kinnbacken schlug ich 1000 Mann." Die Wortform חֲמֹר = חֹמֶר Haufen ist des Gleichklangs mit חֲמוֹר Esel wegen gewählt und findet sich noch 1 Sam. 16, 20. Wie Simson diesen Sieg erfochten, wird nicht näher beschrieben. Aber die Worte: einen Haufen, zwei Haufen deuten darauf hin, dass es nicht in einem, sondern in mehreren Treffen geschah. Die übernatürliche Macht, mit welcher Simson, als die Philister ihn schon in ihrer Gewalt zu haben glaubten, die ihm angelegten Fesseln zerriss, erfüllte sie mit Furcht und Entsetzen vor ihm als einem höheren Wesen, so dass sie flohen und er nun mit einem am Wege gefundenen Eselskinnbacken sie verfolgend einen Haufen nach dem andern, den er einholte, erschlug. Die Zahl tausend ist natürlich runde Zahl für eine sehr grosse Menge und aus dem Liede in die Geschichtserzählung aufgenommen. — V. 17. Als er seinen Spruch ausgeredet, warf er den Kinnbacken weg und nannte den Ort *Ramat-Lechi* d. i. Kinnbacken-Höhe. Hieraus scheint sich zu ergeben, dass der Name *Lechi* in v. 9 proleptisch gebraucht ist und die Oertlichkeit diesen Namen erst von dieser That Simsons erhalten hat.

V. 18—20. Die Verfolgung der Philister aber und der Kampf mit ihnen hatte Simson ermattet, dass ihn sehr dürstete und er zu verschmachten fürchtete; denn es war um die Zeit der Waizenernte (v. 1), also heisse Sommerzeit. Da rief er zum Herrn: „Du hast durch (בְיַד) deinen Knecht dieses grosse Heil gegeben und nun soll ich sterben vor Durst und in die Hand der Unbeschnittenen fallen!" Aus diesem Gebete ersehen wir, dass Simson bei seinem Handeln sich bewusst war, für die Sache des Herrn zu streiten. Und der Herr half ihm aus dieser Noth. Gott spaltete die Höhlung bei Lechi, dass Wasser aus ihr hervorkam, wie einst am Horeb Ex. 17, 6 und zu Kades Num. 20, 8. 11. Das W. מַכְתֵּשׁ, welches Prov. 27, 22 den Mörser bedeutet, erklären die rabbin. Ausll. von der Zahnhöhle oder Vertiefung, in welcher die Zähne sitzen, wie das griech. ὁλμίσκος mortariolum nach *Pollux Onom. II c. 4 §. 21.* Hienach haben Viele diese Angabe so verstanden, dass Gott dem dürstenden Simson aus einer Zahnhöhle des von ihm weggeworfenen Eselskinnbackens einen Wasserquell wunderbar habe hervorströmen lassen. Eine Auffassung, die wol auch der *Luther*schen Uebersetzung: „Da spaltete Gott einen Backenzahn in dem Kinnbacken, dass Wasser herausging" zu Grunde liegt und die noch von *Bochart* im *Hieroz. L. II c. 15 (I p. 175 sqq. ed. Ros.)* weitläuftig vertheidigt wird. Aber gegen diese Auffassung spricht schon das אֲשֶׁר בַּלֶּחִי „der *Maktesch* welcher zu *Lechi* ist", während die Zahnhöhle im Eselskinnbacken einfach מַכְתֵּשׁ חֲלִיּוֹ oder בַּלֶּחִי מַכְתֵּשׁ heissen würde, sowie die Bemerkung, dass diese Quelle noch zur Zeit des Geschichtschreibers vorhanden war; wogegen der Artikel in בַּלֶּחִי nichts beweist, da viele *nomina propr.* den Artikel haben, vgl. *Ew: §. 277ᶜ.* Wir müssen demnach, wie schon *Joseph. Ant. V, 8,* gethan, הַמַּכְתֵּשׁ als *nom. propr.* der Oeffnung des Felsens fassen, den Gott gespalten hat, um Wasser daraus hervorfliessen zu lassen. „Wenn eine Felswand ihrer Gestalt wegen den Namen *Kinnbacken* (לֶחִי) trug, so lag es in der Consequenz der bildlichen Benennung, einer Vertiefung darin oder einer Lücke den Namen *Zahnhöhle* oder *Zahnlücke* zu geben." *Studer.* Uebrigens bezeichnet הַמַּכְתֵּשׁ auch in Zeph. 1, 11 eine Localität in oder bei Jerusalem. Die Höhlung spaltete *Elohim*, obgleich Simson zu Jehova gefleht hatte, anzudeuten, dass Gott als Schöpfer und Herr der Natur das Wunder gewirkt hat. — Da trank Simson und sein Geist kehrte zurück, dass er wieder auflebte. Diese Wasserquelle erhielt daher den Namen: עֵין הַקּוֹרֵא „die Anruferquelle welche zu Lechi ist", bis auf diesen Tag. Diese letzte Bestimmung gehört den Accenten gemäss nicht zu בַּלֶּחִי sondern zu קָרָא וגו. Sie erhielt den angegebenen Namen bis auf diesen Tag. Darin liegt aber *implicite*, dass sie auch zur Zeit der Abfassung unsers Buches noch existirt hat. — In v. 20 wird mit der Bemerkung: Simson richtete Israel in den Tagen der Philister d. h. während ihrer Herrschaft 20 Jahre, die Richterthätigkeit dieses Helden abgeschlossen. Was in c. 16 von ihm noch berichtet wird, bezieht sich auf seinen Fall und Untergang, wobei er zwar auch an den Philistern sich noch rächte, aber damit doch Israel keine Rettung mehr schaffte. Aus der Stellung dieser Angabe an diesem Orte lassen sich also keine kritischen Folgerungen über eine Mehrheit von Quellen der Geschichte Simsons ziehen.

Cap. XVI. Simsons Fall und Untergang.

Mit dem grossen Siege über die Philister zu Lechi hatte Simsons Richterthätigkeit ihren Höhepunkt erreicht. Wie die Liebe zu einer Philistertochter ihm den von Gott gefügten Anlass zur Entfaltung seiner Uebermacht über die unbeschnittenen Feinde Israels bot, so gab die Ausartung dieser Liebe in sinnliche Wollust die Veranlassung zu seinem Falle, der in diesem Cap. erzählt wird. *Samson validus et fortis leonem suffocavit, sed amorem suum suffocare non potuit. Vincula solvit hostium, sed suarum non solvit nexus cupiditatum. Messes incendit alienas, et unius ipse mulieris accensus igniculo messem suae virtutis amisit. Ambros. Apol. 2 David. c. 3.*

V. 1—3. *Die Heldenthat zu Gaza.* Im Vollgefühle seiner gewaltigen Ueberlegenheit über die Philister begab sich Simson nach Gaza (עַזָּה s. zu Jos. 13, 3) und ging dort zu einer Hure, die er sah, um sich mit ihr einzulassen (בּוֹא אֶל wie Gen. 6, 4. 38, 16). Hievon heisst es nicht wie 14, 4, dass dies von Jehova gekommen sei. — V. 2. Als dies den Gazäern angezeigt wurde (vor לַעַזָּתִים fehlt im masoreth. Texte das Verbum וַיֻּגַּד es wurde angezeigt (nach LXX u. Chald., vgl. Gen. 22, 20) oder וַיֹּאמְרוּ man sagte, das nur durch ein Abschreiberversehen ausgefallen sein kann), so umgaben sie ihn (das Object zu יָסֹבּוּ ist aus dem folg. לוֹ zu suppliren) und lauerten auf ihn die ganze Nacht am Stadtthore, hielten sich aber ruhig während der Nacht, indem sie sprachen: „Bis zum Hellwerden (אוֹר *infin.*) des Morgens" *sc.* können wir warten, „da wollen wir ihn tödten." Vgl. für diese Construction 1 Sam. 1, 22. Das הִתְחָרֵשׁ hat offenbar den Nebenbegriff des der sorglosen Ruhe sich Hingebens; denn hätten die am Stadtthore postirten Laurer ordentlich aufgepasst, so hätte Simson nicht das verschlossene Thor ausheben und davontragen können. Aber da die Wächter meinten, er werde vor Anbruch des Tages die Buhlerin nicht verlassen, so verliessen sie sich darauf, dass das Thor verschlossen war, und schliefen vermuthlich ein. — V. 3. Aber um die Mitte der Nacht stand Simson auf und „erfasste die Thorflügel des Stadtthores mit den beiden Pfosten, riss sie sammt dem Riegel mit seiner herculischen Stärke aus dem Boden, legte sie auf seine Schultern und trug sie auf den Gipfel des Berges, der gegen Hebron hin liegt. עַל־פְּנֵי bezeichnet wie Gen. 18, 16 blos die Richtung nach Hebron zu, nicht aber dass der Berg im Angesichte oder in der unmittelbaren Nähe von Hebron lag. Vgl. noch Deut. 32, 49 wonach der jenseits des Jordan liegende und mindestens 4 geogr. Meilen von Jericho entfernte Berg Nebo עַל־פְּנֵי יְרֵחוֹ lag. Die Entfernung von Gaza nach Hebron beträgt gegen 9 geogr. Meilen. Ostwärts von Gaza zieht sich eine Hügelreihe vom Norden nach Süden hin. Der höchste Punkt derselben ist ein zum Theil vereinzelter Berg, ½ St. südost von der Stadt nach einem auf ihm befindlichen Wely *el Montar* genannt, der eine vortreffliche Aussicht über das ganze umliegende Land darbietet. Hebron selbst kann man freilich von diesem Hügel aus nicht sehen, wol aber das Gebirge von Hebron. Eine alte Ueberlieferung hält diesen Hügel für den Berg, auf welchen Simson das Stadtthor getragen, die auch *Robins.* (Pal. II, S. 639) und *v. de Velde* (R. II, 183) nicht unwahrscheinlich finden, obgleich die Leute von Gaza sie nicht kennen. „Das Stadtthor des damaligen Gaza ist wahrscheinlich nicht weniger als ¾ Stunden vom Hügel *el Montar* entfernt gewesen; mit den schweren Thürflügeln und ihrem Riegelbaume auf den Schultern durch den tiefen Sand des Weges diese Hügelspitze zu erklimmen, ist eine That, die nur ein Simson vollbringen konnte." (*v. de Velde*).

V. 4—21. *Simson und Delila.* V. 4. Nach dieser ihm gelungenen That gab sich Simson abermals seiner Sinnenlust hin. Er verliebte sich in ein Weib im Thale *Sorek*, Namens *Delila* (דְּלִילָה d. i. die Schwache oder die

Schmachtende), deren Fallstricken er endlich erlag. Ueber das Thal שׂוֹרֵק
berichtet *Euseb.* im *Onom.* u. Σωρήχ, dass ἐν ὁρίοις (lies βορείοις nach
dem *ad septentrionalem plagam* des *Hieron.*) Ἐλευθεροπόλεως ein Dorf
Βαρήχ (l. Καφὰρ σωρήχ nach *Hieron.*) liege nahe bei Zorea, und u. Σωρήχ, dass dieser Ort sich nahe bei Esthaol finde. Hiernach wäre das *So-*
*rek*thal in der Nähe von Simsons Geburtsstadt (13, 1) und dem Wohnorte
seiner Familie (v. 31) zu suchen. V. 5. Der Delila boten die Fürsten der
Philister eine bedeutende Summe (jeder wollte ihr 1000 und 100 Sekel
Silber d. h. tausend und noch mehr geben, vgl. 17, 2), wenn sie Simson
beredete und herausbrächte: „wodurch seine Macht gross" sei und wodurch sie ihn überwältigen und binden könnten לְעַנּוֹתוֹ um ihn zu beugen
d. h. zu unterdrücken. Die Philisterfürsten dachten, Simsons übermenschliche Kraft sitze in irgend einem äusserlichen Dinge, das er wie ein Amu-
let bei oder an sich trage. Diesem heidnischen Aberglauben lag eine gewisse Wahrheit zu Grunde, insofern als bei Simson diese göttliche Gnadengabe wirklich an den Besitz eines körperlichen Unterpfandes geknüpft
war, mit dessen Verluste auch die göttliche Gabe von ihm wich, s. zu v. 17.
— V. 6. Bestochen durch den in Aussicht gestellten Lohn suchte nun Delila ihm das Geheimniss seiner Stärke zu entlocken. Dreimal täuschte
Simson sie durch falsche Angaben. Zuerst v. 7: „Wenn man mich mit
7 frischen Sehnen die nicht ausgetrocknet sind bände, so wäre ich schwach
und wie einer der Menschen" (d. h. wie irgend welcher andere Mensch).

יֶתֶר bed. die Sehne, z. B. des Bogens Ps. 11, 2 und in den Dialekten وَتَر
نَاخ sowohl die Bogensehne als die Saite der Cither. Da nun hier die
יְתָרִים von den עֲבֹתִים Stricken (v. 11) unterschieden werden, so hat man
an Thiersehnen oder Darmsaiten, doch nicht wol an Ochsenstränge (*Ew.*)
zu denken. Die Zahl *sieben* ist die Zahl des göttlichen Thuns, entsprechend der Gotteskraft, die Simson besass. V. 8 f. Sowie Delila dies den
Philisterfürsten anzeigte, brachten diese die erforderlichen 7 Sehnen, mit
welchen dann Delila Simson band. „Und der Laurer sass ihr (zu Hülfe;
לָהּ *dat. comm.*) im Gemache", nämlich ohne dass Simson davon wusste, da
Delila ihm sicherlich nicht gesagt hatte, dass sie das Geheimniss seiner
Stärke den Philistern verrathen würde; aber um sofort bei der Hand zu
sein und des gebundenen Riesen sich zu bemächtigen, sobald es sich zeigte,
dass er schwach geworden war. Darauf rief sie ihm zu: „Philister über
dir, Simson!" Und er zerriss die Sehnen, wie man eine Schnur von Werg
zerreisst, wenn sie Feuer riecht d. h. an Feuer gehalten wird. — V. 10—
12. Die zweite Täuschung: Simson lässt sich mit neuen Stricken, die noch
zu keinem Geschäfte gebraucht waren, binden und sprengt auch diese von
seinen Armen wie einen Faden. — V. 13 u. 14. Die dritte Täuschung:
„Wenn du die sieben Flechten meines Hauptes mit dem Aufzuge zusammenwebest; und sie schlug es ein mit dem Pflocke." Diese Worte sind
schwierig zu erklären, weil theils mehrere Kunstausdrücke darin vorkommen, die mehrdeutig sind, theils aber auch die Erzählung abgekürzt, sowol Simsons Vorschlag als dessen Ausführung nur theilweise angegeben
ist, so dass das eine aus dem andern ergänzt werden muss. מַחְלְפוֹת bed.

in v. 19, wo es allein noch vorkommt, unzweifelhaft die Flechten, in welche das lange wallende Haar Simsons eingeflochten war. הַמַּסָּכֶת nur hier (v. 13. 14) vorkommend, bed. wahrscheinlich das Gewebe (von: נָסַךְ = نسم weben), und zwar das noch auf dem Webstuhle befindliche Gewebe, den Aufzug des Gewebes, διασμα (LXX). Hiernach ist der Sinn dieses Satzes folgender: Wenn du die 7 Haarflechten meines Kopfes mit dem Gewebe auf dem Webstuhle zusammenwebest, die Haarflechten als Einschlagsgarn in den Aufzug des Gewebes hineinwebest. Dass nach diesen Worten in der Relation etwas fehlt, darüber sind alle Ausll. einverstanden; nicht aber darüber, ob in diesen Worten die Bindung Simsons schon vollständig angegeben ist, so dass man blos aus den vorhergehenden Fällen zu ergänzen hätte: „so wäre ich schwach u. s. w." (wie v. 7 u. 11), oder ob die W. וַתִּתְקַע בַּיָּתֵד noch ein Moment zur vollständigen Bindung des Helden nachbringen, und wie dieselben zu fassen seien. Nach *Berth.* haben die W.: „und sie stiess mit dem Pflocke" wahrscheinlich nur den Sinn, ein Geräusch zu machen um den schlafenden Simson zu wecken, weil hier weder stehe, dass sie den Pflock in die Wand stiess oder in die Erde, um dadurch die Flechten zu befestigen (LXX. *Hieron.*), noch auch dass das Stossen mit dem Pflocke irgendwie zur weiteren Befestigung des Haares diente. Diese Argumente sind zwar richtig, beweisen aber nicht, was sie beweisen sollen. Wenn es im Folgenden (v. 14ᵇ) heisst: „Er riss den Weberpflock und das Gewebe heraus", so ist doch jedenfalls klar, dass der Pflock mit zur Befestigung des Haares am Gewebe oder Webstuhle diente. Dazu kommt, dass nicht nur das Klopfen mit dem Pflocke, um durch dieses Geräusch den schlafenden Simson zu wecken, ganz überflüssig war, da der laute Ruf: Philister über dir, Simson! dazu hinreichte, sondern auch die Erwähnung dieses für die Hauptsache ganz unerheblichen Umstandes höchst unwahrscheinlich ist. Wir müssen also mit der Mehrzahl der Ausll. die fraglichen Worte von der weiteren oder noch stärkeren Befestigung Simsons verstehen. הַיְתָד = הָאֶרֶג (v. 14) bed. nicht die Walze oder den Webebaum, an welchem die Fäden des Aufzuges befestigt und um welchen das bereits fertige Gewebe gewickelt ward (*Berth.*), denn dieser heisst מְנוֹר אֹרְגִים 1 Sam. 17, 7, auch nicht die σπάθη der Griechen, ein flaches messerartiges Holz, dessen man sich bei dem senkrechten Webstuhle statt unseres Kammes oder der Weberlade bediente, um den Einschlag damit zu schlagen und so das Gewebe dicht zu machen (*Braun, de vestitu Sacerd. p.* 253 mit der Abbild. *p.* 273), sondern den Weberkamm oder die Weberlade, oder etwas dem Entsprechendes, was fest am Webstuhle war, so dass es nur mit Gewalt herausgerissen werden konnte. Zur Vollständigkeit der Sache ist also zwischen v. 13 und 14 zu ergänzen: „und es (das Gewebe) mit dem Pflocke (Weberkamme) festschlägst, so werde ich schwach sein, wie einer der andern Menschen; und sie webte seine 7 Haarflechten in den Aufzug des Webstuhls" — und dann wie v. 14 folgt: „und schlug das Gewebe mit dem Weberkamm fest." Dabei braucht man jedoch nicht anzunehmen, dass das zu Ergänzende beim Abschreiben ausgefallen sei. Es findet nur eine Brachylogie statt, wie sie öfters

vorkommen. Als nun Simson durch den Ruf: „Philister über dir" aus seinem Schlafe aufgeweckt wurde, riss er den Weberkamm und das Aufzugsgewebe heraus *sc.* aus dem Webstuhle, zugleich mit seinen eingewebten
Haarflechten. Ueber den Artikel am *nom. regens* הַיְרִתֹר s. zu Jos. 7, 21.
Die Erwähnung des Schlafens berechtigt zu der Annahme, dass Delila
auch die beiden früheren Bindungen während des Schlafes vorgenommen
hatte. Auch darf man sich die Sache nicht so vorstellen, als ob die 3 Bindungen sofort hinter einander an einem Tage stattgefunden hätten. Zwischen den einzelnen Fällen können mehrere Tage vergangen sein. — Bei
dieser dritten Täuschung hatte Simson das übermüthige Spiel mit der ihm
verliehenen Gottesgabe bereits soweit getrieben, dass er sein dem Herrn
geheiligtes Haar schon antasten liess. „Es ist als ob dieser Frevel ihn noch
hätte zur Besinnung bringen sollen. Da es nicht geschieht, ist zum völligen Verrath an dem Herrn nun blos noch ein kleiner Schritt" (*O. v. Gerl.*).
Dieser letzte Schritt sollte bald nachfolgen. V. 15. Ueber die dreimalige Täuschung aufgebracht, sprach Delila zu ihm: „Wie kannst du sagen,
ich liebe dich, da doch dein Herz nicht mit mir (d. h. mir nicht gewogen
und verbunden) ist?" V. 16. Mit solchen Worten drängte sie ihn alle Tage
und plagte ihn so, dass seine Seele ungeduldig ward zum Sterben (vgl. 10,
16). Das *ἁπ. λεγ.* אָלַץ bed. im Aram. bedrängen, plagen. Die Form ist Piel
mit fehlender Verdoppelung des ל und Chateph-Patach darunter, s. *Ew.*
§. 90[b]. — V. 17. „Und er zeigte ihr sein ganzes Herz an" d. h. erschloss
ihr sein ganzes Innere, dass ein Scheermesser nicht über sein Haupt gekommen sei, weil er Nasiräer von Mutterleib an wäre (vgl. 13, 5. 7). „Wenn
ich geschoren würde, so würde meine Kraft von mir weichen und ich wäre
schwach wie alle andern Menschen." V. 18. Da nun Delila sah (d. h. wahrnahm, nämlich aus seinen Worten und dem ganzen Benehmen bei dieser
Mittheilung), dass er ihr das Geheimniss seiner wunderbaren Stärke verrathen hatte, so liess sie die Philisterfürsten rufen: „Kommt herauf diesmal" — „denn er hatte ihr sein ganzes Herz offenbart." Dieser letzte Satz
ist nicht mit den Masorethen und meisten Ausll. als von Delila zu den Fürsten gesprochen zu fassen, so dass לָהֶם in לִי zu ändern wäre, sondern enthält eine Bemerkung des Erzählers zur Motivirung der Angabe, dass Delila nun, weil ihrer Sache gewiss, die Philisterfürsten rufen liess. Diese
Auffassung erhält Bestätigung durch das folgende וְיַּעֲלוּ, indem der Gebrauch des Perfects statt des Imperfects *c.* ו *consec.* sich nur daraus erklärt,
dass der vorhergegangene Satz ein den Fortschritt der Begebenheit unterbrechender Zwischensatz ist, an welchen der Bericht von dem weiteren
Verlauf der Sache nicht durch das historische Tempus (וַיַּעֲלוּ) angeschlossen werden konnte[1]. — Auf diese Mittheilung hin kamen die Philisterfür

---

1) Das *Keri* לִי ist, trotzdem dass viele Hdschr. und auch ältere Ausgaben so
lesen (nach *de Rossi var. lectt. p. 125*), doch nur aus Missdeutung entstanden und
ohne kritischen Werth. Die Masorethen verkannten, dass von der Botschaft der Delila an die Philisterfürsten nur die Hauptsache erwähnt ist, nämlich dass sie dieses
Mal kommen sollten, wobei sich das Weitere leicht aus dem Zusammenhange hinzudenken liess. — Wie wenig übrigens das וְיַּעֲלוּ zu der von dem *Keri* לִי geforderten
Fassung des Satzes passt, das hat schon *Studer* erkannt, wenn er dasselbe „syntaktisch unmöglich" nennt und mit mehreren Hdschr. וַיַּעֲלוּ lesen will, ohne zu beden

sten zur Delila herauf mit dem Gelde, dem versprochenen Lohn für den Verrath (v. 5), in ihren Händen. — V. 19. „Da schläferte sie ihn auf ihren Knieen ein und rief dem Manne" d. i. wahrscheinlich dem Auflaurer v. 9. 12, um während des Abschneidens der Haare nicht allein mit Simson zu sein, und schnitt dann die 7 Haarflechten seines Hauptes ab und fing an ihn zu beugen, da nun seine Kraft von ihm wich. — V. 20. Hierauf rief sie: „Philister über dir, Simson!" da erwachte er aus seinem Schlaf und dachte (וַיֹּאמֶר sprach bei sich): „Ich gehe davon wie mal an mal (dieses Mal wie die früheren Male) und schüttele mich los" sc. von den Banden oder aus den Händen der Philister; „aber er wusste nicht, dass Jehova von ihm gewichen war." Diese letzten Worte sind für die richtige Beurtheilung der Sache sehr zu beachten. Zur Delila hatte Simson gesagt: „Wenn mein Haar abgeschoren würde, so würde *meine Kraft* von mir weichen (v. 17). Der Geschichtschreiber bemerkt dagegen: „*Jehova* war von ihm gewichen." Die übermenschliche Stärke Simsons lag also nicht in seinem Haare als solchem, sondern darin, dass Jehova bei oder mit ihm war. Jehova aber war mit ihm, so lange er sein Nasiräat bewahrte. Sobald er dieses Gelübde brach durch Preisgebung seines zur Ehre des Herrn getragenen Haarwuchses, so wich der Herr von ihm und mit dem Herrn auch seine Stärke.[1] — V. 21. Da griffen ihn die Philister, stachen ihm die Augen aus und führten ihn nach Gaza gefesselt mit ehernen Doppelketten. נְחֻשְׁתַּיִם Doppelerz heissen die Ketten vermuthlich, weil mit ihnen beide Hände oder beide Füsse gefesselt wurden. Aehnlich wurde der gefangene König Zedekia von den Chaldäern behandelt 2 Kön. 25, 7. Dort musste Simson im Gefängnisse die Mühle drehen, Getraide mahlen (das Partic. טֹחֵן drückt die Dauer der Handlung aus). Das Mahlen der Handmühle war die schwerste und niedrigste Sklavenarbeit, vgl. Ex. 11, 5 mit 12, 29, zu welcher Griechen und Römer ihre Sklaven zur Strafe verurtheilten, vgl. *Odyss. XX, 105 ff. VII, 103 f. Terent. Phorm. II, 1, 19. Andr. I, 2, 29*, und wird noch jetzt im Morgenlande von Sklavinnen verrichtet, vgl. *Chardin* in *Harmars* Beob. ü. d. Or. III S. 64. *Shaw* Reisen S. 202.

V. 22—31. *Simsons Elend und Sieg im Tode.* V. 22. Das Haar seines Hauptes fing wieder an zu wachsen, so wie es geschoren war. In dem כַּאֲשֶׁר so wie (von der Zeit da es geschoren war) liegt angedeutet, dass Simson in seiner schmachvollen Gefangenschaft nicht länger blieb, als bis das Haar wieder zu wachsen begann d. h. sichtlich wuchs. Damit stimmt das Folgende überein. V. 23 f. Die Gefangennahme dieses gefürchteten Helden achteten die Philister einem grossen Siege gleich, den ihre Fürsten mit einem grossen Opfer- und Freudenfeste zu feiern beschlossen zu Eh-

---

ken, dass diese Lesart gleichfalls nur eine durch Umdeutung des לָהּ in לִי nothwendig gewordene Aenderung — ohne kritischen Werth — ist.

1) „Simson war stark, dieweil er Gott gewidmet war, so lang er die Zeichen seiner Widmung bewahrt hatte. Sobald er aber solche Zeichen verlieret, so fällt er dadurch in die alleräussersten Schwachheiten. — Das ganze Unglück Simsons kam daher, dieweil er sich etwas von demjenigen zueignete, was Gott durch ihn that. Gott lässet zu, dass seine Stärke konnte verstöret werden, damit er durch seine Erfahrung lernen möchte, wie er so gar nichts ohne den Beistand Gottes seye. Wir werden nicht besser als durch unsere Gebrechen unterrichtet." Berleb. Bibel.

ren ihres Gottes *Dagon*, dem sie diesen Sieg zuschrieben. זֶבַח גָּדוֹל ein grosses Opfer in Darbringung vieler Schlachtopfer bestehend. וּלְשִׂמְחָה „und
zur Freude" s. v. a. um ihre Freude zu äussern d. h. zu einem Freudenfeste. *Dagon*, eine Hauptgottheit der Philister, die zu Gaza und Asdod
(1 Sam. 5, 2 ff. 1 Makk. 10, 83) und nach *Hieron. ad Esaj.* 46, 1 auch in den
übrigen philistäischen Städten verehrt wurde, war eine Fischgottheit
(דָּגוֹן von דָּג Fisch), die als Fischrumpf mit Kopf und Händen von Menschen abgebildet wurde (1 Sam. 5, 4), und zwar eine männliche Gottheit,
der als weibliches Wesen *Atargatis* (2 Makk. 12, 26) oder *Derceto* zur
Seite stand, und als Fischwesen Symbol des Wassers und damit zugleich
aller derjenigen belebenden Naturkräfte, welche in den heissen Ländern
durch das Wasser vermittelt sind, wie der babylonische Ὠδάκων, einer
der vier *Oannes*, und der indische *Vischnu*; vgl. *Movers* Phöniz. I S. 143 ff.
590 ff. u. *J. G. Müller* in *Herzogs* Realencycl. III S. 255 ff. — V. 24. An
diesem Feste nahm das ganze Volk Theil und stimmte Loblieder an auf
den Gott, welcher ihnen diesen Feind, der ihre Felder verwüstet und
viele der Ihrigen erschlagen hatte, in die Hände gegeben. — V. 25 ff.
Als nun ihr Herz fröhlich war (כְּטוֹב Infinit. von יָטַב), liessen sie Simson
aus dem Gefängnisse holen, damit er vor ihnen scherzte, und „stellten ihn
zwischen die Säulen" des Hauses oder Tempels, in welchem das Sieges-
fest gefeiert wurde. Da sprach er zu dem Knappen, der seine Hand hielt:
„Lass mich los und lass mich die Säulen tasten, auf welchen das Haus
errichtet ist, dass ich mich an sie lehne." הֲימִשֵׁנִי ist *imper. hiph.* von der
nur hier vorkommenden *rad.* יָמַשׁ, wofür das *Keri* die gewöhnliche Form
הֲמִישֵׁנִי von מוּשׁ substituirt. Das Haus war aber — setzt der Berichterstatter
in Vorbereitung auf das Folgende hinzu — mit Männern und Weibern an-
gefüllt; dort waren auch alle Fürsten der Philister und auf dem Dache gegen 3000 Männer und Weiber, die ihre Augen an dem Scherzen Simsons
weideten (רָאָה c. בְּ vom wohlgefälligen Sehen). — V. 28. Da betete Simson
zu Jehova: „Herr Jehova, gedenke mein und mache mich nur dieses Mal
stark, o Gott, dass ich mich räche die Rache eines meiner zwei Augen an
den Philistern" d. h. nur den Verlust eines von meinen zwei Augen an
ihnen räche (מִשְּׁתֵי ohne Dagesch *lene* in ת, vgl. *Ew.* §. 267[b]). Ein Wort,
welches zeigt, wie schmerzlich er den Verlust seiner beiden Augen empfand — „ein Verlust, dessen Schwere selbst die furchtbare Rache, die
Simson vorhat, nimmer aufwägen kann" (*Berth.*). — V. 29 f. Nachdem er
sich zu dieser letzten grossen That die Kraft vom Herrn erbeten, umfasste
er die beiden Mittelsäulen, auf welchen das Gebäude errichtet war,
stemmte sich auf sie, die eine mit seiner rechten, die andere mit seiner
linken Hand (umfassend; denn diese Worte gehören noch zu יִלָּפֵת) und
sprach: „Meine Seele sterbe mit den Philistern." Dann neigte er mit Kraft
(die beiden Säulen) und das Haus fiel auf die Fürsten und alles Volk, das
darinnen war. Die Sache anlangend lässt sich die Möglichkeit, dass Simson durch das Umreissen zweier Mittelsäulen das ganze Gebäude mit so
viel Menschen einstürzen konnte, nicht mit Grund bezweifeln, da wir von
der Bauart desselben keine genaue Vorstellung haben. Wir haben uns
diesen Dagonstempel wol den heutigen türkischen Kiosks ähnlich zu den-

ken, nämlich als eine „geräumige Halle, deren Decke vorn auf vier Säulen ruhte, davon zwei an den Enden und zwei in der Mitte nahe bei einander standen. Unter dieser Halle hielten die Vornehmsten der Philister eine Opfermahlzeit, und oben auf der Decke, welche eine Lehne hatte, war das Volk" (*Faber* Archäol. der Hebr. S. 444 vgl. S. 436 f. und *Shaw* Reisen S. 190). — Ueber die That, ob Simson einen Selbstmord begangen oder nicht, worüber die Alten weitläuftig handeln, ohne die Frage befriedigend zu erledigen, urtheilt *O. v. Gerl.* wahr und richtig: „die Handlung des Simson ist kein Selbstmord, sondern die That eines Helden, welcher sieht, dass es zur Rettung seines Volkes und seiner Sache, zur Entscheidung des Sieges, den er noch mit erkämpfen soll, nothwendig ist mitten in die Feinde sich zu stürzen, um dort den gewissen Tod zu finden. Dass dies der Wille des Herrn sei, musste Simson um so gewisser werden, wenn er bedachte, dass er, auf welche andere siegreiche Weise er auch aus der Philister Händen sich hätte retten mögen, doch das Denkmal seiner Schmach in seiner Blendung für immer würde an sich getragen haben, ein Denkmal eben so sehr der Untreue des Knechtes Gottes, als des zwiefachen Triumphs der Feinde, die geistlich und leiblich ihn gefällt hatten." Diesen Triumph durfte der Gott Israels seinen Feinden und deren Götzen nicht lassen. Der Herr musste ihnen durch Simsons Tod erweisen, dass die Schmach seiner Sünde von ihm genommen sei und dass die Philister nicht Ursache hätten, über ihn zu triumphiren. So feierte Simson im Erliegen den grössten Sieg über seine Feinde. In seinem Leben der Schrecken der Philister, ward er sterbend ein Zerstörer ihres Götzentempels. Durch diese seine letzte That hat er die Ehre Jehova's des Gottes Israels gegen Dagon den Abgott der Philister gerettet. „Es waren der Todten, die er in seinem Tode getödtet hatte, mehr denn derer, die er in seinem Leben getödtet hatte." — V. 31. Dieser furchtbare Schlag musste auf die Philister einen gewaltigen Eindruck machen, sie nicht blos in tiefe Trauer über den Tod ihrer Fürsten und so vieler Glieder ihres Volks und über die Zerstörung ihres Dagonstempels versetzen, sondern sie auch mit Furcht und Grauen vor der Allmacht des Gottes der Israeliten erfüllen. Unter diesen Umständen wird es begreiflich, dass die Brüder und Verwandten Simsons nach Gaza kommen und den Leichnam des gefallenen Helden abholen konnten, um denselben im Grabe seines Vaters zwischen Zorea und Esthaol (s. 13, 25) zu bestatten. — Zum Schlusse wird ganz passend nochmals bemerkt, dass Simson 20 Jahre Israel gerichtet hatte, vgl. 15, 20.

III. Der Bilderdienst Micha's und der Daniten und die Schandthat der Bewohner Gibea's sammt ihrer Bestrafung am Stamme Benjamin. Cap. XVII—XXI.

Mit dem Tode Simsons schliesst der Haupttheil des B. der Richter, welcher die Geschichte des Volkes Israel in ihrem Verlaufe unter den Richtern zusammenhängend darstellt. — Die in c. XVII—XXI noch folgenden zwei Erzählungen der in der Ueberschrift genannten Begebenheiten sind dem Buche d. R. in der Form von Anhängen beigegeben, weil diese Begebenheiten nicht nur in die Zeit der Richter und zwar in den Anfang der Richterperiode (s. S. 178) gehören, sondern auch werthvolle Beiträge zur Charakteristik dieser Periode der israelitischen Geschichte liefern. Der *erste* Anhang c. XVII u. XVIII: die Erzählung von der Einrichtung des Bildercultus oder der Verehrung Jehova's unter einem Gussbilde durch den Ephraimiten Micha, welches die aus ihrem Stammgebiete auswandernden Daniten auf ihrem Zuge ihm raubten und in die von ihnen eroberte Stadt *Lais-Dan* verpflanzten, zeigt uns, wie nicht lange nach Josua's Tode schon im Volke die Neigung zu abgöttischer Verehrung Jehova's hervortrat, und wie dieser Cultus, welcher längere Zeit im Norden des Landes fortbestand, von Anfang an mit Sünde und Ungerechtigkeit befleckt war. Der *zweite* c. XIX—XXI: die Erzählung von der Schandthat, welche die Bewohner Gibea's an dem dort übernachtenden Leviten verüben wollten und an seinem Kebsweibe auch verübten, mit ihren Folgen, dem Rachekrieg der Gemeinde gegen den die Frevler in Schutz nehmenden Stamm Benjamin, offenbart zwar einerseits, wie die Sittenverderbniss der Cananiter schon frühzeitig tiefe Wurzel unter den Israeliten geschlagen hatte, andrerseits aber zugleich, wie damals noch die Gemeinde Israels im Allgemeinen sich hievon frei und rein erhalten hatte und eingedenk ihrer Berufung zum heiligen Volke Gottes das in ihre Mitte eingedrungene Verderben mit aller Kraft auszurotten bestrebt war.

Diese beiden Begebenheiten hängen sachlich nicht zusammen, sind aber beide sehr umständlich und ausführlich erzählt; und in beiden finden wir nicht nur die Bemerkung, dass Israel damals keinen König hatte (17, 6. 18, 1. u. 19, 1. 21, 25), sowie die Erfragung des göttlichen Willens durch einen Priester oder durch den Hohepriester (18, 5 f. 20, 18. 23. 27), sondern auch im Ganzen dieselbe Art und Weise zu erzählen, namentlich den geschichtlichen Hergang durch Umstandssätze zu verdeutlichen, woraus sich folgern lässt, dass sie von einem Verfasser herstammen. Im Uebrigen zeigen sie aber keine so charakteristischen Merkmale, welche sichere Anhaltspunkte zu begründeten Vermuthungen über den Verfasser darböten oder die Hypothese *Bertheau's* zur Wahrscheinlichkeit erhöben, dass derselbe eine Person mit dem Verf. von c. 1, 1—2, 5 sei. Denn der häufige Gebrauch des Perfects mit וֹ (vgl. 20, 17. 33. 37. 38. 40. 41. 48. 21, 1. 15 mit 1, 8. 16. 21. 25 u. a.) erklärt sich vollständig aus dem Inhalte, und die Meinung, dass das Perfect hier öfter statt des historischen Imperfects c. וֹ *consec.* gebraucht sei, beruht auf Missverständniss und Missdeutung der betreffenden Stellen. Die übrigen, nicht eben zahlreichen, Ausdrücke, welche c. 17—21 mit c. 1 gemeinsam haben, sind für den fraglichen Beweis nicht charakteristisch genug, da sie — wie schon S. 184 f. bemerkt worden — auch sonst vorkommen, wie z. B. שְׁלַח בָּאֵשׁ (1, 8 u. 20, 48) nicht nur 2 Kg. 8, 12. Ps. 74, 7 wiederkehrt, sondern nicht einmal in beiden Anhängen vorkommt, sondern 18, 27 dafür שָׂרַף בָּאֵשׁ steht. So viel ergibt sich aber aus der Genauigkeit und Umständlichkeit der Erzählung unzweideutig, dass der erste Concipient dieser Begebenheiten, dessen

Aufzeichnungen dem Verfasser unseres Buches als Quelle vorlagen, den Ereignissen nicht fern gestanden haben kann. Dagegen fehlt es an zureichenden Gründen für die Vermuthung, dass diese Anhänge erst später zu dem Buche der Richter hinzugekommen seien. Denn weder verfolgt der erste Anhang den Zweck: nachzuweisen wie der Bilderdienst, welchen Jerobeam in seinem Reiche zu Bethel und Dan aufrichtete, in seinem Ursprunge schon ein heilloses Beginnen gewesen und von dem Bilderdienste des Ephraimiten Micha, welchen die Daniten zu Lais begründet hatten, herstamme, noch bezweckt der zweite Anhang den Ursprung des vordavidischen Königthums (Sauls) als sündhaft und untheokratisch d. h. dem Geiste und Wesen des Reiches Gottes widerstrebend darzuthun, wie *Auberlen* (theol. Stud. u. Kr. 1860. S. 545 ff.) meint. Die Identität des von Jerobeam zu Dan errichteten goldenen Kalbes mit dem durch die Daniten dem Ephraimiten Micha geraubten und in Lais-Dan aufgestellten Jehovabilde wird durch die Angabe c. 18, 31 über die Zeit des Bestandes jenes Bilderdienstes in Dan geradezu ausgeschlossen, s. die Erklärung z. d. St. Man kann daher höchstens mit *O. v. Gerl.* sagen: „Beide (Anhänge) stellen nach der Absicht des Verfassers das Elend dar, das in der wilden, zerrissenen Richterzeit aus dem Mangel einer leitenden königlichen Macht hervorging." Darauf zielt auch die in beiden vorkommende Bemerkung, dass damals kein König in Israel war und jeder that was ihm recht däuchte (17, 6. 21, 25). Diese Bemerkung schliesst übrigens die Zeit des Verfalles und der Ausartung des späteren Königthums bestimmt aus und ist unvereinbar mit der Annahme, dass diese Anhänge erst nach der Spaltung des Reichs oder gar erst in der Zeit des assyrischen oder babylonischen Exils zu dem Buche der Richter hinzugekommen seien.

Cap. XVII u. XVIII. Der Bilderdienst des Ephraimiten Micha und seine Verpflanzung nach Lais-Dan.

Cap. XVII. Der Bilderdienst Micha's. Die Erzählung von dem Bilderdienste, welchen Micha auf dem Gebirge Ephraim in seinem Hause errichtete, ist ganz kurz gehalten, weil sie nur die Einleitung für die Geschichte der Gründung dieses Bilderdienstes in Lais-Dan im Norden Palästina's bildet. Es sind daher hauptsächlich nur die Momente angegeben, welche den sündlichen Ursprung und die gesetzwidrige Beschaffenheit dieses Cultus ins Licht setzen.

V. 1—10. Ein Mann vom Gebirge Ephraim Namens Micha (מִיכָיְהוּ v. 1 u. 4, sodann abgekürzt מִיכָה v. 5. 8 u. ö.), der diesen Cultus sich eingerichtet und „den die Schrift nicht werthgeachtet, seines Vaters oder der Familie, woraus er entsprossen, Namen beizusetzen" (*Berleb. Bib.*), hatte seiner Mutter 1100 Sekel Silber (über 900 Thaler) entwendet. Dies erhellt ganz deutlich aus den Worten, die er v. 2 zu seiner Mutter sprach: „Die 1000 und 100 Sekel Silber, welche man dir genommen hat (der Sing. לֻקַּח bezieht sich auf כֶּסֶף) und in Betreff welcher du einen Fluch ausgesprochen und auch vor meinen Ohren geredet hast (d. h. den Fluch so ausgesprochen, dass unter andern auch ich ihn gehört habe), siehe dieses Silber ist bei mir; ich habe es genommen." אָלָה schwören, von dem Verwünschungsschwure oder Fluche, vgl. קוֹל אָלָה Lev. 5, 1. Zu diesem Geständnisse scheint ihn die Furcht vor dem Fluche seiner Mutter getrieben zu haben. Die Mutter aber preist ihn dafür: „Gesegnet sei mein Sohn von Jehova" (בְּרוּךְ mit לְ wie Gen. 14, 19 u. ö.), weil sie darin noch einen Keim von Gottesfurcht erblickt, hauptsächlich aber wol aus dem Grunde, weil sie das Silber Jehova weihen wollte. Denn als der Sohn ihr dasselbe zurückgegeben, sprach sie v. 3: „Geheiliget habe ich das Silber dem Herrn von meiner Hand für meinen Sohn, zu machen Bild und Gusswerk." Das Perf. הִקְדַּשְׁתִּי ist nicht im Sinn des Plusquamperf. zu fassen: ich hatte es geheiligt, sondern ist Ausdruck der eben vollbrachten That: ich habe es geheiligt, ich erkläre hiemit, dass ich es gewiss heilige. „Und nun geb ich es dir zurück", nämlich zur Verwendung für dein Gotteshaus. V. 4. Hierauf, als nämlich der Sohn ihr das Silber zurückgegeben (וַיָּשֶׁב אֶת־הַכֶּסֶף לְאִמּוֹ ist nur Wiederholung von v. 3ᵃ, um daran die Verwendung des Silbers zu knüpfen), nahm die Mutter 200 Sekel und gab sie dem Goldschmiede, welcher davon ein Bild und Gusswerk verfertigte, das sodann im Hause Micha's war. Die 200 Sekel waren nicht ganz der fünfte Theil des gesammten Silbers. Was sie mit dem übrigen gethan, ist nicht bemerkt; aber daraus, dass sie nach v. 3 das Silber überhaupt d. h. die ganze Summe Jehova geheiligt hat, dürfen wir schliessen, dass sie den Rest zur Unterhaltung des Bilderdienstes verwendet haben wird[1]. פֶּסֶל וּמַסֵּכָה sind verbunden wie Deut. 27, 15. Der Unterschied beider Worte hier ist schwer zu bestimmen. פֶּסֶל ist das Götzenbild, gleichviel ob aus Holz oder Metall gefertigt. מַסֵּכָה dagegen bed. Gusswerk, Gegossenes, und wird im Singulare fast nur von dem gegossenen Kalbe Aarons oder Jerobeams gebraucht, meist mit עֵגֶל verbunden, aber auch ohne diese nähere Bestimmung, z. B. Deut. 9, 12 in der gleichen Bedeutung. Hiedurch wird die Vermuthung nahe gelegt, dass beide Worte zusammen nur ein Bildniss Jehova's bezeichnen möchten, und zwar — nach dem Vorgange am Sinai zu urtheilen — eine Abbildung Jehova's in Form eines gegossenen jungen Stieres. Aber dieser Vermuthung tritt der Umstand entgegen, dass in 18, 17 u. 18 מַסֵּכָה von פֶּסֶל getrennt ist, wonach wir an zwei unterschiedliche Gegenstände denken müssen. Da jedoch schwerlich anzunehmen ist, dass Micha's Mutter zwei Jehovabilder habe anfertigen lassen und Micha beide in seinem Gotteshause aufgestellt habe, so bleibt nur übrig, מַסֵּכָה für ein zum פֶּסֶל, dem Jehovabilde, gehöriges, aber von ihm trennbares Stück zu halten, nämlich für das gegossene Piedestal, auf welchem das פֶּסֶל aufgestellt wurde. Das פֶּסֶל war jedenfalls die Hauptsache, wie schon daraus erhellt, dass es unter den vier Gegenständen des Heiligthumes

---

1) Grundlos ist die Meinung *Bertheau's*, dass die 200 Sekel S. nicht ein Theil der 1100 seien, sondern die von dem Sohne bei Rückgabe des Entwendeten der Mutter entrichtete Busse, da nach dem Gesetze Lev. 5, 24 ein Dieb, wenn er das Gestohlene dem Eigenthümer zurückgab, noch den fünften Theil des Werthes dazulegen sollte. Die Anwendung dieses Gesetzes auf den vorliegenden Fall erscheint schon deshalb unstatthaft, weil die Wegnahme des Silbers durch den Sohn nicht einmal als Diebstahl bezeichnet wird, vielmehr die Mutter ihren Sohn für sein offenes Geständniss sogar belobt.

Micha's, welche die Daniten mitnahmen, 18,17 u. 18 in vorderster Reihe
genannt und dass 18,30 u. 31 bei Aufrichtung des Bilderdienstes in Dan
nur vom מָסָל die Rede ist. Auch daran ist wol kaum zu zweifeln, dass מסל
als Abbildung Jehova's ein Stierbild war, ähnlich dem goldenen Kalbe,
welches Aaron am Sinai für das Volk hatte machen lassen (Ex. 32, 4), und
den von Jerobeam im Reiche Israel eingeführten goldenen Kälbern, von
welchen das eine in Dan aufgestellt wurde (1 Kg. 12, 29). — V. 5. Dies
that seine Mutter, denn ihr Sohn Micha hatte ein Gotteshaus und hatte
sich ein Ephod und Theraphim machen lassen und einen seiner Söhne zum
Priester bei demselben geweiht. וְהָאִישׁ מִיכָה steht also absolut vorauf und
wird durch לֹ mit dem Folgenden verbunden. „Den Mann Micha anlangend, so war ihm (hatte er) ein Gotteshaus." Der ganze Vers ist ein das
Voraufgegangene erläuternder Umstandssatz, und die folgenden Verba
וַיְמַלֵּא, וַיַּעַשׂ u. וַיְהִי sind nur Fortsetzung des ersten Satzes, im Deutschen
also durch das Plusquamperfect auszudrücken. Das בֵּית אֱלֹהִים Micha's
war nach 18, 15—18 ein Haustempel, der zum Hause Micha's gehörte.
מִלֵּא אֶת־יָד die Hand füllen d. h. mit dem Priesterthume belehnen, zum
Priester einsetzen, s. zu Lev. 7, 37. Das *Ephod* war eine Nachbildung des
hohepriesterlichen Schulterkleides, s. zu 8, 27. Die *Theraphim* sind Bilder von Hausgöttern, Penaten, die als Spender irdischen Glückes und als
Orakelgötter verehrt wurden, s. zu Gen. 31, 19. — In v. 6 wird zur Erklärung dieses ungesetzlichen Treibens bemerkt, dass damals kein König
in Israel war und jeder that, was ihm recht dünkte.

V. 7—13. *Anstellung eines Leviten zum Priester.* V. 7 ff. In Ermange-
lung eines levitischen Priesters hatte Micha bei seinem Heiligthume anfangs einen seiner Söhne als Priester angestellt. Später gewann er einen
Leviten für diesen Dienst. Ein junger Mann (נַעַר) aus Bethlehem in Juda,
aus dem Geschlechte Juda's, der als Levit dort (in Bethlehem) sich als
Fremdling aufhielt (גֵּר), verliess diese Stadt um sich aufzuhalten בַּאֲשֶׁר
יִמְצָא „an dem Orte den er finden würde" *sc.* als einen ihm Unterkommen
und Unterhalt gewährenden Ort, und kam aufs Gebirge Ephraim bis zum
Hause Micha's „seine Reise machend" d. h. auf seiner Reise. Ueber den
Gebrauch des *infin. constr.* c. ל im Sinne des lateinischen Gerundium auf
do s. *Ew.* §. 280ᵈ. — Bethlehem war keine Levitenstadt. Der junge Levit aus Bethlehem war auch dort weder geboren noch eingebürgert, sondern גָּר שָׁם dort als Fremdling zeitweilig wohnend. Auch die weitere Angabe über seine Herkunft: מִמִּשְׁפַּחַת יְהוּדָה ist nicht so zu verstehen, als ob
er ein Abkömmling eines Geschlechtes vom Stamme Juda gewesen, sondern besagt nur, dass er zu den Leviten gehörte, die im Stamme Juda
wohnten, in bürgerlicher Hinsicht zu diesem Stamm gerechnet wurden.
Bei der Landesvertheilung waren zwar nur den Priestern ihre Wohnstädte
in den Stammgebieten Juda's und Simeons zugetheilt worden (Jos. 21, 9—
19), während die übrigen Leviten, auch die nicht priesterlichen Geschlechter Kahats, in den übrigen Stammgebieten Wohnstädte erhielten (Jos. 21,
20 ff.). Indess da von den Städten, welche den einzelnen Stämmen zugetheilt wurden, manche noch lange nach der Landesvertheilung im Besitze
der Cananiter blieben und die Israeliten nicht sofort in den vollen und un-

bestrittenen Besitz ihrer Erbtheile gelangten, so konnten leicht auch einzelne Städte, welche den Leviten zugetheilt waren, von den Cananitern
besetzt bleiben und dadurch die Leviten genöthigt werden, an andern Orten Unterkommen zu suchen. Auch mochten einzelne Leviten, welche sich
dem durch das Gesetz ihnen zugewiesenen Dienste nicht unterziehen
wollten, aus Levitenstädten auswandern, um anderswo einen andern Le-
benserwerb sich zu suchen. Vgl. noch zu 18, 30.[1] — V. 10. Diesem Leviten machte Micha den Antrag: „Wohne bei mir und werde mein Vater
und Priester; ich werde dir geben 10 Sekel Silber jährlich und Ausrü-
stung mit Kleidern und Lebensunterhalt." אָב Vater ist ehrende Benennung des Priesters als väterlichen Freundes und geistlichen Berathers, die
auch von Propheten vorkommt 2 Kg. 6, 21. 13, 14, wie schon von Joseph
in Aegypten Gen. 45, 8. לַיָּמִים für die Tage sc. für die man jemand dingte,
d. i. für das Jahr, vgl. 1 Sam. 27, 7. Lev. 25, 29. „Und der Levit ging" d. h.
zog zu Micha. Dieser Sinn ergibt sich aus dem Zusammenhange. Gegen
die Verbindung des וַיֵּלֶךְ mit dem folgenden וַיּוֹאֶל spricht die Wiederholung des Subjects הַלֵּוִי. — In v. 11—13 wird das Ergebniss dieser Verhandlung zusammengefasst. So entschloss sich (וַיּוֹאֶל s. zu Deut. 1, 5) der
Levit bei Micha zu wohnen, der ihn wie einen seiner Söhne behandelte
und mit dem Priesterthume bei seinem Gotteshause betraute. Micha aber
freute sich einen Leviten zum Priester gewonnen zu haben und sprach:
„Nun weiss ich, dass Jehova mir wohlthun wird." Dieser Glaube oder,
richtiger gesagt, Aberglaube, für welchen Micha bald büssen sollte, zeigt,
dass der Stamm Levi damals die im Gesetze Mosis ihm zugewiesene Stellung im Volke einnahm, dass er nämlich als der von Gott zur Verwaltung
des Cultus auserwählte Stamm betrachtet wurde.

Cap. XVIII. **Die Verpflanzung des Bilderdienstes nach Lais-Dan.**
V. 1—10. *Aussendung von Kundschaftern aus dem Stamme Dan, um eine
zur Niederlassung geeignete Gegend zu suchen, mit ihrem Erfolge.* **V. 1.**
Diese Aussendung geschah in jener Zeit, da Israel keinen König hatte und
der Stamm der Daniten (שֵׁבֶט הַדָּנִי s. zu 13, 2) sich ein Erbe zum Wohnen
suchte, weil ihm ein solches bis auf jenen Tag unter den Stämmen nicht
zum Erbtheile gefallen war. Zu לֹא נָפְלָה ist aus dem Vorhergehenden נַחֲלָה
als Subject zu ergänzen, und בְּנַחֲלָה bed. in der Eigenschaft einer נחלה d. i.
eines erblich von Vater auf Sohn übergehenden Besitzthums. נָפַל vom
Fallen des Loses, vgl. Num. 34, 2. Jos. 13, 6 u. a. Die allgemeine Angabe,
dass dem St. Dan noch kein Erbtheil durchs Los zugefallen war, findet
ihre Beschränkung durch den Context. Da nach v. 2 die Daniten fünf
Männer von Zorea und Esthaol aussandten und noch v. 11 aus diesen beiden Städten 600 kriegsgerüstete Männer nach dem von den ausgesandten
Kundschaftern für die Niederlassung geeignet erfundenen Lais auszogen

---

1) Es ist daher kein Grund vorhanden, die W. מִמִּשְׁפַּחַת יְהוּדָה mit *Houbig.*
als Glosse aus dem Texte zu streichen. Denn das Fehlen derselben im *Cod. Vat.* der
LXX und beim *Syr.* berechtigt nicht dazu, da sie im *Cod. Al.* der *LXX* sich finden
und die Weglassung in den genannten Autoritäten sich leicht aus dem Anstoss, den
man bei Verkennung ihres richtigen Sinnes an ihnen nahm, erklärt. Dagegen lässt
sich für die Einschaltung einer solchen Glosse in den Text gar kein Grund absehen.

und sich dort niederliessen, so ergibt sich hieraus deutlich, dass die Daniten damals nicht etwa noch gar kein Erbtheil, sondern nur noch kein für sie ausreichendes Erbtheil empfangen hatten. Die Auswandernden wohnten ja bereits in Zorea und Esthaol, zwei dem St. Dan durchs Los als Erbe zugefallenen Städten (Jos. 19, 41). Auch waren die 600 kriegsgerüsteten Daniten, die aus diesen Städten auszogen, nur ein sehr kleiner Theil vom ganzen Stamme der Daniten, der bei der letzten Zählung unter Mose 64,400 männliche Köpfe von 20 Jahren und darüber zählte (Num. 26, 43). Für diese Grösse des Stammes Dan war das von Josua ihm zugetheilte Land mit seinen Städten vollkommen ausreichend. Aber aus c. 1, 34 erfahren wir, dass die Amoriter die Daniten ins Gebirge drängten und denselben nicht gestatteten in die Ebene hinabzukommen. Dadurch wurden sie auf einige am oder auf dem Gebirge gelegene Städte beschränkt, welche ihnen nicht den erforderlichen Raum zu Wohnsitzen gewährten. Zur Verdrängung und Ausrottung der Cananiter sich zu schwach fühlend zog daher ein Theil der Daniten es vor, sich anderswo im Lande ein Erbe zu suchen. Diese Unternehmung und Auswanderung wird in v. 2 ff. erzählt. Die Zeit derselben lässt sich nicht ganz sicher bestimmen, da aus v. 12 vgl. mit 13, 25 nur so viel erhellt, dass dies geraume Zeit vor Simson geschehen war. Manche Ausll. setzen daher diese Begebenheit in die auf Jabins Besiegung durch Barak (4, 24) folgende Zeit, weil erst nach der Bewältigung dieses mächtigen Königs der Cananiter Eroberungen im Norden Canaans möglich geworden seien, und der Stamm Dan damals noch auf Schiffen weilte (5, 17), also die ihm Jos. 19 zugewiesene Gegend an der Meeresküste noch nicht verlassen hatte. Allein beide Gründe sind ohne Beweiskraft. Denn noch zur Zeit der Debora Daniten an der Meeresküste zu finden, wenn auch danitische Geschlechter aus Zorea und Esthaol schon längst in Lais sich angesiedelt hatten, kann gar nicht auffallen, da diese Auswanderer ja nur einen kleinen Bruchtheil des ganzen Stammes ausmachten, die Uebrigen aber in den von Josua ihnen zugewiesenen Erbtheilen blieben. Sodann die Erstarkung der Macht der Cananiter und die Ausbreitung ihrer Herrschaft im Norden erfolgte erst 150 Jahre nach Josua unter Jabin, so dass lange vor Jabin die Stadt Lais von den Daniten erobert und in Besitz genommen seyn konnte. Aller Wahrscheinlichkeit nach war dies bald nach Josua's Tode geschehen, wie sich aus v. 30 schliessen lässt; s. die Erkl. d. V. — V. 2. Um das Land für den genannten Zweck auszukundschaften und zu erforschen, sandten die Daniten fünf tapfere Männer aus מִקְצוֹתָם „von ihren (der Daniten) Enden her" d. h. von ihrer Gesammtheit, vgl. 1 Kg. 12, 31. 13, 33 und die Erkl. zu Gen. 19, 4. Diese kamen auf das Gebirge Ephraim und dort bis zum Hause Micha's, wo sie übernachteten. — V. 3—6. Als sie nun beim Hause Micha's waren und die Stimme des jungen Leviten erkannten d. h. die Stimme hörten und an seinem Dialekte erkannten, dass er kein einheimischer Bewohner jenes Gebirges war, so bogen sie ab daselbst *sc.* vom Wege zu dem Hause, in dessen Nähe sie rasteten, und fragten ihn: „Wer hat dich hieher gebracht und was machst du an diesem Orte, was hast du hier zu schaffen?" Als dieser ihnen hierauf seine Geschichte erzählte (כָּזֶה וְכָזֶה so und so, eig.

gemäss diesem und jenem, vgl. 2 Sam. 11,,25. 1 Kg. 14,5 und über die
nur in dieser Verbindung vorkommende Form זה *Hupfeld* in d. Ztschr.
f. d. Kunde des Morgenl. II, 3 S. 431), so sprachen sie zu ihm: „Befrage
doch Gott, dass wir erfahren, ob unser Weg glücklich von statten gehen
wird." שָׁאַל בֵּאלֹהִים vom Erfragen des göttlichen Willens, wie 1, 1 nur hier
durch das Medium des nachgemachten Ephod und Bilderdienstes. Und er
sagte ihnen *sc.* nach Erfragung des göttlichen Orakels: „Ziehet in Frieden; gerade vor Jehova ist euer Weg" d. h. er ist ihm bekannt und wol-
gefällig, vgl. Prov. 5,21. Jer. 17,16. — V.7. So zogen die fünf Männer
nach *Lais*, in Jos. 19,47. *Lesem* und nach der Eroberung durch die Daniten *Dan* genannt, an der mittlern Jordanquelle, heute *Tell el Kadi* (s. zu
Jos. 19, 47), und sahen die Bevölkerung dieser Stadt sicher wohnend
nach der Weise der Sidonier, die dem Handel und Gewerbe obliegend
nicht auf Krieg ausgingen. יוֹשֶׁבֶת ist Prädicat zu אֶת־הָעָם und das Föminin
daraus zu erklären, dass dem Schreibenden die Einwohnerschaft vorschwebte (vgl. *Ew.* §. 174ᵇ), wogegen auch der Gebrauch des Masculins
bei der folgenden Apposition שֹׁקֵט וּבֹטֵחַ nicht streitet. Die Verbindung
des יוֹשֶׁבֶת mit בְּקִרְבָּהּ, die *Berth.* nach älteren Ausll. erneuert, verstösst
gegen den Genius der hebr. Sprache. שֹׁקֵט וּבֹטֵחַ „ruhig und sicher dahin
lebend." וְאֵין־מַכְלִים וגו „und nicht that ihnen irgend ein Leid an im
Lande ein die Herrschaft an sich Reissender." מַכְלִים beschämen, dann
Leid anthun (1 Sam. 25, 7). מַכְלִים דָּבָר beschämend hinsichtlich einer
Sache d. h. irgend ein Leid zufügend. עֶצֶר Herrschaft, und zwar Gewalt-
herrschaft, nach עָצַר *imperio coërcere*. Die Uebersetzung dieses W. durch
„Reichthum" (ϑησαυρός LXX) beruht blos auf Verwechslung von עֶצֶר
mit אוֹצָר. — יָרַשׁ bed. hier nicht: „besitzen", sondern: „in Besitz nehmen"
und zwar mit Gewalt wie 1 Kg. 21, 18. „Und ferne waren sie von den Sidoniern", so dass sie bei einem feindlichen Ueberfalle von dieser mächtigen
Stadt keine Hülfe erhalten konnten. Aus diesen Worten hat schon *Grotius*
gefolgert, dass Lais vielleicht eine Colonie der Sidonier war. „Und nichts
hatten sie mit (andern) Menschen zu schaffen", d. h. sie lebten in keinem
näheren Verkehre mit Bewohnern anderer Städte, so dass sie von anders
woher hätten Beistand erlangen können. — V. 8 f. Bei ihrer Rückkehr
sprachen die Kundschafter zu ihren Mitbürgern auf die Frage מָה אַתֶּם
„was habt ihr ausgerichtet": „Auf, lasst uns wider sie (die Bewohner von
Lais) hinaufziehen", denn das Land ist sehr gut, und „ihr seid schwei-
gend" d. h. unthätig dastehend (1 Kg. 22, 3. 2 Kg. 7, 9)! „Seid nicht träge
zu gehen (dahin zu ziehen), zu kommen um das Land in Besitz zu nehmen!" V. 10. „Wenn ihr hinkommt, werdet ihr kommen zu einem sicheren (in sorgloser Sicherheit lebenden) Volke (das also leicht zu überwältigen ist); und das Land ist weit nach beiden Seiten (d. h. bietet Raum zum
Wohnen und sich Ausbreiten, vgl. Gen. 34, 21. 1 Chr. 4, 40); denn Gott
hat es in eure Hand gegeben." Dies schliessen sie aus dem von dem Leviten empfangenen Orakel v. 6. „Ein Ort, der an nichts Mangel hat, was im
Lande (Canaan) ist."

V. 11—29. *Aufbruch von 600 Daniten nach Lais, Raub der Bilder
des Micha, Eroberung von Lais und Ansiedlung daselbst.* V. 11 f. In Folge

des so günstigen Berichts der heimgekehrten Kundschafter brachen von
den Daniten aus Zorea und Esthaol 600 Mann auf, umgürtet mit Kriegs-
waffen, sammt ihren Familien und ihrer Habe an Vieh und Sachen (vgl.
v. 21), und lagerten sich unterwegs bei Kirjat-Jearim (d. i. Kurijet Enab,
s. Jos. 9, 17) im Stammgebiete Juda's, an einem Orte, welcher davon den
Namen *Mahaneh Dan* (Lager Dans) bleibend erhalten hat und der hinter
d. i. westlich von Kirjat-Jearim lag (s. zu 13, 25). Der Umstand, dass diese
Oertlichkeit von diesem Ereignisse einen stehenden Namen erhielt, nöthigt
anzunehmen, dass die Daniten daselbst längere Zeit gelagert waren, aus
Gründen die wir aus Mangel anderweitiger Nachrichten nicht näher bestimmen können. Vielleicht haben die Auswanderer sich hier erst gesam-
melt und für den weiteren Zug geordnet und gerüstet. V. 13. Von da zogen sie hinüber aufs Gebirge Ephraim und kamen bis zum Hause des
Micha d. h. in die Nähe desselben. V. 14. Da sprachen die fünf Männer,
die das Land, nämlich Lais erkundet hatten (לַיִשׁ ist Apposition zu הָאָרֶץ),
zu ihren Brüdern (Stammgenossen): „Wisset ihr, dass in diesen Häusern
(dem Dorfe oder Flecken, in welchem Micha wohnte) Ephod und Theraphim und Bild und Gusswerk sind (s. zu 17, 4. 5)? und nun wisset, was ihr
thun wollt!" Der Sinn dieser letzten Worte ist leicht zu verstehen: Lasst
diese Gelegenheit einen eigenen Cultus für unsere Ansiedelung zu erlangen nicht unbenutzt. V. 15. Da bogen sie vom Wege dorthin ab zum
Hause des jungen Leviten, dem Hause Micha's, und fragten ihn (den Leviten) nach seinem Wohlbefinden d. h. begrüssten ihn freundlich, vgl. Gen.
43, 27. Ex. 18, 7 u. a. — V. 16. Die 600 gerüsteten Männer aber stellten
sich vor dem Thore hin. V. 17 Da gingen die fünf Kundschafter hinauf *sc.*
in das Gotteshaus des Micha, das also wol in einem Obergemache des
Gebäudes sich befand (vgl. 2 Kg. 23, 12. Jer. 19, 13) und nahmen das
Bild, Ephod u. s. w., während der Priester vor dem Thore stand bei den
600 Kriegsgerüsteten. Mit בָּאוּ וּגֹו geht die Erzählung vom Aoriste oder
temp. histor. וַיַּצִּלוּ in Perfecta über. „Die Perff. nämlich bezeichnen das Kommen und Nehmen der fünf Männer nicht als Fortsetzung der vorhergehenden Erzählung, sondern setzen das Kommen und Nehmen in dieselbe
Zeitsphäre hinein, welcher der folgende Zustandssatz: indem der Priester
stand u. s. w. angehört" (*Berth.*). Um aber das befremdlich erscheinende
Stehen des Priesters vor dem Thore, während sein Gotteshaus beraubt
wird, zu erklären, wird in v. 18 u. 19 der Hergang der Sache in der Form
eines Umstandssatzes nachträglich näher erläutert. Die Verba dieser
Verse sind daher deutsch im Plusquamperfect wiederzugeben und die einzelnen Sätze in eine Periode zusammenzufassen, in welcher v. 18 den
Vordersatz und v. 19 den Nachsatz bildet. „Als nämlich jene (5 Männer)
in das Haus des Micha gekommen waren und das Bild des Ephod u. s. w.
genommen hatten und der Priester zu ihnen gesprochen: Was macht ihr?
da hatten sie ihm gesagt: Schweig, leg deine Hand auf deinen Mund und
geh mit uns und werde uns Vater und Priester (vgl. 17, 10). Ist es besser
Priester zu sein für das Haus eines einzelnen Mannes oder vielmehr für
einen Stamm und ein Geschlecht in Israel?" Die Verbindung פֶּסֶל הָאֵפוֹד
Ephod-Pesel = das zum Ephod gehörige Bild erklärt sich daraus, dass der

Gebrauch des Ephod zur Erfragung des göttlichen Willens ein Jehovabild voraussetzt, und beweist nicht, dass das Ephod zur Bekleidung des Pesel gedient habe. Das Ephod legte der Priester an, wenn er Gott fragen wollte. Das אוֹ bei der zweiten Frage ist verschieden von אִם, bed. „oder vielmehr" (vgl. Gen. 24, 55), die erste Frage verbessernd, s. *Ew.* §. 352ᵃ, ist also nicht Kennzeichen späteren Sprachgebrauchs, wie *Berth.* wähnt. Das וּלְמִשְׁפָּחָה dient zur näheren Bestimmung oder Begrenzung des לְשֵׁבֶט. V. 20. Da ward das Herz des Priesters froh (wohlgemuth, vgl. 19, 6. 9. Rut 3, 7), und er nahm das Ephod u. s. w. und kam (begab sich) mitten unter das Volk (die Daniten). Der erste Satz dieses V. schliesst sich an die nachträgliche Angabe v. 18 u. 19 an, um daran den weiteren Verlauf der Sache anzuknüpfen, der im zweiten Satze berichtet wird. Denn das Ephod u. s. w. konnte der Priester doch nach v. 17 nur aus den Händen der Daniten unter seine Aufsicht nehmen, nachdem diese es aus dem Gotteshause Micha's genommen hatten. — V. 21. Hierauf wandten sich die 600 Daniten wieder auf den Weg und zogen davon, stellten aber die Kinder, das Vieh und die werthvolle Habe voran, weil sie von hinten durch Micha mit seinen Leuten angegriffen zu werden fürchteten. Unter הַטַּף „die Kleinen" sind Frauen und Kinder als die des Schutzes bedürftigen Glieder der Familie begriffen, s. zu Ex. 12, 37. כְּבוּדָּה eig. Adjectiv: prächtig, hier als Neutrum substantivisch: das Kostbare, die werthvolle Habe, nicht: das schwere Gepäck. Die 600 Männer waren nämlich mit Familie, Hab und Gut ausgewandert. V. 22 f. Die beiden Sätze von v. 22 sind Umstandssätze: „Als sie (die 600) sich nun vom Hause Micha's entfernt hatten und die Männer, welche in den Häusern beim Hause Micha's sich fanden, zusammengerufen waren (נִזְעֲקוּ wie 6, 34 f.) und die Daniten eingeholt hatten, חִדְבִּיקוּ wie Gen. 31, 23), da riefen sie (d. h. Micha mit seinen Leuten, die er aus der Nachbarschaft zur Verfolgung der Abziehenden zusammengerufen hatte) den Daniten zu, und diese wandten ihr Angesicht und sprachen zu Micha: „Was ist dir (was hast du vor), dass du dich versammelt hast?" — V. 24 f. Und als er hierauf erwiderte: „Meine Götter die ich gemacht habt ihr genommen und den Priester und seid davon gezogen; was ist mir noch *sc.* übrig geblieben? und wie mögt ihr doch zu mir sagen: was ist dir?" geboten sie ihm zu schweigen, um nicht sein Leben zu verwirken: „Lass nicht hören deine Stimme bei uns, damit nicht Männer grimmigen Gemüthes (מָרֵי נֶפֶשׁ wie 2 Sam. 17, 8) über euch herfallen (פָּגַע wie 15, 12. 8, 21 u. a.) und du nicht dein und deines Hauses Leben wegraffest" d. h. dir und deiner Familie den Tod verursachest. וְאָסַפְתָּה ist noch von פֶּן abhängig. — V. 26. So zogen die Daniten ihres Wegs; Micha aber, sehend dass sie stärker waren als er, wandte sich und kehrte nach Hause zurück. — V. 27 f. Sie aber (die Daniten) hatten das was Micha gemacht hatte d. h. seine Götzenbilder genommen und seinen Priester und überfielen Lais (בוֹא עַל über jem. kommen, ihn überfallen, wie Gen. 34, 25) ein ruhig und sorglos lebendes Volk (vgl. v. 7), schlugen sie (die Einwohner von Lais) nach der Schärfe des Schwertes (s. zu Gen. 34, 26) und brannten die Stadt nieder (vgl. Jos. 6, 24), da sie bei ihrer isolirten Lage (v. 28ᵃ vgl. v. 7) keinen Retter hatte. Sie lag nämlich „im Thale, welches nach Beth-Rehob sich erstreckt." Dieses Thal ist der obere Theil der *Huleh*-Niederung, durch welche die mittlere Jordanquelle *Leddan* fliesst, an welcher *Lais-Dan* das heutige *Tell el Kadi* lag, s. zu Jos. 19, 47. *Beth-Rehob* ist höchst wahrscheinlich einerlei mit dem Num. 13, 21 erwähnten *Rehob* und dem *Beth-Rehob* 2 Sam. 10, 6, nach welchem dort ein Theil von Syrien bezeichnet ist und wofür v. 8 auch blos *Rehob* steht. Seine Lage wird von *Robins.* n. bibl. Forsch. S. 486 ff. in dem Castelle *Hunin* oder *Honin* südwestlich von Tell el Kadi vermuthet, aber schwerlich mit Recht, s. die Bem. zu Num. 13, 21 (Bd. I, 2 S. 241). Die eingeäscherte Stadt wurde hierauf von den Daniten wieder aufgebaut und *Dan* genannt nach dem Namen ihres Stammvaters, und hat sich wie schon gesagt in den Ruinen am südlichen Abhange des *Tell el Kadi* erhalten, s. Rob. n. bibl. Forsch. S. 513 f. und das Nähere zu Jos. 19, 47.

V. 30 u. 31. *Aufrichtung des Bilderdienstes in Dan.* Nach dem Wiederaufbau von Lais unter dem Namen Dan stellten die Daniten das פֶסֶל das Jehovabild auf, das sie aus dem Gotteshause Micha's mitgenommen hatten. „Und *Jehonathan*, der Sohn Gersoms des Sohnes Mose's, er und seine Söhne waren Priester dem Stamme der Daniten bis zum Tage der Gefangenführung des Landes." Da die Daniten den Leviten, welchen Micha für seinen Privatcultus gedingt hatte, mit nach Lais genommen und ihm die Verwaltung des Priesterthums versprochen hatten (v. 19 u. 27), so kann *Jehonathan* wol nur dieser Levite sein. Derselbe war ein Sohn Gersoms des Sohnes Mose's Ex. 2, 22. 18, 3. 1 Chr. 23, 14 f. Statt בֶּן־מֹשֶׁה steht in unserm masoreth. Texte בֶּן־מְנַשֶּׁה mit hangendem נ. Ueber diese Lesart wird im Talmude *Baba bathr.* f. 109ᵇ bemerkt: *An Gersom filius Menassis fuit et non potius Mosis? sicut scriptum est: Filii Mosis fuerunt Gersom et Elieser* (1 Chr. 23, 14), *sed proptera quod fecit opera Menassis* (des götzendienerischen Sohnes des Hiskia 2 Kg. 21), *appendit eum scriptura familiae Menassis.* Dazu bemerkt *R a b b a b a r b a r C h a n n a: prophetam* (d. i. der Verf. unsers Buches) *studio noluisse Gersomum appellare filium Mosis, quia ignominiosum fuisset id Mosi, habuisse filium impium, sed vocat eum filium M e n a s s i s, litera tamen נ sursum elevata, in signum eam adesse vel abesse posse, et sit filius מְנַשֶּׁה Menassis, vel מֹשֶׁה Mosis; Menassis, studio et imitatione impietatis, Mosis, prosapia,* Cf. B u x-t o r f i *Tiber. p. 171.* Dasselbe sagen spätere Rabbinen. *R. Tanchum* nennt die Schreibung מנשה mit hangendem נ ein תִּקּוּן סוֹפְרִים und bezeichnet בן משה als *Ketib*, hingegen בן מנשה als *Keri.* Hienach ist sicherlich *ben Mosche* die ursprüngliche Lesart, obwol die andere בן מנשה auch sehr alt ist, da *Targ.* und *Syr.* u. LXX so gelesen haben, obschon in einigen *Codd.* der LXX noch die Lesart υἱοῦ Μωϋσῆ sich findet, vgl. *K e n n i c. dissert. gener.* in *V. T. §. 21.*[1] Auch Hieron. hat *filii Moysi.* Uebrigens lässt sich aus בֶּן־גֵּרְשֹׁם nicht sicher schliessen, dass Jehonathan ein Sohn Gersoms gewesen, da בֶּן in solchen genealogischen Angaben öfter auch den Enkel bezeichnet, indem unberühmte Väter in den Genealogien übergangen wer-

---

1) Diese beiden Lesarten der *LXX* scheinen verschmolzen in dem von *Theodoret, quaest. XXVI* angeführten Texte: Ἰωνάθαν γάρ φησιν υἱὸς Μανασσῆ, υἱοῦ Γερσὼμ υἱοῦ Μωσῆ.

den. An einen Sohn zu denken hat darum geringe Wahrscheinlichkeit,
weil Jehonathan, wenn er woran nicht zu zweifeln eine Person mit dem
Hauspriester Micha's war, als נַעַר bezeichnet wird (17, 7. 18, 3. 15), also
jedenfalls noch ein junger Mann war, während Gersoms Sohn und Mose's
Enkel einige Jahre nach Josua's Tode wol bereits das Jünglingsalter überschritten haben mochte. Dieser Jehonathan und seine Söhne verwalteten
das Priesterthum zu Dan עַד־יוֹם גְּלוֹת הָאָרֶץ. Diese Angabe ist dunkel.
גְּלוֹת הָאָרֶץ kann schwerlich etwas anderes bedeuten als die Wegführung
der Landesbevölkerung d. i. mindestens der Bewohner von Dan und der
Umgegend ins Exil, wofür גָּלָה der stehende Ausdruck ist. Die meisten
Ausll. denken an das assyrische Exil oder zunächst an die Wegführung
der nördlichen Stämme Israels, der Bevölkerung von Gilead, Galiläa und
des Stammes Naphtali, in welchem Lais-Dan lag, durch Tiglatpilesar 2 Kg.
15, 29. Allein damit lässt sich die Angabe v. 31: „Und sie stellten sich
hin das Bild des Micha, das er gemacht hatte, die ganze Zeit dass das
Haus Gottes in Silo war", in keiner Weise in Einklang bringen. Das Haus
Gottes d. i. die Mosaische Stiftshütte finden wir zu Silo, wo die Gemeinde
unter Josua sie aufgerichtet hatte (Jos. 18, 1), noch unter Eli und Samuel
(1 Sam. 1, 3 ff. 3, 21. 4, 3), unter Saul aber schon zu Nob (1 Sam. 21) und
unter der Regierung Davids zu Gibeon (1 Chr. 16, 39. 21, 29). Hienach
hat „das Haus Gottes" nur bis zur Regierung Sauls in Silo gestanden und
ist später nicht wieder dorthin gekommen. Wenn also das von den Daniten aufgestellte Bild des Micha in Dan so lange war, als das Haus Gottes
zu Silo, so können auch Jonathans Söhne nur höchstens bis zu Sauls Zeiten, aber durchaus nicht bis zum assyrischen Exile Priester bei jenem
Cultus oder Heiligthum in Dan gewesen sein.[1] Hiezu kommen noch andere historische Thatsachen, welche das Fortbestehen dieses Danitischen
Bilderdienstes bis zum assyrischen Exil höchst unwahrscheinlich machen,
ja geradezu ausschliessen. Wollen wir auch darauf kein Gewicht legen,
dass die Israeliten unter Samuel infolge seiner Aufforderung, sich zum
Herrn zu bekehren, die Baale und Astharten wegthaten (1 Sam. 7, 4), so
ist es doch kaum glaublich, dass unter David neben dem von ihm wieder-
hergestellten und geordneten legitimen Jehovacultus zu Dan der Bilderdienst sollte fortbestanden haben und von diesem Könige, der wiederholte
Kriege im Norden seines Reiches führte, nicht sollte bemerkt und dann
abgeschafft worden sein. Noch unglaublicher erscheint die Fortdauer
dieses Bilderdienstes bei der Erbauung des Salomonischen Tempels, da
alle Männer Israels und alle Aeltesten und Häupter der Stämme auf den
Ruf Salomo's nach Jerusalem kamen, um die Einweihung dieses herrlichen Nationalheiligthums zu feiern (1 Kg. 5—7). Vollends unvereinbar
ist endlich die Annahme des Fortbestandes des von den Daniten gegrün-
deten Bilderdienstes zu Dan mit der Thatsache, dass Jerobeam bei Gründung des Zehnstämmereichs zwei goldene Kälber als Bilder Jehova's für
die Unterthanen seines Reiches machen liess und das eine zu Dan auf-

---

1) Die Unvereinbarkeit der Zeitbestimmung v. 31 mit der Beziehung des
גְּלוֹת הָאָרֶץ auf das Assyr. Exil hat auch *Bleek*, Einl. S. 349 eingesehen und deshalb die Conjectur *Houbigants* גְּלוֹת הָאָרוֹן adoptirt.

stellte und dazu Priester aus dem ganzen Volke, die nicht von den Söhnen Levi's waren, anstellte. Hätte damals zu Dan noch ein Bilderdienst Jehova's mit levitischen Priestern bestanden, so würde Jerobeam sicherlich dort nicht noch einen zweiten ähnlichen Cultus unter nicht levitischen Priestern aufgerichtet haben. Nach dem allen können wir גְּלוֹת יוֹם הָאָרֶץ nicht auf die Zeit des assyrischen oder gar des babylonischen Exils beziehen, sondern nur auf ein Ereigniss, das in die letzten Jahre Samuels oder in die erste Regierungszeit Sauls fiel. Seit *Dav. Kimchi* erklären daher Viele גְּלוֹת הָאָרֶץ von der Wegführung der Bundeslade durch die Philister, von welcher 1 Sam. 4, 21 f. גָּלָה כָבוֹד מִיִּשְׂרָאֵל gebraucht wird; so z. B. *Hgstb.* Beitr. II S. 153 ff. *Hävern.* Einl. II, 1 S. 109. *O. v. Gerl.* u. A. Mit der Wegnahme der Bundeslade verlor die Stiftshütte ihre Bedeutung als Heiligthum Jehova's. Wie die Frommen in Israel jenes Ereigniss ansahen, das lehrt Ps. 78, 59—64. Sie erblickten darin nicht nur die Verwerfung der Wohnung Gottes zu Silo, sondern darin, dass Jehova seine Macht und Herrlichkeit (d. i. die Bundeslade) in die Gefangenschaft hingab, eine Hingabe des Volks in die völlige Gewalt seiner Feinde, die einer Wegführung in die Gefangenschaft gleichkam. Denn dass die Philister nach diesem Siege die Israeliten ganz unterjocht und wie ihre Gefangenen behandelt haben mögen, das lässt sich — von der Schilderung Ps. 78, 62—64 abgesehen — aus der Beschreibung der Tyrannei, welche diese Feinde noch unter Saul über die Israeliten ausübten 1 Sam. 13, 19—23, mit Sicherheit schliessen. Man kann daher mit *Hgstb.* sagen: „Der Verf. betrachtet das ganze Land als in seinem Heiligthume, das gleichsam seinen Kern und seine Wesenheit bildete, in die Gefangenschaft weggeführt." Will man aber diese uneigentliche Auffassung des גְּלוֹת הָאָרֶץ nicht annehmen, so steht auch der Beziehung dieser Worte auf ein uns nicht weiter bekanntes Ereigniss, bei welchem die Stadt Dan von den benachbarten Syrern erobert und ihre Bevölkerung gefangen weggeführt wurde, kein triftiger Grund entgegen. Denn dass in den Zeiten der philistäischen Obmacht auch die Syrer Einfälle in Israel gemacht und dabei Israeliten aus den eroberten Städten und Gegenden weggeführt haben, das erhellt deutlich genug daraus, dass 1 Sam. 14, 47 unter den verschiedenen Feinden Israels, gegen welche Saul Krieg führte, auch die Könige von *Zoba* genannt sind. Der danitische Bilderdienst aber wurde wahrscheinlich aufgehoben und beseitigt, als Samuel nach der Zurückgabe der Bundeslade durch die Philister die Reinigung des Landes und Volkes vom Götzendienste ausführte (1 Sam. 7, 2 ff.).

Cap. XIX u. XX. Der Krieg der Gemeinde Israels gegen den Stamm Benjamin wegen der zu Gibea verübten Schandthat.

Diese Geschichte fällt in die nächste Zeit nach dem Tode Josua's, wie daraus erhellt, dass Pinehas, der Sohn des Josua gleichzeitigen Eleasar, damals Hohepriester war (20, 28). In c. 19 wird die von den Bewohnern

Gibea's verübte Schandthat, welche die Veranlassung zu dem Kriege gab, in c. 20 der Krieg selbst und in c. 21 das, was nachher zur Erhaltung des durch den Krieg fast ganz vernichteten Stammes Benjamin vonseiten der Gemeinde geschah, erzählt.

Cap. XIX. Die Schandthat der Bewohner von Gibea. V. 1—14. In der Zeit, da kein König in Israel war, hatte ein in dem entfernteren Theile des Gebirges Ephraim sich aufhaltender (גֵּר d. h. ausserhalb einer Levitenstadt lebender) Levit sich aus Bethlehem in Juda ein Kebsweib genommen, welches ihm untreu wurde und in das Haus ihres Vaters zurückkehrte. יַרְכְּתֵי הַר־אֶפְרַיִם die hinteren oder äussersten Seiten des Gebirges Ephraim sind die nördlichen Theile desselben, nach v. 18 wahrscheinlich die Gegend von Silo. תִּזְנֶה עָלָיו „sie hurte über ihn hinaus" d. h. ward ihrem Manne untreu, „und ging dann von ihm weg", zurück in ihr Vaterhaus. V. 3 f. Nach einiger Zeit (יָמִים), nämlich nach 4 Monaten (אַרְבָּעָה חֳדָשִׁים ist Apposition zu יָמִים, die „Tage" genauer bestimmend), zog ihr Mann ihr nach, um „ihr aufs Herz zu reden" d. h. freundlich zuzusprechen (vgl. Gen. 34, 3) und sie wieder mit sich zu versöhnen, dass sie zurückkehre, mit seinem Knappen und ein paar Eseln, als Reitthieren für sich und sein zurückzuführendes Weib. Das Suffix an לַהֲשִׁיבוֹ geht auf לִבָּה: „um ihr Herz zurückzuführen", sich wieder zuzuwenden. Das *Keri* הֲשִׁיבָהּ ist eine unnöthige Correctur. „Und sie führte ihn ins Haus ihres Vaters", der seinem Eidam mit Freude entgegenkam und ihn nöthigte (יַחֲזָק־בּוֹ eig. ihn festhielt) drei Tage zu bleiben. Hieraus erhellt, dass die Aussöhnung mit seinem Weibe dem Leviten gelungen war. — V. 5 ff. Auch am vierten Tage, an welchem er des Morgens aufbrechen wollte, gab der Levit den Bitten seines Schwähers nach, erst noch mit einem Bissen Brot sein Herz zu stärken (סְעָד לֵב wie Gen. 18, 5; die Imperativform mit *ŏ* ist ungewöhnlich), und nachher während des Essens und Trinkens, noch eine Nacht zu bleiben. יְטַב לֵב wie 18, 20. — V. 7. Als er aufstand um zu gehen, drang sein Schwiegervater in ihn, da kehrte er um (וַיָּשָׁב ist ganz passend und nicht nach den LXX und einem hebr. Cod. in וַיֵּשֶׁב zu ändern) und blieb über Nacht dort. — V. 8. Sogar noch am Morgen des fünften Tages liess er sich bewegen bis zum Nachmittage zu bleiben. הִתְמַהְמְהוּ ist *imperat.*: „verweilet euch bis der Tag sich wendet" d. h. der Mittag vorüber ist. — V. 9 f. Als er dann aufstand um mit seinem Kebsweibe und seinem Knappen abzureisen, bat der Vater der Dirne noch: „Siehe der Tag hat nachgelassen zum Abendwerden, übernachtet doch hier! Siehe da die Neige des Tages, übernachte hier u. s. w." חֲנוֹת *infin.* von חָנָה sich beugen, neigen, nach dem arab. حنى, nicht: lagern, Lager aufschlagen. Der Wechsel des Plurals mit dem Singulare erklärt sich einfach daraus, dass der Levit mit seinem Weibe und seinem Knappen abreisen wollte, die Entscheidung aber über das Bleiben oder Aufbrechen von ihm allein abhing. Allein der Levit willigte nicht mehr ein noch länger zu bleiben, sondern machte sich auf den Weg und kam mit den Seinigen bis vor Jebus d. i. Jerusalem, welches nur 2 Stunden von Bethlehem entfernt ist (vgl. *Rob.* Pal. II S. 375 mit 379). עַד־נֹכַח bis *vor Jeb.*, denn der Weg von Bethlehem nach Silo ging an Jerusalem vorbei. —

V. 11 ff. Da aber, als sie neben Jebus sich befanden, der Tag schon sehr herabgesunken war (רַד 3. pers. perf. entweder von יָרַד mit abgefallenem י, analog dem תָּפֵּשׂ 2 Sam. 22, 41 für נָתַפֵּשׂ Ps. 18, 41, oder von רָדַד in der Bed. von יָרַד), so sprach der Knappe zu seinem Herrn: „Wohlan, wir wollen in diese Jebusiterstadt abbiegen (einkehren) und in ihr übernachten." Aber sein Herr wollte nicht in eine Stadt der Fremden (נָכְרִי ist Genitiv) einkehren, woselbst (אֲשֶׁר חַמָּה ähnlich dem אֲשֶׁר שָׁם) nicht von den Söhnen Israels waren, sondern hinüber nach Gibea ziehen. „Komm (לְךָ = לְכָה Num. 23, 13), wir wollen uns nähern einem der Oerter (die er sofort nennt) und in *Gibea* oder *Rama* übernachten." Diese beiden Städte, jetzt *Dscheba* und *er Râm*, lagen keine volle Stunde auseinander, eine gegenüber der andern und nur etwa 2½ bis 3 Stunden von Jerusalem entfernt, s. zu Jos. 18, 25 u. 28. — V. 14. So zogen sie weiter und die Sonne ging ihnen unter als sie neben (bei) Gibea Benjamins waren.

V. 15—30. So bogen sie dort vom Wege ab um in Gibea zu übernachten, und er (der Levit) blieb auf dem Markte der Stadt, da Niemand sie in sein Haus aufnahm zum Uebernachten. V. 16 ff. Siehe da kam ein alter Mann vom Felde, der vom Gebirge Ephraim war und als Fremdling in Gibea wohnte, deren Bewohner Benjaminiten waren (wie zur Vorbereitung auf die folgende Geschichte schon hier bemerkt wird). Als dieser den Wanderer auf dem Markte der Stadt erblickte, fragte er ihn, wohin er ziehe und woher er komme, und nahm ihn, als er das Nähere über seine Herkunft und seine Reise erfahren, in sein Haus auf. וְאֶת־בֵּית יֹ אֲנִי הֹלֵךְ (v. 18) „und beim Hause Jehova's wandle ich und niemand nimmt mich in sein Haus auf" (*Seb. Schm. Cocc. Stud.* u. A.), nicht: „ich gehe zum Hause Jehova's" (*Ros. Berth.* u. A.). Denn הָלַךְ אֵת bed. nicht: nach einem Orte hingehen, wofür der blosse Accusativ des Orts mit oder ohne ה *locale* gebraucht wird, sondern nur: einen Ort durchgehen (Deut. 1, 19 u. a.) oder: mit jem. gehen, und von Dingen: mit etwas umgehen, vgl. Hi. 31, 5 u. *Gesen. thes. p. 378.* Auch zog ja der Levit hier nicht zum Hause Jehova's (zur Stiftshütte), sondern wie er zu dem alten Manne ausdrücklich sagte: von Bethlehem nach den äussersten Seiten des Gebirges Ephraim. Die fraglichen Worte deuten den Grund an, weshalb er auf dem Marktplatze verweilte. Weil er beim Hause Jehova's diente, so hat ihn in Gibea niemand in sein Haus aufnehmen wollen,[1] obwol er, wie er v. 19 hinzusetzt, alles Erforderliche für seine Bedürfnisse bei sich hatte. „Sowol Stroh als Futter haben wir für unsere Esel, als auch Brot und Wein für mich und deine Magd und für den Burschen bei deinen Knechten. Kein Mangel an irgend etwas" — so dass er seinem Gastwirthe nicht zur Last fallen werde. Mit den W. „deine Magd" und „deine Knechte" meint er sich und sein Kebsweib, indem er nach der submissen Redeweise des alten Orients sich mit seiner Frau als Diener des Mannes bezeichnet, von dem er Aufnahme erwartet. — V. 20. Der alte Mann antwortete: „Friede dir", mit diesem Grusse ihm Aufnahme zusichernd; „nur alle deine Bedürfnisse

---

1) Richtig bemerkt schon *Seb. Schmidt: Argumentum sumtum est a rei indignitate: Dominus me dignatur, ut ipsi ministrem tanquam Levita in domo ipsius, et nemo de populo Domini est qui me dignetur, ut hospitio suo me excipiat.*

auf mir" d. h. dafür lass mich sorgen. Damit lehnte der freundliche Wirth
das Anerbieten seines Gastes, für sich sorgen zu wollen, ab. „Nur übernachte nicht auf dem Marktplatze." — V. 21. Darauf führte er ihn in sein
Haus, mischte Futter für seine Esel (יָבוֹל von בָּלַל *denom.* von בְּלִיל, Ge-
mengsel machen, Futterkorn den Thieren geben), und wartete mit Fuss-
waschen, Speise und Trank seinem Gaste auf; vgl. Gen. 18, 4 ff. 19, 2. —
V. 22. Während sie nun guter Dinge waren, umringten nichtswürdige
Leute der Stadt das Haus, fort und fort an die Thür klopfend (מִתְדַּפֵּק
Steigerungsform) und vom Hausherrn fordernd, dass er den in sein Haus
gekommenen Mann herausführe, um denselben zu erkennen. Dasselbe,
was einst die Sodomiter von Lot verlangt hatten Gen. 19, 6 ff. Der *stat.*
constr. אַנְשֵׁי בְנֵי־בְלִיַּעַל für ' אֲנָשִׁים בְּנֵי־בל Deut. 13, 14 u. a. steht weil בני
בליעל als *ein* Begriff gefasst ist: Leute nichtswürdiger Buben. Aehnliche
Fälle s. bei *Ew.* Lehrb. §. 289ᶜ. — V. 23 ff. Der alte Mann will wie ehedem Lot seine Gäste vor solcher Unbill schützen durch Hinweisung auf
die Heiligkeit des Gastrechts und durch Preisgebung seiner jungfräulichen
Tochter und des Kebsweibes seines Gastes; vgl. in Bezug auf die Sache
die Bemm. zu Gen. 19, 7 f. נְבָלָה Thorheit, von schändlicher Unzucht und
Hurerei, wie Gen. 34. 7. Deut. 22, 21. עַנּוּ אוֹתָם „schwächet sie." In אוֹתָם
und לָהֶם ist das Masculinum als das allgemeinere Genus statt des bestimmteren Fömininums gesetzt, wie Gen. 39, 9. Ex. 1, 21 u. ö. — V. 25 ff. Da
die Leute aber auf diesen Vorschlag nicht hören wollten, so nahm der
Mann (הָאִישׁ ohne Zweifel der Hauswirth nach v. 24) sein (des Gastes)
Kebsweib (natürlich mit Zustimmung seines Gastes) und führte sie ihnen
hinaus; worauf dieselben die ganze Nacht mit ihr Unzucht trieben. Wie
es kam, dass sie sich damit begnügten, ist nicht bemerkt, vermuthlich
weil sie sich zu schwach fühlten, um mit Gewalt ihre Forderung durchzusetzen. הִתְעַלֵּל בּ seine Macht oder seinen Muthwillen an jem. ausüben,
vgl. Ex. 10, 2. — V. 26. Als der Morgen sich herbeiwandte d. i. beim
ersten Grauen des Morgens (לִפְנוֹת הַבֹּקֶר sachlich gleich dem בַּעֲלוֹת הַשַּׁחַר)
fiel das Weib vor der Thür des Hauses, in welchem אֲדוֹנֶיהָ „ihre Herrschaft" d. i. ihr Mann war, nieder und lag da bis zum Hellwerden d. i. bis
Sonnenaufgang. — V. 27. Hier fand sie ihr Mann, als er die Hausthür öffnete um seines Wegs zu ziehen (indem er darauf verzichtete, sie von dem
ruchlosen Pöbel wieder zu erhalten), „liegend vor der Hausthür und ihre
Hände auf der Schwelle" (mit ausgestreckten Armen) und auf seine Anrede keine Antwort gebend, also in Folge der nächtlichen Misshandlung
gestorben. Da nahm er die Leiche auf seinen Esel um sie mit an seinen
Ort, in seine Heimat zu schaffen. — V. 29. Hier angekommen zerstückte
er die Leiche nach ihren Knochen (wie man geschlachtete Thiere in
Stücke zerhaut, s. zu Lev. 1, 6) in 12 Stücke und sandte sie (die Leiche
in ihren Stücken) in das ganze Gebiet Israels d. h. an alle 12 Stämme, in
der Hoffnung, dass jeder der es sähe sprechen würde: „Nicht geschehen
und nicht gesehen worden ist dergleichen seit dem Heraufziehen Israels
aus Aegypten bis auf diesen Tag. Achtet euch darauf (שִׂימוּ für שִׂימוּ לָב),
fasset Rath und saget an!" d. h. beschliesst, wie dieser unerhörte Frevel
zu bestrafen sei. Das Senden der zerstückten Theile des Leichnams an

die Stämme war ein sinnbildlicher Act, durch welchen der an dem getödteten Weibe begangene Frevel dem ganzen Volke vor Augen gelegt wurde, um dasselbe zur Bestrafung des Frevels aufzufordern, und war natürlich mit einer mündlichen Erläuterung der Sache durch die Ueberbringer der Stücke verbunden. Vgl. das analoge Verfahren Sauls 1 Sam. 11, 7 und die Scythische Sitte, von welcher *Lucian* im *Toxaris c. 48* erzählt, dass wer sich selbst für ein erlittenes Unrecht Genugthuung zu verschaffen ausser Stande war, einen Ochsen in Stücke zertheilte und herumsandte, worauf alle, die sich des ihm zugefügten Unrechts annehmen wollten, ein Stück nahmen und schwuren, ihm nach Kräften beizustehen. Die Perff. וְאָמַר — וְהָיָה v. 30 stehen nicht für die Imperff. c. ו *consec.* וַיֹּאמֶר — וַיְהִי, wie *Hitzig*, Begr. der Krit. S. 127, *Berth.* u. A. meinen, sondern sind Perfecta *conseq.*, den Erfolg ausdrückend, welchen der Levit von seinem Thun erwartete, wobei man nur vor וְהָיָה ein לֵאמֹר zu ergänzen hat, das in lebhafter Erzählung oder aufgeregter Rede öfter fehlt, vgl. z. B. Ex. 8, 5 mit Jud. 7, 2. Die Perfecta sind vom Berichterstatter gebraucht statt der bei Absichtssätzen gewöhnlichen Imperfecta mit einfachem ו, *quia quod futurum esse praevidebat tanquam factum animo suo obversabatur. Ros.* Es wird dadurch die von dem Leviten erwartete sittliche Empörung aller Stämme über solchen Frevel und ihr Beschluss denselben zu rächen nicht als eine unsichere Vermuthung, sondern als ein gewiss eintretendes Factum hingestellt, worüber er nach c. 20 sich auch nicht getäuscht hat.

Cap. XX. Krieg der übrigen Stämme Israels gegen Benjamin. Die Erwartung des Leviten ging in Erfüllung. Die Gemeinde Israels versammelte sich zu Mizpa, um über Gibea Gericht zu halten, und fasste den Beschluss, nicht eher zu ruhen, bis der Frevel gebührend bestraft sei (v. 1 —10). Da nun die Benjaminiten die geforderte Auslieferung der Frevler in Gibea verweigerten und sich zum Widerstande rüsteten: so begannen die übrigen Stämme den Krieg wider Gibea und Benjamin (v. 11—19), wurden aber zweimal mit grossem Verluste von den Benjaminiten geschlagen (v. 20—28). Endlich aber gelang es ihnen durch eine List, Gibea einzunehmen und niederzubrennen, die Benjaminiten aufs Haupt zu schlagen und auch in den übrigen Städten dieses Stammes, die sie fanden, Menschen und Vieh zu tödten und die Städte einzuäschern, wodurch der ganze Stamm Benjamin bis auf einen kleinen Ueberrest vertilgt wurde (v. 29—48).

V. 1—11. Der Beschluss der Gemeinde Israels wider Gibea. V. 1 f. Alle Israeliten zogen aus (machten sich aus ihren Wohnsitzen auf), um sich als Gemeinde zu versammeln wie ein Mann; alle Stämme von Dan, der nördlichen Grenze des Landes (לְמִדָּן eig. hin von Dan d. i. Dan-Lais, 18, 29) bis Beerseba, der südlichsten Stadt Canaans (s. z. Gen. 21, 31) und das Land Gilead d. h. die Bewohner des Ostjordanlandes „zu Jehova nach Mizpa" in Benjamin d. i. das heutige *Nebi Samwil* in der Nähe von Kirjat-Jearim an der westlichen Grenze des Stammes Benjamin, s. zu Jos. 18, 26. Aus dem אֶל־יְהוָה folgt nicht sicher, dass zu Mizpa ein Heiligthum sich befand oder die Bundeslade dorthin geschafft war, sondern nur, dass

die Versammlung im Aufblicke zu Jehova stattfand oder dass die Gemeinde zu einer Gerichtsverhandlung, die sie im Namen Jehova's hielt,
zusammentrat, analog dem אֶל־הָאֱלֹהִים Ex. 21, 6. 22, 7. Für die gerichtliche
Verhandlung war die Anwesenheit der Bundeslade nicht erforderlich. Zu
dieser Versammlung des Volkes Gottes stellten sich die פִּנּוֹת Eckpfeiler
des ganzen Volks d. h. die Häupter und Hausväter als Stützen der Gemeinde oder des staatlichen Organismus (vgl. 1 Sam. 14, 38. Jes. 19, 13),
und zwar aller Stämme Israels (כָּל־שִׁבְטֵי יִשׂ׳ ist erläuternde Apposition zu
כָּל־הָעָם), 400,000 Mann zu Fuss, das Schwert ziehend d. h. bewaffnetes
und kampfbereites Fussvolk. שֹׁלֵף חֶרֶב wie 8, 10. — V. 3. „Die Benjaminiten hörten, dass die Söhne Israels (die übrigen Israeliten, die 11 Stämme) nach Mizpa hinaufgekommen waren" — aber fanden sich daselbst
nicht ein. Dies folgt schon daraus, dass vom Kommen der Benjaminiten
nichts berichtet wird, und noch deutlicher aus v. 13, wonach die versammelten Stämme nach gepflogener Berathung und gefasstem Beschlusse
Männer zu den Benjaminiten sandten, um sie wegen der unter ihnen verübten Schandthat zur Verantwortung zu ziehen. Demnach ist auch die
Frage, mit welcher die Verhandlung eröffnet wurde: „Sprechet, wie ist
doch diese böse That geschehen?" nicht als an die zwei Partheien — an
die Bewohner Gibea's oder die Benjaminiten und an den Leviten gerichtet
(*Berth.*) zu fassen — sondern als Aufforderung an alle Versammelten
über den Vorfall zu berichten, was jeder wisse. V. 4—7. Da erzählte der
Levit, der Mann des gemordeten Weibes den ganzen Vorfall. בַּעֲלֵי הַגִּבְעָה
die Eigenthümer oder Bürger von Gibea, s. zu 9, 2. אוֹתִי דִּמּוּ לַהֲרֹג „mich
gedachten sie umzubringen." So urtheilt der Levit nach dem, was mit seinem Weibe geschehen war; die Gibeiten hatten dies 19, 22 nicht ausgesprochen. כָּל־שְׂדֵה נַחֲלַת יִשְׂרָאֵל das ganze Gefilde des Erbtheils Israels
d. i. das ganze Land der Israeliten. זִמָּה vom Laster der Unzucht, wie Lev.
18, 17, das mit dem Tode bestraft werden sollte. הָבוּ לָכֶם וגו׳ „gebt euch
(לָכֶם *dat. comm.*) Wort und Rath hier" d. h. fasst Beschluss und fällt ein
Urtheil, vgl. 2 Sam. 16, 20. הֲלֹם hier da ihr alle versammelt seid. — V. 8.
Da erhob sich das ganze Volk wie ein Mann sprechend: „Wir wollen keiner in sein Zelt gehen und keiner sich kehren zu seinem Hause" sc. bis
dieser Frevel gestraft ist. In v. 9 folgt der Urtheilsspruch: „Dies die
Sache, die wir thun wollen" d. h. so wollen wir mit Gibea verfahren: „Wider sie nach dem Lose" sc. wollen wir verfahren. Dem Sinne nach richtig
schon der *Syr.*: wir wollen das Los über sie werfen; irrig dagegen suppliren schon die LXX: ἀναβησόμεθα, wonach viele Ausll. die Worte mit
v. 10 verbinden in dem Sinne: Man wolle durch das Los den je zehnten
Mann bestimmen, um das Heer während der Expedition mit dem nöthigen Proviante zu versorgen. Ganz verfehlt, weil danach ein untergeordneter Punkt, der nur für die Ausführung des Urtheils in Betracht kommt,
zur Hauptsache gemacht und das Urtheil selbst gar nicht angegeben wäre.
Die W. עָלֶיהָ בְּגוֹרָל enthalten den über die sündige Stadt gefassten Beschluss und haben die änigmatische Kürze gerichtlicher Sentenzen, und
sind aus dem im mos. Gesetze gegen die Cananiter vorgeschriebenen Verfahren zu erklären. Die Cananiter sollten ausgerottet und dann ihr Land

durch das Los an die Israeliten vertheilt werden.   Hienach heisst: mit
dem Lose wider Gibea verfahren s. v. a. mit ihr wie mit den Städten der
Cananiter verfahren, sie erobern, einäschern und ihr Gebiet durchs Los
vertheilen, wie *Berth.* richtig erkannt hat.— In v. 10 wird noch ein Ne-
benumstand, der für die Vollziehung des gefassten Beschlusses nöthig
wurde, mitgetheilt.   Da die versammelte Gemeinde zusammenbleiben wollte, um den Krieg zu führen (v. 8), so waren für die Kriegführenden Lebensmittel zu beschaffen.   Dazu bestimmten sie den je zehnten Mann
לָקַחַת וגו ,,um zu holen Zehrung für das Volk, לַעֲשׂוֹת לְבוֹאָם ,,damit dasselbe thue bei ihrem Kommen nach Gibea Benjamins gemäss der ganzen
Thorheit, die man in Israel gethan hat", d. h. den Frevel in Gibea nach
Gebühr bestrafe.— V. 11. So versammelten sich die Männer Israels nach
Gibea hin wie ein Mann geeinigt. חֲבֵרִים eig. als Genossen — dient nur
zur Verstärkung des כְּאִישׁ אֶחָד.   Mit dieser die Ausführung des gefassten
Beschlusses kurz angebenden Bemerkung wird der Bericht über die Verhandlung der Gemeinde abgeschlossen, damit aber dem wirklichen Verlaufe der Angelegenheit insofern etwas vorgegriffen, als das, was v. 12
—21 berichtet wird, dem Zuge der kriegführenden Gemeinde der Zeit
nach vorausging.

V. 12—19. Bevor die Stämme Israels den Krieg unternahmen, sandten sie Männer an alle Stämme Benjamins, welche die Auslieferung der
Frevler in Gibea fordern sollten, um dieselben zu bestrafen und so das
Böse aus Israel auszutilgen, nach dem Gesetze Deut. 22, 22 vgl. mit 13, 6
u. 17, 12. שִׁבְטֵי בנ׳ steht für מִשְׁפָּחוֹת בנ׳, weil der Geschichtschreiber sich
die verschiedenen Abtheilungen des Stammes Benjamin schon als kriegerische Mächte denkt, die den Kampf mit den übrigen Stämmen Israels
aufnehmen wollen. Anders verhält es sich mit שֵׁבֶט in Num. 4, 18. Aber
die Benjaminiten wollten nicht auf die Stimme ihrer Brüder, der übrigen
Stämme Israels, hören.   Das *Keri* בְּנֵי בְנְיָמִין ist unnöthig, da בִּנְיָמִין als
Collectivbegriff mit dem Plural construirt sein kann.   Durch Abweisung
dieser gerechten Forderung der übrigen Stämme nahmen die Benjaminiten Parthei für die Frevler in Gibea und nöthigten die Gemeinde zum
Kriege wider den ganzen Stamm. — V. 14 ff. Dazu rüsteten sich nun beide
Theile.   Die Benjaminiten sammelten sich aus den Städten nach Gibea
und wurden ,,gemustert 26000 Mann, das Schwert ziehend, ausser den
Bewohnern Gibea's wurden sie gemustert, 700 auserlesene Männer"
(הִתְפָּקְדוּ mit aufgehobener Verdoppelung, wie das *hothp.* Num. 1, 47). ,,Aus
diesem ganzen Volke waren 700 auserlesene Männer gelähmt an der rechten Hand, alle diese (waren) schleudernd mit einem Steine aufs Haar
(treffend) ohne zu fehlen." Diese Angaben sind nicht ganz klar.   Wenn
nach den deutlichen Worten v. 16 die 700 Schleuderer mit der linken
Hand ,,aus diesem ganzen Volke" d. i. aus der v. 15 angegebenen Gesammtzahl der Krieger waren, so können diese Schleuderer nicht identisch sein mit den v. 15 erwähnten 700 אִישׁ בָּחוּר trotz der Gleichheit der
Zahl 700 und der Bezeichnung אִישׁ בָּחוּר.   Die Dunkelheit entspringt
hauptsächlich aus dem הִתְפָּקְדוּ v. 15, welches durch die masoreth. Accente
von מ׳ שֶׁבַע getrennt und mit dem Vorhergehenden verbunden ist: ,,aus-

ser den Bewohnern von Gibea wurden sie (die **Männer aus den Städten
Benjamins**) gemustert." Dagegen haben schon die alten Uebersetzer
הִתְפָּקְדוּ relativ gefasst: „ausser den Bewohnern Gibea's, welche gemustert
wurden 700 Mann." Diese Fassung scheint unbedingt nothwendig zu sein,
weil sonst das folgende: „700 auserlesene Männer" ohne alle Verbindung
dastehen würde, während doch, falls diese 700 Mann nicht Bewohner Gibea's waren, mindestens die Cop. וְ zu erwarten wäre. Wollte man aber
auch הִתְפָּקְדוּ als einfache Wiederholung des וַיִּתְפָּקְדוּ fassen, so könnte
doch die folgende Angabe nach Analogie von Deut. 3, 5. 1 Kg. 5, 30 nicht
anders als von der Anzahl der streitbaren Männer Gibea's verstanden
werden. — Auffallend erscheint es auch, dass nur von Benjaminiten
מֵהֶעָרִים „aus den Städten" die Rede ist und dieser Umstand durch Wiederholung des מֵהֶעָרִים (v. 15 vgl. mit v. 14) betont wird. Hieraus hat man
geschlossen, dass die Benjaminiten als das herrschende Volk sich in den
Städten niedergelassen hatten, die unterworfenen Cananiter aber als Hö-
rige in den Dörfern wohnten (*Berth.*), oder dass die Benjaminiten kriegerische Genossenschaften gebildet haben, die in den Städten unverhei-
rathet zusammenlebten, woraus sich vielleicht das scheussliche Laster,
dem die Gibeiten ergeben waren und für welches der ganze Stamm
Parthei nahm, erkläre (*O. v. Gerl.*). Aber diese Folgerungen sind doch
höchst unsicher, da die Städte auch *a potiori* statt aller Ortschaften des
Stammes genannt sein können. — Noch eine Schwierigkeit liegt in den
Zahlen. Nach v. 14 f. betrug die Gesammtzahl der Streiter Benjamins,
ohne Gibea zu rechnen, 26000 und 700 Mann. Nach dem Berichte über
die Schlacht aber wurden 25100 Mann getödtet (v. 35) oder 18000 in
der Hauptschlacht, zur Nachlese 5000 Mann und bei der Verfolgung noch
2000 Mann, d. i. zusammen 25000 Mann (v. 44—46), und bleiben nur
600 Mann übrig, die sich in die Wüste zum Felsen Rimmon geflüchtet
hatten (v. 47). Nach diesen Angaben würde der ganze Stamm nur entweder 25,100 + 600 = 25,700 oder 25000 + 600 = 25,600 Krieger gehabt haben. Hienach haben LXX (*Cod. Al. u. a. Codd.*) und *Vulg.* in v. 15
nur 25000 Mann, während die übrigen alten Verss. mit dem masor. Texte
übereinstimmend 26000 M. angeben. Auch *Josephus* (*Ant. V, 2, 10*) gibt
die Zahl der benjamin. Streiter auf 25,600 Mann an, unter welchen 600
vorzügliche Schleuderer waren; eine Zahl die er nur aus v. 44—47 summirt hat. Obgleich nun in den Zahlangaben mehrfach Fehler vorkommen,
so ist doch die Annahme eines solchen Fehlers (26000 statt 25000) im
vorliegenden Falle höchst unwahrscheinlich, weil diese Zahl mit v. 44 ff.
nicht stimmt und die Voraussetzung, dass in v. 35 u. 44 ff. *alle* gefallenen
Benjaminiten angegeben seien, in dem Berichte keine Stütze findet. In
den genannten Versen sind nur die bei der Niederlage am dritten Schlachttage gefallenen Benjaminiten angegeben, während an den beiden frühern
Schlachttagen, an welchen die Benjaminiten siegten, doch diese Siege
auch nicht ohne Verlust von ihrer Seite errungen wurden, sondern sicherlich wenigstens 1000 Mann auf ihrer Seite gefallen sein mochten, die in
dem kurzen Berichte nicht erwähnt sind. Die übrige Differenz zwischen
v. 35 (25,100 M.) einer- und von 44—46 (25000 M.) andrerseits erklärt

sich einfach daraus, dass in den letztgenannten Versen nur die vollen Tausende genannt sind, in v. 35 dagegen die Zahl genauer angegeben ist. אָמַר יַד־יְמִינוֹ wie 3, 15. — V. 17f. Die Kriegsmannschaft der übrigen Stämme betrug bei der Musterung 400,000 Mann. Diese Zahlen (26000 Benjaminiten und 400,000 Israeliten) werden nicht zu gross erscheinen, wenn wir bedenken, dass die ganze Gemeinde Israels mit alleiniger Ausnahme von Jabes in Gilead (21, 8) sich an diesem Kriege betheiligte und dass die 12 Stämme zu Mose's Zeiten über 600,000 Mann von 20 Jahren und darüber zählten (Num. 26), wonach nicht viel über zwei Drittheile des gesammten waffenfähigen Volks zu diesem Kriege auszogen. — V. 18. Vor Eröffnung des Feldzuges zogen die Israeliten nach Bethel, um Gott zu fragen, welcher Stamm den Krieg eröffnen d. h. an der Spitze der übrigen Stämme kämpfen solle (vgl. zur Sache 1, 1), und Gott bestimmte dazu den Stamm Juda wie 1, 2. Nach Bethel zogen sie, nicht nach Silo, wo die Stiftshütte stand, weil dieser Ort vom Kriegsschauplatze zu weit entfernt war. Deshalb wurde die Bundeslade nach Bethel gebracht, vor welcher der Hohepriester Pinehas den Herrn durch das Urim und Thummim fragte (v. 27f.). Bethel lag an der Nordgrenze des Stammes Benjamin und war durch die Offenbarungen Gottes, welche der Erzvater Jakob dort empfangen hatte (Gen. 28 u. 35), für diesen Zweck vor andern Orten geweiht. V. 19. Also gerüstet rückten die Israeliten gegen Gibea vor.

V. 20—28. Sobald die Israeliten sich bei Gibea in Schlachtordnung aufgestellt hatten (עָרַך מִלְחָמָה den Krieg oder Kampf reihen, ordnen d. h. sich in Schlachtordnung aufstellen, 1 Sam. 4, 2. 17, 2 u. a.), rückten die Benjaminiten heraus und streckten an jenem Tage von Israel 22000 Mann nieder. וְהִשְׁחִית אָרְצָה vernichten zur Erde d. h. todt zu Boden niederstrecken. — V. 24. Trotz dieser furchtbaren Niederlage ermannte sich das Volk und rüstete sich wiederum zur Schlacht „an demselben Orte", wo sie sich am ersten Tage gerüstet hatten, „um dadurch aus eitler Ehre die Flecken und die Schmach, die sie durch die vorige Niederlage erlitten, wieder auszuwischen" (Berleb. Bib.) — V. 23. Bevor sie aber den Kampf erneuerten, zogen sie hinauf nach Bethel, weinten dort vor Jehova d. i. vor dem Heiligthume der Bundeslade, auf welcher zwischen den Cherubim thronend Jehova seinem Volke gegenwärtig war, bis zum Abend und fragten dann den Herrn (wieder durch den Hohepriester): „Soll ich wiederum nahen zum Kriege mit den Söhnen Benjamins, meines Bruders?" (d. h. von neuem den Krieg mit ihm aufnehmen). Die Antwort lautete: „Ziehet hinan gegen ihn" (עָלָה vom Anrücken gegen einen Feind, s. zu Jos. 8, 1). V. 24f. Aber auch am zweiten Schlachttage streckten die Benjaminiten von ihnen noch 18000 Mann zu Boden. הַיּוֹם הַשֵּׁנִי ist nicht der auf die erste Schlacht folgende Tag, als ob die Schlachten an zwei auf einander folgenden Tagen geschlagen worden wären, sondern der zweite Schlachttag, der mehrere Tage nach dem ersten fiel; denn zwischen beiden Schlachten fand ja die Befragung des göttlichen Willens zu Bethel statt. — V. 26ff. Nach dieser zweiten furchtbaren Niederlage zogen „die Söhne Israels" (d. i. die kriegführende Mannschaft) und „das ganze Volk" d. i. das übrige Volk, die nicht waffenfähigen Glieder der Ge-

meinde, Greise und Weiber, nach Bethel, um dem Herrn ihr Unglück zu
klagen, und durch Fasten und Opfer sich seine Gnade zuzuwenden. An
der wiederholten Niederlage erkannte die Gemeinde, dass der Herr ihr
seine Gnade entzogen und sie gestraft hatte. Ihr Vergehen lag aber nicht
darin, dass sie überhaupt den Krieg begonnen hatte, dazu war sie nach
dem Gesetze Deut. 22,22, auf welches sie auch v. 13 Bezug genommen hatte, verpflichtet, sondern vielmehr in der Gesinnung, mit welcher sie den
Krieg unternommen hatte, in dem starken Selbstgefühle und zu grossem
Vertrauen auf ihre Macht und Stärke. Sie hatten wol Gott (אֱלֹהִים) gefragt, wer den Kampf eröffnen solle, aber dabei unterlassen, sich vor Jehova, dem Bundesgotte, im Gefühle nicht blos der eigenen Ohnmacht und
Sündhaftigkeit, sondern auch des Schmerzes über das sittliche Verderben
des Bruderstammes zu demüthigen. Es ist gewiss nicht ohne Bedeutung,
dass es v. 18 blos heisst: יִשְׁאֲלוּ בֵאלֹהִים „sie fragten *Gott*", verlangten blos
die höhere oder göttliche Entscheidung darüber, wer im Kriege den Vor-
kampf führen sollte, wogegen sie nach der ersten Niederlage vor *Jehova*
weinen und *Jehova* fragen (v. 23), den Bundesgott, für dessen Gesetz und
Recht sie streiten wollten. Aber auch da fehlte noch die Demuth und
Bussstimmung, ohne welche die Gemeinde des Herrn den Kampf wider
die Gottlosen nicht erfolgreich führen kann. Ganz charakteristisch für die
Stimmung der Gemeinde ist die Bemerkung v. 22: יִתְחַזַּק הָעָם „das Volk
fühlte (zeigte) sich stark und fügte hinzu (fuhr fort) den Krieg zu rüsten."
Es beschloss also die Fortsetzung des Krieges im Vollgefühle seiner Uebermacht und numerischen Stärke, und klagte erst hinterdrein dem Herrn
sein Unglück, und fragte, ob es den Kampf erneuern sollte. Der Frage
entsprach die göttliche Antwort: עֲלוּ אֵלָיו, welche die Fortsetzung des
Krieges billigt, aber über den Erfolg keine Verheissung gibt, — weil das
Volk dessen sicher zu sein glaubend danach nicht gefragt hatte. Erst nach
der zweiten schweren Niederlage, nachdem 22000 und 18000 Mann,
d. i. der zehnte Theil des ganzen Heeres gefallen war, demüthigten sie sich
vor dem Herrn. Sie weinten nicht blos über das Unglück, das sie erlitten,
sondern fasteten auch vor dem Herrn denselbigen Tag — das Fasten ist
der sinnenfällige Ausdruck der Beugung des Herzens vor Gott — und
brachten Brand- und Heilsopfer dar. Die שְׁלָמִים sind hier nicht Dank-
opfer, sondern Bittopfer, um den göttlichen Gnadenbeistand zu erflehen
und durch die mit diesem Opfer verbundene Opfermahlzeit die Gemeinschaft mit dem Herrn zu feiern, wie 21,4. 1 Sam. 13,9. 2 Sam. 24,25. —
V. 27 f. So vorbereitet fragten sie den Herrn, ob sie den Krieg noch fortsetzen sollten, und erhielten die Antwort: „Ziehet hinauf (gegen Benjamin), denn morgen werd ich ihn in deine Hand geben" (יָדְךָ die Hand der
kriegführenden Gemeinde). Hiebei wird noch nachträglich die Mittheilung gemacht, dass zu Bethel in jenen Tagen die Bundeslade war und der
Hohepriester vor ihr diente. In בַּיָּמִים חָהֵם liegt, dass die Bundeslade nur
temporär in Bethel war, also aus der Stiftshütte zu Silo während dieses
Krieges dorthin gebracht worden war.

V. 29—48. *Der Sieg am dritten Schlachttage.* V. 29. Der Bericht hievon beginnt mit dem für das Gelingen wichtigsten Momente: Israel stellte

Auflaurer (Truppen im Hinterhalte) rings um Gibea. V. 30. Dann zogen sie heran wie die frühern Male. Zu וַיַּעֲרְכוּ ist nach v. 20. 22 מִלְחָמָה zu suppliren. כְּפַעַם בְּפַעַם wie 16, 20. — V. 31 f. Die Benjaminiten rückten dem Volke (Israel) wieder entgegen, wurden losgerissen von der Stadt (das Perf. הָנְתְּקוּ ohne ו ist dem vorhergehenden Verbo untergeordnet, um das Ausrücken sogleich näher zu bestimmen, während die Art und Weise, wie sie von der Stadt losgerissen wurden, erst v. 32 u. 33 genauer beschrieben wird) und fingen an von dem Volke (das zum Scheine floh) Erschlagene zu schlagen wie früher auf den Strassen (da wo zwei Strassen sich von einander schieden), deren eine nach Bethel hinaufführt, die andere nach Gibea hin ins Feld (Gibea ist die Stadt bei der die Schlacht stattfand, nämlich in ihrer Nähe, so dass von dem Kampfplatze aus leicht eine Strasse nach der Stadt hin ins Feld gehen konnte), „gegen 30 Mann von Israel" sc. tödtend — diese Angabe bringt die nähere Bestimmung des חֲלָלִים nach. V. 32. Da meinten die Benjaminiten, Israel sei von ihnen geschlagen wie früher; die Israeliten aber sprachen: Wir wollen fliehen und ihn (den Stamm Benjamin) losreissen von der Stadt auf die Strassen (die v. 31 genannten Landstrassen). Ueber das Dagesch *dirimens* in נְתַקְנֻהוּ s. *Ew*. §. 92°. — V. 33. Diesen Vorsatz ausführend „standen alle Männer Israels auf von ihrem Orte" d. h. sie verliessen die eingenommene Stellung, zogen sich zurück „und stellten sich in Schlachtordnung auf" in *Baal-Thamar* d. i. Palmenort, nach dem *Onom. s. v.* noch zu *Eusebius'* Zeiten als ein kleiner Ort in der Nähe von Gibea unter dem Namen *Bethamar* existirend. Während dies geschah, brach der Hinterhalt Israels hervor aus seiner Stellung מִמַּעֲרֵה־גָבַע „von der Pläne Geba's her." Das *ἅπ. λεγ.* מַעֲרֶה von עָרָה entblössen bed. eine nackte, von Wald entblösste Gegend. גֶּבַע ist die Masculinform für גִּבְעָה und מִמַּעֲרֵה־גֶבַע nähere Bestimmung des מִמְּקֹמוֹ. Dies scheint die einfachste, schon im Targum gegebene, Erklärung dieses sehr verschieden gedeuteten Wortes, das schon die LXX als *nom. pr.* Μααραγαβέ unübersetzt gelassen haben. Der dagegen erhobene Einwand, dass eine blosse, ebene Gegend kein Ort für einen Hinterhalt sei, trifft nicht, weil man die Worte nicht so zu fassen braucht, dass die waldlose Gegend den Ort des Verstecks gebildet habe, sondern auch so verstehen kann, dass der aus seinem Verstecke aufgebrochene Hinterhalt von der waldlosen Gegend her gegen die Stadt vorrückte. Viel ferner liegt die Deutung von *Raschi, Trem.* u. A.: „wegen der Entblössung Geba's", weil man, abgesehen von der Schwierigkeit, מִן unmittelbar hinter einander in verschiedener Bedeutung zu nehmen, mindestens חָעִיר statt גֶבַע erwarten sollte. — V. 34. Durch das Vorrücken des Hinterhaltes kamen 10,000 auserlesene Männer aus dem ganzen Israel „von gegenüber (מִנֶּגֶד) Gibea her" (welche nun die das fliehende Hauptheer Israels verfolgenden Benjaminiten im Rücken angriffen), „und der Streit wurde hart, da sie (die Benjaminiten) nicht wussten, dass das Unglück über sie herbeikam." — V. 35. Und es schlug Jehova (nach seiner Zusage v. 28) Benjamin vor Israel, so dass die Israeliten an jenem Tage 25000 und 100 Mann (25000 und darüber) von Benjamin vernichteten.

Dies war das Ergebniss jenes Kampfes, welches der Geschichtschreiber sofort mittheilt, bevor er den Verlauf des Streites näher darlegt. Dies geschieht von v. 36—46 durch eine Reihe von Erläuterungen, von welchen eine an die andere meist in der Form von Umstandssätzen sich anschliesst, so dass er erst v. 46 wieder zu dem bereits v. 35 gemeldeten Resultate gelangt.[1] — V. 36. Es sahen nämlich (so ist וַיִּרְאוּ mit dem blos die Gedanken- nicht die Zeitfolge andeutenden ו consec. deutsch zu geben) die Benjaminiten, dass sie geschlagen wurden und die Männer Israels das Feld vor Benjamin räumten (נָתַן מָקוֹם Raum geben durch Zurückweichen und Fliehen), weil sie sich auf den Hinterhalt, den sie gegen Gibea gelegt hatten, verliessen. Dies erkannten die Benjaminiten erst als der Hinterhalt ihnen in den Rücken fiel. Der Hinterhalt aber — wird v. 37 zur weiteren Aufhellung der Sache hinzugefügt — eilte und fiel (fiel eiligst) in Gibea ein und zog daher und schlug die ganze Stadt nach der Schärfe des Schwerts. Dazu v. 38 die weitere Erläuterung: „Und die Verabredung war den Israeliten mit dem Hinterhalte: Mache viel aufsteigen zu lassen Raucherhebung (d. h. lass eine grosse Rauchwolke aufsteigen) aus der Stadt.“ Dieser Auffassung des הֶרֶב als imper. hiph. von רָבָה tritt nur das Suffix ם‍ָ an לְהַעֲלוֹתָם störend entgegen, da dieses nicht zur directen Anrede passt. Dieses Suffix lässt sich nur aus einer Vermischung zweier Constructionen, der directen Anrede mit der indirecten Rede: dass sie aufsteigen liessen, erklären. Will man sich hiezu nicht verstehen, so muss man (mit Stud.) das Suffix als einen Schreibfehler, durch das folgende מַשְׂאַת veranlasst, streichen. Denn der andern Auskunft: das הֶרֶב als Glosse zu streichen, wie Berth. will, steht der Umstand entgegen, dass sich das Hineinkommen dieses so unpassend erscheinenden Wortes in den Text auf keine Weise erklären lässt, während es doch schon die LXX in ihrem Texte gelesen und הֶרֶב mit חֶרֶב verwechselnd sinnlos μάχαιρα übersetzt haben. — V. 39. „Und es wandten sich die Männer Israels im Streite“, nämlich wie in der Form eines neuen langen Umstandssatzes v. 39 u. 40 nochmals ausführlich bemerkt wird — während Benjamin angefangen hatte Erschlagene . . . (aus v. 31 u. 32 recapitulirt) und die Wolke (הַמַּשְׂאֵת = מַשְׂאַת רֶשֶׁן v. 38) angefangen hatte aus der Stadt aufzusteigen als Rauchsäule und Benjamin sich rückwärts wandte und siehe die ganze Stadt aufstieg himmelwärts (in Rauch); Israel nämlich wandte sich (im Streite), da erschrak Benjamin, denn es sah, dass das Unglück über ihn (Benjamin) herangekommen war (vgl. v. 34). Mit v. 41ᵃ wird der durch den langen Umstandssatz unterbrochene Faden der Erzählung wieder aufgenommen durch Wiederholung des וְאִישׁ יִשְׂרָאֵל הָפַךְ. — V. 42. Die Benjaminiten „wandten sich nun vor den Israeliten (fliehend) auf den Weg zur Wüste“ d. i. ohne Zweifel die Wüste, die von Jericho zum Gebirge von Bethel hin aufsteigt (Jos. 16, 1). Sie flohen also nordostwärts, aber der

---

1) Auf Verkennung dieser Eigenthümlichkeit der hebr. Geschichtschreibung, das Resultat einer Begebenheit so bald als möglich anzugeben und dann erst die Nebenumstände genauer zu schildern, beruhen die Meinungen, dass v. 35 unecht sei (de Wette, Stud. u. A.) oder dass v. 36—46 einen andern Bericht von diesem Kampfe liefere (Berth.), wofür diese Kritiker nicht einmal scheinbare Verschiedenheiten geltend zu machen vermocht haben.

Streit hatte sie eingeholt (erreicht oder erfasst) und die aus den Städten (gekommen waren). Das Suffix in חֲדִבִיקַתְחוּ geht auf אִישׁ בִּנְיָמִן (v. 41). Das schwierige und sehr verschieden, aber meist ganz willkührlich gedeutete וַאֲשֶׁר מֵהֶעָרִים kann nur eine das Suffix am Verbum verdeutlichende Apposition sein in dem Sinne: Benjamin und zwar die aus den Städten Benjamins Gibea zu Hülfe gekommen waren (vgl. v. 14 f.) d. h. alle Benjaminiten. Das folgende מַשְׁחִיתִים וגו ist ein den voraufgegangenen Satz וַחֲמִלְחָסָה חרב' erläuternder Umstandssatz: „indem sie (die Männer Israels) ihn (Benjamin) in seiner Mitte vernichteten." Das Singularsuffix בְּתוֹכוֹ bezieht sich nicht auf Benjamin, weil diese Beziehung keinen erträglichen Sinn ergibt, sondern auf das vorhergehende דֶּרֶךְ הַמִּדְבָּר „mitten auf dem Wege nach der Wüste, vgl. v. 45. In v. 43 wird die Beschreibung fortgesetzt durch 3 ohne Copula an einander gereihte Perfecta: „Sie umringten (umzingelten) Benjamin, verfolgten ihn, am Ruheorte traten sie ihn nieder bis vor Gibea ostwärts." מְנוּחָה steht nicht adverbial: ruhig, was keinen passenden Sinn gibt, sondern ist accus. loci und מְנוּחָה bed. Ruheplatz wie Num. 10, 33. Die Angabe: „bis vor Gibea" bezieht sich auf alle drei Verba. — V. 44. In diesem Kampfe fielen von Benjamin 18000 Mann, alles tapfere Männer. Das אֵת vor כָּל־אֵלֶּה ist nicht Präposition: mit (nach LXX Cod. Al. u. Berth.), sondern nota accus. Es dient dazu den folgenden Gedanken dem Hauptsatze unterzuordnen: „was alle diese betrifft, so waren es tapfere Männer", vgl. Ew. §. 277ᵈ (S. 600 der 6. Ausg.). — V. 45. Die Ueberriggebliebenen flohen nach der Wüste hin zum Felsen (des Ortes) Rimmon, nach dem Onom. u. Remmon zu Eusebius' Zeiten ein vicus 15 r. Meilen nordwärts von Jerusalem, der sich in dem auf und um den Gipfel eines kegelförmigen Kalkberges gelegenen und nach allen Richtungen weithin sichtbaren Dorfe Rummôn erhalten hat (nach Rob. Pal. II S. 325). „Und sie (die Israeliten) erschlugen zur Nachlese auf den Wegen 5000 Mann. עוֹלֵל Nachlese halten vom Kampfe d. h. gleichsam als Nachlese der Hauptschlacht tödten oder erschlagen, vgl. Jer. 6, 9. מְסִלּוֹת sind die v. 31 erwähnten Landstrassen. „Und setzten ihnen nach bis Gideom und erschlugen von ihnen noch 2000 Mann." Die Lage des nur hier vorkommenden Gideom ist nicht näher bekannt; der Ort muss aber zwischen Gibea und Rimmon gelegen sein, da der Fels Rimmon nach v. 47 den Fliehenden eine sichere Zufluchtsstätte gewährte. — V. 46. Ueber die Gesammtzahl der Erschlagenen s. die Bem. zu v. 15. — In v. 47 wird die schon v. 45 gemachte Angabe über die Flucht wiederaufgenommen und weiter berichtet, dass 600 Mann den Felsen Rimmon erreichten und dort 4 Monate wohnten d. h. bis zu dem c. 21, 13 ff. berichteten Ereignisse. — V. 48. Die Israeliten aber kehrten um (von der weiteren Verfolgung der geflohenen benjaminitischen Streiter) zu den Söhnen Benjamins d. h. zu der übrigen unbewaffneten und wehrlosen Bevölkerung des Stammes Benjamin, und schlugen sie nach des Schwertes Schärfe „von der Stadt (den Städten) an, Männer bis zum Vieh (d. h. Männer, Weiber, Kinder und Vieh) bis auf jeden der angetroffen wurde", d. h. sie machten Menschen und Vieh von den Städten an bis auf die, welche anderswo gefunden wurden, schonungslos nieder. Dem מֵעִיר correspondirt עַד כָּל־חַנִּמְצָא, und מֵתֹם עַד בְּהֵמָה dient

zur nähern Bestimmung des עִיר: alles, was in der Stadt war, Menschen
und Vieh. מְתֹם ist falsch punktirt statt מְתִם Männer, wie mehrere Codd.
u. die meisten ältern Ausgaben lesen, vgl. Deut. 2, 34. 3, 6. Auch alle
Städte die angetroffen wurden, d. h. alle ohne Ausnahme, steckten sie in
Brand (שִׁלְּחוּ בָאֵשׁ wie 1, 8). Man verfuhr also mit den Benjaminiten wie
mit den dem Banne verfallenen Canaanitern, nach der vollen Strenge des
Bannes.

Cap. XXI. Die Erhaltung des Stammes Benjamin durch Versorgung der Uebriggebliebenen mit Weibern.

Durch die ausserordentliche Strenge, mit welcher die israel. Stämme
den Krieg gegen Benjamin geführt hatten, war dieser Stamm bis auf 600
Männer ausgerottet und dem Erlöschen nahe gebracht worden. Dieses
Ende des blutigen Kampfes ging der Gemeinde zu Herzen. Denn hatte
sie sich auch bei ihrem Beschlusse, den unerhörten Frevel der Einwohner
Gibea's nach der Strenge des Gesetzes zu bestrafen, nur von der ihr obliegenden heiligen Pflicht, das Böse aus ihrer Mitte auszurotten, leiten
lassen, und war auch der Krieg gegen den ganzen Stamm Benjamin, dadurch dass derselbe für die Frevler Parthei genommen, gerechtfertigt und
vom Herrn selbst gutgeheissen worden: so hatte doch bei der Vollziehung
dieses Beschlusses, bei der Kriegführung infolge der von den Benjaminiten ihr beigebrachten wiederholten schweren Niederlage unleugbar das
Gefühl persönlicher Rache die gerechte Sache getrübt und die Kriegführenden zu einem Vertilgungskampfe fortgerissen, welcher weder vom Gesetze geboten noch durch die Umstände gerechtfertigt war und die Ausrottung eines ganzen Stammes bis auf einen verschwindenden kleinen Ueberrest aus den 12 Stämmen des Bundesvolkes herbeigeführt hatte. Darüber empfand die Gemeinde nach beendigter rascher That schmerzliche
Reue. Mit der Reue erwachte das Gefühl der Bruderliebe und der Pflicht,
für den Fortbestand des dem Untergange nahe gebrachten Stammes Fürsorge zu treffen, dadurch dass man den Uebriggebliebenen Frauen ver-
schaffte, damit der geringe Ueberrest wieder zu einem kräftigen Stamme
erwachsen könnte.

V. 1—14. Dem Vorhaben, die übriggebliebenen 600 Benjaminiten
mit Frauen zu versorgen, stand die Schwierigkeit entgegen, dass — wie
v. 1 nachträglich zu c. 20, 1—9 berichtet wird — die Gemeinde zu Mizpa
geschworen hatte: Niemand solle seine Tochter einem Benjaminiten zum
Weibe geben. V. 2 f. Nach Beendigung des Krieges zog das Volk d. i. das
zum Kriege versammelt gewesene Volk (s. v. 9) wieder nach Bethel (s. zu
20, 18. 26), um daselbst einen Tag vor Gott zu weinen über den schweren Verlust, welchen der Krieg der Gemeinde gebracht hatte. Sie klag-
ten dort: „Weshalb, o Herr Gott Israels, ist dieses in Israel geschehen,
dass heute von Israel ein Stamm vermisst wird?" Diese Klage schloss den
Wunsch in sich, dass Gott ihnen Mittel und Wege zeigen möchte, den
drohenden Untergang des vermissten Stammes abzuwenden und die übriggebliebenen 600 wieder zu erbauen. Um diesem Wunsch einen thatsäch-

lichen Ausdruck zu geben, bauten sie am nächsten Morgen einen Altar und brachten auf demselben Brand- und Bittopfer dar (s. zu 20, 26), weil sie erkannten, dass ohne Versöhnung mit dem Herrn und ohne Rückkehr in die Gemeinschaft seiner Gnade ihr Vorhaben nicht gelingen würde. Die Erbauung eines Altares zu Bethel erscheint auffallend, da dort schon während des Krieges Opfer gebracht waren (20, 26), was ohne Altar nicht hatte geschehen können. Weshalb jetzt wieder oder noch ein Altar gebaut wurde, diese Frage lässt sich nicht sicher beantworten. Vielleicht weil jener erste nicht gross genug war für die Zahl der Opfer, die nun gebracht werden sollten. — V. 5. Hierauf fasste die Gemeinde einen Beschluss, durch dessen Ausführung eine Anzahl Jungfrauen für die Benjaminiten erlangt wurden. Sie beschloss an demjenigen von den Stämmen Israels, der nicht zur Gemeindeversammlung nach Mizpa gekommen war, den grossen Schwur zu vollstrecken, welcher bei Berufung jener Volksversammlung über den Nichterscheinenden ausgesprochen war. Die Verhandlung hierüber wurde mit der Frage eröffnet v. 5: „Wer ist der, welcher nicht heraufgekommen in die Versammlung von allen Stämmen Israels, zu Jehova?“ Zur Erläuterung dieser Frage wird v. 5b bemerkt: „denn es war der grosse Schwur über den, welcher nicht zu Jehova nach Mizpa hinaufgekommen war, ausgesprochen: Getödtet soll er werden.“ Aus dieser nachträglichen Bemerkung erfahren wir, dass bei wichtigen Gemeindeversammlungen alle Glieder durch einen Schwur zum Erscheinen verpflichtet wurden. Die Versammlung zu Mizpa ist die c. 20, 1 ff. erwähnte. Der „grosse Schwur“ bestand in der Drohung des Todes für den Ungehorsamen. An diese Erläuterung der Frage v. 5ª wird in v. 6 u. 7 die weitere Erläuterung angereiht, dass die Israeliten Mitleid gegen Benjamin empfanden und seiner gänzlichen Ausrottung dadurch, dass sie den Übriggebliebenen Weiber verschafften, vorbeugen wollten. Das וַיִּנָּחֲמוּ v. 6 schliesst sich an den Begründungssatz v. 5b an und ist im Deutschen durch das Plusquamperfect wiederzugeben: „und die Söhne Israels hatten sich mitleidig gegen ihren Bruder Benjamin gezeigt und gesprochen: Gefällt ist heute ein Stamm aus Israel; was sollen wir ihnen, den Übriggebliebenen, thun in Bezug auf Weiber, da wir geschworen haben u. s. w.“ (vgl. v. 1). Die zwei Gedanken: 1) der Schwur, die nicht nach Mizpa Gekommenen mit dem Tode zu bestrafen (v. 5b), und 2) die aus Mitleid gegen Benjamin fliessende Sorge für die Erhaltung dieses Stammes durch Versorgung der Übriggebliebenen mit Frauen ohne Verletzung des Schwures: von den eigenen Töchtern keine denselben zu Weibern zu geben, bilden die beiden Factoren für das von der Gemeinde einzuschlagende Handeln. Nach Darlegung dieser zwei massgebenden Umstände wird v. 8 die Frage (v. 5ª): Wer ist der eine (einzige) von den Stämmen Israels, welcher u. s. w., wieder aufgenommen und beantwortet: „Siehe niemand war ins Lager gekommen von Jabes in Gilead, in die Versammlung.“ שֵׁבֶט in v. 8 u. 5 steht in weiterer Bedeutung, nicht blos die Stämme als solche, sondern zugleich die verschiedenen Abtheilungen der Stämme umfassend. — V. 9. Um jedoch die Richtigkeit dieser auf vielleicht irrthümlicher Wahrnehmung sich gründenden Antwort zu constatiren, wird das ganze (versammelte) Volk gemustert und von den Bewohnern von Jabes keiner daselbst (in der Volksversammlung zu Bethel) gefunden. Die Lage von *Jabes* in Gilead ist noch nicht aufgefunden. Diese Stadt wurde von dem Ammoniter *Nahas* hart belagert und von Saul entsetzt (1 Sam. 11, 1 ff.), wofür die Bewohner sich später dankbar gegen Saul erwiesen (1 Sam. 31, 8 ff.). *Josephus* nennt *Jabes* die Metropolis von Gilead (*Ant. VI, 5, 1*). Nach dem *Onom.* u. *Jabis* lag sie 6 r. M. von Pella auf einem Berge nach Gerasa zu. *Robins.* (bibl. Forsch. S. 418 f.) vermuthet sie in den Ruinen *ed Deir* im Wady *Jabes*. — V. 10 ff. Um diese Widersetzlichkeit zu strafen, sandte die Gemeinde 12000 tapfere Streiter gegen Jabes mit dem Befehle, die Bewohner der Stadt nach der Schärfe des Schwertes zu schlagen sammt Weibern und Kindern, jedoch mit der genaueren Bestimmung v. 11: „alle Männer und alle Weiber, die männlichen Beischlaf erfahren hatten, zu bannen" d. h. als dem Tode verfallen zu tödten, worin die Beschränkung lag, dass die Jungfrauen, die noch keinen Mann in Bezug auf männlichen Beischlaf erfahren hatten, verschont werden sollten. Solcher Jungfrauen fanden die Krieger 400 in Jabes, die sie ins Lager nach Silo im Lande Canaan brachten. אֹתָם (v. 12) geht auf die Jungfrauen, indem das *masc.* als das allgemeinere Genus statt des *foem.* gesetzt ist. *Silo* mit dem Zusatz: „im Lande Canaan", der durch den Gegensatz: Jabes in *Gilead* veranlasst ist wie Jos. 21, 2. 22, 9, war als Sitz der Stiftshütte der gewöhnliche Versammlungsort der Gemeinde. Dahin hatten sich die Vertreter der Gemeinde begeben, nachdem die Verhandlung über Jabes, die noch mit dem Kriege gegen Benjamin zusammenhing, geschlossen war. — V. 13. Hierauf liess die Gemeinde den auf den Felsen Rimmon geflüchteten Benjaminiten Frieden zurufen und gab ihnen, als sie zurückkehrten *sc.* in ihr Stammland, die 400 am Leben erhaltenen Jungfrauen von Jabes zu Weibern. „Aber nicht reichten (מָצָא wie Num. 11, 22) sie ihnen also" (כֵּן also d. h. in dem Bestande von 400. *Berth.*). Mit dieser Bemerkung wird schon auf das weiter Folgende hingedeutet.

V. 15—25. Von den 600 geflüchteten Benjaminiten blieben noch 200 mit Weibern zu versorgen. Diesen gab die Gemeinde die Erlaubniss, sich bei einem Feste zu Silo Frauen zu rauben. Die Erzählung dieses Factums[1] wird wiederum eingeleitet mit der Beschreibung der Fürsorge, wel-

---

1) Die Meinung *Bertheau's*, dass v. 15—23 eine von dem Vorhergehenden in jeder Beziehung unabhängige Erzählung enthielten, also in c. 21 „ursprünglich zwei ganz verschiedene Berichte über die Art und Weise, auf welche die 600 Benjaminiten zu ihren Frauen gekommen sind, uns vorlägen", entbehrt nicht nur jedes haltbaren Grundes, sondern steht auch mit v. 14 und 22 in ausdrücklichem Widerspruche. Dass die Worte v. 14: „und nicht reichten sie hin für sie also" auf die folgende Erzählung v. 15—23 hindeuten, kann *Berth.* eben so wenig in Abrede stellen, als dass die W. in v. 22: „denn nicht haben wir erhalten jeder sein Weib durch den Krieg" auf die vorhergehende Erzählung v. 1—14 zurückweisen. Diese Zurückweisung sucht er aber durch die Bemerkung, dass sie „zu dem Zusammenhange ihrer Umgebung nicht stimme", also später eingeschaltet sei, zu beseitigen — eine Bemerkung, die nichts weiter beweist, als dass ihr Urheber den Sinn der fraglichen Worte nicht verstanden hat. Das Nämliche gilt von den übrigen Argumenten für die angebliche Verschiedenheit beider Berichte, namentlich von der Behauptung, dass die genaue Beschreibung der Lage von Silo v. 19 für die Benjaminiten nicht

che die Gemeinde für den Fortbestand des Stammes Benjamin traf. Die
Vv. 15. 16 u. 18 sind nur Wiederholung von v. 6 u. 7 mit geringer Ab-
wechslung im Ausdrucke. Der „Riss (פֶרֶץ) in den Stämmen Israels" war
entstanden durch die fast gänzliche Vertilgung Benjamins. כִּי נִשְׁמְדָה וגו
„denn vertilgt ist aus Benjamin (jede) Frau", nämlich durch die scho-
nungslose Tödtung der ganzen Bevölkerung dieses Stammes (20,48). In
ihrem Stamme konnten also die noch unbeweibten Benjaminiten keine
Frauen erhalten. Davon dass von den übriggebliebenen Benjaminiten bereits 400 mit Frauen versorgt waren, wird hier abgesehen, weil dies eben
vorher erzählt war und von diesen doch keiner sein Weib einem andern
abtreten konnte. V. 17. Doch sollte Benjamin als Stamm fortbestehen.
Die Aeltesten sprachen: „Besitzthum der Geretteten soll für Benjamin
sein" d. h. das Stammland Benjamin soll ein für sich bestehendes Besitzthum für die dem Blutbade entronnenen Benjaminiten bleiben, also nicht
ein Stamm aus Israel ausgerottet werden. Demnach mussten sie auch den
noch übrigen Benjaminiten zu Frauen zu verhelfen trachten. Ihre Töchter konnten die übrigen Stämme denselben nicht geben wegen des Eides,
der schon v. 1 u. 7[b] erwähnt ist und hier (v. 18) wiederholt wird. Es blieb
demnach kaum ein anderer Ausweg übrig, als der, dass die Benjaminiten
sich Frauen raubten. Dazu boten ihnen die Aeltesten die Hand, indem sie
ihnen den Rath ertheilten, bei dem nächsten jährlichen Feste zu Silo, bei
welchem die Töchter Silo's Reigentänze im Freien (ausserhalb der Stadt)
aufführten, sich von diesen Töchtern Frauen zu rauben, und ihnen das
Versprechen gaben, nach geschehener That die Sache gütlich beilegen zu
wollen v. 19—22. Das „Fest Jehova's", welches die Israeliten von Jahr
zu Jahr (מִיָּמִים יָמִימָה wie 11,40. Ex. 13,10) begingen, ist eins von den
drei grossen Jahresfesten, ohne Zweifel ein 7tägiges, entweder Pascha
oder Laubhütten, wahrscheinlich das erstere, da der Reigentanz der Töchter Silo's eine Nachahmung des Reigentanzes der israelitischen Frauen
am rothen Meere unter der Anführung der Mirjam (Ex. 15,20) gewesen
zu sein scheint. Die genaue Beschreibung der Lage Silo's v. 19: „nordwärts von Bethel, östlich von der Strasse, die von Bethel nach Sichem
aufsteigt, südlich von *Lebona*" (dem heutigen Dorfe *Lubban* nordwestlich
von Seilun, s. *Rob.* Pal. III S. 309 f.), dient zur Verdeutlichung der folgenden Scene, d. h. klar zu machen, wie die Lage Silo's sich für die Ausführung des den Benjaminiten ertheilten Rathes besonders eignete, indem die
Benjaminiten, als sie aus ihrem Verstecke in den Weinbergen bei Silo
hervorbrechend die tanzenden Jungfrauen geraubt hatten, auf der nahen,
von Bethel nach Sichem führenden Landstrasse leicht in ihr Stammland

---

nöthig war. Dies hat allerdings seine Richtigkeit, aber die Beschreibung ist auch
nicht für die Benjaminiten gemacht, sondern für die Leser des Buches, welchen sie
zeigen soll, dass der von den Aeltesten den Benjaminiten gemachte Vorschlag gerade
bei Silo leicht ausführbar war. Sie weist also durchaus nicht „auf eine Zeit hin, in
welcher die Erinnerung über die Lage des uralten, früher so hoch berühmten Ortes
sich verwischt hatte." Endlich die Wiederholungen am Anfange dieser Erzählung,
in v. 15. 16 u. 18 sind ganz im Geiste der alterthümlichen Erzählungsweise der Hebräer und besonders unserer Capp., die durchweg an Wiederholungen reich sind.

fliehen konnten, ohne von den Bürgern Silo's festgenommen zu werden.
V. 20. Das *Ketib* וַיְצַו (Sing.) erklärt sich daraus, dass von den Aeltesten
einer das Wort führte und den Rath ertheilte. חָטַף in v. 21 u. Ps. 10, 9
packen, rauben = חָתַף. — V. 22. Und wenn die Väter oder Brüder der
geraubten Jungfrauen kommen, „zu hadern (לָרֹוב *Ket. infin. abs.* vgl. רב
11, 25) mit uns, so wollen wir (Aeltesten) zu ihnen (in eurem Namen)
sprechen: Schenket sie uns (אוֹתָם wie v. 12); denn wir erhielten nicht jeder sein Weib durch den Krieg (gegen Jabes, v. 10 ff.); denn ihr habt sie
ihnen nicht gegeben; jetzt würdet ihr schuldig sein." Die W.: „Schenket
sie uns u. s. w. sind als im Namen der des Raubes angeklagten Benjaminiten zu den Klage führenden Angehörigen der geraubten Jungfrauen gesprochen zu fassen. Daraus erklärt sich der Gebrauch des Pronomens
der ersten Person in חַנּוּנוּ und לְקַחְנוּ, das also nicht in die dritte Person
umzuändern ist.[1] Die beiden mit כִּי beginnenden Sätze sind coordinirt,
zwei Momente zur Motivirung der Bitte: Schenket sie u. s. w. enthaltend;
das erste im Namen der Benjaminiten geltend gemacht, das zweite als allgemeiner Grund von Seiten der Aeltesten der Gemeinde, um die Klage
führenden Väter und Brüder zu beschwichtigen wegen des von den Israeliten geschworenen Eides, keine ihrer Töchter einem Benjaminiten zum
Weibe zu geben. Der Sinn ist folgender: Ihr könnt eure Töchter den
Benjaminiten, die sie geraubt haben, lassen, denn ihr habt sie ihnen ja
nicht freiwillig gegeben, so dass ihr dadurch euren Eid gebrochen hättet.
Im letzten Satze ist כָּעֵת ungewöhnlich gebraucht: „um die Zeit (oder:
jetzt) d. i. der Sache nach: in diesem Falle würdet ihr euch verschuldet
haben, nämlich wenn ihr sie ihnen freiwillig gegeben hättet. — V. 23. Diesen Rath befolgten die Benjaminiten. Sie nahmen sich Weiber nach ihrer Zahl d. i. 200 nach v. 12 vgl. mit 20, 47, die sie sich von den tanzenden Töchtern Silo's raubten, und kehrten mit denselben in ihr Erbtheil zurück, wo sie die eingeäscherten Städte wieder aufbauten und darin wohnten.

In v. 24 u. 25 wird der Bericht von dieser Begebenheit abgeschlossen
mit einer zweifachen Bemerkung: 1) dass die Söhne Israels d. h. die zu
Silo versammelten Vertreter der Gemeinde auseinandergingen, jeder zu
seinem Stamme und seinem Geschlechte in sein Erbtheil heimkehrte;
2) dass in jener Zeit kein König in Israel war und jedermann zu thun
pflegte was ihm recht dünkte. Ob die Väter oder Brüder der geraubten
Jungfrauen über den Raub bei der Gemeinde Klage erhoben oder nicht,
darüber schweigt der Berichterstatter, weil dies für den Zweck seiner Er-

---

1) Gegen diese Textesänderung spricht der Umstand entscheidend, dass schon
die LXX in ihrer Uebersetzung: Ἐλεήσατε ἡμῖν αὐτάς, ὅτι οὐκ ἐλάβομεν ἀνὴρ
γυναῖκα αὐτοῦ ἐν τῷ πολέμῳ den masorethischen Text gehabt und wiedergegeben
haben. Die abweichende Uebersetzung des *Hieronym.* in der *Vulg.*: *Miseremini
eorum! non enim rapuerunt eas jure bellantium atque victorum* ist nichts weiter als
ein missglückter Versuch, die Schwierigkeit der Texteslesart aus dem Wege zu räumen. Der *Vulgata* hat sich zum Theil auch *Luther* in seiner Uebersetzung: „Seid
ihnen gnädig, denn wir haben sie nicht genommen mit Streit" angeschlossen, und
dabei auch das *pron. suff.* an חַנּוּנוּ unbeachtet gelassen, obwol er mit seinem: „wir
haben sie nicht genommen" dem hebräischen Texte folgt.

zählung keine Bedeutung hatte, indem die Klage nach v. 22 an der Sache nichts änderte.[1] Mit der Schlussbemerkung v. 25 aber, mit der die Erzählung zu ihrem Anfange 19, 1 zurückkehrt, fasst der prophetische Geschichtschreiber sein Urtheil über diese Geschichte in die Worte zusammen: In jener Zeit that jedermann was ihm recht dünkte, weil kein König in Israel war, worin der Gedanke liegt, dass unter dem Regimente eines Königs, welcher Recht und Gerechtigkeit im Reiche handhabe, solche Dinge nicht hätten geschehen können. Dies bezieht sich nicht blos auf das Verfahren der Israeliten gegen Benjamin im Kriege, dessen Strenge nicht zu rechtfertigen ist (vgl. S. 350), sondern auch auf das c. 21, 5 ff. berichtete Verfahren gegen die Bewohner von Jabes. Die Gemeinde hatte unstreitig das Recht, bei Berufung des ganzen Volks zur Verhandlung und Beschlussfassung über wichtige, das Wohl der ganzen Nation betreffende Reichsangelegenheiten den „grossen Schwur" über die Nichterscheinenden auszusprechen d. h. ihnen Todesstrafe anzudrohen und diese Drohung an den Widerspenstigen zu vollziehen; aber eine solche Strafe konnte doch gerechter Weise nur die schuldigen Personen treffen, die sich gegen die Gemeinde als Obrigkeit aufgelehnt hatten, nicht aber auch auf Frauen und Kinder ausgedehnt werden, wenn diese nicht gleichfalls ein todeswürdiges Verbrechen begangen hatten. Sollten aber auch im vorliegenden Falle besondere Umstände, welche in unserem nur auf die mit dem Hauptzwecke der Geschichte zusammenhängenden Momente sich beschränkenden Berichte übergangen wären, die Verhängung des Bannes über die gesammte Einwohnerschaft von Jabes nöthig gemacht haben, so war jedenfalls die Verschonung der unberührten mannbaren Jungfrauen eine willkührliche Exemtion, welche durch den Zweck, zu dem sie gemacht wurde, so löblich derselbe immerhin sein mochte, nicht gerechtfertigt wird. Das Nämliche gilt sowol von dem Eidschwure des Volks, keine seiner Töchter einem Benjaminiten zum Weibe zu geben, als von dem Rathe, welchen die Aeltesten den übrigen 200 Benjaminiten ertheilten, sich bei dem Feste zu Silo Jungfrauen zu rauben. So gerecht und löblich die sittliche Empörung des Volkes war, welche sich über die in Israel unerhörte Schandthat der Gibeiten und über die Partheinahme des Stammes Benjamin für die Frevler zu Gibea in jenem Eidschwure aussprach, so war doch dieser Schwur selbst ein Act der Uebereilung, bei dem man nicht nur die Bruderliebe gänzlich verleugnet, sondern auch die Grenzen des Rechtes überschritten hatte. Diese Uebereilung hätten die Aeltesten des Volks, als sie zu besserer Einsicht kamen, offen eingestehen und sich sammt dem Volke von dem sündlich übereilten Schwure lossagen sollen. *Quare rectius fecissent, si culpam suam serio agnoscentes admissorum veniam a Deo postulassent et Benjaminitis matrimoniorum concessissent libertatem. Ita et opus non fuisset, Jabesi incolas novo crudelitatis exemplo e medio tol-*

---

1) *Sine dubio* — bemerkt hierüber schon *Seb. Schm.* — *patres et fratres virginum repetierunt eas tum a Benjaminitis tum apud Seniores Israelis, vel puniri etiam Benjaminitas voluerunt: sed Seniores responderunt, quod se responsuros dixerunt: in qua vero responsione actores requieverunt atque sic res feliciter confecta est.*

lere. Buddeus. Wenn sie aber in ihrem Gewissen sich für gebunden
erachteten, den Schwur als unverletzlich zu halten, so mussten sie die
Sache im Gebete Gott dem Herrn befehlen und seiner Entscheidung an-
heimgeben, während sie durch den den Benjaminiten ertheilten Rath den
Eidschwur zwar dem Buchstaben nach aufrecht hielten, in der That und
Wahrheit aber ihn als ungültig aufhoben.

DAS BUCH RUTH.

EINLEITUNG.

Inhalt, Charakter und Ursprung des Buches Ruth.[1]

Das Buch Ruth (רוּת, ʿΡούϑ) führt uns in das Familienleben der Vorfahren des Königs David ein und berichtet in einfacher, anziehender, dem lieblichen Inhalte entsprechender Form geschichtlicher Schilderung, wie die Moabitin *Ruth*, eine Schwiegertochter des einer Hungersnoth wegen mit seinem Weibe und zwei Söhnen in das Land Moab ausgewanderten Bethlehemiten Elimelech vom Geschlechte Juda's, nach dem Tode ihres Mannes Vater und Mutter, Vaterland und Verwandtschaft verlässt und aus kindlicher Pietät gegen ihre israelitische Schwiegermutter Noomi, deren Gatte auch im Lande Moab gestorben war, mit derselben nach Juda zieht, um unter den Fittigen des Gottes Israels Zuflucht zu suchen (c. I), und hier, wo sie in ihrer Armuth auf eines begüterten Mannes Felde Aehren lesen will, scheinbar durch Zufall auf das Feld des Boas, eines nahen Anverwandten Elimelechs kommt und mit diesem biedern und wohlwollenden Manne bekannt wird (c. II), sodann auf den Wunsch ihrer Schwiegermutter die Verehelichung mit demselben sucht (c. III) und von ihm nach der Sitte der Leviratsehe in aller Form der Rechtsgewohnheiten jener Zeit zum Weibe genommen wird, und in dieser Ehe einen Sohn gebiert, Obed, welcher der Grossvater Davids wurde (IV, 1—17), mit dessen Genealogie IV, 18—22 das Buch schliesst.

In diesem Schlusse tritt die Bedeutung und die Tendenz der ganzen Erzählung klar zu Tage. Der genealogische Nachweis der Abstammung Davids von Perez durch Boas und die Moabitin Ruth (IV, 18—22) bildet nicht nur das Ziel, sondern auch den Ausgangspunkt der in dem Buche erzählten Geschichte. Denn wollen wir auf diese Genealogie auch nicht so bedeutendes Gewicht legen, dass wir mit *Auberlen* („die drei Anhänge des B. der Richter in ihrer Bedeutung und Zusammengehörigkeit", in den theol. Studien u. Krit. 1860 S. 544) sagen möchten: „Das B. Ruth ent-

---

1) Das Buch *Ruth* gehört zwar seinem geschichtlichen Charakter nach nicht zu den prophetischen Geschichtsbüchern des A. T. und steht auch im hebräischen Kanon unter den Hagiographen; aber da es seinem Inhalte nach sich an das Buch der Richter anreiht, so erschien es zweckmässig, seine Auslegung auf die des Buches der Richter folgen zu lassen.

hüllt gleichsam die Innenseite, den geistig sittlichen Hintergrund der auch
im israelitischen Alterthume eine so bedeutsame Rolle spielenden Genealogie", so steht doch so viel unzweifelhaft fest, dass das Buch ein geschichtliches Gemälde aus dem Familienleben der Vorfahren Davids liefert, welches zeigen will, wie die Ahnen dieses grossen Königs in Fröm-
migkeit und Einfalt des Herzens, in Keuschheit und Sittenreinheit schlecht
und recht vor Gott und Menschen gewandelt haben. „Ruth, die moabitische Urgrossmutter Davids, sehnt sich mit der ganzen tiefen Innigkeit
ihres Wesens nach Israels Gott und Volk und schliesst sich ihnen mit voller Kraft der Liebe an, Boas aber ist ein rechter Israelit ohne Falsch,
voll heiliger Scheu vor jeder göttlichen und menschlichen Ordnung, voll
wohlwollender Liebe und Freundlichkeit gegen das arme heidnische Weib.
Von solchen Ahnen stammte der, in welchem das ganze Wesen Israels
seine königliche Zusammenfassung, seinen vollendeten Ausdruck finden
sollte" (*Auberl.* a. a. O.). Darin aber dass Ruth, eine geborne Heidin aus
dem Israel so feindlichen Moabitervolke, wegen ihrer treuen Liebe zu dem
Volke Israel und wegen ihres völligen Vertrauens auf Jehova, den Gott
Israels, gewürdigt wurde, die Stammmutter des grossen und frommen Königs David zu werden, liegt zugleich ein messianischer Zug. Wie Juda
mit der Cananitin Thamar den Perez zeugte (Gen. 38), wie die Rahab in
die Gemeinde Israels aufgenommen (Jos. 6, 25) und nach alter Ueberlieferung von Salmon geehelicht wurde (Matth. 1, 5), so wird die Moabitin
Ruth von Boas zum Weibe genommen und dem Geschlechte Juda's einverleibt, aus welchem Christus nach dem Fleische abstammen sollte. Vgl.
Matth. 1, 3 u. 5, wo diese drei Frauen in der Genealogie Jesu hervorgehoben sind.

Die Begebenheiten des Buches fallen in die Zeiten der Richter (1, 1),
wahrscheinlich in die Zeit Gideons (s. zu 1, 1), und das Buch liefert sowol eine Ergänzung zu dem Buche der Richter als eine Einleitung zu den
Büchern Samuels, welche über die Vorfahren Davids nichts mittheilen.
Auf seinen Inhalt gesehen nimmt es in der alexandr. Version, der Vulgata
und der Lutherschen und anderen neueren Bibelübersetzungen die richtige Stelle ein zwischen dem B. der Richter und den BB. Samuels; im hebräischen Codex dagegen steht es unter den Hagiographen (כתובים), und
zwar im Talmude *baba bathr.* f. 14[b] an der Spitze derselben vor den Psalmen, in den hebr. Handschriften aber unter den 5 *Megilloth: Cantic., Ruth,
Threni, Kohel., Esther.* Diese letztere Stellung hängt mit dem liturgi-
schen Gebrauche des Buches in der Synagoge, mit seiner Vorlesung am
Wochenfeste zusammen, während seine Stellung unter die Hagiographen
sich aus dem der Gliederung des alttestamentlichen Kanons zu Grunde
liegenden Prinzipe erklärt, dem zufolge die verschiedenen Bücher des
A. T. nach der Stellung, welche ihre Verfasser zu Gott und zur Theokratie und sie selbst nach Inhalt und Geist zur göttlichen Offenbarung einnehmen, in drei Klassen geordnet sind (vgl. m. Lehrb. der Einleit. §. 155).
Diese Stellung ist daher für ursprünglich zu halten, nicht die in der Uebersetzung der LXX, welche vielmehr bei diesem wie bei andern Büchern
die ursprüngliche Ordnung geändert haben, weil sie das Prinzip dersel-

ben verkannten.[1] Das B. Ruth ist kein blosser (etwa dritter) Anhang zum
Buche der Richter, sondern eine selbständige kleine Schrift, welche zwar

---

1) Für die gegentheilige Ansicht d. h. dafür dass das B. Ruth ursprünglich hinter dem Buche der Richter gestanden und einen Anhang zu demselben gebildet habe,
berufen sich zwar viele Kritiker der Gegenwart auf die Zeugnisse des Josephus und
der älteren Kirchenväter. So zählt bekanntlich *Joseph. c. Ap. I, 8* nur 22 Bücher des
A. Test., welche Zahl nur dann herauskommt, wenn das B. Ruth mit dem B. der
Richter zu einem Buche verbunden wird. Ferner führt *Melito* von *Sardes* im 2. Jahrh.,
welcher eine Reise nach Palästina machte, um genaue Nachrichten über die heiligen
Schriften der Juden (πόσα τὸν ἀριθμὸν καὶ ὁποῖα τὴν τάξιν εἶεν) einzuziehen, in
seinem von *Euseb. h. e. IV, 26* aufbehaltenen Verzeichnisse *Ῥούθ* nach den *Κριταί*
auf, gibt aber nicht, wie *Berth.* irrthümlich behauptet, die Zahl der Bücher an und
bemerkt auch nicht, dass „Richter und Ruth bei ihnen ein Buch unter dem Namen
Schofetim“ seien. Dieses thut erst *Origenes* in seinem Verzeichnisse bei *Euseb. h. e.*
VI, 25, welcher bemerkt, dass die Hebräer 22 ἐνδιαθήκους βίβλους haben, und bei
Ruth hinzufügt: παρ' αὐτοῖς ἐν ἑνὶ Σωφετίμ. Dieselbe Stelle nimmt Ruth in den
Verzeichnissen der späteren griechischen Kirchenväter ein, wie auch bei *Rufinus* in
der *expos. in Symb. apost.* und bei *Hieron. in prolog. gal.*, welcher zu *libr. Judicum*
die Bemerkung macht: *et in eundem compingunt R u t h , quia in diebus Judicum*
facta ejus narratur historia, und, nachdem er die 22 Bücher des A. Test. aufgezählt
hat, hinzusetzt: *Quanquam nonnulli R u t h et K i n o t h inter Hagiographa scrip-*
titent et hos libros in suo putent numero supputandos etc. Aber alle diese Zeugnisse
beweisen nichts weiter, als dass die hellenistischen Juden, welche das A. Test. in der
griechischen Uebersetzung der LXX brauchten, das B. Ruth für einen Anhang des
B. der Richter gehalten haben, aber durchaus nicht, dass im hebräischen Kanon das
B. Ruth jemals hinter dem B. der Richter gestanden und *ein* Buch mit diesem gebildet habe. Die Reduction der heil. Schriften des A. Test. auf die Zahl von 22 Büchern
ist nichts weiter als ein Produkt der von den hellenistischen oder alexandrinischen
Juden ausgebildeten kabbalistischen Zahlenmystik. Wäre diese Zählung die ursprüngliche gewesen, so würden die hebräischen Juden nicht diese Zahl auf 24 gebracht
haben, weil das hebr. Alphabet niemals 24 Buchstaben gezählt hat. *Josephus* aber
ist kein Zeuge für die orthodoxen Anschauungen der hebräischen Juden, sondern
Eklektiker und Hellenist, der in seinen Schriften das A. Testament nicht im Grund-
texte, sondern nur nach der alexandr. Uebersetzung gebraucht hat und die Bücher
des A. T. nach einer ganz singulären Ordnung eintheilt. Auch die Kchv., welche bei
den Juden Erkundigungen über die Zahl und Ordnung der von denselben als kano-
nisch angenommenen Schriften eingezogen haben, geben doch mit Ausnahme des
Hieron. in ihren Verzeichnissen diese Schriften nicht nach der Ordnung und Zählung derselben im hebr. Kanon, sondern nach der den Christen allein verständlichen
alexandr. Uebersetzung. Dies erhellt bei *Melito* schon daraus, dass er Βασιλειῶν
τέσσαρα u. Παραλειπομένων δύο zählt und *Daniel* zwischen den 12 kl. Propheten und Ezechiel aufführt. Das Gleiche finden wir auch bei *Origenes*, obwol dieser
Kchv. bei den einzelnen Büchern ihre hebräischen Benennungen mit angibt und zu
den 4 Büchern der Königreiche und den 2 Büchern *Paralipomena* bemerkt, dass
die Hebräer sie anders nannten und zählten. Endlich *Hieronymus* zählt zwar im
prol. gal. die Schriften des A. Test. nach den 3 Klassen des hebr. Kanons auf, sucht
aber doch die hebräische Eintheilungs - und Zählungsweise derselben mit der in der
christlichen Kirche herrschenden alexandrinischen Zählung und Anordnung mög-
lichst in Einklang zu bringen und den Unterschied zu verdecken. Dies ersieht man
deutlich aus seinen Bemerkungen über die Zahl dieser Bücher, besonders aus den
Worten: *Porro quinque litterae duplices apud Hebraeos sunt, Caph , Mem, Nun,*
Pe , Sade … Unde et quinque a p l e r i s q u e libri duplices existimantur, Samuel,
Melachim, Dibre Hajamim, Esdras. Jeremias cum Kinoth i. e. Lamentationibus
suis. Denn die *plerique*, welche zwei Bücher Samuels, der Könige und der Chronik
annehmen, sind keine hebräischen, sondern hellenistische Juden, da die hebr. Juden
diese Schriften in ihrem Kanon nicht in je zwei Bücher getheilt hatten, sondern diese
Theilung erst durch *Dan. Bomberg* aus der *LXX* oder *Vulg.* in die hebr. Bibeln ein-

darin den beiden Anhängen des Richterbuches gleicht, dass die in ihr berichteten Ereignisse in die Richterzeit fallen und nicht im Geiste der prophetischen Geschichtsbetrachtung dargestellt sind, im Uebrigen aber nach Form und Inhalt einen durchaus eigenthümlichen Charakter trägt, nicht nur in der Erzählungsweise und der Sprache mit dem Buche der Richter nichts gemein hat, sondern auch nach Inhalt und Zweck sich von dem Inhalte und Zwecke dieses Buches und seiner beiden Anhänge dadurch wesentlich unterscheidet, dass sie schon am Ende der Erzählung (4, 17) durch die Bezeichnung Obeds, des Sohns des Boas und der Ruth, als Grossvater Davids, und noch deutlicher in der bis auf David herabgeführten Genealogie des Perez (4, 18—22) über die Zeiten der Richter hinausgeht, indem ihr Verfasser damit klar zu erkennen gibt, dass sein Absehen nicht auf eine Schilderung des bürgerlichen und sittlichen Familienlebens frommer Israeliten in der Richterzeit gerichtet war, sondern dass er vielmehr nur ein Lebensbild von den frommen Vorfahren des Königs David geben wollte.

Der *Ursprung* des Buches Ruth liegt im Dunkeln. Aus seinem Inhalte, besonders aus dem Zwecke, auf welchen die Erzählung schliesslich hinausläuft, ergibt sich mit Sicherheit nur so viel, dass dasselbe nicht vor den Zeiten der Herrschaft Davids über Israel und zwar nicht vor dem Höhepunkte der Regierung dieses grossen Königs verfasst worden ist. Hienach würde zwischen den Begebenheiten und der Abfassung unsers Buches ein Zeitraum von 150 bis 180 Jahren liegen, in welchem die 4, 7 erwähnte Sitte des Schuhausziehens bei Handel und Tausch, die ehedem in Israel bestand, schon ganz in Abgang gekommen sein konnte, so dass der Verf. sie für seine Zeitgenossen zu erklären für nöthig erachten mochte. Die Abfassung tiefer herabzusetzen, etwa gar in die Zeiten des Exils, dafür fehlen zureichende Gründe, da was man hiefür geltend gemacht hat unbeweisend ist, vgl. m. Lehrb. der Einl. §. 137. Die Wahrnehmung, dass Worte und Redeweisen wie מַרְגְּלֹת (3, 7 f. 14)', פָּרַשׂ כְּנָפִים (3, 9), מִקְרֶה Zufall (2, 3) in den älteren Schriften gar nicht oder selten vorkommen, weil die Sache, die sie ausdrücken, nicht erwähnt ist, beweist nicht entfernt, dass diese Worte erst in späterer Zeit gebildet worden seien. Sollte denn die hebräische Sprache nicht von jeher für den Begriff: Zufall das Wort מִקְרֶה gehabt, oder sollte nicht jeder Israelit die Schwurformel: כֹּה יַעֲשֶׂה לִי אֱלֹהִים oder den schon im Segen Jakobs vorkommenden Gottesnamen שַׁדַּי (ohne אֵל) gekannt haben, dass der Verf. unsers Buches diese und ähnliche Ausdrücke und Ausdrucksweisen hätte erst aus dem Koheleth, oder Ezechiel und Daniel oder aus den BB. Samuels und der Könige entlehnen müssen? Die angeblichen Chaldaismen aber, nämlich die Formen תַּעֲבוּרִי מָרָא (3, 3. 4), שָׁכַבְתִּי, יָרַדְתִּי, שֹׂמְתִּי (2, 9), יִקְצֹרוּן (2, 8. 21), תִּדְבָּקִין u. statt

---

geführt worden ist. Hienach ist auch die weitere Bemerkung dieses Kchv.: *quanquam nonnulli Ruth et Kinoth inter Hagiographa scriptitent etc.* zu beurtheilen und das *nonnulli* aus dem conciliatorischen Bestreben des *Hieron.* zu erklären, endlich auch seine Bemerkung über die Verbindung des B. Ruth mit dem B. der Richter nicht als Zeugniss für die Stelle, welche dieses Buch im hebr. Kanon eingenommen, sondern nur für die Stellung, welche die hellenistischen Juden ihm gegeben hatten, zu betrachten.

מָרָא (1,20), oder der Gebrauch von לָהֵן und des ἀπ.λεγ. שָׂבַר 1,13 u. dgl.,
finden sich nur in den Reden der handelnden Personen, nicht aber da wo
der Verfasser selbst erzählt, und liefern also keine Zeugnisse für den spätern Ursprung des Buches, sondern erklären sich einfach und vollständig
daraus, dass der Verf. diese Formen und Worte aus der gewöhnlichen Umgangssprache der Richterzeit aufgenommen und treu wiedergegeben hat.
Hieraus lässt sich vielmehr mit hoher Wahrscheinlichkeit schliessen, dass
er den Inhalt seiner Schrift nicht aus der mündlichen Ueberlieferung geschöpft, sondern schriftliche Urkunden benutzt hat, über deren Ursprung
und Beschaffenheit sich jedoch nichts Sicheres bestimmen lässt. — In Betreff der exeget. Literatur vgl. m. Lehrb. d. Einl. S. 413.

AUSLEGUNG.

Cap. I. Ruth zieht mit Noomi nach Bethlehem.

In der Zeit der Richter wanderte Elimelech aus Bethlehem in Juda
einer Hungersnoth wegen ins Land Moab mit seinem Weibe Noomi und
seinen zwei Söhnen Machlon und Chiljon (v. 1 u. 2). Dort starb Elimelech. Seine Söhne nahmen sich Moabitinnen, Namens Orpa und Ruth, zu
Frauen, starben aber nach zehn Jahren auch, so dass Noomi mit ihren
beiden Schwiegertöchtern allein nachblieb (v. 3—5). Als sie nun erfuhr,
dass der Herr das Land Israel wieder mit Brot gesegnet, machte sie sich
mit Orpa und Ruth auf den Weg, um in ihre Heimat zurückzukehren.
Unterwegs bat sie diese, umzukehren und in ihrem Vaterlande bei ihren
Verwandten zu bleiben, worauf Orpa auch umkehrte (v. 6—14), Ruth
aber ihre Schwiegermutter nicht verlassen zu wollen erklärte und mit derselben nach Bethlehem zog (v. 15—22).

V. 1—5. Elimelechs Auswanderung v. 1 u. 2. Mit וַיְהִי wird die folgende Erzählung an andere bekannte Begebenheiten angereiht (s. zu Jos.
1, 1) und durch die Bestimmung: „in den Tagen da Richter richteten"
im Allgemeinen in die Periode der Richter versetzt. רָעָב בָּאָרֶץ Hungersnoth im Lande Israel, nicht blos in der Umgegend von Bethlehem. Die
Zeit dieser Hungersnoth lässt sich nicht ganz sicher bestimmen, obwol es
nahe liegt, mit Seb. Schm. u. A. die Hungersnoth mit der Verwüstung des
Landes durch die Midianiter (Jud. 6) in Zusammenhang zu setzen, und für
diese Combination mehrere Gründe sprechen. Nämlich die Hungersnoth
muss gross gewesen sein, und sich nicht nur über das ganze Land Israels
erstreckt, sondern auch mehrere Jahre angedauert haben, weil sie den
Elimelech zur Auswanderung in das Land der Moabiter nöthigte und sein
ihn überlebendes Weib Noomi erst nach 10 Jahren, als sie gehört, dass
Jehova seinem Volke wieder Brot gegeben, in ihr Vaterland zurückkehrte
(v. 4 f.). Die Midianiter aber bedrängten Israel 7 Jahre lang und pflegten

bei ihren Einfällen besonders die Feld- und Bodenfrüchte des Landes zu vernichten (Jud. 6, 3 f.), woraus Hungersnoth entstehen musste. Ferner dehnten sie ihre Verwüstungen bis nach Gaza hin aus (Jud. 6, 4). Und wenngleich hieraus keineswegs sicher folgt, dass sie auch in die Gegend von Bethlehem gekommen, so lässt sich doch noch viel weniger aus dem Umstande, dass sie im Thale Jesreel lagerten (Jud. 6, 33) und dort von Gideon geschlagen wurden, mit *Berth.* das Gegentheil folgern, nämlich dass sie das Gebirge Juda nicht verheert hätten, weil der Weg von jener Ebene nach Gaza nicht über das Gebirge führe. Eben so wenig Bedeutung hat der andere Einwand von *Berth.*, dass nämlich die genealogische Reihe c. 4, 18 ff. den Boas nicht in die Zeit Gideons, sondern ungefähr in die ersten Zeiten der philistäischen Herrschaft über Israel setze, weil dieser Einwurf theils auf einer unerweislichen Voraussetzung, theils auf irrthümlicher chronologischer Berechnung beruht. Unerweislich ist nämlich die Voraussetzung, dass in jener chronologischen Reihe alle Glieder aufgeführt seien, während doch in den Genealogien vielfach unbedeutende Glieder weggelassen werden, so dass Obed, der Sohn des Boas, auch wol der Grossvater Isai's sein könnte. Und nach richtiger chronologischer Berechnung fällt die Geburt Davids, welcher 70 Jahr alt im J. 1015 v. Chr. starb, in das J. 1085 d. i. 9 oder 10 Jahre nach dem Siege über die Philister unter Samuel oder nach dem Aufhören ihrer 40jährigen Herrschaft über Israel, und nur 97 Jahre nach dem Tode Gideons (s. die chronol. Tabelle S. 217). David aber war der jüngste unter 8 Söhnen Isai's. Setzen wir hienach seine Geburt in das 50ste Lebensjahr seines Vaters, so wäre Isai im ersten Jahre des 40jährigen Philisterdruckes oder 48 Jahre nach Gideons Tode geboren. War nun vielleicht auch Isai ein jüngerer Sohn Obeds und seinem Vater erst im 50sten Lebensjahre geboren, so würde die Geburt Obeds in die letzten Jahre Gideons fallen. Hieraus ergibt sich wenigstens so viel als unzweifelhaft, dass Boas ein Zeitgenosse Gideons war, und dass die Auswanderung Elimelechs ins Land Moab in den Zeiten des midianitischen Druckes erfolgt sein kann. לָגוּר בִּשְׂדֵי מוֹאָב um als Fremdling in den Gefilden Moabs zu leben. Die Form שְׂדֵי v. 1. 2. 22. 2, 6 ist nicht *stat. constr. sing.* oder nur andere Schreibart für שָׂדֶה, wie *Berth.* will, sondern *st. c. plur.* von dem zwar nicht vorkommenden, aber von שָׂדֶי regelrecht gebildeten *stat. abs.* שָׂדַיִם, vgl. Jes. 32, 12. 2 Sam. 1, 21 u. a., da der *st. constr. sing.* auch in unserm Buche (v. 6 u. 4, 3) שְׂדֵה lautet. Der Gebrauch des Singulars vom Moabiterlande in diesen Stellen beweist aber nicht, dass שְׂדֵי auch Singular sein müsse, sondern erklärt sich daraus, dass der Ausdruck: das Gefilde = das Gebiet Moabs mit dem Plurale: die Gefilde M. alternirt. — V. 2 f. אֶפְרָתִים Plur. von אֶפְרָתִי, eine Adjectivbildung nicht von אֶפְרַיִם wie Jud. 12, 5, sondern von אֶפְרָה Gen. 48, 7 oder אֶפְרָתָה 4, 11. Gen. 35, 19, dem alten Namen Bethlehems, Ephratite d. i. aus Bethlehem gebürtig, wie 1 Sam. 17, 12. Die Namen *Elimelech* d. h. dem Gott König ist, *Noomi* (נָעֳמִי Abkürzung von נַעֲמִיָּה, LXX *Νοομμείν*, *Vulg. Noëmi, Luth.* Naëmi) d. h. die Huldreiche; *Machlon* (מַחְלוֹן) d. i. der Schwächliche und *Chiljon* (כִּלְיוֹן das Schmachten) sind echt hebräisch, dagegen die Namen der von Elimelechs Söhnen geheiratheten Moabitinnen

Orpa und *Ruth* lassen sich aus dem Hebräischen nicht genügend erklären, da die Deutung des עָרְפָּה die den Rücken Kehrende willkührlich und die Ableitung des רוּת aus רְעוּת Freundin unsicher ist. Ruth war übrigens nach 4, 10 die Frau des älteren Sohnes, des Machlon. Das Heirathen moabitischer Töchter war im Gesetze nicht verboten, wie die Ehen mit Cananiterinnen (Deut. 7, 3); nur die Aufnahme der Moabiter in die Gemeinde des Herrn ist Deut. 23, 4 untersagt. — V. 5. וַתִּשָּׁאֵר וגו׳ „so blieb das Weib (Noomi) von ihren beiden Söhnen und ihrem Manne (allein) übrig."

V. 6—14. Nach dem Verluste ihres Mannes und ihrer beiden Söhne machte sich Noomi aus den Gefilden Moabs auf, um in das Land Juda zurückzukehren, da sie vernommen hatte, dass Jehova sein Volk heimgesucht d. h. seine Gnade ihm wieder zugewandt hatte, ihm Brot zu geben. Von dem Ort, woselbst sie gelebt hatte, zog Noomi fort mit ihren zwei Schwiegertöchtern. Diese drei gingen auf dem Wege, um ins Land Juda zurückzukehren. Das לָשׁוּב passt streng genommen nur auf Noomi, die nach Juda zurückkehrte, während ihre Schnüre mit ihr dorthin ziehen wollten. — V. 8 ff. Unterwegs d. h. als sie eine Strecke Wegs gegangen waren, sprach Noomi zu beiden Schwiegertöchtern: „Geht, kehret um eine jede in das Haus ihrer Mutter" — nicht des Vaters, obwol der Vater der Ruth wenigstens nach 2, 11 noch lebte, sondern der Mutter, weil mütterliche Liebe die Tochter in ihrer Trübsal am besten zu trösten versteht. „Jehova erzeige euch Liebe, wie ihr (sie) den Verstorbenen und mir erzeigt habt." Das *Ket.* יַעֲשֶׂה ist die nicht verkürzte Form des Optativs, vgl. *Ew.* §. 224ᶜ. „Jehova gebe euch, dass ihr findet einen Ruheort, eine jede im Hause ihres Mannes" d. h. dass ihr beide wieder glücklich verheirathet werdet. Darauf küsste sie sie, um sich von ihnen zu verabschieden (vgl. Gen. 31, 28). Die Schwiegertöchter aber fingen an laut zu weinen und sprachen: „Mit dir wollen wir zu deinem Volke zurückkehren." כִּי vor der directen Rede dient zur Verstärkung, fast einer Versicherung gleichkommend. — V. 11. Von diesem Entschlusse sucht Noomi ihre Schwiegertöchter abzubringen, indem sie ihnen vorstellt, dass sie mit ihr ziehend keine Hoffnung auf Wiederverheirathung und neues Lebensglück haben würden. „Habe ich noch Söhne in meinem Leibe, dass sie für euch Männer würden?" Damit will sie sagen: Ich bin nicht schwanger mit Söhnen, die als jüngere Brüder Machlons und Chiljons die Verpflichtung haben würden, euch nach der Leviratspflicht (Deut. 25, 5. Gen. 38, 8) zu heirathen. Und nicht nur diese Hoffnung habe ich nicht, sondern — so fährt Noomi v. 12 f. fort — auch keine Aussicht noch einen Mann zu bekommen und mit Kindern gesegnet zu werden; „denn ich bin zu alt um eines Mannes zu werden"; ja wollte ich selbst diesen ganz unwahrscheinlichen Fall als eintretend setzen und sogar das Unmögliche als möglich annehmen: „wenn ich spräche: Mir ist Hoffnung (einen Mann zu erhalten), ja wenn ich diese Nacht eines Mannes würde und sogar Söhne gebäre, wolltet ihr alsdann warten bis sie gross würden, wolltet ihr alsdann euch enthalten, nicht eines Mannes zu werden?" Dass כִּי *wenn* vor אָמַרְתִּי bezieht sich zugleich auf die beiden folgenden Perfecta. לָהֵן ist das Suffix

3 pers. plur. neutr. רַן mit dem Präfix לְ, wie Hi. 30, 24, wo רַן mit Segol punktirt ist wegen der darauf folgenden betonten Sylbe, wie hier v. 9 in Pausa, eig. bei diesen Dingen, in diesem Falle, sodann in der Bed. deshalb = לָכֵן wie öfter im Chald., z. B. Dan. 2, 6. 9. 24 u. ö. חֲשַׂגֵּנָה (vgl. Jes. 60, 4 u. *Ew.* §. 195ª) von עֲגַן im Hebr. ἅπ. λεγ., im Aram. zurückhalten, einschliessen; danach im Talmud עֲגוּנָה die Frau, welche ohne Mann in ihrem Hause zurückgezogen lebt. Noomi setzt in v. 12 drei Fälle, von welchen der eine immer unwahrscheinlicher, ja unmöglicher ist als der andere; und selbst wenn das Unmögliche, dass sie noch in dieser Nacht Söhne gebäre, möglich werden könnte, so könnte sie auch in diesem Falle ihren Schwiegertöchtern nicht zumuthen oder rathen zu warten bis diese Söhne heranwachsen und dann nach dem Leviratsrechte sie heirathen würden. Hierin lag die stärkste Abmahnung für die Schwiegertöchter, ihren Vorsatz mit ins Land Juda zu ziehen aufzugeben und die dringendste Aufforderung zur Rückkehr in ihr mütterliches Haus, wo ihnen als jungen, kinderlosen Witwen die Aussicht auf Wiederverheirathung nicht so ganz abgeschnitten war. Jedoch einen Fall liess Noomi unerwähnt, nämlich den dass ihre Schwiegertöchter auch in Juda sich anderweitig verheirathen könnten. Diesen Fall berührte sie gar nicht, einmal und wol hauptsächlich aus zarter Schonung gegen die moabitische Herkunft ihrer Schwiegertöchter, in der sie ein Hinderniss gegen ihre Verheirathung im Lande Juda erblickte, sodann aber auch wol deshalb, weil Noomi ihrerseits für die Herbeiführung einer solchen Verbindung nichts zu thun vermochte und sich darauf beschränken wollte, den Töchtern klar zu machen, dass sie in ihrer Lage ganz ausser Stande wäre, im Lande Juda ihnen eheliches und häusliches Glück zu bereiten. Daher fasste sie nur die verschiedenen Möglichkeiten von Leviratsehen ins Auge.[1] אַל בְּנֹתַי „Nicht meine Töchter" *sc.* ziehet mit mir; „denn mir ist es viel bitterer ergangen

---

1) Die Einwände, welche *J. B. Carpzov* gegen die Erklärung von v. 12 u. 13 aus der Leviratsehe erhoben hat, dass nämlich daran deshalb nicht zu denken sei, weil die Leviratsehe nur Pflicht gewesen sei *a)* für von demselben Vater und derselben Mutter gezeugte Brüder des Verstorbenen, *b)* für die beim Tode desselben schon lebenden Brüder, nicht aber für nachgeborene, hat schon *Berth.* als theils unbegründet, theils unzutreffend widerlegt. Erstlich spricht zwar das Gesetz über das Levirat nur von Brüdern des Verstorbenen, wobei man nach dem Zwecke dieses Institutes allerdings an Söhne eines Vaters denken muss, aber nicht nothwendig auch an Söhne von einer und derselben Mutter. Sodann verpflichtete das Gesetz zwar ausdrücklich nur den Bruder zur Ehelichung der Schwägerin, welcher beim Tode ihres Mannes da war, schloss aber den erst nachgeborenen Bruder auch nicht bestimmt aus, und dies um so weniger, als nach dem Herkommen Gen. 38, 11 diese Pflicht auch Brüdern, die noch unerwachsen waren, oblag, sobald sie heirathsfähig wurden. Endlich sagt auch Noomi in v. 12ª nur, dass sie nicht von ihrem verstorbenen Manne schwanger sei, und wenn sie v. 12ᵇ u. 13 die Möglichkeit einer künftigen Schwangerschaft in Betracht zieht, so konnte sie möglicherweise an eine Verbindung mit irgend welchem Bruder ihres verstorbenen Mannes denken und somit an Söhne, die gesetzlich für Söhne des Elimelech gelten würden. — Wenn dagegen *Carpz.* den Sinn ihrer Worte so bestimmt: „Ich habe ja keine Kinder mehr zu hoffen, die ich mit der Zeit an euch verheirathen könnte, und andern hab nichts zu gebieten", so erschöpft der erste Gedanke den Sinn ihrer Worte durchaus nicht, während der letzte Gedanke den Textesworten völlig fremd ist.

als euch." מְרַד vom traurigen Schicksale. מִכֶּם comparativisch: vor euch; nicht: ich bin sehr betrübt euretwegen, in welchem Falle עֲלֵיכֶם stehen würde wie 2 Sam. 1, 26. Dazu passt dieser Gedanke nicht zu dem folgenden Satze: „denn die Hand des Herrn ist wider mich ausgegangen" d. h. der Herr hat mich schwer geschlagen, nämlich dadurch dass er mir nicht nur meinen Mann sondern auch meine beiden Söhne genommen hat. — V. 14. Ob dieser abmahnenden Rede brachen die Schwiegertöchter wiederum in lautes Weinen aus (תִּשֶּׂנָה mit ausgefallenem א für תִּשֶּׂאנָה v. 9), und Orpa küsste ihre Schwiegermutter und nahm damit von ihr Abschied, um in ihr mütterliches Haus zurückzukehren, aber Ruth hing fest an ihr (דָּבַק wie Gen. 2, 24), Vater und Mutter verlassend, um mit Noomi ins Land Juda zu ziehen (vgl. 2, 11).

V. 15—22. Auf die wiederholte Bitte der Noomi, doch ihrer Schwägerin folgend zu ihrem Volke und ihrem Gotte zurückzukehren, sprach Ruth: „Dringe nicht in mich dich zu verlassen und hinter dir weg zurückzukehren; denn wohin du gehst will ich gehen, und wo du weilest will ich weilen, dein Volk ist mein Volk und dein Gott mein Gott! Wo du sterben wirst, will ich sterben und dort begraben werden. So soll mir Jehova thun und so ferner (eig. und so füge er hinzu zu thun)! Nur der Tod soll scheiden zwischen mir und dir!" Die W. יֹסִיף — — ׳ה יַעֲשֶׂה כֹּה sind eine öfter vorkommende (vgl. 1 Sam. 3, 17. 14, 44. 20, 13 u. a.) Schwurformel, mit welcher der Schwörende sich schwere Strafe wünscht für den Fall, dass er sein Wort nicht halten oder seinen Entschluss nicht ausführen sollte. Das folgende כִּי ist nicht Schwurpartikel für אִם in der Bed. wenn = wahrlich nicht, wie 1 Sam. 20, 12 in dem der Schwurformel voraufgehenden Schwure, sondern entspricht dem ὅτι in der Bed. *quod*, die Aussage einführend, wie Gen. 22, 16. 1 Sam. 20, 13. 1 Kg. 2, 23. 2 Kg. 3, 14 u. ö. in dem Sinne: ich schwöre dass der Tod und nichts anders als der Tod uns scheiden soll. Noomi meinte es gewiss ernstlich und treu mit dem Rathe, welchen sie der Ruth gab, und hat nicht blos so gesprochen, um sie zu versuchen und ihre Herzensstellung zu prüfen, *ut tandem manifestum fieret, num constanter Deo Israelis et sibi adhaesura esset, contemtis temporalibus temporaliumque spe (Seb. Schm.);* aber sie hatte eben nur die irdische Wohlfahrt ihrer Schwiegertochter im Auge, da sie durch die bitteren Lebenserfahrungen die sie gemacht hatte in ihrem Glauben an die wunderbaren Wege der Gnadenführung des treuen Bundesgottes irre geworden war.[1] Bei der Ruth hingegen war es offenbar nicht blos starke Herzensliebe und Anhänglichkeit, wodurch sie sich zu ihrer Schwiegermutter so hingezogen fühlte, dass sie mit derselben leben und sterben wollte, sondern zugleich ein ihr vielleicht noch nicht zu klarem Bewusstsein gekommener Zug des Herzens zu dem Gotte Israels und zu seinen Sitten und Rechten, den sie in ihrer Ehe und im Umgange mit ihren israe-

---

1) *Terrena solum cogitabat, et sicuti isto tempore in Dei cultu languebant communiter Judaei, ita haec decennium inter Moabitas commorata parum referre putabat, sive religioni paternae, cui ab incunabulis adsueverant, inhaererent, sive transirent ad Judaicam, modo spem secundorum votorum et fatorum meliorum haberent. Carpzov.*

litischen Verwandten gewonnen hatte, so dass sie sich von diesem Volke und seinem Gotte nicht mehr trennen wollte, vgl. 2, 11. — V. 18. Da sie also fest darauf bestand (תִּתְאַמֵּץ sich auf etwas fest steifen) mit ihr zu gehen, so liess Noomi ab ihr noch weiter zur Umkehr zuzureden. — V. 19. So gingen nun beide bis sie nach Bethlehem kamen. Bei ihrer Ankunft gerieth die ganze Stadt in Aufregung (תֵּהֹם imperf. niph. von הוּם wie 1 Sam. 4, 5. 1 Kg. 1, 45) ihretwegen. Sie sprachen: „Ist die da Noomi?" Subject zu תֹּאמַרְנָה sind die Stadtbewohner, unter diesen aber vorzugsweise die Frauen der Stadt, welche durch die Rückkehr der Noomi am meisten aufgeregt wurden. So erklärt sich einfach der Gebrauch des Föminins in den *verb.* תֹּאמַרְנָה und תִּקְרָאנָה. In dieser Rede sprach sich Verwunderung und Staunen aus nicht sowol darüber, dass Noomi noch lebte und zurück-kam, als vielmehr darüber, dass sie in so trauriger Lage, als einsame Witwe ohne Mann und Söhne, zurückkehrte; denn sie antwortete v. 20: „Nennet mich nicht *Noomi* d. i. Huldreiche, sondern *Mara*" (מָרָא die Bitte-re) d. h. die Bitteres erfahren hat, „denn der Allmächtige hat es mir sehr bitter gemacht. Ich, voll bin ich weggegangen und leer hat mich Jehova zurückkehren lassen. Warum nennet ihr mich *Noomi*, da doch Jehova wider mich zeuget und der Allmächtige mir übelgethan hat?" מָלֵאתִ voll d. h. reich — nicht an Geld und Gut, sondern — im Besitze eines Mannes und zweier Söhne, eine reiche Mutter, nun aber leer an Gütern, die ein Mutterherz reich machen, des Gatten und der Söhne beraubt. עָנָה בִי Zeugniss ablegen gegen mich durch Wort und That, wie Ex. 20, 16. 2 Sam. 1, 16, nicht aber: er hat mich gedemüthigt (LXX, *Vulg. Berth.* u. A,), weil עָנָה mit בְּ constr. nur die Bed. sich mit etwas abmühen hat (Koh. 1, 13), die hier völlig unpassend ist. — Mit v. 22 wird die Erzählung von der Rückkehr der Noomi mit ihrer Schwiegertochter abgeschlossen und durch die Angabe: „sie kamen nach Bethlehem zur Zeit der Gerstenernte" zu-gleich auf den weiteren Verlauf der Geschichte vorbereitet. הַשָּׁבָה ist als *3 pers. perf.* punktirt mit dem Artikel in relativer Bedeutung, wie 2, 6 u. 4, 3; hier und 2, 6 zur Bezeichnung der Ruth, in 4, 3 zur Bez. der Noomi. הַשָּׁב das Mascul. als das allgemeine Genus statt des Föminins הַשָּׁבָה, wie häu-fig. Mit der Gerstenernte begann die Ernte überhaupt, s. zu Lev. 23, 10 f.

Cap. II. Ruth liest auf dem Felde des Boas Aehren.

Um für ihren und ihrer Schwiegermutter Lebensunterhalt zu sorgen, geht Ruth aufs Feld Aehren zu lesen und kommt durch Zufall auf den Acker des Boas, eines Verwandten der Noomi, welcher, sobald er erfah-ren dass sie mit der Noomi aus Moabitis eingewandert, freundlich mit ihr redet und ihr nicht blos gestattet auf seinem Felde und sogar zwischen den Garben Aehren zu lesen, sondern auch von dem Getränke und Brote seiner Schnitter ihren Durst und Hunger zu stillen (v. 1—16), so dass sie am Abende mit einer reichen Aehrenlese zu ihrer Schwieger heimkehrt und von dem wohlwollenden Entgegenkommen dieses Mannes erzählt, und nun von dieser erfährt, dass Boas ein Verwandter derselben sei (v. 17—23).

V. 1—7. Die Erzählung von diesem Vorgange beginnt mit der für das richtige Verständniss desselben wichtigen Angabe, dass Boas, auf dessen Feld Ruth ging Aehren zu lesen, ein Verwandter der Noomi vonseiten ihres verstorbenen Mannes Elimelech war. Das *Ketib* מידע ist מְיֻדָּע zu lesen: Bekannter, vgl. Ps. 31, 12. 55, 14. Das *Keri* מוֹדַע ist *stat. constr.* von מוֹדַע eig. Bekanntschaft, dann Bekannter, Freund Prov. 7, 4, wofür unten 3, 2 מוֹדַעַת in gleicher Bedeutung vorkommt. Dass der Bekannte oder Freund der Noomi vonseiten ihres Mannes zugleich ein Verwandter war, das ergibt sich daraus, dass er „vom Geschlechte Elimelechs" war. Nach rabbinischer, jedoch nicht gesicherter Ueberlieferung soll Boas ein Brudersohn Elimelechs gewesen sein. Das לְ vor אִישָׁהּ steht statt des einfachen *stat. constr.*, weil nicht *der* Verwandte, sondern *ein* Verwandter ihres Mannes bezeichnet werden soll, doch hat trotz dieses לְ das W. מוֹדַע die Form des *stat. constr.* angenommen, vgl. *Ew.* §. 292ᵃ mit §. 289ᵇ. גִּבּוֹר חַיִל bed. gewöhnlich den tapfern Kriegsmann (Jud. 6, 12. 11, 1 u. ö.), hier den wackern und vermögenden Mann. Der Name בֹּעַז ist nicht aus בּוֹ עַז *in quo est robur* gebildet, sondern von einer im Hebr. nicht vorkommenden *radix* בָּעַז und bed. wahrscheinlich *alacritas*, dem arab. بَعَرَ entsprechend. — V. 2 f. Ruth will aufs Feld gehen und lesen בַּשִּׁבֳּלִים an (unter) den Aehren d. h. was an Aehren auf dem Erntefelde liegen geblieben ist (vgl. v. 7), אַחַר אֲשֶׁר hinter dem in dessen Augen sie Gnade finden werde. Das mos. Gesetz Lev. 19, 9. 23, 22 vgl. Deut. 24, 19 gab zwar den Armen ausdrücklich das Recht, auf den Erntefeldern Aehren zu lesen, und untersagte den Eigenthümern selbst Nachlese zu halten; aber harte Ackerbesitzer und Schnitter verkümmerten und verwehrten den Armen dieses Recht. Daher will Ruth hinter demjenigen lesen, der es ihr wohlwollend gestatten würde. Diesen Vorsatz führte sie mit Zustimmung der Noomi aus, und der Zufall führte sie auf das Feldstück des Boas, eines Verwandten Elimelechs, ohne dass sie den Besitzer des Feldes kannte und von seiner Verwandtschaft mit Elimelech etwas wusste. וַיִּקֶר מִקְרֶהָ wörtl. „ihr Zufall traf zufällig das Feldstück." — V. 4 ff. Als nun Boas aus der Stadt aufs Feld kam und seine Schnitter mit dem Segenswunsche eines echten Israeliten: „Jehova sei mit euch" begrüsst hatte und von diesen den entsprechenden Gegengruss empfangen hatte, sprach er zu dem Aufseher über die Schnitter: „Wem gehört diese Dirne an?" worauf dieser antwortete: „Es ist die moabitische Dirne, die mit der Noomi von den Gefilden Moabs zurückgekehrt ist, und sie hat gesprochen (gebeten): Ich will doch lesen (d. h. gestatte mir doch zu lesen) und sammeln zwischen den Garben hinter den Schnittern, und ist gekommen und weilt (hier) vom Morgen an bis jetzt; ihr Sitzen im Hause das ist wenig." מֵאָז eig. Conjunction, hier als Präposition gebraucht, ist stärker als מִן „von damals", von der Zeit des Morgens an (vgl. *Ew.* §. 222ᶜ). Aus dieser Antwort des über die Schnitter gesetzten Knechtes (הַנַּעַר הַנִּצָּב) erhellt 1) dass Boas keinem Armen die Nachlese auf seinem Felde verwehrte, 2) dass Ruth sich die Erlaubniss dazu von dem Aufseher über die Schnitter erbeten und diese Erlaubniss dann mit rastlosem Eifer vom frühen Morgen an benutzt hatte,

um für ihre Schwiegermutter und für sich den nöthigen Lebensunterhalt
zu schaffen; 3) dass ihre Herkunft dem Aufseher und auch dem Boas
schon bekannt war, obwol Boas sie nun zum ersten Male sah.

V. 8—16. Das gute Zeugniss, welches der Aufseher der Bescheidenheit und dem Fleisse der Ruth ertheilte, konnte Boas nur bestärken in
seinem, vielleicht schon aus verwandtschaftlicher Liebe zur Noomi gefassten, Vorsatze, ihre Schwiegertochter kennen zu lernen und freundlich
mit ihr zu reden. Mit väterlichem Wohlwollen spricht er v. 8 f. zu ihr:
„Hörst du es meine Tochter? (הֲלוֹא שָׁמַעַתְּ s. v. a. du hörst doch wol. *Inter-
rogatio blande affirmat*) Geh nicht lesen auf ein anderes Feld und geh
auch nicht von hier fort und halte dich so (כֹּה d. h. auf dem Felde in der
Nähe bleibend) zu meinen Mägden. Deine Augen auf das Feld das sie
abernten (gerichtet) gehe hinter ihnen her (אַחֲרֵיהֶן hinter den Mägden,
die wahrscheinlich die Garben banden, während die Knechte das Getraide
schnitten). Ich habe ja den Knechten (נְעָרִים Burschen) geboten dich nicht
anzutasten (לְבִלְתִּי נָגְעֵךְ dir nichts zu Leide zu thun); und dürstet dich
(צָמִת von צָמֵה = צָמָא, s. *Ew.* §. 195b), so gehe zu den Gefässen und trinke
woraus die Knechte schöpfen.“ — V. 10. Von diesem Wohlwollen tief ge-
rührt fiel Ruth auf ihr Angesicht, sich tief bis zur Erde verbeugend (wie
1 Sam. 25, 23. 2 Sam. 1, 2 vgl. Gen. 23, 7), um ehrfurchtsvoll zu danken,
und sprach zu Boas: „Warum habe ich Gnade in deinen Augen gefunden,
dass du mich beachtest, die ich doch eine Fremde bin?“ הִכִּיר ansehen
mit Theilnahme oder Fürsorge, sich jem. freundlich annehmen, vgl. v. 19.
— V. 11 f. Boas erwiderte: „Berichtet ist mir alles worden, was du an
(אֵת *praepos.* wie Zach. 7, 9. 2 Sam. 16, 17) deiner Schwieger gethan hast
nach dem Tode deines Mannes, dass du verlassen deinen Vater und deine
Mutter und deine Verwandtschaft und gezogen bist zu einem Volke, das
du von früherher nicht kanntest“ (somit gethan, was Gott Abraham zu
thun befohlen hatte Gen. 12, 1). „Der Herr vergelte dein Thun und dein
Lohn sei vollständig (an Gen. 15, 1 erinnernd) vom Herrn dem Gotte Israels, zu dem du gekommen bist um Zuflucht zu suchen unter seinen Flügeln!“ Für diesen, aus Deut. 32, 11 geflossenen bildlichen Ausdruck vgl.
Ps. 91, 4. 36, 8. 57, 2. In diesen Worten des Boas spricht sich der echt
fromme Sinn eines wahrhaften Israeliten aus. V. 13. In echter Demuth
antwortete Ruth: „Möge ich Gnade finden in deinen Augen, denn du hast
mich getröstet und deiner Magd zu Herzen geredet (דִּבַּרְתָּ עַל־לֵב vgl. Jud.
19, 3), da ich doch nicht bin wie eine deiner Mägde“ d. h. da ich doch in
keinem näheren Verhältnisse zu dir stehe, dass ich deine Gunst mir hätte
erwerben können. Mit diesem letzten Satze restringirt sie den Ausdruck:
deine Magd. Dies haben schon *Carpz.* u. *Ramb.* bemerkt: *sed quid loquor
dum me ancillam tuam dixi. Quinimo ego non digna sum, quae cum ancil-
larum tuarum minima conferar.* Das אֶמְצָא ist optativisch zu fassen, als
Ausdruck des Wunsches, dass Boas das gegen sie ausgesprochene Wohlwollen ihr erhalten möge. Die Fassung als Präsens: ich finde Gnade
(*Cler. Berth.*) entspricht nicht der Bescheidenheit und Demuth, die Ruth
in den folgenden Worten kundgibt. — V. 14. Diese anspruchslose Demuth
der Ruth nimmt Boas noch mehr für sie ein, so dass er zur Essenszeit sie

auffordert mit seinen Leuten zu essen (לָה ohne Mappik wie Num. 32, 42.
Zach. 5, 11, vgl. *Ew.* §. 94^b3). גְּשִׁי חֲלֹם Komm hieher (tritt herzu). „Tau-
che deinen Bissen in den Essig." חֹמֶץ ein saures Getränk aus Essig
(Weinessig oder saurem Wein) mit etwas Oel vermischt; ein im Morgenlande noch jetzt beliebtes und sehr erfrischendes Getränk, vgl. *Rosenm.*
A. u. N. Morgenl. III S. 68 u. m. bibl. Archäol. II S. 16. „Und er reichte ihr
Sangen." Subject ist Boas, der nach dem גְּשִׁי חֲלֹם zu schliessen an der Mahlzeit theilnahm oder doch dabei anwesend war. קָלִי sind geröstete Getrai-
dekörner (s. zu Lev. 2, 14 u. m. bibl. Arch. II S. 14), die in Palästina noch
heutiges Tags von den Schnittern auf dem Felde gegessen und auch Fremden gereicht werden.[1] Davon gab ihr Boas so reichlich, dass sie nicht
nur satt wurde, sondern auch übrig liess und (nach v. 18) für ihre Mutter
mit nach Hause bringen konnte. — V. 15 f. Als sie nach dem Essen aufstand um wieder Aehren zu lesen, gebot Boas seinen Leuten: „Auch zwischen den Garben mag sie lesen (was in der Regel nicht erlaubt war) und
ihr sollt sie nicht beschämen (תַכְלִים wie Jud. 18, 7 Leid anthun), und auch
herausziehen sollt ihr für sie aus den Bündeln und liegen lassen (die
herausgezogenen Aehren), dass sie lese, und sollt sie nicht schelten" *sc.*
wenn sie die herausgezogenen Aehren aufliest. Diese Anordnung des Boas
ging weit über die Grenzen der Wohlthätigkeit und des Mitleids mit den
Armen hinaus; sie zeigt, dass er besonderes Wohlgefallen an der Ruth gefunden hatte, mit deren Verhältnissen er bekannt war und die durch ihre
Demuth, ihre treue Anhänglichkeit an ihrer Schwiegermutter und durch
ihre Liebe zu dem Gotte Israels sein Herz gewonnen hatte, was für die
weitere Entwicklung der Geschichte zu beachten ist.

V. 17—23. So las Ruth bis zum Abend auf dem Felde und hatte, als
sie die Aehren ausklopfte (s. zu Jud. 6, 11), gegen ein Epha (an 20—25 ℔)
Gerste. V. 18. Diese brachte sie ihrer Schwiegermutter in die Stadt und
„zog heraus (תּוֹצֵא *sc.* aus einer Tasche, wie schon der *Chald.* richtig ergänzt), was sie übrig gelassen von ihrer Sättigung" d. i. von dem gerösteten Getraide, welches Boas ihr gereicht hatte (v. 14). — V. 19. Die Mutter fragt: „Wo hast du heute gelesen und wo geschafft?" und preist den
Wohlthäter, der sich, wie sie nach der Menge der gesammelten Gerste
und der heimgebrachten Speise vermuthet, der Ruth angenommen habe:
„Gesegnet sei der sich deiner angenommen!" מַכִּיר wie הִכִּיר v. 10). Als
sie darauf den Namen dieses Mannes, Boas, erfährt, ahnet sie, dass dieser
Verwandte ihres Mannes von Gott zum Wohlthäter für sie und für die
Ruth ausersehen sei, und ruft aus: „Gesegnet sei er vom Herrn, dass er
nicht nachgelassen (entzogen) hat seine Huld an den Lebenden und den
Todten!" Zu עָזַב חַסְדּוֹ vgl. Gen. 24, 27. Dieses Verbum ist hier mit doppeltem Accusative construirt; denn Präposition kann אֵת nicht sein, weil

---

1) So erzählt *Robins.* (Pal. II S. 659 f.) von einer Erntescene in der Nähe von
Kubeibeh: „Auf einem Felde waren beinahe zweihundert Schnitter und Aehrenleserin-
nen an der Arbeit. — Einige nahmen ihre Erfrischung zu sich und boten uns etwas
von ihrem gerösteten Getraide an. In der Erntezeit werden die noch nicht völlig
trockenen und harten Waizenkörner in einer Pfanne oder auf einer eisernen Platte
geröstet und geben ein sehr schmackhaftes Nahrungsmittel, welches mit Brot zusammen oder statt desselben gegessen wird."

in diesem Falle מָצָא stehen müsste wie מֵעִם Gen. *l. c.* אֶת־הַחַיִּים וגו ist zweites Object: anlangend (in Bezug auf) die Lebenden und die Todten, wobei Noomi an sich und Ruth und an ihren Mann und ihre Söhne denkt,
denen sich Gott nach ihrem Tode noch gnädig erweist durch die Sorge
für ihre Witwen. Um nun die Ruth über die Sache mehr aufzuklären,
setzt sie hizu: „Der Mann (Boas) ist unser Verwandter und einer von
unsern Lösern." קָרוֹב לָנוּ eig. er steht uns nahe *sc.* durch Verwandtschaft.
גֹּאֲלֵנוּ defective Schreibung für גֹּאֲלֵינוּ, wie mehrere Hdschr. u. Ausgg. lesen. Ueber die Bed. des גֹּאֵל *Goël*, Lösers s. zu Lev. 25,26 u. 48 f. u. die
Einl. zu c. 3.— V. 21. Ruth fährt fort von seiner Freundlichkeit zu berichten: גַּם כִּי „auch (wisse noch) dass er mir gesagt hat: halte dich bei
meinen Leuten, bis sie die ganze Ernte beendigt haben." Das *masc.* הַנְּעָרִים,
wofür man nach v. 8. 22 u. 23 das *foem.* נְעָרוֹת erwarten sollte, ist als das
allgemeinere Genus ganz passend zur Bezeichnung der Schnitter insgemein, sowol der Knechte als der Mägde; und die Umschreibung des Begriffs *meine* durch אֲשֶׁר לִי in diesem Zusammenhange genauer als der Gebrauch des *Pron. poss.*: die Leute die zu meinem Hause gehören — im
Unterschiede von Leuten anderer Herren. — V. 22. Damit erklärte sich
Noomi ganz einverstanden, weil Ruth dadurch vor Unbilden gesichert
wäre, die sie beim Aehrenlesen auf fremden Feldern treffen könnten.
וְלֹא יִפְגְּעוּ „damit man dich nicht anfalle." פָּגַע בְּ über jem. herfallen, ihn
zu schlagen und zu misshandeln. — V. 23. Demnach hielt sich Ruth zu den
Mägden des Boas während der ganzen Gersten- und Waizenernte Aehren
lesend und wohnte bei ihrer Schwiegermutter *sc.* wenn sie des Abends vom
Felde heimkehrte. In dieser letzten Bemerkung liegt schon eine Hindeutung darauf, dass nach der Ernte eine Veränderung für die Ruth eintrat.

Cap. III. Ruth sucht die Verehelichung mit Boas.

Nach der Ernte gibt Noomi der Ruth den Rath, den Boas in einer
Nacht zu besuchen und zu bitten, als Löser sie zu ehelichen (v. 1—5).
Ruth befolgt diesen Rath, und Boas sagt ihr die Erfüllung ihres Wunsches
zu, falls der vorhandene nähere Löser diese Pflicht nicht erfüllen wollte
(v. 6—13), und entlässt sie am Morgen mit einem Geschenke an Getraide,
damit sie nicht leer zu ihrer Schwieger zurückkehren sollte (v. 14—18).
— Um den Rath, welchen Noomi der Ruth gab und diese befolgte, und
überhaupt die weitere Entwicklung dieser Geschichte richtig zu beurtheilen, müssen wir uns die Rechtsverhältnisse, welche hiebei in Betracht kamen, vergegenwärtigen. Nach theokratischem Rechte war Jehova der eigentliche Eigenthümer des Landes, welches er seinem Volke zum Erbe
gegeben hatte; und die Israeliten waren in Bezug auf den Grund und Boden des Landes, das sie bei seiner Vertheilung zum Erbtheile erhalten
hatten, nur die Nutzniesser desselben, so dass der zeitweilige Besitzer sein
Familiengrundstück nicht beliebig veräussern oder verkaufen durfte, dieses vielmehr für immer der Familie verbleiben sollte. Wenn daher jemand wegen Verarmung sein Erbgut verkaufen musste und verkaufte, so
hatte der nächste Verwandte als Goël die Pflicht dasselbe einzulösen.

Wurde es aber nicht gelöst, so fiel es im nächsten Jobeljahre unentgeldlich an seinen ursprünglichen Besitzer oder dessen Erben zurück. Es fand demnach kein wirklicher Verkauf in unserem Sinne statt, sondern nur ein Verkauf der Jahreserträge bis zum Jobel- oder Halljahre, vgl. Lev. 25, 10. 13—16. 24—28. — Hiezu kam noch ein altes Gewohnheitrecht, welches durch das mos. Gesetz mit gewissen Einschränkungen göttliche Sanction erhielt, nämlich die uralte, schon Gen. 38 vorkommende Sitte der Levirats- oder Schwagerehe d. i. die Verpflichtung für den Bruder eines kinderlos gestorbenen verheiratheten Israeliten, die hinterbliebene Witwe, also seine Schwägerin, zu heirathen, damit er den Namen seines Bruders in Israel aufrichte d. h. mit der Schwägerin einen Sohn zeuge, der auf den Namen des verstorbenen Bruders kommen soll, damit dessen Name in Israel nicht erlösche. Dieser Sohn war dann auch der gesetzliche Erbe des Grundbesitzes des verstorbenen Vatersbruders, vgl. Deut. 25, 5 ff. Diese beiden Rechtsinstitute sind im mos. Gesetze nicht mit einander verbunden; indess lag es nahe, die Leviratspflicht mit dem Lösungsrechte in Verbindung zu setzen. Dies war durch Herkommen üblich geworden. Während das Gesetz nur den Bruder zur Ehelichung der kinderlos verwitweten Schwägerin verpflichtete und ihm auch erlaubte, dieser Pflicht sich zu entziehen, wenn er die mit einer solchen Weigerung verknüpfte Schmach auf sich nehmen wollte (s. Deut. 25, 7—10), so war es nach c. 4, 5 unsers Buches herkömmlich geworden, die Pflicht der Leviratsehe auch von dem Löser des Grundstückes des verstorbenen Verwandten zu verlangen, um nicht blos den Grundbesitz bleibend in der Familie zu erhalten, sondern auch die Familie selbst nicht aussterben zu lassen.

Im vorliegenden Falle hatte Elimelech bei Bethlehem ein Grundstück besessen, welches Noomi aus Armuth verkauft hatte (4, 3), und Boas ein Verwandter Elimelechs war Löser, von dem Noomi hoffte, dass er die Pflicht des Lösers erfüllen, nämlich nicht nur das verkaufte Feld einlösen, sondern auch ihre Schwiegertochter Ruth, die Witwe des rechtmässigen Erben des Elimelechschen Grundbesitzes heirathen und durch diese Ehe den Namen ihres verstorbenen Mannes oder Sohnes (Elimelech oder Machlon) auf seinem Erbe aufrichten würde. Von dieser Hoffnung geleitet gab sie der Ruth den Rath, den Boas, welcher sich so gütig und wohlwollend gegen sie erwiesen hatte, des Nachts zu besuchen und ihn durch eine Art kühner List, der er wie sie voraussetzte nicht widerstehen würde, zu bewegen, als Löser der Ruth die Schwagerehe zu gewähren. Dass sie diesen Weg zur Erreichung ihres Wunsches einschlug und Boas nicht ohne weiteres aufforderte oder bat, diese Liebespflicht ihrem verstorbenen Mann zu erzeigen, geschah wol, weil sie fürchtete, ihren Zweck damit nicht zu erreichen, weil erstlich die Pflicht der Leviratsehe für den Löser keine Begründung im Gesetze hatte, dann aber Boas ihrem Manne auch nicht so nahe verwandt war, dass sie dies von ihm rechtlich verlangen konnte, vielmehr ein näherer Löser vorhanden war (3, 12). — Nach unsern Sitten und Verhältnissen freilich erscheint die Handlung der Noomi und der Ruth in sittlicher Hinsicht anstössig, allein dies war sie nicht nach der Sitte des Volks Israel in damaliger Zeit. Boas, ein Ehrenmann

und nach 3,10 ohne Zweifel auch schon ein ziemlich bejahrter Mann,
lobt die Ruth, dass sie zu ihm ihre Zuflucht genommen, und verspricht
ihren Wunsch zu erfüllen, wenn er sich überzeugt habe, dass der vorhandene nähere Löser auf sein Recht und seine Pflicht verzichten wolle (3,
10 f.). Wie er mit dieser Erklärung anerkennt, dass ihm als Löser unter
bestimmten Verhältnissen die Pflicht obliege, die Ruth zu ehelichen, so
nimmt er auch keinen Anstoss an der Art und Weise, wie dieselbe sich
ihm genähert und zum Weibe angetragen hatte. Er findet darin vielmehr
einen Beweis von weiblicher Tugend und Keuschheit, dass sie nicht Jünglingen nachgegangen sei, sondern sich ihm dem alten Manne zur Frau
angeboten habe. Dieses Benehmen des Boas zeigt uns, dass die Frauen
zu ihm das Vertrauen, dass er nichts Ungeziemendes thun würde, haben
konnten. Dieses Vertrauen hat er auch vollkommen gerechtfertigt. „Der
besonnene Mann ist — wie *Berth.* schon bemerkt hat — mitten in der
Nacht dem jungen schön geputzten und von ihm gern gesehenen Mädchen
(richtiger Weibe) gegenüber keinen Augenblick zweifelhaft, was zu thun
ihm obliege; er ordnet seine persönlichen Wünsche der Sitte und dem
Herkommen unter, und nur wenn diese ihm gestatten die Ruth zu heirathen, ist er dazu bereit. Nicht wissend, ob sie nicht die Frau des nähern
Goël werden müsse, sorgt er für sie und ihren Ruf, um unversehrt sie dem
Manne zu übergeben, dem das Recht zustand, sie zur Frau zu verlangen.“

V. 1—5. Da Noomi aus dem Wohlwollen, welches Boas gegen die
Ruth kundgegeben, vermuthete, dass er nicht abgeneigt sein möchte, als
Goël sie zu ehelichen, so sprach sie zu ihrer Schwiegertochter: „Meine
Tochter, ich muss dir Ruhe suchen, dass es dir wohlgehe.“ In der Frage
הֲלֹא אֲבַקֶּשׁ ist הֲלֹא wie gewöhnlich Ausdruck des allgemeinen Zugeständ-
nisses oder der zweifellosen Gewissheit, in dem Sinne: Nicht wahr, ich
suche dir, es ist meine Pflicht dir zu suchen. מָנוֹחַ = מְנוּחָה 1,9 bed. den
Zustand des ruhigen Lebens, die ruhige und gesicherte Lebensstellung,
vita tuta sub praesidio mariti (*Rosenm.*). „Und nun, ist nicht Boas unser
Verwandter (מוֹדַעְתָּ s. zu 2,1), bei dessen Dirnen du warst? Siehe er ist
worfelnd die Gerstentenne (die Gerste auf der Tenne) diese Nacht“, d. h.
bis in die Nacht hinein, um den gegen Abend sich erhebenden kühlen
Wind (Gen. 3,8) für die Reinigung des Getraides zu benutzen. Die Tennen der Israeliten waren und sind noch jetzt in Palästina unter freiem
Himmel angelegt, nur festgestampfte ebene Plätze auf dem Felde.[1] V. 3 f.
„Wasche und salbe dich (סַכְתְּ von סוּךְ = נָסַךְ) und leg deine Kleider an
(die besseren Kleider) und geh hinab (von dem auf einem Bergrücken gelegenen Bethlehem) zur Tenne; lass dich nicht bemerkt werden von dem
Manne (Boas), bis er das Essen und Trinken beendigt hat. Und wenn er
sich niederlegt, so merke dir den Ort, woselbst er schlafen wird und geh
(wenn er eingeschlafen) und decke auf den Ort seiner Füsse und leg dich

---

1) „Ein ebener Platz wird zu den Dreschtennen ausgesucht, welche alsdann
nahe bei einander in kreisrunder Form von vielleicht 50 Fuss im Durchmesser blos
durch festes Niederstampfen der Erde zurecht gemacht werden“ (*Rob.* Pal. II S. 520).
Während der Dreschzeit pflegen die Landwirthe auf ihren Tennen zur Bewachung
derselben zu schlafen (*Rob.* II S. 720).

hin; er aber wird dir sagen, was du thun sollst." — V. 5. Ruth versprach dies zu thun. Das אֵלַי, welches die Masorethen als *Keri non scriptum* dem Texte beigefügt haben, ist nicht nothwendig. Aus dem folgenden Berichte von der Ausführung des ihr gegebenen Rathes erfahren wir noch, dass Noomi die Ruth instruirt hatte, den Boas als Löser um die Ehelichung zu bitten (vgl. v. 8).

V. 6—13. Ruth ging demnach zur Tenne und that was ihre Schwiegermutter ihr befohlen hatte (In צִוַּתָּה hat das Suffix kein Mappik, vgl. *Ew.* §. 247ᵈ), d. h. sie achtete darauf, wohin sich Boas würde schlafen legen, und kam dann, als er gegessen und getrunken und wohlgemuth am Ende der Garben- oder Getraidehaufen sich niedergelegt hatte und — wie aus dem Zusammenhange zu ergänzen — eingeschlafen war, heimlich zu ihm, deckte den Ort seiner Füsse d. h. die Decke über seinen Füssen auf und legte sich hin. — V. 8. Um Mitternacht da erschrak der Mann, nämlich weil er erwachend merkte, dass jemand zu seinen Füssen lag, „und beugte sich" empor oder zur Seite, um zu fühlen wer da liege, „und siehe ein Weib war liegend zu seinen Füssen." מַרְגְּלֹתָיו ist *accus. loci.* — V. 9. Auf seine Frage: „Wer bist du?" antwortete sie: „Ich bin Ruth, deine Magd, breite deinen Fittig über deine Magd aus; denn du bist Löser." כְּנָפֶךָ soll nach der masorethischen Punktation wol Dual sein, da an eine Pausalform wegen der Stellung des Wortes nicht zu denken, ist aber höchst wahrscheinlich als Singular zu fassen, und der bildliche Ausdruck nicht von den Vögeln hergenommen, die ihre Jungen mit ihren Flügeln bedecken d. h. beschützen, sondern nach Deut. 23, 1. 27, 20 u. Ez. 16, 8 von dem Fittige d. h. Zipfel der Bettdecke, mit Bezug darauf, dass der Mann seine Bettdecke mit über sein Eheweib ausbreitet. Ruth bittet also Boas, dass er sie ehelichen möge, weil er Löser sei. Vgl. über diese Begründung der Bitte die Bemerkk. in der Einl. z. d. Cap. — V. 10. Boas lobt ihr Benehmen: „Sei gesegnet vom Herrn meine Tochter (vgl. 2, 20)! Du hast deine spätere Liebe besser gemacht als die frühere, dass du nicht nachgegangen bist den Jünglingen, ob arm oder reich." Die frühere oder erste Liebe der Ruth ist die Liebe, welche sie ihrem verstorbenen Mann und ihrer Schwiegermutter erwiesen, vgl. 2, 11 wo Boas diese Liebe schon gepriesen hat; die spätere Liebe zeigte sie darin, dass sie als junge Witwe nicht in der Weise gewöhnlicher Jungfrauen oder junger Frauen sich um die Zuneigung von Jünglingen bewarb, um einen jungen Mann zu erhalten, sondern sich vertrauensvoll an den älteren Mann wandte, um durch eine Ehe mit diesem der Familiensitte gemäss ihrem verstorbenen Manne einen Nachkommen zu verschaffen, vgl. 4, 10. „Und nun — fuhr Boas v. 11 fort — meine Tochter, fürchte dich nicht; denn alles was du sagst werd ich dir thun; denn es weiss das ganze Thor meines Volks (d. h. meine ganze Stadt, die ganze Bevölkerung von Bethlehem, die durch das Stadtthor aus- und eingeht, vgl. Gen. 34, 24. Deut. 17, 2), dass du ein braves Weib bist." Boas fand demnach das Kommen der Ruth zu ihm nicht anstössig, sondern ihr Verlangen, dass er als Löser sie eheliche, natürlich und gerecht und war bereit ihren Wunsch zu erfüllen, sobald nur die Rechtsverhältnisse es gestatten würden. Dies sagte er ihr v. 12 f. zu: „Und

nun ja wahrhaftig, gewiss bin ich Löser; doch es ist ein näherer Löser
als ich vorhanden. Bleibe diese Nacht (oder wie es v. 13 am Ende heisst,
lieg bis zum Morgen) hier, und am Morgen wenn er dich lösen will, gut
so mag er lösen; wenn es ihm aber nicht gefällt dich zu lösen, so werde
ich dich lösen, sowahr Jehova lebt." כִּי אִם (Ketib v. 12) nach einer starken Versicherung, sowie nach der Schwurformel: So thue mir Gott u. s. w.
2 Sam. 3, 35. 15, 21 (Ketib) u. 2 Kg. 5, 20 ist aus dem Gebrauche dieser
Partikel in der Bed. nisi, ausser wenn = nur zu erklären: „nur Löser bin
ich" s. v. a. gewiss bin ich Löser, vgl. Ew. §. 356ᵇ. Es ist demnach kein
Grund vorhanden, das אם mit den Masorethen (Keri) aus dem Texte zu
entfernen.[1] Bis zum Morgen sollte Ruth liegen bleiben, weil sie um Mitternacht, in der Finsterniss, nicht leicht in die Stadt zurückkehren konnte; aber wie aus v. 14 sich ergibt, nicht bis zum völligen Tagesanbruch,
sondern: „Bevor[2] einer den andern erkennen konnte, stand sie auf und
er sagte" d. h. da Boas sagte: „Nicht soll es bekannt werden, dass das Weib
zur Tenne gekommen ist." Denn dies hätte dem guten Rufe nicht nur der
Ruth sondern auch des Boas geschadet. — V. 15. Hierauf sprach er:
„Gib her den Mantel den du anhast und fasse ihn an" (um ihn auseinander zu halten) und mass ihr dann 6 Maass Gerste hinein als ein Geschenk,
damit sie nicht leer zu ihrer Schwiegermutter zurückkehren sollte (v. 17).
מִטְפַּחַת hier u. Jes. 3, 22 ist ein weitfaltiges Oberkleid, pallium, vermuthlich nur ein grosses Umschlagstuch. Quia adeo ampla erant veterum pallia,
ut pars in humerum rejiceretur, altera brachio subduceretur, Rutha pre-
hendens aliquam partem ejus sinu oblatas a Boazo fruges excepit. Schroeder de vestit. mul. p. 264. שֵׁשׁ שְׂעֹרִים 6 (Maass) Gerste. Das Maass ist
nicht angegeben; nach dem Targ. und den Rabb. 6 Sea = 2 Epha. Gewiss unrichtig; denn ein solches Quantum Gerste hätte Ruth nicht nach
Hause tragen können. Als Boas ihr die zugemessene Gerste aufgelegt
und sie entlassen hatte, ging auch er in die Stadt. So wird וַיָּבֹא חָעִיר richtig vom Chald. verstanden, wogegen Hieron. schon die Worte auf die Ruth
bezieht; entschieden unrichtig, weil יָבֹא nicht für תָּבֹא stehen kann. Zwar
findet sich diese Lesart in einigen Hdschr., verdankt aber ihre Entstehung nur irrthümlicher Deutung der Worte. — V. 16—18. Als Ruth nach
Hause kam, fragte die Schwiegermutter: מִי אַתְּ wer bist du? d. h. als welche, in welchem Zustande kommst du? (מִי ähnlich gebraucht wie Jud.
18, 8) dem Sinne nach: was hast du ausgerichtet? worauf sie alles erzählte, was der Mann ihr gethan hatte (vgl. v. 10—14) und dass er ihr
6 Maass Gerste für die Mutter mitgegeben. Zu אָמַר wollen die Masorethen אֵלַי ergänzt haben, wie bei v. 5; ohne Noth. Die Schwiegermutter
schöpfte daraus die Hoffnung, dass Boas nun die Sache sicher zu dem er-
wünschten Ende hinausführen würde. שְׁבִי setze dich d. h. bleib ruhig zu

---

1) Was das ל majusc. in לִינִי bedeuten solle ist ungewiss. Nach der kleinen
Masora fand es sich blos bei den occidentalischen (d. h. palästinensischen) Juden.
Hiernach vermuthet Hiller im Arcanum Keri et Ctibh p. 163, dass sie damit va-
rietatem lectionis anzeigen wollten, nämlich dass לִי zu lesen sei. Schwerlich richtig.
2) Das Ketib טרום hält Ewald, Lehrb. §. 337ᶜ für eine Verkürzung von טֶרֶם,
dagegen Bertheau für eine aramaisirende Bildung. Diese letztere Meinung ist aber
ganz grundlos, da טרום im Aramäischen gar nicht existirt.

Hause (vgl. Gen. 38, 11), bis du erfährst wie die Sache ausfällt, *quem res exitum habeat*, nämlich ob der von Boas erwähnte nähere Löser oder Boas selber ihr die Pflichtehe gewähren werde. Dem נָפַל in dieser Bed. liegt die Vorstellung vom Fallen des Loses zu Grunde; anders in Esr. 7, 20. „Denn nicht ruhen wird der Mann, er hätte denn die Sache diesen Tag (heute noch) zu Ende geführt." כִּי־אִם ausser wenn, wie Lev. 22, 6 u. ö., vgl. *Ew*. §. 356ᵇ.

Cap. IV. Boas ehelicht die Ruth.

Um sein der Ruth gegebenes Wort zu lösen, begab sich Boas am nächsten Morgen in das Thor der Stadt, rief den vorübergehenden näheren Löser herbei und forderte ihn vor den Aeltesten der Stadt auf, das dem Elimelech gehörige und von der Noomi verkaufte Grundstück zu lösen und wenn er dies thäte auch die Ruth zu ehelichen, um den Namen des Verstorbenen auf seinem Erbe aufzurichten (v. 1—5). Da jener aber wegen dieser an die Lösung des Feldes geknüpften Bedingung auf das Lösungsrecht verzichtete, so übernahm Boas vor dem versammelten Volke die Lösung sammt der Verpflichtung die Ruth zu ehelichen (v. 6—12). Diese Ehe wurde mit einem Sohne gesegnet, welcher der Vater Isai's, des Vaters Davids wurde (v. 13—17). Hienach schliesst das Buch mit dem genealogischen Nachweise der Abstammung Davids von Perez (v. 18—22).

V. 1—5. „Boas aber war ins Thor hinaufgegangen und hatte sich dort gesetzt." Mit diesem Umstandssatze wird der Bericht von der weiteren Entwicklung der Begebenheit eingeleitet. Das Thor d. i. der freie Platz vor dem Stadtthore war das Forum der Stadt, die Stätte wo die öffentlichen Angelegenheiten der Stadt verhandelt wurden. Das *verb.* עָלָה lässt sich nicht so fassen, dass Boas von der Tenne, wo er geschlafen, in die höher liegende Stadt hinaufging, denn er war ja nach 3, 15 schon zur Stadt gekommen, ehe er ins Thor hinaufging, sondern erklärt sich aus der Vorstellung von der Gerichtsstätte als einer geistigen Höhe, zu der man hinaufstieg, vgl. Deut. 17, 8. Da ging der Löser, von dem (אֲשֶׁר wie Gen. 19, 21 vgl. 23, 16) Boas geredet hatte 3, 12, also der nähere Verwandte des Elimelech vorüber, und Boas bat ihn näher zu treten und sich zu setzen. סוּר wie Gen. 19, 2 u. ö. „Setze dich hieher, gewisser Jemand." פְּלֹנִי אַלְמֹנִי irgend einer, ein gewisser, dessen Namen man nicht weiss oder nicht nennen will, vgl. 1 Sam. 21, 3. 2 Kg. 6, 8. Boas hatte denselben sicher bei seinem Namen gerufen, aber der Geschichtschreiber den Namen entweder nicht erfahren oder ihn mitzutheilen für unnöthig erachtet. — V. 2. Sodann rief Boas zehn von den Aeltesten der Stadt herbei, als Zeugen für die vorzunehmende Verhandlung, und sprach in deren Gegenwart zu dem Löser: „Das Feldstück, welches unserem Bruder (d. h. Verwandten) Elimelech gehörte (als erbliches Familieneigenthum) hat Noomi verkauft und ich habe gemeint (אָמַרְתִּי *sc.* בְּלִבִּי vgl. Gen. 17, 17. 27, 41): Ich will dein Ohr öffnen (d. h. dir kundthun, eröffnen): Erwirb es vor den hier Sitzenden und (zwar) vor den Aeltesten meines Volks." Das Erwerben (קָנָה) konnte, da das Feld an einen Andern verkauft war, nur vermöge des Lösungsrechtes geschehen. Daher fuhr Boas fort: „Wenn du lösen willst, so löse, wenn du aber nicht lösen willst, so zeige es mir an, dass ich es wisse; denn ausser dir ist nicht zum Lösen (ein näher Berechtigter), ich aber bin nach dir (der Nächstberechtigte)." הַיֹּשְׁבִים übersetzen Manche: die Wohnenden, und denken an die Bewohner von Bethlehem. Aber diese kann man doch schwerlich allgemein als anwesend denken, wie das נֶגֶד fordert, wenn auch nach v. 9 ausser den Aeltesten noch eine Menge Volks gegenwärtig war. Auch würden diese nicht zuerst, sondern wie in v. 9 „das ganze Volk" nach den Aeltesten als den Hauptzeugen genannt sein. Aus diesen Gründen ist יָשַׁב in der Bed. sitzen zu nehmen und הַיֹּשְׁבִים nach dem וַיֵּשְׁבוּ v. 2 von den anwesenden Aeltesten zu verstehen und das folgende וְזָקְנֵי עַמִּי explicative zu fassen. Auffallend ist יִגְאַל (3 pers.), da man die zweite (תִּגְאַל) erwartet, die sich nicht nur in den LXX, sondern auch in mehrern Codd. findet und von dem Contexte gefordert zu werden scheint. Die 3. Person lässt sich zwar mit *Seb. Schm. Carpz.* u. A. so vertheidigen, dass man annimmt, Boas habe diese Worte zu den Aeltesten gewendet so gesprochen, dass er von dem Löser als einer dritten Person geredet: wenn er, der Löser da, aber nicht lösen wird; allein da unmittelbar darauf die directe Rede zu dem Löser fortgesetzt wird, so bleibt diese Annahme — für unser Gefühl wenigstens — sehr hart. Der Angeredete sagte: „Ich werde lösen." Da erklärte ihm Boas weiter v. 5: „An dem Tage da du das Feld von der Hand der Noomi erwirbst, da erwirbst du es auch vonseiten der Moabitin Ruth, von dem Weibe des Verstorbenen (Machlon, des rechtmässigen Erben des Feldes), um aufzurichten (damit du aufrichtest) den Namen des Verstorbenen auf seinem Erbtheile." Die Form קָנִיתִי muss nach Sinn und Zusammenhang *2 pers. masc.* sein; das Jod am Ende ist ohne Zweifel durch einen Schreibfehler hinzugekommen oder aus ו entstanden, und entweder קָנִיתָ (nach dem *Keri*) oder קְנִיתוֹ „so kaufst du ihn" zu lesen. Die Sache anlangend so war das Feld, welches Noomi aus Noth verkauft hatte, Erbeigenthum ihres gestorbenen Mannes Elimelech, welches dem bestehenden Rechte zufolge auf seine Söhne vererben sollte und in dieser Beziehung ebensogut Eigenthum der Ruth als der Noomi war. Aus der Verhandlung des Boas mit dem näheren Löser ergibt sich klar, dass Noomi das Feld, welches Erbeigenthum ihres Mannes gewesen, verkauft hatte und zum Verkaufen desselben rechtlich befugt war. Da nun nach israelitischem Rechte der Landesgrundbesitz nicht auf die Frauen sich vererbte, sondern nur auf die Kinder, und wenn keine Kinder da waren, auf die nächsten Verwandten des Mannes überging (Num. 27, 8—11), so war beim Tode Elimelechs sein Feld rechtlich auf seine Söhne übergegangen und hätte, als diese kinderlos starben, auf seine nächsten Verwandten übergehen sollen. Es entsteht demnach die Frage, mit welchem Rechte Noomi das Feld ihres Mannes als ihr Eigenthum verkaufen konnte? Die Rabbinen meinen, das Feld sei von den Männern der Noomi und Ruth denselben geschenkt worden (vgl. *Selden de success. in bona def. c. 15*). Allein Elimelech konnte sein Erbgrundstück rechtlich nicht seiner Frau schenken, da er bei seinem Tode Söhne als rechtmässige Erben hinterliess, und Machlon war zu einer solchen Schenkung eben so wenig berechtigt. Noch weniger Grund hat die Mei-

nung, dass Noomi eine Erbtochter gewesen, da sie, wenn sie auch begründet wäre, auf den vorliegenden Fall keine Anwendung leiden würde, indem es sich hier nicht um ein von ihrem Vater ererbtes Feld der Noomi,
sondern um das Feld des Elimelech und seiner Söhne handelt. Das Richtige ist unstreitig folgendes: Das Gesetz über die Vererbung des Grundbesitzes von kinderlos gestorbenen Israeliten bestimmte nicht die Zeit,
wann ein solcher Besitz auf die Verwandten des Verstorbenen übergehen
sollte, ob gleich nach dem Tode des Besitzers oder erst nach dem Tode
der hinterbliebenen Witwe (vgl. Num. 27, 9 ff.). Ohne Zweifel war das
letztere Gewohnheitsrecht, so dass die Witwe lebenslänglich im Besitze
des Grundstückes ihres Mannes blieb und so lange auch das Recht hatte,
im Falle der Noth das Besitzthum zu verkaufen, da ja der Verkauf eines
Ackers nicht ein wirklicher Verkauf desselben, sondern nur ein Verkauf
seines Ertrags bis zum Jobeljahre war. Hienach würde das Feld des verstorbenen Elimelech eigentlich seinen Söhnen und nach deren Tode der
Witwe des Machlon gehört haben, da die Witwe Chiljons in ihrem Vaterlande Moab zurückgeblieben war. Da jedoch nicht nur Elimelech mit seiner Frau und seinen Söhnen ausgewandert war und in der Fremde starb,
sondern auch seine Söhne in der Fremde sich befanden, dort geheirathet
hatten und gestorben waren, so war der Grundbesitz ihres Vaters nicht
auf sie übergegangen, sondern Eigenthum der Witwe Elimelechs Noomi
geblieben, an dem aber auch die Ruth als Witwe des verstorbenen Machlon Antheil hatte. Falls nun eine Witwe das Feld ihres verstorbenen
Mannes, so lange sie im Besitze desselben war, aus Noth verkaufte und
ein Verwandter des Mannes dasselbe einlöste, so lag diesem offenbar die
Pflicht ob, nicht nur für den Lebensunterhalt der verarmten Witwe zu
sorgen, sondern auch, falls dieselbe noch jung war, sie zu ehelichen und
den ersten Sohn aus dieser Ehe in das Geschlecht des verstorbenen Mannes dieser Frau eintragen zu lassen, so dass derselbe das gelöste Grundstück erbte und Namen und Besitzthum des Verstorbenen in Israel fortpflanzte. Auf dieses im Herkommen begründete Recht stützt Boas die
Bedingung, die er dem näheren Löser stellt, dass er mit der Lösung des
Feldes der Noomi zugleich die Ruth erwerbe sammt der Verpflichtung sie
zu heirathen und durch diese Ehe den Namen des Verstorbenen auf seinem Erbe aufzurichten.

V. 6—13. Diese Forderung wird von dem Löser als berechtigt anerkannt, woraus man sieht, dass die Sache im Volke als zu Recht bestehend
galt. Da er jedoch nicht gesonnen ist, die Ruth zu ehelichen, so verzichtet er auf die Lösung des Ackers. V. 6. „Ich mag nicht für mich lösen,
damit ich nicht mein Erbe verderbe." Die Lösung kostete Geld, indem
die Jahreserträge des Feldes bis zum Jobeljahre bezahlt werden mussten.
Erwarb er nun dasselbe durch die Lösung zu seinem bleibenden Eigenthume, so hatte er seinen Grundbesitz um dieses Feldstück vermehrt.
Sollte er dagegen die Ruth ehelichen, so gehörte der gelöste Acker dem
Sohne, den er mit derselben zeugen würde, und er hatte das aus seinen
Mitteln für die Lösung gezahlte Geld für den Sohn der Ruth verausgabt
und dadurch seinem Besitze ein Kapital entzogen und demselben gescha-

det. „Löse für dich, du meine Lösung" d. h. den Acker, den zu lösen ich
zunächst das Recht habe. — V. 7 f. Diese Erklärung bekräftigte er durch
einen damals üblichen Gebrauch der Verzichtleistung auf sein Recht. Dieser alte Gebrauch wird v. 7 mitgetheilt, bevor in v. 8 seine Anwendung im
vorliegenden Falle erwähnt wird. „Dies aber war (geschah) ehedem in
Israel bei Lösung und bei Tausch, um jeden Handel (דָּבָר Rechtssache) zu
bestätigen: Es zog jemand seinen Schuh aus und gab ihn dem andern,
und dies war Bezeugung in Israel." Aus dem לְפָנִים ehedem und auch
schon aus der ausdrücklichen Anführung dieser Sitte folgt, dass dieselbe
zur Zeit der Abfassung unsers Buches ausser Gebrauch gekommen war.
Diese auch bei den Indern und den alten Germanen vorkommende Sitte
ist daraus entstanden, dass man liegende Güter durch Betreten des Grundes und Bodens in Besitz nahm, wonach das Ausziehen und Uebergeben
des Schuhes an einen andern Sinnbild des Aufgebens des Besitzes oder
Besitzrechtes wurde, vgl. die Bem. zu Deut. 25,9 u. m. bibl. Archäol. II
S. 66. Das Piel קוּם ist im Hebräischen selten, hier wahrscheinlich aus der
alterthümlichen Rechtssprache genommen, sonst nur noch Ez. 13,6. Ps.
119,28 u. 106 u. häufiger im B. Esther als Chaldaismus. — V. 9 f. Nachdem so der nächste Löser in aller Form des Rechtes auf die Lösung verzichtet hatte, sprach Boas zu den Aeltesten und allem (übrigen anwesenden) Volke: „Ihr seid Zeugen heute, dass ich alles was dem Elimelech
und dem Machlon und Chiljon gehört hat (d. i. das Feldstück des Elimelech, welches rechtlich auf seine Söhne M. u. Ch. vererbt war) von der
Hand der Noomi erworben habe; und auch die Moabitin Ruth, das Weib
Machlons hab ich mir erworben zum Weibe, um den Namen des Verstorbenen auf seinem Erbe aufzurichten, dass nicht ausgerottet werde der
Name des Verstorbenen bei seinen Brüdern und aus dem Thore seines
Volkes" (d. h. aus seiner Vaterstadt Bethlehem, vgl. 3,11). Zur Sache
vgl. ausser der Einl. zu c. 3 noch die Erörterungen über die Leviratsehe
zu Deut. 25,5 ff. — V. 11. Das Volk und die Aeltesten sprachen: עֵדִים
„Zeugen sind wir", und wünschten dem Boas für diese Ehe den Segen des
Herrn. Denn Boas hatte sich hiebei eben so uneigennützig als brav be-
nommen, um eine löbliche Familiensitte in Israel aufrecht zu erhalten.
Die Segenswünsche zielen auf den grössten Segen der Ehe: Der Herr
mache das Weib, das in dein Haus kommen wird (das *partic.* בָּאָה von dem
was unmittelbar bevorsteht) wie Rahel und Lea, die beide das Haus Israel
gebaut haben (בָּנָה wie Gen. 16, 2. 30, 3), und schaffe Kraft in Ephrata und
mache dir einen Namen in Bethlehem!" עָשֹׂה חַיִל bed. hier nicht: Vermögen oder Reichthum schaffen, wie Deut. 8,17, sondern Kraft schaffen, wie
Ps. 60,14 vgl. Prov. 31,29 *sc.* durch Zeugung und Erziehung tüchtiger
Söhne und Kinder. קְרָא שֵׁם שׁם wörtl. „rufe einen Namen aus." Der Sinn dieser nur hier so eigenthümlich gebrauchten Redeweise kann nur folgender
sein: mache dir durch die Ehe mit der Ruth einen wohlbegründeten Namen, durch eine Schaar tüchtiger Söhne, welche deinen Namen berühmt
machen. V. 12. „Dein Haus werde wie das Haus des *Perez,* welchen die
Thamar dem Juda gebar Gen. 38. Von *Perez* stammten die Vorfahren des
Boas ab, die v. 18 ff. u. 1 Chr. 2,5 ff. aufgezählt sind. Wie von Perez so

soll auch von dem Samen, welchen Jehova dem Boas von der Ruth geben werde, eine zahlreiche Nachkommenschaft erwachsen.

V. 13—17. Dieser Segenswunsch fing bald an in Erfüllung zu gehen. Als Boas die Ruth geehelicht hatte, gab Jehova ihr Schwangerschaft, und sie gebar einen Sohn. V. 14. Bei der Geburt desselben sprachen die Frauen zu Noomi: „Gepriesen sei der Herr, der dir nicht hat fehlen lassen einen Löser heute." Dieser Löser ist nicht Boas, sondern der eben geborene Sohn. Diesen nennen sie Löser der Noomi, nicht weil er dereinst das ganze Besitzthum der Noomi lösen wird (*Carpz. Ros.* u. A.), sondern weil er als Sohn der Ruth zugleich für einen Sohn der Noomi gilt (v. 17) und als solcher die Schmach der Kinderlosigkeit von ihr nimmt, sie trösten und in ihrem Greisenalter pflegen und dadurch ihr wahrer Goël d. h. Erretter werden wird (*Berth.*). „Und sein Name werde genannt in Israel" d. h. der Knabe erlange in Israel einen vielgenannten d. h. berühmten Namen. V. 15. „Und der Knabe möge dir werden zum Erquicker der Seele und Versorger deines Greisenalters; denn deine Schwiegertochter, die dich lieb hat (die aus Liebe zu dir Familie, Heimat und Götter verlassen hat 2, 11), hat ihn geboren, sie die dir besser ist als sieben Söhne." Die *Sieben* als die Zahl der Werke Gottes ist Bezeichnung einer Menge von Söhnen einer von Gott mit Kindern reich gesegneten Mutter, vgl. 1 Sam. 2, 5. Eine Mutter von so viel Söhnen ist glücklich zu preisen, indem sie an diesen Söhnen nicht nur kräftige Stützen ihres Alters besitzt, sondern auch die Aussicht auf den dauernden Fortbestand ihres Geschlechts. Noomi hat aber an ihrer Schwiegertochter einen werthvolleren Schatz, insofern als ihr durch dieselbe der Verlust der eignen Söhne im Greisenalter ersetzt und die Hoffnung eröffnet wird, in ihrem kinderlosen Alter noch die Stammmutter eines zahlreichen blühenden Geschlechts zu werden. — V. 16. Noomi nimmt sich daher dieses Enkels wie ihres eigenen Kindes an; sie nahm den Knaben auf ihren Schooss und wurde seine Wärterin. — V. 17. Die Nachbarinnen aber sprachen: „Ein Sohn ist der Noomi geboren" und gaben ihm den Namen *Obed*. Dieser Name wurde dem Knaben — darauf führt der Zusammenhang — offenbar mit Rücksicht auf das was er seiner Grossmutter werden sollte gegeben. *Obed* (עוֹבֵד) bed. demnach nicht Diener Jehova's (*Targ.*), sondern „der Dienende", als der ganz und gar für seine Grossmutter da ist, sie versorgen und erfreuen soll (*O. v. Gerl.* nach dem Vorgange von *Joseph. Ant. V, 9, 4*). Die letzten Worte von v. 17: „er ist der Vater Isai's, des Vaters Davids" deuten die Absicht an, welche der Verf. heim Niederschreiben dieser Begebenheiten oder bei Abfassung unsers Buches im Auge hatte. Diese Vermuthung wird zur vollen Gewissheit durch die folgende Genealogie, mit der das Buch schliesst.

V. 18—20. „Dies sind die Zeugungen des Perez" d. h. die von Perez abstammenden Geschlechter in ihrer genealogischen Aufeinanderfolge (תּוֹלְדוֹת vgl. zu Gen. 2, 4). Die Genealogie geht nur bis auf *Perez* zurück, weil er der Gründer des nach ihm benannten Geschlechtes von Juda (Num. 26, 20) war, zu welchem Elimelech und Boas gehörten. *Perez* ein Sohn Juda's von der Thamar (Gen. 38, 29) zeugte *Hezron*, welcher Gen.

46,12 unter den mit Jakob in Aegypten eingewanderten Söhnen Juda's genannt ist, obwol er (aus den Bd.I, 1 S.271 entwickelten Gründen) erst in Aegypten geboren worden. Sein Sohn *Ram* (in den LXX *Cod. Al.* und danach in Matth. 1, 3 *Ἀράμ* genannt) ist nicht weiter bekannt, nur noch 1 Chr. 2,9 erwähnt. Dessen Sohn *Amminadab* war der Schwiegervater Aarons, welcher seine Tochter geheirathet hatte (Ex. 6, 23) und der Vater *Nahessons* (*Nachschons*), des Stammfürsten des Hauses Juda unter Mose Num. 1,7. 2,3. 7,12. Hienach kommen auf den 430jährigen Aufenthalt der Israeliten in Aegypten nur 4 Generationen oder 5, wenn man Perez und Nahesson beide mitzählt; offenbar zu wenig für einen so langen Zeitraum, so dass schon hier einzelne Zwischenglieder weggelassen sein müssen. Noch deutlicher springt die Uebergehung unbedeutender Zwischenglieder in die Augen bei den folgenden Angaben, dass Nahesson den *Salma* und Salma den *Boas* zeugte, wo für einen Zeitraum von mehr als 250 Jahren, welche zwischen dem Tode Mose's und der Zeit des Gideon liegen, nur zwei Generationen aufgeführt sind. *Salma* (שַׂלְמָה oder שַׂלְמָא 1 Chr. 2, 11) heisst in v. 21 *Salmon*; eine Doppelform des Namens, welche daraus zu erklären, dass *Salma* aus *Salmon* durch Abschleifung des *n* entstanden ist, die Endungen *an* und *on* aber *promiscue* gebraucht werden, wie neben שִׂרְיָן 1 Kg. 22, 34 und שִׂרְיוֹן 1 Sam. 17, 5. 38 die Form שִׂרְיָה Hi. 41, 18 zeigt, vgl. *Ew.* §. 163 f. Nach der Genealogie Christi Matth. 1,5 hat Salmon die Rahab geehelicht, wonach er ein Sohn, höchstens ein Enkel Nahessons war, also zwischen Salmon und Boas sämmtliche Glieder übergangen sind. Die Geschlechter von Boas bis David (v. 21 f.) können vollständig sein, obwol auch hier zwischen Obed und Isai wahrscheinlich ein Geschlecht übergangen ist (s. S. 364). Zu beachten ist noch, dass die ganze Reihe von *Perez* bis *David* aus 10 Gliedern besteht, von welchen 5 (Perez bis Nahesson) auf die 430 Jahre des Aufenthalts in Aegypten und 5 (Salmon bis David) auf die 476 Jahre kommen, die vom Auszuge aus Aegypten bis zum Tode Davids verflossen sind. Diese symmetrische Theilung scheint eben so beabsichtigt zu sein wie die Beschränkung der ganzen Genealogie auf 10 Glieder, um durch die Zehnzahl als Signatur des vollständigen Abschlusses der Genealogie den Charakter eines vollständigen, abgeschlossenen und symmetrischen Ganzen aufzuprägen.

Mit David schliesst sich die Genealogie unsers Buches ab zum deutlichen Zeugnisse, dass dasselbe ein Familiengemälde aus dem Leben der frommen Vorfahren dieses grossen und frommen Königs von Israel liefern wollte. Für uns Christen gewinnt aber die auf David abzielende Geschichte unsers Buches noch eine höhere Bedeutung dadurch, dass alle hier genannten Glieder der Genealogie Davids uns in dem Stammbaume Jesu Christi wieder entgegentreten. *Haec omnia* — bemerkt hierüber schon *Brentius* treffend — *ad verbum in Genealogiam Christi a Matthaeo translata sunt, ut sciamus, hanc historiam non tam in Davidem quam in Jesum Christum respicere, qui ab omnibus adnunciatus est Salvator et Redemptor generis humani, et ut discamus, quam admirabili clementia Dominus abjectos et contemptos in maximam gloriam et majestatem extollat.*

„in etwas, so tritt um so mehr der Kern und Mittelpunkt aller evangelischen Predigten —
„das Zeugniß von Christo — überall leuchtend hervor. Der Verf. hatte in der That ein
„Recht seinen Predigten diesen Titel zu geben. Sie sind Radien, die alle von diesem Punkte
„aus- oder zu ihm zurücklaufen. Die Verkündigung von Christo aber gilt dem Lebenden,
„obenan dem Zukünftigen. Wie theologisch und christologisch, so sind Luthardts Predigten
„insbesondere eschatologisch. Darein klingen die meisten aus mit Worten prophetischen Ernstes
„und brüderlichen Trostes. Wem hie und da die Menge weltlicher und profanerer Lebens-
„kreisen entstammender Reminiscenzen anstößig ist, wird an jenem ernsten Hintergrund nicht
„nur volle Entschädigung, sondern mehr noch den Schlüssel des Verständnisses für die Liebe
„finden, die, auf eine Weltkanzel gestellt, Allen Alles sein möchte, um auch die Fernen zu
„locken, während sie den Gereifteren daneben die Geheimnisse des Reiches Gottes mit der gan-
„zen Innigkeit persönlicher Hingebung zu predigen und die Männer in Christo in der Kraft
„einer edlen Männlichkeit unter die Fahne des Kreuzes zu rufen weiß.“

Eben so anerkennend spricht sich die Zeitschrift „Gesetz und Zeugniß“ (V 3) über
diese Predigtsammlung aus. „Aus diesen geringen Andeutungen schon“, wird daselbst nach
besonderer Besprechung einzelner Predigten daraus gesagt, „ist zu ersehen, was wir vor
„uns haben: einen christlichen Denker der nicht ein System neben die Schrift setzt, sondern
„über das christliche Heilssystem nachdenkt und es ausbaut, und sich dabei oft einer aus
„dem Grunde der Schrift neu gehobnen Sprache bedient. Er denkt im Großen und Ganzen,
„den Anfang und das Ende des Reiches Gottes zusammenknüpfend, im Anfang die An-
„lage der Vollendung schauend, das Ende aus dem Anfang construirend, die Gegenwart
„aus Beiden begreifend. In großen Zügen zeichnet er den Gang der einzelnen Zeiten in der
„Weltgeschichte und der Kirchengeschichte. Prophetisch schaut er die Tiefen des Bösen, den Ab-
„fall der letzten Zeiten, die Angst und das Gericht des letzten Abschlusses. Mit apostolischem
„Einblick charakterisirt er ganze biblische Bücher im Ganzen und im Einzelnen. Dabei wird die
„Wendung und Anwendung des christlichen Gedankens aufs Gewissen und zur Heiligung nie
„versäumt; das warme Herz für's christliche Volk und für die akademischen Bürger der Kirche
„blickt immer heraus. Die Ausdrucksweise ist sententiös, oft epigrammatisch, Satz an Satz
„assertorisch geschlossen; in kurzen, knappen Worten wuchtige Gedanken. In Eine schlagende
„Sentenz — oft nur Mittel- oder Nebenglied der Darlegung — wird mitunter eine lange
„Reihe vom Verf. bei sich selbst vorgedachter aber dem Hörer nicht vorgeführter Gedanken zu-
„sammengefaßt. Es gehört daher in gewissem Grade eine Congenialität mit dem Verf. dazu,
„um ihm ganz folgen zu können. Gemeindemäßig im gewöhnlichen Sinne ist das nicht,
„vielmehr ist das Lesen dieser Predigten neben dem Hören ein Bedürfniß. Die homiletische
„Anlage der Predigten ist meist schlicht; die Textverwerthung oft großartig, aber die Ver-
„arbeitung des Textes und der Textfolge geschieht weniger vor Augen oder in Gegenwart
„der Gemeinde, als innerlich im Geiste des Verfassers, der nun die Heilswahrheit als eigensten
„Erwerb wieder austheilt. Welch hohen Gewinn denkende Kirchenglieder, zumal Kirchendie-
„ner aus dem Studium solcher Predigten schöpfen können, ist nicht noth erst noch zu rühmen.“

Dante's Hölle, übersetzt und historisch, ästhetisch und vornehmlich theo-
logisch erläutert von K. Graul. gr. 8. geh. 1843. 1½ Thlr.

„Unstreitig die ausgezeichnetste Uebersetzung sowohl, als die erste wahrhaft geistlich-theo-
„logische Auslegung des an tiefen theologischen Ideen so überreichen größten Werkes des
„größten christlichen Dichters.“ (Zeitschr. f. d. gesammte luth. Theol. u. Kirche.)

Der Kural des Tiruvalluver. Deutsche Uebersetzung und Er-
klärung von Dr. K. Graul. gr. 8. 1856. 1½ Thlr.

Der Kural ist der Edelstein der gesammten tamulischen poetischen Literatur, ein gnomisches
Gedicht über die Strebeziele des Menschen voll der tiefsten Gedanken, das für jeden Freund
der Dichtkunst von hohem Interesse sein muß, auch wenn indologische Studien ihm fern liegen.

Druck von Ackermann & Gläser in Leipzig.

CPSIA information can be obtained at www.ICGtesting.com
Printed in the USA
BVOW06s1034050813

327861BV00008B/130/P